KB139529

전쟁의 유령

전쟁의 유령

국제공산주의와
제2차 세계대전의 기원

The SPECTRE of WAR

International Communism and the Origins of World War II

조너선 해슬럼 지음 | 우동현 옮김

arte

일러두기

1. 본문 중의 각주는 모두 옮긴이 주다.
2. 본문 중 괄호( )안은 저자의 부연이며, 대괄호[ ]안은 옮긴이가 독자의 이해를 돕기 위해 덧붙인 내용이다.

차례

본서에서 다루는 역사를 한국 독자들에게 이야기해줄 수 있어 기쁘기 그지없다. 《전쟁의 유령》의 핵심은 제2차 세계대전 발발에 국제공산주의(코민테른)가 어떤 역할을 했는지 설명하는 것이다. 1919년 출발한 코민테른은 자본주의체제를 전복시키는 세계혁명의 본부로서 기능하기 위해 시작되었다. 그들은 오늘날 제3세계로 알려진 지역에서 지역적 민족주의를 후원하는 방식으로 전통적인 유럽 제국주의에 대항했다. 따라서 한국인들과 중국인들은 모두 서구 제국주의와 일본 제국주의라는 공통의 적을 공유했다는 측면에서, 1920년대부터 서구를 상대로 한 러시아인들의 활동으로부터 자신들의 대의와 공통적인 면모를 쉽게 느낄 수 있었다.

그러나 코민테른은 제2차 세계대전의 한 가지 원인으로서 항상 간접적이지만 지속적인 기폭제로 작용했다. 실질적으로 코민테른은 더욱 직접적인 위험으로부터 민주주의국가들의 주의를 돌리는 결과를 가져왔다. 민주주의국가들이 누리던 자유의 기반에는 자본주의 체제가 있었기 때문이다. 도쿄와 베를린은 자본주의 체제를 위협하지 않았다. 이러한 차이가 나치와 일본제국과 그들의 경쟁자[소비에트]를 구분 지었다.

물론 제2차 세계대전의 직접적인 원인은 극동의 일본제국과 유럽의 나치 독일이 가진 야욕이었다. 두 나라는 독자적으로 행동했다. 1930년대 중반부터 시도된 모든 합의는 계속해서 결렬되었다. 비록 일본과 독일이 현상 유지 열강(주로 영국과 미국)을 침공하는 일과 관련해 합의를 이루기 위해 노력했으나, 그들은 꾸준히 다른 [베르사유 질서에 대한] 수정주의 열강의 이해관계를 고려하지 않고 자국의 이익만을 추구했다.

코민테른은 1930년대 내내 영국과 프랑스의 제국 안보를 위협하는 주요 요소로서 등장했다. 이 위협이 우선적이었고 각국 정부가 동시에 다른 위협을 상대할 수 없었기 때문에, 런던과 파리는 일본과 독일이라는 위협을 모른 척했다. 실제로 네빌 체임벌린 총리하의 영국은 일본을 잠잠하게 유지시키기 위해 일본의 금융 체제를 보증하는 데 최선을 다했다.

이러한 역사는 일본이 자행했던 강탈의 길에 놓여 있던 모든 이와 마찬가지로 한국인들에게 분명한 결과를 가져왔다. 1931년 이후로 유럽 열강이 중국이든 누구든 다른 누군가를 대신해 일본의 팽창주의에 도전할 방법은 없었다. 대공황은 영국을 실로 취약하게 만들었고, 따라서 영국에게 기대할 수 있는 최대치는 유럽에서 발생하는 주요 위협에 대처하는 것뿐이었다. 그마저도 지나친 기대였던 것으로 드러났지만 말이다. 그리고 미국은 1929년 경제 붕괴 이후 내정 문제로 눈코 뜰 새 없었고, 루스벨트 대통령은 태평양에서 전쟁을 수행한다는 생각을 여론이 수용하기 전까지는 일본을 상대로 한발 물러나 있었다. 일본의 진주만 기습은 이러한 여론 변화에 결정적 역할을 했다.

코민테른은 유일한 기폭제가 아니었다. 소비에트 국가의 국익 또한 나름의 역할을 했다. 스탈린 치하의 러시아인들은 이념적 차이 때문에 민주주의국가들이 적대적일 것이라고 추정했고, 그리하여 크렘린은 현상 유지 열강들의 사이와 일본과 독일의 사이가 틀어지도록 모든 노력을 기울였다. 따라서 코민테른은 점차 소비에트 국가의 국익에 종속된 역할을 수행할 수밖에 없었다. 그러나 그 역할은 민주주의국가들을 안심시킬 수 있을 만큼 충분하지는 않았다. 극동에서 소비에트 국가의 국익은 혁명적 야심 위에 서는 경향을 보였다. 따라서 코민테른은 소비에트 극동의 방위를 넘어서는 공산주의 확대를 허용하지 않는 대신, 마오쩌둥이 이끄는 중국공산당이 장제스가 이끄는 국민당과 연합해 항일 전선을 꾸릴 것을 강요했다. 이 모든 역사에서 한국은 단지 전장에 불과했고, 한국인들은 그 결과와 관련해 전혀 발언권을 갖지 못했다.

2022년 3월
케임브리지대학 코퍼스크리스티컬리지
조너선 해슬럼

머리말

제2차 세계대전은 우리가 사는 세상을 형성했다. 무슨 일이 어째서 일어났는지 이해하는 일은 여전히 중요하며, 우리는 계속 그 교훈을 배워야 한다.

하지만 우리 중 누구도 완전히 열린 마음으로 역사를 대하지는 않는다. 1950년대 초 영국 어린이들의 삶과 의식 속에 전쟁은 여전히 큰 자리를 차지했다. 런던 도처에 폭격의 잔해가 남아 있었고, 대전차용 대규모 콘크리트 용치龍齒가 남부 해안선을 따라 길게 펼쳐졌다. 조수에 떠내려오는 불발탄 때문에 해변은 자주 폐쇄됐고, 이웃 어르신들은 석조물이 있는 정원 지하에 만들어둔 방공호를 폐쇄하지 않았다. 납을 댄 내 침실 창틀은 점령지 유럽으로 돌아가는 독일 공군Luftwaffe이 바다를 건너기 전에 짐을 줄이려고 투하한 여분의 폭발물 때문에 일부가 날아갔다. 학교 선생님들은 여전히 군대 계급을 지녔는데, 그중 한 분은 말라리아를 앓느라 며칠 동안 결근하기도 했다. 우리는 흑백으로 된 전쟁 만화책을 읽었고, 독일인은 우리의 적이었다. 런던 보조소방대에서 자원봉사자로 일한(1916~1918) 할머니는 지난 전쟁이나 그전의 전쟁, 또는 형제를 잃은 제2차 보어전쟁에 대해 말하고 싶어하지 않았다. 할아버지는 대포 때문에 청력이 나빠졌고, 세계대전에서 사용된 겨자가스에 당해 거의 1년 동안 시각을 잃었다. 그러나 무슨 이유에선지 할아버지는 프랑스인만을 증오했다. 벨사이즈파크에 살던 고모할머니는 어디선가 V1 로켓이 나타나자 주변이 쥐 죽은 듯 조용해진 채 뒤이어 일어날 폭발을 기다리던 순간을 자주 들려주었다. 삼촌은 마치 평지에서 사냥을 벌이듯 독일 공수부대원들에게 무차별 사격을 가하는 벨기에 농부들을 막으려고 했던 1940년의 일을 기억했다. 이후 삼촌은 왕립육군의료군단의 일원으로 태평양에서 싸웠는데, 일본인이 연합국 진지들을 점령했을 때 내장이 튀어나온 부상자들이 가득한 병원으로 돌아가야 했던 공포를 회상하곤 했다. 나는 공유할 수 없는 기억을 품은 채 신기할 정도로 침묵을 지킨 아버지, 집중 공습을 피해 지방의 농업지원회에 합류한 어머니를 기억한다.

어릴 때, 우리는 생각의 범위와 깊이를 엄청나게 확장하는 동시에 가족과 사회 안에서 재빠르게 배우며 성장한다. 우리는 사실관계만이 아닌 모든 종류의 신화도 주입 받는다. 따라서 역사에서 객관적으로 교훈을 얻을 수 있다는 생각을 쉽사리 믿어서는 안 된다. 그러한 시도 자체를 억제해서는 안 되겠지만 말이다.

정치인들은 오랫동안 제2차 세계대전의 기원을 이야기하며 오늘날의 국제적 위기를 극적으로 풍자해왔다. 순진함의 결과를 가장 혹독하게 겪었던 영국, 상황을 올바른 방향으로 이끌지 못한 영국의 실패로 인해 실로 엄청난 고통을 겪은 프랑스, 그리고 처음에는 비켜섰으나 결국 부담을 짊어진 미국에서는 전후 세대에게 독재자들을 유화적으로 대하면 오직 그들의 식욕을 돋울 뿐이라는 냉혹한 교훈을 거듭 주입했다.

이후 이 교훈은 소련과의 냉전에 성공적으로 적용되었고, 통제경제가 근본적으로 붕괴하면서 소련은 미국과의 경쟁에서 패배했다. 하지만 1956년 앤서니 이든 경이 이집트의 나세르를 상대했을 때처럼, 마찬가지의 교훈이 처참하게 잘못 적용된 또 다른 사례들을 잊어서는 안 된다. 이렇듯 역사의 유용과 남용은 의심할 여지 없이 지속될 것이다.

이 이야기에는 사람들이 너무나도 자주 경시하는 또 하나의 핵심적인 교훈이 있다. 20세기의 국제 관계를 전통적인 세력균형이론에 대입해서는 이해할 수 없다는 것이다. 그러한 환원은 진실을 심각하게 손상시킨다. 역사학자 앨런 테일러가 19세기를 분석하는 작업으로부터 이와는 매우 다른 20세기를 설명하는 작업으로 옮겨가면서 발견했듯, 한 시대의 국제 관계를 이해하는 방법을 완전히 다른 시대에 무심코 적용하는 것은 타당하지 않다.[1]

1917년의 볼셰비키혁명은 국제 관계의 수행 방식을 바꾸고 유럽식 국가 체제의 기반을 흔들었다. 연합국의 간섭전쟁은 요람에 누워 있던 소비에트라는 반항적인 아기를 목 졸라 죽이지 못했지만, 강력한 이웃들은 순응하라는 압력을 받은 소비에트러시아가 조만간 기적처럼 '정상적인' 나라로 변모하리라고 예상했다. 19세기 영국 자유주의의 기저에 있는 고전파 경제학의 결정주의에서 태동한 이러한 예상은 영국 외무부를 휘어잡은 자유주의 성향 관리들이 매우 선호한 '아무것도 하지 않기', 또는 그들이 "감시하며 기다리기"라고 즐겨 불렀던 정책에 힘을 실어주었다.

따라서 스탈린이 승리를 거둔 후 1929년에 트로츠키가 추방되어 망명한 사건은 완전히 잘못 이해되었다. 국제 관계 측면에서 봤을 때 두 사람의 진정한 차이점은 단 한 가지였다. 트로츠키는 자본주의 질서가 본질적으로 불안정하여 외국인도 스스로 혁명을 수행할 수 있는 역량을 가졌다고 믿은 반면, 스탈린은 소련의 직접적인 군사 원조 없이 혁명을 수행하기에는 외국인들이 너무나 무능력하다고 굳게 믿었다. 스탈린은 독일을 비롯한 여러 사례를 볼 때, 근본적 조건들이 결코 트로츠키가 상정한 것만큼 좋지 않다고 생각했다.

볼셰비키혁명처럼 세상을 뒤흔든 사건의 중요성은 누구도 의문시하지 않았지만, 1960년대 이후 국제관계사학자들은 종종 공격을 받고는 했다. 전투 현장에서 멀리 떨어져 있던 사회사학자들은 전쟁사, 외교사, 정치사상사의 가치를 구닥다리라고 일축하면서, 대신 사회사가 "역사 연구에서 가장 중요한 분야"이며 미래의 모든 역사학 연구는 이에 맞춰져야 한다는 검증되지 않은 명제를 개진했다.[2] 그러나 그런 일은 일어나지 않았다. 역사의 한 부문, 예컨대 사회 분야가 모든 답을 쥐고 있다는 주장은 본질적으로 터무니없기 때문이다. 심지어 사회가 가장 기본이 된다는 말조차 과감한 주장에 불과하다.[3] 이러한 주장들은 저명한 국제관계사학자들 사이에 팽배했던 무사안일주의에 도전했다는 점에서만 그 의미를 찾아볼 수 있다.

우아한 공식 역사를 집필하거나 외무부 문건을 꼼꼼하게 편집하도록 선택된 루엘린 우드워드 경이나 찰스 웹스터 경처럼 해당 분야의 수호자들이 지탱한 외교사는 상대 진영의 저격수들에게 매혹적인 표적이었다. 중국학자 존 기팅스는 영국과 미국의 외교문서보관소에 전적으로 기초해 1931년 일본이 중국을 습격한 만주사변에 관해 꼼꼼히 작성된 보고서를 검토하면서, 보고서의 저자가 영어로 이용할 수 있는 중국 자료를 무시했다고 책망했다. 그의 표적은 히틀러 치하의 독일에 대한 영국의 유화정책을 날카롭게 비판한 크리스토퍼 손이었다. 손은 영국과 미국이 일본에 저항하지 않았다는 사실을 변명하기 위해 안간힘을 쓴다는 비난을 받았다. "외교는 종종 가능성의 예술이라고 불린다. 그러나 그 예술은 어느 나라가 실은 아무것도 하지 않았는데 할 수 있는 모든 것을 했다고 주장하는 예술에는 미치지 못한다." 기팅스는 이처럼 손을 질책한 다음, 열려 있는 골문을 향해 아주 강한 공격을 날려 보냈다. 그는 "공식 외교관의 신화 만들기에 외교사학자가 본질적으로 종속되어 있음을 너무 자주 예증하며, 자신의 핵심적인 가정을 명백히 보여주는 아주 드문 문장"이라고 신랄하게 말한다.[4] 아야! 그런데 손은 당대 외교사학자 중 예외적인 경우였을까, 아니면 꽤 전형적이었을까?

최근 자라 슈타이너의 옥스퍼드 유럽사 2권인 《어둠의 승리: 국제 유럽사 1933~1939 The Triumph of the Dark: European International History 1933~1939》가 포화를 받았다. 어느 비평가는 이 책을 두고 "외교의 이면에 놓인 이념적이고 사회적인 힘에 대해 거의 논하지 않는 구식 국제사"라는 확신에 찬 혹평을 날렸다.[5] 그러나 슈타이너는 다음 사실을 의도적으로 환기하고자 했다. "이념적 가정은 정치인들과 조언자들이 처한 세계를 바라보는 방식에 영향을 미쳤다. 네빌 체임벌린이 전쟁을 증오했고, 소모적인 군비경쟁이 충돌로 이어진다고 믿었다는 사실은 중요하다. 그는 다른 이들이 자신의 견해를 공유한다고 가정했다."[6]

하지만 여기에는 덧붙여야 할 사실들이 더 있다. 체임벌린은 중요한 인물이었으나, 그가 가진 신념은 혼자만의 것이 아니었다. 슈타이너는 장관을 비롯해 긴급 공문과 회의록을 수시로 작성한 외무부 직원들을 포함한 사회 최상층에 팽배했던 태도와 편견을 폭넓게 고려하지 않았다. 그들은 전쟁에 대한 본능적인 혐오에서 훨씬 멀리 나아갔다. 외무부는 최상위 사립학교들을 나와 옥스퍼드나 케임브리지를 다닌, 극소수의 예외만을 둔 동질의 카스트가 운영하는 사회였다. 초보 연구자였던 슈타이너는 옴사전트 경 같은 이들을 인터뷰하면서, 호의가 분명하지만 어딘가 깔보는 듯한 말을 들어야 했다. "여성에, 미국인에, 유대인이라고? 외무부를 연구한다고?" 그러나 그녀는 상대하기 벅찬 관리들과 관련한 개인적인 경험을 글로 표현하진 않았다. 영국에서 베를린으로 파견한 외교관 중 가장 옷을 잘 입었던 네빌 헨더슨 경 역시 그런 부류에서 크게 벗어나 있지 않았다. 다음은 그가 한 독일인에게 말한 내용이다. "영국은 민주주의가 아니라 귀족 사회로 평가되어야 합니다. 현재 귀족 지배층은 인민전선의 광범위한 대중에 맞서 수세에 처했죠."[7]

이 연구는 위와 같은 요인들이 작용한 결과, 서사를 만들기 위해 우리가 일반적으로 무척 의지하는 공식 문서들에는 식별할 수 있는 편향이 포함됐다는 점을 인지하면서 집필되었다. 이처럼 국제관계사는 하나의 층위와 차원 이상으로 면밀하게 검토되어야 한다. 손이 만주사변을 서술하면서 피해자인 중국 측의 이야기를 생략한 것은 고의가 아니었지만, 이는 전적으로 우연도 아니었다. 손은 문화적, 정치적으로 도전 받기에는 너무 깊이 뿌리내려 무의식적으로 답이 정해진 자료들에 의지해 서술했다. 무엇이 '정상'인가에 관한 지배적인 관념은 검증되지 않는 경향이 있다. 이는 부주의한 경험주의가 결코 분별 있는 진행 방식은 아니라는 사실을 강조한다. 한 묶음의 외교 문건은 그것을 얼마나 자세히 검토하든, 그 자체만으로 모든 해답을 제공하지는 않는다. 심지어 오늘날까지도 전간기 관련 자료가 전부 비밀 해제된 것은 아니라는 사실을 기억해야 한다. 예컨대 파리 같은 해외의 수도에 주재한 영국 외교관들이 쓴 연례 보고서는 여전히 뚜렷한 이유 없이 비공개 상태다. 1990년대에 나는 제국방위위원회Commitee of Imperial Defence의 1936년 12월 20일 자 대화록을 찾기 위해 모스크바까지 가야 했다. 이와 관련해 내가 영국 국무조정실 관리에게 항의하자, 그녀는 "우리가 왜 러시아의 지시를 받아야 하지요?"라고 노골적으로 쏘아붙였다. 우리는 아직 전간기의 소비에트 첩보 기관 자료는커녕, 영국 첩보 기관인 MI6 자료에도 접근할 수 없다. 정도는 다르겠지만, 역사학자들은 정부 검열의 인질로 붙잡힌 셈이다. 이러한 상황에서 역사학자들은 어떻게 돌파구를 만들 수 있을까?

편향을 상쇄하기 위해 우리는 공식 문건을 넘어서야 한다. 안타깝게도 영어권 세계에서는 연구자 자신의 언어와 문화라는 배타적인 범위 안에 고립된 채 자료를 검토하는 심각한 오류가 자주 일어난다. 외교 자료들은 국가의 독특한 관점을 반영한 여러 해외 문서보관소들을 통해 삼각 측량되어야 하며, 믿음이 유래하고 강화되는 국내 영역의 맥락과 연결되어야 한다. 그리고 순전히 운영상의 목적으로 서둘러 해당 문서를 작성한 사람이 기록하지 않은 가정과 같은, 중요하면서도 분명하게 드러나지 않는 것을 문서들이 직접 말하는 것과 마찬가지로 심문해야 한다. 편향을 상쇄하기 위해서는 해당 문건들을 작성한 당시의 지배적인 사고방식을 고찰하는 동시에, 능동적이고도 창의적인 통찰력을 발휘해야 한다.

사상과 가정은 권력이라는 목적을 분명하게 만드는 정교한 이념만큼이나 중요하다. 날것의 권력 그 자체는 각기 다른 상황 속에서 정부의 행동이 똑같다고 확언해줄 뿐이다. 바로 이 이유 때문에 불안감을 덜어주는 세력균형 정치의 예측 가능성에 빠져든 정치인은 철저히 실패하는 경향을 보인다. 국제 정세는 모든 측면에서 같은 모습을 보이지 않는다. 이것을 잘 보여주는 사례가 바로 전간기다. 이 시기의 모든 국가가 '국제예양'에 동의하지는 않았다. 1917년 이후 벌어진 강대국 간의 경쟁은, 1815년부터 1914년까지의 유럽식 국가 체제에 익숙해진 외교 전문가들의 일반적인 선입견을 뛰어넘는 사상 투쟁에 극심한 영향을 받았다. 이러한 측면에서 20세기는 저명한 외교사학자들이 전통적으로 배움을 시작한 19세기의 '유럽 협조' 시기보다는, 근대 초기 유럽의 종교전쟁 또는 프랑스혁명 시기와 보다 유사한 모습을 보인다.

고전적 현실주의라는 렌즈나 국무부의 불투명한 창문을 통해 보는 전간기의 국제 관계는 실상 앞뒤가 맞지 않는다. 분기하며 경합하는 여러 목적이 외교정책을 좌우하면서, 전통적인 방식을 따라서는 이러한 현상을 설명할 수 없다는 사실이 곧바로 자명해진다. 정치인과 외교관 들은 객관적인 군사적 역량보다는 사상이 가진 음험한 힘을 더욱 두려워하였다. 소비에트러시아는 현저히 약한 군사력에도 불구하고 이념의 힘으로 온 세상을 위협했고, 그들과 핵심적인 이념을 공유하는 듯이 보인(그야말로 호전적이고 완전 무장을 갖춘) 나치 독일은 그 덕에 다소 독특한 멤버로서 받아들여질 수 있었다. 영국 같은 나라를 지배한 이들은 나치 독일의 이념을 썩 마음에 들어하지 않았지만, 그것을 위협적이라기보다는 상호 보완적이라고 보았다. 영국의 엘리트는 파시즘보다는, 파시즘이 불안정하게 되고 전복될 경우 이를 대신할 가능성이 높은 공산주의에 대해 더욱 우려했다. 따라서 파시스트 국가들과 이들 사이에서는, 스페인내전 기간에 목격된 것처럼 공개적 지지 대신 침묵의 공모가 이루어졌다. 불안감은 정부 각 부처를 넘어 사회 전체에 뿌리 깊이 자리 잡았다. 제1차 세계대전 이후로 전통적인 국가 간 신의 관계를 기대할 수 없었기 때문이다.

그렇기 때문에 외교상의 의도를 라기온 디 스타토Ragion di Stato 또는 레종데타Raison d'État*로 환원하는 것, 즉 다른 모든 이해관계에 우선하는 국가의 이해관계로 환원하는 것은 앞뒤가 맞지 않는다. 국가를 운영한 이들이 정확히 누구였는가? 외교를 관장한 이들은 누구였는가? 런던과 파리에서 국가를 운영하고 외교를 관장하던 이들 중 적지 않은 수가 잃을 것이 많은 "독립적인 벌이를 갖춘 신사들"의 자손이었다. (필연적으로 오직 남성이던) 이 사람들이 각자의 분파적 이해관계를 반영하지 않고 국가의 이해관계를 규정할 수 있었을까? 귀족이든 부르주아지든, 국가를 지배하는 이들이 견제받지 않을 경우 자신이 속한 계급의 이해관계에 따라 움직이리라고 상정하기 위해 마르크스주의자가 될 필요는 없다. 라기온 디 스타토라는 르네상스적인 관념은 정확히 그런 왜곡을 상쇄하기 위해 만들어졌다.

---

* 양자 모두 국가이성을 의미.

이 개념은 정부가 분파적이거나 이념적 이익보다는 전체 사회의 이익에 충실히 복무하는 만큼, 변함없이 국가의 이익도 도모해야 한다고는 제안하지 않았다. 정치학자와 마찬가지로 이를 거꾸로 읽고 라기온 디 스타토가 국가들이 실제로 행하고 항상 해왔던 것에 부합한다고 단순하게 상정한 역사학자는 완전히 틀렸다.[8]

편향은 계급만이 아니라 국가와 관련되기도 한다. 정책의 입안자와 집행자를 단조롭게 '합리적인 행위자들'이라고 상정한 사람들 때문에 결코 간결하고 명확한 서술로 손쉽게 담아낼 수 없는, 여러 세기에 걸친 관행이 있는 사회 전체를 명징하게 인식하기 위해서는 여러 해외 문서보관소의 자료를 토대로 연구를 진행해야만 한다. '합리적인 행위자'는 정치학이 경제학에서 빌려 온, 케네스 애로처럼 통찰력 있는 경제학자들이 포기하고 있던 대단히 오해의 소지가 큰 개념이다.[9] 그리고 대체 누구의 합리성을 논한다는 것인가? 이것은 영국과 미국의 사회과학계 전반에 걸쳐 특히 모든 사람이 사회적, 국가적 본바탕과 상관없이 동일하게 사고한다는 가정을 당연하게 여긴 국제 관계 연구에서 눈에 띄게 드러나는 일종의 제국주의적 편협성이다. 따라서 외부와 단절된 진공상태에서 외교정책 수행을 검토하면, 필연적으로 어떠한 일이 일어났는가가 아니라 왜 그런 일이 일어났는가에 대해 오해의 소지가 있는 가정들을 만들게 된다.

그렇다면 우리는 불가능한 과업을 맡은 것일까? 외교 부서에서 결정을 내리고 그것을 수행한 이들의 마음속으로 어떻게 들어갈 수 있을까? 비밀 해제된 긴급 보고와 정책 비망록은 확실히 큰 도움이 되지만 모든 것을 보여주지는 않는다. 분주한 근대 관료들은 검토하거나 수령한 직후 신속히 회의록을 작성하기 전에, 한쪽에서는 암호화해야 하고 다른 한쪽에서는 암호를 해독해야 하는 함축적인 전보문을 작성했다. 그들은 서로 이미 알고 있는 것을 말하느라 귀중한 시간을 낭비할 생각이 없었기 때문에, 그들보다 더 바쁜 주요 부처의 장관이나 특정한 이해나 편견을 고집하는 정치인에게 보내는 성명서도 그렇게 작성했다. 일기 같은 개인 문건은 도움이 되지만, 일부는 과거 사건의 심판자가 되려는 목적을 가지고 작성됐다. 하지만 그런 자료들이 없었다면 우리는 길을 잃고 말았을 것이다. 해럴드 니컬슨의 경솔한 언동이나 네빌 체임벌린이 누이들에게 보낸 서한이 없었다면 정말이지 우리는 어디에 있었을까? 그러나 자료에 접근하는 데에는 드물지 않게 문제가 있다. 전간기를 연구하는 역사학자들이 밝혀낸 바와 같이, 데번셔가와 베드퍼드가처럼 외교 문제의 일부 사안에서 막강한 영향력을 행사한 영국 귀족 사회의 명문가들은 주목할 만한 사례들에서 가문을 난처하게 할 수 있는 1차 자료에 접근하도록 허락하지 않았다. 리처드 버틀러 같은 일부 전임 장관들은 1940년 여름 독일과의 평화 협상 타진을 언급한 문서와 같은 핵심 문건들을 말소했다. 이는 그들이 발간한 시치미 떼는 회고록들과 모순된다. 그리고 영국의 조지프 볼 경과 로스차일드 경 같은 이들은 억압적인 명예훼손법을 이용해 법정 대응하겠다고 위협하며 진실을 밝히려는 시도를 막으려 했다. 볼의 경우는 무솔리니에게 건넨 비밀 제안 건이었고, 로스차일드의 경우는 케임브리지 5인과 관련된 공모 은폐 건이었다.[10] 이러한 다양한 이유로 인해 일반적으로 해외의 관찰자가 내국에 있는 이들보다 해당 국가의 지배층 사이에 널리 퍼져 있는 암묵적인 합의를 훨씬 잘 파악하곤 한다.

이 연구의 목표는 외부에서 바라본 국제 관계의 역사와 내부에서 바라본 사상, 즉 국제 관계에서 의식적인 목적에 투영된 사상의 역사를 한데 엮는 것이다.

보통 나는 연구 보조원을 쓰지 않는다. 연구 보조원을 쓸 경우, 자동적으로 전문가만이 인지할 수 있는 예기치 않은 발견이 배제될 수 있기 때문이다. 잘못된 방향으로 출발한 모든 이가 아메리카를 발견하지는 않는다. 하지만 조급한 마음에 잘못 주문한 문서철이 원래 보려던 것보다 훨씬 유용한 문건으로 밝혀질 수도 있다는 점에서 우회적인 이점을 가질 수 있다. 이와 비슷하게, 이미 대출된 책 한 권을 찾으려고 도서관 선반을 샅샅이 뒤지는 일이 연구자를 미지의 작업으로 인도할 수도 있다. 기민한 역사학자에게 뜻밖의 발견은 그야말로 전부이다.

그렇기에 모든 실수는 분명히 나의 책임이다. 고마워해야 할 사람이 여럿 있다. 프린스턴대학 출판부의 부지런한 독자들은 초고에서 부적절한 어구들을 찾아 나를 구원해주었다. 그리고 출판부의 캐슬린 시오피와 브리짓 플래너리맥코이는 이 연구 계획이 출간될 수 있다고 판단했다. 여러 동료가 내가 간과했을지도 모르는 2차 자료를 찾는 데 도움을 주었다. 독일과 관련해서는 폴 호저, 바티칸과 관련해서는 존 폴러드에게서 도움을 받았다. 블라디미르 페차트노프가 구해준 새로운 자료집 덕분에 엄청나게 시간을 절약할 수 있었고, 훌리안 카사노바는 스페인과 관련된 내용을 친절히 검토해주었다. 내가 감사를 표하는 문서보관소 목록은 이 연구의 말미에 밝혀두었다. 하지만 아쉽게도 그 이름에 걸맞게 바티칸 비밀문서보관소는 여기에 포함되지 않는다. 이 기관의 감독관들은 공식적으로 비밀이 해제된 여러 문서를 열람할 수 있도록 허가해주었으나, 막상 도착하니 열람 허가를 거부했다. "열람할 수 있는 문서가 있습니까?" 내가 짜증을 내자 냉소적인 반응이 돌아왔다. "네. 1945년부터 1955년까지 스위스와의 관계 문서요." 그에 반해 훌륭하기 그지없는 케임브리지 처칠칼리지의 사서들과 프린스턴 고등연구소 소재 역사학 및 사회과학도서관의 지칠 줄 모르는 직원들, 특히 마르시아 터커와 키어스티 베난지에게는 특별히 감사를 표한다. 문서보관소에서 수행한 연구의 대부분은 1970년대에는 버밍엄대학, 1980년대에는 스탠퍼드 및 버클리, 그리고 1990년대 내내 케임브리지에서 보낸 시간으로 거슬러 올라가지만 2015년 케넌 학과장으로 선출된 이래 이상적인 조건에서 연구하고 집필할 수 있었던 것은 고등연구소 덕분이었다. 마지막으로 탁월하고 헌신적인 역사학자로서 나의 서술에 과제를 부여하고 내가 하는 모든 것에 의미를 부여하는 카리나

우르바흐와 나의 삶, 생각, 실수를 공유할 수 있음에 항상 감사하며, 나의 사랑하는 아들인 티머시에게도 마찬가지로 고마운 마음을 전한다.

2021년 5월
뉴저지, 프린스턴에서

들어가며

우리는 때때로 주변에서 일어나고 있는 변화를
가장 늦게 인지한다.

존 메이너드 케인스[1]

우리는 왜 제2차 세계대전의 기원들 가운데 공산주의가 핵심적 역할을 했
다고 믿어야 할까? 그 답은 제2차 세계대전의 기원에 관한 표준적인 연구
목록에는 거의 나타나지 않는다.

한때 공산주의자들이라는 이름으로 더 잘 알려졌던 볼셰비키가 제
기한 혁명의 위협이 파시즘의 대두에 핵심적인 역할을 했다는 것은 이미
입증된 바 있다. 또한 혁명의 위협은 히틀러의 독일이 제기한 즉각적이고
아주 실제적인 안보 위협에 대항하기 위해 여러 국가가 뭉치지 못했던 사
실과 관련해서도 중심적인 고려 사항이었다. 소비에트사회주의공화국연

맹*, 즉 소련은 혁명 이후 20년 이상 중부 유럽을 위험에 빠트리는 공세 작전을 수행하기에는 턱없이 부족한 군사력을 가진 채로 유럽의 변방에 존재했음에도 불구하고 전 세계 자본주의를 시시각각으로 위협하고 있었다. 공산주의 통치에 대한 두려움이 나치에 대한 공포보다 컸던 폴란드, 루마니아, 체코슬로바키아를 포함한 모든 국가는 아주 쉽게 고립되어 히틀러에 의해 차례차례 뜯긴 뒤 지도에서 지워졌다. 1930년대 중반에는 소련이 유럽의 동부에서 제기하는 위험은 충분히 인식된 한편, 나치 독일이 유럽 중앙부에서 제기한 위험의 규모와 깊이는 아직 그 모습을 완전히 드러내지 않았다는 사실을 고려하면 더욱 앞뒤가 맞는다.

따라서 이 이야기는 통상적으로 상정되는 것처럼 1930년대에서 시작하지 않는다. 그때는 이야기가 절정에 다다른 시기이다. 우리는 1920년대로 거슬러 올라가 이 이야기가 어떻게 기원했는지를 필수적으로 알아야 한다. 실제로 전후 시기의 위험이 명백해지기 전까지 제1차 세계대전(1914~1918)은 끝난 것이 아니었다. 1919년 1월, 런던의 〈타임스〉지가 "볼셰비즘 제국주의의 위협"에 대항하라는 아찔한 요구를 담은 기사를 발행했을 때, 사절단들은 이미 유럽과 근동의 지도를 다시 그리고자 파리로 향하고 있었다. 그 사설은 다음과 같이 고함쳤다. "평화 회담에 앞서 당면한 모든 문제 가운데 러시아 볼셰비키주의자의 새로운 제국주의와 우리 사이의 관계보다 시급한 것은 없으며, 행동의 지연보다 우리 친구들의 안녕에 위해를 끼치는 것도 없다. 볼셰비즘이 얼마나 치명적이든 간에 오직 러시아인만이 고통을 받으며 우리는 그러한 문제와 맞닥뜨리지 않기 위해 신중해야만 한다는 생각이 영국 내에 팽배해 있다. 그러나 그 시각에 담겨 있을 수도 있던 어떠한 진리도 이미 증발해버렸다. 현 러시아 정부는 유럽

---

* 흔히 "소비에트연방"이라고 번역되지만, 러시아어 소유즈Coюз는 '동맹'과 '연합'의 의미를 내포할 뿐 연방이라는 의미는 전혀 가지지 않는다.

내 어떤 국가보다 제국주의적이며, 이 사실을 숙려하는 것은 우리의 문제를 이해하는 데 핵심적이다."[2]

러시아에서 볼셰비키혁명이 거둔 승리는 어떻게 그토록 빨리 전후 유럽의 계획들을 위협할 수 있었을까? 그 해답은 어렵지 않게 알 수 있다. 볼셰비키(또는 오늘날 우리가 부르듯 마르크스레닌주의)의 신조는 세계의 노동계급뿐 아니라 궁핍해진 농민에게도 사회경제적 박탈을 즉각적이고 급격하게 해결할 수 있는 방법을 제공했다. 1918년 혁명적 선전이 지구 전역에 들불처럼 퍼졌을 즈음, 조건들은 무르익었다. 프랑스 주재 스위스 대사가 보고했듯, 유럽에서는 "어디에서나 소란, 폭동, 격변이 일어나고 있"었다.[3] 유럽 어디에서든, 민중의 불만에는 오직 정도의 차이만 있을 뿐이었다. 공업화가 가속한 근대적 갈등의 규모와 강도는 제1차 세계대전이 휩쓴 사회 곳곳에 막대하고도 견딜 수 없는 압력을 가했다. 러시아제국, 오스트리아헝가리제국, 오스만제국처럼 인접한 다국적 리바이어던은 가차 없는 폭격과 총력전의 경제적, 사회적 중압으로 인해 내부로부터 무너졌다.

이에 비해 민주주의 체제들은 국가적 합의를 조성하는 능력 면에서 훨씬 나았다. 하지만 그 체제들 또한 생존을 위한 장대한 투쟁은 오직 사회 개혁과 평등주의적 소득 분배라는, (끝내 지어지지 못한 영국의 "영웅들의 집들"처럼) 화려하지만 공허한 약속을 통해서만 유지할 수 있음을 알아챘다. 그들은 당장의 요구를 충족시킬 수 있는 약속을 지킬 수 없게 되는 필연적인 순간을 지연시켰다. 자유주의자들은 신속하게 사회주의자로 변모했으며, 사회주의자들은 마르크스주의를 택하면서 개혁적 사회주의를 재빨리 포기했고, 마르크스주의는 광신적인 레닌이 자기식대로 만들고 있었다. 이전 세기의 프랑스 혁명전쟁들에 흠집 하나 나지 않은 채 출현한 전쟁 전의 유럽식 국가 체제는 그 중심 요소가 폭동에 굴복함에 따라 비틀거렸고, 붕괴할 위험에 직면했다.

시초는 1917년 11월 레닌이 기습적으로 러시아제국을 빼앗은 격동의 '10월혁명'이었다. 이후 1922년 10월, 베니토 무솔리니의 성공적인 '로마 진군'이 있었다. 원칙적으로 승전국인 이탈리아는 협상국인 영국, 프랑스에 가담했지만, 수십 년에 걸쳐 풀리지 않던 정치적 위기는 악화하기만 했다. 제국의 패망이라는 희생을 겪었으나 영토 취득의 기회를 박탈당한 우파 측에서는, 미심쩍은 식민 정복으로 증폭된 억눌린 민족주의 감정을 결코 채울 수 없었다. 한편 좌파 측에서는 10월혁명이라는 선동적인 사례가 (1920년의 공장점거와 광범위한 무질서로 극에 달하게 되는) 만연한 사회적 불안에 영감을 불어넣었다. 그러나 공산주의보다는 파시즘이 승리했다. 1923년에 이르러 국가사회주의독일노동자당NSDAP, 즉 나치당의 파시스트들은 독일에서 세를 얻었다. 그들은 그때까지 전혀 알려지지 않은, 열망으로 가득한 건축가 아돌프 히틀러의 매력 아래 남부 바이에른에서 주역으로 등장했다. 바이에른의 주도인 뮌헨에서 시작한 히틀러는 자민족을 겨냥하고 있는 가장 주요한 위협 요인인 국제볼셰비키주의혁명이 국내외 유대인과 불가분의 관계로 얽혀 있다고 주장했다. 다른 목표가 무엇이든 간에 히틀러의 궁극적인 목적은 독일에서 유대인을 청산하는 것이었고, 전쟁으로 잔혹해졌으며 예기치 못한 패배로 치욕을 겪은 헌신적인 추종자들은 매혹적인 그의 언변을 열렬히 들이마셨다. 동시에 모스크바에서 혁명에 대한 희망이 바래지면서 유럽의 국경 바깥 멀리에서는 중국 혁명이 시대적 과제가 되었다. 이로 인한 주요 피해자는 중국의 재정적 지배자인 영국이었다.

　또 다른 전쟁의 위협이 지평선 위로 떠오른 1937년부터 1939년 사이에 영국이 독일의 침략을 저지하기 위해 소련과 협력하지 않은 이유는, 볼셰비즘 혁명이라는 위협이 잔재해 있었다는 사실 하나로 상당 부분 설명된다. 공산주의 열강을 대륙의 심장부로 끌어들이는 위험을 감수하기 보다는, 중부와 동부 유럽의 의존적 국가들을 분할하는 비용을 치르더라도

시의적절한 영토 할양으로 히틀러를 매수하는 편이 훨씬 나을 것이라는 간단한 추론이었다. 하지만 그 추론은 대개 문자화되지 않은 추정 안에 숨겨졌고, 국민에게 상세히 설명되지 않았다. 1930년대를 통틀어 민주주의 체제 내의 선도적 보수 정치인들이 권력을 장악한 파시즘을 환영했을 뿐 아니라, 이탈리아나 독일에서 (어디까지나 잠정적인 해결책으로만 여겨진) 파시즘이 전복되면 공산주의가 거의 확실히 빈 자리를 채울 것임을 우려했다는 틀림없는 사실은 불충분하게 이해됐다. 제2차 세계대전 직후의 사건들은 확실히 그러한 공포가 전적으로 부적절하지는 않았음을 암시한다. 자본주의 체제라는 근본과 민주주의 유산의 굳건함에 대한 자신감은 나락으로 떨어졌고, 대공황은 이를 잘 드러냈다.

그리하여 전쟁의 유령 이면에는 혁명이라는 더욱 위협적인 유령이 출몰했고, 그 유령은 결국 머나먼 가능성에서 즉각적인 확실성으로 바뀐 전쟁의 출현을 재촉했다. 그리고 이 암울한 전망이 샌프란시스코에서 상하이까지, 블라디보스토크에서 베를린을 거쳐 런던에 이르기까지 우리가 알고 있는 세계 전역에 출몰했다. 혁명의 유령이 가진 집요함은 비현실적인 자유주의적, 사회주의적 기대 때문에 결국 좌초된 국제연맹의 규약이 상상한 집단 안보를 통한 평화 추구를 끝없이 복잡하게 만들었다. 좌파는 일관되게 재무장을 거부했다. 주화론이 지배했다. 자유주의자와 사회주의자들은 무력 없이 국가의 생존이 보장될 수 없었음에도 진심으로 집단 안보를 믿었다. 이 근본적인 역설은 풀리지 않았고, 결국 개혁주의 좌파를 총체적으로 무능하고 무관하게 만들어 폐기되도록 했다.

"만국의 노동자여 단결하라!" 공산주의·볼셰비키주의 형태의 혁명은 단지 소비에트러시아의 경제와 사회를 근본적으로 개조하기 위한 마르크스주의 사상이나 레닌주의 강령에 불과한 것이 아니었다. 혁명은 기존 자본주의 체제에 치명적인 영향력을 미치는 국제적 전염병이었다. 레닌이 공공연히 자랑했듯 해독제나 백신은 없었다. 드레스셔츠와 프록코트를 말쑥하게 차려입은 외무인민위원 게오르기 치체린은 1921년 8월, 소비에트러시아를 명백하게 "세계혁명의 성채"로 묘사했다.[4] 하지만 이미 구축된 전전 질서의 외교적 가치와 관례를 복원하는 일을 뒤엎는 과업은 국제공산주의(코민테른)에 부과됐다. 모스크바에 위치한 "세계혁명의 본부"로서 코민테른은 유럽과 그 너머 식민세계 내부에 축적된 맹목적인 불만에 의지했고, 그것에 목표를 부여했다.[5] 결국 실패할 운명이었던 독일 봉기를 기대하던 볼셰비키당 중앙위원회 서기 뱌체슬라프 몰로토프는 1923년 11월, 모든 공산주의자에게 "러시아의 10월혁명은 자본주의에 대한 첫 번째 일격이며, 독일 프롤레타리아혁명의 승리는 더더욱 강력한 일격"이라고 상기시켰다.[6] 레닌은 이를 "완전히 다른 종류의 국제 관계"라고 자랑했다.[7] 코민테른이 그러한 목적의 중심부였던 반면, 외무인민위원부(나르코민델)는 공산주의적이든 아니든 간에 어떠한 원칙을 고려할 필요로부터 해방됐다. 소비에트 외교의 기저를 이루는 일반 원칙들이 무엇이냐는 질문을 받은 한 선임 러시아 외교관은 "원칙이라고요!"라고 외쳐 질문을 한 중국 대사를 깜짝 놀라게 했다. "외교에 원칙은 없습니다. 오직 경험만이 있을 뿐이죠."[8]

레닌은 가차 없이 세계혁명을 추구한, 즉흥적인 행동의 천재였다. 지구 각지에 공산당이 세워진 초기부터 그 당들은 러시아로부터 막대한 재정 지원을 받았다. 자본주의 진영에 침투해 체제를 전복시키는 것이 시대의 과제였다. "코민테른은 모든 나라에 수십 개의 연줄과 요원들을 보유하고 있다."라고 레닌은 자랑했다.[9] 붉은군대를 만들기 전 잠시 외무인민위원을 역임한 트로츠키는 1923년 서한을 통해 다음과 같이 논평했다. "전쟁 전까지는 … 정치적 연줄들이 훨씬 더 분명했습니다. 모든 국제 관계가 더 안정적이었고, 상세히 규정된 조약과 관계와 전통이라는 구조 속에서 모든 대사가 일했습니다. 뭐랄까, 외교는 직무의 하나였죠. 오늘날은 모든 상황이 … 근본적으로 바뀌었습니다. 외교는 이제 런던을 한 방면으로, 베이징이나 도쿄를 다른 방면으로 두고 벌어지는 고도의 수 싸움이 되었죠."[10]

따라서 모스크바는 모든 비용을 치러서라도 가능한 한 빨리 기존 국제 질서를 전복하기 위해 구세주적으로 헌신했고, 이는 국제 관계의 관습적 양식을 체계적으로 뒤집었다. 유럽 전역에서 탈부착용 깃과 남성용 정장을 입은 채 열심히 유럽 대사관들에 긴급 보고를 부치고 그들에게서 암호화된 전신을 받던 엘리트 관료들은, 자신들의 관례적 외교 수행이 코민테른의 지시에 의해 전 세계에서 반복적으로 좌절되는 광경을 목격했다. 모스크바의 새로운 정부는 그들이 상대하는 부르주아 정부들에게 어떠한 존중도 보이지 않았다. 전쟁 또는 경제봉쇄에 대한 과도한 언급과 위협이라는 충분히 예측할 수 있는 반응이 나왔다. 크렘린이 이러한 보복에 직면하기 위해서는 강한 담력이 필요했는데, 레닌이나 스탈린 같은 이들에게는 예사로운 일일 뿐이었다. 결과적으로 나타난 분노는 자신들이 제기한 위협이 효과적이었다는 믿음을 확인해줄 뿐이었다. 1927년, 전통에 아주 까다로운 영국 외무장관은 하소연하듯 사안을 설명했다. "우리가 요구한 바는 그들의 국내 제도를 바꿔야 한다는 게 아니라 … 다만 차후에 자신들의 정책을 통상적인 국제예양에 맞추고, 세계혁명을 홍보하기 위한 노력과 우리의 내부 사안에 대한 간섭을 자제하라는 것뿐이었습니다."[11]

그러나 볼셰비키는 자신들의 행동, 특히 세계혁명을 추구하는 노선을 바꿀 생각이 없었다. 이는 그들의 본성을 바꾸라는 요구나 다름없었기 때문이었다. 또한 그들은 승전국과 패전국 사이에 마찰을 조장함으로써 그들이 "제국주의자 사이의 모순"으로 명명한 것에서 발생하는 어떠한 기회도 놓치지 않으려고 했다. 애초에 그들은 이 방식으로 남들의 주의를 피해 권력을 붙잡지 않았던가? 레닌과 후계자들에게 잠재적 혁명에 도박을 거는 행위는 단지 신념의 문제가 아닌, 생존을 위한 긴급한 우선순위였다. 초기의 이점은 대륙 전체에 걸쳐 주요 기반 시설이 대규모로 파괴되어 유럽의 경제가 쓰러졌다는 사실에 있었다. 전쟁은 유럽의 선도적 상업 국가들을 궁핍하게 만들었다. 승자와 패자를 막론하고 외국을 혐오하며 보호주의적인 색채를 띤 국민국가들이 러시아제국과 오스트리아헝가리 제국의 잔해에서 새롭게 부상함에 따라 상황은 더욱 나빠졌다. 이 국가들은 처음부터 자신들의 탓이 아닌 진퇴양난과 마주했다. 인종적으로 동질적인 국가 경계를 모색하거나 전략적으로 방어할 수 있는 국경을 선택한다는 상호 배타적인 두 가지 원칙을 두고 내부로부터 분열된 것이다. 양자 사이에서 선택해야 한다는 필요에 직면한 이들은 항상 드넓은 영토를 제공하는 원칙을 택했고, 이는 국제분쟁을 만드는 조리법이자 자신이 탐냈던 영토를 지닌 국가들 사이의 관계 악화를 꾀했던 히틀러 같은 책략의 달인에게 신이 내린 선물과도 같이 작용했다.

전쟁은 또한 사회를 묶어주던 이음매들을 풀어버렸다. 단순히 통치로부터 소외되는 문제가 아니었다. 국가는 항상 무력을 독점함으로써 우월성을 유지해왔으나, 1914년부터 1918년까지 벌어진 전쟁 때문에 18세 이상의 남성 수백만 명이 적에 맞서 이기기 위해 잔혹해진 상태였다. 전투원으로 참전한 남성은 총을 쓸 줄 알았고, 총검을 이용해 살상하는 법을 알고 있었다. 영국처럼 총기 소유가 합법인 나라에서 총기를 발견하기란 어렵지 않았다. 전쟁 이후 수년 동안 무작위로 발생한 정치인 암살과 대중의 폭력 시위는 독일만의 문제가 아니었다. 공공질서를 유지하기 위해 신경이 곤두서 있던 이탈리아 자유주의 정부가 가장 염려한 대상은 바로 동원 해제된 시민들이었다. 전쟁에서 돌아온 병사들은 머지않아 1919년 무솔리니가 조직한 파시즘 정당인 파시디콤바티멘토Fasci di Combattimento의 준비된 신병들로 전락했다. 그리고 극심한 사회 혼란은 유럽뿐만 아니라, 전통적인 국가를 과거의 유물로 믿은 이들이 존재하는 지구 각지에서 공산주의가 팽창할 유일무이한 기회를 선사했다.

지금까지 주장된 바에도 불구하고 레닌이 세운 혁명 목표들은 (비록 더욱 조심스럽기는 했지만) 스탈린과 그의 후계자들 치하에서도 유지됐다. (그들이 그러한 목표들을 추구할 때 목적의식이 있었든 없었든 말이다. 일부는 보란 듯이 무관심했다.) 그들은 원칙이 아닌, 사안을 다루는 정도와 기회의 유무만으로 구별이 지어지는 체제 안에서 움직였다. 과거의 무게는 압도적이었고, 그들보다 훨씬 거대했다. 따라서 국제혁명에 주어진 우선순위는 지도자에 따라 달라졌으나, 최악인 경우에도 국제혁명 자체는 소멸하지 않았다. 이러한 측면에서 국제혁명은 소비에트 구조의 필요 불가결한 부분이자, 빠져나올 수 없는 유산이었다. 확실히 '신들의 황혼'에 대한 히틀러의 전망을 고취하고, 1930년대 말 내내 나치 독일을 상대하는 과정에서 잠재적 동맹으로서 영국과 프랑스의 신뢰를 치명적으로 약화한 것은 소련의 이러한 전복적 야망이었다.

이를 확연히 보여주는 사례가 영국이다. 영국은 경제적 무게감 하나만으로도 나치 독일의 위협에 맞서고자 의도된 어떠한 연합에서든 주춧돌을 맡아야 했다. 그러나 영국 대외정책사학자들은 제국 이후의 영국이라는 시각에서 모든 것을 너무 회고적으로 보는 경향이 있다. 그들은 전간기의 런던이 광활한 제국을 관장했으며, 이 제국이 정점에 오른 1919년 이후 가시적으로 분해되기 시작했다는 중요한 사실을 무시해왔다. 결과적으로 볼 때 영국은 필연적으로 힘이 분산된 강대국이었다. 유럽에서 긴급하게 해결되어야 할 광범위한 문제들에 귀를 기울일 뿐만 아니라, 국내의 경제적 필요와 제국 내 주요한 우선순위들도 고려하는 상황에서 자국의 대유럽 목표를 형성한 것이다. 예컨대 런던 주재 독일 대사관의 비스마르크 후작*이 히틀러에게 "영국 여론 중 매우 영향력 있는 부문이 유럽 사안에 대한 불간섭을 강력히 선호"한다고 말했다는 사실이 보고됐을 때, 영국 외무부 내의 전반적 반응은 분개 섞인 놀라움이었다. 하지만 약삭빠

---

* 독일제국의 재상을 역임한 오토 폰 비스마르크의 손자.

르고 냉소적인 현실주의자 옴 사전트는 "그러나 안타깝게도 비스마르크가 옳지 않은가?"라고 응수했다.[12] 물론이었다.

대외 정책의 최우선순위는 무엇보다도 방위, 즉 제국 방위라는 제국적 이해관계와 관련되었다. 군 상층부가 제국방위위원회에 참석한 것은 결코 우연이 아니었다. 심지어 카이로의 초등학생마저 영국에 반대하는 시위에 나올 정도로 식민지가 비할 데 없이 불안정했던 시기 내내, 해외 정책은 다가오는 변화의 물결을 저지하려는 절박한 시도를 상징했고 국내 정치 논쟁의 강도를 필연적으로 악화시켰다. 따라서 대다수에게, 특히 영국보수당British Conservative Party 내에서 서유럽의 안보는 오직 부차적인 사안이었고, 동유럽의 안보는 전혀 중요하지 않았다.[13] 제1차 세계대전이 끝나면서 영국은 이제 유럽과 결별해 순전히 국내 또는 제국의 사안에만 주의를 기울어야 하는 시기가 왔다고 느꼈다.

결국 이 모든 것은 돈의 문제였다. 민주주의 정부들은 성공적이거나 실패한 경제를 따라 흥기하거나 몰락했으며, 세금 인상은 언제나 인기가 없었다. 제국들은 부의 축적과 안보 이외의 이유로는 절대 나서지 않았다. 인도는 (공산품의 비율이 아주 높은) 영국 상품의 가장 큰 시장이었고,[14] 중국은 두 번째였다. 전임 버밍엄 시장이자 보수주의 총리였던 네빌 체임벌린은 상하이와 홍콩을 소개한다면 영국이 무역으로 돈을 뽑아내는 거대한 원천 하나가 파괴될 것이라고 강조했다.[15] 이곳에서 최초의 중국혁명(1925~1927)이라는 형태를 취한 공산주의와 충돌하게 되리라는 것에는 의심할 여지가 없었고, 홍콩 총독인 세실 클레멘티 경은 분명한 논조로 "우리는 식민지에서 볼셰비즘을 허용하지 않겠다."라고 공표했다.[16]

전간기는 반드시 전체적으로 봐야 한다. 역사학자들은 전적으로 유럽의 상황 전개에만 초점을 맞췄기 때문에, 1920년대 코민테른의 제국 전복과 1930년대 내내 이어진 유럽의 대러시아 사고방식 사이의 직접적인 연관을 간과해왔다. 이러한 실수는 트로츠키의 추방과 1929년 이후 스탈린의 부상에 지나치게 많은 의미가 부여되면서 강화됐다. 대다수는, 그리고 틀림없이 외무부에서는 세계혁명이 전적으로 포기됐다고 믿었다. 안타깝게도 일부 역사학자들은 이를 여전히 믿고 있다. 코민테른의 공세가 더는 예전처럼 효과적이지 않았기 때문에 이러한 추정이 타당성을 얻었다. 빠듯한 예산 때문에 감정에 기초해 우선순위를 정할 수 없었던 영국의 비밀 첩보기관 MI6은 1930년대 중반까지 계속해서 소련을 주적으로 간주했다.[17]

코민테른이 상대적으로 효과적이지 못했던 이유는 결코 아래로부터의 노력이 부족해서가 아니었다. 계급 전쟁을 성공적으로 추구하기 위해서는 생활 수준이 고통스럽게 축소되는 것 이상의 무언가에 의존해야만 했다. 1929년 월스트리트에서 시작된 미국 증권시장의 붕괴는 서구에서 오래도록 기다려온 혁명의 기폭제였지만, 혁명의 물결을 가속하는 데 실패하여 역설적으로 혁명이 사망했다는 추정에 신빙성을 부여했다. 놀랍게도 유럽의 주요 지역에서 많은 개혁적 사회민주주의자들이 기존의 사회경제 질서 강화를 돕고 나섰다. 공산주의자들, 코민테른의 수하들은 어디에 있었을까? 분명 그들은 사회민주주의자에 맞서 철저히 싸우라는 지침을 받았지만 권력을 장악하지 못했고, 이는 치명적이었다. 한편 긴급하게 한숨을 돌릴 필요가 있던 크렘린은 혁명적인 행동을 열망하던 성급한 공산주의자들을 통제했고, 이는 러시아 전체를 조속히 현대화하기 위한 시간을 벌어주었다. 그러나 이러한 일시 중지는 강요된 전술적 후퇴 이상의 무언가를 의미하지는 않았다. 후퇴는 결코 대의를 포기하거나 항복을 의도하지는 않았다. 소비에트 공산당 내부에서 근본적으로 코민테른을 추동한 힘은 마지못해 제자리걸음을 하는 중이었고, 1932년 위기의 해에 스탈린의 위세가 계속 도전 받은 것을 통해 알 수 있듯 불만이 없던 것도 아니었다. 영국을 통치하는 이들 중 잃을 것이 가장 많았던 자들은 상대적으로 고요한 바다가 오직 썰물에 불과할 수도 있다는 사실을 전적으로 이해했다.

800만 이상의 독일인이 실직한 상태에서 대공황은 히틀러에게 절호의 기회를 주었다. 영국에서처럼 독일의 사회민주주의는 진정한 혁명적 변화를 목청 높여 요구하는 노동계급의 목소리를 시의적절한 임시 방책들로 무력화하며 이들의 표를 적절히 지배했다. 심지어 국제 볼셰비키주의의 위험에 관한 히틀러의 민중 선동을 일축하는 경향을 지닌 이들조차, 공황이 생활 수준을 악화하고 지배층과 피지배층 사이의 간극을 엄연히 폭로하면서 프랑스와 스페인에 예기치 못하게 혁명의 물결이 다시 밀려와 1936년도의 무더운 여름 내내 양국을 사로잡았다는 사실을 공포를 느끼며 지켜보았다. 다시 한번 자유민주주의는 위험에 처했다. 무솔리니는 민주주의 체제의 딜레마와 그들의 지배적인 정치적 믿음을 요약했다. "자유주의는 모든 당이 국가의 경계 내에서 행동하는 나라에 적용할 수 있지만, 한 당이 해외에 의존하거나 해외에서 영감을 받을 수 있도록 허락하는 바로 그 순간부터 실행 불가능해진다."[18]

스페인에서 이러한 상황이 벌어졌다. 프랑스와 마찬가지로 스페인에서는 1934년 이미 분명하게 모습을 드러낸 사회적 격변이 충격적인 높이로 새롭게 고조되었다. 1차적으로 파시즘의 확산을 막기 위해 프랑스에서 창안됐고, 모스크바에서 채택됐으며, 트로츠키가 적절하게도 혁명에 대한 배신이라고 비난한 인민전선Popular Front이 혁명의 트로이 목마로서 나타났다. 1928년 40개의 당과 160만 명의 구성원을 거느린 코민테른은 성장을 거듭해 1935년에 이르러 61개의 당과 310만 명의 구성원을 가졌다.[19] 더 중요한 점은, 코민테른이 자체적인 역동성과 1920년대에는 볼 수 없던 광범위한 호소력을 가지고 서유럽에 복귀했다는 것이다. 스페인은 머지않아 둘로 갈라지고, 프랑스는 기로에서 흔들거렸다. 볼셰비즘은 프랑스에 대한 영국의 신뢰를 거두고 소련에 대한 프랑스의 신뢰를 즉각 와해시키면서, 유럽의 심장과 제국의 관문에서 실용적인 대안으로써 다시금 갑작스럽게 대두했다. 이윽고 히틀러가 동쪽으로 방해받지 않고 진군할 수 있는 길이 열렸다.

이 모든 사실에도 불구하고, 국제관계사학자들이 전간기에 공산주의가 수행한 역할의 중요성을 수용하기까지는 오랜 시간이 걸렸다. 제2차 세계대전에서 대연합Grand Alliance을 결성한 영국, 소련, 미국은 뒤이은 냉전에서 이 연합을 해산했고, 이는 치명적인 결과를 불러왔다. 한 세대 전체의 정신을 내부에서 억눌러 제2차 세계대전에 선행했고 그 전쟁이 일어나는 데 일정한 역할을 한 공산주의와의 깊은 갈등을 인지하지 못하도록 한 것이다. 의식적이든 아니든, 불편한 진실에 대한 이러한 억압은 우연히 우파에게 공간을 열어, 파시즘의 부상을 10월혁명의 필연적인 결과라고 포장한 에른스트 놀테* 같은 논객이 활동할 수 있게 했다.[20] 그의 논지는 위험할 정도로 단순했으며, 더욱 중요하게는 정치 논쟁에 문을 열어 차후의 역사 연구를 억압했다. 학계의 중도좌파 대다수에게 놀테는 볼셰비즘이 어떤 역할을 했다는 사실을 배제할 수 있는 이유로 충분했다.

역사 왜곡은 또 다른 왜곡을 촉발했다. 1960년대에는 볼셰비즘이라는 위험에 대한 히틀러의 강박적인 언사가 아무런 결과도 초래하지 않았다고 일축하는 것이 관례였다. 사실 그러한 언사가 아무런 실제적인 근거를 가지지 않았고, 또 전적으로 솔직하지 못했으며 의심하지 않았던 이들을 속이기 위한 책략에 불과했다고 주장하기 위해서였다. 이러한 접근법의 징후는 이탈리아 외무장관 치아노 백작 일기에 의존해 1936년의 반反코민테른조약이 "분명히 반영국적"(1937년 11월 2일 자)이었음을 주장하면서, 동시에 치아노가 이후 "새롭고 강력한 반공 체제"(1937년 11월 5일 자)이자 "우리의 가공할 반러시아 체제"(1937년 11월 9일 자)라고 자랑한 이후의 일지들은 무시하는 것이었다.[21] 모든 것이 불가피하게 지정학적 과정

---

* 파시즘과 공산주의 비교 연구에 관심을 가진 독일의 역사가.

을 따르기 때문에 동기는 저절로 알려지고 변하지 않으리라 상정하고, 목적보다 과정에 더 많은 주의를 기울이는 것은 어쩌면 외교사학자의 전형적인 약점일 것이다. 전간기 역사학자와 전기 작가들에게는 히틀러가 전적으로 예외적이고 극도로 병적인 정신 질환에 사로잡힌 영혼이었음을 인정하는 것 외에 다른 선택지가 없었을 것이다. 무엇을 더 말할 필요가 있겠는가? 그러나 히틀러의 성격에 과도하게 집중하는 행위가 전쟁에 대한 중요하고도 근본적인 또 다른 설명을 쉽사리 가로막을 수 있다는 점을 이해하기 위해, 앨런 존 퍼시벌 테일러*가 그랬듯 히틀러의 외교를 합리화할 필요는 없다. 한 남성은 하나의 군대가 아니다.

따라서 실제로는 더욱 컸던 코민테른의 역할은 나치 독일과 나머지 유럽과의 긴장을 설명하는 전통적인 서사 안에서, 더 이상 완전히 외면되지는 않더라도 그늘에 가려지는 경향이 있다. 게다가 이것이 좌우의 논쟁거리가 아니었다는 지적은 흥미롭다. 가장 보수주의적인 역사학자 사이의 시끌벅적한 침묵은 역설적으로 좌파에도 메아리쳤다. 예컨대 에릭 홉스봄**은 《극단의 시대》에서 코민테른을 거의 언급하지 않았다. 그는 파시즘의 부상이 어떤 식으로든 공산주의 운동에 대한 반응이었다는 생각을 명백히 거부했다. 분명 이를 정당화한다는 두려움 때문이었다. "우익은 볼셰비즘만이 아니라 모든 운동, 특히 기존의 사회질서를 위협했거나 사회질서 붕괴의 책임을 씌울 수 있는 조직된 노동계급에 반발했다."[22] 그러나 홉스봄이 설명한 것처럼, 전간기에 사회민주주의가 "기존의 사회질서를 위협"할 방법은 없었다. 반대로 사회주의자들은 기존의 사회질서를

---

* 19세기와 20세기 유럽 외교를 전공한 영국의 역사학자.
** 19세기 이래 유럽과 세계의 사회정치사를 다룬 3부작으로 유명한 영국의 마르크스주의 역사학자.

악명 높게 지탱했다. 공손하기로 유명한 램지 맥도널드*가 이끈 노동당 Labour Party 집권기의 영국이 대표적인 사례다. 가장 커다란 공포는 바로 공산주의 혁명에 관한 것이었다. 그것이 바로 1928년부터 시작된 악명 높은 시기에 코민테른이 무차별적으로 사회민주주의자를 "사회 파시스트"라고 낙인찍은 이유다. 오직 인정사정 봐주지 않는 볼셰비즘만이 실제로 자본주의를 전복하겠다고 위협했으며, 그것이 바로 코민테른이 탄생한 이유이자 제2인터내셔널을 대신해 제3인터내셔널이 창설된 이유이다. 최후까지 공산당원이었던 홉스봄은 물론 이를 잘 이해하고 있었다.

역사학자들은 제2차 세계대전의 전야를 묘사하면서 공산주의에는 대개 무대를 들락날락하는 정도의 부분적인 역할만을 마지못해 부여해왔다. 그러는 동안 관객들의 관심은 외교사학자들이 집필한 종래의 대본 속에서 펼쳐지는, 보다 저명한 배우들의 친숙한 상호작용에 의도적으로 쏠려 있었다. 그러나 공산주의에게는 자신의 진짜 역할을 되돌려받을 자격이 있다. 이는 부분적으로 아르노 메이어**가 1967년에 쓴 다음의 언급에 나타나 있다. "관습적인 외교사의 분석 틀은 대중 및 위기 정치, 국제적 내전이 벌어지는 시대의 국제 관계가 지닌 복잡성에 대응할 수 있도록 반드시 확대되어야 한다."[23]

따라서 이 작업의 목적은 외교를 넘어서서 당시의 코민테른을 실제로 그것이 있던 자리, 즉 라인강 양편의 정부를 책임진 이들에게 때때로 무언의 위협을 가하며 무대의 가운데에서 결코 멀리 떨어져 있지 않았던 자리로 되돌려놓는 것이며, 1919년과 1941년 사이에 펼쳐진 드라마를 설명하는 작업에서 그들에게 스포트라이트를 되돌리는 것이다. 나의 더욱 큰 목적은 이 연구와 러시아가 치른 냉전에 대한 내 역사 연구를 연계

---

* 노동당원으로서 최초로 총리를 역임한 영국의 정치인.
** 벨기에 출신 미국 역사학자.

해 볼셰비키주의가 전쟁 이전에 수행한 역할과, 심원한 이념 차이가 무기한 억제될 수 있다고 오해 섞인 암시를 준 짧은 전시 협력 기간과 지난 1947년부터 볼셰비키주의가 수행한 역할 사이의 밀접한 관계를 강조하는 것이다. 여태껏 역사는 비록 조각조각 나뉘지는 않았을지라도 과도하게 구획화됐고, 특히 사상의 영역을 사건의 세계에서 분리했다. 시기 구분과 관련해서는, 전간기와 냉전기 사이의 상호 연관된 조직들을 다시 이어 붙일 필요가 있다. 이를 통해 우리는 마침내 전간기와 냉전기를 하나로 통합해 볼 수 있을 것이다.

1장

세계혁명으로의 갈림길,
1917~1920

우리는 갈림길 위에 서 있고, 이제 결정을
내려야만 한다. 이 세상이 볼셰비즘 아래로
들어갈 것인가, 아니면 이를 죽일 것인가.

에리히 루덴도르프 원수[1]

제1차 세계대전은 유럽이 나아갈 길을 잃어버렸음을 결정적으로 증명했
다. 폴 발레리가 "정신의 무질서"라고 유려하게 묘사한 무언가가 확실히
세를 얻은 것이다.

이제 우리는 문명이 유한한 존재임을 안다. 우리는 온 세상이 사라졌고
모든 제국이 그들의 엔진과 함께 밑바닥으로, 탐사조차 불가능한 세기의
밑바닥으로 침몰했다고 들었다. … 이제 우리는 모든 이를 집어삼킬 만한
크기를 가진 역사의 심연을 본다. 우리는 문명이 삶만큼이나 부서지기 쉽

다고 느낀다. … 이례적인 떨림이 유럽의 척수를 타고 흐른다.[2]

　이러한 상황은 단지 엄청나게 많은 피를 흘린 전쟁의 비극적이고 피할 수 없는 결과이지만은 않았다. 상황은 전쟁이 발발하는 1914년에 선행한 보편적인 문제들이 극으로 치달은 결과이기도 했다.[3] 유럽의 자장磁場이 급격하게 변하기 시작하면서 바늘은 끔찍하리만치 유동적으로 떨렸고, 반란에 가담한 영국과 프랑스의 병사와 해군 선원들에게 과감한 조치가 가해졌음에도 사회적 안정성을 유지하기가 불가능한 곳들에서 극단적인 이념들이 자리 잡았다. 시민들이 열기에 휩싸이면서 정치적 온도는 새로운 단계로 급격히 치솟았다.

　대륙 전체는 예기치 못하게 갈림길에 다다랐다. 하지만 돌아갈 길은 없었다. 제1차 세계대전이라는, 그 누구도 기대하지 않았던 파괴적인 갈등은 19세기라는 오래된 확실성을 해체하고 흩뿌려 가루로 만들어서 역사의 뒤편으로 날려 보냈다. 정신적 외상은 군인들이 겨자가스에 눈이 멀거나 대포 소리에 귀가 먹었던 악명 높은 참호에 국한되지 않았다. 1915년 1월, 영국 동부 해안의 그레이트야머스 중세거리는 사상 처음으로 체펠린비행선의 공중폭격을 받았다. 벨기에와 프랑스 북부, 또는 러시아제국 변방의 군대가 진군하던 길목에 살던 이들은 더욱 커다란 고통을 겪었다. 준비가 덜 된 채로 전투에 휩쓸린 그 사회들은 정치적 붕괴에 가장 취약했다. 그 결과 후진적인 러시아제국이 가장 먼저 고통을 겪었고, 제국의 경제는 전쟁의 부담을 감당하지 못해 무너져갔다.

10월혁명

그리하여 최초로 러시아가 몰락했다. 무정부노동조합주의자 조르주 소렐*은 서구 자본주의 문명의 장벽 가운데 어느 곳에서든 최초의 균열이 나타나기만을 간절히 기대하고 있었다. "오늘날 우리 대부분은 대전이 전투가 아닌 혁명으로 끝날 것으로 믿는다. 문제는 어느 나라가 그 주인공으로 나서느냐다. 대개는 러시아가 위대한 혁명의 신호를 주리라고 믿고 있다."[4] 11월 7일, 레닌이 이끄는 볼셰비키는 실로 모든 역경을 극복하고 페트로그라드에서 권력을 붙잡았다. 러시아공산당(볼셰비키)은 마르크스주의에 열광했지만 언제나 총체적으로 과소평가되었고, 극소수였다. 그러나 이때부터 레닌과 트로츠키의 역동적인 지도력 아래 그들이 가진 신념의 힘과 날카로운 전술적 감각 및 조직적 역량이 어마어마하다는 사실이 드러났다. 세계사회주의혁명이라는 목표는 보편적이었고, 그들의 전술은 한 치의 오차도 없이 영악했다. 일부에서는 이들에게 경탄했다. 소렐은 "러시아에서 벌어진 사건들은 혁명이라는 생각에 사회주의 문헌이 오랫동안 갖지 못했던 실재라는 가치를 부여했다."라면서 공공연히 호의를 표했다.[5]

이후로 혁명들은 더 이상 1789년이나 1830년, 또는 1848년처럼 거리에서 자연 발생적으로 폭발하듯 일어나지 않았다. 1870년 파리코뮌 때는 무정부주의자들 사이에서 어느 정도 사전 공모가 이루어지기는 했지만, 엄청나게 우세한 반혁명 군대뿐만 아니라 "코뮌의 죄를 속죄"하기 위해 지어진 몽마르트르의 사크레쾨르 대성당이 상징하는 잔혹성에 빠르게 굴복했다. 레닌은 두 번 다시 이렇듯 기회를 상실해서는 안 된다고, 특히 러시아에서는 결코 그럴 수 없으리라고 확고히 결의를 다졌다. 폭력적인 혁

---

* 1847~1922, 생디칼리슴(노동조합주의)을 주창한 프랑스의 사회주의 이론가.

명이 그를 뒷받침할 터였다. 1905년의 실패한 혁명 또한 노동자평의회(소비에트)의 출현이라는 중요한 교훈을 제공했다. 소비에트의 등장은 마르크스주의적 목표뿐만이 아니라, 반혁명의 주축으로서 국제적 측면이 갖는 핵심적인 중요성도 강조했다. 러시아의 혁명은 국경 너머로 퍼지지 않는 이상 결코 생존할 수 없었다. 국제적으로 번지거나, 그러지 않으면 사라지거나였다. 패배와 1905년부터 프랑스로부터 받은 핵심적인 재정 원조는 이 중요한 교훈을 강조했다.[6] 그리고 러시아에서 일어난 일은 국경 너머 아시아 제국에까지 반향을 울렸다. 머지않아 오스만제국, 이란, 중국에서 혼란이 일어나 러시아혁명을 뒤따랐다. 하여 1952년 이래 우리가 제3세계라고 부르는 국가들이 움직이기 시작했다. "오늘날 우리는 이 폭풍들이 유럽을 역으로 타격하는 시대의 한가운데에 살고 있습니다." 레닌은 수백만 아시아인이 "동일한 유럽적 이상을 위한 투쟁"에 동참하는 현실을 환영했다.[7]

　이들의 투쟁이 노동계급을 자본주의에서 해방하는 것이 아니라 현지 부르주아지를 의미하는 식민 세계를 서구 제국주의로부터 해방하는 것을 목표로 삼았음에도 불구하고, 볼셰비즘은 이 싸움을 형제적이라고 생각했다. "민족해방전선"으로 개칭된 이들 중에는, 믿기 어려울 수도 있겠으나 아마눌라 국왕의 아프가니스탄토후국도 포함됐다. 그러나 이 기회는 권력 장악과 혁명 유지가 혼재하기 어렵다는 문제점을 지니고 있었다. 그것은 하나의 근본적인 추정이었다. "러시아혁명은 자체의 노력으로 승리를 달성할 수 있으나, 자체의 힘만으로는 이 성취를 유지하고 강화할 수 없을 것이다. 서구에서 사회주의혁명이 일어나지 않는 이상, 이러한 조건을 수반하지 않는 이상 원상 복구를 피할 수는 없다." 레닌은 이에 덧붙였다. "러시아혁명은 유럽과 아시아 모두에서 위대한 국제적 우방을 보유하지만, 바로 그 이유로 인해 국가적인, 즉 러시아 내의 적뿐만 아니라 국제적인 적도 가진다. 모든 자본주의 나라에서 늘어나는 프롤레타리아 투쟁에는 불가피하게 반동이 수반된다. 전 세계 부르주아 정부는 단결해 아시아와 특히 유럽 전역의 모든 민중운동, 모든 혁명에 맞설 것이다."[8]

따라서 1917년 11월 7일 권력을 장악한 볼셰비키는 해외의 복합적인 문제들이 증가하는 상황에 직면하였어도 놀라지 않았다. 그들이 중단시킨 세계대전은 혁명을 압도할 정도로 위협적이고 자체적인 역동성을 지녔다. 그들이 카이저(황제)의 독일을 겨냥한 사격을 중지했음에도 불구하고, 전쟁으로 단련된 독일 군대는 페트로그라드에서 일어난 레닌의 쿠데타를 무시하고 러시아로 계속 진군했다. 1918년 3월, 독일인은 브레스트리토프스크조약을 통해 러시아인들에게 영토 절단과 재정 배상금이라는 고통을 선사했다. 혁명에 반대하는 강력한 무력이 존재함을 확인시키기라도 하듯, 7월 말 영국 군인들은 바렌츠해의 부동항 무르만스크에 상륙했다. 명목상으로 이 군대는 독일인을 밀어내기 위해 파견됐지만, 머지않아 그들이 가진 근본적인 목표가 명백해졌다. 핀란드에서 독일 진지의 서쪽을 향해 진군하는 대신, 그들은 페트로그라드에 있는 혁명 군대를 공격하기 위해 남진했다. 이는 장차 전개될 연합국의 간섭 전쟁, 즉 연합국이 점점 더 받아들이기 어려운 모순적인 정당화를 가지고 18개월에 걸쳐 합리화를 시도한 선전포고 없는 전쟁의 첫 번째 장면이었다.

1918년 11월 독일의 카이저 정부가 자신감을 잃고 인정사정없이 붕괴했을 때, 신뢰는 한계에 도달했다. 그러나 명목상의 목적이 사라진 영국은 진지를 소개하여 철수하는 대신 반혁명 세력을 더욱 강력하게 지원했고, 이윽고 상황은 볼셰비키를 몰아내기 위해 독일 병력이 발트 지역에 배치되는 지경에까지 이르렀다. 이제 문제는 과연 볼셰비키가 이에 맞서 독일이라는 적진 한가운데서 사회주의혁명을 자극하고 원조하여 스스로를 구제할 수 있을지, 아니면 연합국의 침략에 굴복할지였다. 레닌이 전 세계에 기대를 걸면서 러시아공산당의 기관지 〈프라우다〉는 "세계혁명이 시작됐다."고 포효했다. 어떤 측면에서는 실제로 그런 것처럼 보였다. 로마의 교황청 주재 영국 특사 드살리스 백작은 국무원장 추기경이 전한 심각한 경고를 보고했다. "독일인들이 수용할 수 있는, 모욕적이지 않은 평화가 빠르게 맺어지지 않는 이상 독일은 볼셰비키이자, 러시아의 우방이자, 그들의 모방자가 될 것입니다. 교황청은 문명과 유럽의 평화라는 최고의 이해관계를 고려하여 대영제국에게, 그리고 이를 통해 다른 협상국 열강들에게 서둘러 경고를 건네 신속하고 적합한 평화 체결을 촉구해야 한다고 생각합니다."[9]

신생 바이마르공화국의 지배자들은 그러한 감각을 분명하게 공유했다. 외무장관 브로크도르프프란차우 백작은 영국에 경고했다. "만일 연합국의 평화 조건이 독일을 파괴할 정도로 혹독하다면, 독일 정부는 이를 받아들이지 않을 것입니다. 그렇게 되면 스파르타쿠스단원들이 점진적으로 통제력을 획득해 적국과 중립국을 볼셰비키 교리로 감염시키려고 하겠죠. 그리하여 배상금 지불은 미뤄지고, 봉쇄 재개라는 형태로 가해진 압박은 러시아와의 화해로 대응될 것입니다."[10]

독일에서의 혁명 위협

1919년 3월 26일, 영국의 자유당 총리 데이비드 로이드조지는 당시 파리에서 협상 중이던 보복적 평화에 드리워진 "거대한 위협"에 주의를 기울였다. "독일이 자국의 생사를 볼셰비즘과 함께하고, 볼셰비즘에 경도되어 무력으로 세계를 정복하려는 혁명 광신도들에게 자국의 자원과 두뇌, 광대한 조직력을 쥐여줄지도 모른다."라는 위험이었다.[11] 이 언급은 뻔뻔할 정도로 위선적인 선동이었다. 로이드조지는 보수당과의 연정을 통해 복수심에 불타는 "카키색 선거"*에서 승리했으며, 독일을 재정적으로 쥐어

---

* 국가 비상시에 애국심으로 고양된 국민 정서의 영향을 받는 선거를 일컫는다. 1900년 영국 총

짜 "마지막 한 톨까지 탈탈 털어" 내겠다고 약속했다.[12] 그러나 선거에서 이긴 뒤 영국 내에는 공포가 만연했다. 경찰이 파업을 일으키고 클라이드의 전투적인 항만 노동자에 대항하기 위해 글래스고에 기관총 진지들이 세워지는 등, 사회 전반에 불안정성이 빠르게 퍼지면서 일시적인 공황이 일어났다. 이제 광역 경찰의 특수 부서는 마치 방첩을 담당하는 MI5처럼 국내의 적을 추적하기 시작했고, 애초에 담당이 다른 영국의 비밀 정보부 MI6도 같은 일에 나섰다. 1921년까지 내각은 때때로 걱정스러운 뉴스가 포함된 지구 각처의 혁명 활동을 주간별로 요약해 수신 받았다.

한편 바이에른의 주도이자 대다수가 가톨릭을 믿는 뮌헨에서 열린 대중 집회들은 무조건적인 평화를 요구했다. 갓 출옥해 독일의 전쟁 선동에 관한 폭로 문건을 유포한 평화주의자 쿠르트 아이스너에게 고취된 반란자들은 혁명적인 노동자 소비에트를 설치했다. 전시 복무에서 해제된 오스트리아의 전임 전투원 아돌프 히틀러는 이를 목격했고, 결코 잊지 않았다. 이 소비에트에는 어떠한 반대도 제기되지 않았다. 실제로 국왕 루트비히 3세는 짐과 함께 자신의 위엄을 꾸려 도주했다. 그러나 소비에트라는 특별한 모험은 얼마 지나지 않아 1919년 2월 21일, 앙심을 품은 군주제 지지자가 아이스너를 암살하면서 붕괴했다. 그러나 다른 이들이 튀어나와 아이스너의 자리를 차지했다. 레닌은 한때 안정적이던 유럽 전역의 사회들이 급격히 와해되고 있다는 사실에 기뻐했다. 이는 볼셰비키에게는 일생일대의 기회였고, 연합국 지도자들과 패전국들에게는 생사를 가를 위험이었다.

승리의 즉각적인 결과를 비롯해 자신들이 짓밟은 이들을 달래고 먹여야 한다는 시급한 요구와 절박하게 씨름한 영국 정부는 어떠한 환상도 가지지 않았다. 런던은 심지어 코민테른 수립 이전에도 볼셰비즘을 "세

선거 당시의 군복 색에서 이름이 유래했다.

계적인 힘"으로 승인했다.[13] 파리에서 연합국 간의 협상이 진행되는 동안, 추밀원 의장이자 미래의 외무장관 커즌 백작은 "폴란드처럼 새롭게 조성된 국가들이 자체적인 사회, 정치 구조를 건설하고 볼셰비즘의 추가적 진군을 가로막는 방벽으로써 기능할 수 있게 되기 전에 중부와 서부 유럽에 특유의 체제를 확산시키려는" 소비에트 정부의 긴급한 필요를 강조한 비망록을 내각에 회람시켰다.[14] 제국참모총장이자 원수 헨리 윌슨 경은 "전염병을 가능한 한 동쪽에 붙잡아두기 위해서는 독일의 상황이 안정되어야 한다."라고 주장했다.[15]

볼셰비키는 권력을 장악하자마자 유럽과 아시아를 거쳐 아메리카 대륙에까지 혁명의 대의를 전파하는 일을 시작했다. 어떤 공식적인 별개 기관의 후원도 없었다. 그러한 기관은 필요하지 않았다. 이 과업은 소비에트 정부와 공산당 내의 기존 기구들을 통해 쉽게 수행되었다. 실제로 코민테른의 창설 이전까지 이 과업의 대부분은 외무인민위원부(나르코민델)가 책임졌다. 예를 들어 1918년 말, 동양 담당 부ᅟ인민위원 레프 카라한은 레닌에게 다음과 같이 편지를 썼다. "올해 첫 사분기인 1919년 1월부터 3월까지 외무인민위원부에 20만 루블을 할당해 아시아에서 노동조직들을 지원하고 선전을 수행하기 위한 선동원들을 파견할 예정입니다. 각 선동원의 비용은 복귀했을 때 받는 상여금을 포함해 다음과 같습니다. 조선 북부 및 조선 1만 루블, 중국 남부 2만 루블. 페르시아와 인도에도 유사한 임무들이 상정됩니다."[16] 따라서 선전을 퍼뜨리는 기제는 이미 존재했다. 하지만 엄청난 불명예를 당한 사회주의 제2인터내셔널의 시신이 스위스 베른에서 급격하게 부활하려 하고 있었다. 레닌은 시급히 혁명적 대체물을 내세워 이 "반역자들과 반혁명가들의 인터내셔널"에 대한 관심을 가로채려 했는데,[17] 괴짜 강경론자 인민위원 치체린에게 이 과업이 맡겨졌다.

코민테른 창설

연합국의 간섭 전쟁과 내전이 지속되고 있던 3월 2일, 코민테른 창설자들이 이제 소비에트의 권좌가 된 모스크바 한가운데의 크렘린 깊숙한 곳에서 철저한 보안 속에 모였다. 코민테른 제1차 대회는 비현실적인 공기 이상을 풍겼다. 코민테른은 소비에트러시아의 인터내셔널이자, 제1차 세계대전으로 치닫는 과정을 멈추게 하겠다고 약속했지만 결국 실패한 사회주의 제2인터내셔널을 대체하는 공산주의 제3인터내셔널이 될 예정이었다. 간신히 모스크바에 당도한 해외 대표 일부는 연합국의 봉쇄라는 호된 시련을 겪어야 했다. 코민테른 의장* 그리고리 지노비예프(허쉬 에펠바움)은 "우리가 제1차 대회를 소집했을 당시 다양한 나라에서 모인 사람들은 공산주의의 경향성만을 지녔지, 당이나 심지어 단체도 없었다."라고 회상했다.[18] 일단 모스크바에 도착한 각국 대표들은 동포들에게 연락을 취할 수도, 직접적으로 조언을 구할 수도 없었다. 그 결과, 결의에 찬 러시아 주최자들의 결정이 사실상 해외 대표들에게 강제적으로 부여되었다. 카를 마르크스의 출생지이자 명목상 가장 커다란 '마르크스주의' 정당을 가진 요지 중의 요지 독일에 세 번째 공산주의 인터내셔널을 만든다는 생각은 사실 "크게 회의적으로" 보였다. 가까운 미래에 "어떤 것이든 조직적으로" 달성될 수 있다고 생각되지 않았기 때문이다.[19] 스파르타쿠스연맹의 지도자 로자 룩셈부르크가 혁명에 접근하는 레닌의 전반적인 방식이 전혀 예측할 수 없는 상황들만을 불러일으켜, 금방이라도 무너져 내릴 것 같은 러시아라는 수레에 독일산 순종 말이 묶여버릴지도 모른다는 의구심을 가졌다는 사실은 이전까지 대중에게 알려지지 않았다. 그녀는 다음과

---

* 코민테른의 핵심 의결기구인 집행위원회의 의장. 1926년 초대 의장 지노비예프 이후 폐지되었다.

같이 기록했다. "사회주의사회의 본질은 거대한 노동 대중이 엄격한 통제를 받기를 멈추고, 자유로운 의식과 자결권을 가진 채로 정치적, 경제적 삶을 살며 이를 관장하는 것이다. … 프롤레타리아혁명은 자체의 목적을 위해 어떠한 공포도 필요로 하지 않고, 살해를 미워하며 혐오한다."[20] 모스크바에 도달한 순응적이고 젊은 스파르타쿠스 맹원 후고 에버라인("알브레히트")은 제3인터내셔널의 즉각 창설에 소극적으로 반대했으나, 모두를 대표하지는 않는 코민테른이라는 신설 대표체는 약식 투표에서 에버라인을 이겼다. 장차 도래할 사건들을 예고하는 불쾌한 조짐이었다.

볼셰비키 지도자들 중 가장 젊고 그 무대에서 가장 좌파였던 니콜라이 부하린의 손님인 작가 아서 랜섬은 회의가 진행되는 도중 신선한 바람을 쐬기 위해 매서운 추위 속에 발을 디뎠고, 그곳에서 모자나 외투 없이 걷고 있던 핀란드인 위리외 시롤라를 발견하고 깜짝 놀랐다. 시롤라는 고집스럽게 온도를 변호했다. "3월인걸요. 봄이 오고 있어요."[21] 이렇듯 젊은 낙관주의는 어디서든 치솟고 있었다. 이들은 고통에 무감한, 가장 최전선에 선 전사들이었다. 좋든 싫든 간에 그들과 다른 이들의 세계는 급격하게 변할 예정이었다. 랜섬은 레닌에게 작별을 고하러 간 자리에서 영국 같은 부유하고 진보한 공업 사회에서는 절대로 혁명이 일어나지 않을 것이라고 소비에트 지도자를 설득하려고 했으나, 레닌은 알려진 치료법이 없다는 점에서 열병은 장티푸스와도 같다며 예기치 못한 반응을 보였다. "당신 눈에는 영국이 오염되지 않은 것처럼 보일지 모르지만 균은 이미 그곳에 있답니다." 레닌에게 이는 단지 혁명을 유발할 적절한 지도부를 갖추면 해결될 사안에 불과했다.[22] 코민테른은 바로 그 지도부를 제공하고, 오로지 볼셰비키 모형에 따라 이를 실현해나갈 것이었다.

거창한 기대와 완고한 현실 사이의 견고한 벽은 오직 소비에트 체제가 직면한 혹독한 딜레마를 직접 겪은 이들의 눈에만 명백히 드러났다. 해외 대표들은 이를 알지 못했을 수도 있으나, 코민테른은 볼셰비키가 극심히 위태로웠던 시기에 창설되었다. 영국 왕립해군이 페트로그라드를 포격함에 따라 볼셰비키에게는 생존 그 자체가 초미의 과제였다. 볼셰비키 지도자 레오니드 크라신은 이제 모든 것이 끝났다는 믿음 속에서 스칸디나비아에 머무르던 딸들에게 작별을 고하는 편지를 썼다.[23] 그러한 상황 속에서 코민테른은 먼 곳에서 비추는 상징적인 불빛 외에는 아무런 유용성이 없었다.

3월 26일, 지노비예프는 당의 조직국에 100만 루블과 조직집행위원회 및 조직 활동을 위해 (코민테른이 조만간 획득할 별칭인) "큰 집"을 징발할 것을 요청했다.[24] 그들은 크렘린에서 서쪽으로 차로 15분 거리에 있는 아르바트거리의 데네쥐니골목 5번지에 소재한 커다란 건물을 발견했다. 자연석으로 지어지고 높고 넓은 창문들을 가진, 백만장자 금광 광부 파벨 베르크가 방치한 길고 우아한 2층짜리 저택이었다. (오늘날 이 건물은 이탈리아 대사관으로 쓰이고 있다.) 수도 전체에 걸쳐 코민테른의 비밀 업무가 산재했음에도 불구하고 코민테른 본채는 곧 너무나 많은 주목을 받기 시작했고, 길가에서도 내부가 훤히 들여다보였다. 좌우간 더 많은 공간이 필요했다. 지노비예프의 가장 중요한 역할이 시당市黨 서기였기 때문에 창설 이후 얼마간 집행위 회의는 종종 페트로그라드에서 열렸다. 코민테른의 페트로그라드지부가 문을 닫은 뒤인 1922년부터 회의 공간은 (참으로 적합하게도) 한때 교회가 서 있던 크렘린 맞은편의 부지로 옮겨 갔다. 1838년에 지어진 4층짜리 멋진 수녹색水綠色 아파트들은 여전히 자랑스럽게 모호바야거리와 보즈드비젠카거리의 모퉁이에 서서, 새롭게 크렘린을 점유한 사람들이 차고로 사용하는 우아한 전시회장인 마네즈를 내려다보았다.

그곳에서 집행위원회는 레닌이 미처 처리하지 못한 핵심 사안들을 결정내렸다. 이들은 한 달에 두 번, 일요일에 모였다. 하지만 일상적인 사안을 다루는 작은 부서는 일주일에 세 번, 아침 10시 반에 회동했다. 집행위는 3월 26일에 처음으로 모여 나르코민델의 무선 및 우편 통신 체계의 안정적인 이용 권한 획득과 같은 시설 관련 사안을 주로 처리했다. 이 초기 단계에서 코민테른과 나르코민델은 활동 측면에서 그렇게 멀리 떨어져 있지 않았다. 실제 두 부서는 어느 정도까지 상호 교환이 가능했다. 나르코민델은 코민테른 집행위원회에 대표를 보낼 권한을 가졌다. 최초의 대표는 훗날 망명해 발랄한 영국 여성 아이비 로웨와 함께 녹음이 우거진 런던 북부 햄스테드 지역에서 대부분의 날들을 보내다가 브릭스턴에서 예기치 못하게 투옥된, 서양 담당 부인민위원 막심 리트비노프였다.[25]

코민테른은 시작부터 토의 단체라기보다는 군대에 가깝게 운영됐다. 여러 언어를 구사하는 갈리시아 출신 코민테른 서기 카를 라데크(카롤 조벨존)는 "제3인터내셔널의 집행위원회는 제2인터내셔널과는 대조적으로 다른 당들의 사안에 매우 능동적으로, 그리고 적극적으로 개입하는 것을 자신의 의무로 여긴다."라며 자랑스러워했다.[26] 그러나 그것은 단지 흑백 논리로 재단하는 일에 지나지 않았다. 1920년 8월 제2차 대회에서 회원 자격에 관한 21개 강령이 채택되었다. 극단주의자지만 천성적으로는 향락주의자였던 이탈리아의 공산주의 지도자이자 나폴리 공학자 아마데오 보르디가가 제의한 스물한 번째 강령은 코민테른에게 가맹한 당들을 지배할 권한을 부여했다는 점에서 중요했다. 제안의 요지는 참된 혁명가들이 아닌 개혁주의자들을 제외하는 것이었다. 그러나 이 제안은 궁극적으로 코민테른에 가맹한 당들을 소비에트의 통제 도구 정도로 전락시키는, 의도하지 않은 효과를 낳았다. 심지어 이러한 조건들이 제안되고 논의되기도 전인 제1차 회의가 열띠게 이어지던 가운데 거침없이 발언하기로 악명 높던 라데크는 이렇게 주장했다. "코민테른의 집행위원회는 연방이 아니라, 회원들에게 무엇을 해야 할지 명령할 권리를 가지는 특수한 조직이 되어야 합니다."[27]

혁명전쟁이라는 선택지

제2차 대회는 공개적으로 개최된 탓에 당시의 핵심 사안, 즉 팽창주의적인 폴란드와의 사이에서 일어난 혁명전쟁이 결정적인 지점에 도달했다는 것과 관련해 논쟁할 수 없었다. 4월, 약세를 인식한 러시아 볼셰비키와 폴란드 내부의 공산주의자들은 폴란드 정부와의 평화를 추구했다. 그러나 1920년 5월 중반, 17세기 당시 제국*의 국경을 복원할 유일무이한 기회를 맞아 폴란드 총통 유제프 피우수트스키 원수는 고대 루스인의 역사적 수도인 키예프**를 점령해 약 400만에 달하는 우크라이나 인구를 폴란드 통치 아래 몰아넣음으로써 소비에트러시아와의 적대 행위를 재개했다. 붉은군대의 반격은 기적적으로 그의 군대를 제자리로 몰아냈고, 유럽 정부들은 아연실색했다. 폴란드인은 곰을 쿡쿡 찌른 셈이었고, 이제 그 곰은 반격하기 위해 자리를 박차고 일어났다. 7월 11일 붉은군대가 브레스트에서 폴란드의 종족적 국경에 도달했을 때, 영국 외무장관 커즌은 러시아인들에게 불합리하지 않게 그곳에서 멈출 것을 제안했다. 이후 이 경계는 커즌선으로 알려졌다. 그러나 이는 혁명전쟁이었다. 볼셰비키에게는 나폴레옹적인 선택이자, 레닌으로서는 도중에 폴란드를 확보하며 유럽 중심부까지 진격해 독일인들에게 전투 의지를 불붙일 수 있는 사생결단의 기회였다.

9월 22일, 러시아공산당 대표자회의 비밀 회기에서 레닌은 그들이 직면한 상황을 설명했다. "우리는 한 질문과 마주하고 있습니다. 우리에

---

*　1569년 폴란드 왕국과 리투아니아 대공국이 합쳐져 세워진 군주제 국가로, 18세기 후반 러시아제국과 프로이센왕국과 합스부르크제국이 참여한 세 차례의 분할 후에 지도상에서 완전히 사라졌다.

**　현 우크라이나 수도 키이우.

게 유리한 국경을 부여하는 이 제안을 수락함으로써 수세적인 입장을 취할 것인가, 아니면 우리 군대를 진격시켜 폴란드의 소비에트화를 지원할 것인가. 여기에는 방어적인 전쟁을 할 것인가, 공격적인 전쟁을 할 것인가 하는 근본적인 질문이 깔려 있습니다. 그리고 중앙위원회는 이것이 새로운 원칙에 관한 질문임을, 즉 우리가 소비에트 통치의 전체 정책과 관련된 갈림길에 서 있다는 점을 분명히 깨달았습니다." 아무도 공세를 취하자는 결정에 반대표를 던지지 않았다. 그러나 그들은 그루지야와 에스토니아라는 이전의 제국 영토와 관련해서는 이러한 선택을 내리지 않았었다. "그러나 폴란드와의 관계에서 우리는 이 정책을 바꾸었습니다." 레닌은 말을 이었다. 어떠한 공식적 결의도 기록에 남아 있지는 않지만, "우리 내부에서는 총검을 들어서라도 알아내야 한다고 말하고 있습니다. 폴란드 내에서 프롤레타리아 사회혁명이 무르익었는지를 말입니다." 그럼에도 불구하고, 레닌은 자신들의 선택이 "국제 공동체 내에 존재하는 최고의 공산주의분자들, 즉 코민테른에게도 적용될지는 명확하지 않"다고 시인해야 했다. 특히 독일인들은 이 갑작스럽고 일방적인 노선 변경에 불안감을 느꼈다. 레닌은 주저하며 말했다. "그 사람들은 자신들이 공산주의자라고 생각하지만, 그중 일부는 민족주의자이자 평화주의자입니다." 레닌은 이 결정이 "소비에트러시아뿐만 아니라 세계 정치에서도 핵심적인 전환점"이라고 선포했다. 지금껏 그들은 자본주의국가들에 홀로 맞섰고, "어떻게 그들 사이의 균열을 찾아 적들이 우리를 박살 내지 못하도록 할 수 있을지만을 꿈꿨습니다. 그러나 이제 여기서 말합니다. 우리는 강력해졌고, 우리를 공격하려는 시도들에 반격할 것입니다. 적들은 알아야 합니다. … 앞으로의 모든 침공은 소비에트공화국의 영토가 확장될 위험을 감수해야만 한다는 것을요."[28] 전쟁은 볼셰비키혁명에 숨을 불어넣었다. 따라서 이러한 규모의 또 다른 갈등은 필연적으로 더 많은 기회를 태동할 터였다. 따라서 1920년 8월 16일~19일 바르샤바 관문에서 겪은 "파국적인 패배"가 가져온 몸서리쳐지는 충격은 위대한 꿈의 실현이 무기한 연기되었음을 의미했지만, 이는 분명 최종적인 포기를 의미하지는 않았다.[29]

결정적인 요인은 혁명적인 변화를 선호하는 폴란드인조차도 러시아인이 떠맡기는 변화는 원하지 않는다는 점이었다. 라데크는 폴란드에서 빚은 차질에서 교훈을 도출하는 글의 초고를 작성했다. 폴란드인에게 총검을 들이대고 혁명을 강요해서는 안 된다는 취지의 글이었다. 그러나 레닌은 이에 결코 동의하지 않았다.

하나의 사례를 들어봅시다. 백계white 폴란드가 러시아를 치지 않는 동안, 독일에서는 프롤레타리아혁명이 터졌습니다. 프랑스와 영국 자본가들은 소비에트독일을 분쇄하려 합니다. 소비에트러시아에는 군사 및 경제적 조치를 통해 독일 프롤레타리아를 서둘러 원조해야 할 의무가 있지 않을까요? 백계 폴란드는 모든 군대를 동원해 붉은군대의 진격을 막고 러시아가 독일 노동자들에게 보내는 보급품 수송을 방해하지 않겠습니까? 그렇다면 소비에트러시아는 백계 폴란드의 시신을 넘어 독일 노동자에게 지원의 손길을 뻗어야 하지 않을까요? 그리고 폴란드 노동자는 그들이 얼마나 약하든 간에 백계 폴란드의 폐허 위에 폴란드 소비에트 정부를 수립하는 방식으로 러시아와 독일의 노동자를 지원하기 위해 모든 노력을 기울이지 않을까요?[30]

달리 말해, 폴란드는 독일로 가는 경로를 막을 터였다. 그렇기 때문에 폴란드의 요구는 부차적이었다. 폴란드인들은 좋든 싫든 간에 스스로를 무너뜨릴 혁명을 하게 될 것이고, 따라서 혁명전쟁은 볼셰비키가 선택할 수 있는 방안으로 언제든 그 길이 열려 있을 터였다. 언제 무너질지 모르는 폴란드가 최전선에 앉아 있는 셈이었으니, 유럽의 다른 국가들로서는 걱정할 이유가 충분했다.

1920년 10월 12일 체결된 폴란드와 소비에트러시아 사이의 불편한 휴전은 1921년 3월 18일 리가에서 체결된 평화조약으로 재확인되었다. 폴란드가 내건 조건은 변경의 자국 영토에 너무나 많은 우크라이나인과 벨로루시인이 장기간 체류할 수 있도록 허락했다. 파리강화조약과 함께 이 조약은 폴란드에게 너무나 많은 것을 상실케 한 승리였다. 이제 나라 인구의 4분의 1이 종족적으로 비폴란드인들이었으며, 이들 소수자는 이후로 폴란드 정부에 일관되게 적대적으로 굴었다. 폴란드로서는 내부적으로 하나 이상의 적과 마주하게 된 격이었다. 명백하게 내걸린 문제는 바로 이것이었다. 바르샤바와 모스크바, 그리고 베를린과 바르샤바 사이의 권력균형이 바뀐다면 무슨 일이 일어날 것인가? 또한, 언제 바뀔 것인가?

볼셰비키에 이 치욕적인 평화를 강요한, 마찬가지로 잔혹한 현실주의는 모스크바의 전략에도 근본적인 변화를 가져왔다. 원칙상 혁명전쟁은 거부되지 않았으나 더 나은 시기를 기다리며 하나의 선택지로서 유예됐다. 지노비예프는 이렇게 말했다고 전해진다. "바르샤바 이전에 우리는 정면 공격을 통해 자본주의를 점령할 수 있다는 환상을 가졌다. 그러나 이제부터 전쟁은 포위를 통해 수행될 것이다."[31] 이제 간접적 접근(국가 내부에서 바깥으로 굴을 파는 코민테른)이 역량을 발휘하게 되었다. 상황은 유리하게 유지됐다. 반란은 아닐지라도 불만이 유럽 전역에 가득했다. 레닌은 전 세계의 불안을 가중하는 데 수백만 달러를 쏟았다. 당시는 심지어 러시아 남부 지역에서 식인 행위가 발생해 미국의 공화당원 허버트 후버 아래의 미국구호국이 1921년 러시아에 발을 들인 때였다. 코민테른의 영향력은 수개월 내로 어디에서든 감지되었다. 그러나 레닌은 수십 년이 지나 궁극적인 결과들을 볼 때까지 살 수 없었다. 1918년 8월 사회주의혁명당에 소속된 광신도 파니 카플란이 발사한 암살자의 총탄은 결국 그를 죽음으로 몰아넣었다. 비록 1924년까지 유예되었지만, 레닌은 이 사건으로 비롯된 죽음을 피할 수 없었다.

영국 같은 강대국들이 수익성 좋은 러시아 시장을 찾아 소비에트 정부와 외교적 협상을 할 때, 조약에는 항상 혁명 선전을 금지하는 조항이 포함됐다. 소비에트 정부가 자신의 이름으로 기쁘게 서명하는 동안, 코민테른은 악마의 일을 수행하는 순수한 공산당 기관으로 남겨졌다. 이 교묘한 속임수는 레닌을 즐겁게 했다. "이 전략은 문제의 근본 원인이 어디인지를 보여주죠." 그는 빙그레 웃으며 말했다.[32] 1920년 영국의 해외정보부 MI6는 유럽 구석구석의 혁명 활동을 감시하기 위해 베를린에 선도적인 지부를 설치했다. 그곳은 레닌이 코민테른의 서유럽지부로 선택한 곳이기도 했다.[33]

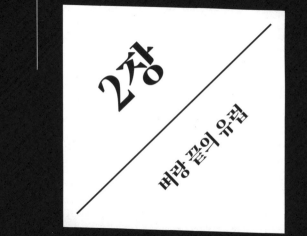

2장

벼랑 끝의 유령

혁명은 여행 가방으로 옮겨지지 않는다.

칼 라데크[1]

혁명이라는 위협은 전간기 유럽에서 일어난 갈등과 갈등 해결의 가장자리가 아닌 중심부에 놓여 있었다. 대륙은 분명 국가 간의 수평적 분할 외에도 계급 간의 수직적 분할로 나뉘어 있었다. 단정하게 차려입은 유럽의 외교관들은 이 어색하고 불편한 현실이 사라지기를 바랐지만, 그들의 바람이 분명한 만큼 국제관계가 수행되는 과정에서 이 현실을 무시할 수 없다는 사실도 분명했다. 그리고 이 드라마의 한가운데에 독일이 놓여 있었다.

패배한 독일은 모두의 희망과 공포의 총합을 상징했다. 그러므로 독일의 미래는 그들을 제외한 다른 유럽 국가들의 보편적인 관심 사안이자 연구 주제였다. 그러나 이것들은 순전히 권력의 측면에서 심리적 통찰과 예지가 전무한 채로 계산되었다. 독일은 전쟁 이전의 전체 질서를 처참히 망가뜨렸고, 그런 탓에 조각난 질서를 짜 맞추려고 시도하는 어느 누구에게서도 동정을 기대할 수 없었다. 국가로서 독일은 정치적 극단들로 찢겨 커다란 고통을 받았고, 승리를 거둔 연합국은 독일 전역에 만연한 부정의를 무력화할 만한 관용을 평화 합의에 적용시키지 못함으로써 사태를 악화시켰다.

잠재적 위험을 탐지하려는 연합국의 주의는 오로지 (그릇되게도) 극좌로만 기울어 있었다. 그러나 중압을 받는 독일이 볼셰비키식 혁명으로 폭발할 것이라는 너무나 많이 반복된 주장조차 회의론자들에게 공정한 평화 합의를 체결해야 하는 당위성을 납득시키지 못했다. 한 세기도 더 전인 1815년 영국과 그 우방들이 나폴레옹을 패배시킨 후 혁명이 다시 일어나리라는 공포가 현실적으로 다가왔을 때, 아일랜드인 외무장관 로버트 스튜어트 캐슬레이 자작은 패자들에게도 권리가 부여돼 그들이 국제적 안정에 이바지할 수 있도록 해야 한다고 신중하게 주장했다. 그러나 선도적인 독일 산업가 발터 라테나우가 1919년에 똑같은 내용을 청원했을 때, 승자가 아닌 패자의 입에서 나온 그 청원은 너무나 진하게 사리사욕의 악취를 풍겼기에 신뢰도를 상실했다. 라테나우는 전쟁성의 원자재 부서를 만든 인물로서, 이해관계가 없다고 말할 수 없는 입장이었다. 그렇지만 그가 완전히 틀렸다고 볼 수는 없었다. 승리를 거둔 연합국들은 향후 유럽의 안정성을 두고 정치적 룰렛을 돌리는 중이었다. 그 후 1921년 완결된 연합국의 배상 요구에 직면한 바이마르공화국의 통치자들은 향후 독일의 안정성을 두고 재정적 룰렛을 돌렸다.

패전에 뒤따른 처참한 경제적 붕괴에도 불구하고 독일에서는 독일공산당KPD이 성립되기 이전인 1918년~1919년 사이와 독일공산당이 태동 단계에 있던 1921년 3월, 토착 정치 세력이 추진한 혁명이 지속되지 못하고 꾸준히 현실화에 실패했다. 하지만 볼셰비키는 독일 노동계급이 본질적으로 혁명적이지 않다는 결론을 쉽게 내리지 못했다. 좌파의 주요 정당인 사회민주당SPD은 명목상 여전히 마르크스주의를 따랐으나, 자신들이 주창했던 바인 사회주의 정당에서 개혁주의 정당으로 변모한 지 오래였다. 사회민주당은 혁명적 심연으로 도약하는 위험을 감수하기보다는 융커들과 같은 편에 서는 쪽을 택했다. 1919년 마르크스주의자 루돌프 힐퍼딩은 독일독립사회민주당원들을 대표해 이렇게 말했다. "독일은 혁명 이후와 정치권력을 위해 가장 첨예하게 투쟁하는 단계에서 부르주아지에 대항한 노동자들의 대열에 서지 않고, 프롤레타리아의 한 분파에 대항해 부르주아지와 우방을 맺은 사회당을 가졌다."[2]

혁명이 근본적인 측면에서 배신당했다고 여긴 이는 소비에트인들만이 아니었다. 가장 악명 높게 전쟁을 열광적으로 지지했던 구스타프 노스케처럼 정부를 이끈 사회민주주의자들은 극좌가 결연히 반대했던 가차 없는 무력으로 극좌를 진압했다. 우익 민병대인 자유군단Freikorps이 스파르타쿠스연맹의 지도자 카를 리프크네히트와 로자 룩셈부르크를 암살했을 때, 노스케는 이를 눈감아주었다. 베른 주재 영국 대사 호레이스 럼볼드 경은 "에베르트샤이데만 정부를 지배하는 군부와 융커들"이 사실상 독일을 지배하고 있다고 런던에 보고했다.[3] 그 후 독일사회민주당은 볼셰비키가 생각하는 한에서는 유독했다. 그들은 독일의 혁명적 좌파가 "볼셰비키화"로 알려진 과정, 즉 성공을 확실히 하기 위해 소비에트라는 거푸집에 들어가 다시 주조돼야 한다고 믿었다. 그것은 러시아 바깥에서 가장 큰 공산당이 된 독일공산당이 실질적으로는 점차 다루기 힘들고 실망스러운 대역 이상은 아닌 것으로 환원됐음을 의미했다.

볼셰비키는 무기한 연기된 혁명과 타협하면서 아주 이른 시기부터 바이마르공화국과 군사적, 상업적으로 밀접하게 협력하며 보상을 찾았다. 프랑스의 명령에 따라 바이마르독일은 국제적으로 왕따가 된 상태였다. 프랑스는 독일이 철저히 배상할 것과 무장해제할 것을 고집했으며, 독일을 국제연맹에서 배제시켰고, 1922년 4월 제노바에서 독일과 새로운 정치적 합의를 이루려던 로이드조지의 시도를 막았다. 유럽과 관련한 파리평화합의는 최후까지 독일과 계속 싸우기를 희망한, 복수심에 불타는 강경파 레몽 푸앵카레 대통령 치하 프랑스의 우선순위를 반영했다. 프랑스에서 조르주 클레망소 국무회의 의장이 집권하면서 독일은 공개적으로 치욕을 당했다. 독일은 대규모 배상금을 내야 했고, 무장해제 됐으며, 라인강 좌안은 비무장지대가 되었고, 폴란드를 관통하는 회랑에 의해 단치히*가 독일에서 단절되었으며, 알자스로렌은 프랑스로 되돌아갔다. 독일계 오스트리아는 독일과의 통일이 금지되었고, 독일계 보헤미아는 신생 체코슬로바키아로 넘겨졌다. 적대 행위를 재개할 시 받게 될 처벌에 동의할 것을 요구받던 베르사유의 거울의 방에서, 독일은 다른 체약국과 나란히 의자에 앉는 것조차 허락되지 않았다. 1815년에 캐슬레이가 이뤘던 관대한 승리는 민주주의 정치의 시대에는 진중하게 고려조차 되지 않았다.

결과는 국가적 굴욕과 군사적 무능이었다. 독일은 프랑스와 폴란드라는 불안정하고 급격히 재무장하는 두 강대국 사이에 샌드위치처럼 끼인 채 방기된 한편, 영국은 자신들의 섬 요새로 후퇴했다. 그러나 프랑스 역시 모든 것을 갖지는 못했다. 미국인들이 국제연맹에 서명하지 않을 것임이 분명해지면서 프랑스의 영토적 완전성을 담보하던 삼국안보조약은 기능을 상실했고, 프랑스는 영국과의 동맹조차 확실히 갖지 못했다. 추방자 신세인 볼셰비키 러시아가 더는 관여하지 않게 되면서, 프랑스는 동유럽 신생 국가들과 일련의 군사동맹을 맺는 데서 구원을 찾았다. 이후 프랑

---

* 현 폴란드령 그단스크.

스인들은 베르사유조약에 따라 독일에 부과된 조치를 보완하기 위해 제공된 군비 감축에 이르는 모든 조치를 막았다. 독일은 새롭게 창설된 국제연맹의 회원권도 거부당했다. 베를린은 손실을 보충하기 위해 필연적으로 다른 곳을 찾았고, 마침내 모스크바를 발견했다.

소련과 독일의 의사 타진

오랫동안 독일과 러시아는 자연스러운 무역 동반자였다. 오토 폰 비스마르크 재상은 바로 이러한 사실에 의지해 19세기의 마지막 사분기 동안 러시아와의 잠재적인 경쟁을 무력화하고자 했다. 주요 원료 생산자였던 러시아의 경제는 공업이 우세한 독일과 잘 맞아떨어졌다. 세기의 전환기에 독일 곡예단이 러시아에 처음 당도했을 때, 현지 농부들이 원숭이들을 함부르크의 공예품이라고 믿었다는 일화는 당시의 분위기를 예증한다. 독일은 근대 기술이라는 경이의 전형이었다. 무역에서의 상보성과 독일과 러시아 모두가 국제적으로 따돌림을 당하고 있었다는 사실은, 심지어 증오하던 사회민주당원들이 베를린에서 권력을 잡았을 동안에도 두 체제가 서로를 이용하도록 했다. 사회민주당원들은 독일 우파와 소비에트 협력의 다른, 덜 맛있는 요소들을 환영하기보다는 용인했다. 독일은 베르사유조약을 회피하는 지경에 이르렀다. 그 수단은 국가방위군Reichswehr과 붉은 군대, 즉 독일 군수산업 분야와 심대하게 고갈된 러시아 군비 산업의 잔여물 사이에서 이뤄진 비밀 군사 협력이었다.

곧 독일의 육군지휘부 총장이 될 한스 폰 제크트 장군은 베르사유에서 부과된, 독일 군대의 목을 조르는 제약을 해결할 방안을 찾은 최초의 인물이었다. 그는 국내에서 경찰력이 공산주의자들을 차단하는 가운데 안전하게 러시아 내 볼셰비키와 긴밀한 협력을 추구할 수 있으리라는 굳은 자신감을 가지고 러시아인들과의 협력을 추진했다.[4] 제크트의 소비에트 측 파트너는 1919년 8월부터 9월까지 베를린의 모아비트 감옥에 수감된 라데크였다. 분할된 폴란드의 오스트리아 구역에서 자랐기에 독일어가 유창했던 라데크는 소비에트 국경 너머에서의 혁명 가능성에 관해 공공연히 회의적이었고, 따라서 순전히 지정학적 이해관계에 기초한 독일과의 긴밀한 협력을 통해 국가 안보를 지키기를 열망했다. 리트비노프와 스탈린을 제외한 거의 모든 볼셰비키와는 달리 라데크는 세계혁명이 "매우 느린 과정"으로 이뤄지리라고 보았으며, 이미 1919년에 이를 천명한 바 있었다.[5]

제크트와 라데크는 이러한 이상을 공유하며 재빨리 일에 착수했다. 당시는 유럽에서 혁명이 이루어지리라는 전망이 여전히 모스크바에 희망을 주던 때였다. 폴란드를 주시하던 제크트와 라데크는 1920년 순조롭게 공통의 대의를 찾았다. 의기양양했던 그해 여름에 붉은군대가 바르샤바로 진군할 동안, 제크트 장군은 소비에트가 승리할 가능성이 아주 높다고 생각했다. 7월 26일, 그는 이렇게 적었다. "볼셰비키 군대가 바이크셀강[비스와강]을 건너 독일 변경까지 진군할 가능성이 아주 높으며, 그 결과로 전적으로 새로운 정세가 조성될 것이다. 베르사유조약의 가장 핵심적인 목표 가운데 하나인 강력한 폴란드를 통한 독일과 러시아 분리가 좌절되어, 독일과 러시아는 직접적으로 맞닿을 것이다. 그리고 독일은 러시아와 협상국 간의 권력투쟁 사이에서 자국의 입장을 정하고 러시아혁명이라는 사상과 씨름하게 될 것이다."[6]

러시아인들과 독일인들은 친밀한 협력을 위한 기초 작업에 착수했다. 8월 12일, 베를린 주재 비공식 소비에트 대표 빅토르 코프는 군사해사인민위원 레프 트로츠키를 대신해, 크렘린은 기꺼이 (1919년 파리에서 폴란드에 할양되어 독일과 동프로이센을 분리하는 영토를 돌려줌으로써) 1914년도의 국경을 승인할 준비가 돼 있다는 의사를 독일인들에게 전달했다. "바르샤바에서 폴란드 볼셰비키 정부가 구성될 경우, 이 폴란드 정부는 이

전 독일 영토가 종족적으로 독일인으로 구성되어 있다면 이를 독일에 기꺼이 할양할 것이다."[7] 그러나 이는 소비에트 정부 내 주도적 폴란드인들, 특히 소비에트 첩보 기관을 주관하던 펠릭스 제르진스키와 이오시프 운슐리히트에게는 너무 가혹한 제안이었다. 절충안으로서 국민투표라는 방안이 제안됐다. 이 모든 것은 세계혁명으로의 길을 따라 전술적 우위를 추구하는 과정에서 볼셰비키가 얼마나 멀리 갈 준비가 됐는지를 시사했다. 그러나 바르샤바에서 철수함으로써 폴란드 공격에 관한 논의는 당분간 중지되었다. 코프는 베를린에서 보고하면서 치체린에게 다음과 같이 말했다. "동부를 지향한다는 생각이 정치의 지평에서 사라지지는 않았으나 전반적으로 매우 퇴색했습니다."[8]

러시아의 혁명적 이해관계와 독일의 국가적 이해관계가 아주 쉽게 맞아떨어질 수 있다는 생각은 대다수에게는 너무나 급진적이었다. 이러한 논의에 관여하지 않은 독일의 보수주의 민족주의자 정치인 구스타프 슈트레제만은 1918년 브레스트리토프스크조약에서 처음으로 볼셰비키와 맞닥뜨렸다. 이제 그는 공포에 질렸다. 독일 패퇴로부터 2년 뒤 붉은군대가 다시 독일 국경을 향해 나아가자 슈트레제만은 다소 과장하며 물었다. "정말로 세계혁명을 계속 설교해왔던 레닌이 국경에서 멈출 것이라고 생각합니까? 이후에는 어떻게 되겠습니까?"[9] 그러나 폴란드 분할에 집중하고 있던 프로이센 융커들은 이를 염려하지 않았다. 이러한 계산은 잔혹할 정도로 현실적이었고, 실로 비관적이었다. 국가로서의 러시아는 종래의 어떠한 의미로도 누군가에게 위협이 되지 않았다. 광활한 영토에도 불구하고 이 나라는 유럽의 가장자리에 국한되었으며, 농업경제가 우세했고, 75만이 넘지 않는 군대는 장비가 형편없었으며, 전쟁은 이 나라의 한정된 중공업을 산산조각 냈다. 1922년 9월, 독일 중공업의 거인이자 제정 러시아가 한때 상당히 의지했던 크루프Krupp는 혁명 이후 러시아의 군비산업 재건을 돕겠다던 의사를 철회했다. 그러나 이들이 합심해 재무장하는 일이, 궁극적으로는 유럽의 협조에서 떨어져나간 양국 모두에게 거대한 기회인 것으로 드러났다. 소련과 독일의 협약은 또한 영국의 이해관계도 위협했다. 이 협약의 목표가 유럽이 다시는 경제적 안정성을 찾지 못하게끔 평화를 불안정하게 하는 것이었기 때문이다.

독일의 경제 활황은 유럽의 번영을 보증했고, 이러한 상황은 탁월한 현상 유지 열강인 영국 같은 주요 상업 국가의 경제를 상당히 강화했다. 1919년 대영제국은 절정에 도달했으나 국민은 전쟁으로 탈진했고, 그리하여 무엇보다 평화에 관심을 가졌다. 중간층은 평화만을 요구했다. 유럽 경제의 붕괴는 광범위한 정치적 소란, 또는 그보다 심각한 혁명이 일어날 수 있는 가능성을 의미했다. 따라서 영국과 소비에트의 이해관계는 영국과 프랑스의 정책과 마찬가지로 독일과 관련된 부분에서 전적으로 상충했으며, 이 이해관계의 충돌은 1920년대가 전개되면서 확대됐다.

독일에서의 혁명 시도

코민테른이 베를린에서 엄청난 존재감을 행사했음에도 불구하고, 독일은 코민테른의 사정거리에서 아주 살짝 벗어난 채 불안정한 상태로 남아 있었다. 1920년 3월, 독일 우파의 카프 폭동은 공산당이 아닌 사회민주주의 노조들이 연장을 내려놓으면서 뒤집혔다. 공산주의자들은 냉담했다. 1918년~1919년에 현상 유지를 위해 나섰던 사회주의 경쟁자들을 부르주아 민족주의자들과 다를 것 없는 변절자라고 간주했기 때문이었다. 그러나 1년 후 공산주의자들이 들고일어나기로 결정했을 때, 그들은 자신들이 철저히 외톨이라는 사실을 발견했다. 그리고 이는 1920년대를 관통하는 이야기가 되었다. 분열된 좌파는 기존 갈등을 심화하는 운명에 처한 듯 보였다. 한편 우파는 세를 유지하면서 혁명적 선동에 위기감을 느낀 이들과 독일을 옥죈 베르사유 열강과의 화해 정신에 역겨움을 느낀 이들을 강하게 끌어들였다. 이러한 사정은 다른 곳에서는 충분하게 이해되지 못했지만, 독일 내부에서는 본능적으로 이러한 기운을 감지했다.

1921년 3월, 독일 공산당이 권력을 장악하기 위해 벌인 (3월행동Märzaktion으로 알려진) 시도는 항상 수수께끼처럼 여겨졌다. 이 시도를 시작한 이들이 베를린의 코민테른 특사들이었기 때문이다. 외부에서 바라보기에는 이 사건의 이면에 궁극적으로 누가 있었는지가 매우 분명한 듯했지만, 사건은 이러한 이해보다 더욱 복잡했다. 당시 소비에트 정부는 혼란에 빠져 있었다. 소비에트 정부를 선도하던 레닌과 트로츠키는 1917년도 혁명의 시작을 신호했던 수병들이 페트로그라드의 겨울 안개를 틈타 크론슈타트 해군 요새에서 일으킨 아주 위험한 봉기를 뒤치다꺼리하느라 치명적으로 주의가 분산되어 있었다. 네바강의 얼음을 가로질러 벌어진 싸움을 목격한 뒤 어리둥절해진 갓 도착한 스위스 공산주의자 쥘 윙베르드로에게 지노비예프는 "지금 여기서 우리가 목숨을 걸고 싸우는 동안에는 누구도 러시아를 벗어나서는 안 됩니다."라고 경고했다.[10]

독일 공산주의자 사이에서는 치명적인 불관용 정신이 만연했다. 독일공산당 지도자 파울 레비와 클라라 체트킨은 국제공산주의운동 내부에서 우파의 편을 드는 경향을 보였다. 이로 인해 그들은 지노비예프에게 질책을 받았고, 베를린 주재 코민테른 대표 마차시 라코시는 그들을 독일공산당 지도부에서 제명했다. 당시 라코시는 1919년의 실패한 혁명 이후 부다페스트를 벗어나 코민테른 지령을 주도적으로 집행하는 집행자로서 스스로를 재정립한 이들 중 하나였다. 이들에게는 호전적인 투르케스탄으로부터 비롯된 악명 높은 잔혹성을 연상시키는 "투르케스탄인"이라는 인종주의적 별칭이 붙었다.[11] 1920년에 독립사회민주당원들을 흡수하며 확장한 독일공산당은 확신을 가지고 반란을 고려할 수 있기까지는 시간이 소요될 것이라고 믿었다. 그러나 그들은 선거 정치를 반대하는 무정부주의자들과 긴밀했던 좌파도 몰아냈다. 좌파는 1919년에 당원의 절반을 데리고 나간 상태였고, 남은 이들에게는 갚아야 할 빚이 있었다. 이제 레비 자신이 지배적이던 분파주의적 분위기의 피해자로 전락할 터였다.

하인리히 브랜들러가 이끄는 새로운 독일공산당 지도부는 좌파의 호감을 샀고, 한때 자신이 지나치게 온건해서 1919년 헝가리혁명을 성공시키지 못했다고 믿는 벨러 쿤이 꾸민 때 이른 봉기에 손쉽게 말려들었다.[12] 쿤은 베를린 주재 신임 코민테른 대표로서 페트로그라드에서 출발해 배를 타고 슈테틴으로 향했고, "스페니어"라는 암호명으로 활동했다. 쿤은 지노비예프의 권위에만 기대 즉각적인 혁명적 행동을 촉구했다. 그의 이러한 행동은 (페트로그라드 시당 서기인 지노비예프로서는 뒤뜰에서 벌어진 재앙이나 마찬가지인) 크론슈타트반란이 초래한 러시아 내 위기에서 직접적으로 비롯된 것이었다. 쿤은 지노비예프의 눈과 귀로서 당도한 쥘 욍베르드로에게 "어떻게 혁명을 만드는지 보여주겠"다며 뽐냈다.

쿤은 의혹을 품은 이들에게 독일인들이 공세를 취해야만 한다고 강하게 주장했다.

소비에트러시아는 아주 커다란 위험에 처해 있습니다. 러시아가 고립된 상태로 10년간 생존할 수 있으리라는 어떤 기대도 버리십시오. 향후 2년간 소비에트러시아는 서유럽 프롤레타리아의 실질적인 도움 없이도 분명 버틸 수 있을 것입니다. 당신은 세계혁명에서 소비에트러시아가 어떤 요인인지, 그리고 소비에트 국가의 패배가 무엇을 의미하는지 잘 알고 있습니다. 만일 2년 안에 세계혁명이 일어나지 않으면 소비에트러시아가 붕괴할 것이라고 믿는다면, 당신은 반혁명 전선을 분쇄하는 데 전술을 맞춰야만 할 것입니다. 부르주아지가 자본주의를 원상 복구해 프롤레타리아를 질식시키는 동안 수세적 진지를 구축하면서 기다리지 마십시오.[13]

이를 위해 코민테른은 후에 공산주의자가 아니었음이 드러난 "토머스 동지" 야콥 라이히*를 통해 62만 루블 상당의 화폐와 귀중품을 내놓았다. 그해에만 적어도 122만 루블이 독일로 보내졌고, 그중 대부분이 단순히 사라졌다.[14]

3월 말, 한 사람도 남김없이 모두 공산주의자였던 맨스펠트의 구리 광부들이 손에 소총을 쥐고 일어나 베를린에 전반적인 공세를 취할 시작점을 제공했다. 봉기는 작센주 할레 인근의 레우나에 있는 대규모 화학 공장들을 점거하고, 철교 하나와 제방 몇 개를 폭파했으며, 함부르크 조선소에서 소란을 일으키고, 베를린에서 보안 관리를 살해하는 등 도처에서 폭력 사태를 일으켰다. 그러나 이 가운데 어떤 것도 대수롭지 못했다. 독일 공산당은 이것이 봉기였다는 사실을 부인했고, 베를린에서 수비대를 강화한 당국은 손쉽게 질서를 복구했으며, 브랜들러는 체포돼 투옥됐다.

이후에 레닌은 쿤이 "러시아인들을 돕는다는 이유로" 봉기에 착수하는 "바보 같은" 실수를 저질렀음을 인정했다. 쿤은 "빈번히 좌익으로 지나치게 경도"됐다고 비판받았다.[15] 그러나 우리가 이제까지 보았듯, 이는 쿤이 독자적으로 저지른 행동은 아니었다. 코민테른 의장 지노비예프가 그를 파견한 데는 분명한 목적이 있었다. 레닌은 참사와 관련된 소식이 소수의 사람에게만 알려지도록 레비를 설득하려 했으나 실패했고, 연말에는 독일의 모든 이가 이 실패를 알게 되었다. 코민테른 내부에서 누가 옳았는지는 결코 중요하지 않았다. 중요한 것은 중앙에서 온 원칙에 엄격히 복종하는 것이었다. 당에서는 불가피하게 전임 지도자들을 방출해야만 했다.[16] 러시아인들은 자신들과 독일 우파와의 관계를 강화하는 데 더욱 골몰했다.

---

*　베를린에 본부를 둔 코민테른 서유럽지부 수장으로 활동한 독일 혁명가. 1931년 공산당을 탈퇴하고 사회주의 정당에 가담해 활동했다.

라팔로 관계[*]

마침내 영국인들이 유럽에 평화를 불러오고 새롭게 구축된 무역 장벽을 다시금 열기 위해 제노바에서 정상회담을 소집했다. 독일, 러시아, 협상국 열강을 포함해 소집된 이 회담에 대한 기대 속에서 기회가 손짓했다. 회담은 1922년 4월로 예정됐다. 레닌은 참여하기를 원했으나 그의 동료들이 너무 위험하다며 만류했다. 너무나 많은 사람이 1917년에 모든 것을 잃었고, 또 다른 암살자의 총탄이 항상 눈앞에 있었다. 1922년 1월 17일 라데크가 크리스티안 라콥스키와 니콜라이 크레스틴스키와 함께 베를린에 도착했고, 이후 레오니드 크라신이 합류했다. 그들의 1차 목적은 독일과의 협력 협정 초안을 협상하는 것이었다. 해당 초안은 머지않은 4월 16일에 체결되는 라팔로조약이 될 터였다.[17] 2월에 진행하고 있던 비밀 군사 협력을 위한 협의들은 속도를 얻었다.

라데크는 라테나우와 제크트와 함께한 회동에서 장군이 "러시아와의 화해를 통해서만" 독일이 현 상황에서 벗어날 수 있다고 주장했으며, 이러한 정서가 당사자를 막론하고 모든 방향에서 증가하고 있다고 보고했다. 비밀 회담 내내 제크트는 "매우 차분했으며, 폴란드에 관해 말할 때만 자제심을 잃었다." 그러나 그는 1922년 봄 러시아와 폴란드 사이의 전쟁을 기대하지는 않았다. 하지만 회담 중 이 지점에서 "그는 자리에서 일어났고, 양 눈은 곰처럼 빛나기 시작했으며, 조만간 러시아나 독일이 강력해져 폴란드를 반드시 분쇄해야 하며 또한 분쇄할 것이라고 말했다." 어떠한 응답도 군더더기일 뿐이었다. 라데크는 "이는 독일 내 의사 타진이 끝났음을 의미합니다. 귀하 스스로 결론을 내릴 수 있겠죠. 나는 모스크바에

---

[*] 1922년 이탈리아 라팔로에서 바이마르공화국과 소비에트러시아 사이에 우호조약을 체결한 이후의 독일과 소련의 제휴 관계를 일컫는다.

당도한 뒤에 결론을 내리겠습니다."[18]라며 보고를 마쳤다.

모스크바 주재 독일 대사 울리히 폰 브로크도르프란차우는 확실히 볼셰비키주의의 친구는 아니었다. 1922년 12월 22일 그는 프랑스가 배상금 지불 문제를 무력으로 해결하기 위해 국경을 넘어 독일 공업의 심장부를 향한다면 러시아는 어떻게 할 것인지를 물었다. 트로츠키는 러시아의 군사력이 대단하지 않기에 그것은 독일인들이 어떻게 반응할지에 달려 있을 것이라고 답변했다. 하지만 그는 이렇게 덧붙였다. "프랑스의 요청으로 폴란드가 실레지아를 침략할 경우, 우리는 단 한 순간도 가만히 있지 않겠습니다. 우리는 그러한 행위를 용납할 수 없으며, 진격할 것입니다!"[19] 정확히 융커들이 듣길 바라던 대답이었다.

불과 두 달 전, 베를린 주재 미국 대사 앨런슨 호턴은 힘주어 말했다. "시간이 부족하고 … 상황은 이미 위험합니다. 볼셰비키주의의 물결이 유럽 문명의 장벽을 두드리고 있습니다. 만약 그 장벽들이 무너진다면, 독일 국민이 절망 속에서 자신들의 입장에 대한 연민과 도움, 이해가 거부됐다고 믿으면서 구원을 찾기 위해 동쪽으로 등을 돌린다면, 시간의 흐름 속에서 그 조수는 가차 없이 대서양까지 휩쓸어버릴 것입니다."[20] 워싱턴에 있던 이들은 상기시킬 필요도 없었다. 자신들을 끝도 없이 묶어둘 유럽 문제 해결에 참여하지 않기로 한 미국인들은, 책임감 있게 행동하는 것에 대한 집단적 실패를 이유로 자신들이 그토록 무기력하게 방기했던 유럽의 무능력 앞에서 조바심을 쳤다. 당적은 없지만 미국의 입법가들에게 영향력이 컸던 아이다호 상원의원 윌리엄 보라는 이렇게 경고했다. "프랑스는 독일을 군국주의자 또는 볼셰비키주의자의 수중에 들어가게 할 바로 그 정책을 채용하고 있다."[21]

그러나 파리에서는 타협에 대한 모든 희망이 무너져 내렸다. 성공적인 사업가이자 미국 대사인 마이런 헤릭은 대통령이자 외무장관인 푸앵카레가 "아무것도 배우지 못했으며, 아무것도 잊지 않았"다고 보고했다.

"이는 지성이 부재하기 때문이 아니다. 이는 뚜렷한 목적을 가지고 이루어진 행위다. 부분적으로는 자신의 공격적 정책에 정치 생명과 명성을 걸었기 때문이고, 그보다 중요하게는 프랑스의 안전을 위해 '(카르타고가 로마보다 부유했기에) 카르타고는 반드시 파괴되어야 하기 때문이다Delenda est Carthago'."[22] 파리평화회담 당시 영국 외무장관이었고 이후 영국 귀족원에 의석을 가진 귀족이 되는 냉소적인 현실주의자 아서 밸푸어 경은 프랑스인들이 결코 대치해본 적이 없던 수수께끼를 요약했다. 프랑스는 "배상금을 지불할 수 있을 정도로 부유한 독일과 폐허나 다름없는 독일을 동시에 원했다."[23]

영국과 미국은 독일이 "유럽이라는 경제적 유기체의 본질적인 부분"으로서 심각한 위험에 처했다는 명백한 사실을 무시할 수 없었다. 1914년 이래 베를린은 배상금 지불을 위해 세금을 인상하는 인기 없는 조치보다는 너무 많은 지폐를 인쇄하는 방식을 취해 당시 화폐인 라이히스마르크의 가치를 꾸준히 희석해왔다. 영국인들은 재정을 질서 정연한 상태로 복구하는 일이 "현재 정부를 산산조각 내며 혁명으로 이어질 것"임을 이해했다. 1922년 5월 23일, 로이드조지는 내각에 다음을 주지시켰다. "추정컨대 누구도 혁명을 원하지 않으며, 만일 혁명이 일어난다면 그것은 러시아혁명과는 무척 다를 것입니다. 러시아인들은 유럽에서 가장 무능한 사람들이지만, 독일인들은 몇몇 측면에서 가장 유능합니다. 그들은 혐오감을 주었던 러시아의 조치들과 달리, 우리 국민에게 가장 매혹적인 방식으로 자신들의 혁명을 운영할 것입니다."[24]

프랑스군, 루르 지방을 침략하다

런던의 자유당과 보수당 연립정부가 배상금 문제 해결책을 두고 머뭇거리자, 프랑스인들은 스스로 상황을 해결해야 할 때가 왔다고 생각했다.

1923년 1월, 1921년 5월에 합의된 배상금 총액을 독일에게서 뽑아내지 못한 프랑스와 벨기에의 군대가 드구트 장군의 지휘하에 루르 유역을 침략했다. 영국의 명백한 반대 속에 이루어진 이 침략은 명목상 자신들의 몫이어야 할 공업 원료를 추출하기 위해서였다. 루르 지역은 독일 석탄의 80퍼센트 이상, 선철 및 강철 생산의 80퍼센트, 원료 및 완제품 운송에서는 70퍼센트를 차지했다. 독일인들에게 이 점령은 더할 나위 없는 치욕이었다. 영국인들은 경악했다. 푸앵카레는 통제 불능이었다.

독일이 저항하리라는 점은 예측 가능했으나, 이는 예상치 못한 전환을 이뤄 바이마르공화국 최후의 운명과 관련된 파멸적 결과를 가져왔다. 총리 빌헬름 쿠노*의 정부는 수동적 저항을 명령했고, 평시보다 훨씬 무모한 비율로 돈을 찍어내는 방식으로 사실상 국가 재정 자살을 감행했다.[25] 이는 수개월 만에 필연적으로 극심한 인플레이션으로 이어졌고, 새 질서의 향후 안정성이 달려 있던 중간 계층이 어렵게 모은 저축을 일거에 없애버렸다. 그러나 프랑스인들은 배상을 받아내는 데 만족하지 않고, 무력으로 배상금을 징수해낸 자신들의 명백한 승리에 들떠 독일 국가를 해체하려는 뻔뻔스러운 시도를 단행했다. 그들은 10월 21일부로 인접한 라인란트 지방을 별개의 공화국이라고 선포했고, 이에 실패하자 무력으로 바이에른팔츠 지방을 자치공화국으로 재구성하려고 시도했다.

마침내 영국의 커즌이 나서서 그만하면 충분하다고 공표하면서 이 노력은 무너졌다. 14만 7000명의 독일 시민이 루르 지방에서 떠밀려났으며, 점령이 종식될 때까지 376명이 사망하고 2092명이 부상을 입었다.[26] 오랫동안 독일 여론에 끼친 심리적 효과는 가늠할 수조차 없다. 이후 영

---

*　독일의 사업가이자 정치인으로 1922년~1923년 사이에 264일 동안 총리를 역임했으며, 이후 대서양 운항 회사인 함부르크미국노선주식회사의 사장으로 복귀했다. 1932년에는 히틀러에 협력했다. 1933년 사망했다.

국인들은 프랑스인들이 독일인들을 상대로 선제적 군사 행동을 취하려는 모든 시도에 실질적으로 대처했으며, 독일인들은 복수를 꿈꿨다.

이탈리아에서 파시즘이 부상하다

유럽의 다른 곳들에서는 이념 전쟁이 세를 얻었다. 파시즘을 대하는 태도, 특히 영국이 취하는 태도는 파시즘이 공산주의의 위협에 대한 균형추까지는 아니더라도 완충제로서 지닌 잠재력에 따라 결정됐다. 모스크바는 이탈리아를 볼셰비키혁명에 굴복할 가능성이 가장 큰 나라로 여겼다. 이탈리아에서는 어떠한 정부도 도덕적 권위를 가지지 못했다. 내무장관과 총리를 차례로 역임한 프란체스코 니티(1919~1920)와 조반니 졸리티(1920~1921)는 재정적 부패(니티)와 정치적 부패(졸리티)로 심각한 오명을 입었다. 더욱이 두 행정부는 모두 만성적으로 취약했다. 강경한 좌파가 압박을 가하면서 정부는 조금씩 굴복했고, 정부가 굴복하면서 (우파가 부채질한) 서로에게 대항하는 분노가 지역 수준에서 조금씩이지만 결연히 자라났다. 1919년 초 사회주의적 반군국주의자들이 전몰장병을 기리는 기념비 건립을 막고 조국에 복무하여 받은 훈장을 단 이들을 경멸하자, 전임 전투원으로 구성된 연맹들이 폭력적으로 반응하면서 초민족주의 운동이 일어났다. 무엇보다 1917년 카포레토의 패배가 상징하듯, 최종적 승리에도 불구하고 1차 세계대전은 모두에게 재난이었다. 이탈리아는 하나의 나라로서 아무런 존경도 받지 못했다. 1920년 5월, 극좌의 끊임없는 위협에 대응해 대두하던 파시스트 운동의 총회가 밀라노에서 열렸다. 강령은 의도적으로 모호했다. 정당을 만들거나 "어떤 구체적인 교리에 얽매였다고 느끼려는" 어떠한 바람도 없었다고 전해진다. 그러나 국제연맹에 대한 반대 의사는 분명했고, 서구의 재정 지배로부터 나라를 자유롭게 하자는 의도 역시 표현되었다. 전쟁에서 부상을 입은 사람들에게는 더 나은 대우가,

노동자들에게는 하루 여덟 시간 근무가 요구되었고, 자본에 대한 최초의 과세와 교회 재산 압류가 제안됐다.[27] 그러나 이는 단지 미래에 연주될 악보에 불과했다. 1921년 11월 7일부터 10일까지 로마에서 열린 제3차 대회 전까지 파시스트들은 자신들을 정당으로 선포하지 않았다.

파시스트들은 또한 아풀리아, 에밀리아로마냐, 베네토에서 지주나 부농에게 고용살이하던 농민들의 파업에 비견된 로마, 나폴리, 토리노, 밀라노, 제노바의 전차·기차·택시 운전사와 우체국·전기 업무 관련 파업의 파도에도 대응했다. 이탈리아의 자본주의는 1920년 6월 안코나에서 벌어진 악명 높은 폭력 시위들을 계기로 좋지 않은 상황에서 최악으로 치달았다. 모스크바의 지노비예프, 부하린, 레닌은 지금이야말로 이탈리아에서 혁명을 불붙일 순간이라고 믿었다.[28] 폭동들에 뒤따라 9월 내내 토리노에서 금속 공장 점거가 이뤄졌다. 토리노 사태는 머지않아 나라 곳곳에서 또 다른 점거와 파업을 동반하면서 이탈리아를 혁명에 가깝게 몰아갔다. 레닌은 이탈리아를 돕는 위험을 감수하기를 바랐으나 "안타깝게도 이제 실질적으로 불가능"하다는 생각을 내비쳤다.[29]

정부는 당면한 위협들이 혁명을 나타낼 수 있다는 사실을 격렬하게 부인했다. 정부는 공장 점거를 종식시켜 개인 재산을 보호하려는 어떠한 시도도 취하지 않았다. 8월에 붉은군대가 폴란드를 가로질러 바르샤바를 향해 진격한 이후 베를린이 아마도 이를 뒤따르리라는 생각에 나머지 유럽이 공황에 빠져 있는 동안, 영국인들은 이탈리아 당국자들이 공장점거에 무심한 태도를 보이는 데 놀라움을 표했다. "정부 입장에서는 중립으로, 고용자의 입장에서는 권한의 포기라고 묘사할 만한 정책이 지속됐다."[30]

로마 주재 영국 대사관의 상무서기관은 "이 위기의 역사는 실로 경악을 금치 못하게 한다."라고 말한 다음, "이 위기는 공장점거, 쫓겨나고 몇몇은 투옥된 사주와 책임자, 폭력적으로 위협받는 고용인, 사주의 물건을 강탈해 팔아치우는 노동자, 길가의 모래주머니 바리케이드 너머로 벌어지는 무장 폭력, 경찰과 공권력을 향한 발포, 개개인에 대한 폭행, 가옥 점거를 수반했다. 정부는 침묵하며 피난했고, 20일간 거의 무정부 상태에서 혼란이 이어졌다."[31]라고 결론 내렸다. 밀라노 소재 영국 총영사는 의심할 여지 없이 "이러한 운동이 가진 정치적이고 혁명적 성격은 소비에트적인 경험과 비견될 수 있다. … 만일 이탈리아 정부가 여전히 이 운동이 순전히 경제적인 이유에서 비롯되었다고 믿고 세계 역시 그렇게 믿기를 바란다면, 그들은 단지 어리석은 타조처럼 현실을 외면하고 있는 것일 뿐이다.[32] … 이 투쟁은 이탈리아 정부가 믿기 바라는 것처럼 이탈리아 산업의 작은 한 부분이 아닌, 2만 개소의 작업장과 관련됐다."[33]라고 말했다.

그러나 영국 상무서기관은 무장한 이들이 이 위기에 참여했다는 점보다는 그들이 뿌린 것을 거두는 데 끝내 실패했다는 것에 놀랐다. "이 사람들은 자신들의 기회를 놓쳤다. 그들은 상황을 지배하는 대신 상황에 통제당했으며, 혁명이라는 가능성 너머에서 어리둥절해했고, 상충하는 이해관계들의 소용돌이 속에서 길을 잃었으며, 불안하고 체계적이지 못한 나라에 최종적으로 자신들의 의지를 부과해야 하는 곳에서 엄두를 내지 못했다. 그들은 발포했으나 헛방이었으며, 전진했으나 항상 뒤로 미끄러졌다."[34] "위대한 금속 파업"의 여파는 영국 외교관들의 눈에 "결코 흥미롭거나 중요하지" 않았다. 엄청난 공업 기업체 피아트의 마키아벨리적인 사주 조반니 아넬리는 "노동자들이 만든 새로운 상황에서 사업을 지속하기란 불가능하다는 것을 선언하며, 동료들과 함께 사퇴한다. 노동자들은 곧 돌아와달라고 간청하는 치욕적인 위치에 서게 될 것이다."라고 단언했다.[35]

조르주 소렐의 열렬한 숭배자인 공산주의자 안토니오 그람시*는 이

---

* 이탈리아의 마르크스주의 철학자 겸 작가. 30권이 넘는 《옥중수고》를 통해 당대의 현실과 혁

공장점거의 배후 지휘자였다. 그람시는 처음부터 매우 비정통적인 공산주의자였다. 비록 급격히 줄어들고 있었지만, 공산주의 교단은 여전히 매우 광범위했다. 그리고 이 교단은 레닌주의의 왼편에 있고, 정도에서 벗어났으나 근본적으로는 생각이 비슷하다고 여겨진 이들을 1936년~1939년 스페인내전에 이르러서까지 수용할 정도로 포괄적이었다. 더욱 열광적인 레닌주의자들은 그람시 특유의 이념적 여행을 얼마간의 의심을 지니고 지켜보았다. 레닌주의에 관한 그람시 자신의 의문은 패배에서 떠올랐다. 그는 자신이 편집을 맡은 주간지 〈오르디네 누오보〉에 사건들의 사후 분석을 실었다. 그람시는 후회 가득한 목소리로 "우리의 혁명 운동이 중대한 타격을 받았음을 부정한다면 솔직함과 진정성이 부족한 것일 터이다."라고 시인했다.[36] 이와 함께 소비에트러시아 내부에서 이미 타격을 받은 레닌주의에 대한 혁명적 대안인 노동자반대파Workers' Opposition가 가진 신뢰도 처참히 부서졌다. 공장점거는 자본주의라는 짐승에게 부상을 입혔지만 이를 죽이지는 못했다. 아녤리는 너무나 가공할 적수였다. 그는 때가 무르익자마자 모든 양보를 철회할 의도를 가진 채로 능숙하게 전술적 후퇴를 지휘했다. 경제 전체는 흔들렸다. 은행들은 신용을 거부했고, 주주들은 증권을 처분했으며, 비관주의가 세를 얻어 투자를 억제했다. 전쟁 이후 악화 일로를 걷던 물가가 1920년 7월과 1921년 1월 사이에 24퍼센트가량 오르는 동안 실업률은 네 배로 뛰는 등, 1921년이 지나는 동안 상황은 심각하게 악화됐다. 아녤리는 혁명의 맹공을 막아내기 위해 자신이 절박하게 넣은 모든 조항을 꼼꼼하게 해체했다.[37]

공장점거는 공공질서가 걷잡을 수 없이 교란되고 개인의 안전이 심각하게 위협받던, 2년에 걸친 "붉은 해Biennio Rosso"의 절정을 기록했다. 지방의 사정도 다를 바 없다. 혁명가들이 재산을 압류하겠다고 위협한 농

명의 미래를 성찰했다.

부들과 부농들은 파시스트들에게 직접적으로 도움을 요청하는 방식으로 대응했다. 일전에 페트로그라드에서 같은 직책에 봉직하며 차르에게 다가올 위험을 경고하려 했던 영국 대사 조지 뷰캐넌 경 역시 아무 도움이 되지 못했다. 그는 같은 경험을 반복하는 듯했다. 정부는 수수방관했을 뿐만 아니라, 시칠리아와 다른 주들에서 토지가 압류됐을 때 졸리티 총리는 뷰캐넌과의 대화에서 "정부가 몰수해야 할 미경작 옥수수 농지를 농부들이 직접 법을 집행해 가져간 것일 뿐"[38]이라며 옹호하기까지 했다.

궁극적으로 이탈리아를 극우의 수중에 가져다준 것은 깊어지는 좌파의 분열상이었다. 레닌은 이러한 분열을 개혁주의에 필요한 숙청으로 보았다. 이탈리아사회당PSI은 프랑스의 유사 정당과 마찬가지로 일괄적으로 코민테른을 고수했다. 그러나 이 당은 1920년 페트로그라드에서 열린 코민테른 제2차 대회에서 이탈리아 당원들의 좌익 선동에 의해 절대적인 복종을 확실하게 한 스물한 번째 강령이 부과되면서 분열되기 시작했다. 의도되었던 대로 필리포 투라티가 이끄는 개혁주의자들과 자신토 세라티가 이끄는 최대주의자들*은 리보르노 당대회(1921년 1월 15일~21일)에서 쫓겨났고, 소수만이 남아 이탈리아공산당PCI을 결성했다. 1920년도 혼란의 주요 책임자는 좌파였지만, 이듬해에는 더욱 잘 조직되고 재정적 이해관계의 뒷받침을 받는 파시스트들이 정부가 공공의 안전을 지키기 위한 행동에 나서기를 망설이는 동안 거리에서 질서를 잡기 시작했다. 조직화하고 규율 잡힌 대규모 파시스트 무리가 볼로냐 같은 사회주의자들의 소굴로 우르르 밀려들었다. 사회주의자들과 공산주의자들은 모두 파업과 동일시된 반면, 파시스트들은 가장 힘든 경제적 상황 속에서의 새 일자리와 동일시됐다. 머지않아 사회주의 대열에서 이탈한 이들의 규모가 파시스트 무리에 대거 유입된 규모와 맞먹게 되었다.

---

* "최대 강령"의 완전한 시행을 요구하며 타협을 일절 배제하는 공산당 내 성향을 따르는 분파.

설상가상으로 가장 존경받던 경제학자들인 빌프레도 파레토와 마페오 판탈리오니 같은 저명한 우파 지식인들이 파시스트를 지지하며 나섰다. 심지어 이름 높은 철학자이자 역사가인 베네데토 크로체 같은 자유주의적 보수주의자들도 "국가와 민족의 권위를 원상 복구하기 위해 일시적이고 졸속한 장치"로써 파시즘의 방향으로 표류해 들어갔다.[39] 19세기 말 이래 경제학, 정치 이론, 사회학 분야의 진보에서 이탈리아가 줄곧 선두에 서 있었다는 점에서 이는 중요한 문제였다. 공적인 삶에서 인텔리겐치아의 위상이 이탈리아보다 더 두드러진 곳은 없었다.

극좌에 대한 거부감은 극우를 향한 공포보다 훨씬 거대했다. 8월, 제멋대로 굴며 이탈리아 북부 도시들을 사정없이 파괴하고 좌익 신문과 당사, 여성회 사무실들을 불태운 파시스트들에 맞선 총파업 요청은 실패로 돌아갔다. 이 시기의 투사 마리오 몬타냐나는 20년도 더 지난 훗날 "파시즘은 우리의 패배에 대한 정확한 대가이자, 운동이 가장 고점에 달했고 우리가 얻지 못할 것은 없으리라고 확신했던 그때의 실패와 우리의 약점이 초래한 결과였다."[40]라고 시인했다.

1922년 10월 24일, 나폴리의 산카를로극장에서 열린 파시스트 대회에서 무솔리니는 특징적인 검은 셔츠를 입고 극적으로 등장해 파시스트들이 원하는 것이 무엇이냐고 묻던 정부 내 인사들을 성토했다. "그들이 뭐라고 대답했습니까?" 무솔리니가 물었다. "아무 대답도 없었습니다. 더욱이 그들은 … 우리의 힘을 계산했고, 정무장관직이나 … 차관직들에 관해 얘기했습니다. 그러나 그 모든 것은 그저 농담일 뿐입니다. … 우리 파시스트는 이 장사치들의 문으로 들어갈 생각이 없으며, 우리 파시스트는 장관직이라는 열매가 담긴 비참한 접시 때문에 우리 스스로를 만족시킬 수 있는 가공할 만하고 고귀한 생득권을 포기할 의사가 없습니다."[41]

대신 무솔리니는 1922년 10월 28일, 국왕 비토리오 에마누엘레의 초대를 받아 권력을 향해 성큼성큼 걸어갔다. 정부는 로마와 다른 주요 도시에 운집한 파시스트 민병대에 대항하는 무장 조직을 소집할 수 있었지만, 국왕은 그러한 고통을 기꺼이 감내하려고 하지 않았다.[42] 물리적인 위협감과 정감 있는 친밀감이 영악하게 혼합된 무솔리니의 특성은 혼란을 자아내는 그의 행동에 익숙하지 않은 정치인들에게 이례적인 효과를 불러일으켰다. 의회는 1년 단위로 갱신할 수 있는 특수 권력을 총리에게 준다고 합의함으로써 말만 무성한 곳으로 재빠르게 전락했다. 이탈리아는 명목상으로는 여전히 민주주의 체제였으나 실질적으로는 신출내기 독재 체제였다. 기회를 포착한 무솔리니가 억압의 물결을 퍼뜨리고 이례적인 효율로 공산주의자와 사회주의자를 동등하게 분쇄하기까지는 그리 오랜 시간이 걸리지 않았다.

러시아인들은 무지 속에서 총체적으로 혼란을 겪었다. 그들의 눈에, 아니, 어느 누구의 눈에든 간에 파시즘이 실제로 목격되는 최초의 순간이었다. "이탈리아에서 무솔리니가 어떻게 시작되었는가?" 몇 년 후 기세등등한 코민테른 서기 오시프 퍄트니츠키는 이렇게 물었다. "그는 총을 쏘거나, 군사법원을 도입하거나, 자본에 우호적인 자세를 채택하는 것으로 시작하지 않았다. 그는 노동자와 소부르주아지와 농부의 처지를 개선한다는 선동가적 강령을 가지고 나왔다. 이것이 그가 대중을 사로잡은 수단이다. 그리고 그는 대중을 사로잡았을 때, 자신이 강력해졌을 때 진짜 얼굴을 드러냈다. 하지만 권력을 잡았을 당시 그는 국가파시스트들보다 힘이 약했다. 그에게는 군대가 없었으며, 오직 소규모 파시스트 민병대원들만이 있었을 뿐이다."[43]

당시 지노비예프는 무솔리니의 맹공격이 "수천 명의 공산주의자와 사회주의자"에 대한 "유례없는 십자군"과 함께 시작됐고 "공포는 나날이 더해갔다."라고 언급했다.[44] 젊은 공산주의자 움베르토 테라치니는 훗날 이탈리아계 미국인 동지들에게 보내는 글에서 무슨 일이 일어났는지를 묘사했다.

1주일이라는 기간 동안 경찰은 5000명 이상의 동지들을 체포했습니다. 그 안에는 우리 조합들의 비서 거의 모두와 공산주의적 노조들의 조직자, 우리 지역 및 군 의원들 모두가 포함됐습니다. 게다가 경찰은 우리의 재정적 자원 전부를 전용하는 데 성공하면서 우리 언론에 치명적인 일격을 날렸습니다. … 지난주에 우리의 도시들과 교외에서 무슨 일이 일어났는지 당신은 상상도 할 수 없을 것입니다. 이는 파시스트 무리와 협력하는 경찰이 조직한 진정한 인간사냥이었습니다.[45]

규율을 제외하면 아무것도 아닌 볼셰비키는 어쩌면 그들이 방심했기 때문에 이례적으로 자신들의 분노를 절제하는 데 어려움을 겪었다. 혁명의 또 다른 희망이 참혹하게 내동댕이쳐졌다. 1920년만 해도 이탈리아는 볼셰비즘이 무르익은 극소수의 나라들 가운데 하나로 비쳐졌다. 비록 1921년 3월 전임 정부에 의해 공산당 조직체는 지하로 들어갔지만, 무솔리니의 집권은 충격 비슷한 것으로 다가왔다. 실제로 라데크는 이를 "세계혁명 시기가 시작된 순간부터 사회주의와 공산주의가 겪은 가장 심각한 패배이자, 이탈리아 사회주의와 전체 이탈리아 노동자 운동의 정신적이고 정치적 패배의 결과이기 때문에 소비에트헝가리의 그것보다 더욱 심각한 패배"[46]라고 묘사했다.

소비에트 정치국이 얼마나 위태하게 외교 단절 직전까지 갔는지는 주목할 만하다. 폴란드 귀족의 후손이자 지식인이면서 볼셰비키였던 바츨라프 보로프스키는 레닌에 의해 이탈리아 주재 대사로 임명되기 전에 코민테른에서 국제관계 분야의 경력을 시작했다.[47] 1922년 11월 1일, 주로 이탈리아인인 대사관의 무역 부서원들이 무솔리니의 행동대원Squadristi에게 폭행당했다. 그중 한 명은 총탄에 여러 번 맞았다. "아마도 우리는 무솔리니를 걷어차고 모두(보로프스키를 포함한 대표단 전체) 이탈리아를 떠난 후에, 파시스트들을 겨냥해 이 나라를 공격하는 일에 착수해야 하지 않을까요?" 레닌이 제안했다. "이탈리아 인민들을 어느 정도 제대로 도와주도록 합시다." 이렇듯 가열된 분위기에서 11월 10일 보로프스키는 보복으로 대사관 전체 철수를 제안했지만, 자신의 생각을 반성한 후 제안을 철회했다.[48]

보복주의자 우파에 맞서 단순히 코민테른뿐 아니라 소비에트 국가가 이념적 연대를 위해 패배한 좌파들과 함께 행동에 나서는 것으로 보이리라는 점은 위험하게 여겨졌다. 신중함이 지배했다. 1923년 2월 8일, 정치국의 승인 아래 대사에게 발송된 전신은 "소비에트 정부와 코민테른을 구별하는 우리의 입장은 변함없이 유지된다."라고 조언했다.[49] 1923년 2월 19일, 고심 끝에 마침내 크렘린은 외교 관계 단절이 "부적당"하다고 결정했다.[50] 보로프스키는 이탈리아인들에게 "우리 정부의 행동과 러시아 영토에서 활발히 벌어지고 있는 정당들의 정치선전 사이에 그 어떠한 연관도 없"다는, 공식적이고 전적으로 공허한 소비에트의 입장을 반복했다.[51] 그럼에도 불구하고 최근의 충격은 상처를 남겼다. 이탈리아인들이 중간에 가로채 암호를 해독한, 모스크바로 보낸 한 급보에서 보로프스키는 자신의 개인적인 느낌을 밝히며 "파시스트 테러"와 대중으로부터 고립된 정부를 성토했다. 그는 확실한 근거 없이 오직 감정에 기초해 무솔리니가 그리 오래가지는 않으리라고 예측했다.[52]

수개월 내로 불운한 보로프스키는 개인적인 이유 때문이 아니라 그가 대표했던 국가 때문에 1923년 5월 로잔의 세실호텔에서 암살됐다. 이 사건은 외무부인민위원 막심 리트비노프를 포함해 보로프스키와 저녁 식사를 같이한 이들을 놀라게 하며 공포감을 자아냈다. 그의 후임 소비에트 대사 콘스탄틴 유레네프는 불굴의 의지로 다져진 철저한 노동계급이었다. 로마에 도착한 그는 1924년 7월 중순 무솔리니를 저녁 식사에 초대하기로 결심했다. 퍄트니츠키와 지노비예프가 관장하는 모호바야거리의 코민테른 본부에서 즉각적으로 날카로운 항의가 날아들었고, 코민테른의 입장에 동정적인 치체린은 그러한 저녁 식사 자리를 가져서는 안 된다는 지침을 유레네프에게 내리라고 지시하였다.[53] 그러나 유레네프는 완고하게 이를 거부했다. 이후 그는 모든 날짜 가운데 하필이면 10월혁명 기념일에 무솔리니를 식사에 초대하기로 결심했다. 이 결정은 10월 23일 당연하게도 지노비예프, 치체린, 리트비노프로 구성된 정치국의 분노를 유발했다.[54] 유레네프가 지침을 무시하고 고집을 피우자 마침내 정치국이 나섰고, 코민테른의 라틴아메리카국 국장 쥘 욍베르드로가 움직였다. 11월 5일, 스탈린과 몰로토프, 지노비예프, 카메네프, 톰스키는 유레네프를 직위 해제하는 데 투표했다.[55] 현실 정치에서조차 모스크바의 대이탈리아 정책에 한계가 있음이 명백해졌다.

한편 러시아에서 브로크도르프란차우는 독일 장군참모장 오토 하세 장군에게 모스크바와 더 이상 협상하지 말 것을 조언했다. 하세는 "소비에트 정부의 즉각적 목표가 세계혁명"이라는 점을 잊어서는 안 되었다. 자신들이 모스크바 정부에 제공한 무기들이 독일에 대항해 사용된다면, 그야말로 바보 같은 짓일 것이기 때문이었다.[56] 대사는 핵심에서 멀리 벗어나 있지는 않았다. 독일공산당에게는 가까운 미래에 반란을 개시할 역량이 전혀 없었다. 그러나 1923년 7월 말, 지노비예프와 부하린은 키슬로보츠크 온천에 들어가면서,* 독일에 대한 직접적 지식을 하나도 갖추지 못한 채 때가 무르익었다고 확신했다. 그들의 동기는 단순한 권력욕 이상으로 복잡했다. 이탈리아와 불가리아에서 일어났던 것처럼 독일공산당이 파시스트들에게 주도권을 잃지 않을까 하는 진지한 염려도 그러한 동기를 유도했다.[57] 그리하여 그들은 선제 행동을 고려했다.

지노비예프의 부인 릴리나는 다른 곳에서 유사 혁명이 일어나지 않

---

* 당시 지노비예프와 부하린은 스탈린의 당내 부상을 제지하기 위해 광천수 온천으로 유명한 키슬로보츠크에서 "동굴 회동"을 가졌다.

아 부과된 볼셰비키혁명의 국제적 고립에서 벗어나고픈 절박함을 표출했다. 그녀는 프랑스의 공산주의 지도자 마르셀 카샹에게 말했다. "국제프롤레타리아는 5년에서 6년 내로 혁명을 이룩할 필요가 있습니다. 우리는 경제적 침투를 통해 볼셰비키를 패배시키려는 자본주의자들의 막대한 노력과 압박에 장기적으로 버틸 수 없어요."[58] 1917년에는 가장 머뭇거리는 축에 속했던 지노비예프는 1923년 8월 중순, 서구에 혁명을 불러일으키고 양편의 군사적 역량을 보유한 "소비에트독일과 소비에트러시아의 연맹"을 결성한다는 상상에 이미 눈이 멀어 있었다. 자신의 수사에 취한 그는 "대담하고, 대담하고, 더욱 대담하기"를 요구했다.[59] 보다 지적이고 뚱하게 회의적이었던 라데크는 지노비예프에 대항하는 주장을 펼치면서 트로츠키에게 지지를 구했다. 그러나 트로츠키는 자신의 경쟁자들에게 지속적으로 공격받고 있었다. 그는 이미 군사해사인민위원직을 상실했기 때문에 판단을 내릴 충분한 정보를 가지고 있지 않다는 이유로 교묘하게 냉담함을 유지했다. 그때까지 본성상 굳건한 회의론자였던 스탈린은 처음에는 라데크과 같은 관점을 취했다. 그는 통상적으로 보이던 불용의 방식을 내비쳤다. "독일인들은 독려가 아니라 제지되어야 한다는 것이 내 의견입니다."[60]

그러나 8월 20일, 레닌의 활동 불능으로 인해 지도부의 핵심 인물로 거듭난 스탈린은 독일의 혁명 가능성에 대한 자신의 입장을 예기치 못하게 번복했다. 하지만 사전 예고가 없던 것은 아니었다. 무엇보다도 스탈린은 "혁명이 러시아에 의해 '지배되고' 있다거나 '고무되고' 있다고 생각하게 하는 근거를 가능한 모든 방법을 이용해 제거해야만 합니다."라고 썼다. 그는 또한 어떠한 제안이라도 다음을 고려해야 한다고 주장했다. "독일에서 노동자들의 혁명은 아마도 프랑스와 폴란드(그리고 아마도 또 다른 국가들)의 입장에서는 독일과의 전쟁 또는 (최선의 경우) 독일 봉쇄(미국의 곡물 공급 중단 등)를 의미할 것입니다. 이러한 경우 그에 대한 대항 조치들이 즉각 취해져야만 합니다." 그는 상당량의 러시아 자원이 동원되어야 할 것이라고 예상했다. "우리가 진정으로 독일인들을 돕는다면 (그리고 우리는 그들을 도울 것이고, 반드시 도와야만 합니다) 반드시 진지하게 모든 측면에서 전쟁에 대비해야만 합니다. 종국에 가서는 소비에트연방의 존재가, 가까운 미래에서는 세계 평화의 운명이 위험에 처하게 될 것입니다."[61] 어쩌면 스탈린은 이러한 방식으로 포석을 깔아 고집불통 동지들이 지나치게 멀리 나아가지 않도록 자신이 억제할 수도 있으리라고 희망했을 것이다. 그러나 실제로 이런 희망을 품었다면, 그는 철저하게 실패했다.

8월 21일 소비에트 정치국에서 (코민테른 집행위원회 서기) 라데크와 (외무인민위원) 치체린이 참석한 가운데 전망이 논의됐다. 라데크는 "독일에서 파시즘 이후 공산주의가 아니라 공산주의 이후 파시즘이 도래하리라는" 공포를 드러냈다. "우리는 노동자들을 통제하지 못할 거예요." 이어서 그는 혁명 이전 러시아와 독일의 차이점들을 열거했다. 가장 특징적인 점은 독일 지방에서 소부르주아 농민이 차지하는 비중과 도시에서 사회민주당이 갖는 우세함이었다. 모스크바는 사회주의자들을 향한 지지 감소를 과대평가하고 있었다. 이 문제에 있어서 탁월하게 실용적이었던 트로츠키는 조직, 물자, 준비, 계획, 만기일에 대해 보다 신중히 접근해야 한다는 필요성에 집착했다. 현장의 소비에트 군사고문들이 그에게 보낸 보고서에서는 이 요소들의 긴급성이 강조되고 있었다. 트로츠키는 1921년의 3월행동으로 "불타버린" 독일공산당 지도부를 얕보았고, 또 다른 폭동을 우려했다. 이에 반해 스탈린은 통상적으로 국내 사안에, 소비에트러시아의 생존에 더욱 집중했다. 스탈린의 비전은 그가 가능한 결과들을 배치한 순서에 반영됐다. "독일혁명이 실패해 우리까지 쓸어버리거나, 그곳에서 혁명이 성공해 우리 위치가 지켜지거나입니다."[62] 어느 누구도 그보다 더욱 종말론적인 결과를 제시하지 못했다.

독일에서 또 하나의 혁명적 시도가 실패하다

볼셰비키는 자신들의 꿈을 실현하는 데 여념이 없었고, 지노비예프의 화려한 낙관주의와 선동적인 언어 구사는 모두의 눈을 멀게 했다. 당시 트로츠키는 점차 고립됐고 사안들을 어그러뜨리는 지점까지는 다그치길 꺼렸기에, 그가 내비친 실질적 결함들은 다뤄지지 않았다. 잘못된 평가들이 계속 굴러들어와 모든 감각을 익사시켰다. 9월 20일에 이르러서는 스스로가 고립될 것을 염려한 스탈린조차 성격과 전혀 걸맞지 않게 행동하며 착각에 빠진 동료들이 가지고 있던 때 이른 승리주의를 열정적으로 용인했다. 스탈린은 내쳐지지 않기 위해 파멸적인 한 발자국을 더 디뎠다. 독일공산당 지도부인 탈하이머에게 보낸 편지에서 스탈린은 이례적으로 경솔하게 독일혁명을 기정사실로 찬양하며 "세계혁명의 중심지를 모스크바에서 베를린으로" 옮길 수 있는 순간이 빠르게 다가오고 있다고 선언했다.[63] 9월 22일 중앙위원회 전원회의에서 그는 최종적인 동원령을 발표하다시피 했다. "다가올 독일혁명은 유럽 혁명의 정점을 지나 세계혁명에 더욱 가까운 곳으로 우리를 데려갑니다. 볼셰비키의 주요 표어인 '세계혁명'은 이제 최초로 피와 살을 얻게 될 것입니다."[64] 한 달 뒤인 10월 22일 밤, 불발된 봉기가 오직 함부르크에서만 일어났다. 일부 봉기는 그르쳤고, 용감한 혁명가들은 실패의 대가로 자신들의 목숨을 바쳤다.

라데크는 10월 29일 베를린에서 지노비예프를 겨냥한 맹렬한 비판을 담은 사후 분석을 발행했다. 이 분석은 소비에트 정치국을 위해 쓴 것이었고, 코민테른 집행위원회의 퍄트니츠키에게도 참조되었다. 사실 독일공산당은 "극심한 내부 위기를 겪는" 중이었다. 당 수뇌부는 "모스크바에 당의 준비 상태에 관해 완전히 비현실적인 청사진을 보냈다. 브랜들러가 무기에 대해 말한 모든 것은 철저한 헛소리였다. 당이 전혀 준비되지 않았음을 알았더라면, 우리는 봉기를 일으킬 시간보다는 준비에 관해 백번은 더 말했을 것이다."[65]

정확히 무슨 일이 일어났는지는 이미 오래전에 알려진 바 있다. 마지막 순간에 코민테른에서 내려온 조언은 무기를 들기 전에 총파업을 유보하라는 것이었다. 작센주 내부의 작전 중심지에서는 이미 봉기를 일으키는 것에 기울어 있었고, 나라 전역에 지침을 지닌 운반자들을 파견했다. 봉기를 연기하라는 독일공산당의 역지시를 담은 전신은 함부르크를 제외한 도시들에 도달했고, 함부르크는 노선 변경을 알지 못한 채 자체적인 반란을 개시했다.[66] 소비에트 지도부가 봉기를 전후해 라데크에게 비판적이었음에도 불구하고, 대다수는 기본적으로 1924년 1월 15일 중앙위원회 전원회의의 연설에서 지노비예프가 반복한 그의 가차 없는 분석을 받아들였다.[67] 희생양을 찾는 과정에서 브랜들러는 심판받아야 하는 처지에 놓였다. 그러나 지노비예프는 늘 하던 대로 다른 이들, 특히 통상적인 용의자들에게도 책임을 지우고자 했다. 그들은 바로 지노비예프 자신이 "파시즘의 계파가 되었"다고 전혀 타당성 없이, 그리고 무책임하게 묘사한 사회민주주의자들이었다.[68]

그러나 볼셰비키 지도자들 가운데 그 누구도 라데크만큼 독일을 이해하지 못했기 때문에, 그들은 혁명이 실패한 뒤 (파시즘에 침투해 이를 해체한다는) 라데크의 대안적 정책 노선을 전적으로 거부했다. 장차 무엇이 도래할지에 관해 라데크보다 선견지명을 가진 이도 없었고, 라데크보다 묵살된 이도 없었다. 1923년 12월 27일, 정치국은 볼테르의 팡글로스 교수(소설 《캉디드》의 등장인물)에 필적할 경멸적인 결론을 주장했다. "독일의 차후 투쟁에 관한 라데크의 전반적 시각은 독일 내 계급들이 가지는 힘에 대한 부정확한 평가에서 기인한다. 이는 파시즘 내부의 불일치를 기회주의적으로 과대평가하며, 이러한 불일치를 근거로 독일 노동계급을 위한 정책을 만들려 한다."[69] 라데크는 다음과 같이 맞받아쳤다. "노동계급이 권력을 쟁취하기 위한 투쟁을 전개하는 데 있어 독일 파시즘 진영 내부의 불일치가 갖는 중요성을 바라보는 나의 시각이 기회주의적이라는 정치국의 주장은, 독일이라는 맥락에서 레닌주의를 적용하지 못하는 무능력함의 대표적인 예이다."[70] 그러나 물론 이는 아무런 변화를 만들지 못했다.

모두가 모스크바의 정교한 은폐에 넘어가지는 않았다. 특히 베를린이 그랬다. 독일공산당에 파견된 소비에트 군사고문 알렉세이 슈트로다흐는 다음과 같이 보고했다. "대중의 분위기는 호전적이지 않고, 권력을 장악하기에 적합하지 않습니다. 그리고 이는 돌발적인 상황이 아니며 지나가는 일도 아닙니다. 오늘날 독일 주민은 정치적으로 극도로 수동적입니다. 그곳에는 (우리가 있던 곳에서처럼) 혁명에 대한 강력한 신념이 존재하지 않습니다." 쓰면 쓸수록 그의 보고는 심각하게 들렸다. "모두가 스스로에게 묻습니다. 의심스러운 미래를 위해 싸움을 감수할 값어치가 있을까? 평화 상태에서 전쟁으로 가는 일이 값어치가 있을까? 노동계급은커녕 당내의 광범위한 대중 사이에서조차 무언의 굳건한 신념을 찾아볼 수 없습니다."[71]

독일 공산주의자 빌헬름 피크는 모스크바를 제외한 모든 이를 비난하는 행위를 받아들일 준비가 되어 있지 않았다. 전쟁에 반대한다는 이유로 카이저에 의해 투옥된 적이 있는 피크는 자유군단이 쳐들어왔을 때 리프크네히트와 룩셈부르크와 함께 있었으나, 가까스로 탈출에 성공했다. 그 후 그는 결코 쉽게 위협당하지 않았다. 그는 코민테른의 행동을 위축시킬 만한 비판을 전달했다. 1924년 2월 8일, 독일공산당 정치국에서 이뤄진 피크의 연설은 누구에게도 의심을 남기지 않았다. 의사록은 다음과 같이 전한다. "코민테른 집행위원회IKKI에 대한 그의 고발은 집행위원회가 10월 독일 내부의 권력균형을 부정확하게 평가했다는 사실에 기초했다. 집행위원회는 프롤레타리아에 의한 권력 장악이라는 완전히 환상에 불과했던 노선에 머물렀고, 현재 자신의 실수를 공개적으로 시인하는 대신 당의 우익, 특히 이오시프 (브랜들러)에게 모든 것을 떠넘긴다." "틀린" 전제들에 기초한 계획은 "코민테른 집행위원회가 지시"한 것이었다.[72]

상황은 구사일생이나 다름없었다. 혁명이 진행됐더라면 러시아인들이 치러야 했을 결과는 훨씬 더 끔찍했을 터였다. 붉은군대는 결코 싸울 처지가 아니었지만, 폴란드인들은 동원 해제되지 않았기 때문에 싸울 준비가 된 상태였다. 이 사건들에 대한 사후 분석은 곧 문을 닫은 베를린 주재 소비에트 외교정보부 일원 유리 데니케가 수행했다. 그의 결론은 독일을 재고해야 한다는 라데크의 요청을 지지했으나, 모스크바의 그 누구도 듣지 않았다.[73] 독일혁명의 운명이 러시아인들의 운명에 중대한 영향을 끼친다는 신조는 여전했다. 그리고 코민테른에서 비관주의는 어떠한 종류든 항상 반갑지 않은 것으로 배격됐다.

극우 진영에서 융커들은 실패한 공산주의 반란에 눈을 감을 준비가 된 것처럼 보였지만, 함부르크 폭동은 (1923년 8월 13일) 새롭게 취임한 독일 총리 겸 외무장관 구스타프 슈트레제만에게 모스크바는 신뢰할 수 없는 상대라는 점을 긴급하고 시의적절하게 상기시켰다. 슈트레제만은 그 어느 때보다 협상국과의 관계를 개선하려는 결의에 차 있었다. 심지어 이 사건들 이전에도 프리드리히 에베르트 대통령과 함께 그는 아무런 확신도 필요치 않았던 브로크도르프란차우에게 국가방위군이 더는 모스크바에서 회담을 수행해서는 안 되며, 모스크바에 군사 장비를 공급하는 일은 순전히 사업적으로 다뤄져야 한다고 말했다.[74] 슈트레제만은 혐오감을 억누를 수 없었다. "공산주의 러시아와의 결혼은 살인자와의 동침과 다를 바 없다. 종국에 가서는 그 누구도 제3인터내셔널(코민테른)이 독일을 약화하기 위해 최선을 다하는 동안 러시아 정부는 친독 정책을 수행한다는 허구를 지속하지 못할 것이다."[75] 그리고 1924년 9월 치체린이 소비에트 정부가 코민테른과는 아무런 관련이 없다고 언론에 부정직하게 선언했을 때, 당시 외무장관이었던 슈트레제만은 특히 격분했다. 슈트레제만은 "그런 위선은 참으로 구역질 난다."라며 딱딱거렸다.[76] 그리고 슈트레제만은 바이마르 대외 정책에서 중심인물이 되었다.

1920년대 중반에 슈트레제만이 프랑스와의 합의에 도달하기 위해 추진했던 정책은 일반적으로 1923년도 루르 지방 점령에 실용적으로 대응해 독일의 자존을 복원하고 국제연맹의 일원으로 편입되려 하는 한편, 동부 국경은 열어두어 평화적인 영토 변경이 가능하게 했다는 식으로 설명된다. 실제로도 그러했다. 그러나 그의 핵심 동기에 대한 이 설명에는 모스크바의 혁명적 열성이 야기한 도발이 빠져 있다.

혁명에 대한 공포는 채권국들과의 관계에서 슈트레제만에게 유리하게 작용했다. 심지어 "독일의 10월"이라는 악몽 전에 미국은 프랑스를 제지하고 독일이 더욱 만족할 수 있도록 배상금 문제를 해결하려고 작업했다. 고립주의가 절정에 달했던 1929년부터 1933년까지 미국을 관장한 허버트 후버는 유럽에서 떨어져 지낸 지 150년이 지난 이후 미국이 "유럽 때문에 전쟁으로 끌려 들어갔음"을 곱씹었다. "우리는 대략 75만 명의 남성이라는 비용을 치러야 했고, 추가로 20만 명 이상에게 장애를 안겼다. 우리는 대출, 또는 전시 지불로 미화 400억 달러에 육박하는 비용을 썼고 … 그 결과로 유럽은 현재 1914년도보다도 불안정하다."[77]

쿨리지 행정부는 고립주의적이었으나, 공화당원들에게는 돈이 가장 중요했다. 시장은 국내에서처럼 해외에서도 안정적이어야 했고, 기업 신뢰도는 유지되어야 했다. 그렇지 않을 경우 누구도 투자하지 않을 터였다. 제1차 세계대전은 처음으로 미국이 유럽 시장에 거래상으로 의존하게 만들었다. 아직 그 의존은 경미했으나 역사적 기준으로 볼 때는 비중이 컸으며, 특히 곡창지대를 따라 거대했다. 게다가 유럽 열강들로부터 빚진 막대한 규모의 부채는 여전히 금융 시장에서 문젯거리였다.

따라서 유럽의 경제적 안정은 우선순위를 유지했다. 1922년 7월 22일 배상금위원회에 파견된 비공식 미국 대표에게 발송된 전신은 ("침례

교인 찰스"라는 별칭을 가진) 고상한 국무장관 찰스 에번스 휴스가 무엇을 우려하고 있는지를 분명하게 보여줬다. 유럽을 안정시키기 위해 볼셰비키주의는 차단돼야 했다. 어느 경우에도 독일이 기존 유럽 질서에서 분리되는 일은 허락될 수 없었다.[78] 1923년 10월의 사건들은 신속한 개입의 중요성을 강조했고, 따라서 슈트레제만에게 유리하게 작용했다.

히틀러, 대두하다

한편 독일의 반대편에서 일어난 보잘것없는 한 사건은 언론의 주목을 훨씬 적게 받았다. 그러나 이 사건은 거의 천리안을 가진 것이나 다름없던 라데크가 예상한 대로 장차 다가올 미래에 치명적인 결과를 불러올 예정이었다. 11월 9일, 바이에른주 바깥으로는 거의 알려지지 않았던 아돌프 히틀러라는 이름의 선동가가 에리히 루덴도르프 장군과 약 2000명의 추종자들과 함께 베를린 점령의 서곡으로서 뮌헨에서 쿠데타를 시도했다.

　이 운명의 움직임이 있기 1년 전인 1922년 11월 중순, 히틀러는 미국 무관실에서 나온 진취적인 장교 한 명과 인터뷰를 가졌다. 당시 그 장교의 시각에서 국가사회주의독일노동자당NSDAP[나치당]은 "일반적으로 받아들여진 단어의 의미상 정당이라기보다는 민중운동으로 … 이탈리아 파시스트의 바이에른 측 상대"와 같았다. 국가사회주의독일노동자당은 "최근 바이에른에서 이 단체의 수치적 힘과는 꽤 어울리지 않는 정치적 영향력을 얻는 데 성공했다." 확실히 이 단체는 경찰과 육군 및 언론 내부에서 상당한 동조를 얻어냈다. 1919년 창설돼 나치당으로 알려지게 된 이 단체는 1921년까지 언론의 주목을 받지 않았다. 히틀러는 "이 운동을 지배하는 힘"으로 묘사됐으며, 그의 인격은 "의심할 여지 없이 … 성공을 만든 가장 중요한 요인 가운데 하나로서 … 민중 집회에 끼치는 그의 영향력은 기이한" 수준이라고 평가되었다. 개인적인 담화에서 그 장교는 히틀러에 대해

"단호하고 논리적인 연사로서 대중 앞에 모습을 드러냈으며, 광적인 열정과 연설이 어우러지며 중립적인 청중에게 아주 깊은 인상을 남겼다."라고 설명했다.

인터뷰에서 히틀러는 한 측면을 제외하고는 놀라울 정도로 솔직했다. 히틀러는 다음을 기본 목표라고 선언했다. "바로 사회주의 또는 공산주의 의복을 걸친 마르크스주의를 전복하고 국가와 사회라는 민족주의적 이상들로 노동자의 마음을 다시 사로잡는 것이다. 히틀러는 현재 독일의 의회 형태 정부가 독일 내부나 외부의 문제 가운데 어느 것도 해결할 능력이 없다고 간주한다. 당 간의 이해관계 충돌이 민족에 대한 사랑보다 더욱 강하게 드러나고 있다. 현재 베를린 내각의 위기는 민주주의를 통해 오늘날의 독일을 구원하는 일이 불가능하다는 것을 효과적으로 증명했다." 그러나 놀랍게도 히틀러는 좋은 인상을 남기려고 노력하는 외교관 역할도 했다. 그는 현실적으로 프랑스와 합의에 도달해야 하는 필요성을 고려했고, 줄어든 액수로나마 배상금을 낼 생각까지 기꺼이 하고 있었다. 히틀러는 "특정한 민족 단체들 내에서 설파된 '복수전'은 완전한 부조리"라고 믿는다고 말했다. 그 후 두드러진 생략이 이뤄졌다. 그는 틀림없이 불필요한 갈등을 회피하려는 신중한 계산 위에 반유대주의라는 선동적인 사안에 대해서는 에둘러 표현했다. 이러한 표현은 인터뷰를 수행한 장교가 독일 전역에서, 특히 그중 바이에른주에서 반유대주의가 "무시될 수 없는 정치적 요인"이라는 시각을 지녔던 것과 대조를 이루었다.[79]

1923년 11월 초 바이에른 폭동 전야에 카탈루냐 지방의 기자 두 명이 예고 없이 히틀러를 찾아 나치의 기관지 〈푈키셔 베오바흐터〉를 방문했다. 기자들은 그를 찾을 수 있을 것이라고 들은 편집실에서 히틀러를 인터뷰하고자 했다. 그들이 (프리모 데리베라가 무솔리니를 모방해 9월 13일에 권력을 장악한) 스페인에서 왔다는 보고를 들은 히틀러는 그들의 정치적 신념이 자신과는 정반대라는 사실을 전혀 알지 못한 채, 믿기 힘든 정도로 허심탄회하고 열정적으로 그들을 맞이했다. 일반적으로 영국에서만 볼 수 있는 일종의 철저한 자유주의자 에우헤니오 삼마르*는 폭동 이후 1923년 11월 24일 〈라 베우 데 카탈루냐〉에 인터뷰를 실었다. 그는 일말의 주저도 없이 히틀러를 "기념비적인 바보"라고 선언했다. 미군 장교와 나눈 대화와는 대조적으로 이 인터뷰는 히틀러가 권력을 장악하기까지 얼마 남지 않았다고 믿고 있던 바로 그 순간에 누구의 방해도 받지 않고 이루어졌다는 점에서 큰 가치를 지닌다. "유대인 문제는 독일 민족이라는 유기체를 갉아먹고 있는 암입니다." 히틀러는 이렇게 불평하면서, 그리 머지않은 문제에 대한 설득력 있는 함축에서 나아가 "다행스럽게도 정치적이고 사회적인 암은 불치병이 아닙니다. 몰살이라는 방법이 있죠. 독일이 살기를 원한다면 반드시 유대인들을 제거해야 합니다. … 당신은 무엇을 바라나요? 그들 모두가 하룻밤 사이에 살해당하길 원합니까? 그것은 분명 위대한 해결책일 터이고, 만약 그런 일이 일어난다면 독일의 구원은 보장될 것입니다."라고 외쳤다. 그러나 안타깝게도 이는 가능하지 않을 것이라고 히틀러는 말했다. 이 사안을 이미 연구해본 것이다. "세상은 마땅히 해야 하는 바, 즉 우리에게 고마워하는 대신 우리를 전복시킬 것입니다. 유대인이 세상을 지배하고 있다는 가장 간단한 이유 때문에 세상은 유대인 문제의 중요성을 이해하지 못하고 있습니다."[80]

몇 시간 내로 히틀러 추종자 가운데 열여섯 명이 빗발치는 총탄을 맞을 터였다. 히틀러 자신은 안전하게 도피한 후 고작 사흘 뒤에 체포됐다. 그러나 그의 대의에 대한 대중적인 연민이 있던 탓에 히틀러는 법정에서 최소 형인 5년을 선고받고 탈출했다. 실질적으로 1년 내 석방이 전망되었다. 결정적으로 이 구금은 그에게 읽고, 성찰하고, 자신의 신조(특히 당

---

*　　바르셀로나 태생 기자 겸 외교관으로 아르헨티나, 프랑스, 스페인, 영국, 독일, 미국, 스위스 등지에서 특파원으로 활약했다.

시에 이르러 가장 극단에 치달은 반유대주의 및 깊게 뿌리내린 반볼셰비즘에 대한 총체적 헌신과, 독일을 그러한 신념의 목표이자 장치로 변환시키고자 솟구치는 야심)를 강화해 《나의 투쟁》이라는 제목으로 글을 쓸 시간을 부여했다.[81]

유년 시절을 보낸 빈에서 만연한 반유대주의에 노출됐음에도 불구하고, 히틀러는 1919년 9월 16일 아돌프 겜리히에게 보낸 서한에서 비로소 "합리적 반유대주의"에 관한 자신의 성명을 작성했다. 거기서 그는 순전히 본능이 추동하는 반유대주의라는 생각을 거부했다. 이는 그의 중추적 신념의 출처에 관한 어떠한 오해도 해소하는 중요한 문구다. 실제로 린츠에서 그의 가족 주치의였던 에두아르트 블로흐는 유대인이었고, 히틀러는 그에게 특별한 호감을 가졌다. 히틀러가 독일 총리가 됐을 때, 그는 암에 걸린 어머니에게 최선을 다했던 블로흐를 "고결한 유대인"이라고 예우함으로써 빚을 갚았다. 블로흐는 린츠에서 미국으로의 이주가 허락되기까지 보호받았다.[82]

히틀러의 반유대주의는 인기가 높고 장기 집권한 빈 시장 카를 루거가 제1차 세계대전 직전에 효과적으로 선보인 사례처럼, 중부 유럽 대중의 가장 어두운 편견에 호소하도록 고안된 듯한 책략이었다. 히틀러는 본능적으로 이 책략이 대중 동원 전술로써 성공할 것이라고 예리하게 지각했다. 루돌프 헤스는 히틀러의 이러한 지각을 "대중의 기류를 읽어내는 희귀한 섬세함"[83]이라고 칭했다. 정치적으로는 전적으로 독학했고 문법적으로는 문맹이었던 히틀러는 자신을 둘러싼 분위기에서 생각과 영감을 빨아들였다. 이 과정을 통해 특히 국가는 유기체이고, 볼셰비즘은 가로막지 않을 경우 이 유기체를 심각하게 위협할 독성 세균이라는 신념이 형성되었다. 이 과정의 대부분은 그에게 일찍부터 커다란 영향력을 행사한 이들과의 광범위한 대화를 통해 강화됐다. 그중 친구이자 멘토인 디트리히 에카르트에게 주목해보자. 에카르트는 엄청난 반유대주의자였고 박식했다. 히틀러는 그를 통해 휴스턴 스튜어트 체임벌린*과 파울 데라가르드**의 저작을 접했다. 자동차 거물 헨리 포드는 한층 더 나아가 이 메시지를 동시대적으로 강화했다. 포드의 유대인 비판은 1922년 독일어로 번역돼 《국제유대인: 세계에서 가장 심각한 문제Der Internationale Jude: Ein Weltproblem》라는 제목으로 발행됐고, 포드의 초상화는 히틀러의 개인 서재 벽을 장식했다.[84] 1924년 6월의 초입에 이르러 히틀러 저작의 얼개는 "거짓말, 우둔함, 비겁에 맞서 투쟁한 4하고도 2분의 1년"이라는 가제로 준비되었다. 그리고 그의 의제 가장 상단에 가까운 위치에 쌍둥이 악마 "유대인과 마르크스주의"가 자리했고, 많이 내려가지 않은 위치에 "유럽의 볼셰비키화"가 자리 잡았다.[85] 저명한 프랑스 기자 앙리 롤랭은 히틀러와 그의 부장들이 어떻게 광신주의로 가게 됐는지를 설명했다. 그의 통찰은 확실히 옳았다. "자기암시라는 고전적 현상을 통해 그들의 세계 관념은 고착관념Idée Fixe으로 거듭났다. 정신에 실로 깊숙이 정박한 일종의 신비주의적 믿음인 이 관념은 세상 그 무엇도 그들이 잘못되었다고 납득시킬 수 없게 만드는 듯하다."[86]

이 사안과 관련해 통상적으로 히틀러는 무솔리니와 아무것도 공유하지 않았다고 추정된다. 하지만 이는 사실이 아니다. 1930년 2월 2일 무솔리니와 이탈리아 주재 교황대사 프란체스코 보르곤지니 두카 사이의 대화록을 살펴보자. 주제는 소비에트 농업이 강제 집산화되던 시기에 볼셰비키가 로마 가톨릭 교도들에게 가한 테러와 교황 비오 11세의 항의였다.[87] 무솔리니는 단언했다. "성하, 러시아를 악으로 만드는 것은 500만 유대인들입니다. 그들은 러시아, 리투아니아, 라트비아, 폴란드, 독일, 그

---

* 영국 태생의 독일 작가로, 나치즘의 반유대주의에 큰 영향을 끼쳐 히틀러의 "세례요한"이라는 평가를 얻었다.
** 독일 성서학자 겸 동양학자로 그의 보수주의적 정치론, 반유대주의, 인종적 다원주의와 반슬라브주의 등은 파시즘과 나치즘의 기초를 제공했다고 평가받는다.

루지야를 비롯한 모든 나라의 기독교 변절자들의 머리 위에 올라서서 기막힌 역량으로 거대한 구조를 작동시킵니다. 반기독교적 목적으로 유대인들이 이용하는 거대한 관료 연결체라고 할 수 있습니다. 이 기계의 힘은 절멸이라는 막강한 권력에 있습니다. 누구든 고양이는 잡을 수 있겠지만 코끼리는 잡지 못합니다! 나폴레옹의 실수는 이것을 붙잡지 못한다는 사실을 제대로 파악하지 못했다는 것입니다."[88] 그러나 교황에게는 볼셰비즘에 대한 교훈이 필요하지 않았다. 비오 11세는 교황대사로서 파견된 폴란드에서 크렘린에 맞서는 투쟁의 틀을 잡는 시기를 보냈다.

히틀러의 반유대주의와 볼셰비즘에 대한 적대감은 민족국가 관념이라는 맥락 안에서만 앞뒤가 맞는다. 그것들은 불가분의 유대를 구성한다. 그는 나폴레옹전쟁 이후 아담 뮐러가 부활시킨, 국가는 유기체라는 중세적 시각에 끌려 들어갔다. 히틀러는 이 생명력Lebendige Bewegung[살아 있는 운동]이 전쟁을 통해 드러난다고 믿었다. 찰스 다윈은 "마치 공기 중에서 대지와의 유대 없이 빚어진 것 같은 인간"이라는 개념을 공격했다. 토머스 맬서스는 일찍이 "모든 활기찬 생명체가 마련된 영양분 이상으로 증가하려는 지속적인 경향"은 "생활공간"이 매우 중요하며 공급 부족 상태임을 의미한다고 주장했다.[89] 이후 스웨덴 정치학자 루돌프 셸렌은 모호한 용어인 "정치지리학"과 구별하기 위해, 이제는 익숙해진 '지정학Geopolitik'이라는 용어를 창안했다. 그는 지정학을 "지리학적 유기체로서 국가에 관한 연구"라고 정의했다. 셸렌은 국가가 통치자와 피통치자 사이의 계약의 산물이 아닌, 본질적으로 유기적이며 자가 발생적이라고 믿었다. 이는 본질적으로 소멸할 수 있는 특성을 가진 영토가 "몸통"이기에 움직일 수 없었다. "이는 생명을 가진다. … 이는 한 개인과 마찬가지로 자신이 가진 힘의 대부분을 흡수하고, 강하든 약하든 주위와 끊임없이 마찰하며 생존을 위해 투쟁한다." 셸렌의 저서 《생명체로서의 국가Staten som lifsform》는 제1차 세계대전의 공포가 한창인 1916년에 출간되었다. 전선에서 대령으로 복무한 독일인 카를 하우스호퍼*는 번역서를 읽은 즉시 이것과 자신의 생각을 동일시했다.⁹⁰ 이 생각들은 하우스호퍼에게서 루돌프 헤스에게 전해졌고, 헤스에게서 히틀러에게로 옮겨 갔다.

적대 행위가 종식되고 얼마 지나지 않아 하우스호퍼는 뮌헨대학에서 이와 같은 생각을 주장하는 성공적인 홍보자로 재빠르게 변모했다. 그는 〈지정학 저널Zeitschrift für Geopolitik〉이라는 잡지를 창간해 시민들에게 라움신 Raumsinn[공간감](또는 라움아우파숭Raumauffassung[공간개념]), 즉 공간의 중요성에 대한 인식을 가르치려고 했다. 그는 이렇게 주장했다. "위대한 민족은 국민으로 발 디딜 틈도 없고 신선한 공기도 없는 좁은 공간, 지난 1000년 동안 좁혀지고 훼손된 생의 공간으로부터 나와야 한다. … 최고이며 가장 유능한 국민의 자유로운 이주가 가능하게끔 동방 전체가 열리든가, 주인이 없는 생의 공간이 과거의 성취와 창조적 능력에 따라 재분배되지 않는 이상 말이다." 하우스호퍼는 뮌헨에서 루돌프 헤스와 만났다. 뤼디거 헤스는 이렇게 회상한다. "내 아버지에게 그때의 대화는 본능적 생각에서 의식적인 정치적 사고로 향하는 최초의 발걸음이었다."⁹¹ 그리고 히틀러는 헌신적인 친구이자 숭배자인 헤스와 함께 란츠베르크 감옥에서 《나의 투쟁》을 집필했다. 1941년 1월 30일, 히틀러는 "그[하우스호퍼]가 무엇을 하고자 하는지 나보다 더 자주 설명하거나 글을 쓴 이는 없다."라고 자랑했다.⁹²

민족국가가 유기체라는 시각은 레벤스라움Lebensraum[생활공간]에 대한 요구를 수반했고, 인종적 순수성과 함께 오염의 주요 원천이자 식민화돼야 할 땅으로서 소련에게 쉽게 연결됐다. 따라서 독일을 위해서는 "세계의 유대볼셰비키화"와 맞서 싸우는 것뿐 아니라,⁹³ "대외 정책상 서방 또는 동방에 대한 지향 없이 다만 우리 독일 국민에게 필요한 땅을 획득한다

---

*   히틀러의 최측근으로서 여러 사안을 자문한 독일의 지리학자 겸 지정학자.

는 측면에서 동방정책Ostpolitik을 목표로 할" 필요가 있었다.[94] 레벤스라움에 대한 이러한 강박은 영국과 프랑스처럼 식민지를 점유하고 있지 못하다는 부재를 상쇄하기 위한 부산물이 아니라, 히틀러가 지닌 유기체적 국가 이미지의 직접적인 연장이었다. 그에게 필요한 영토는 식민지가 아니라 인접한 영토였다(심지어 영국인들이 후일 히틀러에게 아프리카 식민지들을 떠맡기려고 시도했을 때조차 그는 아프리카의 이전 독일 식민지들을 되찾는 데 하등의 관심을 보이지 않았다). 하지만 누구도 히틀러를 진지하게 대하지 않았다.

1924년, 도스계획Dawes Plan을 통해 독일 경제를 되살림으로써 전쟁과 혁명의 가능성을 줄이려는 미국과 영국의 결연한 노력이 전개됐다. 단기적인 달러 차관이 풍족해졌지만, 이 차관의 이용 가능성은 월가의 주식 시장이 계속 활황일 경우에만 기대할 수 있는 미국 투자자들의 수요에 달려 있었다.

모스크바와 서방 사이의 이해 충돌은 이보다 명확할 수 없을 정도로 분명했다. 6년 후 인민위원 치체린은 이렇게 서술했다. "자본주의국가 사이의 전쟁 덕분에 우리는 권력을 장악하고 더욱 강해졌다. 독일과 협상국, 프랑스와 이탈리아, 이탈리아와 유고슬라비아, 영국과 미국 사이에서 적대감이 깊어지면서 우리의 위치는 공고해졌고, 우리를 향한 모든 위험은 감소했다."[95] 모스크바와 베를린 사이의 긴밀한 군사 협력은 엄격히 비밀에 부쳐졌지만, 이에 대한 소문은 영국인들을 불안하게 만들었다. 영국은 어떤 값을 치러서라도 독일의 마음을 되찾아야겠다고 생각했다. 런던의 외무부 사무차관은 이렇게 경고했다. "우리는 아무것도 배우지 못했고, 가능한 수단을 보유한다면 1914년도의 죄악을 반복할 준비를 마친 독일의 폭력적인 소수를 경계해야 한다. 이들은 자신의 목적을 고양시켜줄 친밀한 러시아라는 환영을 소중히 여긴다."[96] 독일인들은(적어도 그들 가운데 가장 합리적인 이들은) 다시 판으로 들어와야 했다. 볼셰비키가 서구 국가들

이 서로의 목을 조르는 상황이 지속될수록 자신들의 이해관계가 유리해
진다고 본 것처럼, 영국인들은 서구 국가들의 관계를 화목하게 하는 데서
볼셰비키와는 상충하는 이해관계를 가졌다. 그리고 영국에게는 그 과정
에서 소비에트러시아와 풀어야 할 문제들이 있었다.

3장

대영제국 뒤엎기

몇몇 사람들은 유일한 위험이
"볼셰비즘"이었던 1920년~1926년 사이의
기간들을 잊는다.

알렉산더 캐도건 경, 영국 외무부 사무차관[1]

1920년대 내내 코민테른이 활동한 덕에 영국에서 반공주의는 자체의 생명력을 지닌 무언가로 진화했지만, 이것이 충분한 영향력을 발휘하는 결과를 만들어내기까지는 다소 시간이 소요됐다. 영국은 대륙에서 자명하게 나타나는 격렬한 계급투쟁으로부터 대체적으로 안전했지만 대영제국은 그러지 못했다. 영국은 볼셰비키를 전복시키려는 간섭전쟁을 주도했다는 이유로 이후 10년 이상 볼셰비키 선전의 가장 중요한 목표가 되었다.

재정의 우월성 측면에서 영국의 주요 경쟁자는 미국이었다. 미국의 신용은 주로 J.P. 모건의 은행을 통해 영국의 전쟁을 재정적으로 지원했다. 하지만 이후 미국의 고립주의는 비록 아시아에서는 아닐지라도 유럽에서는 직접적인 정치 개입을 하지 않을 것임을 분명히 나타냈다. 자연스럽게 영국은 진정으로 유일한 강대국으로 대두했고, 소비에트 체제의 존속을 가장 크고 길게 위협하는 존재로 떠올랐다. 볼셰비키가 영국보다 혐오했던 나라는 없다. 스탈린은 몇 년 후 독일인들에게 그들이 듣고 싶어 하던 말을 해주었다. "소비에트 정부는 영국을 향해 결코 어떠한 연민도 가지지 않았습니다. 레닌과 그의 제자들의 저작을 살짝 들여다보기만 해도 볼셰비키가 언제나 그 무엇보다도 영국을 성토하고 증오했다는 사실을 알 수 있을 것입니다."[2] 그리고 그러한 증오는 직접적인 행동으로 손쉽게 이어졌다. 영국은 국내적 이유보다는, 과도하게 확장되어 대개 방어가 어려운 제국 내의 폭동과 반란으로 인해 상당히 취약해져 있었다. 당시 제국은 카리브해 지역 대부분과 아프리카의 상당 부분, 중동의 절반, 인도, 버마, 실론과 말라야 전체, 중국의 개항장들, 캐나다와 뉴질랜드와 호주의 자치령들을 비롯해 지구 전역에 걸쳐 주요 전략 지점들에 산재한 무수한 작은 섬들을 포괄했다.

영국의 취약점들

영국이 심각한 약점을 지니고 있었다는 데는 의심의 여지가 없다. 본국의 섬들은 다른 지역들보다 일찍 산업화를 거쳤으나 주요 산업 경쟁자들과 비교했을 때는 상대적으로 기술이 낙후되었고, 주거와 수송을 제외한 부분에서는 투자가 상당히 저조하게 이뤄졌다. 대신 그들은 자신들이 축적한 자본의 대부분을 해외에 재투자했다. 이러한 투자의 주요 수령인은 제국이었고, 1919년도 파리평화합의는 영국의 점유를 한층 확대해 역사상 가장 넓은 범위로 확장시켰다. 제국은 무모할 정도로 과잉 확대됐고, 이는 점차 방위 문제를 키우는 발걸음이 되었다. 가장 부유한 동시에 가장 취약한 영국 영토는 아시아 식민지, 특히 투자의 가장 큰 수령지이자 쇠퇴하던 직물 산업의 주요 시장인 인도와 중국이었다. 잉글랜드 서북 지방의 고용은 이곳들에 높게 의존하고 있었다.

볼셰비키는 식민지 세계가 영국의 아킬레스건이라는 점을 재빠르게 파악했다. 저렴한 음식, 차, (비록 1928년까지는 모든 여성에게 주어지지 않았던) 투표권으로 확보한 노동계급은 왕관과 조국에 완고한 충성을 보였지만, 영국이 정복한 이들은 분명히 이에 해당하지 않았다. 그리고 1919년 여름 헝가리혁명이 실패했을 때, 볼셰비키혁명의 제2인자이자 붉은군대의 창설자 트로츠키는 "파리와 런던으로의 길은 아프가니스탄, 펀자브 그리고 벵골을 통해 놓여 있다."라고 주장했다.[3] 인도는 동양에서 볼셰비키 활동의 주요 목표로 거듭났다.

영국 정부는 이 사실을 놓치지 않았다. 런던은 볼셰비키의 가장 은밀한 의도조차 펼쳐진 책처럼 명확히 읽을 수 있었다. 소비에트 체제는 당시까지 쉽게 깨지지 않는 방식으로 자신들의 의사소통을 암호화하지 못했고, 그리하여 부지불식간에 제국으로의 혁명적 침투와 관련된 자신들의 계획을 폭로했다.[4] 그들에게 이는 생사 여부가 달린 사안으로 여겨졌다.

1921년 1월 12일과 14일 코민테른 집행위원회에서 서기 라데크는 다음과 같이 발언했다.

제3인터내셔널이 유럽에서뿐만 아니라 극동*과 근동에서 자체의 영향력을 증명하기 위해 모든 힘을 써야 할 순간이 도래했습니다. 그러지 못한다면 제3인터내셔널은 파산을 선고해야 할 것입니다. 우리의 영향력이

---

* 러시아의 동쪽 부분, 즉 사하공화국을 제외한 극동연방관구 전역을 의미하며 아무르주, 축치자치구, 유대인자치구, 캄차카변경주, 하바롭스크변경주, 마가단주, 프리모르스키변경주, 사할린주를 포함한다.

거대하고 세상에 공산주의 질서를 세운다는 우리의 사상이 메마른 땅이 아닌 현실에 기초해 세워졌음을 잉글랜드에, 일차적으로 잉글랜드에 명확히 전달할 순간을 놓쳐서는 안 됩니다. 과거는 이미 우리에게 실용적으로 움직여야 한다는 것을 가르쳐주었습니다. 우리가 영국 제국주의에 영향력을 행사하지 않는다면, 영국 제국주의가 소비에트러시아를 억누르며 우리 동지들의 피와 시신으로 가져온 혁명을 질식시켜버릴 것입니다.[5]

1921년 3월 16일 체결된 영·소 무역협정은 사실상 영국과 볼셰비키 러시아의 외교 관계를 열었다. 이 협정을 맺을 당시 영국인들은 소비에트 정부가 "영국의 이해관계 또는 대영제국, 특히 인도와 아프가니스탄 독립국에서 제국에 반하는 어떠한 형태의 적대적 행위"도 삼가도록 자신들이 꼼꼼하게 보증해두었다고 믿었다.[6] 그러나 그들은 레닌의 전술이 가진 독창성을 심각하게 과소평가했다. 러시아는 소비에트 당국이 조직하고 총괄했으며 당국으로부터 자금 지원도 받고 심지어 모스크바에 본부를 둔 일종의 공산주의 정당으로서의 코민테른의 정체성을 소비에트 정부의 정체성으로부터 분리함으로써 공식적으로, 하지만 요상하게 정밀한 규정을 피해 갔다. 레닌은 본질을 유지하되 조약을 체결하는 상대 정부의 바람에 부합하게 보이도록 의도했고, 영·소 무역협정은 향후 이루어지는 유사 조약들의 모범이 되었다. "코민테른이 정부 기관이 아니라는 우리의 굳건한 입장이 궁극적으로 우리를 정상에 올릴 것입니다." 레닌은 이렇게 말한 후 덧붙여 선고했다. "코민테른을 없애야 한다는 최후통첩을 우리에게 들이미는 어떠한 행위도 결코 용납될 수 없습니다. 또한 이 사안의 방점이 어디에 찍히는지에 따라 문제의 근원이 어디인지, 그리고 우리의 정책 중 무엇이 그들을 불쾌하게 하는지 알 수 있을 것입니다."[7]

협정이 체결되고 불과 6개월 후인 1921년 9월 17일, 영국 외무장관 커즌이 소비에트의 위반에 분개하고 항의하면서 상황은 매우 명확해졌다. 커즌은 특히 자신이 잠시 총독을 역임했던 인도와 관련해 격렬히 항의했다. 그러나 사안은 나아지기는커녕 악화됐다. 1923년 4월에 이르러 커즌은 러시아인들과의 외교를 단절하기 직전에 이르렀다. 모스크바 주재 영국 대리대사 로버트 호지슨과 상담한 후에야 누그러진 커즌은 대신 5월 8일, 악명 높은 "커즌의 최후통첩Curzon Ultimatum"을 발행했다. 이 글에서 커즌은 소비에트러시아의 "반영국 선전"에 대한 오랜 불만을 반복했다. 이때 (논쟁에서 승리할 결심으로 가득했던) 외무장관은 자신들이 몰래 해독한 통신을 인용해, 영국의 암호해독 노력 전체를 위태롭게 하는 재난에 가까운 선례를 남겼다. 그가 인용한 통신은 테헤란 주재 소비에트 파견단의 슈먀츠키가 반영국 행위를 위한 자금을 항목별로 적어 나르코민델에 보낸 2월 전신, 영국과 아프간의 관계 위기를 악화시키기 위한 행동들에 쓰일 자금을 요청하기 위해 라스콜니코프가 2월 17일 자로 카불에서 보낸 전신 등이 포함됐다.[8]

지노비예프 서한

커즌의 최후통첩을 받은 러시아인들은 "그야말로 깜짝 놀랐다." 실제로 러시아인들은 영국이 외교 관계를 전적으로 단절하고 언제든 전쟁이나 봉쇄를 택하리라고 예상했다.[9] 그러나 일단 이러한 위반이 일반적인 전략의 일환이 아니었음이 분명해지자 러시아인들은 그저 자신들의 비행을 수용 가능한 수준으로 낮췄고, 이로 인해 위기 이전보다 많은 문제와 맞닥뜨리게 되었다.[10] 1924년 11월 21일, 스탠리 볼드윈 총리가 이끄는 새롭고 완고한 보수당 정부가 선출됐을 때 마침내 우려하던 순간이 찾아왔다. 이번 항의는 통칭 '지노비예프 서한'이라고 불린, 코민테른이 영국 육군을 전복하려는 시도에 연루되어 있음을 암시하는 명백한 위조 서한에 맞춰졌다.[11]

지노비예프 서한은 진짜가 아니었으나 모든 자본주의국가의 군대를 전복시킨다는, 코민테른이 최근 도입한 강령과 전적으로 합치했기 때문에 신빙성을 가졌다. 코민테른에서 그러한 엄청난 기밀은 조직 담당 부서인 조직국Orgburo이 관리했다. 자본주의 군대를 전복시킨다는 목표는 1922년 12월 11일 상임군사(반군사 또는 비밀군사)위원회, 또는 줄여서 "M" 위원회로 알려진 군대 내 사업을 관장하는 상임위원회가 세워지면서 공식적으로 조직화되기 시작했다. 이 위원회의 목적은 세 가지, 즉 자본주의 군대를 전복하고, 혁명전쟁을 준비하고, 해외 방첩 기관의 침투에 대응하는 것을 포함해 프롤레타리아가 스스로를 방어할 수 있도록 조직화하는 것이었다. 이 위원회는 또한 다양한 공산주의 정당에서 파견 나온 남성에게 군사 훈련을 제공하는 일에도 관여했는데, 특히 1923년도의 싸움에 대비해 독일 공산주의자들을 활발히 준비시켰다.[12]

이러한 기밀 작전은 현지 공산당의 공동총서기(1924~1926) 장 크리메의 지도를 받는 프랑스에서 한 단계 발전했고, 크리메가 공개적으로 폭로된 1927년 이후에도 유지됐다. 프랑스는 전투태세를 갖춘 국가였다. 모든 젊은 남성을 대상으로 한 국민개병제도는 영국에서는 폐지됐지만 프랑스에서는 여전히 의무였다.[13] 그러나 프랑스인들은 이것이 경찰의 직무라는 낙관적인 관점을 취했다. 프랑스가 주의를 집중한 대상은 소비에트러시아가 아닌 독일이었다. 그러나 영국의 새 보수당 내각은 코민테른이 발행하는 "혁명 선전 전체"를 강조하기 위해 편지를 이용하기로 결정했다. 따라서 편지가 진짜인지 가짜인지는 중요하지 않았다. 상급 관리들은 이를 믿거나, 별생각 없이 이에 대해 거짓말을 했다. 영국의 신임 외무장관 오스틴 체임벌린은 모스크바를 향해 "소비에트 정부는 이 항의를 일축할 시 초래될 결과를 신중히 저울질해야 할 것이다."라고 경고했다.[14]

영국의 볼드윈 행정부에서 보건부는 유럽이 아닌 제국에만 관심을 기울이는 침울하고 편협한 오스틴의 이복형제 네빌 체임벌린의 수중에 있었다. 그는 동료 장관들과 마찬가지로 반볼셰비키 정서를 기꺼이 표명했다. 수단 총독이자 이집트 육군 최고사령관 리 스택 경이 암살되자, 영국인들은 과감한 보복 행위를 결행했다. 지노비예프는 조국의 독립을 위해 싸우는 이집트 동지들의 "투쟁"에 대한 코민테른의 지지를 즉각 공표했다.[15] 네빌 체임벌린은 자신의 선거구인 버밍엄의 이익과 동료 장관들에게 강한 인상을 남기기 위해 코민테른의 도발과 대면해 자신의 애국주의를 분명하게 드러냈다. "우리의 말과 행동이 일치하지 않는 것만큼이나 이 나라를 다른 열강과의 갈등과 전쟁으로 이끄는 사안은 없습니다. … 우리는 영국이라는 이름이 진창으로 끌려 들어가도록 허락하지 않을 것입니다. … 우리는 우리에게 주어진 의무들이 방기되도록 허용하지 않을 것입니다."[16] 볼셰비키에 대한 체임벌린의 반감은 1937년 그가 총리직을 맡게 된 뒤 그와 동료들이 러시아 정권의 말이라면 어떠한 것이라도 전적으로 믿지 않을 것임을 확실히 할 정도로 깊었다. 이러한 경향은 국내외를 가리지 않았고, 특히 보수당 내부에서는 결코 예외가 없었다. 1920년대에 걸쳐 벌어진 사건들은 똬리를 튼 의혹과 불신을 완화하기보다는 증폭했다.

유럽의 모든 수도에서 볼셰비키는 확고히 통제되어야 할 위협으로 인식됐다. 무솔리니가 이탈리아에서 공산주의자들을 끌어모으고서 얼마 지나지 않아 "적색공포"를 등에 업고 권력을 쥔 강경 보수 정부가 등장하자, 마침내 크렘린이 다른 국가의 내정에 간섭한 코민테른의 행동을 책임질 것이라는 희망이 유럽 도처에서 떠올랐다. 1924년 12월, 유고슬라비아와 불가리아와 체코의 외무장관들은 로마 주재 영국 대사에게 "위험에 대항하는 유럽 공동전선"을 제안했다. "현재 소비에트 정부는 유럽 각국의 여론과 정책이 다르다는 점을 이용하고 있습니다. 공동전선은 체코슬로바키아나 불가리아에서 벌어진 볼셰비키 선전을 영국과 프랑스와 이탈리아 등지에서 보복하도록 이끌 것이고, 이는 곧 소비에트 정부가 타협에 이르도록 할 것입니다."[17] 스페인 대사 또한 오스틴 체임벌린에게 사안을 제기하며 "우리 정부가 공산주의자들의 활동을 염려하고 있으며, 그들에 맞서 각자의 사회를 방어하고 있는 다른 정부들과 연합할 가능성이 높다는 지침을 받았다."라고 전달했다. 그의 동료들만큼이나 완고하지는 않았던 영국 외무장관은 다소 당혹해 단지 그가 최근 로마에서 만났던 "각국을 대변하는 정치가들 사이에도" 이와 유사한 염려가 존재했다고만 응답했다.[18] 가스통 두메르그 프랑스 대통령 또한 영국과 마찬가지로 프랑스도 "유색인 사이에서 급격히 전개되고 있는 볼셰비즘 선전에 영향을 받고" 있다는 사실을 넌지시 언급했다.[19] 1927년 1월 윈스턴 처칠이 비오 11세를 접견했을 때, 그들 사이에 흐르던 어색함은 "볼셰비키라는 주제에 도달해 30분 동안 그들에 대해 어떻게 생각하는지를 즐겁게 이야기하며" 즉각적으로 사라졌다.[20]

그러나 오스틴 체임벌린은 스스로 가장했던 만큼 완고한 보수당원은 아니었다. 그는 영국 정치에서 중도에 가까운 위치였고, 1927년에 이르러서는 로이드조지의 낙관주의를 공유했다.

볼셰비키주의 러시아가 움직이고 있다. 그곳에서 무슨 일이 일어나고 있는지를 아주 면밀하게 주시하는 사람이라면 3, 4년 또는 5년 전의 볼셰비키주의 러시아와 오늘날의 러시아 사이에 매우 커다란 차이가 있음을 알 것이다. 18세기 말에야 공화주의 프랑스가 움직였듯, 이는 시간이 걸리는 일이다. … 혁명 정부를 상대하고 있는 자라면, 심지어 외교 관계에서도 정상적인 누군가와 상대할 수 없다. 혁명 정부는 본질적으로 선전원이나 다름없다. 18세기 말 혁명 정부는 최선을 다했고, 유럽 전역에서 왕정을 뒤엎는 것이 그들의 목적에 포함된다고 선포했다. … 안타깝게도 당시 국내 여론은 프랑스의 끔찍한 폭동에 격앙되어 있었고, 그로 인해 우리는 서둘러 개입해 23년 동안 전쟁을 치렀다. 우리는 반드시 이 열기가 가라앉을 때까지 기다려야만 한다.[21]

보다 자유주의적인 관료들 사이에 만연한 안일함에 둘러싸인 체임벌린이 이 모든 것을 받아들인 것도 무리는 아니다. 어떤 이는 "우리가 가진 모든 정보가 문명화된 경제 조치와 관점으로 천천히, 그러나 확실하게 강압적으로 복귀하고 있음을 보여준다는 점이 우리의 정책을 정당화한다."라고 말했다.[22] 다른 이는 이렇게 주장했다. "러시아의 진화는 우리가 원하는 방향으로, 그렇지만 아주 더디게 나아가고 있다. … 추정컨대 프랑스 혁명의 선교사적 정신은 거의 15년간 지속되었고 볼셰비키혁명에는 적용되지 않을 수준으로 전쟁에 의해 촉진되었지만, 프랑스인은 정상적인 표준으로 복귀하도록 돕는 선명한 사고와 유사한 정신, 서구 세계와의 긴밀한 접촉성을 가졌다. … 나는 우리가 우호적으로든 비우호적으로든 러시아의 속도를 높이기 위한 어떤 극적인 일도 할 수 있다고 믿지 않는다."[23]

이러한 믿음은 요약자 플로루스Florus the Epitomist에서 기원했으며 수 세기 후 고전파 경제학자들인 애덤 스미스와 데이비드 리카도에 의해 정교해졌다. 자신감으로 가득한 외무부 엘리트는 자유무역의 정치적 혜택에 대한 광신적인 글래드스턴식* 자신감을 가졌는데, 이는 공산주의 체제가 "배척이 아닌 점진적으로 증가하는 교류로 인해" 무너질 것이라는 믿음이었다.[24] 그러한 믿음은 소비에트러시아와의 거래를 확대하는 방식으로 영국인이 엄청난 액수의 돈을 벌 수 있을 뿐 아니라 공산주의 체제를 전복시킬 수 있으리라고 기대하게 했다. 레닌이 케인스를 읽었고 정확히 자유주의 목적론의 작동을 멈추기 위해 국가의 대외무역 독점을 유지했다는 점, 그리고 스탈린이 1929년 5개년계획을 도입해 그러한 모든 희망을 끝냈다는 점이 문제였다.

---

* 네 차례 총리를 지냈으며 자유당 당수를 역임한 윌리엄 유어트 글래드스턴의 이름을 딴 자유주의 정치 교리를 의미한다. 글래드스턴식 자유주의는 제한된 정부 지출과 낮은 과세, 자유무역, 제도 개혁을 통한 기회의 균등 등을 강조한다.

보수당 여론을 누그러뜨려야 할 필요성을 느낀 상급 관리들은 소비에트의 잘못된 품행에 대한 단기적인 임시방편으로 외교적 고립이 부과될 것이라고 믿었다. 이는 크렘린의 유일한 우방인 바이마르독일을 포용하고, 더 커다란 해결책으로 베를린을 유혹해 독일이 모스크바와 맺은 라팔로라는 특수 관계를 단절시켜 러시아를 유럽 체제의 변두리로 전락시키는 방식으로 성취될 수 있었다. 어떠한 해결책이든 간에 영국은 여러 국가를 이끌 수 있는 유일한 강대국이었다. 애초에 서유럽에서 평화의 공동 보장자가 되리라고 기대한 미국 없이도 영국은 단독으로 독일의 공격으로부터 프랑스를 지킬 수 있을 만큼 강력했다. 물론 엄청난 비용이 수반될 터이지만 말이다. 런던과 모스크바 사이의 긴장감이 커지면서 러시아인들은 필연적으로 영국이 러시아에 대항하는 공동 행동을 취하도록 자국의 이웃, 특히 호전적인 폴란드와 동맹을 맺은 프랑스에 영향력을 행사하지 않을까 하는 불안에 사로잡혔다. 26만 6000명의 상비군과 250만 이상의 훈련된 예비군을 유지하던 폴란드는 확실히 과소평가해서는 안 될 상대였다.[25] 그러나 러시아인들은 자신들의 우려를 아껴두어야 했다. 그러한 행동은 단 한 번도 진지하게 숙고되지 않았기 때문이다.

　　볼셰비키를 최악에서 구제한 것은 시간대였다. 이 시기에 프랑스인들은 볼셰비키의 간섭과 관련해서, 프랑스령 모로코에서 일어난 리프봉기에 볼셰비키가 소총과 탄약을 지원했다는 극히 사소한 문제만을 겪고 있었다. 프랑스는 모스크바와의 다툼을 바라지 않았다. 또한 코민테른은 식민지와 반식민지 전반에 걸쳐 불안이 고조되는 상황을 우쭐해하고 있을 때도 그들의 가장 중요한 목표가 영국임을 잊지 않았다. 1925년 5월 16일 코민테른 집행위원회 동방지부는 "중국, 이집트, 모로코, 아나톨리아, 그리고 터키의 동부 주들과 이란 남부에서 최근 진압된 봉건 영주들의 반혁명 봉기에서 전개되고 있는 사건들은 영국, 프랑스, 일본, 미국, 기타 제국주의 정부들에 대항하는 동방의 해방운동에 유리한 수준으로 유례없

는 진전을 보였다."라고 보고했다.[26]

중국에서의 기회

거대한 제국이었던 중국은 영·소 관계를 파국으로 이끈 예기치 못한 다툼거리였다. 중국은 열강 하나가 아닌 여럿, 즉 프랑스와 미국과 일본과 영국의 식민지가 된 특이한 불운을 가졌고, 공업화된 상하이 공공 조계는 중국인이 출입할 수 없는 것으로 악명이 높았다. 1842년 이래 영국인들은 중국에서 가장 커다란 몫을 차지해왔다. 영국은 상하이에서 자체적인 경찰력을 운영했고, 이윤이 많이 남는 해운 세관 업무에서 홀로 이득을 보았으며, 귀중한 항구인 홍콩을 노골적으로 소유했다. 볼셰비키혁명 직후, 1919년 8월 "늙은 털북숭이들ᄒ毛子"이라고 불린 볼셰비키 사절들이 시베리아 내륙지역을 남쪽으로 가로질러 걸어서 중국 동북부(만주)로, 그리고 배를 타고 상하이로 오기 시작했을 때 문제가 시작됐다.[27] 그때까지 중국의 급진주의자들은 오직 상징적인 지도부만을 가진 채로 재정적으로든 다른 무엇으로든 해외의 지원을 받지 못했다. 이제 그들은 모스크바로부터 보급을 받을 수 있었다. 중국에서 소비에트 작전이 개시된 때는 1920년 봄이었다.[28] 가을에 이르러 러시아인들은 중국, 조선, 일본지부를 갖춘 코민테른 동방서기국 조직의 중심지를 상하이에 창설했다.[29] 1921년 7월 23일, 상하이 공공 조계 내 프랑스 관할구역의 한 집에서 53명이 회동을 가진 뒤 도시 외곽의 호수 위 놀잇배로 이동해 중국공산당(중공) 제1차 대회를 열었다. 코민테른의 두 대표 마링(스네이블리트)과 니콜스키*가 회의를 감독했다.[30] 그러나 이는 잠정적인 시작에 불과했다.

---

* 　본명은 블라디미르 아브라모비치 네이만(1898~1938). 니콜스키의 정체는 오랫동안 베일에 싸여 있다가 러시아, 몽골, 중국인 연구진의 공동 노력으로 2006년 세상에 알려지게 됐다.

중국 내부에서 러시아인들은 두 층위에서 사업을 진행했다. 먼저 그들은 베이징, 상하이, 톈진, 광둥, 한커우, 난징 등지에서 자신들이 결성을 도운 공산주의 조직들에 포함된 기존의 학생 토론 집단에 활동 근거를 두었다. 그러나 중공을 형성하는 이 공산주의자 무리는 "한편으로는 노동운동에서 유리됐고, 다른 한편으로는 민족해방운동과 연계되지 않았다." 따라서 그들은 "실질적인 혁명 사업을 위한 역량을 거의 갖추지 못했고, 온실에서 배양한 자체적 공산주의에 만족하는 경향을 보였다." 그럼에도 불구하고 그들은 사상을 퍼뜨리는 데 유용했다. 소비에트 선전이 중국 내부로 쏟아져 들어오기 시작했다. 그러나 당의 성과는 중국혁명이 시작되는 1925년까지는 최소한에 그쳤고, 이는 스탈린이 중공의 탄생일로 여긴 날짜에 반영됐다.[31]

이 노력에서 비롯된 제한적이고 단기적 결과는 두 번째 층위에서 이뤄진 보충적 사업의 중요성을 강조했다.[32] 이 층위에서 러시아인들은 기성의 중국 민족주의운동인 국민당에 의지했다. 1911년 제정이 전복된 뒤 결성된 이 혁명 운동은 "영국을 대놓고 싫어한" 쑨원이 이끌었다.[33] 쑨원이 새로운 당을 창건하는 코민테른의 개별적 역할을 위협적으로 여기지 않음에 따라 두 층위에서의 정책 수행은 더욱 쉬워졌다. 쑨원은 "현시점에서는 공산주의국가, 또는 소비에트 체제조차 중국에 도입될 수 없다."라고 확신하고 있었다.[34] 그가 가장 원했던 것은 중국을 분할한 군벌들에 맞서 자신의 세력을 지킬 수 있는 군사원조였다.

중국은 "국제적 갈등의 중추이자 국제적 제국주의 내에서 가장 취약한 장소"였고, 소비에트 대사 아돌프 이오페는 "제국주의가 유럽에서 위기를 겪고 있고 제국주의의 가장 취약한 지점에 타격을 가할 혁명이 임박한 지금이 적기"라고 생각했다. 그는 또한 이렇게 덧붙였다. "(이 지점은) 우리에게 극히 유리하다. 지구적 자본주의에 맞선 싸움은 막대한 반향을 일으키고 있으며, 성공의 기회 역시 엄청나다. 세계 정치의 조류는 레닌이 실로 큰 중요성을 부여했던 중앙아시아에서보다 이곳에서 더욱 강력하게 감지된다. 중국은 틀림없이 국제적 갈등의 중추이자 국제적 제국주의의 가장 취약한 지점에 있다."[35]

중국 공산주의자들의 과업은 "민주적 기초 위에 중국의 국가 통일을 위한 척후병의 역할을 맡는 것"이었다.[36] 따라서 중공을 창설하는 데 도움을 건넨 러시아인들은 공산당원들을 국민당과 합치기 시작했다. 이 전술은 "매우 유연"해야 했으며 "공산당 자체를 계속 염두에 두어야 했고, 따라서 여러 부르주아지 무리 간의 마찰을 활용하는 방법을 알아야만 했다." 심지어 "혁명적 기회주의"라는 식의 비판에 노출됐음에도 불구하고,[37] 모스크바에서 내려진 결정은 "거의 아무런 반대 없이 받아들여졌다."[38]

쑨원의 반복된 간청에 대한 응답으로 1923년 3월 8일, 소비에트 정치국은 대규모의 재정 지원과 더불어 논쟁적일 수 있는 "일군의 정치 및 군사고문"을 제공하는 데 합의했다.[39] 그러나 쑨원이 자신의 정치적 난관을 해결하기 위한 방책으로 장기적 관점에서 국민당을 정치적으로 재편하기보다는 군사원조를 선호한다는 의혹이 지속됐다. 쑨원이 11월에 모스크바를 방문했을 때, 트로츠키는 그다지 매끄럽지 못한 방식으로 그를 가르치면서 "국민당은 정책의 방향을 즉각적으로, 그리고 단호히 바꿔야만" 한다고 요구했다. "현시점에서 국민당은 군사 영역에서의 활동을 최소화하고 모든 주의를 정치적 사업에 기울여야 합니다. 우리의 군사적 노력은 정치적 활동의 5퍼센트 이상이 되어서는 안 되며, 어떠한 상황에서도 10퍼센트를 넘어서는 안 됩니다."[40] 거의 동시에 코민테른은 "전적으로 인텔리겐치아의 선전 협회"였던 중공이 이제는 "광범위한 중국의 노동 대중"과 밀접하게 연계됐다고 선언했다.[41]

트로츠키에 대항하는 소비에트 지도부의 중추에서 굉장히 현실주의적으로 행동했던 스탈린은 그때까지 중국의 가능성에 관해서는 회의적이었다. 그는 1924년 6월 16일, 외무부인민위원이자 대사인 레프 카라한에게 중국에서 정말 운동이 일어나고 있는지, 그렇다면 그 깊이는 어떠한지를 물었다. "쑨원이나 국민당이 정말 뿌리를, 건강한 뿌리를 가지고 있습니까? 쑨원과 국민당이 가진 중대성은 어느 정도인가요. 예를 들어 터키의 케말 아타튀르크*와 그의 당이 갖는 중대성에 비할 수 있겠습니까?"[42] 스탈린의 회의론은 부당하지 않았다. 소비에트의 정치 고문 미하일 보로딘**이 1923년 중국에 처음 도착했을 때, 그가 본 현실은 이러했다. "40년간 혁명적 활동을 수행한 쑨원은 아무 힘 없이 광둥에 주저앉아 있다. 모든 권력은 몇몇 장군의 수중에 있으며 당으로서의 국민당은 사실상 존재하지 않는다." 그 후 볼셰비키는 그 모든 것을 바꾸기로 결심했다.[43]

그러나 시간이 지남에 따라 스탈린은 국민당에 관해서는 더욱 자신감을 가지게 된 반면, 갓 태어난 중공에 대해서는 농민들로 가득한 나라에서 무언가에 다다를 수 있을지 의문을 품었다. 19세기 중반 이래로 존재감을 키워온 무사안일한 영국인들과는 반대로, 볼셰비키는 중국을 완전하게 이해하려는 희망마저 상실했다. 치체린은 실제로 카라한에게 불평을 늘어놓았다. "우리는 정말로 아무것도 모릅니다. 우리가 무언가를 알게 될 때는 어떤 갈등이 발생해 필연적으로 우리의 주의를 끌 때뿐이죠."[44] 그러나 중공에 대한 정보가 부족했던 이유는 그들이 의존했던 보고서들이 상하이에 근거를 둔 중공 지도부가 아니라, 광둥에 근거를 둔 국민당에 파견된 군사 사절단을 이끌던 보로딘에게서 왔다는 사실 때문이기도 했다.[45]

---

* 조국의 개혁과 근대화, 산업화에 앞장선 튀르키예의 초대 대통령. 본명은 무스타파 케말. 아타튀르크는 '튀르키예의 국부'라는 의미로 1934년 의회가 케말에게 수여한 경칭이다.

** 본명은 미하일 마르코비치 그루젠베르크. 쑨원의 자문으로, 그의 제안에 따라 세워진 중국국민당 육군군관학교는 중국인뿐 아니라 조선인 군사 지도자들도 배출하였다.

소비에트 정책을 구원한 위기는 1925년 5월 30일[*], 반식민지 상태인 중국 내 영국 권력의 중심지인 산업 도시 상하이에서 자행된 의도치 않은 학살 때문에 촉발됐다. 일본인이 소유한 직물 공장들에서 일하던 중국 노동자들이 임금이 삭감돼 생활 조건이 저하되자 시위를 벌였고, 구타당했다. 중국인들은 조직을 갖춰 반격했고 "일본인들의 인민 구타를 반대한다."라는 구호 아래 시위했다. 고용인들이 그들을 향해 발포하자 이들은 영국이 치안을 담당하던 공공 조계로 행진했다. 1905년에 비슷한 사건이 일어났을 때 경찰서가 약탈당하고 불에 탔던 경험이 있었기에 수적으로 엄청나게 열세인 데다 지휘도 형편없고 겁에 질렸던 경찰은 시위자들에게 총격을 가했다.

모스크바, 중국의 혁명을 후원하다

이 만행은 중국 전역을 염려스러운 속도로 휩쓸며 통제할 수 없는 불길을 일으켰다. 의화단운동이 벌어졌던 1900년과 마찬가지로 외국 혐오라는 부싯깃은 재빨리 점화됐다. 반일 시위는 영국 상품들에 대한 불매 운동으로 변모했다. 대략 4억 인구를 가진 거대한 나라 중국에서 대화재가 일어나자, 러시아인들은 장작더미에 기름을 들이부었다. 혁명은 주요 도시들을 통해 신속히 퍼졌다. 다른 모든 의혹은 차치한 채 어떠한 망설임도 반대파의 공격으로부터 자신을 취약하게 만들 것이라는 점만을 확실히 인지한 스탈린은 1925년 6월 9일, 소련이 "안전한" 선택지를 취하고 중국에서의 싸움을 포기하기를 원하는 "민족주의적 마음가짐"을 가진 이들을 공공연히 공격했다.[46] 이틀 후인 6월 11일, 정치국은 정부 예비금에서 5만 루블(오늘날 미화 150만 달러 상당)을 상하이의 중국인 파업에 배정했다.[47]

---

[*] 중국에서는 사건이 일어난 날짜를 기려 오삽운동五卅運動으로도 명명한다.

영국인들이 지속적으로 암호화된 소비에트 전신들을 가로채서 해독했으며, 이는 주요한 위기가 터졌을 때도 마찬가지였음을 염두에 두자.[48] 스탈린에게 이 위기가 얼마나 중요했는지 주목할 만하다. 그는 대사들과 거의 직접적으로 접촉하지 않았고, 과업은 통상 선임 외교관들에게 맡겨졌다. 이 일과 관련해 그는 베이징의 카라한에게 전신을 보냈다. "파업에 유리하게 배정이 이뤄졌고, 더 많은 지원이 있을 것입니다. 걱정하지 마십시오. 우리는 노동자들의 혁명 운동을 단단히 지탱할 것입니다."[49]

스탈린의 부추김에 따라 6월 25일 정치국은 아래와 같이 결의했다.

1) 위기 악화를 걱정하지 않으며 불매 운동, 부분 파업 및 총파업, 특히 철도 총파업의 형태로서 혁명 운동으로 분명히 나아가고, 2) 투박한 민족주의적 폭발과 특히 포그롬*에서 비롯되는 외국인 살해와 습격을 절대적으로 자제하며, 외국인 사이에 있는 앞잡이에게 이 운동이 의화단운동과 비슷한 무언가라고 언급할 이유를 직접적으로 주지 않고, 제국주의자들이 이러한 방법으로 폭력을 통해 쉽게 간섭할 수 없도록 노동자, 상점주, 인텔리겐치아에게 경고해야 하며, 무엇보다도 중국공산당이 이러한 예방책들을 내놓아야 한다. 3) (제국주의 열강들의 한 팔인) 장쭤린**에 대항하는 일반 선동을 수행한다. … 4) (중국 정부를 중립으로 두거나,) 만일 이 방법이 성공적이지 않으면 정부를 두들기고 마비시키는 한편 제국주의자들이 중국 정부에 대항해 수행하는 행동들을 감출 가능성을 박탈시킬 것 … (이에 실패한다면) 현재 정부를 해체하고 국민당에 기초를 둔 새로운 정부를 창설하는 데까지 나아간다.

---

* 19세기에서 20세기 초에 유럽과 제정 러시아 등지에서 행해진 유대인에 대한 조직적인 탄압, 학살, 박해 등을 가리킨다.

** 중화민국 시기 동북변방군의 수장.

추가적인 기괴한 제안 한 가지는 카라한이 중국 정부를 설득해 중국인들과 제국주의 열강 사이에서 소비에트가 중재자 역할을 맡도록 제안해야 한다는 것이었다. 그러나 무엇이 행해졌든 코민테른 집행위원회나 소비에트 정부의 역할이 공개적으로 언급되어서는 안 됐다. 대사관 직원들에게는 앞으로 펼쳐질 혁명에 자신들이 연루되어 있음을 감추도록 최대한 주의하라는 지시가 내려졌다.[50]

이렇듯 소란을 조성하는 소비에트의 역할을 눈치챈 영국이 항의하지는 않을까 민감했던 정치국은 1925년 12월 3일 조금 늦은 시각에 그들의 통신사인 타스TASS에 "서유럽과 미국 자본주의에 대한 동방의 위험을 과장하지 말 것"과 "가능하다면 동방에서 벌어지는 사건들에서 소련의 능동적 역할을 적게 쓸 것"이라는 엄격한 지침을 보냈다.[51] 또한 러시아인들은 스탈린의 제안에 따라 일본인들에게 중국에서 벌어지고 있는 상황을 받아들이라고 설득해 "일본과 영·미 사이의 이간질"을 획책함으로써 정책상의 보험도 들어두고자 했다.[52] 역설적으로 영국인들과 러시아인들은 모두 시데하라 남작*이 이끄는 온건한 입헌정부가 자신들을 도울 것이라고 기대를 걸었다.

모든 일이 순조롭게 흘러가지는 않았다. 군벌 장쭤린은 만주에서 러시아인들이 소유하고 운영하던 중동철도CER를 장악하려고 시도했다. 신속한 무장 응징의 결과로 장쭤린은 물러났지만, 이 사건들은 소련이 실질적인 군사력을 보유하지 않은 지역에서 나타나는 근본적인 취약성을 증명했다. 이러한 취약성은 국민당 내부의 좌우 분열을 피할 수 없었고, 국내에서와 마찬가지로 해외에서도 위압적으로 군 러시아 군사고문들과 그들에게 의존하는 중국 장군들 사이의 갈등이 증가하던 중국 남부에 집중됐다.[53] 특히 무관 예고로프가 이끌던 고문들은 자원이 제한된 상황에서

---

*   1945년~1946년 일본 총리를 지낸 시데하라 기주로.

중국 중부를 정복하기 위해 북진하자는, 상당히 무모해 보이는 계획에 반대했다.[54]

소비에트 정보부는 동양이나 서양에서 수집한 어떠한 나쁜 소식도 과장하는 경향이 있었다. 그리고 중국에서 활동하는 소비에트 군사정보부(제4국)는 국가정치국 해외지부InOGPU의 활동을 되풀이하는 경향을 보였다. 따라서 돈을 절약하기 위해 중국에서의 임무를 둘로 분리한다는 결정이 내려졌다. 중국 북부(만주와 몽골)는 소련의 방위를 위한 군사적 관점에 일차적으로 초점을 맞추는 반면, 중국 본토는 "중국 내에서 펼쳐지는 우리의 능동적 정책에 대한 요구들과 그곳에서 진용을 갖춘 힘들에 대한 연구"에 초점이 맞춰질 터였다.[55]

나름대로 머리카락이 쭈뼛해지는 정보 보고를 엄청나게 많이 읽은 외무인민위원 치체린은 "당들과 노동조합들에 의해 달성된 전체 해방운동의 성공에 대비되는 … 일시적 차질"에 관한 이야기를 믿었다.[56] 의심의 여지 없이 사기는 충천했다. 1926년 2월 10일, 중국 주재 코민테른 대표 그리고리 보이틴스키는 상임위원회에 과정 전반을 보고하는 보고서를 전달했다. "공산당은 이 거대한 항구(상하이)에서 노동조합들을 조직했고, 언론사를 창설했으며, 노조 운동을 이끌었다." 당원은 4500명이었고, 그 가운데 60퍼센트는 산업 노동자들이었다. 그리고 당의 영향력은 당원들 너머로 널리 확장됐으며, 기관지는 1주일에 5만 부씩 판매되었다. 이러한 성과를 달성하기 위해 그들은 국민당 내부에 잠입해 활동 영역을 넓혔다. 얼마간의 과장을 섞어 보이틴스키는 "공산당이 효과적으로 국민당을 이끈다."라고 자랑했다.[57] 그러나 그는 쑨원의 교활하고 강철 같은 후계자이자 그때까지 좌익으로 분류된 장제스가 무슨 일이 벌어지고 있는지 철저히 인지하고 있었으며, 이 과정을 반전시킬 결심을 했다는 사실을 미처 파악하지 못했다.

누가 맹공격의 직격탄을 맞는지는 분명했다. 중국 내 영국 자본의 추정 가치는 3억 5000파운드였고, 이는 오늘날 가치로 200억 파운드를 상회한다. 1926년 영국과 영국령 인도의 대중국 수출 총액은 3320만 파운드였는데, 이를 현재 가치로 환원하면 20억 파운드에 달한다.[58] 그리고 이는 불매 운동이 수치에 심각한 영향을 끼친 뒤의 액수였다. 향후의 잠재적 손실은 헤아릴 수 없었다. 영국 보수당 내의 강경파들은 볼셰비키의 다음 의견에 전적으로 동의했다. "이 결과로 인해 영국 제국주의는 최근 엄청난 패퇴를 맛보았다." 보이틴스키는 자랑스러워했다. "이는 아편전쟁 이래로 제국이 겪어본 적 없는 패배다. 홍콩이 기본적인 중계항으로서의 역할을 중단하고 경제적으로 박살이 났다는 사실은 남부뿐 아니라 중국 전역에 걸쳐 영국 제국주의가 도덕적으로 패배했음을 의미한다. 이는 또한 인도와 같은 식민지들에서도 영국 제국주의자들에게 막대한 패배를 선사했다."[59]

3월 18일, 정치국은 일본의 입장을 검토하기 위해 트로츠키를 의장으로 하는 위원회를 조직했다. 위원회의 일원 치체린은 중국에서 일어난 최근 사건들이 국제 관계 전반에 미치는 중요성을 다음과 같이 요약했다.

지난 시기 내내 세계열강들은 루르 지방, 배상금, 다양한 당사자 간에 치러진 전쟁의 결과 해결, 그리고 마지막으로 로카르노*에 실로 집중하여 극동에 더더욱 주의를 돌릴 수 없었습니다. 이에 대해 (미하일) 트릴리세르 동지는 (국가정치국 해외지부를 향해) 로카르노가 극동에 대한 주의를 더욱 크게 분산시켰다는 (그들이 누구였는지 이제 저는 기억하지 못하는) 영국 장관들의 말을 인용했습니다. 극동에서 뚜렷하게 나타나고 영국 언론에서도 선명하게 눈에 띄는 급격한 변화는, 간헐적인 관심을 받으며 대사관

---

* 1925년 10월 16일 영국, 프랑스, 이탈리아, 독일, 벨기에, 체코슬로바키아, 폴란드의 대표가 스위스의 로카르노에서 체결한 일련의 국지적 안전보장조약인 로카르노조약을 일컫는다.

및 영사관에 사안이 떠넘겨지는 대신 이제 극동이 세계열강의 주목을 한 눈에 받으며 전면적인 공세를 받기 시작했다는 점입니다.[60]

장제스는 이틀 만에 행동을 취했다. 그는 작은 쿠데타를 일으켜 상하이 학살 이래 효과적으로 시위를 주동해온 공산주의자 산하의 파업위원회를 해산시켰다. 7월 말까지 중국 문제보다 정치국의 시간을 더 많이 빼앗은 사안은 없었다. 특히 중국 사안에 대한 관리가 외무인민위원부에서 정치국 중국위원회로 재배정됐기 때문에 더욱 그러했다.[61]

영국에서의 총파업

이어서 펼쳐진 사건들은 중국을 두고 대두한 소련과 영국 사이의 갈등을 한층 더 복잡하게 만들었다. 급여 수준을 유지하기 위해 부질없이 1년 넘게 파업 중이던 광부들을 지원하기 위해 영국 노동조합대회가 총파업이라는 절박한 조치를 취하기 전까지, 소비에트와 영국의 관계는 더 이상 손상될 수 없는 수준으로 보였다. 영국 정부는 조세에서 광부들의 급여를 보조했으나, 기한도 없고 너무 과도한 비용이 든다는 이유로 1926년 4월 말에 이 정책을 폐기하였다.

이러한 상황은 영국이 공업 국가로서 해외시장에 크게 의존했다는 점을 배경으로 두었다. 인구의 오직 7분의 1만이 농업에 종사했기 때문에 국제무역은 필수적이었다. 영국의 실업자는 200만 명이었고, 그들을 구제하기 위해 1억 파운드를 지출해야 했다. 경쟁력 없는 환율의 결과로 증가한 실업에 무관심했던 재무부와 영국은행은 파운드화의 가치를 금 가격과 동등하게 회귀시키는 정책을 추진했고, 이로 인한 충격의 여파로 경제가 급격히 수축했다.[62] 상황은 오래 지속된 문제 한 가지를 더욱 심각하게 만들었다. 높은 가치의 파운드는 런던 구시가지에서 금융 거래를 하는 무리에게만 이익을 주었다. 수출이 말라붙음에 따라 원자재 수요가 곤두박질쳤다. 파운드화 강세 정책에 어리석게 동의했던 재무재상 윈스턴 처칠은 이후 재무부 오토 니어마이어 경의 태도를 "모든 이를 파산과 실직으로 내몰아 폐허 위에서 재건할 수 있도록 하려는" 것만 같았다고 묘사했다.[63] 그렇지만 처칠은 태평하게 길을 내주고 말았다.

1926년 5월 초 광산주들이 광부들의 출근을 막으면서 분노는 절정에 다다랐다. 5월 3일 자정 1분 전을 기해 시작된 파업은 전국을 멈춰 세웠다. 나흘 후 스탠리 볼드윈 총리는 잉글랜드가 "무정부와 폐허로의 길"로 나섬에 따라 "입헌 정부가 공격받고 있다"는 사실에 비통해했다.[64] 이러한 반응은 노동조합협의회TUC의 겁먹은 개혁주의 지도자들에게 영향을 끼쳤다. 그러나 코민테른 본부의 밀실에서 희망은 새로운 높이로 고조됐다. 지노비예프는 자본주의의 일시적 안정이 종언에 이르렀다고 주장하며 "현재 잉글랜드에서 일어나고 있는 사건들은 러시아혁명 이래 가장 중요한 사건들"이라고 토로했다.[65] 과도하게 신이 난 이는 지노비예프 혼자만이 아니었다. 영국이 곧 무릎을 꿇으리라는 전망은 1917년 이래로 러시아가 치른 모든 희생을 값지게 만들었다. 들뜬 기분을 참기가 어려웠다. 하지만 스탈린은 1918년 영국인들에 의해 투옥되기도 한, 영국을 싫어하는 치체린으로부터 "영국혁명의 방향"이라는 글의 초고를 받아보고 무척 놀랐다.[66] 중국을 둘러싼 관계에서 긴장감이 고조되어 있었음에도 불구하고, 러시아인들은 사건들이 새로운 국면으로 극적으로 전환되자 이에 휩쓸려 이념적 열기에 따라 무모하게 행동했다. 5월 4일 정치국은 총파업을 지원하고자 소비에트노조평의회에 2만 6000파운드(25만 루블, 현재 가치로는 150만 파운드 이상)의 수표를 발행할 것을 지시했다. 5월 5일 이 수표를 수령한 노동조합협의회의 총서기대리 월터 시트린은 이를 즉각 거절했다.[67]

개혁주의 노동조합들에게는 헌법 질서를 위협하는 장기적인 파업을 감당할 배짱이 없었다. 그들의 이해관계는 볼셰비키와 정확히 반대되었다. 하지만 광부들은 대표 조합들 내부에서 주요하고 급진적인 존재였다. 노동조합협의회는 5월 12일 조급히 파업을 중단할 것을 요청했지만, 러시아인들은 1927년 3월까지 총 20만 파운드에 육박하는 금액(현재 가치로 대략 1200만 파운드)을 광부들에게 지원해 산업 분규가 붕괴할 때까지 그들을 보조했다.[68]

유럽에서의 대對소련 봉쇄

한편 중국에서 보로딘이 지휘하는 소비에트 군사고문들은 남부 근거지인 광둥에서 북진하기 위해 군대를 무장하고 훈련시키는 중이었다. 실로 광활하며 영국군의 힘이 제한된 중국에서 영국인들이 보복을 가할 수 있는 직접적인 수단은 존재하지 않았다. 유력하게 거론된 방법 한 가지는 홍콩에서 광둥을 폭격하는 것이었다. 그러나 이 방법은 거의 아무런 효과도 없으리라 예상되었고, 런던은 이를 어떻게 진행시킬지 아무런 생각도 없었다. 7월 말, 러시아 정책에 응답해 런던의 제국방위위원회는 러시아의 위험과 "문명에 대한 가장 위협적인 위험"이라고 위원회가 이름 붙인 어려운 문제를 어떻게 다뤄야 하는지를 두고 길게 숙고했다. 그러나 만족스러운 결론은 도출하지 못했다.[69]

　1926년 7월 28일, 외무부 사무차관 윌리엄 티렐 경의 논평은 중요한 주제를 강조했다. "모두 공감하시겠지만, 러시아에서 볼셰비키주의 정부가 수립된 이래 이들의 활동은 주로 본국[영국]에 대항해 이루어졌고, 세계 도처에서 우리는 끈질기고 일관된 적대감과 마주해왔습니다." 그의 시각은 "우리를 전복시키는 것이 모스크바의 최고 목표이자 목적"이라는 것이었다. 이러한 시각은 그 혼자만의 것은 아니었다. 영국과 소련 사이의 정책상 충돌은 "메울 수 없었다." 그러나 전쟁은 선택지가 아니었다. 여론이 좋지 않았고 군사적 역량도 부족했기 때문이었다. 1914년 신속히 동원됐던 막대한 육군은 더 이상 존재하지 않았다. 볼셰비키주의를 봉쇄하는 유일한 수단은 외교였다. 영국인들은 소·독협약을 손상시키는 방식으로 유럽을 확보하는 중이었다. "우리는 로카르노협약들에서 구체화된 정책이 유럽 대륙 관련 합의의 기반을 닦아, 동방으로부터 오는 공통의 위협에 맞서 우리를 가장 효과적으로 방위할 수 있는 최선의 가능성을 제공한다고 생각합니다."[70]

이 정책은 젊고 아주 성공한 외교관인 해럴드 니컬슨이 내각 문서에 우아하게 그 대강을 서술했다.

> 오늘날 유럽은 크게 세 부분, 즉 승자와 패자, 그리고 러시아로 나뉘어 있다. 쉴 새 없이 움직이는 무정형의 위협인 러시아 문제는 오직 문제로서만 언급될 수 있다. 유럽의 향후 안정성에 러시아의 행보가 어떠한 영향을 미칠지 예측하기란 불가능하다. 유럽의 협조를 책임지는 열강으로서의 러시아가 사라짐으로써 서유럽의 건강을 좀먹고 있는 불확실성이라는 느낌을 적지 않게 초래한 것은 사실이다. 그러나 한편으로 러시아 문제는 당장은 유럽보다는 아시아적인 것이다. 내일이라도 대륙의 권력균형에 다시금 결정적 역할을 할 수도 있지만, 오늘의 러시아는 유럽의 동쪽 지평선에 드리운, 임박했고 헤아릴 수 없지만 현재로서는 분리된 먹구름일 뿐이다. 따라서 러시아는 어떠한 측면에서도 안정성의 요인이 아니다. 이 나라는 확실히 우리가 가진 모든 불확실성 중에서도 가장 위협적이다. 따라서 안보 정책은 러시아임에도 불구하고, 어쩌면 러시아이기 때문이라는 틀에 반드시 맞춰져야만 한다.[71]

로카르노조약은 1925년 12월 1일 체결됐다. 조약은 독일과 프랑스를 동등하게 대우했다. 영국은 양자(와 더불어 벨기에까지)에게 어느 한 당사국에 의한 침략 금지를 보장했다. 니컬슨이 제안했듯, 그렇게 함으로써 영국인들은 독일인들과 러시아인들 사이의 라팔로 관계를 악화시키고자 했다. 독일도 국제연맹에 들어가는 것이 허락될 참이기 때문이었다. 이탈리아 대사 피에트로 델라 토레타 후작은 서구에서 프랑스와 벨기에와 독일 사이의 국경을 보장하는 조약은 "유럽 도처에서, 특히 독일과 중부 유럽과 근동 및 극동에서 … 여러 나라의 국내적 평화와 세계평화를 정말 심각하게 위협하는 모스크바의 교란 행위"를 무효화하는 것이 목표였음을 외무부로부터 전해 들었다.[72] 그러나 답변되지 않은 질문이 남아 있었다. 영국은 한걸음 더 나아갈 준비가 됐는가? 극동에서의 볼셰비키 선동을 근절하기 위해 전쟁을 치른다는 선택지는 어떠한가?

1927년 1월 중국 전역의 상황을 요약면서 제1해군경 데이비드 비티 제독, 조지 밀른 원수, 왕립공군 대장 휴 트렌차드 경으로 구성된 참모진은 다음 내용에 합의했다. "지난 몇 개월 동안 상황은 매우 악화됐다. 우리가 1925년 6월에 이해한 대로 심각하고 규모가 큰 소란들이 발생했다. 상당 부분 볼셰비키주의의 영향력 아래에서 작동하는 국민당 정부는 중국 양쯔강 이남의 거대한 영토를 통제할 수 있는 권한을 확보했다. 양쯔강 지역의 영국 조계 두 곳(한커우와 주장)은 철수했고, 가까운 시일 내에 상하이가 위협받을 것으로 예상된다."[73] 불행한 외무장관은 내각에 "현재 승리는 볼셰비키에게 있습니다."라고 고백했다.[74]

한때 최고의 회의론자였던 스탈린은 왠지 모르게 한커우가 "곧 중국의 모스크바가 될" 것이라고 스스로를 납득시켰다.[75] 그렇기에 런던 내 강경파들을 달래고자 하는 어떤 주장도 이길 가능성이 없었다. 오스틴 체임벌린은 영국이 처한 진퇴양난의 상황을 이렇게 요약했다. "소비에트 정부는 … 광둥파업*이 소비에트 정부 설립 이래 해외에서 이룬 가장 뛰어난

---

* 1925년 6월부터 1926년 10월까지 이뤄진 광저우-홍콩 대파업을 일컫는다.

성공이라고 어느 정도 주장할 만하다. 특히 영국의 무역과 식민지 홍콩에서의 손실은 실로 거대했다."[76]

영국, 중국에서 전세를 역전하다

궁극적으로 영국인들이 1925년 비무장한 중국인들을 무차별적으로 사격함으로써 부지불식간에 빠진 함정에서 나오는 방안은 하나뿐이었다. 지역 민족주의의 마음을 얻은 뒤 이를 소비에트의 침투에 대항하는 가공할 장벽으로 바꿔 상황을 반전시킴으로써 전세를 역전하는 것이었다. 중화민국 주재 영국 특명전권공사 마일스 램슨 경과 외무장관이 문제에서 빠져나오는 쉬운 방안을 모색했을 당시, 차이나로비가 어떤 어려움을 겪든 아무런 연민도 없으며 소비에트러시아에서 일하기도 했던 아일랜드인 외교관 오언 오맬리가 정교하게 제시한 제안들은 완고한 저항을 기각시켰다. 충실한 보고를 받은 체임벌린은 내각에 이렇게 말했다. "중국 국민당원들은 자신들의 목적을 위해 러시아인들을 이용하고 있습니다. 국민당 스스로가 중국 정부를 구성하고 열강과의 관계에 진입한다면, 러시아의 지원을 받아야 할 필요성은 감소할 것이고 러시아인들의 영향력은 시들어버릴 것입니다."[77]

오맬리와 체임벌린은 단기적으로 옳았으나, 앞으로 펼쳐질 사건들이 보여주듯(4장 참조) 그들은 일본 내 민주주의의 지구력을 상당히 과소평가했다. 어찌 되었든 1927년 초, 중국 내에서 펼쳐지던 소비에트 정책은 마침내 적수를 만났다. 사태는 중국공산당이라는 가장 약한 고리에서 갑자기 통제 불능이 되었다. 중공의 가장 급진적인 당원들은 사건이 일어나기를 기다려야 할 필요가 없다고 생각했다. 1월 3일, 중국인들은 한커우의 영국 조계지를 공격했다. 상하이로부터 국민당 군대가 도착할 것을 예상하고 있던 러시아인들은 지역 중공과 노동조합들이 총파업을 개시했다는 사실을 신문을 통해 알게 되고서 깜짝 놀랄 수밖에 없었다. 이 운명적인 결정은 3월 18일에 내려졌다. 중공 지도자들조차 이 결정에 관해 전혀 알지 못했다. 그들은 "국민당 정부군 도착을 앞두고 벌어진 총파업은 막대한 권력 위기를 초래했다."라고 보고했다.[78] 모스크바에게는 나쁜 소식이었다. 영국 내각은 상하이가 폭력에 굴복한다면 "중국, 일본, 인도, 그리고 동양 전역에 걸쳐" 영국의 입지에 "파멸적인 영향"을 끼칠 것이기 때문에, 그러한 일이 발생하도록 용인하지 않을 터였다.[79] 런던의 입장에서 이 사안은 임계점을 넘길 수도 있는 마지막 한 가닥이었다.

국민당군은 3월 21일, 도시가 경제적으로 마비됐을 때 진입했다. 닷새 후 장제스가 나타나, 공산주의자들을 제압한다면 자신을 기꺼이 지지할 준비가 되어 있는 금융 지도자들과 만났다. 상하이를 영영 잃지 않기 위해 필사적이던 영국인들은 더욱 단호한 조치를 취하기 시작했고, 3월 24일 장제스의 근거지인 난징을 폭격했다. 나흘 후 소비에트 정치국은 중국 지도부에게 파업을 비롯해 그들이 염두에 두고 있는 어떠한 봉기도 철회하라는 지시를 내렸지만 때는 너무 늦었다. 장제스는 공산주의자들을 쓸어버리기로 결심했고, 이를 위해 무자비한 범죄 조직으로 악명 높은 청방靑幇을 징집했다.[80]

러시아인들과 중국 내 러시아의 하급 우방들을 타격한 일련의 공격 이면에는 영국인들이 있었다. 3월 31일, 처칠은 다음과 같이 제안했다. "공산주의를 통해 중국을 모스크바의 봉신으로 만들려고 노력하는 이 붉은 러시아인들을 축출하는 일에 동의하는 것은 중국적 성격과 전혀 어긋나지 않으며, 장제스와 온건파들의 이해관계와 조화를 이룰지도 모른다.[81] 붉은 러시아인들의 유해한 영향력이 사라짐에 따라 우리는 머지않아 토착 중국인들과 좋은 합의를 이룰 수 있을 것이다."

4월 6일, 외교단의 묵인과 함께 북부의 군벌 장쭤린의 병력이 베이징에 소재한 커다란 소비에트 대사관 건물을 습격했다. 그곳에서 그들은 유죄를 입증할 수 있는 진귀한 보물들을 발견했다. 중공을 창당한 인물 가운데 하나인 리다자오를 체포했을 뿐만 아니라 무기들과 공산주의자들의 안전 가옥 주소, 모스크바와 주고받은 서신, 제4국 비밀 요원들과 그들의 급여에 관한 세부사항을 포함한 1급 비밀 자료들이 담긴 문서보관소를 발견한 것이다.[82] 상하이를 공산주의자들에게 넘겨주지 않으려는 영국 내각의 신속한 결정에 뒤따라 4월 7일, 상하이에서 소비에트 총영사관 봉쇄가 이뤄졌다. 이틀 후 장제스는 도시에 계엄령을 선포했다. 4월 12일 한밤중을 기해 군복을 입은 청방이 공산주의자들을 몰살하기까지 고작 일곱 시간이 걸렸다.[83]

베이징의 소비에트 대사관 습격 당시 발견된 문건들은 런던이 가졌던 최악의 공포와 의심을 확인해주었다. 적발된 자료들은 외무부에 "국민당 군대 내에 침투한 러시아의 영향력이 우리가 믿어왔던 것보다 더욱 완전하고 상세"하다는 점을 확정적으로 증명했다. 무엇보다 당황스러운 자료는 영국 공사관 수장 램슨이 외무부와 주고받은 서신의 사본들이었다.[84] 외무장관에게는 유감스럽게도, 마침내 보수당 내부 평의원석에서 분노가 터져 나오면서 5월 26일 소련과의 외교가 단절되었다. 이는 숙고를 거친 정책상의 산물이라기보다는 억눌린 분노가 쇄도한 결과였다. 중국의 혁명적 소란이 일으킨 충격과는 별개로, 1926년 10월 8일 스카버러에서 열린 당 회의는 1921년 3월 체결된 영·소 무역협정 폐기를 촉구하는 결의안을 통과시켰다. 의원들 200명도 똑같은 내용을 요구하는 청원에 서명했다.

어떠한 즉각적 결과가 기대되지는 않았으나, 1918년 이종사촌인 차르 니콜라이와 그 가족을 잃은 (정부 정책에 간섭하려는 경향을 가졌던) 영국 국왕 조지 5세는 프랑스와 독일이 영국의 사례를 따른다면 소련은 붕괴할 것이라고 독일 대사에게 두 번이나 확언했다.[85] 1926년 가을, 폴란드와 관련된 전쟁의 위협은 소련 내에서 공포를 자아냈다. 농부들은 소금을 사재기하기 시작했고, 식량난이 깊어졌다. 9월 군사해사인민위원 클리멘트 보로실로프는 붉은군대의 신임 장교들에게 경고했다. "우리는 현재 우리에 대한 공격이 가장 작은 사건들에 달린 상황에 놓여 있음을 증명하는 정보를 가지고 있다."[86]

그러나 소비에트 지도부에게는 전쟁을 두려워할 이유가 없었다. 1927년 1월 말, 제4국은 국제 상황에 대한 종합 보고서를 발행했다. 이 보고는 서구와의 관계 악화를 인정하면서 "우리 이웃들 사이의 해결되지 않은 분쟁(폴란드·발트 동맹 형성 실패), 폴란드와 독일 사이의 풀리지 않은 분쟁, 그리고 우리에 대항한 전쟁에서 서구 열강들이 우리 이웃들을 지원하며 공동 행동을 취하기가 어렵다는 점을 미루어 볼 때 다가오는 1927년도에 군사적 행동이 일어날 가능성은 거의 없다."라고 결론지었다.[87] 스탈린에 대항한 개인적 전투에서 지고 있던 트로츠키는 대신 폴란드와 루마니아 이웃들이 런던의 부추김을 받아 도발하는 전쟁의 위험을 강조했다. 그는 코민테른이 1914년처럼 전쟁이 갑자기 발발하지는 않을까 하는 두려움에 근거해 유럽 전역에서 노동계급을 동원하기를 원했다.[88] 그리고 트로츠키는 세계대전이 한창일 때 더욱 효과적으로 싸움을 수행한다는 명목으로 프랑스에서 권력을 장악했던 "호랑이" 조르주 클레망소와 자신과의 유사성을 강조하는 방식으로 스탈린의 손아귀 안에서 놀아나기 시작했다. 트로츠키에게 남은 날은 얼마 되지 않았고, 이는 영국인들에게는 커다란 안도감을 주었다.

볼셰비키가 제국을 위협하자 영국을 소유하고 통치했던 이들은 엄청난 충격을 받았다. 장기적인 결과들은 10년 뒤에야 명백해졌지만, 한 가지 부작용만은 즉각적이고 징후적으로 나타났다. 바로 파시즘에 관해 눈에 띄게 너그러워졌다는 점이었다. 파시즘이 결정적으로 공산주의자들을 제압했기 때문이었다. 이탈리아 공산주의자들의 가장 위험한 지도자인 안토니오 그람시는 안전하게 철창에 갇혀 있었다. 팔미로 톨리아티가 이끄는 이탈리아공산당 지도부의 나머지는 모스크바로 망명했다. 이탈리아의 재무장관 알베르토 디스테파니는 1925년 1월 7일 파리에서 총리(겸 외무장관) 베니토 무솔리니에게 이렇게 보고했다. "(당시 재무재상인 윈스턴) 처칠과 오늘 가졌던 논의에서 … 처칠은 각하에 대한 동조와 볼셰비즘을 제압하기 위해 각하께서 수행하고 있는 정력 넘치는 작업에 존경을 표명했습니다."[89]

무솔리니의 체제가 좌파를 무자비하게 제압하는 기계로 거듭난 1927년 초, 반유대주의적 〈모닝 포스트〉는 "파시스트의 이상"이라는 헤드라인으로 주요 기사를 발행했다. "**무솔리니**가 이탈리아를 장악했을 때, 공산주의로 인해 혼미해진 민주주의는 신속하고 무참하게 나라를 폐허로 만들고 있었다. 다른 모든 나라가 같은 재난의 위협을 받았기 때문에 이탈리아의 사례는 '문명에 대한 기여'로서 독특하게 빛을 발한다. 무솔리니 씨는 조만간 다른 나라들도 반드시 파시스트적 숙청과 유사한 방편에 의지할 것이라고 믿는다. 이러한 신념은 그 혼자만의 것이 아니다."[90] 이러한 태도는 1930년대에 공명했다. 이는 볼셰비키주의에 맞서 최전선에서 행진한 파시스트 열강들에 대항하는 일에 대한 뿌리 깊은 반감을 동반했다.

4장

만주의 낭패, 1931

만주를 창춘長春에까지 이르는 북부 전역이 일종의 소비에트 지배 아래에 놓이게 될 형태로 끝날 혼란 상태에 두는 일이 일본의 이해관계에 부합할 리 없습니다.

린들리(도쿄)가 레딩 후작(런던)에게, 1931년 10월 30일[1]

1920년대 내내 영국인들이 중국에서 겪은 충격 이후, 일본에서 발생한 복합적 문제들은 당연히 환영받지 못하는 가운데 또 다른 우려 속에서 다뤄졌다. 공산주의의 위협에 대처하기란 불가능할 정도로 복잡한데 반해, 근본적으로 합리적이고 오랜 규칙을 준수하는 다른 경쟁자들은 관리할 만한 행동과 제한적인 야심을 보이리라는 환상이 들어섰다. 그러나 영국인들은 머지않아 이 환상이 진실과는 너무나도 거리가 멀다는 사실을 발견했다.

월가 대폭락

국제연맹을 중심으로 한 전후의 집단 안보 체제는 국제연맹 이사회의 열
강들이 자신의 국익을 좇는 과정에서 책임감 있게 행동하고, 비행을 저지
른 국가에 차별 없이 제재를 부과할 때만 작동할 수 있었다. 따라서 제네
바에 위치한 국제연맹의 전체 구조는 국내외에 만연한 조건에 얽매이지
않고 편견 없이 모두의 장기적 이해관계에 맞게 행동할 소수의 결정에 달
려 있었다. 이는 국제 관계의 수행이라는 측면에서 지나친 요구였다. 그리
고 1929년 이후 대공황의 충격이 명백히 증명했듯, 세계경제와 국제무역
체계가 무너질 경우 국제적 정치 질서 유지를 위해 제한 없이 헌신하는 체
계 또한 무너져 내렸다.

국제정치 질서는 새로운 것이었기에, 영어권에 한해서는 현실성 부
족으로 지나치게 추정을 많이 한다고 비난 받을 이가 거의 없었다. 그러나
국제적 경제 질서는 19세기 내내 그랬던 것처럼 이전과 같았다. 1873년
세계 경제는 억제되지 않은 상업 호황에 뒤따른 심각한 경제 불황을 초
래했다. 1913년 연방준비은행을 창설한 이래 미국의 역대 공화당 행정
부는 금융완화 정책을 펼치는 데 어떠한 제약도 느끼지 않았다. 그 결과
1920년대 말의 경제 호황은 주식시장의 거품을 키우고 유지시킨 막대한
개인 부채를 중심으로 위태롭게 회전했다. 1925년과 1929년 사이 월가에
서는 500억 달러에 달하는 유례없는 액수의 신규 공모주가 발행됐다. 경
제력이 없는 이들조차 그 주식을 사기 위해 전혀 문제 없이 투자증권을
담보로 융자를 받을 수 있었다. 투자신탁회사들은 시장이 폭락하는 경우
빚을 변제할 수단이 없는 사람들에게도 기꺼이 대출을 해줬고, 필연적으
로 호황 끝에 파산이 뒤따랐다. 중개인들이 투자증권을 담보로 60억 달러
를 대출함에 따라 4년 넘게 유례없는 고조를 기록한 상태에서, 미국 증시
는 투자신탁회사 450개 중 일부가 그해 9월 당해 흑자를 보기 위해 현금

화를 시작하면서 두 개장일에 걸쳐 갑작스럽게 폭락했다. 이는 증시가 언제나 새로운 기록으로 상승할 것이라는 맹목적 믿음을 깨트렸다. 1929년 10월 24일, 시장 개장 30분 만에 160만 주 이상이 거래돼 441개 종목이 최저점을 기록하고 오직 두 종목만이 신고점에 도달하면서 심판이 도래했다. 이는 월가 역사상 가장 극단적인 가격 하락이었다. 그리고 이 기록은 1641만 주의 거래 홍수 속에 551개 종목이 최저점을 기록하고 신고점을 기록한 종목은 단 하나도 없던 닷새 후에 무려 열다섯 배 뛰었다.[2]

금융 붕괴는 미국 경제도 함께 침몰시켰다. 1931년 여름에 이르러 지속되는 금 유출과 월가 대폭락은 독일 경제의 저변을 흔들었고, 영국 경제에도 타격을 가했다. 자신들이 빌려준 차관을 변제 받기 위해 절박해진 미국은 1924년도 도스계획 이래 독일 산업을 받쳐왔던 막대한 단기 차관을 상환할 것을 요구했다. 1914년 7월 이후로 자국의 재정적 의무를 수행하기 위해 무모하게 돈을 찍어내는 데 익숙해진 독일 정부는 부주의하게 옛 습관을 반복했고, 그 결과로 일어난 1923년도의 극심한 인플레이션은 중산층의 저축을 모조리 무의미하게 만들었다. 이후 국가는 대출 확대를 전혀 제한하지 않았고, 이에 더해 월가 파산 이전인 1928년부터 증가하던 실업률은 더욱 어려운 시기를 예고했다. 유럽 무역에서 독일이 행하던 중추적인 역할을 고려할 때, 누구도 이로 인한 혼돈에서 상처 없이 빠져나갈 수는 없었다.

당시 유럽에서 가장 강력한 열강의 자리를 고수하던 영국은 해외무역에 가장 많이 의존하는 국가 가운데 하나였다. 주요 경제권 중 영국보다 해외무역 의존도가 큰 국가는 오직 네덜란드뿐이었다. 영국 경제는 세계 금융시장에서의 지배적 위치를 유지하기 위해 1925년 금본위제를 채택한 경쟁력 없는 조치 이후 계속 쇠락하고 있었다. 이 조치가 영국 제조업자들의 수출가를 지나치게 높였기 때문이었다. 심각하게 수축된 경제는 미국 정부가 취한 과감한 보호주의 조치에 특히 취약했다. 이러한 상황에서 독일과 마찬가지로 예산 균형을 맞추기 위해 정부 지출, 그중에서도 임금 부문에서 급격한 절감이 이뤄짐으로써 상황은 한층 악화됐다.

대공황이 제지받지 않고 지속될 경우 자본주의를 쓸어버릴지도 모른다는 공포가 가장 근간에 자리했다. 호언장담만으로는 부족했다. 미국 국무장관 헨리 스팀슨은 이탈리아 상대자인 디노 그란디로부터 공산당이 이탈리아에 발도 붙이지 못하리라는 위안이 되는 소식을 들었다. "미국에서도 볼셰비즘은 아무런 위협이 되지 않습니다." 스팀슨은 지지 않고 대꾸했다. "미국에서는 노동자들이 공산주의에 가장 적대적이거든요." 그러면서 스팀슨은 타고난 신중함을 드러내며 덧붙였다. "자본주의 정부를 방어하고, 이 위기가 일시적이며 자본주의 체제에 내재적이지 않다는 것을 증명해야만 우리 모두의 이해에 부합하겠지요. 따라서 우리는 반드시 신속하게 위기를 극복해야 합니다."[3]

이러한 조건들 속에서 1919년 파리에서 중앙 열강에 의한 침략 저지를 보장하기 위해 낙관적으로 건설된 전후 체계는 히틀러의 등극 직전에 내부로부터 효과적으로 공동화되었다. 미국이 스스로를 제외시켜 탄생 당시부터 무력화된 국제연맹은 이제 빈껍데기에 불과하다는 사실이 드러났고, 이는 전후 영토를 유지하기 위해 방어를 우선시한 정치인들에게 막대한 심리적 타격을 안겼다.

일본의 침공

일본이 중국 동북부(만주)를 군사적으로 점령하기 위해 무모하게 나섰을 때 시험이 찾아왔다. 명분은 1931년 9월 18일 묵던*을 통과하던 남만주철도에서 일어난 조작된 테러 사건이었다. 이 사건은 새로운 세계 질서를 향

* 선양의 만주어 표기.

한 에두른 칭찬이었다. 명목상 민주주의 체제였던 일본은 군국주의 국가로 거듭나기 직전이었다. 이는 국제연맹의 말주변 좋고 예의 바른 민간인들이 이제 전사 계급에 맞서야 한다는 의미이기도 했다. 세계의 나머지는 이러한 사태 전환에 전혀 준비돼 있지 않았다. 그들은 이 전환을 오랫동안 탐지하지 못했고, 이후에는 온갖 이유를 끌어들여 이에 대항하지 않았다.

일본의 만주 침공은 청천벽력이었다. 1930년 쇼와昭和공황이 시작되면서 일본은 심각한 통화수축과 실업률 증가를 겪으며 극단적인 민족주의로 치닫고 있었다. 그러나 이러한 일본의 정치 궤적을 파악하고 이를 완전히 이해한 이는 극히 드물었다. 유럽이었다면 신중히 주의를 기울였겠지만 말이다. 일본의 외무대신 시데하라 남작이 시도한 중국 유화정책은 군부 내에 침략 정신을 고양시켰다. 사실 묵턴에서의 음모는 시데하라의 유화정책이 촉발한 것이었다. 일본 대외 정책의 한 권위자는 만주 위기가 "중국 문제를 풀 수 있을 만큼 외교관들이 가까운 거리에 있거나, 그러하다고 여겨졌기 때문에 만들어졌다."라고 지적했다.[4]

과연 "중국 문제"란 무엇이었을까? 1920년대 중반부터 중국은 1840년대 아편전쟁의 결과로 영국인들이 자국에 강요해온 치외법권의 극단적인 요소들을 바로잡는 데 성공했다. 영국은 중국의 민족주의와 볼셰비키주의를 다루는 데 있어, 비록 영국의 이해관계를 어느 정도 포기하는 한이 있더라도 중국의 민족주의를 충분히 만족시킨다면 이로써 볼셰비키주의를 막을 수 있으리라고 분별력 있는 판단을 내렸다. 하지만 관동군 사령부는 공산주의 침투가 산둥 지역과 만주에서의 "성스러운" 이해관계에 치명적인 위협을 가하리라고 보았다.

1920년대 중반의 의기양양했던 혁명적 연간에 소비에트 정치국은 중국공산당이 만주에서 "숨 쉴 공간을 얻기 위해" 나서지 못하도록 제지했다. "그것은 실상 만주의 상태에 관한 문제를 '한쪽으로 치워두는 것', 즉 실질적으로 만주 남부가 당분간 일본의 손아귀에 남아 있도록 수용한다는 사실을 의미했다." 소비에트 정치국은 이러한 원칙 없는 기회주의가 잠재적으로 아주 난처하리라는 것을 인지했다. "소련과 일본 사이의 관계를 해결하기 위해 중국의 이해관계가 희생되고 있다는 취지의 이야기들이 부적합하게 퍼지며 상황이 허위적으로 구축"될 수 있다고 여긴 것이다.[5]

중국 공산주의자들이 모스크바를 불안하게 만들다

그러나 크렘린은 중국공산당을 전적으로 통제할 수 있으리라고 확신할 수 없었다. 1927년 여러 도시에서 공산주의 근거지들이 쓸려나간 뒤 다시 대두한 당은 중국 내 소비에트의 이해관계를 위협하는 일종의 광적인 극단주의의 먹잇감으로 전락했고, 이는 필연적으로 일본인들도 우려하게 만들었다. 1930년 젊고 무자비한 광신도 리리싼은 문맹이었던 샹중파 총서기에게서 중공 지도부를 인수했다. 리리싼은 1928년부터 모스크바에서 분출된 극단적인 혁명적 선동을 액면가 그대로 받아들였다. 그는 결코 겸손한 사람이 아니었고, 자신의 근거지인 중국으로부터 세계혁명을 불러일으킬 새로운 레닌인 양 행동했다. 그는 일련의 도시를 전면적으로 공격할 것을 제안하면서 코민테른 고문, 예컨대 상하이의 게르하르트 아이슬러(암호명 로버츠)가 이를 비판한 내용은 받아들이지 않았다. 도시를 포위하기 전에 유격전을 통해 시골 지역을 장악하는, 마오쩌둥이 선호했던 전략 역시 배제되었다. 아이슬러는 신랄한 비판을 가했다. "리리싼은 모든 문제를 추상적이고 철학적인 응답을 주는 방식으로 응대한다. 그는 지도 조직으로서의 당 역할을 총체적으로 과소평가하고 대중과 함께 일하는 방법을 전혀 이해하지 못하고 있다. 당의 미래 발전에 제동을 걸고 있다고 밖에 말할 수 없다."[6]

1930년 8월 2일 중공 중앙정치국 회동에서 리리싼은 (이미 한 차례 봉기가 일어났으나 곧 전복될 참인) 우창, 베이징, 톈진, (만주 내) 하얼빈을 비롯한 여러 곳에서 "러시아 붉은군대의 도움을 받아 제국주의자들에 맞선 전쟁과 함께" 봉기를 조직하는 것에 대한 동의를 얻었다. 코민테른 집행위는 상하이로부터 "상황이 심각하고 치명적"이라는 경고를 받았다.[7] 리리싼에 대한 반대를 보다 강하게 표현하기 위해, 상하이 주재 프로핀테른(적색노동조합 인터내셔널) 대표들은 수장 솔로몬 로조프스키를 파견해 그의 실책을 입증하는 문구들을 견책했다. 소비에트의 국익을 직접적으로 건드림으로써 가장 타격을 입힌 문구는 다음과 같았다. "만주에서의 봉기는 국제적 전쟁의 서막을 열 것이다. 이는 소련에 대항해 일본이 일으키는 전쟁을 의미할 터이다. … 우리의 전략은 반드시 국제적 전쟁을 도발하는 것이어야만 한다. … 코민테른은 이것이 옳지 않다고 생각할지도 모르나, 나는 옳다고 확신한다."[8]

1930년 8월 12일, 코민테른 극동부는 코민테른 집행위에 경고와 함께 "[중공] 중앙정치국은 봉기를 고집하며, 귀하의 신속한 결정을 요청한다."라는 전신을 보냈다.[9] 다음 날, 소치에 있던 스탈린은 이렇게 보냈다. "중국인들의 흔들림은 비현실적이고 위험합니다. 중국에서 총 봉기를 일으킨다는 생각은 현 상황에서는 터무니없습니다. … 중국인들은 이미 창사를 장악하려고 서두르다가 스스로 웃음거리가 되었던 적이 있습니다. 이제 그들은 중국 전역에서 비웃음을 살 생각입니다. 나는 이를 허용할 수 없습니다."[10] 정치국은 8월 25일 모스크바에서 코민테른이 종합적으로 사안들을 발표한 이후 문제를 논의했다. 정치국은 중국 공산주의 지도부에게 보내는 기나긴 비난성 전신을 승인했다. 이 전신은 성공을 위한 전제조건들이 부재함을 고려해 한커우, 상하이, 베이징, (만주 남부에서 일본의 영향권 안에 위치한 주요 도시인) 묵던을 포함해 대도시들을 장악한다는 리리싼의 계획을 "가장 유해한 모험주의"라고 힐난하며 거부했다.[11] 스탈린은 원칙적으로는 혁명적 행동주의에 반대하지 않았으나, 이는 소비에트의 국익을 직접적으로 건드리지 않거나 이익이 되는 방향일 경우에만 해당했다.

일본인들에게는 중국 본토뿐만 아니라 자신들이 영향력을 가진 만주 안에서 중공의 활동이 과격화되는 것을 염려할 만한 이유가 있었고, 러시아인들은 이에 직접적인 책임이 있었다. 1929년 일본인들은 만주 북부를 관통해 달리는, 그들이 확보한 중동철도를 향한 위협에 직면했다. 당시 스탈린은 "만주에서 혁명적 움직임을 일으켜 봉기가 일어날 수 있도록 조직할 것"을 제안했다.[12] 코민테른 정치서기국은 중국공산당에 보내는 서한에서 전반적으로 농민 동원의 중요성을 강조하면서, 관심을 기울여야 하는 지역으로서 만주를 지적했다.[13] 즉각적으로는 아무런 결과도 나오지 않았으나, 반복적이고 강력한 억압 조치에도 불구하고 공산주의 조직들이 정치적 그림자 아래에서 버섯처럼 솟아오르기 시작했다. 공산당은 비록 작은 규모지만 그때까지 자체적인 깃발 아래 분산적으로 조직되어 있던 조선 공산주의자들을 통합하며 크게 확장했다. 공산주의자들은 만주를 "불덩이"로 만들어버리겠다며 위협했고,[14] 일본인들에게 이는 분명 우려스러운 전개였다.

모스크바에서는 소비에트를 목표로 하는 관동군의 첩보 활동을 무력화하고 일본이 만주와 관련해 어떤 의도를 가지고 있는지 알아내기 위한 특수작전을 개시했다. 1930년 11월 17일~18일 러시아인들은 중동철도의 동남단에 위치한 포그라니치나야에서 군사정보실을 운영하는 일본 장교를 납치했다. 그 장교는 소련의 하바롭스크로 이송돼 그곳에서 심문을 받았다.[15] 가장 점잖게 표현해보자면, 정보실 수장의 실종은 일본의 우려를 고조시켰다. 일본인들은 되살아난 중국의 민족주의를 더 이상 무시할 수 없었다. 얼마 전 부친이 일본인들에게 암살당한 지방 군벌 장쉐량은 1929년 장제스의 민족주의운동과 보조를 나란히 하는 방식으로 보복했다.

미국의 고립주의와 유럽의 무관심

징조는 좋지 않았다. 사건이 발생할 때까지 기다리기가 내키지 않았던 관동군은 일방적으로 폭주했다. 하지만 중국의 민족주의와 공산주의는 일본과 평화를 유지할 때만 분리된 채로 유지될 수 있었다. 일본 주재 영국대사이자 완고한 반볼셰비키주의자 프랜시스 린들리 경은 일본 관리들에게 바로 이 점을 강조했다. 반혁명 군대가 패배하기 전인 1919년, 반혁명 세력과 함께 러시아에서 총영사로 복무했던 린들리 경은 "만주를 창춘에까지 이르는 북부 전역이 일종의 소비에트 지배 아래에 놓이게 될 형태로 끝날 혼란 상태에 두는 일이 일본의 이해관계에 부합할 리 없"다고 주장했다.[16]

평화 중재자 시대하라는 지배력을 상실해 간신히 집무실만을 유지하고 있었다. 머지않아 군대(특히 광신적인 하급 육군 장교들)를 제지하고자 하는 도쿄의 누구에게라도 곧바로 암살자의 총탄이 보내졌다. 그러나 서구 열강들은 여전히 민간인들이 도쿄의 실질적인 권력을 쥐고 있다고 믿기 위해 최선을 다했다.

제네바의 국제연맹에서 일본의 침략 대상인 중국 정부는 효과적으로 즉각 묵살됐고, 만주 위기에 얼마간의 책임이 있다는 듯이 부정직하게 다뤄졌다. 일본의 침공을 끝내기 위한 어떠한 조치도 취해지지 않았으며, 긴장 완화를 위한 서구와 러시아의 시도들은 일본을 만족시키지 못하고 단지 그 식욕만을 돋웠다. 특히 서구에서는 "세계 여론"이 어떻게든 일본이 문명화된 방식으로 행동하게 만들리라는 값비싸고 순진한 망상이 유지됐다. 일본 정치에 관해 아무것도 모르는 이들이 이러한 망상을 뒷받침했다. 1931년 9월 19일 워싱턴DC에 일본의 공격 소식이 전해졌을 때, 국무장관 헨리 스팀슨은 미국의 경제 동반자들 사이의 채무 상환을 해결하는 데 깊이 몰두해 있었다. "나는 이를 점검한 뒤 대통령과 이야기를 나눴고, 그가 나의 경고에 전적으로 동의함을 확인했다." 스팀슨은 자신의 일기에 이렇게 기록했다.[17] 미국인들은 위기를 촉발시킨 이들이 일본 육군이라는 것을 이해했지만, 시데하라가 이끄는 외무성의 환심을 산다면 군대를 민간의 통제하에 둘 수 있으리라고 스스로를 속였다. 그들은 동시에 국제연맹이 "서툴게" 굴면서 "어떻게든 끼어들어 뭔가를 하려고 한다."라고 경멸하면서 어떠한 결정적 행동도 취하지 못하도록 방해했다.[18] 도쿄 주재 영국 대사관에서 미국인들을 "수동적이기 그지없다."라고 일축한 사실은 전혀 놀랍지 않다.[19] 이러한 평가는 이후로도 이어졌다.

생각보다 위기가 훨씬 심각하며 일본 외교관들이 자신을 호도하고 있었음을 서서히 인지한 스팀슨은 기회를 놓쳤음을 깨달았다. 후버는 대외 정책에 아무런 흥미도 없었고, 스팀슨은 대통령이 "국내 문제와 경제 문제에 정신이 팔려 여태껏 해왔던 수준으로 국제 관계 문제들을 내다보려 하지 않는"다는 문제에 직면했다.[20] 스팀슨의 양손은 묶여버렸다. 그는 후버가 "일본이 미쳐 날뛰면서 평화조약들을 파괴하는 것이 자신의 행정부와 그 자신에게 무엇을 의미하는지" 전혀 알지 못한다고 생각했다. "그렇기에 후버의 주된 입장은 … 첫 번째로 누구든 어떤 상황에서도 우리의 무릎에 그 아기를 두도록 허락하지 않으며, 두 번째로 그가 가윗밥 또는 종잇장 조약이라고 부르는 것과 관련해 일본이 무엇이든 하기를 거부할 경우 우리가 굴욕적인 입장에 빠지지 않게 하는 것이었다."[21]

그러나 스팀슨 자신은 위험을 감수하기 위해 얼마나 많은 준비를 했을까? 유럽에서와 마찬가지로 서구 열강은 극동에서 현 질서가 무너지면 무질서가 촉발될 것을 우려했다. 볼셰비즘은 여전히 잠재적인 수혜자로서 배경을 맴돌았고, 뿌리 깊은 적개심과 의심을 품은 미국인들은 소비에트 체제를 인정조차 않고 있었다. 서유럽에서 들려오는 사이렌의 노랫소리는 그들의 공포를 강화했다.

피에르 라발 프랑스 총리는 유럽에 상존하는 공산주의의 위험을 미국 정부에 경고했다. 미국인들을 겁줄 경우 그들이 부채 협상에서 더욱 유화적이 되리라는 것을 모르지 않았던 라발은 "진실로 평화를 사랑하는 프랑스의 분위기와 어떠한 전쟁이든 그것이 가져올 공포를 비롯해 작금의 유럽, 즉 중부 유럽의 불안정성과 러시아의 소비에트주의를 고려할 때 프랑스군이 결국 볼셰비즘에 대항하는 방어임을 상술했다."[22] 자본주의 세계의 모든 군대와 마찬가지로 프랑스 육군은 모스크바가 전복하기를 원하는 최우선 목표였다. 고작 3년 전에 코민테른은 세계 전역의 지부들에 "군대 내에서의 사업에 관한 지침"을 상세히 내린 바 있었다. 지침은 이렇게 조언했다. "부르주아지 군대 내에서의 사업은 전쟁에 대항하는 투쟁이라는 관점뿐 아니라 모든 진정한 혁명적 투쟁이라는 전반적인 관점에서도 필요한 일이다. 부르주아지 군대를 근본적으로 저하시키는 일은 프롤레타리아가 권력을 장악하기 위해 필수적으로 선행되어야 할 조건이다." 제국주의 전쟁을 내전으로 바꾸기 위해 필수적으로 이루어져야 할 이 행동은 "공산당들의 가장 중요한 과업 가운데 하나"로 규정됐다. 이 목적을 위해 각 당 내부에는 군대 내에 조직을 침투시키기 위한 특수 조직이 요구됐다.[23] 스팀슨은 프랑스의 경고를 무시하지 못했다. 따라서 그가 "일본이 자국 너머 중국 본토와 러시아의 이름 모를 정권들에 맞서 진정으로 우리의 완충제 역할을 하고 있기 때문에 우리의 대일 관계가 지극히 중요하다는 본인의 견해"에 따라, 극동에서의 행동에 관해 후버에게 올리는 제안서를 작성한 사실은 전혀 놀랍지 않다.[24] 스탈린의 러시아는 결코 다른 이름으로 규정될 수 없었기에, 그 "정권들"은 분명 공산주의적이었다. 그러나 후버는 미끼를 물지 않았다.

일본의 만주 침략은 전혀 놀라운 일이 아니었지만, 공세의 잔혹성은 불쾌한 놀라움으로 다가왔다. 훗날 후버는 "북쪽의 볼셰비키주의 러시아"와 측면의 "볼셰비키주의 중국이라는 가능성"이 제기한 위협이 일본의 자립을 "위험에 빠트렸음을" 시인했다.[25] 그러나 그는 일본인들이 일방적으로 선택한 방법 외에 상황을 해결할 다른 방책을 찾지 못했다.

소비에트의 고립주의

미국의 고립주의는 소비에트의 고립주의에 필적했다. 소련은 일본에 최소한도로 저항하는 노선을 취한다는 측면에서 다른 어떤 열강들과도 다르지 않았다. 그럴 만한 이유도 충분했다. 러시아의 동쪽 측면에서 이루어진 중국 침공은 그 이상 안 좋을 수 없는 타이밍을 택해 일어났다. 강제적 농업 집산화는 여전히 진행 중이었고, 공업화가 가속화돼 경제에 심각한 병목 현상을 초래했다. 체제는 이미 한계에 도달해 있었고, 즉각적이고 새로운 군사적 요구가 발생한다면 이를 감당하지 못할 것이 분명했다. 경제에 대한 이해가 그다지 깊지 않은 스탈린에게도 상황은 명백해 보였다.

일본 군대가 만주를 점령했다는 소식이 모스크바에 도달했을 때, 스탈린은 매 가을 그랬듯이 남부 도시 소치의 별장에 머물고 있었다. 9월 20일, 스탈린은 더 많은 정보가 들어올 때까지 앞으로 내릴 조치에 관한 초기 결정들을 취소하라고 명령했다.[26] 그러나 소련을 향한 자본주의의 능동적 음모라는 추정에 근거한 스탈린의 국제 상황 이해도는 한심할 정도로 형편없었다. 이러한 점은 정치국을 주재하던 카가노비치와 몰로토프에게 발송한 속달 전신에서 살펴볼 수 있다. 9월 23일 소치에서 발송된 이 전신에는 일본의 점령에 대한 스탈린의 기이한 설명이 적혀 있다.

1. 이 모든 사안 가운데 가장 가능성이 높은 것은 일본의 간섭이 중국 내 영향권을 확대하고 강화하기를 꾀하는 모든 열강 또는 그중 몇몇과의 협정을 통해 수행되고 있다는 것이다.
2. 가능성은 희박하나 미국이 일본에 대항해 장쉐량을 방어하며 소란을 피울 가능성도 배제할 수 없다. 현 상황을 고려할 때, 이러한 행동을 통

해 일본과 주먹다짐을 하지 않고도 중국인들과의 합의까지 동반해 중국에 대한 "자신들의 지분"을 보장할 수 있기 때문이다.

3. 일본인들이 펑위샹이나 옌시산, 또는 장쭝창 같은 옛 묵던인들처럼 중국 내에서 영향력이 있는 일부 군벌 또는 그들 전부와 개입에 대한 합의를 이루었을 가능성을 배제할 수 없다. 이는 가능성 있는 추정이다.

주의는 표어가 될 참이었다. 이는 함정일 수 있었다. 스탈린은 소비에트의 군사적 간섭은 "물론 배제되어야 할 것"이라고 말했다. 외교적 개입은 "제국주의자들이 서로에게서 떨어져나가는 것이 우리에게 유리한 상황에서 제국주의자들을 단결시킬" 수 있었기에 현재로서는 "무의미"했다. 그가 취할 수 있는 최대한의 조치는 일본, 국제연맹, 미국을 겨냥해 선전 공세를 퍼붓는 것이었다. 하지만 공식 정부 신문지 〈이즈베스티야〉의 논조는 "극도로 신중"하도록 주의를 기울여야 했다. 실제로 일본은 모스크바에 계속 정보를 제공하도록 요청받았다.[27]

9월 25일 정치국은 해당 지역의 대사관들에 정확한 최신 정보를 요청했다. 그들에게는 "모스크바로부터의 지시 없이는 어떠한 조치도 수행하지 말고 어떠한 설명도 하지 말라."라는 단호한 지시가 내려졌다.[28] 두 달 후 스탈린은 군사해사인민위원 보로실로프에게 일본 사안이 "복잡"하고 "심각"하다는 것을 상기시키는 내용을 보냈다. 전망은 암울했다. 도쿄는 만주뿐 아니라 "베이징 또한" 노리고 있음이 명백했고, 난징에 대항하는 정부를 구성하고자 했다. 스탈린은 덧붙였다. "더욱이 일본이 우리의 극동 지역과, 가능하다면 몽골에까지 진출하려 들 것이라는 점을 배제해서는 안 된다. 가능성은 높다." 일본은 아마도 그해 겨울에는 소련을 상대로 움직임을 취하지 않겠지만, 미래에는 "그러한 시도를 할 것"이었다. "만주에서의 입지를 강화하고자 하는 바람이 일본을 그 방향으로 밀어붙일 것이다. 그러나 일본은 중국과 소련 사이의 증오를 강화하는 데 성공해야만 민주에서의 입지를 강화할 수 있을 것이다." 이를 위해 일본은 중국 군벌들이 중동철도, 외몽골, 러시아의 연해주를 장악하도록 도운 후에 일본에 총체적으로 종속된 꼭두각시들을 배치하도록 요구할 터였다. 스탈린은 일본의 목적을 네 가지로 규정했다. (가) "볼셰비키 감염"에 맞서 일본을 보호한다. (나) 소련과 중국이 절대 화해할 수 없도록 만든다. (다) 본토에 자국을 위한 대규모 경제·군사 기지를 세운다. (라) 그 기지를 미국과의 전쟁에 대비해 자급자족할 수 있도록 만든다.

그러한 계획이 없다면 일본은 "군사화하는 미국, 혁명에 휩싸인 중국, 바다로 진출하기 위해 빠르게 성장 중인 소련과 직접적으로 대면"해야 할 참이었다. 일본인들은 몇 년을 기다린다면 필연적으로 재난을 미연에 방지하지 못하고 너무 늦게까지 방치하는 결과가 뒤따를 것이라고 믿었다. 오직 미국이 행동에 나서는 데 실패하고(스탈린은 가능성이 낮다고 생각했다), 중국이 일본에 대항해 동원하는 데 실패하며(스탈린은 이 또한 가능성이 낮다고 보았다), 일본 내에서 강력한 혁명적 운동이 대두하는 데 실패하고(그때까지 이에 관한 어떠한 조짐도 없었다), 소련이 예방적인 군사 조치들과 다른 조치들을 자체적으로 취하는 데 실패할 경우에만 그들의 계획을 수행할 수 있을 터였다.[29]

1932년 3월 말 도쿄 주재 소비에트 대사 알렉산드르 트로야노프스키는 일본의 일반 참모들이 미국이나 소련 어느 쪽도 싸움을 벌일 의지나 여건이 조성되어 있지 않지만, 적절한 때에 그렇게 될 수 있다는 점을 확신했다고 모스크바에 통지했다. 때문에 일본은 재빨리 움직여야 했다. 그는 "국제 상황에 아주 조그마한 변화가 일어나더라도" 손쉽게 "우리를 전쟁으로 끌어들이는" 결과를 초래할 수도 있다고 모스크바에 주의를 보냈다. 명목상 소련에 대항하는 느닷없는 군사행동을 미연에 방지한 이들은 (언제나 미국인들을 향해 총구를 겨눴던) 가토 도모사부로 해군대장 산하의 일본 해군뿐이었다.[30] 몰로토프는 수년 후 과거를 돌아보면서 당시 극동의 안보가 어떻게 "등한시되었으며, 소련이 얼마나 수많은 돌발 사태들을 아무런 의심 없이 기대할 수 있었는지"를 회고했다.[31]

공업화의 최초 결실을 수확한 소련은 위협에 대한 응답으로 해당 지역에서 소비에트 병력을 집중적으로 증강했다. 4개월 만인 1932년 1월부로 소비에트 극동에 주둔하는 병력의 숫자는 4만 2000명에서 10만 8610명으로, 전투기는 88기에서 276기로, 탱크는 16대에서 376대로 증가했다.[32] 그러나 전쟁을 대비하자면 더욱 많은 수가 요구될 터였다. 1932년 4월 말 라데크는 다음을 알렸다. "소비에트 정부는 만주에서의 입지를 매우 불안해하며 가까운 미래에 일본과의 전쟁이 일어날까 겁내고 있다. … 그는 만일 적대 행위가 터질 경우 폴란드와 루마니아가 일본의 편에 서서 개입할 것이라고 확신한다. 이는 한계를 예측하기 어려운 복잡한 상황으로 유럽을 이끌 것이다." 이 예측은 명백히 라팔로 관계, 그리고 러시아가 폴란드와 전쟁에 돌입할 경우 독일인들이 어떻게 행동할지에 관한 완곡한 언급이었다. 라데크는 덧붙였다. "(모스크바는) 갈등의 시작에서부터 예견했던 위험에 맞서 대비하고자 지난 7개월간 수십억 루블을 지출했다. 이러한 준비는 나라의 자원을 고갈시켰고, 정부의 5개년계획을 수정시켰다. 전쟁 목적을 위한 생산 때문에 야금 공업 개발 계획이 전부 뒤바뀌었다. 육군에 배급하기 위한 1년 치 옥수수가 비축됐는데, 이것과 물자들을 극동의 육군에 수송해야 한다는 이유로 현재 러시아에서는 식량난[기근]과 전반적인 내핍이 발생하고 있다." 라데크는 5개년계획 완수가 최우선 과업이므로 그들이 "방어 태세를 강하게 유지"해야 하며, "만주에서의 물질적 이익을 위해 노동자의 피를 흘릴 수는 없다. 그곳에서 진정으로 혁명적인 움직임이 일어난다면 물론 그것은 다른 문제다."라고 주장했다.[33] 1931년 12월 13일 일본이 소비에트의 불가침 제의를 거부하자 공포는 더욱 굳어졌다.[34]

두말할 나위 없이 모두가 우려했음에도 불구하고, 스탈린은 극동에서 소비에트 안보에 위해를 가하는 수하들의 무모한 행위를 억제하는 데 애를 먹고 있었다. 1932년 여름 조선인들로 구성된 국가정치보위총국 OGPU의 사보타주 부대가 철교를 폭파하기 위해 조선으로 보내졌다. 소식을 들은 스탈린은 카가노비치에게 관련자들을 처벌할 것을 요구했다. "몰로토프에게 말해 국가정치보위총국과 제4국의 범법자들에게 가혹한 조치를 내리십시오(이 사람들이 우리 중에 활동하는 적국 요원일 가능성이 높습니다). 모스크바가 여전히 범법자들을 처벌할 수 있는 힘을 가지고 있음을 극동에 보여야 합니다."[35] 그와 유사한 다른 도발 행동 역시 스탈린의 분노를 폭발시켰다. "'갑작스럽게' 전쟁을 촉발할 위험이 있는 그러한 문제와 '사건'들은 가장 사소한 사안 하나하나에 이르기까지 반드시 모스크바가 단독으로 다뤄야 합니다."[36]

1933년 1월에서 2월 사이에 일본이 내몽골로 확장하자 러시아인들은 바짝 긴장했다. 1933년 4월 일본 군무국軍務局의 스즈키 중령은 일왕의 최측근인 기도 고이치 후작에게 이렇게 말했다. "세상에는 두 종류의 적이 존재합니다. 바로 절대적인 적과 상대적인 적입니다. 러시아가 일본의 국가 구조 파괴를 목표로 한 이상, 러시아는 일본의 절대적인 적이 되었습니다."[37] 러시아인들은 오랜 지정학적 경쟁자이자 새로운 혁명적 침입자였다. 물론 코민테른은 왕정과 제국을 파괴하기 위해 최선을 다했으나, 일본에서는 성공의 기회조차 얻지 못했다. 1931년 3월 15일과 4월 16일, 두 차례 검거의 파도 속에 (지도부와 도쿄부 수장들을 포함한) 당원 280명 이상이 체포됐다.[38]

국제연맹에서 벌어진 촌극

일본의 침공에 대한 서구의 반응은 대공황으로 인해 약화됐다. 영국에서는 공공 지출 증가에 대한 저항(실제로 이를 삭감하라는 압력이 지속되었다)

과 그에 따른 군비 지출 감축에 대한 강박이, 국제 관계 악화에 대응하는 최선의 완화책은 군비 감축이었다는 망상과 불가분하게 연계되었다. 일본에 대한 봉쇄가 이루어지기 위해서 필수적으로 참여해야 했던 영국 정부는 당시 모든 군인의 임금을 삭감하는 중이었다. 따라서 1931년 9월 15일~16일 인버고든에서 일어난 (코민테른이 "혁명적 계급투쟁의 방향으로 대중 감정이 진심으로 돌변"[39]한 결과라며 열광적으로 찬양했던) 영국 함대의 짧은 반란과, 오랜 시간을 끌다가 9월 21일 자로 결정된 파운드화와 금가격 분리는 일본의 만주 점유를 누구도 방해하지 못하게 되었음을 의미했다.

영국인들 또한 이 문제에 관해 한마음이 아니었다. 영국은 줄곧 일본의 만주 식민화를 막아왔다. 이는 도덕적 이유에서가 아니라 그러한 전개가 당시 우방이던 러시아와의 전쟁을 촉발할 수 있다는 인식에서 비롯되었다. 차이점은 이제 러시아가 볼셰비키의 지배 아래 있다는 점이었다. 영국은 또한 기본적으로 제국주의 국가였기에 국제연맹과 그들의 소중한 불가침 원칙을 지지하는 일을 해외의 핵심 이해관계들을 수호하는 일보다 부차적으로 다뤘다. 실제로 베이징 대사관의 영국 특명전권공사는 중국혁명의 절정기인 1920년대 중반, 만주에 관해 이런 글을 남겼다. "우리가 … 더 이상 일본의 만주 합병에 겁먹을 이유가 없다. 또한 좋은 기회가 온다면, 일본이 어떻게든 우리를 군사적 위험이나 적법한 비난에 노출시키지 않는다면 만주 또는 적어도 중동철도를 그들이 흡수하는 일을 지지할 준비가 되었다는 것을 명확하게 이해시킬 필요가 있다. 내가 일본인들에게 받은 인상에 의한다면, 그들은 이런 종류의 확언을 높이 평가할 것이다."[40]

영국인들은 불편한 일을 최대한 연기하는 법을 아주 잘 알고 있었다. 바로 위원회를 조직하는 것이다. 명백한 일을 조사하고자 세워진 리턴 위원단은 조직되기까지 1년이 걸렸다. 위원단은 국제연맹 총회의 1932년도

가을 회기에 보고서를 제출했다. 뛰어난 변호사로서 명성을 얻은 외무장관 존 사이먼 경은 정치인으로서는 언제든 자신이 편리한 대로만 말하며 "일생에 걸쳐 중립적 태도만 고수하는 성향"을 가졌다는 평판 때문에 곤란을 겪었다.[41] 또한 하원의 체스 모임 일원으로서도 엉뚱한 면이 있었는데, 어떤 경기에서 사이먼은 "이길 수 있는 상황에서 실수로 말을 잘못 두지만 않았다면" 보다 위대한 승리가 되었을 것이라는 논평을 얻기도 했다.[42] 외교에서도 체스처럼 경기가 진행되었던 듯하다. 우선은 일본 제국과, 이후에는 나치 독일을 상대로 말이다. 마쓰오카 요스케 외무상은 12월 7일 제네바에서 이뤄진 사이먼의 연설이 "굉장히 훌륭"했다고 묘사했다. "그가 시작부터 완벽한 영어로 내가 더듬거리며 말하려고 했던 것을 설명했기" 때문이었다.[43]

비록 그 자신도 결함이 없지는 않았으나, 미국 국무장관은 영국의 태도를 업신여겼다. 영국 주재 이탈리아 대사 디노 그란디가 제네바에서 스팀슨을 만났을 때, 그는 미국인들이 뒤늦게 요청한 대일 통일전선을 영국이 지지하지 않자 스팀슨이 "분노했음"을 발견했다. 스팀슨은 단언했다. "미국은 모든 유럽 국가가 미국과 이해관계를 함께하는 중국의 문호개방 체제를 절대 허락하지 않을 것입니다. 미국 무역 최악의 해였던 작년 미국의 대중국 수출액이 두 배로 증가했다고 말하는 것만으로 충분하겠지요. 미국 서부의 모든 주가 들끓고 있습니다. 유럽은 태평양의 상황을 전혀 고려하지 않으며, 특히 일본의 국내 사정에 아무런 주의를 기울이지 않고 있습니다. 80년에 걸친 근대화 정책 이후 일본은 위험한 군사 계급의 지배 아래로 떨어졌습니다. 최고의 자질을 갖춘 정치인들은 암살되거나 끊임 없이 목숨을 위협받고 있죠."[44] 미국인들은 일본인들에게 어떤 행동도 취하지 않았지만, 아무런 환상 역시 가지고 있지 않았다. 실제로 미국 주재 일본 대사 데부치 가쓰지가 "아무튼 일본은 만리장성 이남의 영토에 대해서는 전혀 욕심이 없습니다."라고 말하면서 러허熱河에서 재개된 침공을 입심 좋게 변명하기 시작했을 때, 스팀슨은 신랄하게 "대사가 불과 1년 전에 일본은 만주에 대해 아무런 욕심도 가지고 있지 않다고 말했었다고 상기시켰다." 결국 데부치는 불과 몇 주 전에 도쿄가 "모두가 중령 이하 계급인 젊은 장교단의 통제 아래" 있었다고 고백했다.[45]

러시아인들은 1918년 일본군 7만 명이 소비에트 극동에 진입한 후 다른 간섭 열강들이 철수한 것과 달리 일본이 떠나기를 거부했을 때 미국이 그랬던 것처럼 미국인들이 몸소 나서기를 희망했다. 해당 지역을 담당한 코민테른 서기는 부인이 극동에서 제4국 장교로 근무한 핀란드인 오토 쿠시넨이었다. 쿠시넨은 훗날 회상하기를, "우리는 매우 의심스러운 친구인 타국, 즉 미국으로부터 아주 약간의 도움을 받았다. 간섭 세력의 일원이었던 그들은 당시 시베리아에서 일본군이 철수할 것을 요구했다. (1905년 뉴햄프셔주) 포츠머스에서 평화가 체결됐을 때처럼!" 러시아인들은 확실히 자신들에게 유리한 방향으로 미국이 다시 한번 개입하기를 기대하지는 않았다. 쿠시넨은 말을 이었다. "그럼에도 불구하고 이 문제가 소련과의 직접적인 다툼이 아니라 일차적으로 만주와 중국을 위한 싸움과 관련된 것이라면, 일본 제국주의와 미국 제국주의 사이에 존재하는 적대감과 점차 악화하는 깊은 반목을 부정하기란 불가능하다." 이것이 과연 그들 사이의 전쟁으로 이어질까? "가까운 미래에 그러한 상황 전환이 바로 일어날 것이라고는 생각하지 않는다." 쿠시넨은 주장했다. "그러한 추정에는 충분한 근거가 있다고 볼 수 없다. 오히려 가까운 미래에 일본과 미국 사이에 공공연한 전쟁은 없을 것이라고 말할 수 있는 근거가 일부 존재한다. 그러나 양측이 다가올 전쟁을 매우 적극적으로 준비하고 있다는 사실과 현재 부분적으로는 재정과 경제라는 또 다른 수단을 통해, 그리고 중국이라는 또 다른 세력에 의해 갈등이 발달하고 있다는 점 또한 무시할 수 없다.[46]

모스크바, 반전운동을 개시하다

서구에서 무력한 대응이 지속되자 코민테른은 외교적 차원에서 일본인들을 달래야 할 필요에 직면해, 나르코민델의 새로운 인민위원 막심 리트비노프가 이어 붙인 일련의 소비에트 국가 불가침 조약들에 어울리는 대중적인 반전운동을 개시했다. 1932년 4월 27일 코민테른은 자체 정치위원히 히동에서 다음과 같이 결의했다. "소련에 대항하는 전쟁과 간섭이 제기하는 위험이 계속 증가하고 있으나, 이에 적합한 결의는 아직 내려지지 못했다. … 반전 사업의 성과는 여전히 불충분하다고 할 수 있다." 아직은 "진정한 대중운동"이 전개되지 않고 있었다. 따라서 7월 28일, 제국주의 군비 확충에 반대하는 주간 중에 "가장 광범위한 규모로" 국제 반전 대회를 개최할 것이 합의됐다. 계획을 감독하기 위해 빌리 뮌첸베르크와 베를린 주재 서유럽지부의 대표 한 명을 포함한 작은 소위원회가 세워졌다. 독일공산당의 지도자 에른스트 텔만 또는 텔만의 대리가 소위원회의 위원장을 역임할 예정이었다. 의제는 중국에서의 전쟁과 소련에 대한 간섭 및 세계대전에 집중될 계획이었다.[47] 기한에 임박해 대회는 베를린에서 8월 중 사흘간 개최되는 일정으로 옮겨졌다. 뮌첸베르크가 위원회 서기로서 활동했고, 엄격하게 제약된 위원회 명단에 헝가리인 러요시 마자르가 추가됐다. 대회의 결의안들은 "순전히 공산주의적이기보다는 독립적으로 보여야" 한다는 규정을 제정했다. 결의안들은 또한 일본 문제에 집중해야 했다.[48]

공산주의 평당원들은 파시즘에 대항해 사회주의인터내셔널* 및 그 지부들과 직접적으로 협력하는 일이 이단으로 금지된 상황에서, 소련을 방위하고 평화를 위해 싸운다는 이름 아래 열리는 "독립적" 대회에서는

---

* 1923년에서 1940년 사이에 활동한 각국 사회주의 정당 및 노동당이 참여한 국제 조직.

잡다한 자유주의적 평화주의자들과 함께 이 같은 적들을 두 팔 벌려 환영해야 한다는 사실에 적잖이 당황했다. 한 코민테른 관리는 지적했다. "물론 이러저러한 방법을 통해 계급의 적을 성공적으로 기만한다고 해서 나쁠 것은 하나도 없다. 그러나 그러한 계략으로 적의 허점을 찌를 수는 없으며, 우리의 대열에 상당한 혼란을 야기할 수 있다는 점이 문제다."[49] 결국 대회는 8월 27일~29일 암스테르담에서 소집되었고, 27개국에서 2200명의 대표들이 참가했다.

평화를 원하는 마음은 진심이었다. 극동에서 일어난 일본의 군사 개입과 소비에트의 농업·수송 위기가 겹쳐 발생하면서 당내 정치적 불안이 가시화되었고, 모스크바는 비정상적으로 불안해졌다. 이듬해 민주당원 프랭클린 루스벨트가 집권한 미국이 소비에트 체제를 외교적으로 승인하는 중대한 성취가 이뤄지면서 불안은 얼마간 진정되었다. 이러한 조치는 루스벨트가 가진 대외 정책의 선택 폭을 넓혀주었다. 비록 당분간은 그중 어떤 것도 행사할 수 없었지만 말이다. 미국의 승인은 일본의 계획들을 일거에 복잡하게 만들었다. 새로운 미국 행정부가 이전 행정부들처럼 해외 사안에 연루되기를 꺼렸음에도 불구하고, 모스크바와 워싱턴 사이에 긴밀한 관계가 맺어질 수 있다는 잠재성은 도쿄가 고려해야 하는 한 가지 가능성으로 대두했다. 장차 관계를 악화시킬 이념적 차이에도 불구하고, 러시아인과 미국인은 모두 포식자 일본에 대항해 중국의 결기를 강화해야 한다는 명백한 필요성을 느꼈다. 1933년 11월 16일, 모스크바와 워싱턴 사이에서 외교 전갈들이 오갔다. 하지만 리트비노프가 루스벨트에게 "평화를 위협하는 사태가 발생할 경우 우리와 공동 행동을 취한다는 합의에 대해 어떻게 생각하는지"를 물었을 때, 그는 단지 받아들일 수 없는 제안이라는 대답을 들었다.[50]

한편 소비에트의 이해관계는 유럽이 분열된 상태를 유지해야 한다는 점을 분명히 했다. 스탈린이 미연에 방지하기를 절박하게 원했던 한 가지 우발적인 상황은 바로 전후 상처가 회복돼 세계혁명에 적대적인 정부들 사이의 협상이 가능해지는 것이었다. 바로 소련에 대항하는 공동전선이라는 오래된 두려움이었다. 이러한 결과를 피하기 위해 분열을 촉진하고 독일과 이웃 간의 불편한 관계를 한층 악화시키는 스탈린의 능력이 빛을 발했다. 이 작업은 궁극적으로는 다른 이들이 닿지 못하는 부분까지 침투할 수 있었던 코민테른의 성과였다. 그러나 도저히 거부할 수 없는 극우의 호소와 섞여 실제 파시스트들보다 "사회파시스트들"에 더욱 집중한 정책은 필연적으로 히틀러가 효과적으로 부상하도록 이끌었다. 독일공산당, 즉 에른스트 텔만 서기는 스스로의 본능에 따라 사회민주주의자들과의 응어리를 풀 가능성이 높았다. 그러나 모스크바는 이를 용인할 수 없었다.[51]

5장

통일 민족주의에 대한 스탈린의 도박

독일은 불가리아가 아니다.

스탈린, 1923년 8월 7일[1]

유럽과 중국을 혁명화하는 데 보란 듯이 실패한 소련은 내부로 방향을 돌렸다. 스탈린은 무자비한 '현실 정치'에 전념하면서 (망명 중인 트로츠키가 여전히 가능하다고 믿었던) 독일의 토착 혁명을 통해 소비에트의 고립이 간단하게 완화될 것이라는 희망을 상실했다. 스탈린이 우선순위들을 배열한 방식은 레닌이나 트로츠키와는 달랐다. 레닌과 트로츠키는 모두 한 국가에서 사회주의를 건설하는 일이 가능하지 않다고 믿었던 반면, 스탈린에게 러시아의 최우선순위는 사회주의 건설이었다. 좌파와 우파 양자를 제압하고, 당 내부에서 모든 형태의 반대를 고립시킨 스탈린은 1929년 우랄산맥 너머 시베리아의 농촌 벽지에 광대한 새 도시들을 건설하는 것을 포함해 농업 집산화와 공업화 5개년계획을 강제적으로 진행했다. 서구의 어리숙한 지식인들은 도면을 채 떼기도 전인 이런 모험적인 사업들을 계획경제의 일례로써 멋지게 광고했다. 이상주의적이었던 영국의 사회주의자 비어트리스 웨브와 시드니 웨브는 이를 "새 문명"의 새벽이라며 성급하게 환영했다. 영국에서는 자유당과 연합하고 소비에트의 비밀 보조금을 받은 노동당이 5월 30일에 치러진 총선에서 1340만 표를 받아, 850만 표를 얻은 보수당을 상대로 승리를 거뒀다. 램지 맥도널드가 총리로 복귀했고,[2] 10월 1일 소련과의 외교 관계가 전제 조건들 없이 재개됐다.

독일인들을 분열시킨다는 최우선순위

당시 스탈린은 전속력으로 위로부터의 혁명을 추진하고 있었다. 생활수준이 높지 않았던 노동계급과 궁핍한 농부들을 쥐어짜서 나온 잉여 수확물을 수출해 쌓은 사회주의 자본의 초기 축적분은 산업 현대화와 러시아 재무장을 위한 서구의 기계들을 구입할 외화를 제공했다.

　국내 혁명을 위협하는 외부 세력을 막기 위해서는 소련의 잠재적인 적들을 무력화할 필요가 있었다. 이는 어려운 도전이었다. 코민테른을 통한 볼셰비키주의의 진군을 불안해하던 모스크바의 해외 적들은 이제 공업화된 국가로 요새화하는 러시아의 위협적인 가능성을 경계하고 있었다. 더욱이 모든 주요 자본주의 경제체제가 대공황 속에서도 증가하는 소비에트 수요로 인한 이득을 보지도 못했다. 일부는 하락 시장 속에 던져진 소비에트의 헐값 상품들, 특히 곡물 염가 판매 때문에 지독하리만치 타격을 입었다. 상황이 악화됨에 따라 사람들은 스스로를 구제하기 위해 좌파보다는 극우 쪽으로 돌아섰다(독일의 농촌 공동체들은 나치의 강력한 후원자로 거듭났다). 그리고 스탈린은 극우와의 거래를 꺼리지 않았다.

바로 이 지점에서 여러 이해관계가 한 방향으로 모였다. 스탈린은 상황이 걷잡을 수 없는 상태가 되어 서구가 현상 유지를 위해 개입하기 시작했을 때 독일 공산주의자들이 상황의 지휘권을 가지기를 바라지 않았고, 국내 상황을 다시 안정시키는 동안 국제적 환경이 평화롭게 유지되기를 원했으며, 독일 내에서는 극우가 떠오르고 있었다. 이어 두 가지 추가적인 문제들이 나타나 스탈린의 새로운 대독 정책을 강화했다. 프랑스는 영국을 주적으로 대체했다. 코민테른이 지원한 혁명으로 인해 극동 제국이 폭발했기 때문이었다. 그리고 앞서 보았듯, 일본인들이 중국 동북부를 침략했다.

독일에서는 공산주의자들이 좌파의 표를 분산시킨 덕에 사회민주주의자들은 1925년 5월 민족주의적 반동분자 폰 힌덴부르크 원수에게 대통령직을 빼앗겼다. 힌덴부르크는 자신이 가진 확고한 생각들을 굳게 고수했고, 사회민주주의자들은 점차 바이마르공화국의 운명에 대한 통제권을 상실했다. 슈트레제만 같은 온건한 보수 민족주의자의 영향력 아래에서는 민족주의자와의 연합이 이루어질 수 있었으나, 슈트레제만은 그의 존재를 가장 필요로 했던 순간에 사망하고 말았다. 바로 월가의 파산 직전이었다. 1930년 3월, 증가하는 실업자들에게 지불해야 할 급여 문제를 두고 슈트레제만이 홀로 간신히 꿰매놓았던 사회민주주의자와 민족주의자 연정이 갈라졌다. 힌덴부르크는 이 흔치 않은 기회를 즉각 낚아채 중앙당 지도자 하인리히 브뤼닝이 이끄는 꼭두각시 소수 정부를 세웠고, 민족주의자들과 사회민주주의자들이 국가의회에서 이 정부를 지지하지 않자 비상사태 명령을 통해 통치했다. 바이마르의 결함 있는 헌법은 권위주의 정부와 궁극적으로는 히틀러로 통하는 길을 닦아주었다.

그러는 동안 소련에서 스탈린은 강제적 농업 집산화에 초점을 맞추고 있었다. 소련은 주요 열강에게 적합한 수준의 공업화 달성에 필요한 자본재를 살 수 있는 경화를 오직 대량의 곡물 수출을 통해서만 얻을 수 있었다. 그리고 1929년 봄에 상품 시장이 붕괴함으로써 일어난 경제 불황은 스탈린이 추구하는 외화를 가져오기 위해 더욱더 많은 양을 수출해야 함을 의미했다. 본래 스탈린은 5년간 농촌 생산량의 20퍼센트만을 집산화하는 방안을 생각했으나, 1929년 11월 당 중앙위원회 전원회의에서는 주요 지역인 볼가 하부와 볼가 중부*, 캅카스 북부를 모두 접수해야 한다며 참석자들을 설득했다. 1930년 1월 5일과 30일 정치국은 "쿨라크(부농) 계급 청산"과 관련한 결의안들을 제시했다. 시행은 야고다가 이끄는 국가정치보위총국의 손에 맡겨졌고, 이는 머지않아 집산화 과정에 저항하는 농민들이 물리적으로 제거될 것임을 의미했다.[3]

집산화를 위한 필사의 조치들은 소비에트의 방위를 위협했다. 종국적으로 부농 계급의 건장한 아들들이 복무하는 육군이 국가정치보위총국의 잔혹한 집행 조치를 뒷받침해야 했기 때문이다.[4] 소비에트 국가는 1921년 3월 크론슈타트반란 이래 내부로부터 그토록 취약했던 적이 없었다. 그리고 바로 이 지점에서부터 프랑스와의 관계가 위태로워지기 시작했다. 당시 프랑스의 우방들은 소비에트 국경을 따라 집산화의 파멸적인 부작용들을 면밀히 주시하고 있었다.

프랑스, 패권에 도전하다

대폭락에 거의 영향을 받지 않은 프랑스가 소련과 직접적으로 충돌하게 되자 모스크바는 절박감에 사로잡혔다. 영국과 달리 프랑스는 아직 대공황의 타격을 적게 받고 있었다. 영국은행장 몬터규 노먼은 임금과 국가 예

---

* 볼가강은 유럽에서 가장 긴 강이자 러시아의 주요 수상 교통로다. 오카강 하구에서 카잔 남쪽 카마강 하구까지를 볼가 중부, 카마강 하구부터 카스피해의 볼가 삼각주까지를 볼가 하부로 구분한다.

산을 삭감하기 위해 국내에서 압력을 행사하면서 "벨기에와 프랑스는 경제적으로 현 상황에 아무런 영향을 받지 않은 채 스스로의 힘으로 버티고 서 있다."라고 정확하게 판단했다.[5] 소비에트 권력을 맨 앞에서 적대하던 영국이 비굴하게 후퇴한 이후, 프랑스는 유럽 연방을 위한 패권적 계획을 가지고 앞으로 나섰다.

1930년 3월 말 영국 총리 램지 맥도널드는 프랑스 외무장관 아리스티드 브리앙과 식사를 같이했다. 브리앙의 의도는 결코 평화적이라고 할 수 없었다. 브리앙은 말했다. "프랑스는 유럽에서 가장 강한 군사력을 가지기를 원합니다. 유럽에서 어떠한 두 나라들과도 싸울 수 있기를 바라며, 기왕이면 이탈리아와 독일과 싸우기를 기대하고 있죠. 더욱이 프랑스는 이제 유럽의 경제 중심이 되고자 합니다. 그에 맞춰 국내 발전을 조성하고 있죠."[6]

소비에트의 반응은 예측 가능했다. 빈 주재 소비에트 대사는 "우리로서는 그 어떤 자본주의국가, 심지어 그 일부만이라도 안정화된다면 위협이 된다. 그 안정화가 프랑스의 지도 아래 이루어진다면 더욱 그렇다."라고 썼다.[7] 프랑스인들은 독일 주위의 고리를 바싹 조이기 위해 동유럽의 위성국가들(폴란드, 체코슬로바키아, 루마니아, 유고슬라비아)을 보조하는 중이었다. 프랑스 체제는 총체적으로, 심지어 전쟁이 벌어지고 (1920년 이래 갈등을 빚어온 체코슬로바키아인들과 폴란드인들처럼) 상호경쟁으로 인해 특정한 우방들이 참여를 포기하더라도 독일의 잔여 군사력을 훨씬 초과했다. 그러나 그때까지 공황이 프랑스를 거의 건드리지 않았음에도 불구하고 노먼은 러시아가 "모든 위험들 가운데 가장 거대한 것"으로 남아 있다고 언급했다. "그리고 러시아 주변의 작은 나라들은 모두 … 자본주의적인 상태를 유지하는 비용을 치를 수 있도록 자본주의 체제에서 도움을 받고 있지 못하며, 관세와 다른 것들로 인해 응당 가져야 할 자연스러운 발전에서 배제됐고, 자신들의 체제로 건너오라고 손짓하는 러시아 앞에서 항상 망설이며 흔들리는 끔찍한 입장입니다."[8] 후일 노먼이 나치 독일에게 유화책을 쓰는 든든한 지지자로 거듭났다는 사실은 전혀 놀랍지 않다.

프랑스령 인도차이나가 들고일어나다

프랑스를 소련과의 대립 상태로 끌어들인 것은 코민테른의 간섭이었다. 한때 오직 영국인들만이 직면했던 것과 유사한 취약성의 징후들이 프랑스 제국에서 보이기 시작했다. 그때까지 소비에트가 프랑스령 북아프리카의 반란을 지원하는 문제는 관리 가능한 수준에 지나지 않았다. 마찬가지로 1920년대 후반기 동안 프랑스공산당PCF 총서기 장 크리메가 소비에트 정보부를 위해 프랑스 군비 산업을 염탐하는 일에 관여해, 국내에서 경찰력이 동원되고 프랑스공산당에 대한 탄압을 유발한 사건 역시 수용 가능한 수준이었다. 그러나 이제 문제는 예기치 못한 형태로 상당히 심각해졌다. 모스크바를 향한 앙갚음이 더욱 진지하고 심각해지는 토대가 마련된 것이다. 문제는 극동에서 대두했다.

1930년 2월 9일~10일 프랑스식민군의 정규군 소속인 베트남 민족주의자들이 옌바이의 수비대를 공격했다. 대부분 플랜테이션 농장, 광산 또는 직물 공장에서 근무하던 식민지 주민들의 경제 상황은 심각하게 악화돼 있었다. 국내시장에서 쌀과 옷 가격이 치솟는 동안 고용인들은 임금을 삭감하고 직원들을 해고했다. 반란자들에게는 안타깝게도 민족주의 정당*은 다른 어떠한 정당 또는 사회 부문과 행동을 조율하지 못했고, 당국은 반란을 쉽게 진압했다. 하지만 '가장 아름다운 식민지'라는 명성을 지

---

* 1927년 중국국민당을 본따 베트남 북부 지식인들이 하노이를 중심으로 창당한 베트남국민당을 일컫는다. 당의 핵심 지도자 응우옌 타이혹은 옌바이반란 이후 프랑스 식민 당국에 의해 처형되었다.

넸던 이곳은 이제 프랑스 통치하의 인도차이나에서 최초의 무장봉기를 겪은 곳이 됐다. 코민테른은 이 사건과 아무런 관련이 없었지만(새롭게 통일된 베트남공산당은 반란 시간을 미리 통고받지 못했다), 공산주의자들은 불길이 일단 타오르자 이를 부채질하기 위해 최선을 다했다.

코민테른은 재빨리 기회를 활용했다. 파스키에 인도차이나 총독은 8월, 파리에 다음을 통지했다. "새로운 선동가들이 비밀리에 광둥으로부터 인도차이나로 들어오고 있습니다. 슈르테* 정치부의 최근 월간 보고서를 통해 담당 부서는 지난 4개월간 제3인터내셔널의 극동지부가 인도차이나의 공산주의운동을 실질적으로 책임지고 있음을 파악했습니다."[9] 그 달 말에 이르러 당은 "개별적인 테러 활동의 자취"를 지우라는 지침을 받았다. "이 테러 활동으로 인해 공산당은 민족주의 정당들처럼 보인다. … 당이 다른 정당들과 전적으로 구별되기 위해서는 반드시 개별적인 테러라는 습관을 버려야 한다."[10] 이는 프랑스 총독이 그의 소름 끼치는 언론 홍보에서 강조했던 측면이기도 했다.[11]

베트남공산당은 젊었으나(반란 이전 베트남공산당은 오직 당원 500명과 40개의 조직만을 보유했고, 500만 인구의 나라에서 3000명가량의 노동자를 포함하고 있었다[12]), 모스크바에서는 (이후 호찌민이라는 이름으로 알려지는) 총서기 응우옌 아이꾸옥의 지도 아래 1930년 말까지 218건의 농민 봉기와 74건의 파업 및 노동자 시위가 일어났다고 추정했다.[13] 그러나 얼마 지나지 않아 강력한 탄압이 시작되었고, 인도차이나 내외에서 일어난 검거의 물결은 그해 연말과 새해에 방콕(시암)과 홍콩(중국)에서 절정에 달했다. 따라서 호찌민이 프랑스 비밀정보부가 영국 측과 국민당을 비롯한 이들과 연계해 펼친 체포망에 걸리는 것은 시간문제였다.

소련의 국가정치국 해외지부 공작원들이 1월 파리의 거리에서 러시

---

* 프랑스 내무부 소속 경찰.

아 반혁명운동 지도자 쿠테포프 장군을 납치했을 때, 프랑스 정부는 당황했으나 움직이지 않았다. 그러나 프랑스 외무장관 브리앙이 인도차이나에서의 봉기와 관련해 소비에트 대사 발레리안 도브갈레프스키에게 항의하는 데는 긴 시간이 걸리지 않았다.[14] 프랑스의 분노는 폭발했다. 5월 중순에 이르러 파리는 모든 운동이 공산주의자들의 수중에 있는 것처럼 보인다는 사실을 깨달았다. 그리고 1925년 중국에서 영국인들이 5월 30일 사건에 대해 반응했던 것처럼, 6월 13일 식민장관 프랑수아 피에트리는 국민회의에서 "광둥에서 제3인터내셔널 선전원들이 유지하고 있는 상주 기구가 이끌고 비용을 대는 볼셰비키 공산주의의 행동"에 관해 분에 차서 연설했다.[15]

프랑스의 인내가 종식되기까지는 오직 한 가지 사안만이 더 필요했다. 바로 불황을 겪고 있는 국내시장에서 소련이 원가 이하로 물품을 덤핑하는 문제였다. 소련의 염가 판매는 주요 수출국인 프랑스의 동유럽 위성국가들에게는 더욱 커다란 문제였다. 프랑스와 소련 사이의 무역 규모는 작았다. 러시아인들이 혁명 이전 부채를 상환하기 전까지 프랑스 정부가 어떠한 신용도 보증하기를 거부했기 때문이었다. 1930년 기존의 무역수지는 급격히 프랑스에게 불리하게 바뀌었고, 10월 3일 정부는 소련으로부터의 수입을 제한했다. 친독 인사로 러시아인들이 "덤핑 장관"이라는 별칭을 붙여준 상공부 장관 피에르에티엔 플랑댕은 지지를 얻기 위해 유럽을 순방했다.[16]

스탈린, 나치의 잠재력을 인지하다

프랑스가 위협을 가한 결과, 소비에트의 군사 계획은 프랑스와 그들의 주요 우방인 폴란드와 루마니아를 영국과 더불어 가장 유력한 적으로 규정했다.[17] 따라서 독일과의 라팔로 관계에 힘을 싣는 일이 높은 우선순위를 얻었다. 이는 어떤 대가를 치러서라도 독일이 프랑스를 받아들이지 않도록 해야 한다는 것을 의미했다. 1930년 3월 선출된 브뤼닝 정부 치하에 있던 독일인들은 유혹의 대상이 되었다. 브뤼닝의 주적이라는 이유로 나치는 스탈린에게서 특별한 관심을 받았다. 비밀정보부가 수집한 정보는 이를 잘 보여준다. 1930년 10월 19일 런던에서, 이제 평의원석에 앉게 된 처칠은 런던 주재 독일 대사관의 참사관인 오토 폰 비스마르크 후작에게 말했다. "빠르게 공업화되는 소련은 유럽 전체에 거대한 위험을 선사합니다. 이 위험은 나머지 유럽 전체와 미국이 동맹을 맺어 러시아에 대항해야만 다룰 수 있습니다." 처칠은 또한 "국가사회주의에 관해 날카롭게 언급"했다. 국가사회주의가 "국제적으로 독일의 입지, 특히 프랑스와의 관계를 상당히 악화시킬" 것이라는 그의 의견은 11월 30일 해외 첩보를 통해 이 대화의 사본을 받은 스탈린에게는 매우 반가운 소식이었을 것임이 틀림없다.[18]

실제로 브뤼닝은 미국의 중재를 통해 프랑스와의 관계 개선을 모색했다. 그 일을 진행하는 동안 브뤼닝은 미국 정부에 독일을 공산주의에 대항하는 보루로써 주저 없이 내세웠다. 미국은 당시 여전히 소련과 외교 관계를 맺지 않은 상태였다. 굳건한 공화당원 사업가인 독일 주재 미국 대사 프레더릭 새킷은 "힌덴부르크(대통령)는 독일이 러시아라는 위협에 직면하고 있다는 문제와 관련해 브뤼닝을 지지합니다."라고 보고했다. "그들은 러시아가 결국 베사라비아를 되찾으려는 여론에 압박받을 것이고, 이것이 유럽 전역에 볼셰비키주의를 확산시키는 문제를 다시 열어젖힐 것이라고 믿습니다. 이 대혼란 속에서 독일은 완충 국가가 될 것이고, 볼셰비키주의에 맞서 스스로와 나머지 유럽을 지킬 태세를 반드시 갖추고 있어야 합니다."[19]

이러한 사건들은 필연적으로 소비에트의 대독 정책, 구체적으로는 독일공산당에 내리는 지령들에 극적인 영향을 끼쳤다. 베를린은 공산주의 활동들이 증가하자 이에 대해 크게 항의했다. 모스크바 주재 독일 대사관의 외교관 한스 하인리히 헤어바르트 폰 비텐펠트는 이렇게 언급했다. "소비에트의 관점에서 볼 때 브뤼닝의 대외 정책은 굳건히 서구를 중심으로 하고 있었다. 그의 최우선 관심사는 독일에 해가 되는 베르사유조약의 조항들을 무효화하는 것이었다."[20] 그리고 사회민주주의자들은 비록 권좌에서 벗어났지만, 전적으로 이 목표를 지지했다. 따라서 스탈린에게는 1928년 제6차 대회에서 정식화된 코민테른의 방침을 유지할 이유가 하나 이상 생겼다. 바로 "사회파시스트(사회민주주의)"의 지도자들을 파시스트들과 달리 보지 않는다는 방침이었다. 그렇기 때문에 사회민주주의자들은 파시스트들에 대항하는 우방으로서 부적합하며, 사회민주당 평당원들은 자신들의 지도부에서 벗어나 공산주의자들과 통일전선으로 흡수되어야 했다. 독일공산당 내부에서 극좌파는 정통 파시즘보다는 사회파시즘을 제1 순위로 삼았다.

우파로부터 더욱 강경한 대안적 지도자가 부상하는 것을 막기 위해 스탈린이 독일공산당 총서기로 임명한 1923년 함부르크봉기의 영웅 에른스트 텔만은 좌파의 직접적인 불복종에 직면했다. 독일인들은 절대적으로 모스크바가 개입해야만 한다고 여겨지는 경우를 제외하고는 그들 스스로 최선의 행동 방침을 결정하기로 동의한 바 있었다.[21] 텔만의 문제는 코민테른 집행위원회가 어떠한 분규에서든 최종 결정권자라는 점이었다. 즉 스탈린과 몰로토프가 어떠한 정책상의 문제와 관련해 강력하게 의견을 내세우는 경우, 그들의 관점이 손쉽게 관철되었다. 1928년 제6차 대회에서 투표로 결정된 코민테른 법령 제13조는 집행위의 결정이 "모든 지부의 의무"로써 적용되며, 그것들이 "즉각적으로 실행되어야 한다."라고 규정했다. 정당들의 지위는 고작 "지부"에 불과한 정도로 노골적으로 격하됐다.[22]

혼란에 빠진 독일공산당

1930년 3월 텔만은 사회파시즘 강령을 공산주의 정책의 가장 중요한 요소로 만들어 달라고 코민테른 집행위에 호소한, 불복종적인 극좌파 파울 메르커를 징계하려고 시도했다. 그러나 지도부 내에서 메르커와 가장 적대하는 위치였던 헤르만 렘멜레는 오히려 그 딱지가 일부 사회민주주의 지도자들에게만 해당된다고 주장했다. 이 분쟁은 선도적인 코민테른 서기 퍄트니츠키("대장")가 스탈린("큰 대장")의 지지 아래 오직 명목상으로만 메르커를 질책하라는 결정을 내리면서 마무리되었고, 다루기 힘든 좌파 분파주의자들을 징계하기 전에 모스크바와 상의하라는 이야기를 들은 텔만은 사실상 견제되었다.[23] 이 결정은 텔만을 무력화했고, 노골적으로 총서기 자리를 노리는 야심 가득한 하인츠 노이만 같은 이들을 독려하는 결과로 이어졌다.

텔만은 본능적으로 메르커의 극단주의뿐 아니라, 라데크가 선호한 일종의 기회주의도 반대했다. 라데크는 1923년 프랑스와 벨기에가 배상금을 확보하고 독일에게 굴욕을 주기 위해 루르 지방을 점령했을 당시, 독일 민족주의를 지지하는 이른바 슐라게터 노선을 도입했다.[24] 트로츠키를 지지했으며, 이제는 스탈린에게 대외 정책에 관해 조언하는 라데크는 슐라게터 노선의 먼지를 털어냈다. 코민테른은 독일 민족주의를 뒷받침해야 했다.

배상금 지불에 관한 영안Young Plan에 대응해 1929년 국가인민당DNVP을 이끄는 알프레트 후겐베르크는 나치당원들을 포함한 극우를 동원해 모든 배상금을 종식시킬 "자유법안"을 밀어붙였다. 의회 내에서 충분한 표를 가져올 만한 지원이 있었음에도 불구하고 이 제안은 참담하게 실패했다. 그러나 이는 나치가 적법한 당으로써 기능하도록 도왔고, 1년도 채 지나지 않아 중요한 결과들을 불러일으켰다. 노이만은 깊은 인상을 받았다. 그는 1930년 7월 초 모스크바로부터 의기양양하게 돌아왔고, 나치와의 경쟁에 직면해 독일공산당이 가진 딜레마를 해결할 뛰어난 방책도 가지고 왔다. 바로 스탈린의 지시에 따라 독일공산당이 "민족 문제"를 제기함으로써, 텔만의 표현을 따르자면 "국가사회주의자들을 강타하는" 것이었다.[25]

코민테른은 7월 18일 전례 없이 스탈린과 몰로토프 모두를 포함한 회동을 가진 후에 서면 지침을 내렸다. 이제 독일공산당은 사회주의자들을 상대로 한 운동과 같은 수준으로 나치에 대한 투쟁도 일으켜야 했다.[26] 그러나 스탈린이 결코 신임하지 않았던 텔만은 이 단계에서 왜 민족주의적인 북을 두드려야 하는지 이해할 수 없었다. 프롤레타리아혁명을 약속하는 것만으로도 충분하지 않은가? 텔만은 이후 12월의 한 회동에서 스탈린과 이야기를 나누며 민족주의 노선에서 벗어나기 위해 최선을 다했으나 아무 성과도 거두지 못했다.[27]

1930년 9월 14일 나치가 국회에서 예상치 못한 성공을 거두자 스탈린은 자신의 판단을 보다 확고히 했고, 이는 노이만의 입지를 헤아릴 수 없이 강화했다. 나치의 의석수는 예상을 지나칠 정도로 웃돌며 12석에서 107석으로 증가했다. 10월 28일 코민테른 집행위원회 상임위원회 회의에서 심문이 이뤄졌다. 퍄트니츠키가 앞장서서 물었다. "어째서 국가사회주의자들이 그렇게 많은 표를 얻었습니까? 항상 독일 문제에만 몰두해 있지 못하는 우리뿐 아니라 독일 동지들도 전혀 예상치 못할 정도로 많은 표였습니다." 이 지점에서 의원석에서 목소리가 나왔다. "국가사회주의자 자신들도 예상하지 못했을걸요." 퍄트니츠키가 그 목소리에 공명했다. "어쩌면 국가사회주의자들조차 예상치 못한 결과일 것입니다. 350만 표를 받으리라고 생각했는데 640만 표를 받다니, 전혀 뜻밖의 일이죠." 왜 이런 일이 일어났는가? 여기서 퍄트니츠키는 영안에 대항해 국가인민당 당수 후겐베르크가 펼친 운동 문제를 제기했다. 독일공산당은 "파시스트들을 발견하면 그들을 두들겨 패는" 대신, 파시스트들을 설득해야 했다. 당은 "민족적·국제적 해방"이라는 강령에 뒤늦게 참여하게 됐다.[28]

혁명적 목표라는 측면에서 전혀 앞뒤가 맞지 않는 이 비정상적인 기회주의는 평당원들 내부에서 저항을 불러일으켰다. 코민테른에서는 새로운 전술들을 반대하는 목소리가 떠들썩하게 제기됐다. 이탈리아공산당의 루제로 그리에코는 "인민의 혁명"은 공산주의적 용어가 아니었다고 말했다. 독일공산당은 "프롤레타리아혁명"이라는 용어로 복귀해야 했다. 타고난 조정자인 코민테른 서기 마누일스키는 독일공산당이 맞닥뜨린 환경을 고려할 때 이들은 예외였다고 공표했다. 마찬가지로 그는 이탈리아인들이 전환점으로써 소비에트들에 근거한 제헌국민의회라는 구호를 제기한 행동은 옳으며, 이를 폐기할 것을 주장한 코민테른이 잘못되었다고 주장했다.[29] 물론 독일은 더 이상 예외가 아니었다. 그것이 바로 코민테른이 작동한 방식이었다. 연말에 이르러 다른 정당들은 아무 차별 없이 이 구호를 무분별하게 채택했다. 그러지 않으면 순전히 기회주의적인 코민테른의 전술적 목표가 모두에게 명백해질 것이기 때문이었다.[30]

텔만은 새로운 정책이 선전에 적용되는 것을 제한하고, 전반적으로 그 정책이 미칠 전반적인 영향력을 효과적으로 방지하기 위해 혼신의 힘을 다했다. 그러나 그는 물살을 거슬러 헤엄치기 위해 노력하는 중이었다. 소비에트 대사의 연례 보고서는 다음 내용을 지적했다. "특히 정당들 사이에서 반소비에트 의견 증가와 독일의 파시스트화가 일어나고 있다. 심지어 중도좌파인 전임 내무장관 비르트는 의회에서 베를린조약의 연장이 독일공산당과 코민테른의 행동에 달려 있다는 위협과 함께 '문화적 볼셰비즘'에 반대하는 연설을 하기도 했다."[31] 스탈린은 베를린에서 친소 감정을 되살릴 수는 없었을지도 모르나, 적어도 프랑스와 영국과 미국을 향한 적대감을 북돋을 수는 있었다.

라발과 브리앙의 베를린 방문

브뤼닝 정부는 미국 채권자들이 독일에 대출 변제를 요구함에 따라 라이히스마르크화 수요가 폭증하면서 절체절명의 위기에 굴복하고 말았다. 1931년 6월 내내 독일의 채무 변제를 위해 런던, 파리, 뉴욕의 지정 계좌들에서 상당한 액수의 금이 인출됐다. 사흘(6월 9일~12일) 만에 (오늘날 가치로 미화 20억 달러에 육박하는) 1억 700만 달러라는 거액이 출금됐다. 일주일 뒤 인출 사태가 재개됐다.[32] 영국은 독일의 배상금 없이는 미국에 진 채무를 이행할 수 없었다. 영국이 대미 채무를 이행할 수 있는 유일한 방안은 금본위제를 폐지하는 것이었고, 이는 시간문제에 불과했다. 금융 위기는 마침내 전 지구적으로 거듭났다. 독일 정부는 흐름을 멈추고자 비상사태 명령을 내려 통치했고, (여태껏 상대적으로 위기와 무관했으나 더 이상 그렇지 않은) 프랑스와의 관계 복구를 긴급하게 추진했다. 9월 말, 라발과 브리앙은 프랑스 총리와 외무장관으로서는 1878년 이래 최초로 독일을 공식 방문했다. 필연적으로 러시아인들은 미지불된 배상금 문제 해결을 위한 불·독 협상의 제단에 라팔로 관계가 희생되지는 않을까 불안해했다.

그러한 상황 속에서 나치가 프로이센의 사회민주주의 정부를 축출하기 위한 국민투표*를 강행할 때 취할 전술 문제를 두고, 텔만의 민족주의 문제 지연 전략과 모스크바의 우선순위 사이의 갈등이 정점에 달했다. 투표는 1931년 8월 9일로 예정돼 있었다. 텔만의 지휘 아래 7월 15일, 독일 공산당 지도부는 원칙적으로 기권하기로 결정했다.[33] 나치와의 어떠한 연계도 배제됐다. 보다 급진적인 노이만마저도 이 결정을 따르는 듯이 보였다.[34] 모스크바의 코민테른 서기국 내 "일부" 동지, 아마도 온건한 쿠시넨과 의심의 여지없이 비뚤어졌으나 무식하지 않았던 마누일스키일 것으

---

*   1931년도 프로이센 주의회 국민투표로도 알려진 사건이다.

로 추정되는 이들 역시 이것이 올바른 노선이라고 생각했다.[35] 그러나 소식이 퍼지자 (노이만의 부추김을 받은 좌익 퍄트니츠키와 빌헬름 크노린으로 추정되는[36]) 다른 이들이 독일 지도부를 제쳐두고 스탈린에게 호소하기 시작했다.

빌헬름 피크는 코민테른을 지배하는 상임위원회와 정치서기국 양쪽의 구성원이었다. 모스크바로부터 베를린의 관점에 대한 지지를 얻으려던 그의 시도들, 특히 공산주의자들이 국민투표를 지지하며 나선다면 사회민주당 지지자들과의 간극을 메꾸려는 노력은 소용없으리라는 그의 주장은 씨도 먹히지 않았다. 이는 최소한 국가인민당원들과 나치와 병행하여 행동해야 한다는 의미였다.[37] 이러한 행동은 사회주의자 평당원들과 "아래서부터"의 통일전선을 추구한다는 가능성을 영원히 파괴해버릴 약속이었다.

프로이센 국민투표는 그야말로 재난에 가까운 결과를 가져왔다. 이 투표는 독일에서 파시즘에 대항하는 통일전선을 형성할 기회를 파괴했으며, 동시에 독일공산당을 신뢰할 수 있는 민족주의의 목소리로 만드는 데에도 실패했다. 코민테른과 독일공산당은 위대한 승리를 선포했고, 실제로 노이만은 중앙정부와 프로이센 주행정부가 "자기들 바지에 오줌을 싸는 중"이라고 주장했다.[38] 비록 사회민주당을 프로이센의 권좌에서 축출하기에는 불충분한 숫자가 투표했음에도 말이다.[39] 이 투표가 한 일이라고는 사회민주당원들을 한층 더 소외시킨 것뿐이었다. 그들뿐만이 아니었다. 부족한 투표수는 특히 핵심적인 공산주의 구역들이 참여하지 않은 데서 기인했다. 이는 실로 심각한 사안이었다. 독일공산당 지지자들 대부분은 단순히 사회주의자들을 내치고 싶어하지 않았다. 따라서 사회파시즘의 교리는 공산당 평당원 사이에서 실질적으로 무시되고 있었다. 스탈린의 기회주의는 유럽에서 가장 거대한 공산주의 정당, 즉 모스크바의 최고 자산을 장기적인 위기로 기울어뜨렸다.

만주 위기와 독일에서의 사건들

극동에서 일어난 사건들은 사면초가에 처한 듯한 크렘린의 감각을 악화시켰다. 앞서 보았듯이 일본은 9월 18일 중국 동북부를 유린했다. 비록 나치가 승승장구하는 동안에도 히틀러의 국가주의적 강령을 표절하는 것이 재난에 가까울 정도로 잘못된 계획이었음이 드러났음에도 불구하고, 일본인들이 제기한 위험은 오히려 프랑스와 독일의 불화를 유지시킨다는 스탈린의 결심을 강화했다.

이제 소련은 극동의 일본과 서구의 불·독 화해로부터 동시에 공격당하는 듯한 형국에 빠졌다. 프랑스공산당 총서기 모리스 토레즈가 언급했듯 "프랑스 부르주아지는 다른 자본주의 나라들이 위기로 인해 보다 신속하고 깊게 타격을 입었다는 사실을 이용해 당분간 자신의 입지가 상대적으로 유리하도록 확고히 했다."[40] 증거를 확보하기는 어렵지 않았다. 프랑스는 일본의 그럴싸한 우방처럼 보였다. 예컨대 1932년 6월, 일본인들은 프랑스인들에게 "러시아에 대항하는 가치 있는 보장"을 제안했다. "이는 공산주의에 대항해 인도차이나의 안보를 보장할 것이다."[41] 코민테른 서기 마누일스키가 지적했듯, "독일이 자본주의 사슬의 가장 약한 고리라면, 프랑스는 자본주의 사슬에서 가장 강한 고리다. 이로부터 일련의 사회적·정치적 결과들이 뒤따른다."[42]

머지않아 마누일스키는 "일부 동지들"이 주장했던 대로 독일에서 파시즘이 차단되지 않았고, "실제로 그 어떤 나라에서도 파시즘은 성장을 멈추지 않았다."라는 시인을 들을 수 있었다. 더욱 심각한 문제는 독일 내 공산당이 엉망으로 보인다는 점이었다. 1931년 11월 17일 독일공산당 일간지 〈로테 파네[붉은 깃발]〉는 사회민주주의를 주된 위협으로 지적했다. 닷새 후 같은 일간지는 주된 위협으로 중앙당을 거론했다.[43] 코민테른의 독일 정책은 누더기나 다름없었다. 하지만 이 혼란의 근본적인 이유는 심지어 코민테른의 장벽 내부에서도 언급될 수 없었다. 스탈린이 구상한 소비에트의 국익을 지켜야 했기 때문이었다. 어떤 비용을 치르더라도 독일의 중앙당과 사회민주당은 권력의 지렛대에서 제거돼야 했다. 그러지 않으면 빚에 허덕이는 독일과 협상국이 점차 한 점으로 모여 모스크바를 고립시키고, 적대적 연합이 출현함에 따라 모스크바는 취약해질 터였다.

독일공산당은 당이 근본적으로 "반자본주의적"이라고 여긴, 정부에 대한 불만족을 바탕으로 수동적 이득을 취하던 나치당원들에 맞서서 충분히 싸우지 않았다는 이유로 맹공을 당했다.[44] 나치는 불만을 더욱 능숙하게 활용하는 듯이 보였다. 공산주의자들이 그들로부터 배울 점이 있다는 뜻이었다. 실제로 텔만은 후겐베르크의 국가인민당을 "나치 무리 가운데 그다지 우익 같지 않은 당"이라고 평가함으로써 무심코 본심을 내뱉기도 했다.[45] 모스크바의 반응을 접한 독일공산당은 어쩔 수 없이 당황하고 의기소침했다. 스탈린은 1932년 4월 10일까지도 사회민주주의를 겨냥해 "주된 타격"을 날려야 한다고 고집했다.[46] 이는 텔만이 고작 13.2퍼센트, 힌덴부르크는 49.6퍼센트를 획득한 3월 12일 독일 대선에서 히틀러가 전체 투표수의 30.1퍼센트를 얻은 후의 일이었다.

코민테른의 눈앞에는 공산주의자들이 선점하고 있던 기업들에서 나치가 놀라울 정도로 노동자들을 끌어들이고 있다는, 너무나도 당혹스러운 광경이 펼쳐졌다. 전 독일공산당 활동가들이 어디로 향했는지도 곧이어 명백해졌다. 독일공산당 당원은 유례없이 늘어나고 있었지만, 이들은 신입 당원들이었다. 게다가 베딩과 프리드리히스하인 같은 베를린의 핵심적인 노동계급 지구들에서 공산당에 투표한 숫자는 1928년 5월 선거보다 낮았다. 이 모든 사실이 "심각한 경각심"을 유발했다.[47] 5월 19일 코민테른 집행위원회에서 발언한 텔만의 연설은 이와 관련해 아무런 위안도 주지 못했다.[48]

선거 결과를 받은 텔만은 당연하게도 우울해졌다. 퍄트니츠키가 부인하면서 안심시키려고 노력했음에도 불구하고, 코민테른 내부에서 이는 전반적으로 패배라고 인식되었다. 또한 텔만은 사회파시즘 원칙에 전념하는 코민테른의 방침에 자신의 두 손이 단단히 묶였음을 분명히 이해했다. 독일공산당은 "사회민주당과는 물론이고 집권당인 중앙당과도 정치적 홍정을 하는 것이 허락되지 않았기 때문에" 나치가 프로이센 주의회에 진출하는 것을 막을 수 없었다. 더욱이 나치당의 인기가 치솟는 이유에 대한 그의 분석은 암울하나 정확했다.

문제는 다음과 같다. 국가사회주의당은 어떻게 그토록 막대한 추종자들을 가졌는가? 이는 이들이 단지 아주 활동적이기 때문만은 아니다. 이는 이들이 단지 대규모 선전 선동을 수행하기 때문만은 아니다. 이는 부르주아지가 이 선거와 다른 선거에 수백만의 지원금을 제공했기 때문만도 아니다. 이는 독일 내에 존재하는 국수주의적이고 민족주의적인 감정과 관련이 있다. … 히틀러 운동은 스스로를 체제에 대항하는 운동으로 자리매김하고, 불만에 차 있고 반자본주의적인(베르사유체제에 대한 반감 또한 전반적으로 아주 강력한) 독일 내 여론을 당원으로 동원한다.[49]

스탈린의 주의가 분산되다

1932년 6월 1일 독일 중앙당의 프란츠 폰 파펜의 지도 아래 새로운 연립 정부가 출현했을 때, 코민테른 본부의 강경파들조차 자신들이 참사로 향하는 길에 들어섰을 수도 있다고 잠시나마 의심하기 시작했다. 코민테른 중부유럽서기국을 지휘하는 극좌 크노린은 패배를 눈앞에 두고서 공황에 빠져 불안감을 고조시켰다. "우리 당은 이제 불법화될 것을 염두에 두고 스스로를 재편성하기 위해 모든 노력을 기울여야 한다. 역사상 80만의 당원을 갖춘 당이 지하로 강제로 들어가야 했던 예는 알려진 바 없다. 그러나 이제 우리는 그러한 가능성을 … 마주하고 있다." 이제 크노린은 공공연히 시인하기 시작했다. "독일은 코민테른에서 결정적인 중요성을 지닌다. 파시즘이 노동계급의 저항을 쓸어버리는 데 성공한다면, 파시즘이 우리 당을 지하로 오랫동안 몰아내는 데 성공한다면 … 이는 반동 진영의 막대한 성장과 유럽 전면에 파시즘이 퍼지는 것을 의미할 것이다."[50] 실제로 그러했다.

그러나 아직은 아무것도 이루어지지 않았다. 스탈린 치하에서 고도로 중앙집권화된 독재 체제는 불안정하게 유지되고 있었다. 위기는 스탈린의 가혹한 성미를 악화시켰고, 11월 9일 끝내 그의 부인이 자살하고 말았다. 1929년 초고속 공업화와 강제적 농업 집산화라는 막대한 도박은 실패할 위기에 처한 듯이 보였다. 1932년 말에 이르러 스탈린은 트로츠키 축출 이래 처음으로 내부 반대에 직면했다. 이 반대는 의심의 여지 없이 실제로 처한 위협보다 더욱 거센 형태로 보였다. 1931년 11월 말부터 모든 정치국 회동 중 절반이 비공개였다는 점이 그러한 분위기를 드러내는 때 이른 징후 중 하나였다. 그전까지는 전문가들과 중앙위원회 위원들이 항상 대기실인 호두방*에 앉아 있다가 필요에 따라 소환되곤 했다.[51] 1932년 여름은 전적으로 기근 대처에 바쳐졌다. 우선순위는 "노동자들과 붉은군대를 먹이는 일"이었다.[52] 종자를 빼앗기고 자포자기하는 심정으로 대부분의 가축을 잡아먹은 농부들은 굶주렸다. 더욱이 이전에는 지연되고 거부되었던 재무장이 이제는 맹렬한 속도로 추진돼 정치국의 곤란을 가중시켰다.[53]

1932년 4월 4일, 스탈린은 텔만의 숙적 노이만에게 자신이 군사적 사안에 몰두하느라 코민테른에 할애할 시간이 거의 없다고 말했다.[54] 대공황을 겪고 있던 이 시기의 다른 정부들은 코민테른의 영향력 때문에 이들

---

* 제정러시아 최고 사법·행정기구 원로원의 건물에 있는 방의 명칭.

의 활동에 점차 민감해지고 있었다. 비록 이때 코민테른 조직의 분파성이 극에 달해 구성원을 얻기보다는 잃고 있었지만, 코민테른이 갖는 국제적 영향력은 무시할 수 없었다. 그해 5월 로마 주재 스위스 특명전권공사는 판을 지배하기 위해 반공이라는 패를 쓴 무솔리니를 접견했다. "그는 유럽의 네 열강, 즉 프랑스와 독일과 영국과 이탈리아가 유럽 내 질서를 회복해야 한다고 말했습니다. 그러지 않을 경우 유럽의 볼셰비키화라는, 가장 심각한 사회 위기 가운데 하나로 향하게 될 것이라고요. 볼셰비키 선전은 도처에 온갖 형태로 만연해 있습니다. 우리 부르주아계급 자체에도 확실히 침투해 있죠. 이탈리아를 포함한 유럽 전역에서 노동계급은 볼셰비키 정부가 성공을 거뒀다고 확신하고 있습니다."[55]

그러나 이러한 사실도 소비에트 지도부를 안심시키지는 못했다. 오히려 반대라면 모르지만 말이다. 볼셰비즘에 대한 공통된 공포는 적대적인 자본주의 열강들 사이를 굳건히 결합시켰다. 첩보에 의하면 독일 정부는 소비에트를 제물로 삼아 프랑스와 합의에 이르고자 했다.[56] 실제로 6월 29일 로잔에서 열린 주요 유럽 열강 회담에서 (미국이 배상금 지불 문제를 완화해 주기를 기대하던) 파펜은 소련에 대항하는 공동 행동을 제의하기 위해 프랑스인들에게 군사 회담을 제안했다. 스탈린으로서는 다행하게도 이 제안은 즉각 일축됐다.[57] 파펜의 맹렬한 반공주의를 지켜본 스탈린은, 사안을 더 이상 악화시키지 않기 위한 조바심에 소비에트 언론을 통해 파펜 정부를 향한 "파멸적인" 공격을 퍼부으며 자신의 분노를 터뜨렸다.[58] 그의 즉각적인 우선순위의 결과는 머지않아 분명해졌다.

코민테른 서기국은 대체로 독립적이었지만, 독일공산당을 위한 임시 정책을 만드는 일을 전혀 허락하지 않은 스탈린의 기존 결정은 서기국을 멈춰 세웠다. 게다가 1930년 봄 이래 자신의 극좌주의에 대한 명목상 재판을 받고 있던 노이만을 신임하는 스탈린의 습관은 코민테른 서기국과 텔만의 권위를 모두 심각하게 손상시켰다. 크노린은 파시스트 쿠데타를 예상한다는 주장을 한 지 얼마 지나지 않아 퍄트니츠키와 함께 텔만이 내놓은 제안에 따르기를 거부했다. 텔만은 나치가 프로이센 주의회 의장에 당선되지 않도록 막고자 심지어 사회주의자나 중앙당 후보자에게 투표하는 방법까지 쓰려 했고, 코민테른 서기국 내부에서도 다수의 동의를 얻었다.[59]

그해 여름 동안 모스크바에서 고조된 경계심은 너무 짧게 마무리되었다. 1932년 11월 6일 치러진 독일의회 선거에서 뜻밖으로 독일공산당의 득표수가 올라가고 나치의 지지율이 떨어지자 경계심은 가파르게 하락했다. 선거 결과를 마주한 코민테른과 독일 공산주의 지도부는 반가운 행복의 물결에 휩싸였다. 그들은 마침내 위기가 지나갔다고 믿도록 유혹당했다. 그러나 이런 행복감은 치명적으로 매혹적인 신기루였다. 그때까지 정책이 얼마나 많이 오도됐는지를 시인한다면 명백히 사기가 꺾일 것이라는 사실은, 이러한 비현실주의가 얼마큼의 지구력을 가질지 보여주는 한 가지 단서였다.

물론 스탈린은 나치가 권력을 잡기를 원하지는 않았다. 하지만 공산주의자의 힘만으로는 사회주의자들과 중앙당을 무력화할 수 없었기 때문에 나치가 필요했다. 이제 스탈린은 독일 국가방위군의 "정치적 두뇌"인 "사회적 장군*" 쿠르트 폰 슐라이허 장군이 부상하자 마음을 놓았다. 슐라이허는 일찍이 제크트 밑에서 라팔로 관계의 군사 부문을 구축하는 데 관여했으며, 12월 3일부로 총리로 거듭났다. 대중의 인기에 영합하고 국가방위군의 힘을 뒷배로 진 슐라이허는 프랑스와 소원해지고 나치의 선수를 칠 만큼 충분히 우익이면서 맹렬한 반공주의자는 아닐 가능성이 높아 보였다. 러시아인들과 맺은 라팔로 관계는 슐라이허의 수중에서 안전

---

* 공산주의자와 극우를 경계하면서, 국가방위군과 노동조합 사이의 "동맹"을 통해 독일의 발전을 꾀한다는 의미에서 붙은 별명.

할 터였다. 11월 6일 독일의회 선거에서 독일공산당의 득표수가 상승하고 나치는 떨어졌다는 사실 또한 독일 공산주의 지도부 내에 지독히 잘못된 착란으로 밝혀진 행복감을 불러일으켰다.

12월 19일~20일 리트비노프는 슐라이허와 우호적인 담화를 가졌고, "정치적으로, 그리고 슐라이허가 명백히 언급한 대로 군사적 접촉을 통해" 독·러 친선 관계가 지속될 것이라는 베를린의 확약을 받았다. 군사적 부문에 관한 내용에 "리트비노프는 열성적으로 동의했다." 그러나 슐라이허는 또한 기회를 놓치지 않고 독일공산당이 모순되는 모습을 보인다고 지적했다. 독일공산당은 한편에서는 베르사유조약을 반대하고, 다른 한편에서는 독일의 재무장을 반대하고 있었다.[60] 이는 리트비노프가 논의하고 싶지 않은 이야기였다. 그럼에도 불구하고 리트비노프는 슐라이허의 매혹적인 확언을 얻은 후 돌아갔다. "내가 총리로 있는 동안 기존의 소·독 관계는 소련이 독일을 신뢰하는 한 유지되리라는 것을 보증합니다. 나와 독일 국가방위군 전체는 러시아인들과의 다른 어떠한 관계도 상상할 수 없습니다."[61] 스탈린이 듣길 원하던 내용 그 자체였다.

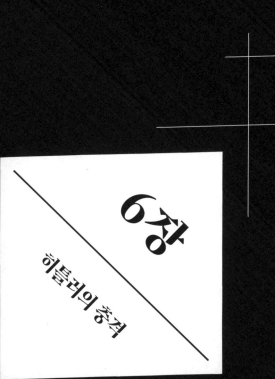

6장

히틀러의 충격

독일은 코민테른에서 상당한 중요성을 지닌다.

코민테른 중부유럽서기국[1]

슐라이허의 보증은 가치가 없는 것으로 드러났다. 1933년 1월 30일 모두의 예상을 깨고 권력에 등극한 아돌프 히틀러를 제외한 모든 이가 오판했고, 유럽 전역은 충격에 빠졌다. 코민테른 내에서도 위기가 조성됐으며 치도부는 분열됐다. 1917년 이래로 모스크바가 대륙과 그 너머에까지 무자비하게 조성한 근원적인 공포를 활용할 줄 아는 카리스마 있는 한 지도자의 손에 반공주의가 넘어간 셈이었다. 독일 총리로 등극한 히틀러는 10년 전 지면에 발표하면서 처음 대강의 윤곽을 그린 자신의 지구적 야망을 사정거리에 두게 됐다. 애초에 사회민주주의는 자신들이 해를 입지는 않으리라고 생각했다. 그러나 이후 히틀러가 보인 속도와 잔혹성, 교묘함은 모두를 놀라게 했다.

대부분의 해외 정치인과 외교관이 고함치는 바보이자 불안정한 선동가로 일축했던 히틀러는 18개월 만에 조직화된 노동운동을 분쇄했고, 다른 모든 정당의 반대를 소멸시켰으며, 가까운 경쟁자들을 쓸어버렸고, 독일을 국제연맹에서 급작스럽게 탈퇴시키면서 대규모 재무장에 착수했다.

1871년 독일의 통일 이래 이 나라가 갖는 중요성은 누구도 부정하지 못했다. 경제적 무게, 지정학적 위치, 그리고 6700만에 달하는 압도적인 인구 규모(와 증가율)에 힘입어 독일은 향후 대륙의 중심이 될 터였다. 프랑스의 인구 규모는 고작 독일의 3분의 2 수준인 4100만이었다. 독일공산당 역시 그 당시까지는 유럽에서 가장 거대한 공산당이었으나, 이는 그리 오래가지 못했다. 2월 8일 히틀러의 의제가 된 첫 번째 항목은 즉각적인 재무장 계획이었다.[2] 불과 3주 후에 그는 다음과 같이 공표했다. "독일공산당은 극단으로 치닫고 있다. 이에 맞서는 투쟁에 법적인 제약이 있어서는 안 된다."[3]

하지만 소비에트 군사정보부인 제4국에서 3월 4일까지 발행한 보고서들은 조심스럽게 미세한 차이를 보이고 있다. 이러한 차이는 코민테른 내부의 분명한 공황과 혼란을 상쇄시키기 위해 "늙은이" 국장 얀 베르진이 의도한 것으로 보인다. 코민테른에서 베르진에게 그러한 정보를 받을 만큼 가깝고 신뢰할 만한 관리는 퍄트니츠키뿐이었다. 보고서는 기억할 만한 격언으로 시작된다. "1월 30일, 히틀러는 권력을 쟁취하지 않았습니다. 단지 이를 허락받았을 뿐입니다." 베르진은 이렇게 말하며 자신의 직속상관 보로실로프를 안심시켰다. 소비에트 비밀 요원들에 따르면 히틀러의 부상은 파펜의 개입을 통해 이루어졌다. 더욱이 히틀러는 오직 후겐베르크와 연합을 구성하는 방법으로서만 힌덴부르크의 지지를 받을 수 있었다. 소비에트 군사정보부가 2월 3일 당일 보고한 바에 따르면, 히틀러는 독일 국가방위군의 수뇌부에게 연설하면서 자신이 야당으로 구성된 그림자 정부를 넘겨줘야 했으며, 국가방위군의 과업들은 오로지 외부에 있음을 강조했다. 국내에서 벌이는 적과의 싸움에서 충성스러운 돌격대원들에게 의지할 수 있었던 히틀러는, 따라서 국가방위군을 정치 영역 바깥으로 밀어내려고 노력했다. 2월 11일 자 비밀 지침을 통해 히틀러는 돌격대가 베를린으로 진군하도록 준비했다. 동시에 후겐베르크의 국가인민당 준군사조직인 철모단Stalheim은 모든 나치 활동으로부터 배제되었다. 그러나 국가방위군을 책임지는 블롬베르크가 오직 힌덴부르크에게만 응답할 것이라는 최신 정보는 히틀러가 가진 권력의 한계를 시사했다.⁴ 파트니츠키와 마찬가지로 베르진 역시 암묵적으로 독일 군부가 히틀러를 무력화하거나, 심지어는 총리직에서 내릴 수 있을지를 모스크바가 지켜봐주기를 바랐다.

이미 사건들은 소비에트 정보부의 분석을 빠르게 앞지르는 중이었다. 3월 2일, 히틀러의 오른팔인 "캡틴" 헤르만 괴링은 바로 전날 밤 압수한 계획 문건들을 기초로 하여 독일공산당에 대항해 취해질 대규모 조치들의 대강을 내각 회의에서 발표했다.⁵ 그리고 사흘 후, 공산주의자들이 제압된 가운데 치러진 선거에서 나치는 국회의사당 내 다수당으로 등극했다. 하지만 독일을 독재 체제로 실질적으로 변모시킨 수권법授權法이 3월 23일 통과되는 데 필요한 3분의 2를 확보하기 위해서는 국가인민당과 가톨릭중앙당의 표가 필요했다.

잠정적인 노선 변화가 반전되다

이미 살펴본 것처럼 심지어 코민테른 내부에서도 히틀러의 권력 장악에 대한 즉각적 반응은 균일하게 나타나지 않았다. 베르진의 보고서가 도달하기 전인 2월 21일, 〈사회민주주의 통일전선방책〉이라는 문건에 대해 논의하기 위해 공식 회의록이 작성되지 않은 정치서기국의 "비밀" 회동이 소집됐다. 2월 6일 발행된 이 문건은 유럽의 독자적 노동당 일곱 곳에서 히틀러의 위협에 대항하는 공동 행동을 취할 것을 제안하는 내용을 담고 있었다. 뒤이어 미움받던 제2인터내셔널의 호소가 이어졌다. 분명 격렬한 논쟁이었을 그 회동의 결과, 독일 내부의 위험에 대응하기 위해 정책을 완전히 전환하자는 마누일스키의 논쟁적인 제안이 채택되었다. 이후 마누일스키는 이 제안서를 2월 28일 코민테른 상위위원회에 가져갔다. 그는 공동 행동에 대한 목소리에 자신들이 긍정적으로 응답하고, 파시즘에 대항하는 통일전선을 만들어야 한다고 주장했다. 마누일스키의 주요 주장은 1928년 이후로 이어져온 정책 방향을 완전히 뒤바꾼다는 것을 의미했다. 즉 사회민주주의는 더 이상 위협적이지 않았다. 오히려 이는 "공황에 빠져 완전히 탈진한 상태"였고, 사회민주주의의 "유산"은 위태로웠다.

마누일스키는 정치서기국에 올리는 제안서에 이뿐만 아니라, 좌익 프로핀테른의 수장 로조스프키에 대한 흥미로운 언급("난생처음으로 당신에게 동의합니다.")과 더불어 가시 돋친 논평과 통일전선을 독일 내부에 국한시키기를 원하던 이들에 대한 은근한 언급도 덧붙였다. 공산당들은 구석진 곳에서 옹송그리며 모여 있어선 안 되었다. "독일은 유고슬라비아가 아닙니다. 독일은 불가리아가 아닙니다. 독일은 스페인이 아닙니다. 독일은 자본주의 유럽의 심장에 위치한, 자본주의에서 결정적인 위치를 차지하는 나라입니다. … 우리는 코민테른의 터키식 욕조에 앉아 모든 문법과 어구를 면밀히 들여다보고 돋보기를 들어 모든 실수를 응시하는, 숭고한 원칙주의자들입니다." 이 또한 필요할 수 있었으나, 이제 그들은 "다른 시대"에 있었다. 마누일스키는 이러한 새로운 전개에 모두가 비판적일 것이라고 생각했다. "왜입니까, 동지들? 우리 인민은 수년간 … 견뎌내야 했던 범주들 안에서 생각하는 경향이 있기 때문입니다. 동지여, 나는 말해야겠습니다. 이러한 보수주의적인 사고는 의심의 여지 없이 모든 개인뿐만 아니라 모든 정당에도 압력을 가하고 있습니다." 독일에서 파시즘이 부상하고 있다는 사실은 "명백히 국제적으로 중요한 사건"이었다. 그리고 마누일스키는 코민테른이라는 토론장에서는 매우 이례적으로, 윗선의 지지를 분명히 내비치기 위해 덧붙였다. "소비에트 정부는 이미 리트비노프의 성명을 통해 독일 파시즘에 대해서 어떠한 종류로든 국제적인 정치적 결과들이 있을 것이라는 신호를 보냈습니다."[6]

하지만 이 제안은 일주일 넘게 지연됐고, 제안서가 모습을 나타냈을 때 그 효과는 사회민주주의를 향한 적대감에 섞여 실질적으로 무력화됐다. 비록 이 제안이 "공산당들에게 사회민주주의 정당들의 적절한 중앙위원회들에 파시즘과 자본의 공세에 대항하는 공동 행동을 제안할 것을 권고"했음에도, 제2인터내셔널과의 차이를 해결하기 위한 어떠한 진정 어린 시도도 소용없었다.[7] 마누일스키는 이 제안이 "두말할 나위 없이 지난 수년간 우리가 취했던 가장 중요한 조치들 가운데 하나"라고 주장했다.[8] 그러나 이 제안은 사보타주당했고, 마누일스키의 희망은 인정사정없이 깨졌다. 1년 후 마누일스키는 게오르기 디미트로프에게 "변화를 일으킬 만큼의 권위가 부족했다."라고 고백했다.[9]

방향을 전환하려던 코민테른의 계획은 실패했고, 다시 이러한 전환이 시도되기까지는 1년이 넘는 시간이 걸렸다. 이제 스탈린은 극도로 위험을 회피하려 했다. 그는 좌고우면하며 공개적으로 아무것도 말하지 않았다. (코민테른 내부에서 베르진으로부터 들어오는 소비에트 군사정보에 유일하게 접근할 수 있던) 퍄트니츠키는 비록 히틀러를 향한 아무런 저항도 없어 혼란스러워하긴 했지만, 독일공산당이 몹시 곤란을 겪고 굴복한 뒤에도 히틀러 정부가 성공할 가능성을 과소평가하는 경향을 보였다. 퍄트니츠키는 2월 28일 마누일스키가 자신의 과감한 제안을 피력한 후, 완고한 크노린과 함께 스탈린과 접견하는 드문 기회를 얻어 그 제안을 확고히 반대하는 주장을 펼쳤다.[10]

퍄트니츠키의 태도는 비밀이 아니었다. 그는 권력을 향한 히틀러의 부상을 "지나가는 현상"이라고 일축했다.[11] 필연적으로 재앙에 이르게 한 정책을 추구한 뒤 퍄트니츠키와 그의 지지자들은 다른 어떠한 것도 주장할 수 없었다. 독일 대표 프리츠 헤커트 또한 연단에 서서 히틀러가 오래 가지 못하리라고 주장하면서, 다른 이들이 마주하지 않으려고 애쓰던 불안하고 불편한 진실을 무심결에 내뱉었다. "이[히틀러] 정부가 오래 지속될 것이라고 인정한다면, 우리는 자본주의 붕괴에 대한 우리의 전체적인 전망이 틀렸음을 인정해야만 할 것입니다."[12] 정확했다.

영국, 프랑스를 보증하기를 거부하다

만주 위기가 영국의 극동 정책을 마비시켰던 것처럼, 히틀러의 정권 원년은 영국의 대유럽 정책 전체를 뒤흔드는 전환점이 되었다. 나치의 위협은 1920년대 별다른 노력을 들이지 않아도 되었던 커즌의 우세함이 만든 냉담의 가면을 찢어버렸다. 그러나 불행하게도 이 위협은 바이마르공화국을 해체하지 못하도록 커즌이 고삐를 쥐고 있던 프랑스인들을 영국이 더 이상 신뢰하지 못하도록 만들었다. 이제 영국은 자기 회의라는 침체에 빠졌다. 1938년 초에 사무차관이 된 알렉산더 캐도건은 "1919년부터 우리가 소위 '정책'이라고 부르며 펼쳤던 것은 분명 철저한 참사였다."라고 회고했다.[13] 설상가상으로 대공황으로 인해 도덕과 지성이 실종되면서, 국제 관계에 관해서는 아무것도 모른 채로 혼란스럽고 사기가 떨어진 관료제에 단순한 해결책만을 제시하는 개인 자문을 동반한 정치인들이 권력을 잡기 시작했다.

이렇듯 불안정한 시기가 이어지면서 기괴할 정도로 비현실적이었던 베르사유평화합의를 해결하기 위한 조급한 제안들이 뒤따랐다. 영국을 통치하는 노동당 연정의 무능력한 지도자 맥도널드 총리는 1933년 3월 말

로마에서 무솔리니를 만났다. 그들은 필연적으로 평화로운 방법을 통한 영토 재분배를 수반할 합의를 하나하나 만들어가며, 베르사유조약 개정 문제를 뒤늦게 압박함으로써 함께 선수를 치고 나가려 했다. 물론 이러한 시도는 전적으로 다른 이들의 희생을 동반할 터였다. 이 계획의 명백한 피해자들(폴란드와 소협상*)은 과연 어떻게 반응했을까? 물론 폴란드인들과 발트인들은 제네바의 국제연맹에서 그러한 제안들이 발표됐을 때, 어떠한 계획에라도 거부권을 행사할 수 있었다. 여봐란듯이 이 나라들을 무력화하고자 노력한 영국과 이탈리아는 제안의 실행 여부를 이들의 손에 맡겼다. 국제적인 경제 사안을 제외하고는 모든 일에 중립적이지만 일이 돌아가는 상황에는 항상 관심을 가졌던 파리 주재 스위스 특명전권공사는 신랄한 논평을 내놓았다. "로마를 떠난 영·이탈리아 발사체는 공중으로 던져진 후 자신이 출발했던 곳으로 되돌아오는 '부메랑'이라는 호주 무기와 같은 경로를 보이고 있음이 갈수록 명백해지고 있다."[14]

히틀러는 극소수의 지지자만이 남은 바이마르공화국을 실로 무심하게 대체했다. 연민을 보이지 않을까 기대를 품은 해외 구경꾼들에게조차 "어설픈 대체품"으로 일축된 이 나라는 한순간에 사라져버렸다. 누구도 애써서 장례식에 참석하거나 심지어 조화를 보내지도 않았다. 새로운 내각이 들어서자 소비에트의 눈은 알려진 적인 파펜과 후겐베르크의 존재와, 가장 중요한 동조자인 슐라이허의 부재에 집중됐다. 모스크바 주재 독일 대사 헤베르트 폰 디르크센은 다음과 같이 설명했다. "러시아의 전망에 대한 신뢰가 두터운 슐라이허의 사임과 히틀러·파펜 내각 임명이 불안 섞인 경종을 울렸다. 폰 파펜 씨에 관한 불안감은 조금도 수그러들지 않았고, 국가사회주의당은 반소비에트 경향이 강한 것으로 받아들여지고 있

---

* 1920년과 1921년, 프랑스의 후원 아래 체코슬로바키아, 루마니아, 유고슬라비아왕국 간에 맺어진 동맹.

다. 이러한 예측이 전적으로 잘못되었다고 할 수도 없다." 리트비노프, 크 레스틴스키, 라데크와 이야기를 나눈 이들은 극단적 국가주의자인 후겐 베르크에 대한 우려를 알고 있었다. 따라서 디르크센은 히틀러가 채택할 예정이던 반공주의적 외교정책을 예측했다.[15]

3월 1일 파펜을 "독실한 가톨릭"으로 오해한 뮌헨 대주교 미카엘 폰 파울하버 추기경이 그에게 말을 걸자, 파펜은 주저 없이 모스크바를 가혹 하게 다루었다. 파펜은 주장했다. "독일 볼셰비즘이 러시아로부터 받는 재정적 뒷받침을 해체하지 않고서, 모스크바와의 외교 관계를 단절하지 않고서, 러시아와의 산업 계약들을 종결하지 않고서, 볼셰비즘을 가진 러 시아 요원들, 특히 학생들을 추방하지 않고서, 독일 내에서 러시아 소책자 인쇄와 모스크바로부터의 라디오 방송을 금지하지 않고서는 독일에서 볼 셰비즘을 근절할 수 없습니다."[16] 이것은 정확히 스탈린이 두려워하던 바 였다.

그러나 슐라이허와 마찬가지로 파펜은 자기 이익을 위해서는 지나치 리만큼 기만적이었다. 러시아인들은 이제 집무실에 들어앉아 소련을 향 한 독기에 찬 감정을 억제할 이유가 없는 히틀러를 더 걱정해야 했다. 이 와는 반대로, 영국 대사이자 외무부 사무차관 로버트 밴시터트 경의 동서 인 에릭 핍스 경은 히틀러를 만나고서 충격을 받았다. "심지어 러시아의 공격을 두려워하는 것처럼 굴면서도 (히틀러는) 러시아에 관한 지대한 경 멸을 담아 말했고, 독일이 군사적으로도 기술적으로도 엄청나게 우월하 다는 신념을 선포했다. 때때로 그는 벌레를 밟아 죽이기라도 하듯 자신의 발뒤꿈치로 바닥을 짓이겼다."[17]

외무장관 콘스탄틴 폰 노이라트는 새로운 현실에 정신없이 적응하 면서 히틀러가 딱 세 가지 사안에 관해서만 비타협적이라는 것을 확인했 다. 그것들은 1) 유대인 문제 2) 공산주의 3) 오스트리아 문제였다.[18] 여태 껏 라팔로 관계의 지지자들을 소외시킨다는 두려움으로 인해 억제됐던 두 번째 문제에 대한 감정이 이제는 공공연히 표출되었다. 그러나 모두가, 심지어 코민테른의 담장 바깥에서조차 히틀러 정권이 지속되리라고 확신하지 못했다. 8월 초, 빈 주재 이탈리아 대사관의 공보 담당관은 무솔리니에게 다음과 같이 보고했다. "수많은 정치 모임과 오스트리아 정부 내 모임들에서는 일반적으로 독일의 히틀러 정부가 단명하리라고 믿고 있습니다." "여러 실수와 권력 남용, 히틀러를 추종하는 조직들 내부에 존재하는 수많은 공산주의자 등"의 이유가 이러한 믿음의 이면에 깔려 있었다.[19]

이제 "예의 주시하기" 정책을 뒷받침하기 위해 무수히 많은 합리화가 등장했다. 영국 역시 자국이 곧 직면하게 될 문제의 크기를 전혀 짐작하지 못하고 있었다. 장관들은 여전히 무장해제라는 꿈을 아쉬운 듯 꾸었다. 심원한 도덕적 신념에서라기보다는 세금을 아끼고 통화수축을 지속시키기 위해서였다. 비록 독일에서 일어나는 반유대주의 폭동이 1933년 내내 아침 식탁의 신문을 통해 간헐적으로 경고를 보냈지만 경제 상황과 전쟁 부채, 제국 내 사안들이 화이트홀*을 따라 늘어선 정부 부처들의 시선을 유럽 대륙에서 전개되는 사건들로부터 떨어뜨려 놓았다. 특히 모두가 예외 없이 국내 문제를 우선시했던 영국의 지도자들 탓에 이 모든 사안은 합리화되는 경향을 보였다. 심지어 권력에 대한 갈망만큼이나 세계를 이해하는 능력이 출중했던 전임 총리 로이드조지조차 베르사유조약을 두고 후회했다. 자신이 그 조약을 지키기 위해 그토록 열심히 싸웠는데도 말이다.

프랑스가 영국에게 다시 상호원조협정을 압박하자 로이드조지는 1930년 미국인들에게 "프랑스는 언제나 군국주의적이고 욕심이 많았"다고 불평하면서, 영국이 "대륙과 관련한 자신의 약속에 무언가를 더하는 일에 찬성하지 않을 것"이라고 언급했다.[20] 순간적인 의견을 포착해 반영

---

* 영국의 정부 부서들이 나란히 위치한 대로의 이름.

하기로 마음먹은 로이드조지는 1933년 9월, 특히 영국 정치인과 관리들의 입을 통해 유럽 전역에 퍼트려질 한 가지 주장을 냉정하고 체념적으로 펼쳤다. 바로 히틀러가 공산주의혁명의 유일한 대안이라는 주장이었다.

> 만일 열강들이 독일에서 나치주의를 성공적으로 뒤엎는다면 무엇이 뒤따르겠습니까? 보수주의, 사회주의 또는 자유주의 정부가 아닌 극단적인 공산주의겠지요. 확실히 그러한 결과가 따라서는 안 될 것입니다.
> 공산주의 독일은 공산주의 러시아보다 끝을 모를 정도로 더욱 무시무시할 것입니다.[21]

(비록 지역 신문에만 보도되었으나) 히틀러의 가치에 대한 영국의 극적인 평가는 로이드조지만의 것은 아니었다. 그의 발언은 단지 다른 이들보다 빠르고 덜 억제되었던 것뿐으로, 이는 동료 정치인들의 생각 속에 굳게 자리를 잡은 암묵적인 추정이었다. 이러한 추정은 1935년 10월 무솔리니가 에티오피아를 침공함으로써 국제연맹규약에 도전했을 때, 이탈리아에 상대적으로 관대한 처리를 내리는 반향을 일으켰다. 이러한 방침은 현재의 영토 상황을 유지하기 위한 강압적인 수단들을 일거에 금지했다. 이는 정치적 사화산의 분화구가 풍기는 말뿐인 유황 냄새에 그치지 않고, 외무부의 모든 조직에 침투했다. 당시 빈 주재 대사관의 일등서기였던 붉은 머리 젊은이 로버트 해도우는 히틀러를 약화시킨다면 "극히 비합리적인 사람들이 이끄는" 공산주의 독일로 향하게 될 것이라고 주장하면서, "나는 히틀러가 비합리적이라고 생각하지는 않는다."라고 덧붙였다. "나는 보다 안 좋은 대안을 가질 위험을 감수하느니 차라리 히틀러를 돕겠다!"[22]

우파는 공산주의에 사로잡혔다. 중도파와 중도좌파는 베르사유조약뿐만 아니라, 아직 시간이 있을 때 이에 대해 독일인들에게 보상하지 못했다는 죄책감에 시달렸다. 외무부의 젊은 구성원들이 아마도 가장 크게 영향을 받았을 것이다. 캐도건은 이렇게 믿었다. "우리는 슈트레제만과 브뤼닝 등에게 … 양보를 했어야 했다. 특히 군축회담* 당시 … 우리는 슈트레제만과 브뤼닝을 파괴하고 히틀러를 만들었다."[23] 에드워드 7세 시대의 친독 정서 속에서 자랐던 총아 "테드" 카는 영어보다 프랑스 산문에 무한히 유창하고 반독일주의를 맹렬하게 왈왈 짖어대는 사무차관 밴시터트로 집약되는 상층부의 반독 정서와 직면해 1936년 3월 결국 사임했다.[24]

히틀러는 힌덴부르크 대통령에 의해 집무실을 차지하게 됐다. 힌덴부르크는 슐라이허처럼 자신들 역시 히틀러 같은 인기영합주의 선동가를 목적에 맞게 이용하고, 차단하고, 통제할 수 있으리라고 교만하게 착각한 프로이센 군사 지배층의 전형이었다. 그러나 그 후 히틀러는 하룻밤 사이에 독일공산당을 분쇄하고, 서둘러 선거를 시행해 자신의 입지를 신속하게 굳히고, 자신의 당 외의 모든 정당을 불법화함으로써 모두를 놀라게 했다.

1933년 5월 1일 히틀러는 150만 명의 열광적인 지지자들이 모인 거대한 집회에서 전형적으로 감정적인 수사만 가미되고 실질적인 내용은 전혀 없는 연설을 했다. 베를린 주재 교황대사 체자레 오르세니고는 솔직하게 놀라움을 표했다. "우리 외국인들에게 실로 놀라웠던 사실은, 차갑고 거칠어서 감정을 끌어올리기가 그 무엇보다도 어렵기로 유명한 사람들이 그토록 빠르고 신비로운 수준으로 새 정권에 반응한다는 점이었다. 사실상 히틀러 정부는 대중을 완전히 손에 넣었으며, 자신들이 원하는 어디로든 이들을 데려갈 수 있다." 따라서 코민테른은 유례없는 차원의 도전에 직면하게 됐다. 그러나 모스크바는 스스로에게는 희망이지만, 교황대사의 말에 따르자면 가톨릭 신자들에게는 진정한 악몽이라고 언급한

---

* 세계군축회담World Disarmament Conference으로도 알려진 회담으로, 1932년부터 1934년까지 스위스 제네바에서 국제연맹과 미국, 소련 등 31개국이 참여한 가운데 열렸다.

바에 매달렸다. "많은 이가 이미 염려하는 대로 경제가 곧 회복하리라는 생각에 지금 들떠 있는 이 사람들이 속고 있는 것이라면, 그에 대한 반동으로 국가사회주의가 맹렬한 볼셰비즘으로 돌변하더라도 우리가 놀랄 필요는 없다."[25] 나치즘을 바라보면서 하루에도 열두 번은 불안해하는 관찰자들은 적어도 이것이 볼셰비즘은 아니라며 스스로를 위로했다.

히틀러는 독일 국민에게 그 자신을 강요하기보다는 뿌리 깊은 욕구들에 영합하고 국가의 가장 어두운 욕망을 일깨웠다. 불안정한 시대는 히틀러의 마음을 상당히 혼란스럽고 기형적으로 뒤틀어놓았다. 그는 머지않아 완전 고용, 생활임금, 국가적 존엄과 관련된 광범한 요구를 충족시키는 일에 착수했고, 초기에는 슐라이허가 거둔 자금을 이용했다. 궁극적으로 1919년의 보복적 평화라는 치욕과 10년 후 대공황이 초래한 광대한 물질적 박탈은 독일을 히틀러의 품 안에 안겼다. 히틀러를 가장 맹렬하게 비판한 사람 중 하나인 영국 대사 핍스는 나치가 완전히 권력을 장악하고서 불과 2년 만에 애석해하며 시인했다. "총선이 오늘날 완전히 자유로운 조건 아래에서 치러지더라도 히틀러 씨가 과반을 넘는, 상당한 수의 표를 획득하지 못하리란 법도 없다."[26] 실제로 언제나 거리낌없이 의견을 표출했던 코민테른 서기 피크는 1936년 4월 1일, 다음을 시인했다. 공식적인 독일 선거 결과는 의심의 여지 없이 조작된 것이라고 하더라도, 거의 100퍼센트에 가까운 독일 유권자가 투표장으로 향했고 "대략 인구의 6분의 5가 파시스트 후보에게 투표했다. 이는 독일 국민이 파시스트 체제와 사랑에 빠져서도, 히틀러의 도발적인 사상을 지지해서도 아니다. 히틀러는 평화를 향한 자신의 위선적인 태도를 이용해, 전쟁과 관련한 실질적인 목표를 속이는 데 성공했다."[27]

혁명적 상황은 없었다. 그리고 코민테른이 사회민주주의자들을 향한 비난을 쏟아내는 와중에도, 이 조직이 비참할 정도로 실패했다는 점은 명백했다. 마누일스키는 1932년 11월 초 이 문제를 넌지시 언급했다. "우리는 러시아공산당(볼셰비키)의 당원으로서 매우 중대한 질문 하나를 던지지 않을 수 없다. 모든 사업의 노동자들이 공통적으로 묻는다. 어째서 모든 자본주의 나라들에서 혁명이 지연됐는가? 특히 독일공산당은 자국의 혁명적 상황을 유리하게 이용하는 데 실패하지 않았는가? 이 모든 일은 코민테른 지도부의 실패 때문이 아닌가?"[28] 당 대열 내부에서는 보다 비판적인 목소리가 터져 나왔다. 시베리아 출신 빈농의 아들이자 소비에트 통치하에서도 악명 높을 정도로 개인주의적이었고, 1930년에는 당에서 제명된 마르테미얀 류틴은 다른 이들이라면 사석에서나 말할 내용을 활자로 인쇄할 만큼 무모했다. 그는 혁명을 위한 객관적 조건들이 정점에 달해 있는 동안에도 코민테른은 위기에 빠져 있었다고 단언했다. 왜일까? "코민테른이 세계 프롤레타리아혁명의 본부로서 출발했을 때는 실질적으로 레닌과 지노비예프의 지도 아래에 있었고 어느 정도까지는 심지어 부하린의 지도를 받았다고도 할 수 있지만, 모든 반대파와 레닌의 측근들이 패배하고 소비에트공산당과 코민테른 내부에서 스탈린의 개인 독재가 강화된 이후에는 공산당의 정무를 관리하는 스탈린의 사무국으로 변모했다."[29] 이와 유사하게 중앙위원회의 그루지야인 위원 비사리온 "베소" 로미나제는 스탈린이 코민테른을 "오직 우리가 부양하는 동안에만 존재가 보장되는 말만 무성한 벤치"로 보았다고 주장해 공격을 받았다. 그는 또한 코민테른 간부들이 "나약"하다고 조롱하면서, 코민테른을 "텅 빈 공간이자 쓸데없는 무언가"라고 일축하기도 했다.[30]

코민테른의 대변자 〈인프레코Inprecorr〉*는 코민테른이 위기를 겪고 있음을 암묵적으로 받아들이면서 다소 애절하게 주장했다. "소비에트 외교가 (심지어 희생을 동반해서라도) 더 많은 승리를 거둘수록 히틀러와 무솔리

---

*   1938년 7월 폐간된 제3인터내셔널의 기관지로, 국제언론서신International Press Correspondence 의 약자.

니의 프록코트와 실크해트를 더욱 신속하게 혁명박물관에 건네주고, 그 두 사람을 혁명재판소로 인도할 수 있을 것이다."[31] 효과적인 코민테른 전략이 부재한 상황에서 모스크바는 부르주아 프랑스에게 추파를 던질 수밖에 없었다. 이는 곧 모두의 눈에 분명히 드러났다. 제네바에서 열린 국제연맹 회합에서 리트비노프는 구경꾼들에게 "프랑스인들과 놀아나고 있다는 듯한 인상"을 뚜렷하게 남겼다. 이탈리아인들은 이 상황을 빈정대듯 묘사했지만, 질투의 흔적을 감추지는 못했다.[32]

독일 바깥에서 히틀러에 대해 알려진 바는, 심지어 라팔로 관계로 긴밀하게 엮여 있던 소련 내에서도 희소했다. 그때까지도 그다지 잘 팔리지 않았던 《나의 투쟁》은 여전히 독일 내에서만 구할 수 있었다. 책을 읽을 수 있던 이들, 특히 유대인 혈통을 가진 공산주의자들은 공포에 휩싸였다. 그들은 히틀러의 비이성적 분노가 겨냥하는 이중 표적이었다. 따라서 다름 아닌 전임 코민테른 의장 지노비예프가 국내 유형지인 머나먼 카자흐스탄의 아스타나라는 소도시에서 러시아어 번역 작업을 수행한 일은 우연이 아니었다. 러시아어 번역본은 권력층들만 회람할 수 있는 한정판으로 출간됐고, 부하린은 1934년 1월 제17차 당대회에서 이를 인용했다. 스탈린은 개인 서재용으로 사본 한 권을 얻었다.[33]

확고한 현실주의자이자 유대인이었던 리트비노프는 나치의 권력 장악에 대한 우려를 숨기려 하지 않았다. 당시 벌어지고 있던 일을 얼마간 우려한 그는 제네바에서 모스크바로 향하던 길을 잠시 멈추고서 3월 1일, 그의 독일 측 파트너 노이라트를 만났다. 소비에트 지도층 내에서 리트비노프보다 우방 공산당의 해외 활동에 의식적으로 무관심한 사람은 없었다. 그 어떤 도발적 행위가 있더라도 그만큼 어마어마한 자제력을 보이는 이는 거의 없었다. 그러나 이 사건은 매우 특별한 예외가 되는 듯했다. 리트비노프의 자제력은 사라진 듯 보였다. 독일공산당이 받는 억압과 관련해 리트비노프가 쏟아내는 분개를 마주한 노이라트는, 그토록 침착하고 차분했던 예전 모습을 찾아볼 수 없음에 놀라 그의 신경을 건드리고 말았다.

> 그[리트비노프]는 베를린에서 며칠 동안 사건이 벌어진 후에 곧바로 와서 공산주의자들을 겨냥한 조치에 관해 말했다. 리트비노프 씨는 독일 공산주의자들에게 취해진 행동이 러시아 언론과 모스크바 내에서 커다란 불안을 자아냈다고 논평했다.
>
> 나는 독일 정부가 독일 공산주의자들이 국회의사당에 불을 지른 행위에 대한 책임을 여봐란 듯이 지운 것에 대해 리트비노프 씨가 왜 그토록 분개하는지 놀라움을 표명했다. 여태까지 그는 항상 내게 독일 정부가 독일 공산주의를 어떻게 억제하든 독·러 관계가 이에 영향을 받지 않을 것이라고 확신시켰다. … 그러자 리트비노프 씨는 지난해 여름 당시 독일 수상이던 폰 파펜이 프랑스의 에리오 씨에게 동맹에 합류하라고 제안한 건을 두고 모스크바 내에서 경각심이 나타난 뒤, 혹자는 공산주의와의 갈등과 동방과의 갈등을 동일하게 추정할지도 모른다고 대답했다.[34]

가톨릭 반공주의

리트비노프는 소련이 홀로 우려하고 있는 것은 아니라는 사실에서 용기를 얻을 수 있었지만, 오랫동안 중부 유럽에서 공산주의가 확산할 것을 두려워한 다른 국가들로부터는 독일공산당이 억압을 받는 것에 대한 깊은 안도감 외에 다른 반응을 기대할 수는 없었다. 세속적 국가들뿐만이 아니었다. 교황 비오 11세는 1932년 10월 15일 아비뇽 대주교에게 전쟁의 위험은 없고 다만 볼셰비키주의가 제기하는 위험만이 있다고 주장하면서, 이 주제에 대해 얼마간 시간을 들여 이야기했다. 프랑스 대사 샤를루는 자신과 다른 여럿이 교황으로부터 유사한 비난을 들었다고 언급했다.[35] 독일공산당 인사들의 체포와 투옥과 더불어 당이 진압된 뒤인 1933년 3월 7일, 비오 11세는 바티칸 주재 프랑스 대사에게 말했다. "나는 히틀러에 대한 생각을 바꿨습니다. 그가 최근 공산주의에 관해 말하는 어조를 들었 거든요. 이제까지 정부 대변인이 그토록 단정적인 논조로 쩌렁쩌렁하게 볼셰비즘을 맹렬히 비난한 적은 없었습니다. 이는 교황의 입장과 일치합 니다."[36] 그리고 오스트리아의 실질적인 독재자 엥겔베르트 돌푸스가 그 해 부활절에 교황을 접견하러 갔을 때, 교황은 직설적으로 "빨갱이들이 여전히 시청 안에 있나요?"라고 물어 돌푸스를 놀라게 했다(사회주의자들 은 빈에서 치러진 이전 투표에서 대략 60퍼센트를 득표했다).[37]

독일의 새로운 정부와 가톨릭의 연대는 곧 북쪽으로 퍼져나갔다. 나 치의 인종주의 때문에 그들과 대립했던 적이 있는 대주교 파울하버는 4월 바이에른으로 귀환하면서 "교황 성하께서는 공산주의에 대항하는 자세를 취한 제국수상 아돌프 히틀러를 칭찬하셨습니다."라고 주교들에게 확언 했다.[38] 독일 당국에 의해 성직자 45명 정도가 체포됐음에도 불구하고 7월 20일, 파펜 부총리와 파첼리 국무원장 추기경*이 서명하면서 나치 정부와 바티칸 사이에 제국정교협약Reichskonkordat이 체결됐다. 비오 11세는 파펜에 게 이렇게 말했다. "히틀러 정부가 취한 기독교적 관용 원칙에 반하는 수 많은 조치를 내가 승인하지는 않았으나 주교들, 성직자들, 그리고 독일 가 톨릭 신자들이 얻을 수 있는 이점과, 유럽에서 공산주의 확장을 가로막고 그들과 상당한 힘을 다해 싸우는 현 제국 정부에게서 인류와 종교가 얻을 수 있으리라 기대하는 의심할 여지 없는 공헌이 이 정교협약을 승인하도 록 설득했습니다."[39] 그리고 우리가 이미 보았듯, 안도한 이는 신성한 교 회만이 아니었다.

히틀러 또한 어느 정도까지는 동맹인 독일 국가방위군의 포로였다

---

* 후일의 비오 12세.

고 추정됐다. 군부가 단지 히틀러를 용인하고 있을 뿐이며, 실제로는 그들이 최종 결정권을 가질 것이라는 착각이 얼마간 만연했다. 이러한 연유로 1933년 5월 8일부터 25일까지 알프레트 폰 볼라르보켈베르크 중장이 이끄는 독일 군사대표단이 대규모로 소련을 방문한 일은 독일의 선한 의도를 시험할 좋은 기회로 여겨졌다. 스탈린의 승인 아래 대표단에게 소비에트 무기 생산 시설 전체가 공개됐으나, 이는 오직 억지책이었을 뿐임이 이후에 드러났다. 5월 13일 디르크센 대사는 방문객들에게 만찬을 제공했다. 보로실로프와 투하쳅스키가 이끄는 소련의 혁명군사평의회* 전원이 모습을 드러냈다. 보켈베르크는 주최자들의 기대에 부응해 "독일 국가방위군은 기존의 독·소 관계를 유지하기를 바라며, 히틀러에게 그러한 방향으로 적절한 영향력을 행사하는 데 성공했습니다."라고 주저 없이 선언했다.[40]

러시아가 프랑스와 그 우방들에게 의지하다

그러나 스탈린이 허락한 그토록 호화로운 환대는 아무 의미가 없었다. 히틀러는 의도적으로 모스크바를 향해 맹렬히 적대적인 노선을 취했다. 그는 무책임하게 행동하는 것처럼 보였다. 확실히 이탈리아의 관점에서 봤을 때, 독일인들은 바보같이 러시아인들을 프랑스인들의 손아귀로 내모는 중이었다. 이와 대조적으로 미숙한 총리[히틀러]의 수완 부족으로 인해 독일에서의 파시스트 실험이 표류하지는 않을까 불안했던 이탈리아인들은 독일인들에게 이탈리아가 취한 노선을 따르라고 최선을 다해 조언하면서, 자신들은 "항상 소비에트 정부와 제3인터내셔널 사이를 분명하게 구분했"다고 거만하게 자랑했다. 이는 "국내에서는 공산주의와 싸우면

---

* 1918년 설치돼 1934년 폐지된 소련 최고 군사의결기구.

서, 국외에서는 소비에트 정부와 정상적이고 만족스러운 관계를 유지했음을 의미"했다.[41]

　히틀러가 독일을 베르사유조약의 속박에서 얼마나 빠르게 자유롭게 할지를 전혀 알지 못한 러시아인들은, 관례적으로 이루어졌던 독일 국가 방위군의 소련 내 군사시설 시찰을 거부함으로써 자신들이 이 군대를 압박해 히틀러를 통제할 수 있으리라고 생각했다. 그러나 이 전술이 실패하자 러시아는 여봐란 듯이 프랑스인들에게 문호를 개방했다. 4월 프랑스 무관으로서는 최초로 에드몽 망드하 대령이 모스크바에 도착했을 때, 러시아인들은 독일과의 관계를 살려보고자 헛되이 노력하고 있었다. 그러나 그해 여름 스탈린의 명령에 의해 라팔로 관계는 갑작스럽게 찢어졌다. 보로실로프와 투하쳅스키는 각자의 자리에서 프랑스와 소련 사이의 "기술적 협력"을 따로따로 제안했다. 9월 프랑스 항공장관 피에르 코가 러시아의 생산 시설을 보기 위해 22호 공장과 24호 공장을 찾았다. 프랑스인들은 깊은 인상을 받고 돌아갔다. 프랑스의 방위산업이 생산 측면에서 뒤떨어지는 중이었기 때문에 더더욱 그랬다. 하지만 이 단계에서 프랑스인들은 어떤 것도 약속할 준비가 되어 있지 않았다.[42]

　반독 연합을 간청하는 파리의 부름에 모스크바가 회답하는 일은 앞뒤가 맞았다. 독일인들이 의도적으로 협의를 파괴하고 불화를 조장했다는 사실에 좌절한 스탈린과 정치국은 그토록 오랫동안 비난했던 현재의 영토 상황 유지를 지지하는 쪽으로 입장을 완전히 바꾸었다. 12월 9일, 소련이 국제연맹에 가입하고 "독일의 침공에 맞선 지역적 상호방위협정"을 체결하기로 합의됐다. 참여국들은 벨기에, 프랑스, 체코슬로바키아, 폴란드, 리투아니아, 라트비아, 에스토니아, 핀란드, "또는 이 국가들 가운데 일부"를 포함하며 "프랑스와 폴란드의 참여는 의무적"이었다. 프랑스가 자국의 바람에 반해 오직 서유럽 변경만을 보장했던 1925년도의 로카르노조약을 따라 "동부로카르노Eastern Locarno"라는 별칭이 붙은 계획 전체를 개시했다는 점도 동시에 명확해졌다. 해당 계획의 참여국들은 "합의 자체가 상정하지 않은 군사적 공격이 발생했을 경우, 서로에게 외교적, 도덕적, 그리고 가능하다면 물질적 지원을 해야 할 의무를" 질 것이라는 점이 추가로 규정됐다.[43]

소련은 결코 프랑스가 선호한 동반자가 아니었다. 가능하기만 하다면 영국이 분명 더 나은 선택이었다. 6월 8일, 영국의 항공장관 런던데리 경과 국제연맹 군축회담의 미국 대표 노먼 데이비스는 독일인들을 달래기 위한 군축의 필요성을 납득시키기 위해 프랑스인들을 만났다. 그러나 양측 모두 "군비 축소 요청에 따른 안보상의 등가물을 제공하는 데 있어 달라디에 씨*를 만족시킬 만한 의지나 힘을" 제공하지 못했다.[44] 영국 외무부 내 중앙부서를 이끈 옴 사전트는 "'안보'라는 관점에서 볼 때, 나는 프랑스가 리트비노프의 굳건한 약속과 맹세보다 대영제국의 속삭임에 더욱 큰 가치를 부여할 것이라고 확신한다."라고 짚었다. 이는 허세가 아니었다. 하지만 영국인들은 꼼짝할 수 없는 상태였고, 나치 독일을 봉쇄하는 방향으로는 어떠한 주도권(심지어 "속삭임"조차)도 잡을 의도가 없었다. 따라서 프랑스는 홀로 서 있었다. 설상가상으로 프랑스의 의도에 대해 어떤 환상도 가지지 않은 영국은 "불·러 동맹을 방지하기 위해" 영향력을 최대한 행사했다. 영국은 이렇게 지적했다. "프랑스인들은 우리로부터 '안보'에 관한 어떠한 차후 보장도 얻어내지 못하고 동맹으로서 폴란드에 대한 믿음도 잃은 상태에서, 러시아로부터 협력 제안이 들어오자 이를 받아들여야 한다는 필요성 때문에 현재의 다자간 상호보장조약이라는 계획을 만들어냈다."[45] 누구도 영국이 현재 자신들이 하는 행위를 정확히 파악하고 있음을 부인하지 못했다. 그러나 영국은 자신들의 행동이 가져올 장기적 결과들에 대해서는 어떤 그림도 그리지 못하고 있었다.

---

*   세 차례 총리를 역임한 프랑스 정치인.

폴란드가 소비에트의 제의를 거절하다

프랑스에게 있어서 문제는 폴란드였다. 폴란드인들의 참여는 이 계획의 성공을 위한 중요한 전제 조건이었지만, 그들은 오래전부터 러시아와 독일 사이에서 균형을 취하는 전략을 채택하고 있었다. 그러나 균형점은 만들어지지 않았다. 피우수트스키 원수가 권력을 장악한 1926년 5월부터 폴란드는 독일보다는 러시아와 더욱 크게 부딪혔다. 그러나 상당수의 독일계 소수민족이 거주하고 있던 폴란드는 또한 소수민족들을 부당하게 대우한다는 악명도 지니고 있었다. 그러한 소수민족 중에는 러시아인들이 비밀리에 게릴라전을 확전하며 무장시키고 있던 벨라루스인들과 우크라이나인들이 포함되었다. 따라서 폴란드의 방위는 대부분 동쪽에서의 위협에 대처하기 위해 축조됐다. 결정적으로 폴란드인들은 당시 히틀러의 독일과 바이마르독일 사이의 실질적인 차이를 느끼지 못했고, 스탈린의 러시아와 레닌의 러시아 사이에서는 어떠한 차이도 발견하지 못했다.

그렇기에 폴란드가 독일에 대항하기 위해 소련과 동맹을 맺는 것과 관련해 프랑스가 간청하자 뒷걸음친 것은 그들의 기조와 일치하는 행동이었다. 바르샤바 주재 프랑스 대사가 보고했듯, 사실 피우수트스키는 "히틀러로부터의 즉각적인 위협을 믿지 않았다."[46] 3월 6일 단치히[그단스크]의 베스테르플라테에 위치한 폴란드 주둔지를 강화하기 위해 취해진 유명한 예방책들은 단지 국내의 반대파가 표출한 공포를 감쇄하고자 의도적으로 행해진 호전적인 전시 행위에 불과했다. 폴란드는 히틀러가 그의 주변을 둘러싼 프로이센인들보다 단치히에 대한 관심이 덜하다고 오해하며, 이 오스트리아 출신 독일인보다는 극단적인 민족주의자이자 독일의 경제장관인 후겐베르크를 경계했다. 폴란드인들은 단지 자신들의 협상력을 높이기 위해 떠들썩하게 홍보를 퍼부으며 러시아인들에게 확언을 얻으려 했으나, 동시에 극도의 보안 속에서 독일인들과 거래하려 들었다.

정부 기관지나 다름없는 〈폴란드 신문Gazeta Polska〉의 주필이자 피우수트스키가 가장 신임한 부하인 미에진스키는 1933년 4월 30일부터 5월 3일까지 모스크바를 방문했다. 그의 과업은 "폴란드가 소련에 대항하는 어떠한 종류의 공세적 행위에서도 독일인들과 동맹을 맺을 가능성이 없다는 점을 볼셰비키에게 확신시키는 것"이었다. 이제 중앙위원회의 국제정보부를 책임지게 된 라데크가 그를 맞이했다. 그가 라데크에게 말한 것들(그날의 키워드는 "확신"이었다)은 전적으로 허위였으며, 훗날 돌아봤을 때 잘못 받아들이도록 신중히 설계된 것이었다.

미에진스키는 폴란드 지도자들이 "독일과 전쟁이 일어나리라고 생각하지만, 그런 일이 일어나기를 원하지 않는"다고 말했다. 폴란드는 "우리(러시아인들)가 독일을 상대로 폴란드가 약화되기를 바라지 않는다고 확신했다. 그들이 우리를 상대로 한 해외 이해관계들의 도구가 되지 않으리라고 단호히 결심했기 때문이었다. 그들은 또한 독일인들이 우리와 폴란드 사이의 불화를 조성하려 들 것이라고 확신했다."[47] 러시아인들은 어쩌면 폴란드인들이 그러길 바랐던 만큼보다 더 이를 의식하고 있었다. 그 의식 속에 상호 이익을 바라는 마음은 조금도 없었다. 스탈린에게 그들의 입장은 전적으로 논리적으로 비쳐졌으나 이는 순전히 그들이 국가이성에 의해서만 행동한다고, 즉 공산주의에 대한 공포를 극복했다고 추정할 때만 가능한 일이었다.

손님이 떠난 후 라데크는 5월 10일 〈프라우다〉에 "베르사유조약 개정"이라는 제목의 선풍적인 기사를 발행했다. 1919년 이래 소비에트의 정책이 모두의 눈앞에서 한 방에 무너져 내렸다. "약탈적이고 고통을 선사하는 베르사유 강화가 개정으로 향하는 길은 '새로운 세계대전'과 통하고 있다." 라데크는 읊조렸다. "'베르사유 강화의 숙적인 국제 프롤레타리아는 새로운 제국주의전쟁의 불바다 속에서 세계를 새롭게 분할하려 하는 제국주의 세력의 편에 설 수 없으리라.'"

그 후 라데크는 7월 6일부터 21일까지 폴란드를 순방함으로써 미에진스키의 방문에 회답했다. 명목상으로는 방치한 그의 모친을 보러 가는 길이었다. 그가 방문 중이던 7월 15일 독일, 프랑스, 영국, 이탈리아는 사국협정Four-Power pact을 체결했다. 그러나 이 협정은 실질적으로 아무런 무게감도 가지지 못했다. 그저 공허한 인간들이 세운 텅 빈 틀일 뿐이었다. 이탈리아의 외무장관 폼페오 알로이지 남작은 "유럽식 정치적 삶의 새 장치가 지닌 내용은 장치의 존재 그 자체보다도 중요성이 덜하다."라고 적으며 이 가식적 행위의 본질을 남겼다.[48] 독일은 동등한 상대자로 대우를 받는 중이었다. 그러나 협정은 또한 거의 10년 전 로카르노가 그랬던 것처럼 동쪽의 나라들은 독립적으로 존재한다고 강조했다. 그렇기에 폴란드인들은 히틀러가 미처 자국을 재무장하기 전에 독일과의 이해에 도달해야만 했다.

독일에 대항해 러시아인들과 발맞추려는 폴란드의 의욕과 관련해 스탈린이 내린 결정과 추정으로 판단컨대, 그는 폴란드 민족주의의 힘(순전한 국익)을 지독히 과대평가하고 모든 것에 최우선하는 반볼셰비즘의 힘을 심각하게 과소평가했다.[49] 라데크는 폴란드인들에게 스탈린의 대화 지속 열망이 강하다는 점을 강조했다. 그는 독일인들이 두 갈래 방침 가운데 하나를 취할 수 있다고 시사했다. 소련으로 향하는 길에 폴란드를 침공하고 점령하든가, 아니면 동프로이센까지의 폴란드 회랑에 대한 독일의 통제권을 협상해 베를린이 소련을 공격할 발판을 마련하는 것이었다. 소련은 장차 후자의 방침에 몰두하게 될 터였다. 그러나 폴란드인들은 사태를 이러한 방식으로 파악하지 않았다. 라데크는 뇌물 수수를 시도했다. 그가 심지어 폴란드에게 그들의 공통된 이웃인 리투아니아에 대한 재량권을 제안했다는 점은 소비에트의 열망이 얼마나 대단했는가를 드러낸다. 폴란드가 (피우수트스키가 태어난 곳인) 수도 빌뉴스를 즉각 점령했던 1920년 이래 리투아니아인들은 자신들의 패배를 인정하는 평화조약 체결을 완고하게 거부했다. 여태껏 러시아인들은 그들 편에 섰으나, 이제 라데크는 폴란드어로 "당신들이 원하는 대로 하십시오."라고 말하면서 러시아어로 "그들은 스스로를 탓할 수밖에 없습니다."라고 덧붙였다.[50]

그러나 라데크가 폴란드 땅을 떠나자마자 베를린은 바르샤바와의 특별 관계를 협상하기 시작했다. 7월 20일~21일 파펜은 무솔리니에게 "러시아를 희생해 폴란드와 합의에 이를 수 있다고 판단"했음을 전달했다. "역사의 매 시기마다 다른 나라를 위해 희생하는 국가가 있었죠. 최근에는 독일이 그랬고, 가까운 미래에는 러시아가 그렇게 될 것입니다. 이 희생은 독일과 폴란드로 하여금 (독일에서 폴란드를 거쳐 동프로이센에 이르는) 회랑 문제와 그 외의 모든 시급한 동부 전선 문제들을 해결할 수 있도록 할 것입니다."[51] 협상은 가장 엄격한 보안 속에서 진행됐다. 히틀러의 선전 책임자 요제프 괴벨스는 폴란드 대사 유제프 리프스키를 다음처럼 평가했다. "볼셰비즘에 대항하고, 프랑스와는 요령껏 대치하며, 독일과는 상호 합의를 도모하고, 히틀러는 신실하다(라고 믿는다)."[52]

과정은 그리 오래 걸리지 않았다. 1934년 1월 26일 폴란드 정부와 독일 정부는 몇 개월간의 비밀 회담 끝에 불가침 공동선언을 발표해 유럽을 깜짝 놀라게 했다. 히틀러가 이탈리아인들에게 말한 바에 따르면 이 협정은 "러시아에 대항하는 완충제"였다.[53] 협정은 어제까지의 숙적이 극적인 화해를 이루었음을 표상하는 동시에 동부 로카르노 구축, 또는 이에 실패할 시 동부 유럽 내 프랑스의 동맹들을 포괄하는 다자간 상호원조협정을 맺으려던 프랑스와 러시아의 희망을 모두 의도적으로 차단하는 것이었다. 이제 위태로울 정도로 고립된 발트 국가들에게는 움직일 수 있는 공간이 거의 남아 있지 않았다. 이러한 조치를 취하면서 폴란드 외무장관 유제프 베크는 이웃한 라트비아의 외무장관 빌헬름 문테르스에게 폴란드는 어떠한 일반적인 협정에 소련을 "다른 열강들과 동등한 위치로" 포함하려는 "어떠한 시도"도 폴란드의 "가장 중대한 이해관계에 어긋나는" 행위로 간주하고 결연히 반대할 것이라고 경고했다.[54] 베크는 히틀러가 오스트리아인이기 때문에 동시대의 프로이센인들이 가지고 있는 반폴란드 정서를 가지고 있지 않으리라고 굳게 믿는 듯했다.[55] 1933년 12월, 정치국의 제안서는 이미 가망이 없다는 모든 징후를 보여줬다. 모스크바는 독일이 동쪽으로 향하는 길을 막기 위해 다른 방안을 찾아야 했다.

프랑스의 잠재적 우방인 소련이 독일과 대항하는 일과 관련해 폴란드와 합의점을 찾는 데 실패했다는 사실은, 1933년 12월 19일 정치국이 승인한 다자적 상호원조협정을 위한 불·소 계획에 큰 구멍을 냈다.[56] 그러나 프랑스는 포기하려는 의향을 보이지 않았다. 오히려 프랑스는 소련과의 군사적 협력을 최우선순위로 유지했다. 케도르세*의 사무총장 알렉시 레제에 따르면 "약 2년간 … 상당한 규모의 정치적 지지를 받은 참모장들은 마침 러시아가 요청해온 양자간 협정을 맺지 않는다면 무척 어리석은 일일 것이라고 강력히 권고했다." 요점은 "러시아의 광대한 공업 자원을 프랑스가 마음껏 이용할 수" 있다는 것이었다.[57] 더욱이 스탈린이 자신의 유망한 장교들을 처형하기 전에도 붉은군대는 공세 작전을 수행하기에는 쓸모없다고 널리 간주됐음에도 불구하고, "정보를 숙지한 여론의 시각에서" 불·소 협정의 "주요한 가치"는 "독일이 러시아의 막대한 자원을 활용할 가능성을 차단하는 것일 터"였다. 이는 결코 사소한 사안이 아니었다. "따라서 만약 러시아가 프랑스와 우방의 편에서 전쟁에 참여하지 않더라도, 적어도 그들을 전적으로 전쟁에서 제외할 수 있을 것이다."[58]

마침내 1934년 4월 24일, 프랑스인들은 러시아인들에게 공식적으로 양자간 협정을 제안했다. 소련은 의향이 있다고 선언하면서 폴란드로부터 위협을 받는 이웃 발트 국가들인 에스토니아, 라트비아, 리투아니아를

---

* 파리 센강 변의 프랑스 외무부 소재지.

포함하기 위한 확장 방안도 모색했다. 이 나라들은 독일의 잠재적 침공에 대항하는 소련의 중요한 전선을 형성했다. 러시아인들은 1939년~1940년에 시연될 사건들처럼 그들이 적의 손아귀에 떨어지도록 내버려두지 않을 참이었다. 프랑스는 이 조건에 동의했다. 그러나 러시아는 5월 18일, 비록 최후까지 밀어붙였음에도 불구하고 이 조건이 더 이상 달성될 수 없음을 깨달았다.

폴란드가 독일에게로 선회한 사건의 여파는 소비에트의 첩보 활동에 부여된 임무의 우선순위에서도 확인할 수 있다. 1934년 5월 25일, 정치국은 "군사정보 사업의 무게중심을 폴란드, 독일, 핀란드, 루마니아, 영국, 일본, 만주, 중국 쪽으로 선회"하는 데 합의했다. 프랑스, 체코슬로바키아, 이탈리아를 포함하는 다른 국가들의 군대 연구는 무관들이 수행하는 "법리적 조치"에 불과한 요식행위에 그칠 터였다.[59] 지렁이가 꿈틀거린 것이었다.

계획들이 진전됨에 따라 6월 9일 루마니아와 체코슬로바키아가 소련을 승인했다. 러시아인들은 재빨리 가입 이후 일어나는 영토 분쟁에 대해서만 직권조정이 허용된다는 조건 아래 국제연맹에 가입했다(이는 루마니아로부터의 베사라비아 재합병 가능성을 열어두기 위함이었다). 1934년 7월 14일 정치국은 프랑스, 소련, (영국을 소외시키지 않기 위해 명목상 포함시킨) 독일 사이의 삼자협정에 공식적으로 합의했고, "동부 지역의 협정을 보장했다."[60]

그러나 폴란드와의 협상으로 대담해진 독일은 9월 8일, 그러한 협정 제안을 거절했다. 대신 베를린은 모스크바와의 양자 무역협정을 요구했다. 독일의 동기는 노골적으로 미심쩍었다. 9월 15일 스탈린은 소치에서 보낸 전신을 통해 독일인들이 양자 거래가 간절한 것처럼 보였다고 언급했다. "이 거래를 재빠르게 처리하려는 쪽은 우리가 아니라 독일이다. 그들은 우리와의 조약을 통해 유럽에서 벌어지고 있는 일들에 초를 치고, 동부조약을 거부함으로써 얻은 나쁜 평판을 가라앉히고, 우리와 프랑스 사이에 불신의 씨를 뿌리고, 자국의 국내적 상황을 개선하고자 한다." 스탈린은 독일 측이 "우리보다 더 조약을 필요로 하기" 때문에 속도를 늦출 것을 조언했다.[61] 동시에 나르코민델에도 "독일과 폴란드 없이 협정을 시작하도록 서두르지 말라."라는 지침이 내렸다. 제네바에서 리트비노프가 의사 타진을 마칠 때까지 기다리라는 의미였다.[62]

거기서 베크는 재빨리 독일의 사례를 뒤따랐다.[63] 모스크바는 이제 폴란드의 생각을 분명히 읽을 수 있었다. 동부조약이 유럽에서 논의되고 있던 바로 그때, 러시아인들은 일본의 공격을 두려워하고 있었다. 러시아가 폴란드의 계산을 보다 명확하게 알아차린 10월 18일, 유럽 전역戰域과 극동 전역 사이의 연계가 눈이 시릴 정도로 분명해졌다. 내무인민위원부NKVD의 해외지부(국가안보총국 해외지부InO GUGB)는 "폴란드의 현 외교정책은 소련과 일본 사이의 전쟁이 머지않아 발생할 것이며, 이는 유럽을 근본적으로 뒤바꿀 신호가 되리라는 굳은 신념에 근거"하고 있다는 사실을 파악했다. 폴란드는 앞을 내다보면서 어떠한 "충격"도 받지 않기 위해, 자국의 정책을 오로지 양자간 안보협의에 기초할 생각이었다. 이들이 "독일의 심각한 상황을 기회로" 독일과 협의를 이뤘던 것처럼 말이다. "… 폴란드가 프랑스의 대소련 화해 정책에 참여할 경우, 이는 국제정치상의 부차적 요인이 될 것이다. … 폴란드는 동부조약이 프랑스와 소련에 의한 독일 포위에 맞춰져 있다고 간주한다. 이 같은 상황에서 폴란드가 프랑스의 정책에 동의한다면, 이는 불·소 정책의 무기로 변모할 것이다." 따라서 폴란드는 "가능한 한 오랫동안 자신의 진정한 의도를 감추면서 대답을 지연"시킬 터였다.[64]

그러나 폴란드는 불장난을 하는 중이었다. 자신감이라는 평온한 표면 밑에서는 근본적인 취약점들이 증식하고 있었다. 폴란드는 국가 재정상의 위기에 직면해 있었다. 피우수트스키가 군대 현대화에 저항한 결과, 폴란드는 군사적으로 뒤처져 있었다. 1920년의 영광스러운 군사작전은 전설로 남았으나, 독일과 러시아의 역량을 능가했던 1923년의 군대는 날이 무뎌졌다. 세계는 기갑사단과 포병, 항공의 등장을 기점으로 자동화 시대에 진입했다. 이웃한 경쟁자 체코슬로바키아는 훌쩍 앞질러 나갔다. 1926년과 1935년 사이에 폴란드 공군력은 실제로 50퍼센트 감소했고, 대공포와 대전차무기는 요구 사항을 충족하지 못했다. 이미 후진적이던 동력화는 심각하게 정체됐다.[65]

모스크바는 더 이상 기다리지 않기로 결심했다. 폴란드의 의도를 향한 의혹은 이제 정점을 찍었다. 나르코민델의 보고를 들은 정치국은, 비록 내키지는 않았지만 11월 2일 "프랑스와 체코슬로바키아, 또는 프랑스가 단독으로 이에 동의하면 독일과 폴란드가 참여하지 않더라도 동부조약을 체결할 수 있도록 승인"하기로 결의했다. 게다가 러시아인들은 베를린이 동부조약에 참여하지 않는 이상 베르사유조약을 위반하게 되는 셈인 독일의 어떠한 재무장도 합법화하지 않으리라고 다짐했다.[66] 그리고 불·소 화해의 이면에서 영감을 고취시킨 프랑스 외무장관 루이 바르투와 당시 프랑스를 방문 중이던 우방 유고슬라비아의 국왕 알렉산다르 1세가 12월 9일 마르세유에서 암살됐을 때, 스탈린은 아무런 의심의 여지 없이 배후를 지목했다. "내가 생각하기에 바르투와 알렉산다르 1세 살해는 독일과 폴란드 정보국의 소행이다." 7월 25일에 벌어진 오스트리아 총리 돌푸스 암살에서와 마찬가지로, 이번 사건의 목표는 정책을 선회시키는 것이었다. "나는 확신한다." 스탈린은 적었다. "나는 이 추측이 가장 진실에 가까우리라고 생각한다."[67]

하지만 소비에트 정책이 전체적으로 추진되던 방향은 필연적으로, 독일 재무장에 동의함으로써 히틀러를 달래고 시간을 벌어볼 셈이었던 영국과의 직접적인 충돌을 초래했다.

영국의 독일 유화책

영국 외무부 내 중부유럽부서를 감독하게 된 사무차관보 사전트는 회의적인 성격에도 불구하고 독일에 대항하는 "공동 상호방위 정책"을 믿었다. 그렇지 않을 경우, 히틀러는 "심지어 무력을 사용하거나 전시하지 않고도 조용한 위협을 통해 자신의 목표를 하나하나 이루기에 충분한 힘을 배후에 축적할" 터였다. 그러나 사전트가 (비록 혼자만의 착각은 아니었지만) 완전히 오판한 부분은, 영국이 이를 처리할 시간을 얼마나 가졌는가 하는 점이었다. 나치가 불러일으킨 독일 민족주의가 가진 날것 그대로의 에너지를 심각하게 과소평가한 사전트는 독일이 침략 전쟁을 일으킬 수 있기까지 "수십 년"은 걸릴 것이라고 주장했다. 따라서 그는 독일이 "침략 '전쟁'이 아닌 침략적 '정책'"을 추구할 것이라고 상정했다.[68] 이는 큰 차이 없이 단지 위안만을 주는 구분이었다. 영국의 재무장이 시급히 요구되기 전까지 시간은 충분한 듯이 보였다. 이것이 외무부가 당시 사건들에 달팽이 속도로 반응한 이유였다. 그리고 사전트가 고위급 안에서는 통찰력이 뛰어난 현실주의자 가운데 하나였음을 유념하자. 따라서 영국은 프랑스와 소련 같은 다른 국가들이 주도권을 잡는 동안 근본적으로 수동적인 태도를 보였다. 영국이 실질적으로 구체적인 대안 정책을 가졌다는 사실은 프랑스와 러시아가 독일 봉쇄를 서두르기 위해 더 작은 동맹 체계를 구축하려 질주할 때 드러났다. 당시 프랑스와 러시아는 영국의 반대와 단호한 방해 공작에 정면으로 맞부딪쳤다.

영국 외무부 제1서기관이자 본연의 기질과 경험으로 인해 대단한 독일 유화론자였던 카는 당시 영국의 지배적 관점을 전형적으로 보여준다. 그는 "프랑스가 이탈리아 및 소련과 맺은 합의는 독일을 고립시키고 포위하며 베르사유조약의 불평등함을 영속시키는, 즉 나치혁명이 일어난 주된 요인이었던 바로 그 조건들을 유지하는 효과만을 보인다는 견해가 점차 힘을 얻었"음을 회상했다.[69] 이면에는 물론 히틀러가 한정된 목표를 지닌 지도자에 불과하고 이성에 따라 판단할 수 있으리라는, 어쩌면 전형적인 영국식 착각에 불과한 편협하고 검증되지 않은 추정이 놓여 있었다. 그 후 영국이 취한 모든 행위는 그 추정에 맞춰 이루어졌다. 영국 외무부는 포위 정책을 대신해 "독일 주위의 고리를 깨고, 독일의 고충과 관련해 우호적인 논의에 착수하며, 독일을 다시 국제연맹으로 불러들이고자" 결심했다.[70] 이러한 결심은 프랑스 외무장관 피에르 라발이 영국 외무부의 국제연맹 담당 정무장관 앤서니 이든에게 지적했듯 "히틀러의 전술은 한 번에 하나의 열강과 타협을 보려고 시도하는 것"이었기 때문에 독일에게 유리하게 작용했다.[71] 그러나 프랑스인들에게는 안타깝게도 영국인들은 필요할 경우 단독으로 행동하는 위험을 감수할 수 있을 만큼 자신들이 충분히 강하고 많이 알고 있다고 생각했다. 프랑스가 끝내 비협조적으로 나온다면, 그들 스스로 꾸려나가도록 프랑스를 내버려둘 수도 있었다.

12월 22일 파리에서 플랑댕 프랑스 총리와 라발과 회동을 가진 영국의 사이먼 외무장관은 마침내 "사안이 표류하도록 허락할 수 없다."라고 통고했다. 하지만 사실 표류하던 것은 1933년 1월 이래의 영국 정책이었다. 물론 가장 가까운 독일 군함의 뒤를 충실히 따르기보다는 표류하는 편이 낫기는 했다. 히틀러가 "군비 문제를 해결하기 위한 제안과 함께 직접 앞으로 나와 이 사안과 관련한 협상에 우리를 초대할 것"이라는 사이먼의 제의는, 돌이켜보면 우스울 정도로 순진하고 절망스러울 정도로 사태를 오해한 것처럼 보인다.[72] 영국의 태도를 너무나 잘 알고 있던 정치국은 소련이 "영국의 중재를 기대하지 않고 프랑스가 독자적으로 독일과의 협상에 나서도록 압력을 넣기로" 분별 있게 결의했다.[73] 그러나 이 선택도 그 나름의 위험성을 가졌다. 모스크바와 런던은 독일을 어떻게 다루는가를 두고 충돌로 향하는 중이었다. 곧 무대의 중앙에는 프랑스를 두고 벌이는 양자 간의 줄다리기가 들어섰다.

폴란드에 대한 소비에트의 불신

이후 러시아인들은 비록 직접적인 증거는 부족하지만, 자신들이 적대적인 조합과 직면했음을 점차 확신하게 됐다. 리트비노프는 이탈리아 대사에게 폴·독 불가침 의정서에 대해 이렇게 말했다. "구두를 통한 합의가 있었던 것은 분명하며, 아마도 비밀 조항들에 의해 보충되었을 것입니다. 그러지 않았을 리가 없습니다." 그 합의는 아마도 발트해 지역이나 우크라이나에서의 영향권을 포함하고 있을 터였다. 이제 폴란드 영토인 동쪽 변경에서 자란 리트비노프는 이 사안에서 자신의 목소리를 침착하게 유지하기가 너무나 힘들다는 사실을 깨달았다.[74] 소문들이 만연했다. 베를린 주재 미국 무관은 대사에게 "지난 보고서들은 폴란드가 회랑을 내주는 대신 우크라이나를 획득하는 것과 관련한 군사협정이 존재할 가능성을 시사합니다."라고 썼다.[75] 프랑스 정보국은 1935년 1월 말 국제연맹 이사회의 회의 후에 있었던 폴란드 외무장관 베크 대령과의 담화를 보고했다. 거기서 베크는 "자신은 피우수트스키 원수가 손에 쥐고 있는 것이 무엇인지 알지 못하며, 불가침 의정서와 함께 폴란드가 독일과 합의한 특정 약속들에 자신은 동의하지 않는다는 점을" 분명히 했다. 이 약속들 가운데 "폴란드가 베를린 외무부의 사전 허가 없이 어떠한 협정에도 서명하지 않을 것을 약속하는 특정한 비밀조항이 폴란드·독일 협정 내에 존재합니다."라고 보고서는 이어졌다.[76]

"믿을 수 있는" 폴란드 정보원으로부터 얻은 소비에트의 인간정보 보고에 따르면, "영국인들은 폴란드와 독일 사이에 대유럽 정책과 상호원조에 대한 의무와 연결된 일종의 비밀 협정이 존재한다고 확신"했다.[77] 이는 또한 케도르세의 믿음이기도 했다.[78] 파리 주재 폴란드 무관 블레진스키 대령은 독일과의 협정이 동유럽에 지대한 영향을 끼칠 것이라며 스스로 공치사했다. 폴란드 장군들인 할레르와 시코르스키도 이 협정을 동맹이라고 믿었다는 사실은 모스크바에 불행한 충격을 가져다주었다.[79] 따라서 소비에트 군사정보국인 제4국이 독일 대사관의 정보원으로부터 직접 제공받은 믿을 만한 정보는 소련에 어느 정도 위안을 주었다. 1935년 1월 27일~31일 폴란드를 방문한 괴링이 동맹을 제안했으나 피우수트스키가 이를 퇴짜 놓았다는 소식이었다.[80]

하지만 실제로 베크가 원수의 추론을 얼마나 이해했을까? 당시 마흔을 갓 넘겼으며 교육을 제대로 받지 못한 베크는 엄청난 자만심을 가진 남성이었고, 런던과 파리 모두에서 바보라며 널리 얕잡아 보였다. 독일의 선전 책임자 요제프 괴벨스는 "젊고 감수성이 예민"하다며 보다 너그럽게 그를 받아들였다.[81] 베크의 내각 비서와 결혼한 우비엔스카 백작부인은 이보다 덜 너그러운 편이었다. 그녀는 재치 있게 논평했다. "심지어 폴란드어로 이야기할 때도 그[베크]는 자신이 무엇을 말하고자 하는지 전혀 몰랐어요."[82] 확실히 그와의 대화는 진이 빠지는 일이었다. 베크는 주구장창 폴란드어를 떠들어댔으나, 프랑스 대사 노엘은 그가 무엇을 말하고자 하는지 정확히 파악하지 못해 애를 먹었던 경험을 회상했다. "마치 미끄러운 장어를 손으로 붙잡으려고 애쓰다가 결국 실패하는 느낌이었어요."[83]

사실 베크는 외무부 내에서도 극소수와만 생각을 공유했다. 그럴 이유는 충분했다. 프랑스와 독일 주재 대사들을 제외한 대부분의 폴란드 관리는 히틀러와의 화해를 전적으로 반대했기 때문이었다.[84] 필연적으로 온갖 추측과 악취 나는 의혹이 만연했다. 오늘날까지 누구도 제대로 알지 못하는 베크의 꿍꿍이속이 무엇이었든 간에, 독일과의 공동선언 이면에 무언가 더 사악한 것이 도사리고 있다는 추정은 1938년 말에 이르기까지 소비에트의 대유럽 군사 계획의 기초를 이뤘다. 이는 괴링이 폴란드로부터 히틀러가 원하는 바를 얻지 못한 이후인 1935년 2월 5일, (머지않아 원수로 진급할) 투하쳅스키와 우보례비치 지휘관이 스탈린에게 발송한 전쟁계획 관련 비망록에서도 뚜렷이 드러난다.[85] 1936년 가을에 치러진 소비에트 전쟁 훈련도 같은 기준으로 수행됐다.[86] 따라서 피우수트스키와 베크는 러시아인들을 괴롭히면서, 매우 불확실한 지식에 기초해 아주 높은 판돈이 걸린 도박을 하고 있었다.

폴란드의 하위 우방 루마니아는 다른 이들과 마찬가지로 아무것도 모르는 상태였다. 1936년 초 바르샤바에 새롭게 부임한 대사 콘스탄틴 비쇼야누는 베크의 정책을 이해할 수 있는 설명을 듣기 위해 자신의 모든 해외 상대자를 떠보았다. 비쇼야누 자신은 루마니아의 외무장관 니콜라에 티툴레스쿠와 친밀했다. 그는 라트비아 대사 발테르스에게 이렇게 말했다. "모두가 폴란드의 정책에 관해서 같은 의견을 가지고 있는 것 같습니다. … 폴란드의 현 외교정책은 투명하지 않으며, 누구도 이를 이해하지 못합니다. 그야말로 수수께끼입니다. … 만일 오늘 당신이 한 프랑스인에게 폴란드를 믿을 수 있겠느냐고 물으면 아니라고 대답할 것입니다. 당신이 우리 루마니아인이나 영국인에게 질문해도 답은 같을 것입니다. 믿을 수 없다는 것이죠. 나는 최근 이 나라에 부임한 영국 대사와 이야기를 나눴습니다. 대사의 대답 역시 다른 이들과 전혀 다르지 않았습니다. 대사는 그저 무기력한 몸짓을 하며 누구도 폴란드의 정책을 이해하지 못한다고 덧붙였습니다. 폴란드의 군사동맹인 우리에게 이 같은 질문은 매우 중요합니다. 우리는 폴란드와 독일의 관계가 정확히 … 어떠한지를 알아야 합니다. 그러나 우리는 모르죠. … 프랑스도 모르고요. … 이런 정책을 통해 폴란드가 얻을 수 있는 것은 불신뿐입니다."[87]

1935년 5월 12일 피우수트스키가 사망하면서 그의 외교정책 이면의 직관과 추론도 함께 사라졌다. 4년 뒤 갈레아초 치아노가 지적했듯, 그 후 "폴란드에서 중요하다고 인정된 유일한 목소리는 죽은 피우수트스키 원수의 것이었다. 수많은 이가 그의 진정한 유훈 관리자가 되기 위해 싸우고 있다."[88] 피우수트스키는 그다지 큰 열의 없이 에드바르트 리츠시미그위 장군을 자신의 후계자로 지명했다. 그러나 그 누구도 노인의 빈자리를 대신하지는 못했다. 승계를 통한 지배층 대령들 사이의 권력 투쟁은 1년 후 흐지부지될 때까지 이어졌다. 피우수트스키는 전장에서 가장 유능한 이 가운데서 자신의 후계자를 선택했지만, 리츠시미그위가 "정적의 적대적 동기들"을 알아챌 수 있을 만한 정치적 통찰력을 가졌다고는 전혀 확신하지 못했다.[89] 리츠시미그위는 다음번 전쟁이 총동원을 요구할 것임을 충분히 이해했다. 실제로 그의 예측은 독일인들만큼이나 혁신적이었다. 하지만 그러한 변화를 일으킬 수 있었던 1920년대는 빠르게 흘러갔고, 그는 자신의 생각을 현실화할 수 있을 만한 희생을 치르도록 상관들을 설득하지 못했다. 베크는 이탈리아인들이 '작은 정치piccola politica'라고 부르는 정치 감각을 가졌던 반면, 리츠시미그위의 수완 부족은 그가 일단 1인자가 됐을 때 더욱더 분명히 드러났다.[90]

따라서 리츠시미그위가 베크보다 독일의 부상을 더욱 심각하게 받아들이고, 프랑스가 러시아와 동맹을 체결한 뒤에 프랑스인들을 되찾기 위해 진지하게 노력했음에도 불구하고 뚜렷한 성과는 나타나지 않았다. 마지못해 그는 베크의 뒤에 섰다. 그의 반볼셰비키적 본능은 결국 별다른 선택지를 남기지 않았다. 비오 11세는 전쟁 직후 폴란드 주재 교황대사로 복무했을 당시 알게 된 폴란드계 프로이센 귀족 보그단 후텐차프스키와 긴 대화를 나눴다. 비오 11세는 피우수트스키의 사망을 대단히 애통해했다. 비오는 수차례나 "언급하길, 오랫동안 독일인들에 의해 투옥됐음에도 불구하고 원수는 반독 정책을 만들지 않았고, 진정한 적은 소비에트인들이었다고 믿었습니다. … 원수가 여전히 살아 있다면, 그는 당신들이 일종의 군사동맹을 맺고 있는 프랑스가 날린 타격을 당연히 불쾌하게 여겼을 것입니다. 그 동맹은 이제 소비에트와의 일종의 협정 같은 것이 되었죠."[91] 그리고 1936년 2월 16일 신임 총사령관이 베를린을 방문했을 때, 그는 "유럽에서 어떠한 종류의 문제가 일어나든 간에 소련은 이를 사회적 불안과 혁명을 촉진하는 도구를 이용하리라고" 확신한다고 괴링에게 말했다.

"충돌이 일어난다면 폴란드는 결코 소련의 편에 서지 않을 것입니다."[92] 그는 9월 말, 베크의 부관인 얀 솀베크에게 의사를 반복했다. "리츠는 우리가 만일 어느 한쪽을 선택할 것을 강요받는다면, 분명 볼셰비키와 함께하지는 않을 것이라고 말했습니다."[93]

율리우시 우카시에비치는 1936년 프랑스로 옮겨 가기 전까지 소련 주재 폴란드 대사로 복무했다. 그는 상황이 어떠한지에 관해 의심하지 않았다. "폴란드에게 볼셰비키는 독일인들보다, 모스크바는 베를린보다 훨씬 위험하다." 1925년도에 서부 국경을 보장했던 로카르노조약과 마찬가지로 동부 국경을 보장할 이른바 동부로카르노를 프랑스 총리 바르투가 처음 제안했을 때, 폴란드 정부는 완전히 이를 경멸했다. "만일 바르투 씨가 수 세기에 걸친, 특히 폴란드 분할 이후의 폴란드와 러시아 관계의 역사를 잘 알았더라면 소비에트인들과의 상호원조협정 체결을 제안하지 않았을 것입니다."라고 대사는 지적했다.[94]

볼셰비즘에 대한 뿌리 깊은 적대는 피우수트스키 도당 전체, 심지어 그들 가운데 가장 온건한 이들에게서도 공통적으로 나타났다. 총사령관의 시각은 나라를 다스리는 대령들 사이에서 실로 광범하게 공유돼, 심지어 내부 핵심층 안에서도 나라의 방향을 논의하는 격렬한 공개 토론이 이뤄지지 않았다. 머지않아 외부인들도 폴란드의 이러한 사정을 이해하게 됐다. 새롭게 폴란드 정보부(제2부) 수장으로 임명된 타데우시 페우친스키 대령이 제2국*의 첩보평가 수장 모리스 고세를 만나러 프랑스를 방문했을 때, 파리에서는 잠시 일이 마침내 성사될 수도 있다는 희망이 피어났다. 그러나 페우친스키는 프랑스인들이 진정으로 관심을 가진 것에 전혀 흥미를 보이지 않았다. 페우친스키의 목적은 전적으로 정치적이었다. 그는 경고를 울리기 위해 그곳에 있었다. 그는 고세에게 경고했다. "러시아

---

*   1871년부터 1940년까지 존속한 프랑스의 해외 군사첩보기관.

야말로 가장 위협적이고 변함없는 위험입니다. 러시아는 폴란드를 침공하고 그곳에 주둔할 수 있도록 주어진 최초의 기회를 이용할 것입니다. 붉은군대는 군사적 역량을 끊임없이 증강하면서 위협적인 존재로 거듭났습니다. 붉은[최고] 사령부는 계속해서 우리의 국경에 10개에서 15개 사단을 집중시키고 있습니다. 러시아가 원하는 것은 폴란드 국가의 소멸입니다. 빨갱이들이 폴란드라는 이름과 우리의 언어를 허락할 수도 있지만, 정신적인 측면에서 우리는 완전히 쓸려나갈 것입니다." 페우친스키는 "히틀러의 완고한 반대를 고려할 때" 당분간 소·독 협상은 가능하지 않으리라고 생각했다.[95]

이러한 사고방식은 경종을 울리는 결과를 낳았다. 비관적인 예측은 사실상 폴란드로부터 행동을 취할 자유를 빼앗았고, 부지불식간에 히틀러에게 백지 위임장을 넘겨주는 모양새가 만들어졌다. 폴란드는 자신도 모르는 새에 모든 대안을 포기했다. 그들은 독일의 야망을 가로막을 잠재적 차단물이 될 수도 있었다. 몇 년 후인 1937년 의심스러운 외국 요인들에 대한 스탈린의 첫 번째 테러 작전이 진행되는 동안, 내무인민위원부는 투옥하거나 사살할 대상자들의 명단을 추리기 시작했다. 당시 수장 니콜라이 예조프는 지위를 막론하고 "반드시 모든 폴란드인을" 체포하라는 (스탈린으로부터 내려왔을 것이 분명한) 독특한 지시를 내렸다.[96] 소련인들의 마음속에 우호적인 폴란드인은 '없었다'. 그 폴란드인이 심지어 공산주의자더라도 마찬가지였다. 폴란드공산당이 코민테른에서 완전히 청산된 유일한 두 지부 중 하나였음을 기억하자(다른 하나는 조선공산당이었다*). 그들은 러시아사회민주노동당의 전 동지로서 러시아인들과 지나치게 가깝게 지낸 것에 대한 값비싼 대가를 치렀다.

---

* 조선공산당은 1928년 일제 식민 경찰의 탄압 아래 해체됐고, 이후 코민테른은 조선공산당의 재결성을 부정했다.

베를린의 존 사이먼 경

물론 폴란드 지도자들만 진상을 외면한 것은 아니었다. 독일 재무장에 우호적인 로디언 경의 입장을 지지하는 1935년 3월 11일 자 〈타임스〉의 주요 기사는 영국 정부 본연의 입장에 도움이 되지 않았다. 로디언 경은 1월 29일 히틀러를 만난 바 있었다. 해당 사설은 이렇게 주장했다. "정부가 사실을 직시하고 있으니, 이제 독일이 군비를 베르사유 수준으로는 규제할 수 없다는 사실 또한 직면케 하도록 하자. … 만일 영국 정부의 의도가 베르사유조약의 제5부*를 모든 당사국이 평등한 체제로 대체하는 것이라면, 조약 위반을 비난하는 행위에는 아무 의미도 없다. 위반과 관련해 독일만을 단독으로 비난하는 일에는 더욱 아무 의미가 없다."[97] 사흘 후인 3월 14일, 히틀러는 분할통치 전술의 일환으로 외무장관 존 사이먼 경을 베를린으로 초대했다. 이 초대는 이틀 후 히틀러가 베르사유조약의 제5부에 공개적으로 저항하며 전면적인 재무장을 발표하자마자 수락됐다. 런던은 어째서 그리 놀랐을까? 오랫동안 외무부의 대변자로 여겨지던 〈타임스〉가 이미 이를 허가하지 않았던가? 희망이 꺾인 사이먼은 이든을 대동하고 외무부 중앙부서의 윌리엄 스트랭과 랠프 위그램의 수행을 받으며 이틀간의 회동(3월 25일~26일)을 위해 베를린에 도착했다. 당혹감에 싸인 채 이를 지켜보던 러시아인들은 이후, 명백히 그들을 틀 안에 붙잡아두기 위한 작은 선물에 불과한 하위 관리 이든의 모스크바 예방을 맞이해야 했다.[98]

베를린에 도착한 영국인들은 히틀러의 도발적인 전주곡에 항의하는 원칙적인 성명을 당당하게 발표했다. 그들은 자신들의 원칙을 대강 서술했다. 평화와 안보에 대한 협력이 "일반적"이어야 하든가, 아니면 유럽이

---

*　군사 관련 조항들로 독일 무장에 대한 전반적인 규제와 관련된다.

"두 진영으로" 분리되든가였다. 그야말로 인상적이었다. 하지만 그 후 예상대로, 그리고 무능과 기회주의가 섞인 사이먼의 전적대로 불과 몇 시간 만에 그들은 완전히 무너져 히틀러가 제안하려는 바를 무엇이든 받아들였다.

논의는 대부분 소련과 코민테른을 겨냥한 히틀러의 간헐적인 독백으로 채워졌다. 좌파에 애착을 가진 이든이 볼셰비즘은 순전히 국내적인 사안이라고 주장하자, 히틀러는 세계 전역에서 펼쳐지는 코민테른의 작전을 정확하게 지적하며 "독일 내 볼셰비즘을 본 사람의 하나"로서 자신의 직접적인 경험을 강조했다. 베를린이 아닌 모스크바야말로 전쟁을 일으킬 가능성이 가장 높은 진원지였다. 히틀러는 "10년 내로 … 러시아는 아주 가공할 열강이 될 터이기" 때문에, 미래에 "아시아와 볼셰비키로부터의 위협에 대항해 유럽을 방어하기 위한 협력과 연대가 긴급히 필요해질 것"이라는 자신의 굳은 신념을 표명했다.[99]

내각에 보고된 사이먼의 방문은 실패 그 자체였다. 사실 일부 해외 관찰자들의 눈에 이 방문은 "재난에 가까웠다."[100] 그러나 (영국 장관으로서는 최초의 여정이자 스탈린을 만난 것으로도 처음인) 이든의 모스크바 여행은 내각에 보고될 만큼 중요하게 여겨지지도 않았다. 어쨌든 스탈린이 이든에게 했던 말은 외무부의 주류 의견과 정확하게 일치하지는 않았다. 이든은 (대사 이반 마이스키가 통역하는 가운데) 스탈린이 현존하는 두 위험의 원천 때문에 상황이 1913년보다 위험하다고 주장하는 모습을 보았다. 그 원천은 독일뿐 아니라 일본도 포함했다. 일본은 침공을 재개하기 전에 잠시 숨을 돌리는 중이었다. 스탈린은 독일이 국제적 의무들을 그토록 가볍게 취급하는 모습을 본 이후 그들이 서명한 불가침협정을 전혀 신뢰하지 않았다. 누가 독일인들을 믿을 수 있겠는가? 대조적으로 집단적 상호원조협정은 그들을 결속시킬 수 있었다. "여기 이 방 안에 여섯 명이 있습니다. 예컨대 마이스키 동지가 우리 가운데 한 명을 공격하려 한다고 해봅시다. 무슨 일이 일어나겠습니까? 우리가 합동해서 마이스키 동지를 두들겨 팰 수 있겠죠." "그래서 마이스키 동지가 전혀 나대지 않는 것 아니겠습니까." 몰로토프가 짓궂게 농담을 던졌다. 이것은 조만간 독일이 베르사유조약의 사슬을 끊고 나올 때를 대비한 일종의 보험이라며 스탈린은 말을 이었다. 그리고 그는 이든에게 한 국가가 다른 국가에 대항하게끔 판을 꾸미는 히틀러의 습성에 관한 또 하나의 사례를 이야기했다. 독일인들은 전적으로 솔직하지 못했다. 1년 전 그들은 2억 마르크의 신용을 제안했고, 러시아인들은 협상에 응했다. 그러나 거의 동시에 투하쳅스키와 괴링이 비밀리에 만나 프랑스를 공격할 계획을 준비하고 있다는 소문이 돌기 시작했다. "그걸 대체 무슨 정치라고 할 수 있겠습니까?" 스탈린이 논평했다. "바로 소인배의 정치죠." 그리고 이든은 소련이 일으킬 전쟁 위험에 관해 베를린에서 이미 대화를 나누지 않았던가? "당신은 알고 계시지 않습니까." 스탈린이 말했다. "당시 독일 정부는 동시에 우리에게, 차마 입에 담기 민망하지만 무기와 화학 약품을 공급하기로 합의했습니다." 당연하게도 이든은 간담이 서늘해졌다. 스탈린은 영국의 역할과 책임이 중요하다는 것을 강조하면서 말을 맺었다. "한 작은 섬에 그야말로 많은 것이 달려 있습니다. 만일 이 작디작은 섬이 독일에게, 우리는 너희에게 돈도 원료도 금속도 전혀 주지 않겠다고 말한다면 유럽의 평화는 보장될 수 있을 것입니다." 이에 관해 이든은 어떤 대답도 해줄 수 없었다.[101]

이 논의의 내용은 런던에서 그 내용을 읽은 소수에게 아무런 영향도 미치지 못했다. 영국인들은 완전히 방향감각을 상실한 것처럼 보였다. 깊은 숙고를 거친 정책은 여전히 부재했다. 독일이 "합리적인" 기대에 순응하지 않는다는 사실이 서서히 밝혀지자 영국 정부는 지푸라기라도 붙잡고자 모든 신호를 내보냈다. 서유럽에서는 독일에 대항하는 공적인 연대와 스스럼없이 개별적 이익을 추구하는 모습 사이에 큰 간극이 벌어졌다. 1935년 4월 11일~14일 맥도널드 총리와 무솔리니와 플랑댕은 스트레사의 이솔라벨라에 위치한 보로메오궁전에서 각자의 외무장관들을 대동한 채 회동하여, 로카르노조약의 유효함과 발칸 지역으로 향하는 관문인 교권파시즘적 오스트리아의 독립을 재확인했다. 사전트는 "스트레사에서 독일에 대항하는 직접적인 불·러 군사동맹 체결을 막기 위해 우리가 할 수 있는 모든 것"을 하기를 희망했다.[102] 그것은 프랑스인들에게 상당 수준의 안보를 제공하지 않고는 일어나기 어려운 일이었다. 그리고 그런 일은 일어나지 않았다. 반면 사이먼과 이든은 정치적 성층권을 두둥실 떠다니면서 "독일을 유럽의 평화적인 조직으로 불러들여 연맹의 일원으로서 충실하고, 적극적이고, 충직한 도움을 제공하도록 설득할 수 있을 것"이라는, 전적으로 이상향적인 희망 속에서 히틀러와 협상했다.[103] 뒤따른 어떠한 사안도 각자의 이해관계만을 좇으려던 영국의 정책이나 프랑스의 결심을 이루던 비현실적인 공기를 소멸시키지 못했다. 필요한 몸짓을 취한 뒤 참가국들은 신중하게 각자의 길을 떠났다. 히틀러로서는 이보다 더 좋을 수가 없었다.

불·소 동맹

영국은 프랑스를 방어하는 동맹에 단호히 반대했다. 실제로 영국 군대 중 육군만이 유일하게 재무장 우선순위를 부여받는 데 실패했다는 사실은, 대륙에서 벌어지는 전쟁과 관련한 군사적 약속이 그다지 바람직하지 않은 선택임을(선택의 여지가 있기나 하다면) 시사했다. 다른 한편에서 프랑스인들에게 (러시아로부터) 제안된 유일한 동맹은 유럽 내 평화에 전적으로 방해가 되는 것으로 여겨졌다. 영국 외무부의 사전트는 영국이 "불·러 동맹을 승인할 수 없고, 그러한 동맹은 로카르노조약의 작동을 매우 어렵게 만들 수도 있다고 프랑스 정부에 경고해야" 한다며 조바심을 쳤다.[104] 사전트는 프랑스인들이 러시아인들과의 동맹에서 무엇을 얻을 수 있을지

짐작하지 못했고, 그들에게 묻지도 않았다. 설상가상으로 사전트는 나치 체제의 본성상 독일이 소련을 상대로 일으키는 전쟁을 피할 수 없으리라고 보았다. "독일의 확장욕은 그들이 동쪽으로 향하도록 만들 것이다. 그들에게 유일하게 평야가 열려 있는 곳이기 때문이다. 그리고 볼셰비키 체제가 러시아에 존속하는 한, 이 확장이 평화로운 형태를 취할 가능성은 거의 없다." 사전트는 분명 그의 동료들 가운데서 가장 총명한 인물이었고, 따라서 자신의 지위를 넘어서는 일정한 권위를 지녔다. 그가 보기에 공산주의에 대항하는 싸움은 히틀러가 "자신이 가진 체제의 존재 이유를 파괴하지 않고서는" 타협할 수 없는 근본적인 원칙이었기에 베를린과 모스크바 사이의 협상은 불가능했다(이 시각은 1939년 8월 말까지 바뀌지 않았다).[105] 나아가 사전트는 불·소 협상이 "궁극적으로 유럽 전쟁이라는 오직 하나의 결과만을 … 가져올 것"이라는 입장을 강하게 고수했다. 그러한 전쟁에서 "소비에트 정부는 그들이 가진 제3인터내셔널(코민테른) 요원들의 힘으로 아마도 유일한 수혜자가 될 것"이었다.[106] 또다시 볼셰비즘 문제가 골치아픈 고개를 쳐들었다.

따라서 불가항력적인 (5월 2일 체결된) 불·소 상호원조협정을 막아내지 못한 자신들의 무능을 탓하며 극심히 좌절한 영국 관리들은 분노를 감추지 못했다. 2주 뒤에는 이 협정과 맞물려 체코슬로바키아와 소련 간에 협정이 체결됐다. 독일이 체코슬로바키아를 공격한다면 이 두 협정의 궁극적인 결과로 프랑스가 독일을 공격해야 했고, 이는 프랑스와 독일 사이의 국경을 보장한 1925년 로카르노조약을 위반했다. 이 경우 영국은 어떻게 행동해야 할까? 로카르노에 따른 약속과 이에 우선하는 국제연맹규약(제16조)에 따른 약속 간에 충돌이 발생한다면, 영국은 아마도 의무적으로 프랑스를 원조해야 할 터였다. 이런 경우, 영국의 모든 대독 정책은 암묵적 동의조차 없이 구축된 프랑스의 우선순위에 저당 잡히는 꼴이 되고 말았다.

히틀러의 혁명이 가져온 최초의 충격이 가신 베를린의 영국 대사관에서 이제 새로운 현실에 적응하고 있던 핍스 대사는 피해 최소화에 골몰했다. 런던은 전혀 독일인들에게 맞설 생각이 없었다. 그는 "히틀러의 남부 또는 동부 국경을 따라 지나칠 정도로 많은 철조망을 쳐서 야수가 다시 서쪽을 향하도록" 하는 전술적 대치를 제안했다. 이와 관련하여 사전트는 동유럽 방어와 관련해 아무것도 약속하지 않으면서 영국이 "많은 것"을 이룰 수 있으리라고 논평했다. 그리고 다시 한번 "볼셰비키 정부가 서쪽으로부터 위협을 받게 된다면 평화를 유지할 의지나 능력을 보이리라고 믿을" 엄두가 나지 않는다고 덧붙였다.[107]

파리뿐만 아니라 런던에서도 러시아인들이 레닌 시대의 이중 정책에 약간의 변형을 첨가해 추진하고 있다는 의혹을 재확인하는 복잡한 상황이 추가로 발생했다. 이런 상황 속에서 소비에트공산당의 총서기는 코민테른 지부의 활동과 관련해 지켜지지 않을 약속을 했다. 스탈린과 대화를 나누던 중에, 라발은 다음과 같이 힘주어 발언했다고 알려진다. "코민테른은 특히 프랑스 육군 내부에서 공산주의적이며 전복적인 선전을 독려합니다."[108] 스탈린은 라발이 이 협정을 완전한 동맹이라기보다는 하나의 협상 수단으로 여기고 있다는 것을 알고 있었다. 1937년 11월 프랑스의 노동조합 지도자 레옹 주오와의 회담에서 스탈린은 회고했다. "라발이 이곳에 왔을 때, 바로 이 방에서 우리는 그에게 질문을 던졌습니다. 이 협정이 방어적인 정치 동맹이라고 생각하느냐고요. 라발은 레제를 보았고, 레제는 라발을 보았죠. 그 후 라발이 대답했습니다. '아니오, 이것은 평화협정입니다.' … 때때로 나는 스스로에게 질문을 던집니다." 스탈린은 비관적으로 반추했다. "이 협정이 우리에게 무엇을 해줄 수 있는가를 말입니다."[109]

러시아인들은 이 협정이 많은 가치를 지녔다는 데 회의적이었다. 프랑스인들에게 이 협정은 푼돈에 불과했기에, 러시아는 이 때문에 큰 희생을 치르고 싶지 않았다. 서명에 앞서, 그리고 라발의 명시적 요청에 부응해 스탈린은 "프랑스가 수행하는 국가 방위와 치안 유지에 적합한 수준의 군대 유지에 대한 전적인 이해와 승인"을 공개적으로 분명히 언급했다.[110] 마침내 프랑스 마술사가 모자에서 토끼를 꺼낸 듯했다. 그러나 라발은 볼셰비키 여론의 힘을 고려하지 않았다. 스탈린의 성명은 프랑스공산당을 결속시키지 않았고, 당 내부에 혼란이 일어나지 않는 한은 오래 지속된 정책이 반전되지도 않을 것이었다. 그리고 프랑스인들은 유럽 내에서 가장 거대한 코민테른 지부를 가지고 있었다. 프랑스 정부의 생각은 순진하기 짝이 없었다. 스탈린의 중대한 성명이 언론에 보도된 후 몇 시간도 채 지나지 않아 이는 충격적이고 당혹스러울 만큼 명백해졌다.

코민테른에서 프랑스 공산주의 대표단을 이끈 앙드레 마티는 스탈린의 성명이 "그 나라(프랑스)에 생생한 감정을 … 약간의 불안과 굉장한 소요를 불러일으켰다."라고 코민테른 상임위원회에 보고했다.[111] 실제로 스탈린의 성명이 지면에 등장한 바로 그날, 프랑스공산당 지도부는 전망대 거리에 위치한 유명 무도회장인 발뷜리에서 파리 지역 공산주의자 회의를 소집했다. 회의에는 대략 5000명이 참석했다. 〈뤼마니테〉에 보도된 바에 따르면, 토레즈는 스탈린이 뭐라고 말했건 변한 것은 없다고 동지들을 안심시켰다. 시기가 좋지 않았다. "오늘도 마찬가지로 어렵다는 것을 나는 알고 있습니다. 스탈린의 말은 천둥과 같이 울려 퍼지고, 계급의 적은 입에 담기조차 어려울 정도의 악의를 품고 그 말들을 이용합니다. 그들은 이 말들이 우리의 행동, 우리의 말, 우리의 저작과 상충한다고 주장합니다." 그러나 토레즈가 계속해서 말한 내용은 정확히 그러했다. "공산주의자들은 부르주아지 정부가 평화 정책을 수행한다고는 믿지 않습니다. 아울러 군대가 나라 안의 노동계급과 식민지 주민들을 억압하는 데, 그리고 현시점에서 소련에 대항해 쓰일 수도 있다는 점을 고려해, 우리 당은 2년간의 (군 복무) 환원 반대와 전쟁 차관 거부라는 입장을 견지합니다."[112]

나아가 5월 18일 코민테른의 〈인프레코〉에 공개적인 논의가 실렸다. 이 논의는 소련의 "평화" 정책이 상대 국가의 국내 정치 상황을 변모시키는 것에 그 기반을 두고 있음을 분명히 했다. 달리 말해, 리트비노프의 집단 안보 전략은 모스크바가 동맹을 맺고자 하는 나라 안에서 자본주의를 전복하는 것을 볼모로 잡고 있었다. "불·소 협정"을 다룬 (러시아어를 어설프게 번역한 듯한) 사설에서는 프랑스 방위 예산 지원과 관련해 다음과 같이 천명했다.

> 우리의 투쟁은 무기에 '대항'하기 위해서가 아니라, 무기를 통제하기 위해서 수행되어야만 한다. … 따라서 평화를 위한 투쟁은 동시에 권력을 위한 투쟁이 되는데, 오직 부르주아지와 대지주들의 통치를 떨쳐낸 인민만이 전쟁 기술이 엄청나게 발전된 현재 단계에서 자국의 민족적 독립을 성공적으로 얻는 데 필요한 불패의 힘을 대표할 것이기 때문이다.

따라서 라발에게 건넨 스탈린의 확언은 실질적으로 그것이 발언된 것과 동시에 사문이 된 것이나 다름없었다. 그리고 코민테른의 근본주의자들이 던진 철퇴 앞에 놓인 리트비노프의 전략은 이제 앞날을 알 수 없는 상황에서 흔들거렸다. 프랑스 총리는 깜짝 놀라지 않을 수 없었다. 라발이 "프랑스 육군을 공산주의에 대항하는 위대한 보호 장치로 여겼"다는 것으로 미루어 볼 때, 이 프랑스 총리는 스탈린이 프랑스의 재무장을 보증할 것이라고 믿을 만큼 비참할 정도로 정보가 부족한 상태였다.[113] 8월 14일 제7차 코민테른대회에서 마티는 이렇게 질문을 던졌다. "벨기에에서, 제네바에서, 아스투리아스에서 그랬던 것처럼 프랑스 육군이 당장 내일에라도 노동자들과 농민들을 상대로 쓰이지 않을 것이라고(9장 참조) 어떻게 보장받을 수 있습니까?"[114] 프랑스공산당은 코민테른이 수용할 수 있는 (적어도 좌파와 동맹 관계인) 정부가 들어서기 전까지는 하원에서 방위 예산에 투표하지 않을 터였다. 1936년 5월 중순에 이르기까지, 심지어 독일이 라인란트 지방을 재점령한 이후에도 자크 뒤클로는 "오늘날 이만한 액수에 투표하는 일은 의심할 여지 없이 제국주의적 목표를 지지함을 의미하기 때문에" 정부의 군비 지출에 대한 투표를 거부한다고 프랑스공산당을 대변해 말했다.[115]

라발은 결국 상호원조협정 비준을 지연시키는 방식으로 보복했다. 스탈린은 프랑스공산당을 조용히 시킬 생각이 없었다. (어쨌든 라인란트 지방 재점령은 히틀러가 동쪽을 치듯이 서쪽 또한 쉽사리 칠 수 있음을 시사했다.) 이 교묘한 수완은 소련이 열강으로서 가졌던 기본적인 애매모호함을 여실히 드러냈다. 당시나 그 이후의 많은 이가 추정하던 바와는 달리, 스탈린 체제는 좋든 싫든 간에 (망명 중이던 트로츠키가 항상 인지했듯) 혁명이라는 세균을 배양했다. 트로츠키는 언제나 소련에 대한 자신의 비판을 공들여 직조했다. 그의 비판은 10월혁명의 계승자로서 정체성과 궁극적 목적이 변형되었음이 아닌, 스탈린의 기형적 관료 체제를 겨냥했다. 이러한 제약들에 짜증이 난 스탈린은 머지않아 테러라는 정책을 통해 그것들을 떨쳐버리고자 했지만, 자신이 죽인 사망자 수에도 불구하고 결국 그 목적을 달성하지는 못했다.

불·소 협정이 체결된 직후인 5월 말 영국 첩보부의 로저스 대령이 파리를 방문한 일은 결코 우연이 아니었다.[116] 그는 소련에 대한 조직의 평가를 상대편에게 전달함으로써 런던의 입장이 어떠하며, 그들이 향후를 어떻게 관측하는지 명확히 할 수 있는 기회를 얻었다. 그의 말들은 복기해볼 만한 가치가 있다. 러시아인들이 사본을 빼돌릴 만할 뿐 아니라, 그들이 무엇을 상대하고 있는지에 관해 양호한 감각을 지녔기 때문이다.

영국 정부의 시각에서, 프랑스와 영국이 러시아와 나눈 회담들은 단지 독일에 압력을 행사하는 수단이었다.

한편 러시아와 관련한 영국 정책의 근본적인 방향은 이전처럼 유지된다. 현재 형태로의 소련은 영국의 이해관계와 양립 불가능하다. 물론 런던은 소련이 조만간 서쪽으로 향하려 할 것이라는 히틀러의 주장을 믿지 않는다. 모든 영국 정보가 이와 상충하고, 현시점에서 소련이 처한 상황은 서쪽을 향한 공세 작전을 숙고할 수 있는 상태가 아니다. 하지만 영국은 소비에트의 군사적 역량이 성장하고 있음을 눈여겨보고 있으며, 위험한 체제와 강력한 군대를 보유한 소련이 조만간 유럽과 아시아에서 일어날 모든 분쟁의 위험한 요인이 될 수 있으리라고 생각한다. 이렇듯 증가하는 위험을 근절하는 일은 철저히 영국의 이해에 부합한다. 영국인들은 자체적인 힘만으로 이를 시도할 생각은 없으며, 어떠한 반소비에트 연합에도 공개적으로 참여하지 않을 것이다. 이와 관련한 히틀러의 희망은 독일 외교가 얼마나 정보 수집에 형편없는지를 단적으로 내비친다. 그러나 볼셰비키를 타도할 가능성을 보이는 힘의 연합이 출연한다면, 영국은 공감 어린 시선으로 이를 바라보다가 결정적인 순간에 스스로 참여할 것이다. 만일 러시아에서 또 다른 형태의 정부가 구성된다면 영국이 이를 지지해, 결과적으로 유럽의 권력균형을 재구축할 가능성도 배제할 수 없다.

이 맥락에서 로저스는 "볼셰비키에 대한 타협할 수 없는 태도를 선포한 히틀러의 선언은 영국 장관들에게 강렬한 인상을 남겼습니다. 런던은 유럽 정치의 중심이 점차 베를린으로 옮겨 갈 것이라고 믿고 있습니다. 거기에 독일이 가장 강력한 열강으로 거듭나고 있다는 사실을 생각할 때, 독일의 정서 역시 고려되어야 한다고 생각합니다."라고 말한 것으로 전해진다.[117]

이는 강력하고 정중한 경고 사격이었다. 프랑스와 영국은 분명 점점 멀어지는 중이었다. 더 많은 것이 도래할 터였다. 불·소 협정이 체결된 후, 1935년 6월 18일 영국인들은 베를린이 영국 수준의 35퍼센트까지 해군력을 증강할 수 있도록 허락한 영·독 해군협정을 통해 독일의 해상 재무장을 합법화하며 베르사유조약 제5부를 뻔뻔하게 위반하는 방식으로 자신들의 우선순위들을 내비쳤다. 런던 주재 미국 대사 로버트 빙엄은 "프랑스의 비통한 분노"를 보고했다.[118] 프랑스인들이 경악하는 것도 당연했다. 베르사유조약을 유지하는 공동전선이 찢어진 것이다. 이러한 행동을 통해 영국은 독일과의 화해라는 잠재적인 선택지에 프랑스가 거부권을 행사하도록 허락하지 않을 것임을 신호했다. 파리의 일방주의는 런던의 일방주의와 쉽사리 맞먹을 수 있었다.

폴란드뿐 아니라 루마니아와 유고슬라비아, 발트 국가들, 핀란드 역시 프랑스인들이 구축하려고 시도했던 동맹 체제 제안에 무관심했다. 유일하게 프랑스에게 응답한 체코슬로바키아는 그로 인해 체제에 커다란 결함을 남겼다. 소비에트 병사들은 오직 루마니아를 통해서만 체코슬로바키아를 돕기 위해 올 수 있었다. 게다가 체코슬로바키아인들은 프랑스군이 체류하지 않는 상황에서는 붉은군대가 자신들의 문지방을 밟지 않기를 바랐다. 그들로서는 상상조차 하기 싫은 상황이었다. 소련은 여전히 루마니아의 베사라비아 점유에 이의를 제기했다. 볼셰비즘에 대한 공포와 소비에트의 영토 주장은 그 누구도 붉은군대의 영토 통과를 용납하지 못하도록 만들었다. 더욱이 폴란드는 루마니아와 별도의 동맹을 맺고 있었고, 강한 불신을 바탕으로 그들을 면밀하게 주시하고 있었다. 심지어 체코슬로바키아는 전쟁이 터질 경우, 프랑스가 먼저 그들을 도우러 온다는 조건하에서 소련과의 상호원조협정에 동의했다. 이러한 모습들은 혁명전쟁의 위협을 과도하게 불안해하던 이전 시대의 습관으로부터 비롯됐다. 이 나라들은 1920년 가을에 레닌이 그 선택지를 보류한 이유를 잘 알고 있었다. 러시아가 혁명전쟁을 승리로 이끌 만큼 충분한 지상군을 보유하지 못했던 것을 바르샤바 후퇴가 증명했기 때문이었다. 이는 만일 러시아가 그만한 병력을 획득한다면, 이를 잘 활용해 중부 유럽과 가능하다면 그 너머까지 공산주의를 강제하려 들 것이라는 가정을 수반했다. 이는 오직 러시아군 완전 무장을 성공시킬 수 있는 공산주의자만이 수행할 수 있는 나폴레옹식 혁명전쟁이었다.

7장

이탈리아, 벗어나다

프랑스 정부가 자신들이 부여한 "자유재량"이
머지않아 무엇을 의미할 수 있고, 무엇을
의미해야 하는지 이른 시기부터 완전히 깨닫지
못했다는 점을 유념해야만 한다.

〈프랑스: 1935년도의 정세〉: 이탈리아 외무부[1]

이탈리아는 파시즘이 권력을 쥐면서 자국의 국제관계가 예측 가능한 국익으로 환원되지 않을 수도 있음을 증명했다. 다른 국가들은 권력을 얻은 히틀러가 무솔리니에게 선택지를 부여했을 때 이러한 사실을 인지했다. 서유럽에서는 독일에 대항하는 어떠한 연합을 만들려 해도 이탈리아의 적극적인 참여가 필요했다. 그러나 영국과 프랑스에서 이탈리아 파시즘에 걸고 있던 기대는 오직 깊은 실망만을 맛볼 운명이었다. 무솔리니는 1920년대 내내 외무장관 디노 그란디의 도움을 받아 파시스트 이탈리아를 유럽 열강 모임의 믿음직한 상임 구성원으로 만들기 위해 노력했다. 한

때 처칠이 (전혀 비꼬는 기색 없이) 영국의 무솔리니라고 찬양한 볼드윈 치하 보수당 정권 내의 강경파 사이에 존재했던 친파시스트 정서는 이탈리아와 영국의 관계를 강화했다. "만일 내가 이탈리아인이었다면, 나는 레닌주의의 금수 같은 식욕과 욕정에 맞서 큰 승리를 거둔 귀하의 투쟁에 처음부터 끝까지 함께했으리라고 확신합니다." 실제로 처칠은 감상에 젖어 이렇게 말하기도 했다. 물론 영국은 나름대로 일을 수행하는 방식을 가지고 있었다. "우리는 공산주의와 씨름해 그들을 질식시켜 죽일 수 있다고 확신합니다." 이러한 측면에서 무솔리니의 파시즘은 "세계 전체에 이바지했다."[2] 그러나 이탈리아는 파시즘을 국내에서만 소비했고 수출하지는 않았다. 이탈리아는 1923년 코르푸섬을 폭격하고 짧게 점령한 이후 약간의 적응기를 가졌으나, 해외에서는 일반적으로 자본주의적 민주주의 체제처럼 행동했다.

파시즘의 정수

10년 후, 민주주의 체제들 사이에서는 (나치 독일에 대해서보다 강한) 볼셰비키를 향한 적대감이 이탈리아가 "합리적"이라는 웅장하고 편안한 환상을 지탱했다. 어쨌든 이탈리아의 행동은 전반적으로 협상국의 이해관계에 맞아떨어졌다. 이탈리아를 자신들의 편으로 끌어들여 독일에 대항하도록 할 수 있다면 서구 열강들의 대연합이 가능할 터였다. 이것이 바로 스트레사 회의를 지배한 환영이었다. 비록 얼마 지나지 않아 영국이 영·독 해군 협정을 맺는 단독 행동을 취함으로써 급작스럽게 흩어졌지만 말이다.

그러나 제국을 건설하는 것보다 오스트리아가 독립 국가로서 지속되는 것이 무솔리니에게 더욱 중요했다는 추정은 이탈리아 역사의 궤적과 이탈리아 파시즘이 들어섰던 복잡한 이유를 무시한다. 이탈리아에서 파시즘이 발흥했던 이유는 1만 명이 전사하고 약 25만 명이 전의를 잃어 항복한, 재앙에 가까웠던 카포레토에서의 패배(1917년 10월~11월)로 대표될 수 있는 나쁜 전쟁의 불행한 산물만은 아니었다. 이 패배가 나라의 명성에 끼친 해악은 실로 대단해서, 런던 주재 이탈리아 무관은 주최자들과 가진 대화의 유일한 주제가 이것임을 깨닫고 강렬한 수치심을 느끼기도 했다. "이('카포레토')는 그들(영국인들)이 발음할 수 있는 거의 유일한 이탈리아어인 것만 같았다." 마리오 카라치올로 장군은 처량하게 보고했다.[3]

그러나 이러한 카포레토보다 더한 것이 있었다. 꺾여버린 희망의 전체 화폭은 국제적으로 식민지를 두고 경합하지 못하고 경제성장 속도를 따라가지도 못했던 전전 기간 부패한 자유주의의 지배, 남부 지역의 후진성, 북쪽에서 카보우르 백작과 입헌군주제 아래에서 허둥지둥 짜맞춰진 국가가 얘기치 않게 도입한 보통 선거권의 출현으로 이어졌다.[4] 통일은 일찍이 예상했던 피의 희생을 통한 국민 통합에 실패했다. 천연 광물자원이 부족한 작은 땅덩이에서 북아프리카와 아메리카 대륙으로 일자리를 찾아 사람들이 대규모로 떠났다는 사실은 이탈리아가 강력한 주위 이웃들과 경합할 수 있는 위치에 있지 않다는 것을 의미했다. 1차 세계대전에 참전한다는 결정은 오직 비탄만을 가져왔고, 나라가 처해 있던 기존의 딜레마를 악화시켰을 뿐이었다. 파리강화조약을 협의하는 동안 협상국들과 미국은 특히 인접한 영토에 대한 이탈리아의 요구를 의도적으로 무시했다. 이탈리아인들은 분명 우방들에게 최우선순위가 아니었다. 그들의 정부는 또한 프랑스인들이 복수를 추구할 때 용서할 수 없을 정도로 과하게 친독적인 성향을 보여주었다.

지배적인 체제를 박살 내려는 무솔리니의 충동과 전투적인 반개혁주의, 맹렬한 반의회주의는 그가 사회주의자였을 때도 아주 분명했다. 그의 전기 작가 고든스 메가로는 이렇게 기록했다. "무솔리니의 반민주적 파시즘은 그의 반민주적 사회주의의 자식이다."[5] 대다수는 이후 히틀러의 독일에 대항하는 공동전선이 제대로 들어서지 못한 이유가 영국이 무솔리니를 따돌렸기 때문이라고 추정했다. 물론 이 추정에는 문제가 있다. 네빌 체임벌린은 1937년 총리가 된 후 이탈리아인들을 달래기 위해 (자신의 존엄성을 포함해) 할 수 있는 모든 것을 양보하면서 안간힘을 썼지만, 결과적으로 아무것도 얻지 못했다. 이탈리아인들이 무솔리니의 제국주의적 야망과 애초에 파시즘을 생겨나게 한 (마음속에 깊이 새겨진) 국제적 부정의보다 독일의 확장을 더욱 우려했으리라는 추정은 지독한 오류였다고 해도 과언이 아니다.

세월이 지나면서 1938년 무솔리니가 공식적으로 히틀러의 인종주의적 이념을 채택할 정도로 로마와 베를린을 거의 구별할 수 없는 지점까지 가깝게 만든 것은, 파시즘이 무언가를 의미했다는 점이었다. 히틀러의 국내외 정치 수석자문 괴링은 나치가 독일에서 권력을 잡기도 전에 베를린 주재 이탈리아 대사와 만나 최근의 상황을 비롯해 "이 운동과 파시즘의 친밀성, 공산주의 및 사회민주주의와 싸운다는 공동의 목표에 대해" 장황하게 이야기했다.[6] 1933년 3월 초, 뮌헨의 갈색집*에 위치한 자신의 집무실에서 무솔리니와 흥청망청 마셔댄 히틀러는 이탈리아 대사에게 이제 자유주의는 한물갔고 "당신의 지도자가 선언한 생각들"에 자리를 내줘야 할 것이라고 말했다. "따라서 우리는 우리의 상황이 당연히 이탈리아의 그것과는 다르고 우리의 사정에 맞는 조치를 요구함을 유념하면서 파시즘의 현실화, 즉 파시즘의 완성을 향해 진군할 것입니다."[7] 이러한 친연성은 해가 지날수록 단단해졌지만, 두 사람의 성격은 명백히 달랐다. 둘의 충돌은 무솔리니가 결국 독일의 오스트리아 합병을 인정해야 한다는 사실을 인지했을 때 특히 분명하게 드러났다. 독일이 진지하게 재무장한 그 시기에 히틀러는 더욱 강력한 파시즘의 우상으로 자명하게 떠올랐다.

국내에서는 조합국가 외에 내세울 만한 파시스트 정책이 없었지만,

---

* 나치 당사가 위치한 건물로, 초기 나치당의 갈색 제복에서 이름을 땄다.

국제관계에서는 사정이 달랐다. 카를 마르크스의 생각을 거꾸로 뒤집는, 놀랍도록 독창적인 정책이 대두한 것이다. (오늘날까지도 여전히 영국이나 프랑스에서 거의 알려지지 않은) 탁월한 작가이자 선동가 엔리코 코라디니는 이탈리아가 처한 국제적 딜레마를 최초로 상술했다. 제1차 세계대전 이전의 코라디니 사상은 전후 대두한 파시스트 체제에 지울 수 없는 흔적을 남겼다. 그의 핵심 논지는 1910년 12월 3일 피렌체에서 열린 초대 민족주의 대회에서 자세히 설명됐다. "우리는 이 원칙을 인식하면서 시작해야 합니다. 세상에는 프롤레타리아계급들이 존재하듯 프롤레타리아국가들이 존재합니다. 이탈리아는 물질적으로, 그리고 도덕적으로 프롤레타리아국가입니다." 이탈리아 내부에서 노동계급을 각성시킨 것은 사회주의였으며, "사회주의가 프롤레타리아에게 계급투쟁의 가치를 가르쳐주었듯, 우리는 이탈리아에게 국제적 투쟁의 가치를 가르쳐야 합니다."[8]

이념과 지정학

이념은 지정학과 그다지 멀지 않은 곳에 들어섰다. 파리평화회담에 참석한 이탈리아인들은 프랑스를 주적으로, 지중해 지역을 전장으로 규정했고 이로 인해 중앙 열강이 아닌 협상국과 함께 싸움으로써 예상되었던 영토적 보상을 받지 못했다. 이후 1931년 4월 14일 스페인 왕정이 전복되고 공화국이 수립되자 이탈리아 외무장관 그란디는 우려를 표했다. 그는 성급하게 프랑스의 우세를 예견했다. "지중해에서의 전쟁은 시작도 하기 전에 끝난 것이나 다름없다. … 스페인에서 새롭게 펼쳐진 상황은 우리와 영국에게 불리하도록 지중해 지역의 균형을 바꿀 것이다." 그의 유일한 위안은 스페인이 공산주의에 전혀 영향을 받지 않았다는 점이었다.[9] 그러나 그의 두 계산은 모두 틀렸고, 이탈리아인들은 전후 현상 유지에 전념하지 않았다. 1933년 11월, 무솔리니는 국제연맹 탈퇴를 숙고했다.[10] 만일 그의 의도가 전적으로 선하고 아무 저의도 품지 않았다면, 도대체 왜 그런 생각을 했을까?

이탈리아 외무부는 코라디니가 꿈꾼, 금권주의자 가운데 자신의 위치를 고수하는 프롤레타리아국가라는 이미지를 복기하면서 1932년 여름 무솔리니가 외무장관으로서 키지궁전에 돌아오는 전날 밤 〈외교 영사 안내〉에 이례적인 글을 실었다. 이 내용은 보다 진지하게 받아들여져야 했다. 이탈리아는 궁핍에 시달리는 기색이 역력한 남부 지역으로 표상됐다. "이탈리아 문제"라는 제목의 이 기사는 여태껏 "선의를 가진 모든 이가 우리에게 호의를 요청할 때마다, 이탈리아는 가장 먼저 대답해왔다."라고 주장했다.

그러나 이탈리아 또한 세상에 내놓을 문제를 가지고 있다. 이는 (프랑스의) 안보 문제보다, (독일의) 자유 문제보다, 이웃 국가들과 경제 관계를 새롭게 하는 문제보다 결코 덜 중요하거나 덜 심각하지 않다. 이는 우리의 현재와 미래의 삶을 전적으로 포괄하는 문제다.

이는 십수 년 내로 5000만 인구로 성장할 4200만 거주자들의 평화, 마음과 노동의 평화에 대한 문제다. 그들이 프랑스의 절반, 스페인의 절반, 독일의 절반 크기이자 1차 생산물이 풍부하지 않고 자체적인 수요를 충족할 만큼 충분한 자원을 가지지 못한 땅에서 존재하고, 살고, 번영할 수 있을까?[11]

이탈리아가 영토수복주의 열강이었고, 교황청을 괴롭히면서 영토 합병과 조국 통일에 대한 화려한 주장들을 지원하는 방식으로 이웃들, 특히 오스트리아 및 스위스와 무모하게 논란을 일으켰다는 점은 쉽사리 잊히는 듯하다. 이탈리아는 오스트리아를 병합하려는 독일의 야욕을 불안해했으나, 이는 이탈리아인들의 제국주의적 야망을 가리지 못했다. 둘 중 하나를 선택하는 일은 무솔리니에게 결코 어려운 문제가 아니었다. 무솔리니는 나치 독일을 억누르는 난제 속에서, 자신의 동아프리카 제국을 소말리아 절반에서 더욱 거대하게 확대하기 위해 에티오피아로 질주하기 시작했다.

국제연맹 규약을 직접적으로 위반한 무솔리니의 행동은 1931년~1932년 일본의 뻔뻔스럽고 아무런 반대를 받지 않은 만주 합병이라는 흐뭇한 선례를 뒤따랐다. 당시 만주 합병은 국제적 관객들 앞에서 최소한의 저항도 없이 반¾식민 세계의 또 다른 부분을 뺏긴 사건이었다. 영국이 침공에 해당하는 규약 조항을 확실히 준수하기를 거리낀다는 사실은 분명했다. 볼드윈은 강제로 이탈리아를 굴복시키지는 않으면서 투표 전야에 연맹에 대한 좌익의 지지를 무력화하기에는 충분한 정도의 (석유 금수 조치를 피하는) 가벼운 제재를 냉소적으로 부과했다. 물론 이 사건에서 이 불쾌한 절충은 에티오피아를 구원하기 위한 어떠한 방책도 없이 이탈리아를 소외시키는 데 성공했다.

1933년 10월 (런던) 풀럼 선거구에서 열린 보궐 선거에서 보수당 정권이 파괴되고 노동당 정권이 들어서면서 많은 일이 일어났다. 독일인들은 제네바에서 열린 군축회담과 국제연맹으로부터 이탈했다. 〈웨스트 런던 앤드 풀럼 가제트〉는 "대중이 또 다른 전쟁 가능성에 겁먹었다."라고 보도했다.[12] 거국내각의 실각은 국민 전체가 평화를 선호하고 재무장을 용인하지 않을 것이라는 사실을 가리키는 핵심 지표로 널리 받아들여졌다. 외무부는 이렇게 지적했다. "만일 러시아와 프랑스가 향후 우리가 어떤 태도를 취할지 불안해했다면, 그들은 최근 영국 여론이 폭발적으로 연맹을 지지하는 것을 매우 만족스러워해야 할 것이다. … 정당한 이유 없는 침공이라는 행위가 위협적으로 고려되거나 수행될 경우, 영국 대중은 압도적으로 규약 준수를 지지할 것이다."[13] 그러나 이탈리아가 1919년에 설정된 제약들에서 벗어나면서, 모든 장관이 이를 진전으로 생각하지 않았다는 사실이 분명해졌다.

아프리카에 대한 강박

이탈리아령 에리트레아를 방문하고 돌아온 식민장관 에밀리오 데보노 장군은 1932년 3월 22일 무솔리니에게 에티오피아가 군사력을 강화하는 중이라고 경고했다. 그는 에티오피아가 힘을 강화하기 전에 공격을 개시하라고 권고했다.[14] 1934년 1월 20일, 지연을 견디다 못한 참모총장 피에트로 바돌리오는 과거 1896년 에티오피아가 이탈리아군을 패퇴시킨 것에 대한 피의 복수를 언급하며 무솔리니에게 비슷한 논조로 말했다.[15] 군부로부터 엄청난 압력을 받은 무솔리니는 1934년이 가기 전에 "아비시니아(에티오피아)를 총체적으로 정복"하기로 결의했다. 이탈리아군은 1935년 10월 2일 공식적으로 움직였다. 무솔리니는 자신이 에티오피아를 확실히 정복하기만 한다면 영국이나 프랑스가 간섭하지 않으리라고 기대했다. 그들을 조금 안심시키기만 하면 될 뿐이라고, 그렇게 믿은 것이다.[16]

그러나 예상과 달리 영국의 여론이 뜨겁게 달아올랐다. 폴란드 주재 미국 대사는 1935년 가을 영국을 방문하는 동안 "정부가 공격적인 조치를 요구하는 목소리를 억누르려 하고 있"다는 데 놀라움을 느꼈다.[17] 그러나 다시 한번 볼셰비즘에 대한 공포가 고개를 치켜들어 이들을 억제했다. 옥스퍼드 올소울즈대학의 한 펠로우가 충분한 톤수의 함선 한 척을 수에즈운하에 좌초시켜 이탈리아군 보급을 단절시킨다는 발상을 제시하자, 외무장관 존 사이먼 경은 "그렇게는 할 수 없습니다. 그러면 무솔리니가 쓰러질 거예요!"라고 응수했다. A. L. 로우즈는 훗날 회상했다. "그게 바로 그들 마음 한구석에 있던 것이었어요. 반빨갱이주의가 국익과 안보를 생각해야 하는 마음을 뒤흔든 것이죠."[18] 파시스트 체제가 몰락함으로써 뒤따를 혼란에 대한 공포는 독일뿐 아니라 이탈리아에서도 떠올랐다.

〈타임스〉는 유럽 전역에서 널리 "국왕 폐하 정부의 기관지"로 여겨졌다.[19] 이러한 성격으로 인해 외무부는 상당한 어려움에 처하곤 했다. 이 신문은 자주 영국의 대외 정책이 전환되는 부분에 대한 혐의를 제기해 외무부가 이를 떨쳐내도록 압박하곤 했다. 로우즈는 유화책이라는 주제와 관련해 같은 대학 종신 펠로우이자 〈타임스〉의 편집인인 제프리 도슨에게 따졌다. 어째서 도슨은 다른 모든 열강을 합친 것보다 강력한 독일이 유럽 평화를 위협하고 있을 때, 무솔리니의 이탈리아에게 그리도 각을 세우는가? 로우즈는 깊은 충격을 안긴 도슨의 대답을 쉽사리 믿을 수 없다. "당신의 주장을 있는 그대로 받아들여서(내가 이에 동의한다고 말하는 것은 아님을 유념하십시오) 독일인들이 그토록 강력하다면 '우리는 그들과 협력해야 하지 않겠습니까?'"[20] 그리고 〈타임스〉는 의견을 선도했지, 확립된 의견을 따르지는 않았다.

1935년 10월 3일 발발한 에티오피아전쟁과 그 여파는 영국에게 이탈리아가 적어도 세계평화의 길에서 완전히 벗어났음을 증명했다. 영국인들은 마침내 이탈리아가 당연히 우호적이자 복종적인 열강으로 여겨진 나날은 끝났다는 사실을 깨달았다. 이든은 다른 데 눈을 돌리고 있었다. 오로지 여론에만 신경을 쓴 그는 침공에 맞서 국제연맹이 방위 역할을 수행해야 한다는 주장할 기회를 포착했다. 그러나 오직 포착만 했을 뿐, 다른 국가들이 규약의 제16조 아래 제재 부과를 유보하자 이에 대해 불평했다. 강경파 현실주의자이자 또 다른 올소울즈 펠로우인 전임 식민장관 레오 애머리 같은 이들은 규약이 요구하는 대로 행동하지 않는 연맹 회원국들이 아닌, 규약 자체에 문제가 있다는 입장을 굳건히 취했다. 남아프리카연방의 총리 얀 스뮈츠는 반대로 회원국들이 연맹을 실패로 몰아가고 있다고 강하게 믿은 이들 가운데 하나였다. 애머리는 친구에게 충고했다. "만일 당신이 카드로 만든 집 위에 100의 무게를 실어서 그 집이 무너진다면, 그 카드 집이 괜찮다고 할 수는 없겠죠. 오늘날 존재하는 국가들을 완전히 다른 나라들로 대체한다면 아마도 제16조가 원만히 기능하는 규약을 가질 수 있을지도 모릅니다. 그러나 그렇게는 할 수 없죠."[21]

애머리는 또한 반공주의자였다. 바로 그 이유로 그는 불·소 협정에 전적으로 반대했다. 교황 역시 "전체 정책과 전망에 영향을 끼치는 볼셰비즘 공포에 사로잡혀" 있었다.[22] 이러한 교황의 성향은 심지어 이탈리아의 에티오피아 공격을 대하는 태도에도 영향을 끼쳤다. 성좌 주재 영국 대리대사 휴 몽고메리는 프랑스 대사 샤를루가 쉴 새 없이 "그 분쟁과 이를 해결하는 최선의 방법과 관련한 라발 씨와 성하의 시각이 실질적으로 같다는 사실을, 관심을 보이는 누구에게든 알려주려" 하는 모습을 흥미로운 시선으로 기록했다. 1935년 12월 파리평화제안이 파기된 것은 "의심의 여지 없이 바티칸에 커다란 타격을 주었다."[23] 비오 11세는 애국자였고, 그의 이탈리아 교단(특히 밀라노 대주교 추기경과 시칠리아의 몬레알레 대주교)은 이탈리아의 전쟁 노력을 공공연히 지지했다. 게다가 "성공적이지 못한 전쟁이 파시즘의 몰락을 초래해 공산주의나 반교권적 체제가 권력을 잡아 교황의 지위에 재앙적 결과를 초래할 것을 두려워했기에, 무엇보다도 평화를 일관되게 소원했다."[24] 파시즘의 내부적 취약성이 이에 대항하는 직접적인 무장 저항이 일어나지 않는 이유로써 언급된 것은 이번이 처음도, 마지막도 아니었다.

모스크바가 받은 충격

이탈리아의 고립은 독일에게 공유된 이념적 정견을 토대로 국제관계에서 공통의 축을 구축하기 시작할 이상적인 기회를 제공했다. 이탈리아공산당이 이탈리아 내에서 으스러졌다는 이유로 무솔리니가 코민테른의 위협으로부터 안전하다고 느꼈으리라는 추정은 실수일 터이다. 그렇지 않다면 그가 당의 병약한 지도자 그람시를 철창 뒤에 가두어 적절한 의료적 개입을 받지 못해 죽게 만든 이유를 설명할 수 없다. 소비에트 대사 블라디미르 포툠킨이 그람시의 출소를 되풀이해서 탄원했다는 사실은 무솔리니가 그람시를 얼마나 중요하게 여겼는지를 확인해준다. 새는 이미 날아갔다고 무솔리니는 주장했다. 이탈리아 비밀경찰은 아주 유능했다. 포툠킨의 청소부는 말끔하게 가위로 잘린 모스크바의 포툠킨 부인으로부터 온 편지들을 포함해 대사의 휴지통에 담긴 내용물을 무솔리니에게 바쳤다. 또한 무솔리니는 로마와 소비에트 정보 관리 사이를 오가는 우편물을 확인함으로써 무슨 일이 일어나고 있는지 파악하며 안도감을 느꼈다. 그러나 이는 또한 자신의 정권을 무너뜨리기 위한 힘들이 계속 작동하고 있음을 무솔리니에게 상기시켰다. 더욱이 히틀러의 부상은 파시즘을 향한 소비에트 언론의 전반적인 적대심을 광범위하게 강조했다. 이는 상황 악화를 한탄하던 모스크바 주재 이탈리아 대사 베르나르도 아톨리코의 불만을 촉발했다. 이러한 불만에 니콜라이 크레스틴스키 부인민위원은 볼셰비키가 사회민주주의부터 파시즘까지 모든 부르주아적 생각을 상대로 중대한 이념적 투쟁을 수행하고 있다고 솔직하게 시인했다.[25]

러시아인들과 이탈리아인들은 수많은 협상 뒤 1933년 9월 2일 친선불가침중립협정*을 맺어 관계를 수선해보고자 했다.[26] 그때까지 그들은 이념적 충돌을 국가 간 관계 바깥에 두기 위해 각자 최선을 다해왔다. 논쟁이 된 사안은 어느 일방에 의한 "간접적" 침공과 직접적 침공에 대비하는 조항이 포함돼야 하는가 여부였다. 전자의 용어는 코민테른을 비롯한 소비에트 정부를 한데 묶는 데 맞춰졌다. 관례에 따라 크레스틴스키는 해당 조항에 계속 반대했고, 이탈리아인들은 결국 소비에트의 바람에 양보했다.[27] 그러나 독일의 적의에 직면한 모스크바는 유럽 전역에서 우방들을 만들기 위해 열심히 노력하는 중이었다. 모스크바는 코민테른 사업에

---

*   줄여서 이·소 협정Italo-Soviet Pact이라고도 한다.

서 발생하는 예기치 못한 위기들을 피하길 원했고, 잠재적 동반자들을 달래기 위해 기꺼이 양보할 준비가 되어 있었다.

제4국의 장교인 소비에트 무관은 행복하지 않았다. 모스크바가 그의 활동을 축소하기를 원했기 때문에 그는 이탈리아와의 협정에 "아주 비판적"이었다. 모스크바에 소재한 내무인민위원부와 그의 통신을 가로챈 이탈리아 정부는 1933년 9월, 이탈리아 식민지들에서 볼셰비키 선전을 보류하라는 지시가 무관에게 내려졌음을 알아냈다. 대신 그의 작업은 밀라노에 있는 소비에트 무역대표와 공유될 것이었고, 이에 따라 그곳의 소비에트 영사관에 부속된 한 여성과 연락을 취해야 했다. 그 여성은 망명 중이던 공산주의 투사 귀도 피첼리의 애인이었다. 무관은 무솔리니가 소비에트 당국을 "가지고 놀았"다고 통렬하게 논평했다.[28]

소비에트 외교가 처한 문제는 1935년 8월 제7차 대회에서 개시된 코민테른의 인민전선 전략의 핵심 목표가 독일 파시즘을 단순히 고립시키고 전반적으로 파시즘과 싸우는 데 맞춰졌다는 것이었다. 이로 인해 소련 외교관들이 이탈리아와 독일을 분리하려고 최선을 다했음에도 양국은 필연적으로 같은 진영으로 휩쓸렸다. 코민테른은 무능함을 증명하는 와중에도 이탈리아 정부를 소외시킬 정도로는 효율적으로 일했다. 1936년 3월 디미트로프는 코민테른 내부자들에게 말했다. "우리가 아비시니아에서 벌어지고 있는 제국주의전쟁에 대항해 어느 정도 진지한 운동을 벌이지 못했음을 인정해야 합니다."[29] 코민테른과 소비에트 외교 양자는 영국의 외교와 마찬가지로 이도 저도 아닌 것이 됐다. 이탈리아인들이 멀어질 만큼 충분히 그들을 괴롭히면서도, 결정적으로 후퇴할 만큼 밀어붙이지는 못한 것이다.

독일인들은 자신들과 이탈리아인들 사이의 공통의 이해관계가 놓인 이 분명한 구역을 재빨리 발견했다. 그때까지 코민테른으로 대표되는 위협에 맞선 유럽 경찰력들 사이의 협조는 전적으로 비공식적으로 수행됐다. 1932년 1월 1일 모스크바 소재 제4국의 보고서는 다음 사실을 언급했다. "지난 2년간 우리는 '정보부', '스코틀랜드야드[런던 경찰국]', (프랑스의) '슈르테 제네랄', (루마니아의) '시구란짜' 등의 연합 전선에 맹공격당했고, 지금도 그러하다. 이 국제 경찰력 연합은 다양한 나라의 보안경찰 기관 간의 상호 정보 교환을 통해 감시와 도발을 감지하는 감각을 키워가고 있다."[30]

이탈리아·독일 경찰 협력

독일인들은 한 걸음 더 앞으로 나아가고자 했다. 독일 외무부 장관 콘스탄틴 폰 노이라트는 1935년 11월 15일 로마 주재 대사 울리히 폰 하셀에게 다음과 같은 서신을 보냈다. "나는 볼셰비즘에 대항하는 공동 투쟁이라는 목적 아래 독일과 이탈리아 정치경찰이 협력할 가능성을 이탈리아 정부에 타진해보고 싶습니다. 만약 가능성이 확인된다면, 독일 정부는 국제적인 정치 범죄 전반에 관한 비밀협정을 추진하기 위해 베를린에서 회담을 열어 관련 부서들을 초대하고 싶습니다." 하셀은 이미 헝가리와 그러한 협정을 맺고 있으며, 다른 국가들도 이에 동참시킬 생각이라고 덧붙였다.[31] 이 사안은 이탈리아 외무부 정치국의 수장 로제리 백작도 제기했다. 12월 12일 독일인들은 무솔리니가 그 제안에 원칙적으로 동의했고, 이것이 어떻게 효력을 발휘할지 결정을 내리기 전에는 다른 국가를 포함시키지 않기를 원한다는 조건을 내걸었음을 통보받았다. 이탈리아 외무부의 선임 관료 알로이지 남작은 개인적으로 이에 참여하기를 간절히 원했다. 더욱이 그는 경찰 활동에만 국한되지 않고 주요한 정치 문제에 대한 견해에서도 협력이 이루어지기를 바란다는 마음을 표출했다.[32]

　무솔리니의 동의는 노이라트에 의해 국가보안부 수장 하인리히 힘러에게 전달되었다. 노이라트는 이 기회를 빌어 경찰력 협력과 더불어 "독일과 이탈리아가 볼셰비즘에 대항하는 공동 투쟁에 관한 논의를 시작하도록 재촉할 수 있는 외교정책상의 근거"를 자신이 염두에 두고 있음을 강조하고자 했다. 그가 제안한 날짜는 1936년 4월 중순이었다. 베를린에서 열릴 회담은 가장 철저한 보안 속에서 치러져야 했다.[33] 양측은 일을 시작하고 싶은 생각이 간절했다. 2월 말 무솔리니 측 대표인 (정확히 누구였는지는 불분명한) 한 이탈리아 장군이 국제 상황과 군사軍事를 점검하기 위해 베를린에서 카나리스 제독(해외방첩청), 폰 블롬베르크 장군(독일국방군), 요아힘 폰 리벤트로프(나치당 외무청)와 회동했다. 그리고 힘러가 부재 중일 때 그를 대신해 집단지도자* 라인하르트 하이드리히가 나치친위대를 통한 (독일, 이탈리아, 헝가리, 핀란드의) 개별 경찰 활동 간의 협조를 통해 공통의 적인 코민테른에 대항하는 긴밀한 협력을 이루는 방안을 논의했다.[34]

4월 1일 힘러는 이탈리아 측 대표 아르투로 보키니와 비밀협정에 서명했다. 이 협정은 첩보 정보 교환과 더불어 정치적으로 달갑지 않은 이들을 양국으로부터 강제송환할 수 있도록 했다.[35] 독일은 이미 이와 유사한 합의를 그리스, 네덜란드, 일본, 폴란드, 헝가리, 덴마크, 루마니아, 브라질, 아르헨티나, 우루과이와 맺고 있었다. 독일과의 화해는 독일인들의 의도대로 경찰 관련 사안을 넘어섰다. 이는 또한 두 나라들을 분열시키는 가장 첨예한 사안인 알토아디제 지방과 관련한 일련의 회담이 코모 호수의 빌라데스테에서 열리도록 촉진했다.[36] 이탈리아의 유럽 내 외교정책의 "수평" 노선을 직접적으로 가로지른 이 협정에서 가장 특기할 만한 부분은 1934년 3월 17일 발표되고 1936년 5월 23일 확대된 오스트리아 및 헝가리와의 경제적 협력을 넓히는 의정서였다.[37]

---

* 1925년 제정된 돌격대 최상위 계급이었던 나치당의 준군사 계급.

이탈리아가 오스트리아를 버리다

7월 11일 친선협정을 체결한 이탈리아인들은 독일의 오스트리아 지배를 마지못해 인정했다. 그들은 이를 "이제 이탈리아가 싸움에 휘말린다면 불편해질 것이기 때문에, 아주 잠깐만이라도 독일로부터 가해질 수 있는 타격을 지연시키는" 것이라고 합리화했다.[38] 다른 이들도 이에 동의했다. "이탈리아와 독일의 화해는 당신과 우리가 예상한 것보다 깊고 진지하다는 인상을 받았습니다." 외무부인민위원 니콜라이 크레스틴스키는 로마 주재 소비에트 대사에게 이렇게 언급했다. 크레스틴스키는 이어 말했다. "이탈리아는 나쁜 패를 쥐고 있으면서도 내색하지 않았고, 패배했다는 인상을 주지 않았습니다. 그러나 실제로는 그러했습니다. 아비시니아에 묶이고 영국과의 갈등을 해소하지 못한 이탈리아는 독일에 무장 저항한다는 호사를 부릴 수 없었고, 독일·오스트리아 협정에 항의하지 말라는 압박을 받았습니다." 그는 이 협정이 또한 반소비에트 목적으로도 작용한다고 믿었다. "반소비에트 목적은 이탈리아가 독일의 반체코 정책 강화를 막지 않을 것이며, 심지어 공식적으로 오스트리아를 합병하지 않고도 이탈리아가 저항하지 않는 가운데 독일의 영향력을 발칸 지역으로 넓힐 수 있다는 데 초점을 두고 있습니다. 이렇게 함으로써 독일은 자신들이 원하는 때에 발칸 지역을 통과해 우리를 향해 공세를 펼칠 수 있겠죠."[39] 6월 10일 무솔리니의 차관이자 실용주의자이며 "국제관계 속 이념의 가치를 회의적으로 생각하는" 풀비오 수비치가 키지궁전에서 워싱턴DC 주재 대사관으로 유형을 떠남에 따라 파시스트 연대로의 선회는 상징 이상으로 뚜렷해졌다.[40] 수비치의 자리는 무솔리니처럼 공공연한 반유대주의자이자 베를린과의 연합을 떠들썩하게 지지한 갈레아초 치아노가 차지했다. 치아노는 수비치를 "유대인 사장을 의뢰인으로 두고서 그들의 반독 정책과 중부 유럽 정책을 수행하는, 트리에스테로부터 온 부도덕한 사업가"라며 깎아내렸다.[41]

독일, 라인란트 지방으로 진군하다

한편 히틀러는 프랑스, 벨기에, 영국을 다자적 안보 보장으로 결속시킨 1925년 로카르노조약이 사실상 쓸모없는 것이었음을 증명하기 위해 과감하게 움직였다. 1935년 1월 중순까지 런던 내각은 "독일이 로카르노조약의 일부를 사문으로 간주하도록 독려하는 것이나 다름없다는" 경고에도 불구하고 라인란트 지방에 대한 관심을 꺼버렸다. 이 같은 경고를 들은 많은 이들은 그저 고개를 갸우뚱하기만 했다. 중앙부서 수장은 이렇게 결론 내렸다. "공개적인 지대* 침범에 … 우리는 확실히 저항할 준비가 되어 있다."[42]

1936년 3월 7일 토요일에 독일 병사들이 진군해 들어갔을 때, 런던은 전혀 놀라워하지 않았다. 영국 정보부는 이후 독일이 취할 작전과 외교적 움직임을 자세히 파악하고 있었다.[43] 그러나 이제 볼드윈이 이끄는 정부는 독일의 작전을 미연에 방지하기 위한 어떤 조치도 취하지 않기로 결정했다. 카의 일기가 모든 것을 말해준다. "독일인들은 라인란트 지방을 점령하고서 점심을 먹으러 집으로 돌아갔다."[44] 그는 수년 후에 이렇게 적었다. "내가 분개하기조차 않았다는 것을 분명히 기억한다. … 이는 오래된 부정의를 바로잡는 것으로, 서구 열강들이 자초한 일이었다."[45] 그러나 도덕성은 차치하더라도, 라인란트 지방 재점령과 뒤따른 요새화는 프랑스가 동유럽의 우방들을 지키기 위해 독일의 가장 취약한 지점을 더 이상 공격할 수 없음을 의미했다. 이는 히틀러가 동시에 두 전선에서 싸울 가능성을 효과적으로 약화시켰다는 점을 의미하기도 했고, 영국군이 이미 예견한 부분이기도 했다.[46] 영국 참모총장은 이것이 전략적으로 무엇을 의미하는지 명쾌하게 설명했다. "독일의 비무장지대 재점령은 독일이 마음만

---

*　　1918년 비무장지대로 선포된 라인강 좌안 전체와 동안의 50킬로미터에 이르는 지역.

먹는다면 프랑스와 벨기에를 기습 공격할 수 있는 가능성을 높였으며, 동시에 프랑스의 우방들이 독일에게 공격받을 때 그들을 돕기 위해 프랑스가 공세를 개시하기 더욱 어렵게 만들었다. 이러한 상황 전개는 유럽 전역에 불확실성과 불안감을 조성하고 있다."[47]

인도에서 태어난 전임 식민장관 레오 애머리 같은 이들은 영국이 "유럽 열강은 아니"라는 입장을 고수했다.[48] 그러나 대안이 거의 없는 상황에 직면한 그는 스트레사전선이 히틀러를 억제할 수 있는 유일한 방안이라고 생각하며, 이탈리아의 에티오피아 정복을 저지하기를 반대했다. "아비시니아 건이 전반적인 상황에 미치는 영향과 관련해 우리가 예측했던 가장 비관적인 전망이 모두 사실이 되었습니다." 애머리는 자신의 친구 자크 바흐두에게 썼다. "히틀러는 대담하게도 또 한 번의 폭력적인 행동으로 유럽을 깜짝 놀라게 만들고자 불운한 불·소 협정을 포착했습니다." 그는 덧붙였다. "우리가 어쩔 수 없이 나약하고 주저하는 태도를 취하는 동안, 프랑스와 러시아는 더욱 긴밀해지겠죠. 프랑스는 우리의 이러한 태도를 무솔리니에게 대항하는 데 따르는 불유쾌한 대가라고 생각할 것입니다."[49]

자신들의 뒤뜰을 다시 점령하는 행위라고 독일인들을 정당화하는 도덕적 감정을 제쳐두더라도, 글래드윈 젭 같은 런던의 유복한 젊은 관리들은 볼셰비즘에 대한 공포 또한 공유했다. "모든 독재 체제는 본성상 일시적"이라는 것이 파시스트 정부들과 관련된 (거의 발설되지는 않은) 추정이었다.[50] 실제로 젭은 자신을 비롯해 비슷한 생각을 공유한 이들은 "만일 나치가 전복되거나 민주주의 체제들이 성공적으로 양 독재자들(히틀러와 무솔리니)을 저지할 경우, 독일에서 발생할 혼란을 지나치게 걱정"했다고 회상했다. "그러나 당시 나는 독일이 그런 상황에 처하면 경제가 안 좋아져 소련이 어부지리를 얻을 수 있을 것이기 때문에, 공산주의 러시아와 동맹하는 준공산주의 독일이라는 결말을 맺을 것이라고 생각했다. 이는 궁극적으로 서유럽 전체에 영향력을 행사할 만큼 세력을 확장할 것이고, 미국이 고립을 버리고 유럽 무대에 재입장할 준비를 마치기도 전에 그렇게 될지도 모른다고 여겨졌다. 한마디로 나는 프랑스와 영국 '부르주아지' 가운데 보다 공포에 사로잡힌 자들이 가지고 있던 우려를 공유했다."[51]

코민테른이 반응하다

1935년 8월 모스크바에서 열린 코민테른 제7차 대회(8장 참조)는 반파시스트전선이 시작되었음을 알렸으나, 전쟁의 위험이 떠오르고 있다는 점은 거의 언급하지 않았다. 비록 논평가들은 히틀러가 라인란트 지방을 재점령하면서 서쪽으로 움직였다는 점을 감안해 영국과 프랑스가 그의 야심이 동쪽을 향할 것이라고 안전하게 추정해서는 안 된다는 점에 집중했지만, 그럼에도 불구하고 남모르게 경종은 울렸다. 디미트로프는 고백했다. "솔직히 우리는 수년 동안 전쟁의 위험에 관해 이야기했다." 그러나 이제 그들 모두가 "내일이나 모레라도 전쟁이 발발할 수 있는 분명하면서도 구체적인 위험"에 직면했지만, 코민테른은 여전히 "그 가능성에 대비한 기초적인 준비"마저도 하지 않고 있었다. 그의 실질적 부관 팔미로 톨리아티가 제7차 대회에서 해당 문제를 언급하기는 했으나 어떠한 진전도 이뤄지지는 않았다. 그래서 디미트로프는 결정이 내려지기 전에 "서기국 내 소모임 또는 상임위원회의 특별위원회 내에서 논의"를 갖기 위해 코민테른 집행위원회 상임위원회 내부에서 토론회를 열었다.

토레즈를 비롯한 발언자 대부분은 사안을 언급하지조차 않았다. 톨리아티가 모인 이들에게 말해야 했던 것은 "(극)동과 유럽에서 언제라도 전쟁은 발발할 수 있습니다. 이것이 바로 새롭게 떠오른 사안입니다('이것은 새로운 순간입니다.')"라는 것이었다. 제재, 심지어 군사적 제재가 지지되어야 했다("절대적으로 그렇게 되어야만 합니다."). 그러나 지배적인 당 노선을 고려했을 때 코민테른 지부들이 맞닥뜨렸던 당혹스러운 역설은 누구도 직접적으로 언급하지 않았다. 영국의 노동당과 자유당원들은 이탈리아에 대항하는 제재를 요구하는 동시에 군사적 제재를 숙고하기를 거부해 강력한 비판과 조롱을 받았다. 그러나 실상은 모든 공산당이 군비 지출에 공공연히 반대했으며, 심지어 그들의 통치자가 소련과 동맹을 맺을 때에도 (스탈린이 라발에게 확언해준 것에 대한 프랑스공산당의 반응이 실로 공공연히 증명하듯) 실제로 국방을 자랑스럽게 약화시켰다.

영국공산당 총서기이자 인기가 높았던 해리 폴릿은 곤경에 선뜻 맞설 수 있는 상식과 용기를 지니고서 무언가 조치를 취해야 한다고 탄원한 유일한 인물이었다. 폴릿은 방위산업에 침투해 산업의 수익성을 실질적으로 약화시킨 자기 당의 성공을 자랑했다. "전쟁 준비가 고려되고 있는 현재 국내 핵심 산업인 (방위 지출에서 큰 몫을 차지하는) 항공기 산업에서 우리 당은 선도적인 역할을 수행하고 있습니다. 당은 모든 파업을 이끌었고, 모든 파업에서 승리했습니다. … 국내 주요 항공기 공장 13곳 안에서, 우리는 17개의 당 조직을 가지고 있습니다." 그러나 폴릿은 방위를 전복시킨다는 오랜 노선이 궁극적으로 나치 독일을 억제하고 필요할 경우 패퇴시키기 위한 전 유럽적 동맹 체제 형성과 상충한다는 사실을 모르기에는 너무나 똑똑했다. 따라서 그는 섬세하게 그러한 발언을 자제하는 대신, 더욱 명확한 것을 요청했다. 전쟁 관련 정책은 혼동으로 이어졌다. 가장 최근의 사건들은 "당에도 심지어 명백하지 않은" 사안들을 보다 "복잡하게" 만들었다. "제7차 대회는 전쟁 결의에 대해 보다 분명한 단서를 주었습니다." 폴릿은 말했다. "하지만 차후 상황 전개를 고려할 때 우리는 아직도 명확하지 않으며, 현재 제기되고 있는 질문 일부에 대해서는 여전히 대답을 얻지 못했습니다." 영국에서는 1150만 명이 평화투표*에 참여

---

*   국제연맹과 집단 안보에 대한 영국 대중의 동향을 알아보기 위해 1934년~1935년 실시된 전국 규모의 설문 조사.

해, 80퍼센트가 침공에 반대하는 제재를 지지했다. 폴릿은 한 집회에서 발언하던 중에, 당이 이탈리아에 대항하는 군사적 제재를 지지하는지 여부에 관해 단도직입적으로 질문을 받았다. 청중 가운데 한 명은 "피하지 마세요, 해리."라고 외쳤다.[52] 그들 모두의 문제는 무솔리니에게 가장 강력하게 대항하는 이들 가운데 일부가 독일의 라인란트 지방 점령에 대항하는 제재를 가장 강력하게 반대하는 이들이라는 점이었다. 이러한 측면에서 파시즘에 대항하는 인민전선은 지극히 어려운 역설에 직면했다.

이러한 논의를 통해 1936년 4월 1일 권고안들이 도출됐다. 이 권고안은 노동계급 방위라는 신조를 굳건히 천명하면서 시작했다. "오직 프롤레타리아 권력만이 스스로의 독립을 훼손하는 행위에 대항하는 믿음직한 방위를 보장할 수 있다." 권고안은 또한 공산주의자들이 부르주아 정부들이 취하는 "방어 조치들에 대해 하등의 정치적 책임도 지지 않을" 것이며 "군사 예산 전체에 반대할 것"이라는 경고를 반복했다. 그렇기에 예를 들자면 폴릿은 영국의 군사 예산에 계속 반대해야 했다. 그리고 눈에 띄는 움직임 몇 가지가 있었다. 이전과는 두 부분이 달랐다. 첫째, 코민테른은 이제 "침략자들이 공격하기 어렵게 만드는 방어적 성격의 조치들(예컨대 국경 강화)에 대한 투표 불참을 정당화하는 행위를 배제하지 않을" 터였다. 둘째, 파시스트 침략자의 "직접적인 위협"에 직면해 공산주의자들은 "국가 방위에 대한 민중의 통제를 보장하고, 파시스트 침략자에 맞선 인민의 방위 역량 증가를 촉진"하는 "인민전선 정부의 즉각적 수립"을 추구할 것이었다.[53] 다시 말해, 이제 상황에 따라 어느 정도의 유연성이 허용되었다. 그러나 방어 역량을 증가시키기 전에 공격이 임박할 때까지 이를 가만히 놔두는 것은, 특히 전쟁이 고도로 기계화된 시대에 포위된 국가에게 큰 도움이 되지 않는다는 사실은 군사훈련을 받지 않은 이에게도 분명했다. 1930년대 후반부에 프랑스가 믿음직한 방위를 구축하며 맞부딪힐 문제들은, 코민테른이 최고 한도까지 유연성을 허용한다 하더라도 그들의 정책이 실행 불가능함을 증명할 터였다. 요점은 인민전선 정부가 실제로 공격을 받지 않는 이상, 모스크바는 해당 나라가 소련과 동맹을 맺었더라도 소비에트 국경 너머로 누군가를 방어하기 위해 나서기를 꺼렸다는 점이었다. 이 입장은 태생이 적법하지 않고 내재적으로 볼셰비즘을 적대적인 것으로 간주한 국제적 국가 체제 안에서 소비에트 정권이 작동했다는 불변의 사실을 강조했다. 그리고 이후 몇 년간 발생한 어떤 일도 이 추정을 약화시키지 못했다.

8장

인민정신의 악령

파시즘에 대항한 우리 싸움의 목적은
부르주아 민주주의 체제를 재확립하는 것이
아니라, 소비에트 권력을 확보하는 것이다.

게오르기 디미트로프[1]

파시즘에 반대하고 공산주의에도 반대했던 이들은 고통스러운 딜레마에
직면했다. 인민전선으로서 대두한 것은 문제를 해결하지 못했다. 1935년
8월 오래 기다렸던 코민테른 제7차 대회에서 개시된 인민전선 정책은 완
전히 새로운 전략은 아니었다. 이 전략은 디미트로프가 개인적으로 언급
했듯, "소비에트 권력"을 추구하는 "통일전선이라는 전술"이었다. 그러
나 원래 의도가 무엇이었든 간에 외양은 중요했다. 인민전선의 외양은 파
시즘을 가장 두려워하는 이들이 어느 정도 스스로를 속일 만큼 묘한 매력
을 띠었다. 따라서 인민전선은 서구 세계의 코민테른 지부들을, 혁명적 수

사를 지닌 작고 점차 고립되어가는 분파주의적 전초 기지들에서 자본주의 질서에 도전하고 이를 전복한다는 심각한 위협을 제기하는 주류 정당들로 변모시키기에 충분했다.[2]

1936년 12월에 이르러 프랑스공산당의 당원 수는 28만 2000명으로 집계됐다. 이는 연초 이후 400퍼센트 이상 증가한 숫자였고, 그중 95퍼센트는 노동계급이었다. 그리고 일간지 〈뤼마니테〉의 판매고는 41만 9000부에 달했다.[3] 이 변화의 바람은 심지어 노동조합 운동이 만든 노동당이 좌파를 지배했던 영국에서도 느낄 수 있었다. 노동당 산하 노동조합들 내부의 전국적 직장간사운동*은 노사분규에 채찍과 같은 것을 쥐여준 공산당에서 직접적으로 성장했다. 개별 공산당원이 노동당원 자격을 신청할 수 있도록 하자는 제안이 당 대회에서 매년 제기되었지만, 광부들의 조직적인 지원을 받은 이 제안은 인민전선에 합류하자는 제안과 마찬가지로 받아들여지지 않았다. 그럼에도 불구하고 "MI5는 영국공산당이 인민전선 정책들과 반파시스트 십자군운동을 통해 존경을 얻어 이전보다 거대해졌으며, 이에 따라 이로부터 발생하는 위협도 커졌다고 믿었다. 1935년 MI5는 새로운 전술들이 '코민테른이 현실을 직시해, 코민테른이 시작된 이후로 일관되게 활용됐더라면 분명 더욱 훌륭한 결과들을 만들어냈을 수단들을 채택하는 뚜렷한 경향을 보인'다고 주장했다."[4]

그러나 인민전선은 근본적인 모순을 끌어안고 있었다. 이는 특별히 히틀러만을 봉쇄하려는 의도인가, 아니면 파시즘의 진전을 일반적으로 차단하려는 것인가? 이 차이는 중요했다. 무솔리니에 맞서는 일은 히틀러를 차단하는 일과 전혀 같지 않았고, 또한 1936년 대두한 스페인의 극우 반란에 저항하는 일과도 같지 않았기 때문이다. 조만간 보다 위험한 위협

---

* 공장이나 상점 등에서 근무하는 노동자인 동시에 지역과 전국 단위 노조 관리 사이에서 가교 역할을 하던 간사들의 전국적 단결 운동.

이 무엇인지를 선택해야 했지만, 코민테른의 전략은 이러한 선택을 (불가능하지는 않더라도) 한층 어렵게 만들었다. 불·소 협정으로 인해 분명해진 이념적 결함 때문이었다.

프랑스가 분열되다

인민전선 정책이 본래 러시아가 아니라 프랑스에서 유래했다는 사실은 복합적인 문제를 발생시켰다. 1936년 3월 토레즈는 동료들에게 "이것[인민전선]을 시작하고 숨결을 불어넣은 존재는 과거에도, 현재도 우리 당이다."라고 상기시켰다.[5] 어떻게 이런 일이 일어날 수 있었을까? 대공황은 1931년까지 프랑스에 충격을 가하지 않았다. 비록 그 강도는 강했지만 나머지 유럽과 비교하면 영향을 늦게 받은 편이었고, 프랑스를 지켜본 이들은 모든 국가 가운데 프랑스가 가장 대공황에 영향을 받지 않고 경제적 자립에 근접했다는 인상을 받았다.[6] 그러나 다른 곳과 마찬가지로 대폭락 이후 필연적으로 생활은 광범위하게 궁핍해졌고, 1936년에는 임금으로 계산한 국민총소득이 30퍼센트로 감소했다.[7] 1930년 58만 명의 노동자가 참여함으로써 절정을 찍은 파업 참가자 수는 1년 후 4만 8000명으로 폭락했다. 산업 불황의 성격 또한 바뀌었다.[8] 경제 상황에 따른 대량 실업과 숨막히는 디플레이션은 전통적인 무정부노동조합주의 정서를 일깨웠고, 이는 정치적 파업 증가로 표현됐다.[9] 타이밍이 이보다 안 좋을 수는 없었다. 한때 그렇게 단단했던 국내 정치 체제는 히틀러가 권력을 잡은 바로 그 순간 분해되는 중이었다.

좌파는 그보다 한참 전에 자체적으로 분열한 상태였다. 공산주의자들과 사회주의자들은 오랫동안 불화가 심했다. 전자는 장기적으로 쇠락 중이었고, 후자는 무자비하게 상승하고 있었다. 나치 독일이라는 위협이 더욱 심각하게 받아들여지기 전까지 프랑스공산당과 노동자인터내셔널 프랑스지부SFIO* 사이의 간극은 좁힐 수 없는 수준이었다. 1933년 2월 말 히틀러가 독일공산당을 무너뜨리기 전까지는 애매모호한 요소가 남아 있었다. 히틀러는 프랑스를 주적으로 보았다. 그러나 나치가 독일공산당을 박살 내는 와중에도 여전히 견뎌보려 했던 독일 사회민주주의자들은 제2인터내셔널이 코민테른의 제의에 응답하지 못하도록 거부했고, 이전의 적개심으로 손쉽게 되돌아갔다. 그러는 동안 프랑스에서는 좌파 분열이 지속되면서 극우에게 길을 열어주었다.

파시즘에는 전염성이 있었다. 독일에서 부상한 극단적 민족주의는 프랑스 내 여러 파시스트 정당들(왕의행상들Camelots du Roi, 청년애국자단Jeunesses Patriotes, 불의십자단Croix du Feu, 프랑스연대Solidarité Française, 프랑스주의자들Franciste)이 제3공화국**의 안정성을 흔들 수 있는 주장을 내세우도록 독려했다. 1934년 1월에 터져 결국 연립 여당을 실각시킨 정부 내 부패 스캔들 "스타비스키 사건"은 결정적인 타격을 가했다. 극우는 임금 감축에 저항하는 파업의 물결에 잠기지 않기 위해 2월 6일 파리로 쇄도했다. 2만 명가량이 쏟아져 나와 해군부 건물에 불을 질렀고, 이틀 후 프랑스공산당은 지지자들에게 바로 다음 날 거리를 되찾고 공화국광장에 모일 것을 요구하는 방식으로 대응했다. 사회당은 협력을 거부했지만, 어쨌거나 시위는 벌어졌다.

프랑스가 단단히 유지되어 독일과 균형을 이룰 것을 가장 염려해야 했던 무솔리니가 정반대로 "프랑스 위기는 … 궁극적으로 유럽 전체와 오스트리아에 이르기까지 사회민주주의의 입지를 약화시킬 것"이라는 전망에 사로잡혔던 일보다 국제관계에서 이념의 초월적인 중요성을 더 잘 예증하는 사건은 없을 것이다. 실제로 그는 전적으로 이 위기가 "장기간에 걸쳐 문제를 일으키며 지속될 것"이라고 예상했다.[10] 이는 분명 국제

---

*   1905년 창당된 프랑스 사회주의자들의 연합 정당.

**   1870년 보불전쟁의 결과로 제2제정이 무너지고 들어선 프랑스의 정부 체제.

적인 파시스트 연대였다. 이러한 연대는 국가이성의 전통적 규준을 완전히 약화시켰다. 10월혁명까지 만연했던 국제 관계 성격이 근본적으로 변화한 것이다. 사회 구성과 사회 및 경제의 형태가 중요해졌으며, 소위 말하는 권력균형이 아니라 이념적으로 어떻게 규정되었는가가 저울에 올랐다. 문제는 이 새로운 현실에 정치인들과 외교관들이 심각하게 적응하지 못했다는 점이었다. 무솔리니가 이탈리아 외무장관직에서 그란디를 쫓아내고 스스로 그 자리를 차지한 이유도 이 때문이었다. 1920년대에 코민테른에게 심하게 데인 외무부 사람들은 소비에트의 외교정책이 뿌리부터 혁명적 우선순위에 지배받았다는 점을 알아차렸지만, 파시즘이 관습적인 지정학을 가리기 위한 단순 장식에 지나지 않는다는 점은 이해하지 못했다. 그러나 그들은 곧 그러한 사실을 발견할 터였다. 시합은 프랑스와 오스트리아에 이어 스페인에서 벌어졌다.

프랑스가 겪던 소동은 사회주의적 노동조합조직이자 노동자인터내셔널 프랑스지부보다 좌파였던 노동총연맹CGT이 20시간 총파업을 요구하면서 전환을 맞았다. 공산당의 지지를 받은 총파업은 2월 12일 "바리케이드의 날"에 (전체 노동자 수의 60퍼센트인) 프랑스 노동자 400만 명이 참여하며 이루어졌다.[11] 이 지점에서 극우는 무대로부터 전술적으로 후퇴했다. 2보 전진을 위한 1보 후퇴였다.

물론 프랑스공산당은 독자적이지 않았다. 이 당은 코민테른의 한 지부였다. 1928년부터 이 당이 가졌던 자유는 대개 스탈린의 재량에 달려 있었다. 극우로부터의 위협을 저지할 수 있는 유일한 방법은 공산주의자들과 사회주의자들이 통일전선을 구성하는 것이었다. 하지만 이 단계에서는 배타적으로 당 대열 안에서 밑으로부터의 통일전선만이 용인될 수 있었다. 작디작은 영국공산당의 능력 있는 지도자이자, 그렇기 때문에 분파주의적 껍데기에서 벗어나길 몹시 갈망했던 폴릿은 파시스트들의 거리 장악 전야에 프랑스공산당의 전술에 관한 "약간의 의구심"을 모스크바에 표현했다. 하지만 그는 코민테른 본부의 "밥"(스튜어트)에게 나무람을 들었다. "당신은 우리의 프랑스 동지들이 프랑스에서 성숙해지고 있는 파시스트 반동에 대항하는 투쟁에서의 공동 행동과 관련해 사회주의 지도자들과 협상을 벌였어야 했다고 보고 있군요." 하지만 프랑스공산당은 옳았다. 사회주의자들에게 기정사실로서 제시된 밑으로부터의 공동전선은 사회주의 지도자들이 공산주의자들에게 접근하는 동시에 정부와 대화를 할 수 있는 시간을 주었다.[12]

교권파시즘에 잡힌 오스트리아

두 개의 사건이 파리에서 발생한 위기와 만나면서 파시즘에 대항하는 사회주의자들과 공산주의자들의 협력에 우호적인 독특한 분위기를 형성했다. 리초네에서 이탈리아로부터 독립을 보증받은 오스트리아는 그 대가로 파시스트 지배를 포용해야 했다. 무솔리니의 재촉을 받은 빌헬름 미클라스 대통령과 엥겔베르트 돌푸스 총리는 1933년 3월 5일 의회를 해산시키면서 독재 체제로의 길에 올라섰다. 이는 교황대사 엔리코 시빌랴가 "유대인을 넘어서 … 이교도이자 초특급 마르크스주의자"라고 경멸한 평화주의자 오토 바우어가 이끄는 사회당과의 오랜 긴장 상태를 초래했다.[13] 의회를 해산함으로써 입헌민주주의 체제를 파괴한 미클라스는 1933년 10월 비오 11세로부터 그리스도최고훈장을 수여 받는 귀한 영예를 누렸다.[14] 그리고 영국인들이 지적했듯 "돌푸스 박사의 벨벳 장갑 뒤에는 부총리 페이 소령의 주먹이 있었다."[15] 1934년 2월 11일 무솔리니는 돌푸스에게 사회주의자들에 대항해 움직이라고 촉구했다. 프랑스에서 벌어진 사건들은 "모든 전선에서 행동을 펼치고 새로운 국가* 주위로 오스트리아

---

* 　1934년 2월 내전 이후 오스트리아는 5월 1일 개헌을 통해 오스트리아연방국이라는 교권파시

국민을 결집하는 데 가장 유리한 순간"을 제공했다. 무솔리니는 오스트리아 총리가 "이 느낌을 갖고 알맞게 행동"하기를 희망했다.[16]

다음 날 체제와 동맹을 맺은 (보국단Heimwehr이라고 알려진) 우익 준군사조직이 경찰과 함께 사회주의자들이 무기를 보관하던 린츠의 한 호텔을 급습했고, 사회주의자들은 맞서 싸웠다. 무질서가 빈을 비롯한 다른 도시들로 급속히 퍼져나갔다. 총파업이 선언됐고, 계엄령이 선포됐다. 경찰과 보국단은 수도에서 사회주의자들과 그들의 준군사조직을 다시 공격했다. 사회주의자들은 포병대가 여성과 어린이들이 미처 빠져나가지 못한, 광범한 구역에 걸친 노동계급용 공공지원주택을 포함해 임시변통으로 만든 요새들을 파괴하기 전까지는 성공적으로 스스로를 방어했다. 프랑스인들은 관용을 탄원하기 위해 바티칸에 접근했다. 그러나 2월 16일 비오 11세는 에우제니오 파첼리 국무원장 추기경에게 자신의 뜻을 전했다. "교황 성하는 (오스트리아) 총리가 단호히 질서를 다시 세우기 위해 필요한 모든 행동을 취하길 바라고 계십니다. (전임 총리 이그나즈) 자이펠은 (1927년도 사회주의 봉기 당시) 빈에서 사회주의자들을 제거할 수 있었으나 실수를 저지르고 말았죠. 그는 충분한 용기를 갖지 못했습니다. 가혹함은 자비로울 수 있습니다."[17] 시빌랴는 파첼리에게 분명히 말했다. "빈 시청이, 그리고 지역 정부가 빨갱이들의 가혹한 압제로부터 자유로운 모습을 보아서 … 저는 기쁩니다."[18]

부총리가 명령한 조치들은 명백히 보복적이었다. 사회민주주의자들은 영웅적인 패배를 겪었다. 하지만 코민테른은 마냥 고무됐다. 여태까지 사회민주주의자들은 공산주의자들이 민주적이지 않다는 이유로 그들과의 어떠한 협력도 거부했지만, 이제 모든 것이 바뀌었다. 오스트리아공산당 대표 오스카 그로스만은 부인할 수 없는 사실을 강조했다. "우리와 사

즘이 장악한 일당제 국가를 내세웠다.

회민주주의 일꾼들 사이에 실로 오랫동안 서 있던 불행한 장벽은 무너지고, 친선과 동지애 넘치는 분위기로 바뀌었습니다."[19]

이 두 사건은 스탈린이 코민테른의 경로를 바꾸고, (사회민주주의와의 협력이 필수적이기 때문에) "사회파시즘"이라는 막다른 골목에서 빠져나와야 한다는 사실을 납득하기 위해 필요한 것들이었다. 문제는 그가 얼마나 정책을 포기할 수 있느냐였다. 코민테른 서기 크노린이 이끄는 원로들이 사건들을 다르게 읽으면서 갈등이 발생했다. 크노린은 전략을 바꿔야 할 필요성을 전혀 이해하지 못했다. 그는 오스트리아에서 사건이 폭력적으로 전환한 것은 "대중이 개혁주의에서 공산주의로 선회"한 증거라고 보았다. 프랑스는 대륙에서 가장 안정적인 자본주의국가로서 더더군다나 중요했다. 이 나라는 세계대전의 주요 승전국 중 하나였다. 파리에서 발발한 극적인 폭력 사태는 프랑스가 "총체적으로 진화한 국제적 모순들이 국내적 모순을 엄청나게 악화시킨 나라"임을 증명했다. 즉 히틀러의 집권으로부터 비롯된 유럽식 국가 체제의 분열이 국가 간 긴장을 증가시키고 있고, 이러한 긴장은 가차 없이 혁명으로 이어질 것이라는 증거였다. "전쟁 준비가 신속할수록, 그리고 파시즘과 전쟁이 단단히 뒤얽힐수록 혁명 위기가 더욱 신속히 성장할 것이다."[20] 독일 파시즘은 부르주아적 사회를 하나로 붙잡고 있던 것을 산산조각 내면서 혁명으로의 경로를 개척하는 쇄빙선으로 여겨졌다.

게오르기 디미트로프가 스탈린을 설득하다

마누일스키에게는 코민테른이 수렁에서 빠져나올 수 있도록 이 조직을 이끌 만한 성격이나 지명도, 위신이 전혀 없었다. 다른 누군가가 그 역할을 맡아야만 했다. 바로 불가리아 공산주의 지도자 게오르기 디미트로프였다. 1934년 2월 27일, 독일 국회의사당 방화 혐의로 체포될 당시 베를린의 코민테른 서유럽지부를 책임지고 있던 디미트로프는 나치가 공개 재판에서 죄를 소명하는 데 실패하면서 출소했다. 디미트로프가 투옥된 뒤 신속하게 행동에 나선 빌리 뮌첸베르크의 인쇄기 덕분에 디미트로프는 이미 전 세계적으로 반파시스트 대의를 상징하는 국제적 표상이 되어 있었다. 1933년 3월 나치 정부의 손에 의해 독일공산당이 빠르고 치욕적으로 괴멸된 뒤, 스탈린에게는 국제공산주의운동을 호전시키기 위한 영웅적 인물이 필요했다.

1934년 4월 7일 디미트로프는 마침내 크렘린에서 스탈린과 회동을 가졌고, 몇 주 만에 강경파 크노린을 몰아내고 핵심적인 중부유럽서기국을 책임지게 됐다.[21] 노동절 가두 행진이 진행되는 가운데, 스탈린은 웅장한 공적 승인 절차로써 디미트로프를 연단으로 소환했다. 이 한 번의 상징적 행위로 그는 모두에게 자신이 지지받고 있음을 증명했다. 이후로 그의 주요 경쟁자 퍄트니츠키는 크렘린 접근 권한을 상실했고, 1년 후에는 코민테른 내의 재정적·조직적 제국을 통제할 모든 권리를 상실했다. 향후 전략과 전술과 관련해, 스탈린은 6월 21일 디미트로프에게 "그 문제에 대해서는, 여전히 머릿속이 텅 비어 있다네."라고 고백했다. "무언가가 반드시 준비돼야 해!"[22]

프랑스와 오스트리아에서 벌어진 사건들은 디미트로프에게 동일한 방향을 가리켰다. "사회파시즘"을 끝내고 파시즘에 대항하는 광범위한 통일전선을 구축하는 것이었다. 그는 전투적 사회민주주의자였으나 탄압의 결과로 이제 공산당에 가입한 오스트리아인 에른스트 피셔에게 좋은 결정을 내렸다고 치하했다. "2월에 빈과 파리에서 벌어진 전투들은 새로운 시대의 시작을 기록했습니다."[23] 그러나 스탈린은 특히 프랑스가 "'위로부터의' 통일전선 또한" 구축해야 한다는 점을 받아들일 것을 요청받으면서 늑장을 부렸고, 그럼으로써 근본주의자들에게 희망을 주었다.[24]

반면 서유럽에서 혁명이 일어날 것을 깊이 회의하던 스탈린은 디미트로프가 전혀 예상하지 못했던 허심탄회한 모습을 드러내 보였다. 이 무뚝뚝한 현실주의는 몰로토프가 코민테른을 맡은 1928년 이후로 이 조직에 충만해 있던 혁명적 교조주의를 가로질렀다. 상황은 디미트로프에게 독특한 기회를 부여했다. 스탈린이 잘 숨겨왔던 입장은 폴릿과 리트비노프의 입장과 그다지 다르지 않았다. 스탈린은 유럽의 노동계급이 폭력을 통한 공산주의를 받아들이기에는 부르주아 민주주의와 지나치게 밀착해 있음을 깨달았다. 이는 자연스럽게 1928년 이후로 자리 잡고 있던, 서유럽에서 혁명이 일어나지 않는 유일한 이유는 사회민주주의의 배신 때문이라는 신조를 조용히 무너뜨렸다.[25] 이 놀라운 발견은 다른 이들과 공유하기에는 너무나도 논쟁적이었지만, 디미트로프만은 예외였다. 그렇기에 그 누구도 디미트로프가 제시하는 방안을 대체할 만한 다른 정책을 제시하기 위해 스탈린을 접견할 수 없었다. 실질적으로 디미트로프는 수문장으로 거듭나 자유롭게 재량권을 행사했다. 리트비노프처럼 사건들에 배반당해 궁극적으로 스탈린의 신임을 상실하기 전까지는 말이다.

이제껏 보았듯, 코민테른의 정책 노선을 바꾸려 했던 디미트로프는 오스트리아에서 억압적인 교권파시스트 정부에 대항해 무력을 사용하고자 하는 사회주의자들의 의지를 명백한 변화의 징후로서 포착했다. 6월 23일 정치서기국은 오스트리아의 공산당이 거둔 "사회민주주의 노동자들을 공산주의의 편으로 설득하는 과업의 성공"을 인정하는 결의안을 발행했고, "사회민주주의 전임 일꾼들을 자체의 대오로 끌어들이는 일"에서 더욱 나아가라고 역설했다. 이는 통합 대회를 목적으로 한 것으로, 심지어 코민테른 제7차 대회가 예정되기도 전이었다.[26] 디미트로프는 이제 그가 행사하는 독특한 영향력을 사용하여 다른 곳에서도 태도를 180도 전환할 것을 주장했다. 유럽 전역의 모든 층위에서 공산주의자들과 사회주의자들 사이의 통일전선을 이룰 것을 주장한 것이다. 이는 즉각적으로 원로들(크노린, 쿤, 그리고 디미트로프가 가장 무서워한 퍄트니츠키)의 완고한 저항을 불러일으켰다. 하지만 디미트로프는 동시에 아주 기민하고 무원칙한 마누일스키, 핀란드인 오토 쿠시넨, 그리고 조건부로 코민테른의 새로운 마키아벨리이자 이탈리아공산당이 무솔리니에 대항하는 공동의 대의를 찾지 못한 일을 후회하고 있던 톨리아티로부터 군은 지지를 얻었다.[27] 스탈린은 자신의 양손을 자유롭게 유지한 채로 디미트로프에게 코민테른 전술을 재구성하라는 과업을 맡겼으나, 그 과정에서 통상적으로 디미트로프 혼자 힘으로 그 일과 씨름하도록 내버려두었다.

프랑스의 혁신적인 발명

프랑스공산당은 코민테른의 방향이 엄청난 속도로 바뀌고 있다는 사실을 느리게 깨달았다. 당 대회는 1934년 6월 24일~26일 이브리에서 개최될 예정이었다. 코민테른은 이에 앞서 6월 11일 조언을 보냈다. 파시즘에 대항하는 통일전선을 강화하고 무의미한 일반론을 끝내도록 권고하는 내용이었다. 또한 이 조언은 실제로는 파시스트가 아닌데 이전에는 파시스트로 취급되었던 이들을 통합해, 소부르주아지를 같은 편으로 끌어들이도록 촉구했다. 특히 젊은 장교들 사이에 반파시스트 조직을 구축하는 방식으로 군대를 끌어들여야 했다. "종국에 가서는 이들(군대)의 행동이 프랑스에서 파시즘의 승리 여부를 결정할 것"이기 때문이었다.[28] 그로부터 사흘 만에 마누일스키는 1933년 2월 자신이 필요하다고 생각했던 변화들이 마침내 실행되는 모습을 목도하고서 공식적으로 인정했다. "지금껏 … 우리의 모든 지침은 사회민주주의가 우리의 주적이라는 것이었다. 파시즘에 대항하는 투쟁은 잊고 우리의 모든 화력을 사회민주주의에 집중해 이들과 싸움으로써 파시즘을 분쇄하는 것이 요점이었다."[29] 이 말은 불과 몇 달 전만 하더라도 이단이라고 비난받았을 것이다. 공산당의 정책을 완전히 뒤집는 작업은 순조롭게 진행되고 있었다. 이는 고작 며칠 앞서 하달된 지시라도 그것이 시행되는 때에 이르러서는 쓸모없는 것이 될 수 있음을 의미했다.

모스크바는 공산주의 일간지 〈뤼마니테〉의 지면을 통해서만 프랑스에서 무슨 일이 벌어졌는가를 확인했고, 이는 곧 하나의 관행이 되었다. 토레즈의 연설은 이후 프랑스공산당의 기관지 〈볼셰비즘 수첩Cahiers du Bolchévisme〉 7월 1일 자에 실렸다. 토레즈는 분명하게 주장했다. "우리는 대도시의 피고용인들, 공무원들, 중산층들(소상인들과 공인들), 그리고 소작농 다수가 파시즘으로 넘어가지 않도록 방지해야 한다." 그는 파시즘에 대항해 이기는 일이 얼마나 중요한가를 강조했다. 아직은 모든 것이 순조로웠다. 하지만 그는 기존 노선을 유지하기 위해 말투를 조정함으로써 자신의 주요한 메시지를 약화시켰다. 그는 "우리의 목표는 프랑스 내의 소비에트"라고 언급하면서 사안을 악화시켰다. 이는 그가 동시에 확언했던 "'통일전선은 술책이 아니다.'"와 확연히 모순되었다.[30] 논리적으로 따졌을 때 통일전선에 가담하는 일이 공산주의의 승리를 의미한다면, 중산층은 고사하고 사회주의자들 역시 통일전선과 아무런 관련이 없을 터였다. 따라서 이를 공개적으로 발표하는 일은 전혀 도움이 되지 않았다. 일이 서둘러 진행돼 무엇도 적절히 숙려되지 못한 것이다.

당연하게도 코민테른의 개혁가들은 전혀 유쾌하지 않았다. 그들의 조언은 무시됐다. 그것들이 읽히기는 했을까? 7월 4일 코민테른 정치위원회의 회동 이후 파리로 맹렬한 질책이 전송됐다. "〈뤼마니테〉에 실린 기사에 의거해, 우리는 전국대회와 특히 토레즈의 연설이 우리의 지시를 불충분하게 반영했다고 간주한다."[31] 이 힐난은 정책상에 급진적인 특징을 분명히 새겨야겠다는 굳은 의지를 토레즈와 그 외의 정치국 위원들에게 불어넣었던 것으로 보인다. 무엇보다도 가장 인상적인 부분은 지난 15년간 전적으로 억압되었던 정서를 드러낸 토레즈의 다음 발언이었다. "우리는 조국을 사랑한다."[32]

모스크바 내에서 지속적으로 의견 충돌이 발생하고 서유럽에서 사건들이 일어나는 속도는 자연스럽게 즉흥적인 행동으로 이어졌다. 제7차 코민테른대회 개최가 지연되고(이전 대회는 1928년이었다), 독일에서 투옥되었던 이후로 디미트로프가 간헐적으로 병원 신세를 지는 일이 이어지면서 어느 정도의 유연성과 권한 위임이 불가피해졌다. 9월 4일 스탈린과 정치국은 또다시 대회를 1935년 3월까지 미루기로 했다. "현재의 국제 상황이 가진 특수한 복잡성은 코민테른의 모든 지부에서 정치적·전술적 문제들을 사전에 근본적으로 논의할 것을 요구한다."[33]

디미트로프의 비전은 기존의 정통주의와 정면으로 충돌했다. 사흘 후 그는 스탈린에게 자신의 입장에 힘을 실어달라고 요청했다. "코민테른 내부 상황을 파악할수록 세계노동운동 내에서 일어나고 있는 발전들과 코민테른이 직면하고 있는 과제들, 특히 파시즘 및 전쟁 위협에 대항해 노동계급이 단결하기 위한 투쟁이라는 문제는 코민테른을 이끄는 조직들의 작업 방식을 신속히 조정해야 한다는 결론에 도달했습니다." 의미가 불분명한 이 제안은 사실상 스탈린에게 자신의 편에 서달라는 애원이나 다름없었다. 디미트로프는 이어서 말했다.

코민테른 내부의 선도적 동지들과 의견을 교환한 뒤, 저는 당신과 러시아 공산당 중앙위원회 정치국의 개입과 원조 없이는 절대 그러한 조정을 시행할 수 없으리라고 확신하였습니다. 코민테른 지도부 내에 축적된 명백한 보수주의와 관료주의적 절차, 그리고 지도부 동지들 사이의 건강하지 못한 관계들로 인해 이러한 문제를 해결하는 일이 복잡해졌기 때문에 이러한 도움이 더욱 절실합니다.[34]

그러나 스탈린은 공공연하게 연루되기를 원치 않았다. 이렇게 스탈린이 관여하지 않으면서 결과적으로 사건들은 걷잡을 수 없는 상태로 몰렸고,

스탈린을 포함한 모두의 예측을 뛰어넘어 폭주하기 시작했다.

프랑스공산당이 중산층을 끌어들이기 위해서는 급진사회당 내의 온건파를 가스통 두메르그 총리 같은 강경파들과 페탱 장군, 피에르 라발 같은 공공연한 반동파들로부터 떨어트려야 했다. 그런 이유로 9월에 정치국원 줄리앙 라카몽과 선도적 급진당원 에두아르 달라디에 사이에 비밀 회담이 열렸다. 선수를 **빼앗긴** 코민테른은 즉각 맹비난을 퍼부었다.[35] 9월 16일에 내려진 지시는 다음과 같았다. "**디미트로프**와의 약속에 따라, 제안을 내세우지 말 것. 며칠 내로 추후 지시가 내려질 것임."[36]

그러나 아무런 지시도 내려지지 않았다. 그럴 만한 이유는 충분했다. 코민테른 지도부 안에서 병든 디미트로프가 이끌고 마누일스키, 쿠시넨, 톨리아티로 구성된 급진적 변화 지지파와 퍄트니츠키, 쿤, 핵심적인 중부유럽서기국 수장 자리를 디미트로프에게 **빼앗긴** 크노린으로 구성된 교조적인 강경파들 사이에 전선이 확고히 굳어진 것이다. 스탈린은 아직 입장을 표명하지 않았다. 그리고 건강이 좋지 못한 디미트로프는 중부유럽서기국 수장과 코민테른을 지시하는 집행위원회 위원 이외에는 여전히 어떠한 공식적인 지위도 가지지 못했다.

9월 27일, 라틴아메리카서기국을 이끌었던 마누일스키는 마침내 참을성을 잃고 코민테른에서 새로운 통일전선 노선을 반대하는 이들에게 맹공을 퍼부었다. "프랑스공산당을 보십시오. 이제 그들은 선거에서 필요하다면 급진당에 투표하기로 했습니다." 의도적인 도발이었다. 회의록에는 헝가리 강경파인 쿤이 실로 두 눈이 튀어나올 정도로 경악했다고 적혀 있다. 쿤은 독일에서 비상사태를 통해 나라를 통치한 브뤼닝 정부(1930~1932)를 사회주의자들이 지지했던 것과 같은 일이 아니냐고 물었고, 마누일스키는 대체 왜 그리 호들갑을 떠느냐는 듯이 퉁명스럽게 대꾸했다. "(1930년~1932년에) 우리가 사회민주주의를 상대로 펼친 전술과 급진당 및 사회주의자들에게 투표하는 전술 사이의 차이점은 뭐죠?" 그러나 요점은 "부르주아 민주주의와 파시즘을 … 동등하게 취급하지 않는"다는 것이었다. 이것이 계급투쟁의 종언을 의미하지는 않았다.[37] 당시 핵심 쟁점은 근본적인 전술 변화이지 목적을 포기하는 것은 아니었다.

10월 3일, 코민테른은 급진사회당원들을 분열시키는 전략을 상세히 서술했다. 정치서기국은 두메르그 총리가 "노동계급과 통일전선에 대항해 소부르주아 계층"과 연합하고 있다고 추론했다. 이 전략은 프랑스공산당에게 "노동계급 가운데서, 그리고 노동조합 권리들에 대한 위협과 국가의 파시스트적 개혁에 저항하기 위해 이미 진행 중인 운동과 함께 우리의 모든 반파시스트 노력을 전개해 두메르그의 술책을 아주 정력적으로 폭로하라."라고 강하게 충고했다.[38] 또한 달라디에와의 대화가 재개됐다. 달라디에는 두메르그와 달리 파시즘을 패퇴시킬 수 있는 유일한 방안으로 노동계급과 중산층의 통일전선을 제안했다. 이는 바로 "인민전선"이 될 터였다. 이 용어는 닷새 후 〈뤼마니테〉에 처음 모습을 드러냈다. 코민테른은 이를 반기지 않았다. 프랑스 동지들은 (전략 문제가 대두한 바로 그 순간에 너무도 편리하게) 모스크바로부터의 통신을 해독하는 데 문제가 발생했다고 주장했다. 실로 위급한 사안인지라 무슨 일이 있더라도 중산층들과의 통일전선은 불가능하다고 단언하는 집행위원회의 10월 20일 자 서한과 함께 톨리아티가 파리로 파견됐다. 통일전선은 "노동계급 대다수에서 … 인구 대다수"로만 확장될 수 있었다.[39] 그러나 스탈린이 아직 모스크바 내 분열을 해결하지 않았음을 인지한 토레즈는 이러한 금지 서한을 무시하고서, 급진당 대회 전야인 1934년 10월 24일 낭트의 한 마을에서 신중함을 던져버린 채 일방적으로 '인민전선' 출범을 선언했다.

톨리아티는 토레즈를 (어쩌면 필요한 만큼 강하지는 않게) 제지하려고 시도했으나 실패했다. 코민테른 고문이자 토레즈의 친구인 클레망(에브젠 프라이드)은 프랑스 동지들을 통제하도록 파견되기 전까지는 자신의 당 내에서 좌익 반대자였다. 그는 여봐란듯이 전체 사건으로부터 손을 씻었다.[40] 모스크바에서 코민테른은 한 번 더 자제를 촉구했고, 이어 (너무 늦게 한 주 뒤인) 10월 31일 전신을 보내 그들 모두를 비난했다. 이 전신은 "어떤 부르주아 당이라도 반파시스트전선에서 사전에 배제돼야 한다."라고 주장하면서, 마누일스키의 노선으로부터 분명히 선을 긋고 퍄트니츠키를 비롯한 다른 이들의 오랜 노선을 재차 강조했다.[41]

문제는 1928년 이후로 코민테른을 꽉 잡고 있던 근본주의자들이 파시즘과 직면한 상황에서도 서유럽에서 혁명이 일어날 가능성을 상당히 개연성이 있는 일이라고 믿었다는 점이다. 스탈린은 디미트로프를 뒷받침함으로써 부지불식간에 판도라의 상자를 열었다. 디미트로프의 혁신적인 노선을 반대하는 목소리가 소비에트공산당 내부에 울려 퍼졌다. 정권의 정책을 비판했다는 이유로 지노비예프 및 카메네프와 함께 법정에 선, 카프카스 북부에서 근무한 전임 체키스트[*] 예핌 예브도키모프는 1935년 1월 법정에서 심문을 받던 도중 이렇게 말했다.

우리는 국제공산주의운동을 활성화하는 조치를 취하지 않았다고 당 지도부를 비난했고, 중앙위원회(정치국)가 이 운동의 발전에 제동을 걸었다는 허위 주장을 펼쳤습니다. 일례로 1934년 말 지노비예프와 나눈 대화를 인용하겠습니다. 지노비예프는 프랑스 내 노동운동의 주도권을 제2인터내셔널에 넘겼다고 중앙위원회를 비난했습니다.[42]

하지만 모스크바 내에서 변절 의혹이 제기되었음에도 불구하고 프랑스공산당은 여전히 꼼짝하지 않았다. 스탈린은 뒤로 물러나 먼 거리에서 사태를 주시했다. 토레즈는 "의회 투쟁"보다 "큰 무언가"를 요청한 것

---

[*] 1917년 창설된 전러시아비상위원회, 줄여서 체카라고 불린 소비에트의 비밀경찰 조직에 소속되어 활동한 사람.

이라고 주장하며 자신의 연설을 정당화했다. 토레즈에 따르면 그 연설은 "우리의 반파시스트 기반을 확장하는 일"이었다.[43] 토레즈가 분파주의를 거부함으로써 불러온 충격은 몇 달 내로 프랑스에서 감지되었다.

오직 좌파의 독단론자들만이 명백한 사실을 예견하지 못했다. 공산주의는 외견을 바꾸고 있었고, 실제로는 자체적 이익을 위해 재건되는 중이었다. 코민테른의 강경파들은 모든 변화에 격렬히 저항했다. 강경파인 몰로토프와 카가노비치, 어쩌면 심지어 (형세를 관망하는 자세가 점점 불편해졌을) 스탈린에게까지 지지를 기대하면서 말이다. 파리에서 톨리아티는 두 분파 사이의 타협을 시도했다. 그가 1934년 12월 3일에 남긴 기록에 따르면, "우리는 또한 공공연히 당 지도부와 정치적 불화를 겪은 아래서부터의 반파시스트전선 급진당원 무리를 허용하자고 제안했다."[44]

스탈린이 여전히 자신의 입장을 유보했음에도 불구하고, 사건이 점차 모스크바에 알려지면서 토레즈가 스탈린의 승인을 받았다는 추정이 뒤따랐다. 그 후 코민테른 집행위원회의 전원회의에서 격렬한 논쟁이 이뤄졌고, 과반수가 토레즈의 정책에 찬성표를 던졌다.[45] 마침내 1935년 1월 16일 코민테른 서기국의 승인이 떨어졌다.[46] 낭트 연설은 이제 1935년 7월로 예정된 제7차 코민테른대회에서 정책으로 정식화될 터였다.

프랑스 내의 공산당은 1928년 제6차 대회에서 공개적으로 선보인 코민테른의 분파주의의 결과에 따라 수많은 기반을 만회해야만 했다. 당은 사회주의자들을 여전히 "사회파시스트"라고 겨냥했고, 당원은 고작 3만 2000명이던 1932년 바닥을 찍었다. 이제 전망은 훨씬 밝아졌다. 일간지 〈뤼마니테〉의 판매고는 1935년 1월 18만 9832부에서 11월 24만 9516부까지 증가했다. 그럭저럭 양호하지만 충분하지는 않은 수치였으나, 우파가 공포감을 표명한 것에서 얼마간의 성공을 찾을 수 있었다. 프랑스의 기초의원선거는 1935년 5월 12일 막을 내렸다. 〈데일리 메일〉을 소유한 로더미어 경은 영국해협 건너에서 프랑스가 "혼란스러워"졌다고 염려했다.

그는 비슷한 생각을 지닌 윈스턴 처칠에게 "어제 치러진 선거는 극단적인 사회주의와 공산주의가 진일보하고 있음을 보여줍니다."라고 경고했다.[47]

프랑스공산당은 인민전선이 성공하기 위해서는 모든 직장에 인민전선위원회를 설치해, 단지 의회가 아닌 공장 수준에서의 운동으로 거듭나야만 한다고 확신했다. 인민전선은 또한 정치국원 자크 뒤클로가 선언했듯, "더욱 인간적인 얼굴"을 얻기 위해 개인의 자유를 포함해 가장 기본적인 사안들을 제기해야 했다. 그리고 뒤클로는 당 위계에서 토레즈 바로 다음이었다. 동시에 사회주의자들과의 갈등이 계속 표면화되었다. 예컨대 뒤클로는 노동자인터내셔널 프랑스지부가 인민전선 안으로 "끌려" 들어왔으며, 사회주의자들이 기회가 있을 때마다 단결 행동을 회피한다고 생각했다. 사회주의자들은 파시스트 적들보다는 공산주의 선전원들을 무장해제하는 데 몰두하는 것처럼 보였다.

이 사안에 대해 사회주의 지도자 레옹 블룸은 반동적 총리 피에르 라발을 방조하면서 "허튼소리"를 해댄다는 비난을 받았다. 급진당원들 또한 공산주의자들을 좋아하지 않았다. 하지만 그들의 이념적 선호는 "급진당 내부와 프랑스 대중 사이에 존재하는 강력한 친소비에트 조류"에 의해 상쇄됐다. 라발이 마지못해 1935년 5월 2일 체결했던 모스크바와의 동맹을 원래 강요했던 이들 또한 급진당원들이었다. 그러한 여론 표출은 명백히 프랑스공산당에 "상당한 도움"을 주었다.[48] 실제로 무솔리니는 사적인 자리에서 급진당 지도자 에두아르 에리오를 "프랑스에게 가장 팔자 사나운 남성"이라고 묘사했다. "그는 조국을 볼셰비즘으로의 길 위에 올려놓았어."[49] 그러나 모스크바의 좌파 중에 있던 인민전선 정책 반대자들은 납득되지 않았다. 일례로 프로핀테른의 수장 솔로몬 로조프스키는 급진당원들을 신뢰할 수 있을 것이라고 믿지 않았다.[50]

인민전선이 힘을 얻다

좌파 연합이 실제로 투표에서 이겼다면 어땠을까? 공산주의 정당들이 소수당으로서 연립 정부에 참여했을까? 이러한 질문은 그 후 코민테른을 계속해서 괴롭혔다. 첫 번째 시험은 머지않아 치러졌다. 프랑스에서 인민전선은 1936년 4월 26일과 5월 3일, 두 차례 총선에서 승리했다. 노동자인터내셔널 프랑스지부는 192만 2123표로 가장 많은 표를 확보했고, 프랑스공산당도 150만 3125표라는 유례없는 수를 획득했다. 급진당원들은 1932년도에 거둔 자신들의 득표수에서 24퍼센트 떨어진 140만 1974표를 얻었다.

거의 모두가 노동계급인 선출 공산주의자들은 여전히 하위 동반자에 불과했다. 그러나 공산당원은 1936년 1월 불과 8만 명에서 7월 18만 5000명으로 급격히 증가하는 중이었다.[51] 1937년 7월에 이르러 당원 수는 28만 명을 기록했다.[52] 선거 승리로부터 불과 일주일 뒤 코민테른 서기국에서는 프랑스공산당이 연립정부에 참여해야 하는가 하는 민감한 사안이 제기됐다. 디미트로프는 기대보다 "더욱 커다란" 승리를 거뒀음에 명백히 기뻐했지만, 또한 프랑스공산당 지도부가 그러한 위험한 움직임을 취하지 않기로 결정해야 옳다는 단호한 입장을 표명했다. "이는 방편상의 문제이지 원칙의 문제가 아닙니다. 우리는 이 점을 반드시 분명히 해야 합니다." 그는 이 부분을 명확히 했다. "프랑스에서 인민전선이 더욱 분명한 승리를 거뒀다면, 더 많은 대중과 단결했다면, 사회주의자들과 공산주의자들이 의회 내에서 더 많은 자리를 차지했다면, 공산당-사회당 정부가 조성됐다면, 우리가 파시즘에 대항하는 싸움을 의회 내에서 시작할 수 있는 이와 같은 조건들이 만들어졌다면 우리는 주도권을 취할 수 있었을 것입니다." 그러나 현 상황에서는 공산주의자들의 참여가 급진당원들을 소외시키고 극우로부터의 공격을 도발할 것이었다.[53] 이 입장은 이후 코민테른 집행위원회 상임위원회에서 비준됐다.[54] 공산당이 권력을 추구하면서도 직접적인 책임은 회피하려 한다는 비난을 받을 수 있었기에, 이어지는 몇 주간 당은 이 사안에 민감해졌다. 특히 파시스트가 반발하지는 않을까 하는 공포심 때문에 당은 더욱 민감하게 반응했다.

프랑스공산당에 고문으로서 파견된 클레망(프라이드)과 디미트로프는 모두 극우의 위협이 임박해 있다고 보았다. 1936년 5월 22일 코민테른 서기국은 "이 위험이 미래에 더욱 악화"되리라는 예측을 근거로 공산당이 진지하게 "파시스트 쿠데타에 대비"할 것을 요구했다.[55] 극우에 대한 과장된 공포는 프랑스의 시야를 가린 채 빠르게 왼쪽으로 몰고 갔다. 디미트로프는 선거 승리가 내비친 근본적인 여론의 변화를 보지 못했다. 그와 서기국 내 그의 수하들은 "이 정부는 제7차 세계대회의 결정을 전적으로 반영하는 완전한 인민전선 정부가 아니"라고 판단했다.[56] 그럼에도 불구하고 프랑스공산당은 새로운 정부를 "전적으로, 변함없이 지지"할 것을 표명했다.[57] 따라서 모스크바는 뒤이어 일어나는 일들에 전혀 준비되어 있지 않았고, 적잖이 당황했다.

계급의식은 모스크바에서 내보낸 수출품이 아니었다. 인민전선의 기대치 않은 승리에 힘입어, 프랑스 노동자들은 더 이상 직장 폐쇄를 용인하지 않을 기세였다. 1935년의 시트로엥 제조업체들을 주목해보자.[58] 금속 노동자들은 시간당 7프랑을 받다가 해고되고 5프랑에 재고용된 것으로 악명 높았다. 1936년 5월 11일을 시작으로 사흘 후 속도를 더해가기 시작한 공장점거 운동은 자동차 및 항공기 공장들로 점차 퍼져갔다. 5월 26일에 이르러 공장점거 운동은 (프랑스 군대에 전차, 장갑차, 비행기 엔진을 공급하던) 뉴포르, 소테하네, 르노, (육군에 납품하는 거의 모든 기관총을 생산한) 호치키스, 이스파노수이자, 라발레 같은 대규모 기업들을 포괄했다. 파리 지역의 거의 모든 금속 노동자를 포함하는 규모였다. 그날 프랑스공산당 중앙위원회에서는 열띤 회의가 벌어졌다. 앙드레 마티는 1917년 러시아에서 벌어졌던 운동 이래 가장 거대한 규모라며 이 운동을 찬양했다. 추진력을 얻은 공장점거는 릴, 됭케르크, 마르세유와 그 너머로 확산되었고, 6월 5일 25만 명이 파업에 동참하며 정점을 찍었다. 파리의 파업 노동자들은 가족까지 포함해 도시 주민의 5분의 1에 달했다.[59]

"이 운동은 무엇인가?" 젊은 강경파 마르크스주의 지식인 시몬 베유가 물었다. "혁명적 운동? 그러나 모든 것이 고요하다. 더 나은 노동 조건을 위한 운동? 그런데 왜 그리도 심원하고, 전체적이며, 강력하고, 갑작스러운가?"[60] 누구도 답할 수 없었다. 민간 방첩대(제2국)의 수장 메르메 중령은 프랑스공산당에게 소요의 책임을 물을 기회를 놓칠 인물이 아니었다. 하지만 프랑스공산당이 통제권을 상실했음은 분명했다. 시트로엥에서 벌어진 대규모 파업에서 일찍이 "이러한 (파업) 운동들에서는 때때로 당이 사라진"다는 점이 발견된 바 있었다.[61] 지금도 같은 상황이 벌어진 것처럼 보였다. 사회주의적 노동조합 단체인 노동총연맹은 이제 공산주의적 단일노동총연맹CGTU과 결합했다. 메르메에게는 이것이 "운동에 제동을 걸려고 시도하고 있으나, 평범한 맹원들에게 선수를 빼앗긴 것처럼 보였다."[62]

사회주의 일간지 〈르파퓔레흐Le Populaire〉는 "이것은 금속노동조합 지도자들이 지지했던 것으로 알려진 즉흥적 행동의 문제"라고 강조했다.[63] 노동총연맹 총서기 레옹 주오는 이 의견에 공명했고, 6월 16일 노동총연맹의 연합 회의에서 이렇게 연설했다. "여러분께서 아시듯이, 그리고 여러분께서도 직접 느끼셨듯이 이 운동은 그 누구도 정확히 어디에서, 어떻게 그렇게 되었는지 알지 못하는 새에 고삐가 풀려버렸습니다."[64] 그럼에도 불구하고 1871년 파리코뮌 지지자들이 학살당한 우물에서 점화된 조직적인 대중 운동은 자산가들의 깊은 우려를 자아냈다. 공산주의 일간지 〈뤼마니테〉는 질문했다. "인민전선이 선거에서 승리한 직후 파리의 금속노동자 25만 명이 고용인의 압박에 저항해 들고 일어났다는 사실이 놀랍지 않은가?"[65]

6월 2일 새롭게 선출된 국민회의가 처음으로 회의석에 앉았을 때, 기존 질서를 위협하는 이 현상을 간과하기란 어려웠다. 프랑스 기득권을 가장 권위적으로 대변하는 〈르탕Le Temps〉은 크게 불안감을 표명했다. 이 신문은 "혁명적인 불법 이론으로부터 영감을 받은" 당선자 다수가 "그들이 '인민대중'이라고 부르는, 의회 바깥에서 심지어는 의회에 반대하여 힘을 행사하는 이들"에게 호응했다고 주장했다. 따라서 의원들은 의회가 아니라 "음모와 폭력이라는 목적을 위해 조직된 사실상 당파로 분류할 수 있는 사람들의 요구"에 응답하는 중이었다.[66]

공장 소유주들과의 합의를 지연시키려던 블룸은 5월 말, 전직 금속노동자이며 이제는 노동총연맹의 새로운 서기이자 프랑스공산당 정치국 일원을 막 그만둔 베누와 프하숑의 방문을 받았다(그와 라카몽은 정부 위원회에서 일하기 위해 당 정치국 자리에서 내려와야 했다). 마티는 "프하숑의 뒤에 대중운동이 서 있고, 그 뒤에는 공산당이 버티고 있다는 점을 블룸은 이해했다."라고 언급했다.[67] 그러나 고용주들에게 그들이 졌다는 사실을 납득시키기 위해서는 추가적인 파업이 필요했다.

공장점거 운동이 자발성을 띤다는 부분은 마지못해 인정했지만, 〈르탕〉은 노동조합들에게 "운동의 혁명적 성격"을 두드러지게 한 노동조합주의적 전술을 채택한 데 대한 책임을 지웠다. 이 신문은 공장점거가 "노동조합의 범위 너머로 움직이는 파괴적인 힘을 방출시켰다."라고 주장했다.[68] 이탈리아 대사관은 기시감에 사로잡혔다. 비토리오 체루티 대사는 블룸 정부가 "이탈리아에서 자유주의 시절부터 친숙한 유화적인 조치를 고려하는 중이며, 사실상 공산주의자들의 의지에 항복하고 있는 중"이라고 이야기했다.[69]

6월 5일 〈르탕〉은 "무정부 상태가 너무나 길게 이어지고 있다."라고 말했다. 노동조합들은 "홍수에 집어삼켜졌으며, 의회 내의 사회주의 및 공산주의 구성원들도 마찬가지"였다. 위기는 점차 "혁명"을 닮아갔다. 이 운동이 정말로 혁명과 유사한지 여부와는 관계없이, 운동은 확실히 그 방향으로 가고 있는 듯했다. 육군 참모차장 빅토르앙리 슈바이스구스 장군 역시 이러한 우려 섞인 견해를 공유했다.[70] 그러나 메르메는 이러한 움직임이 은밀히 조직된 것이라고는 여기지 않았다. "현재 인민의 힘이 행정부와 입법부를 능가한 것으로 보인다." 그는 노동총연맹이 "이 운동에 제동을 걸려고 하지만, 그들의 목소리가 그다지 먹히지 않는 듯"하다고 여겼다.[71] 누구보다 불안했던 이들은 바로 소심한 프랑스공산당 지도부였다. 무엇보다도 그들을 불안하게 만든 부분은 어쩌면 공장을 점령한 이들이 부지런히 재산을 보호하고 폭력을 회피하며 보여준 "절대적 규율"이었다. 마티는 "과거 어떤 운동도 이와 같지 않았다."라고 감상을 내뱉었다. 한편으로 그는 "이 파업은 수많은 동지가 예상하지 못한, 적절하지 않은 때에 일어난 듯"하다는 점을 인정해야만 했다.[72] 실제로 6월 11일 토레즈는 주의를 당부했다. "투쟁을 더 나은 방향으로 이끄는 일도 중요하지만, 적절한 시기에 끝내는 일도 중요합니다. 우리는 반드시 우리의 모든 힘을 보존하고, 특히 반동들이 저지르는 극단적인 움직임에 대응하기 위해 타협안을 수용해야만 합니다."[73]

바로 그날 파업의 첫 번째 거대한 물결이 멈췄을 때, 제2국의 국내 방첩부는 노동자들의 비범한 절제력에 놀랐다.[74] 이 사건들은 프랑스 사회의 평화가 풍전등화에 처했다는 점을 모두에게 상기시키며 충격을 던졌다. 망명 중이던 레온 트로츠키는 "프랑스혁명이 시작됐다."라고 경솔하게 선언했다.[75] 스위스 대사는 프랑스가 파업이 아닌 "혁명"을 시작했으며, "정부 변화가 아닌 완전한 정치 질서 변화(정권 교체)"를 겪고 있다고 믿었다. 그리고 그렇게 믿은 사람은 결코 그 혼자가 아니었다. 그리고 그는 만일 인민전선 실험이 실패한다면 그 결과가 무엇일지 궁금해했다. 사회주의자들과 공산주의자들 사이의 연합은 기꺼이 권력을 내놓을까? 아니면 좌파 독재 체제를 설치함으로써 권위주의적 해결책을 찾는 추세에 활력을 불어넣을까?[76] 전임 총리 라발은 "공산주의자들은 그들이 국가 안에서 이뤄진 합의를 신뢰할 수 있을지 확신하지 못하는 모습을 보였다."라는 점에서 심술궂게, 그러나 의기양양하게 위안을 찾았다. "그는 공산주의자들이 자행한 여러 과잉 행동이 많은 이의 눈을 뜨게 한 점에서 유용했다고 생각했다."[77]

인민전선에 대한 영국의 공포

소련을 향한 영국 보수당 내부의 태도는 1920년대 말의 몹시 냉랭했던 분위기로부터 다소 부드러워졌다. 그러나 이는 오직 피상적인 분위기일 뿐이었다. 외무부 내에서는 심지어 그러한 사안에 다소 느긋한 경향을 보이는 관록 있는 관료들 사이에서도 오랜 공포가 손쉽게 다시 고개를 쳐들었다. 그리고 불·소 협정에 뒤이어 출현한 인민전선은 결코 회복된 적 없는 상처를 다시 긁는 것 이상의 결과를 가져왔다. 독일과의 강화를 더욱 어렵게 만든다는 이유로 불·소 협정을 결연히 반대한, 이제는 사무차관이 된 사전트는 인민전선의 선거 승리 이전에도 프랑스 내에서 벌어지고 있는 일에 관해 심각한 우려를 표명한 바 있었다.[78] 그는 관리들 가운데 가장 계급의식이 강하며(실제로 속물 비슷하게 알려졌다), 감정 표출을 거리끼지 않았다. 그는 프랑스 내의 "극좌"가 "의심의 여지 없이 볼셰비키의 영향 아래에 있으며, 러시아의 돈을 받아 러시아의 시합을 벌이고 있는 중"이라고 평했다.[79]

영국 총리 볼드윈은 외교정책에 그다지 적극적으로 관심을 보이는 인물은 아니지만, 1924년부터 1929년까지였던 첫 임기 동안 중국혁명과 총파업에 쓰라리게 데인 경험이 있었다. 웨일스인 내각차관 톰 존스는 프랑스가 인민전선 산하 노동자들의 당혹스러운 반란을 겪기 전인 1936년

5월 23일, 체커스*에서 볼드윈 가족과 주말을 보냈다. 존스는 영국 내에서 "프랑스를 소외시키지 않을 독일과 일종의 동맹을 맺으려는 활발한 시도가 이루어지고 있다는 징후들"을 감지했다. 물론 불·소 협정이 사안을 복잡하게 만들었으나 존스는 영국이 "러시아와 독일 중 하나를 선택해야 하며, 그것도 머지않아 그리해야" 할 것이라고 분명히 느꼈다. 존스의 견해에 따르면 히틀러는 러시아를 걱정하고 있었다. "따라서 히틀러는 공산주의 확산에 대항하는 보루를 구축하기 위해 우리와 연합하기를 요청하고 있습니다." 존스는 볼드윈이 "내년(1937년) (에드워드 8세의) 대관식 후 네빌 체임벌린에게 길을 터주기 위해 사임하기 전까지 최후의 노력으로써 이를 시도하는 데 심드렁해하지는 않았다."라고 기록했다.[80] 그리고 얼마 지나지 않아 새롭게 작위를 받은 볼드윈 백작으로서 자리에서 물러난 뒤, 전임 총리는 "프랑스에 대한 그의 견해"를 숨기지 않으면서 "세상에서 볼셰비즘보다 거대한 적은 없다고 덧붙였다."[81]

따라서 볼셰비키혁명이 만든 재앙적인 분열은 독일의 공격적 행보와 직면해서도 쉽사리, 또는 빠르게 좁혀지지 않았다. 정계 전반에 걸친 마이스키 대사의 지치지 않는 사교 활동으로 부지런히 보강된 인민위원 리트비노프의 끈덕진 재촉은, 볼셰비키가 편안한 이미지를 유지하고 기회가 주어진 상황에서 혁명적 활동을 자제할 수 있다는 광범한 대민홍보운동에 의해 보강될 필요가 있었다.

영국 외무부의 신임 장관 앤서니 이든은 독일이 오해받고 있으며, 나치의 목적이 무엇인지 현실적으로 평가할 필요가 있다는 기존 의견에서 방향을 틀기 시작했다. 그러나 그의 선배이자 전임 장관 존 사이먼 경의 생각은 달랐다. 사이먼은 보다 안정적인 유럽을 얻기 위한 대가로 히틀러에게 공군력 규제 거래를 제안했다. 히틀러가 반대급부 없이 그 거래를 기

---

*   영국 총리의 지방 관저.

꺼이 받아들이겠다는 모습을 보이자 이든은 저항했고, 사이먼은 특유의 성격대로 의견을 굽혔다. "사이먼은 G.(독일)를 동쪽으로 확장하게 둔다는 생각을 만지작거렸다."라고 이든은 추측했다. 이든 자신은 자연히 "강하게" 반대했다. "이것의 부정직성을 제쳐두더라도 다음 차례는 우리가 될 것이다."라고 이든은 지적했다. 그야말로 극도의 현실주의가 그의 정치적 본능과 보조를 같이한 지점이었다.[82] 그럼에도 불구하고 사이먼은 히틀러가 동유럽 진군에 가진 강박에서 위안을 얻었다.

이든의 상황 해석은 리트비노프의 그것과 다르지 않았다. 두 사람에게 평화는 불가분한 것이었다. 그러나 이러한 의견은 내각에서 어떠한 반향도 얻지 못했다. 히틀러가 영국 외무장관의 공식 방문을 기대할 때, 스탈린은 그보다 직급이 낮은 무명의 관료 이든의 도착을 보고받을 뿐이었다. 더욱이 사무차관 밴시터트는 이렇듯 간소한 모스크바 방문조차 "국내에서 수많은 반대"를 받았음을 언급했다. 1920년대의 어색한 울림 속에서, 스스로를 뒷받침할 필요를 느낀 야심 찬 젊은 관료는 대영제국 내에서 공산주의 선전을 끝낼 것을 러시아인들에게 요청했다.[83]

처칠의 수많은 친척 가운데 하나인 런던데리 경의 의견은 보수당의 여론을 대표했다. 그는 이례적으로 부유한 남성이었고, 진정한 사회주의가 권력을 잡는다면 잃을 것이 너무 많았다. 런던데리는 독일이 덜한 악(惡)이라는 입장이었다. "만일 독일에서 나치 정부가 파괴된다면 독일은 공산주의로 향할 것이고, 우리는 프랑스, 독일, 러시아 사이에서 공산주의가 줄 서는 모습을 목격할 것이다."[84] 모스크바와 긴장 완화를 이루는 일이 현실에서 진행되고 있었으나, 협상은 여전히 불안정한 채로 앞날을 알 수 없는 상태였다. 오랜 공포가 조금이라도 강해지는 순간 저울의 눈금은 기울 수 있었고, 독일인들은 영국인들을 꽤나 잘 파악하고 있었다.

히틀러가 나타내던 위험을 경계해야 했음에도 불구하고, 사전트는 1935년 5월 모스크바와 동맹을 맺기로 한 프랑스의 결정을 순전한 재앙이라고 묘사했다. 1934년 11월까지 그는 히틀러가 전쟁을 원하지 않으며, "적어도 몇 년간은" 독일이 전쟁을 치를 준비가 되지 않으리라고 확신했다.[85] 따라서 불·소 동맹은 불필요할 뿐 아니라 도발적인 것으로 여겨졌다. 그러나 사전트는 그 이상의 무언가를 생각했다. 무언가가 그의 마음에 똬리를 튼 것이다. 일종의 대체재 같은 변명거리였다. 불과 몇 달 후에 그는 설명했다. "확장을 해야 할 필요를 느낀 독일은 그들에게 유일하게 평야가 열려 있는 동쪽으로 향할 것이고, 볼셰비키주의 체제가 러시아에 존속하는 한 이 확장이 평화적 침투라는 형태를 취할 가능성은 없다."[86]

런던의 관점에서 볼 때 독일은 언제나 가능성 높은 동반자였다. 서로 수지만 맞는다면 대화 가능성이 열려 있었다. 여론은 압도적으로 이 방향으로 기울었다. 통상 강경한 반독파로 묘사되는 중부유럽부 수장 위그램조차 모스크바와의 정치적 화해라는 외양이 베를린 내에서 의심을 불러일으킬까 봐, 그리고 다른 수단을 통해 평화를 보장한다는 희망이 남아 있는 동안 내각이 화해의 가능성을 숙고하지 않을까 봐 우려했다.[87]

프랑스에서 일어난 사건들은 결정적인 영향을 끼쳤다. 런던에서 밴시티트는 확신을 기하기 위해 서신을 보냈다. "우리는 좌경화가 실제로 얼마나 진행되었는지, 그리고 당신은 이러한 움직임이 법과 질서, 또는 정권을 위험에 빠뜨렸다고 생각하는지 알고 싶습니다." 그러나 대사 조지 클러크 경은 마음을 놓을 수 없었다. 오히려 정반대였다. "이는 이례적으로 러시아혁명 초기를 연상시킨다. 블룸은 의식을 잃은 케렌스키이며, 배경에는 알려지지 않은 레닌 또는 트로츠키가 있다."[88] 클러크는 그렇게까지 걱정할 필요는 없었다. 마티는 파업 참여자들이 "파리 프롤레타리아의 몸과 영혼"이라고 쉽게 인정했지만, 또한 (비록 코민테른 본부의 장벽 내부에서였지만) "이 파업은 수많은 동지가 예상하지 못한, 적절하지 않은 때에 일어난 듯하다."라고도 시인했다.[89]

다시 파리로 돌아가면, 정부 내에서는 의심할 나위 없이 신경이 곤두서 있었다. 국민회의 내부의 좌파 회동에서 사회주의자 내무장관은 프랑스공산당 정치국원으로서 공산주의 분파를 이끌고 있던 하메트를 응시한 채, 정부가 "누구를 상대로든 상관없이 질서를 유지"해야 한다고 선언했다. 원체 압박에 휘둘리는 유형이 아닌 데다가 당시 분위기에서는 더욱 꼿꼿했던 하메트는 이에 대응해 기립했고, 사장들이 노동자들의 요구를 수용해야만 그렇게 될 것이라고 대답했다. 법은 또한 파시스트동맹에도 적용되어야 했다. 그러자 내무장관은 뒤로 물러서면서 목소리를 누그러뜨렸다.[90] 부르주아 의원들은 균형이 좌파로 기울었음을 충분히 감지했다. 심지어 프랑스공산당 정치국에서도 파업을 방어하는 목소리를 냈다.[91] 합의에 다다라야 한다는 압력이 가해졌다.

긴장이 고조된 분위기 속에서 6월 7일, 프랑스공산당의 직접적인 압력을 받은 블룸이 밀어붙인 끝에 총리 관저인 오텔마티뇽에서 노동자들과 사장들 사이의 합의가 체결됐다. 그러나 이후 수십 년 동안 유지된 이 타협은 실질임금이라는 측면에서 허상에 불과했음이 머지않아 드러났다. 7월 초에 이르러 식료품의 소매가가 15~20퍼센트 상승했다. 소상공업들은 파산했다. 업계 상황으로 인해 며칠간의 휴무일은 결국 추가되지 못했고, (1937년에는) 물가 상승이 임금 상승을 따라잡았으며 이내 (1938년에는) 이를 능가했다. 프랑화가 1936년 10월 1일부로 20퍼센트 이상 평가절하된 사실은 이를 예견했다. 따라서 임금 상승 요구가, 특히 전쟁 준비와 관련된 업계에서 증가했다. 프랑스공산당의 지원을 받는 노동총연맹이 이러한 요구를 결연하게 지지했다. 인플레이션은 1936년도 7.7퍼센트에서 1937년도 25.7퍼센트로, 1938년도에는 13.6퍼센트로, 1940년도에는 17.8퍼센트만큼 가파르게 상승했고, 언제나 그랬던 것처럼 가난한 이들에게 가장 큰 타격을 가했다.

그럼에도 불구하고 무언가 결정적인, 이를 뒤집기까지 수십 년은 걸릴 만한 일이 발생했다. 1936년 이전까지는 반박할 여지 없이 자본주의가 프랑스를 지배했지만, 더 이상은 아니었다. 경제 위기는 비록 심각하기는 했지만, 블룸 내각에게 "실로 위험하고, 위협적이며, 비극적이기까지 한" 경험을 선사하지는 않았다. 스위스 대사관이 보고했듯 이는 "블룸이 '보다 감정적이고 명백히 혁명적인 분위기'를 조성했기" 때문이었다. 공화국의 법과 질서를 가장 노골적으로 위반하는 사유재산과 일할 수 있는 권리에 대한 공격은 공장점거가 방해받지 않고 지속됨에 따라 이미 불안한 상황을 더욱 악화시키고 있었다.[92] 마르셀 카섕은 프랑스공산당이 노동자들을 설득해야 한다고 주장했다. "이것만이 유일한 수단이 아닙니다. 다른 방법들도 있습니다. 개개인은 신중할 필요가 있습니다. 이권을 분명히 쟁취하기 위해서는 이것이 오직 하나의 단계일 뿐이며, 계급투쟁은 이후에도 지속될 것이라는 사실을 반드시 이해해야 합니다."[93] 그러나 바로 그 지속이야말로 기존의 사회질서가 불안하게 여기는 것이었다. 지연은 사업주들이 미래를 위해 투자하기를 꺼리게 만들었다.

게다가 프랑스공산당 지도자들의 거듭된 확신에도 불구하고 1936년 6월의 트라우마가 반복되지 않을까 하는 두려움은 완전히 사라지지 않았다. 혁명적 문화는 밑으로부터 분명히 세를 얻었다. 아일랜드자유국 대사가 극도로 불편해하며 언급했듯, 노동자들은 "중립적인 구경꾼들을 놀라게 하는 방식으로" 공산주의와 "공산주의의 깃발, 상징, 경례"를 받아들였다. "적기, 인터내셔널가 제창, 주먹을 쥔 공산주의식 경례는 이제 프랑스에서 일반적으로 볼 수 있으며, 특정 구역들에서는 삼색기와 마르세예즈[프랑스 국가] 제창보다 훨씬 빈번히 목격된다."[94] 중산층의 사고방식에 맞춘다는 프랑스공산당의 정책에 힘입어, 그 누구의 통제도 받지 않는 제3의 힘이 대두했다. 이 융화는 파리에서 열린 7월 14일[프랑스혁명 기념일] 행사에서 국민광장, 공화국광장, 바스티유광장을 포함한 도시의 동부 구역이 "적기와 삼색기로 장식한 광분한 군중에게 장악되어, 정부 구성원들

옆을 줄줄이 통과하며 카르마뇰*, 인터내셔널가, 마르세예즈를 끝없이 반복하며 밤늦게까지 잔치를 벌임"으로써 명백해졌다.[95] 연말까지는 어떤 근본적인 변화도 분명히 일어나지는 않았다. "다급한 사안"은 여전히 "공장점거를 진행 중인 파업 노동자들"이었다.[96]

외교정책을 부식시키는 영향력은 모든 방향에서 두드러졌다. 소련과 프랑스가 맺은 협정과 프랑스 국내에서 싹트고 있는 혁명의 조합은 영국이 감당할 수 없는 수준이었다. 프랑스는 사실상 배제될 터였다. 영국의 안보를 책임지는 이들은 이제 "영국 여론은 프랑스가 외교 영역에서 행사하는 지도력을 수용하거나, 전쟁 이래로 독일로부터 더 먼 쪽과의 동맹이라는 형태로 프랑스가 축적해온 모든 부채에 대한 책임을 인정할 준비가 돼 있지 않다."라며 경고했다.[97]

스탈린은 명백한 수혜자였음에도 불구하고, 이 모든 일이 지나치게 빠르다고 느꼈다. 그는 혁명이라는 지점에 도달할 시 자신의 통제하에 두지 못할, 해외 공산당의 후원 아래 벌어지는 사건에 본능적인 혐오감을 가졌다. 실제로 크렘린은 더 이상 화이트홀보다 낙관적이지 않았다. 블룸은 해외에서 프랑스의 국익을 이끌 만큼 무게감 있는 인물로 여겨지지 않았다. 모스크바는 친소비에트 급진주의자 에두아르 에리오나, 보다 강경한 사회주의자인 (후일 프랑스 대통령이 되는) 뱅상 오리올을 더욱 선호했다. (언제나 그렇듯이 이상할 정도로 정보가 풍부한) 이탈리아 대사관은 "선거 기간 중에 억제되지 않은 선동적 경쟁을 벌인 결과로 자발적으로 터져 나온 것처럼 보이는 파업의 물결은, 지도적 모임들 내에서 대외 정책상의 이유 때문이든 공산당의 국내 정책과 관련해서든 불안감을 촉발시켰다."라고 보고했다. 불·소 협정은 모스크바의 "근본적인 관심사"였다. 따라서 "프랑스 정부가 국제 무대에서 가능한 한 스스로를 '강하게', 무엇보다 국내

---

* 프랑스혁명 당시 유행한 춤과 노래.

문제에 영향을 받지 않는 것처럼 보이는 것"이 중요했다. "블룸 정부가 소비에트 대외 정책이나 프랑스공산당, 아니면 기본적으로 인민전선을 강화하는 데 아무런 쓸모가 없다는 위험을 지고 있다."라는 것이 결론이었다. 소비에트 관료계에는 결국 붕괴가 일어나 그에 따른 격렬한 반동이 뒤따를 것을 우려하는 비관적 전망이 스며들었다.[98]

프랑스 국내에서는 좌파로부터 충동적으로 발생할 수 있는 무질서가 필연적으로 극우의 반발을 발생시킬 가능성을 강하게 염려하는 분위기가 조성되었다. 6월 말에 다다라 블룸과 달라디에에게 발송된 한 통의 서한은 파시스트들이 조성하려 하는 내전 분위기에 대응해 세 정당(급진당, 사회당, 공산당)이 나라에 호소할 것을 요청했다.[99] 인민전선에 저항하며 부르주아지는 새로운 깊이로 비굴해졌다. 블룸이 (내각 내의 수많은 장관과 마찬가지로) 유대인이라는 사실은 세기의 전환기에 터진 유대인 드레퓌스 대위에 대한 박해[드레퓌스사건] 이후 유례없는 수준으로 악독한 반유대주의의 부활로 이어졌다.

전쟁 이후 프랑스 좌파는 평화주의 및 반군사적 정서와 긴밀히 동일시됐다. 대조적으로 장교단은 의식적으로 부르주아로 남았다. 따라서 전쟁장관 에두아르 달라디에는 우파와 일반 참모로부터 사회주의 신문 〈르파풀레흐〉와 공산주의 신문 〈뤼마니테〉를 병영에서 금지하라는 지속적인 압력을 받았다.[100] 제7차 코민테른대회는 군대를 민주화하고 군대에서, 특히 장교단과 부사관들 사이에서 "파시스트 인자들"을 숙청할 필요에 관한 비밀 결의안을 통과시켰다.[101] 이 정책은 독일인들이 라인란트 지방에 진입하고 프랑스가 불·소 협정을 비준한 뒤에도 이어졌다. 실질적으로 프랑스공산당 지도부의 2인자였던 자크 뒤클로는 5월 "오늘에 이르기까지" 군비 예산에 투표하는 것은 "반박의 여지 없이 제국주의적 목적을 유지함을 의미"하는 것이라고 언론에 말했다. 오직 특정한 개혁들이 도입될 때만 공산주의자들이 해당 예산에 투표하도록 설득할 수 있을 것이라

고 토레즈는 덧붙였다.[102]

　따라서 군대가 주도하는 쿠데타에 대한 공포는 근거 없는 것이 아니었다. 공장점거가 시작됐을 때 정부는 무질서를 끝내기 위해 군대를 투입해야 할지를 두고 일반 참모와 논의했다. 이때 블룸은 고용인과 노동자 사이의 강제 절충을 선호했으며, 당시에는 이 의견이 지배적이었다.[103] 한참 뒤인 12월 3일 달리디에는 파리의 여러 군관구를 지휘하는 장교들에게 전신 급보를 발송해 "내란의 성격을 갖는 동요"가 일어날 때 무엇을 해야 하는지를 지시했다.[104] 통상 정보에 매우 밝았으며 소련 주재 대사로서의 짧고 쓰라린 경험을 겪은 이래 날카로운 반공주의자였던 미국 대사 윌리엄 불릿은 볼셰비키의 영향력 증가를 나타내는 가장 작은 징후에도 극히 예민하게 반응했다. 당시 그러한 징후들은 많았다. 그는 달라디에가 "육군 내 모든 공산주의 조직 구성원들을 먼저 60일간 투옥한 뒤 동부의 요새들로 보내기 위해 애썼다."라는 사실을 환영했다. 달라디에는 또한 불릿에게 "공산주의 지지자들과 절연하고 사회주의자와 급진사회주의자, 그리고 중도 정당들 일부에 근거하라고 블룸에게 스무 번이나 촉구했다."라고 털어놓았다.[105] 그러나 블룸은 우파 쪽으로 더욱 기우는 것을 두려워했다. 같은 달 프랑스공산당은 블룸에 대한 지지를 공고히 하고, 마침내 방위 예산에 표를 던졌다.

　이 극적인 사건들은 남쪽 멀리에서도 감지됐다. 피레네산맥 너머에서는 스페인 인민전선 정부의 취약한 지도부가 제지하지 못하는 자연 발생적인 혁명이 진행 중이었다. 마드리드 주재 영국 대사관의 보고는 불과 한두 달 앞서 파리에서 보고된 것만큼 우려스러웠다. 스페인에서 자국 대사관이 예외 없이(새로운 무관 앙리 모헬이 도착하기 전까지) 본능적으로 반란자들의 편에 섰다는 사실은 프랑스 인민전선 정부에 불안감을 주는 지표이자 풍향계 역할을 했다.[106]

9장

스페인과 유럽의 분열

연맹이, 또는 영국이 파시즘과 공산주의라는
경쟁하는 두 진영으로 분열하는 유럽을 막기
위해 무언가를 할 수 있을까?

〈이코노미스트〉[1]

1936년 7월 18일 스페인에서 발발한 내전과 유럽의 진영이 이념에 따라
나뉜 형국은 나치 독일을 차단하는 효과적인 동맹을 만든다는 어떠한 희
망에도 역행했다. 베를린과 로마가 그해 6월 비밀정보 분야 협력을 위한
반볼셰비키 연대에 합의했음을 청취한 이탈리아 주재 프랑스 대사 샤를
드샹브형은 외무장관 치아노에게 프랑스와의 관계를 더욱 긴밀히 해달라
고 탄원했다. 그는 "(국가 간의) '수평적' 합의가 평화로 이어지는 반면, (오
직 한 종류의 국가들, 예컨대 파시스트 국가와 파시스트 국가 간의) '수직적' 합
의는 필연적으로 전쟁에 이르게 될 것이라는 자신의 개인적인 견해"를 여

러 차례 되풀이했다.[2] 이러한 의견은 분명 전간기 동안에는 근본적 진리로 통했지만, 이 탄원은 그 누구의 귀에도 들어가지 않았다.

드샹브헝처럼 당시 국제 관계를 해독하려고 꾸준히 노력한 이들은 아무 효과도 거두지 못했다. 단지 파시즘만이 문제는 아니었다. 지난 20여 년간 소련과 다른 유럽 국가 사이의 관계는 근본적으로 불안정했다. 인민 전선이 출현함으로써 볼셰비키주의의 자본주의 전복은 시대의 풍조가 되었다. 영국 유산계급을 비롯한 다수는 항상 러시아의 중부 유럽 진출을 두려워했다. 사실 그들은 자신들 주변 어디든(또는 인도 주변으로) 러시아가 진격할까 두려워했다. 계급 전쟁을 버리고 이념과는 단절된 고전적인 권력균형을 선호한 서구 사람들(이른바 "고전주의자들")은 이제 추가적인 어려움에 직면했다. 혁명의 선봉대라는 임무를 띤 소련뿐 아니라, 소련의 동맹인 프랑스까지 받아들이기 점점 어려워진 것이다. 당시 외무부의 유망주이던 글래드윈 젭은 그때부터 "스페인에서 추구해야 할 올바른 정책에 관해서는 물론이고, 이탈리아를 올바르게 다루는 방법에 관한 우리와 프랑스의 관점 차이는 일부 '고전주의자들'을 상당히 어려운 입장에 처하게 했"다고 설명했다.[3]

프랑스 자체도 골치 아픈 딜레마를 마주했다. 스페인 반군이 승리한다면 파시스트 세력은 삼면에서 인민전선 정부를 위협할 것이고, 정부의 위신은 대폭 줄어들 것이며, 동원할 수 있는 사단의 숫자는 최소 여섯 개로 줄어들 것이었다.[4] 이처럼 스페인내란은 영국과 인민전선 프랑스와의 관계를 더욱 복잡하게 만들었다. 모스크바와 동맹을 맺은 파리는 이념적으로 마드리드와 하나였다. 더욱이 무솔리니는 바로 지금이야말로 1934년 2월에 그랬던 것처럼 국제 파시스트 연대라는 깃발을 높이 치켜들고서, 지중해 지역을 지배하고 닫힌 바다mare clausum를 조성한다는 야심을 달성하기 위해 오스트리아를 두고 독일과 벌였던 오랜 지정학적 갈등을 깊이 가라앉혀야 할 때라고 판단했다.

스페인은 무정부노동조합주의의 유산이라는 점에서 프랑스와 유사했다. 그러나 스페인은 공업화된 북쪽 지역들(카탈루냐, 아스투리아스, 바스크주)이 수많은 빈궁한 농민이 포진한 남쪽 내륙 지역과 접해 있다는 점에서 달랐다. 또한 최근 일어나는 폭력의 불안정성 면에서도 달랐다. 프리모 데 리베라가 지배한 1920년대의 열망적인 파시스트 독재 체제는 정치 문화에 뿌리를 내리지 못했다. 이후에는 1931년 불행한 군주 알폰소 13세가 전복되며 공화국이 수립되었다. 새로운 질서를 위협하는 것은 계급에 따른 수직적 분할만이 아니었다. 민족에 따른 수평적 분열 역시 까다롭기는 매한가지였다. 카탈루냐와 바스크주가 어떠한 대가를 치르더라도 자치권을 얻으려 했기에, 스페인은 깨지기 쉬운 복잡한 모자이크와 다름없었다.

1934, 무산된 혁명

공화국의 탄생은 더욱 급진적인 지지자들에게 예기치 못한 실망을 안겼다. 유권자들이 예상보다 훨씬 더 보수주의적이었던 것으로 드러났기 때문이다. 선거는 기대에 어긋나게 우파에게 정권을 넘기면서 좌파에게 충격과 분노를 선사했다. 우파에서는 입헌주의자이자 자칭 히틀러 숭배자이기도 한 호세 마리아 힐로블레스가 친파시스트적인 스페인자치권연맹 CEDA을 이끌고 있었다. 그는 1933년도 선거에서 과반수를 얻었으나 좌파 대표 알칼라사모라가 힐로블레스의 총리 입각을 거부해, 그 대신 온건한 보수주의자인 알레한드로 레루스가 행정부를 구성할 것을 요청받았다. 예정대로 연정은 붕괴했고, 1934년 4월 중재자 리카르도 삼페르 밑에서 새로운 연정이 꾸려졌지만 이 역시 많은 지지를 얻지 못하고 실패했다.

코민테른은 반파시스트 통일전선을 서둘러 추진하면서 대담한 사회주의 지도자 프란시스코 라르고 카바예로에게 주목했고, 스페인공산당PCE 및 "다른 나라의" 코민테른 대표들과 만나 스페인에 대해 논의할 수 있도록 주선했다.[5] 1934년 10월 3일 힐로블레스는 마침내 심각하게 불안정했던 두 번째 연정을 뒤집었다. 이번에 그는 내각 안의 자리를 요구했다. 히틀러가 주도한 억압의 물결과 그해 2월 파리에서 발생한 파시스트 동맹과의 폭력적인 충돌, 빈에서의 유혈 사태 이후 좌파는 마냥 그를 믿을 수가 없었다. 총파업을 통해 새로운 정부를 뒤집으려는 시도가 즉각 이뤄졌다. 계획들은 10월 4일을 노렸다. 그러나 이 총파업 시도는 카탈루냐의 주도인 민족주의 바르셀로나를 포함해 나라 대부분에서 극우가 지지자들을 동원하면서 신속하게 무너졌다. 아스투리아스만이 예외였다. 스페인의 북부 해안에 위치한 이곳에서 사건들은 좌파가 기대한 수준보다 멀리 나아갔다.

훗날 코민테른 서기 마누일스키는 "정부가 노동자들을 자극해 성급하게 싸움에 나서도록 부추겼다."라고 주장했다.[6] 그럼에도 불구하고 10월 7일 코민테른은 공산주의자들이 "노동자들의 대규모 파업과 무장투쟁"을 확대해야 한다는 지침을 내렸다. 스페인공산당에는 "아사냐의 공화좌파당과 카탈루냐좌파당에 … 레루스 정부를 (확실히) 전복하기 위해 노동자들과 상기 정당들과의 동맹으로 구성된 총체적인 반파시스트 집결을 조성하자고 제안하며 접근하라."라는 지령이 내려졌다.[7] 스페인의 여타 지방과 달리 아스투리아스에는 단단히 자리를 잡은 공산당이 존재했다. 카탈루냐에서와 달리 무정부주의자들이 상대적으로 취약했던 것이다. 총 스물아홉 개의 공장 위원회 가운데 스페인공산당은 스물두 곳을 확보하고 있었다. 사회주의자들은 지지자들에게 거리로 나올 것을 요청했으나, 공산주의자들은 점차 세를 불려나갔다. 생활 수준에 불만을 품은 파업들이 이미 시작되었고, 임금 삭감과 노동 절약 조치를 도입하는 시도들도 파업으로 이어졌다. 매일 다양한 요구를 외치는 새로운 분규들이 터졌고, 머지않아 광산 지대 전체가 파업에 나섰다. 뒤이어 일어난 봉기는 첨예한 차이에도 불구하고 서로의 곁에서 싸웠던 사회주의자와 공산주의자를 최근 형성된 노동자동맹Alianzas Obreras 아래에서 하나로 규합시켰다.

코민테른 본부는 유감을 표시하는 형태로 우려를 드러냈다. "우리에게는 인질이 있다. 또한 우리는 투론을 제외한 어느 곳에서도 부르주아지를 상대로 적색 테러를 가하지 않았다." 어떠한 양심의 가책에도 흔들리지 않은 광산촌 투론에서는 한 체카가 불쑥 나타나 "단호히 반혁명 분자들을 청산했다."[8] 아스투리아의 반란에서는 사제들이 (일부는 가장 무시무시한 방식으로) 살해당했고, 교회들이 불탔으며, 대성당 한 곳이 파손됐다. 교황대사는 이를 두고 "수년간 스페인에서 일어났던 혁명 중 가장 규모가 크고 심각한 순간"이었다고 기록했다.[9] 프란시스코 프랑코 장군이 마드리드에서 파견한 군인 약 1만 5000명이 반란을 진압하기 위해 야만적으로 개입했고, 잔혹하기로 악명 높은 모로코군단이 배치되었다. 이는 중세의 아랍 침공과 스페인 점령이라는 무서운 기억을 되살렸다. 공산주의자 지도자 대부분은 선견지명을 발휘해 뒤따른 유혈 낭자한 응징을 피했으나, 제대로 조직화되지 않았던 사회주의자들은 운이 없었다. 인명 피해는 사망자 1375명, 부상자 2945명으로 집계되었다.[10]

코민테른의 마누일스키는 이 봉기가 국가적 중요성이라는 측면에서 1905년 무산된 러시아혁명과 비견될 수 있다고 선언했다. "이 사건은 스페인 프롤레타리아가 부르주아지의 권력을 전복시키기 위해 무기를 집어들어야 한다는 것을 증명했습니다." 그는 단언했다. "이는 결코 작은 교훈이 아닙니다."[11] 봉기가 좌파에 미친 충격은 공산주의자와 사회주의자가 정치 무대에서 긴밀한 협력을 맺을 것을 보증할 만큼 서로의 목표가 유사함을 증명했다. 우파에게 이 사건은 사회주의자들과 공산주의자들 양자로부터 반복적으로 발생하는 상시적인 반란 위협을 인지시키는 충격 효과를 주었다. 교훈들은 해외에서도 잊히지 않았다. 하원의원이자 영국의 사업가인 대령 존 슈트 경은 알바 공작과의 대화에서 이 봉기가 장차 "스페인과 세계 문명을 뿌리째 뒤흔들, 무한히 끔찍한 적색혁명"의 "예행연

습"이었다고 회고했다.[12]

인민전선의 선출

1936년 1월 9일 스페인공산당은 의회가 해체되는 중이고, 선거가 임박했으며, "격렬한 싸움"이 될 것이라는 전망을 모스크바에 보고했다. 프랑스식 인민전선 운동은 1936년 1월 15일과 16일에 걸쳐 서둘러 도입되었으나 자금이 거의 없었다. 스페인공산당은 4만 8000프랑만을 가지고 있었다. 코민테른이 파리를 거쳐 20만 프랑을 급히 보냈지만, 이 돈은 제때 도착하지 못했다.[13] 따라서 스페인 인민전선이 1936년 2월 16일 선거에서 과반수를 차지한 사실은 모두에게 깜짝 놀랄 만한 일이었다. 이전까지는 우파에게 유리하도록 작동한 선거 제도가 이제는 좌파에게 유리하게 작동했다. 고작 40만 표 차이로 좌파는 의회에서 250석 이상을 확보했고, 우파는 150석에 그쳤다. 다음 날 시도된 군사 쿠데타는 실패했다. 코민테른 고문 코도비야는 2월 18일 "인민 진영의 승리는 압도적이다."라고 보고했다.[14]

2월 19일 구성된 새 정부는 온건한 공화주의자이자 작가인 마누엘 아사냐가 이끌었다. 그러나 상황은 불길했다. 마드리드와 지방 중심지들에서는 이미 1934년 10월 반란에서 체포된 3만 명을 석방하라고 요구하는 대규모 시위들이 시작돼 경찰과 충돌을 일으키고 있었다. 해외에서는 시위가 더욱 심각한 소요로 발전할 가능성을 경계했다.[15] 떠나는 총리 힐로 블레스는 대통령에게 권력을 넘겨주지 말 것을 요청했으나 완강히 거절당했고, 안전을 찾아 국경 너머 파시스트 포르투갈로 향했다.

교황청에 도착한 영국 사절단의 특명전권공사 다르시 오즈본은 "바티칸의 공산주의 강박에 즉각 충격을" 받았다.[16] 스페인에서 일어난 사건들은 모든 면에서 기존의 공포를 증폭시켰다. 마드리드 주재 교황대사에게는 경각심을 가질 만한 이유가 있었다. 1934년 아스투리아스에서 일어났던 유혈 반란은 장차 다가올 것들에 대한 맛보기로서 모두의 마음에 경각심을 일으켰다. 테데스키니 추기경은 비오 11세에게 자신의 의견을 밝혔다. "제 생각으로는 최근 공산주의가 스페인에 공식적으로, 그리고 강력하게 떠오르고 있는 듯합니다." 아사냐는 극좌에게 사형수를 포함시킨 사면과 같은 일련의 면책을 시행하고 있었다. 그가 이런 기조를 지속한다면 최악의 상황이 벌어질 수도 있다고 테데스키니는 우려했다.[17] 실제로 테데스키니는 그달 말 마드리드 주재 영국 대사관 참사관에게 이렇게 말했다고 전해진다. "그[테데스키니]는 상황이 1931년도보다 훨씬 심각하다고 생각했다. 언제든 군사 쿠데타가 일어날 수 있으며 그 결과로 자신의 목숨이 공산주의 분자들에게 위협받을 것을 염려한 그는, 만일의 경우 국왕 폐하의 대사관에 자신이 망명할 수 있을지 여부를 물었다."[18]

모든 거리가 붉은 옷을 입고 주먹을 불끈 치켜든 젊은이들로 들끓었다. 테데스키니의 서신에 의하면 "이번 토요일 시위는 비록 규모는 작았지만 가장 거대하고 끔찍한 인상을 남겼습니다. 이는 죄수들에 대한 찬미이자 죄악에 대한 찬미였습니다. 이번 시위에서 가장 커다란 박수를 받은 연사는 '시계풀La Pasionaria'이라는 필명으로 알려진 한 여성으로, 이 여성은 극단적인 논조로 파업의 정당성을 논하며 큰 소리로 이런저런 정치인들의 머리를 요구했습니다. 이 시위를 본 누구라도 그 여성에게서 공포를 느꼈을 것이라고 확신합니다!" 마드리드의 공산주의자들은 의회 안에 의원 열다섯 명만을 가진 작은 정당임에도 불구하고 지역 주민들로부터 과반수의 표를 얻었다.

설상가상으로 교황대사는 "공산주의와 사회주의 사이에는 아무런 차이점도 없습니다."라고 굳게 확신했다.[19] 테데스키니는 덧붙였다. "시위는 주로 수도에서 당국자들이 지켜볼 뿐만이 아니라 참석한 가운데, 즉 그들의 동의하에 이루어집니다. 이는 급진 세력을 효과적으로 부추기고 있습니다. 또한 정부가 그들에게 진 빚이 있어서 정부에게는 질서를 유지할 힘도, 의지도 없다는 인상을 줍니다."[20]

점유된 토지는 정부가 창설한 농지개혁기관에 의해 소급적으로 합법화됐다. 한 스페인 정치인은 스웨덴 대사에게 자신은 "상황에 관해 아주 비관적"이라고 밝혔다. "나라의 상당 부분이 좌파에게 넘어갔습니다. 스페인의 현 상황은 케렌스키 치하의 러시아를 연상시킵니다."[21] 전임 공산주의자 타구에냐에 의하면 "당국은 압도된 나머지 각종 불법 행동, 테러 행위, 교회 방화를 저지하지 못했다. … 공공질서는 근본적으로 무너졌다."[22] 나라 전역의 교구들로부터 불타는 교회와 수도원, 자신들의 소명을 감출 수 있도록 평상복을 입어도 좋다는 허가가 주어질 정도로 성직자에게 위협이 가해지고 있다는 보고가 물밀듯이 밀어닥쳤다.[23] 5월 4일 교황은 신임 바티칸 주재 스페인 대사에게 만연한 폭력 사태를 강하게 항의했다.[24] 자연스럽게 대지주들과 함께 남성 성직자 대부분(과 수녀들)은 프랑코가 불러온 새로운 질서의 가장 강력한 기둥 중 하나를 구성했다. 잃을 것이 많은 이들 사이에서 공황이 발생했다. 파시스트 포르투갈로 도주하는 사람이 워낙 많은 나머지 "닭장 탈출chicken run"이라는 별칭이 붙을 정도였다. 타구에냐는 회상했다. "승자들의 조바심과 패자들의 공포는 필연적으로 나라 전체에 폭력적인 풍토를 조성했다."[25] 아일랜드자유국 대사는 4월 17일 "정부가 과잉 행동이 취해질 수 없도록 특단의 조치를 즉각 내리지 않으면 스페인은 내전으로 치달을 것"이라고 언급했다.[26]

모스크바에서도 우려하는 목소리가 높아졌다. 볼셰비키는 너무나 많은 것이 걸려 있어 겉으로 드러나는 모습에만 끌려가지 않으려 했다. (겁먹은 주재 외교관들의 보고에 따르면) 붉은 마드리드는 스페인 전체를 대표하지 않았다. 코민테른의 그 누구도 정부의 정당성을 과장하지 않았다. 이 정부는 명백히 "인민전선이 아닌 좌파부르주아 정부"였다. 실제로 코민테른은 그들이 직면한 더 커다란 위협과 비교해 차악이라는 점에서만 이 정부를 환영했다. 따라서 작디작은 스페인공산당 내부에서는 지도부와 평당원의 무모한 기대 사이에서 어마어마한 간극이 발생했다. 이에 대한 경계심은 스페인공산당으로 발송된 지침들의 수세적인 성격에 점차 반영됐다. "이 정부가 인민전선 정부가 아니라는 사실에도 불구하고 우리는 당신들이 반동의 공격과 쿠데타 가능성에 맞서 아사냐 정부를 지지해야 한다고 생각합니다. 그렇게 하면 이 정부가 인민전선의 선거 강령을 수행할 수도 있을 것입니다."[27] 그러나 아사냐는 얼마간 스페인공산당을 "상대적으로 약한 세력"으로 보았고, 따라서 그의 계산에는 스페인공산당이 거의 포함되지 않았다.[28]

아사냐의 결정은 옳았다. 자극적인 분위기에 들뜬 스페인공산당은 상황을 감당하기 버거웠고, 형편없는 조언을 받았다. 총서기 호세 디아스는 모스크바에서 존경받는 인물이었으나 만성적으로 병약한 탓에 맡은 바 임무를 제대로 수행할 수 없었다. 디아스의 배후 조언자인 이탈리아계 아르헨티나인 비토리오 코도비야("코도" 동지)는 코민테른 서기 마티로부터 코민테른에서 파견된 고문이 아니라 마치 지방 수령처럼 행동한다며 날카로운 질책을 받았다. 그러한 고문들이 1934년까지 그랬던 것처럼("투르케스탄인들"이라고 알려진) 작은 독재자들처럼 굴지 않는다는 디미트로프의 주장에도 불구하고, "코도"는 9시에 출근해 당 기관지 〈문도 오브레로Mundo Obrero〉에 사설을 쓰고, 정치국 위원들을 부하처럼 취급하며 업무를 맡기고, 지방 당 서기들의 이야기를 청취한 뒤 그들에게 지시를 하달했다.[29] 다시 말해 사건들이 터지기 전부터 스페인공산당은 근본적으로 제 기능을 못 하고 있었다. 위기는 단지 이 사실을 모스크바에 더욱 분명히 드러냈을 뿐이었다. 필연적으로 러시아인들이 스페인공산당을 장악하기까지는 불과 몇 주도 걸리지 않았다.

영국의 과잉 반응

그러나 공산주의자들이 취약하고 형편없는 지휘를 받는다는 사실을 아는 것이 반란자들이나 서구 열강에게 어떠한 변화를 가져다주었을까? 사건들이 머지않아 보여주듯 스페인의 분열은 매우 깊었고, 그 찌를 듯한 기상은 모스크바가 담아낼 수 있는 범위를 넘어섰다. 우려를 자아냈던 것은 코민테른을 통한 러시아의 역할도, 시위의 강도가 덜했던 파리에서와 마찬가지로 스페인공산당을 포함한 혁명이 성공을 거두기 시작했다는 점도 아니었다. 아래서부터 끓어오르는 불만과 더욱 급진적인 무정부노동조합주의자들의 독려에 힘입은 스페인공산당은 아사냐 정부가 "대중의 압력 아래" 인민전선 강령보다 "더욱 멀리" 가는 중이라고 보고했다. "혁명의 형태는 급격히 발전하고 있습니다. 혁명적 방법으로 토지 문제를 해결하는 모습이 곧 분명히 드러날 것입니다. 투쟁의 규모가 커지고 권력 문제가 대두하는 것과 함께 말입니다."[30]

기대와 달리 응답은 신속하고 직설적이었다. 터무니없이 부풀었던 희망은 잠잠히 가라앉아야 했다. 코민테른은 "대중과 정부 무장 병력 사이의 빈번한 충돌처럼 반혁명 분자들의 대의를 돕는 행동이 저질러지고 있는 것을 무척 경계"했다. 또한 충고가 뒤따랐다. "어떠한 도발에도 넘어가지 말고, 어떠한 사건도 일으키지 말라. 이는 현시점에서 혁명에 해로울 뿐 아니라 반혁명 분자들의 승리로 이어질 것이다." 스페인공산당은 의혹에 잠겼다. "오늘 우리가 당면한 문제는 소비에트 권력 창출이 아니다."[31]

이는 확실히 일반적으로 믿어지던 바는 아니었다. 런던이 1934년 ~1936년 동안 코민테른 암호에 잠깐 접근했다는 사실이 8월 말 러시아인들에 의해 발각되면서, 러시아는 영국인들을 호도할 가짜 메시지를 축약해 전송했다. 영국 외무부는 이 사실을 깨달은 후 그다지 정확하지 않은 자국 외교관들의 어림짐작에 의존해야 했다. 혼란스럽기 그지없던 3월 말의 스페인에서 영국 대사 헨리 칠턴 경은 교황대사만큼이나 불안해했다. 파리에서의 클러크와 마찬가지로, 칠턴과 그의 좋은 동료인 마드리드 주재 스웨덴 대사는 스페인에 만연한 불안을 "볼셰비키혁명 직전"의 러시아 상황에 비유했다. 그의 예상은 어느 때보다 암울했다. "소비에트공화국을 세우기 위한" 극좌의 쿠데타가 예상되었고, 그러한 경우 "그 누구의 생명과 재산도 안전하지 못할" 터였다. 이와 유사하게 무정부노동조합주의의 심장부인 바르셀로나 주재 총영사는 "나라 일부에 소비에트 정부를 세울 수도 있는 스페인 내 혁명적 혼란의 상당한 위험"을 곰곰이 생각해 보았다. 지역적 현상 유지에 엄청나게 투자한 영국인들은 파시스트 독재자 안토니우 드 올리베이라 살라자르 치하의 포르투갈로 여파가 미칠 수도 있다고 믿었다. 리스본 주재 영국 대사 찰스 윙필드는 "스페인이 장기간 적색 통치 아래 놓일 것"이며, "포르투갈 내의 공산주의도 위협에 처할 것"이라는 가능성을 보고했다.[32] MI6는 "누구든 평정심을 가지고 군사적, 정치적, 경제적 이유를 살펴본다면 이베리아반도에서 소비에트 체제가 수립될 가능성은 거의 없다는 사실을 알 수 있다."라는 단호한 관점을 취했다.[33]

영국이 걱정할 만한 이유는 충분했다. 모스크바에서 디미트로프는 분별력을 발휘해 조심성이 가미된 낙관적인 의견을 내놓았다. 6월 5일 코민테른 서기국 회동에서 그는 스페인에 "좋은 날씨가 찾아왔다."라고 밝혔다. "해가 쨍쨍 비치고 있습니다. 이 날씨가 얼마나 갈지는 아무도 모르죠. 우리는 이 상황이 프롤레타리아혁명의 종국적인 승리에 이를 때까지 지속되기를 원합니다. 성사 여부는 알 수 없지만 말이죠."[34] 그러나 약 2400만 인구를 가진 나라에서 고작 2만 명의 당원을 지닌 스페인공산당은 5월 말에 이르러 당원 수가 네 배로 늘어났음에도 불구하고 혁명을 지휘할 상황이 아니었다.[35] 조직화된 노동계급의 상당수는 사회주의적 노동조합(노동자총연맹UGT) 또는 무정부주의적 노동조합(전국노동자연합CNT)에

속해 있었다. 정치국원 헤수스 에르난데스는 표면상으로는 정책을 "바로 잡기" 위해 "코도"와 함께 자발적으로 모스크바를 방문했다. 그러나 실질적으로 이 둘은 지역 민병대를 일으키고, 실직자들을 대표해 지역 당국자들을 움직이고, 군 장교들을 당원으로 모집하는 등 자신들의 (아주 제한된) 성공을 자랑했다. 그들이 유일하게 우려하는 부분은 무정부주의자들과의 관계와 카탈루냐 분리주의라는 악명 높은 문제에서 아무런 진전이 없다는 점이었다.[36] 그러나 보다 심각한 문제는 6월 23일 산세바스티안 주재 이탈리아 영사가 전한, 독일의 후원 아래 준동하고 있는 극우의 반란 움직임에 관한 소문들이었다.[37]

디미트로프는 만연한 낙관주의를 다급히 눌러야 할 필요성을 느꼈다. 토지 재분배를 포함해 필요한 개혁을 수행하라고 정부를 독려한 스페인 동지들은 이제 극우로부터의 위험에 더 많은 주의를 기울이라는 요구를 받았다. 스페인인들을 "그러한 위험이 존재하며, 그 위험성이 커지고 있다"는 데 동의했다. 디미트로프는 만일 그들이 이 위험을 무시한다면 "당신들의 모든 계획이 한 푼의 값어치도 없게 될 것입니다."라고 강조했다.[38] 이 엄한 힐책은 1주 뒤 당이 "부르주아 민주주의혁명의 완수에서 사회주의혁명으로의 이행을 아직 긴급한 과업으로서 제기해서는 안 된다."라는 제약을 더하면서 강화됐다.[39] 스페인 동지들은 또한 토레즈가 제시한 프랑스 사례를 따라 여성들에게 당이 반가톨릭이 아님을 확신시키라고 강하게 조언받았다.[40] 그러나 말은 쉬워도 이를 실천하기란 어려웠다.

내전

7월 중순에 이르러 정치적 온도는 마드리드의 여름만큼이나 불타는 수준으로 급속히 가열됐다. 7월 13일 좌익 경찰관 모레노 대장은 군주제 지지자들의 새로운 지도자 호세 칼보 소텔로를 암살했다. 모레노는 힐로블레스도 암살하려고 계획했으나 자택에서 그를 찾아내는 데 실패했다. 코민테른은 상황이 "매우 치명적"이라고 판단했다. 코민테른은 "노동자들을 정부와 맞대면시킨다는 생각으로 파업을 고집하는 무정부주의 지도자들에게서 위험이 발생한다."라고 주의를 주었다.[41] 7월 17일 공산당은 "인민전선 내에서 동맹이 단단하지 못해 이전에 취할 수 없었던 행동들을 벌이도록" 조언받았다. "즉 현재의 심상치 않은 상황을 최대한, 그리고 즉각적으로 유리하게 이용해 노동자와 농민 민병대가 음모자들과 맞서 싸울 수 있도록 인민전선 내 다른 당과 연합하여 대중 조직에서 선출된 노동자 및 농민과 동맹을 결성하라."[42]

그러나 사건들은 통제할 수 있는 지경을 넘어서서 빠르게 움직였다. 불과 하루 전날 탕헤르 주재 이탈리아 총영사는 "칼보 소텔로 의원이 살해된 뒤 스페인에서는 카나리아제도 총독 프랑코 장군이 주도하는 새로운 반란이 일어나려 하고 있"다고 보고했다.[43] 이탈리아 외무장관 치아노가 소비에트 대사에게 아주 가까운 미래에 우파의 봉기가 일어날 것으로 예상된다고 말한 때도 바로 그즈음이었다.[44] 실제로 7월 17일 프랑코는 아스투리아스에서 봉기를 분쇄하기 위해 배치했던 잔혹한 군대와 함께 반란을 개시하기 위해 카나리아제도에서 스페인령 모로코로 날아왔다. 이 반란은 더욱 커다란 계획으로 향하는 첫걸음이었다. 모로코는 이틀 만에 반란자들에게 넘어갔다. 프랑코는 7월 20일 탕헤르에서 자신의 외인부대를 본토로 이송할 수 있도록 비행기를 제공하라고 이탈리아 무관을 조급하게 압박했다.[45]

반란은 세비야가 있는 서남쪽을 중심으로 일어났다. 마드리드 주재 이탈리아 대사 오라치오 페드라치는 "스페인의 민주주의 체제는 내전으로 가라앉는 중이고, 이는 군사적 유형의 반동 또는 점차 볼셰비키 형태를 띠는 사회주의적 급진화로 향하는 길을 터줄 것"이라고 예측했다.[46] "이 것은 이전과 같은 단순한 군사 쿠데타가 아니다."라고 페드라치는 강조했다. "우리가 마주한 그림은 다음과 같다. 한편에는 인민전선이, 다른 한편에는 더 이상 참을 수 없는 다른 세력이 있다. 볼셰비키의 침입과 무질서에 지친 시골 농민들, 끝없는 파업에 지친 건축가들, 선동에 흠뻑 젖은 중하위층, 매일 목숨과 재산을 위협받는 가톨릭 신자들과 사제들의 연합이 스페인에서 가장 주목받고 유명한 장군들을 수장으로 가진 반란군에 가담하고 있다."[47]

　도움이 필요했던 반란군은 일차적으로 이탈리아를 찾았다. 페드라치가 파견된 7월 20일, 스페인의 전임 국왕 알폰소 13세는 무솔리니에게 보낸 편지에서 "스페인 운동의 막대한 중요성"을 설명했다. "현대적인 항공기가 필요합니다. 이를 위해 내가 전적으로 신임하는 후안 데 라 시에르바(헬리콥터 발명가)와 루이스 볼린이 로마로 가고 있습니다." 편지의 운반인 비야나 후작이 모든 것을 구체적으로 설명할 터였다.[48] 탕헤르 주재 이탈리아 담당관은 또 한 번 로마에 있는 상관들에게 도움을 요청했다. 파시스트 병력은 격퇴되고 있었다. 스페인 정규군은 카디스에 상륙해 코르도바로 진군했다. 보다 남쪽에 있는 말라가가 저항의 중심지였다.[49] 그러나 반란군이 원하는 바를 들어주고 싶지 않았던 로마의 관리들은 탕헤르의 루카르디에게 그들의 요구를 거절하거나, 기다리라고 말하라고 전했다.[50] 무솔리니는 분명 가능성을 저울질하고 있었다. 그는 이전에 이탈리아의 에티오피아 정복과 관련한 사실상 패배를 영국인들이 받아들이게끔 설득했음을 고려해, 중대한 결과를 낳을 결정을 성급히 내리지 않으려 했다. 아니나 다를까 프랑코는 반란자들이 승리한다면 이탈리아와 독일이 스페인에 미칠 수 있는 영향력을 생각할 때 무솔리니가 근시안적이라고 보았다.[51]

프랑코와 반공주의

궁지에 몰린 프랑코는 비장의 패인 반공주의를 꺼내 들었다. 그가 탕혜르 주재 이탈리아 총영사에게 말한 바에 따르면 반란군의 목적은 정당 정치적인 것이 아니라 "스페인을 볼셰비즘에서 구하고 파시스트적인 정부를 구성하는 것"이었다. 피에르 데 로시는 "그[프랑코]가 조국의 미래뿐 아니라 라틴족과 지중해 일대의 평화를 위해 싸우고" 있다고 주장했다. "스페인에 볼셰비즘이 도래한다면 이는 필연적으로 아직 스스로를 방어하지 못하는 포르투갈과 불안정한 프랑스에 심각한 혼란을 초래할 테니까요."[52]

이탈리아가 지원할 가능성을 더욱 높인 것은 바로 7월 22일 당도한 파리 주재 해군 무관으로부터의 소식이었다. 스페인 정부는 스물다섯 대의 폭격기에 더해 탄약, 대포, 기관총, 총알을 구하기 위해 파리에 특사들을 보냈다. 블룸과 강경 좌파인 항공장관 피에르 코는 우호적이었으나, (런던에 귀 기울이는) 온건파 외무장관 이봉 델보는 국제적으로 복잡한 문제가 발생할 것을 우려해 저항했다. 반란군에 우호적인 마드리드 주재 프랑스 대사 또한 이 요청을 무마시킬 방안을 찾았다.[53] 하루 뒤 체루티는 블룸과 코가 내각과 상의 없이 무기를 공급하기로 결심했다고 보고했다.[54] 그러나 무솔리니는 프랑스가 공화국에 무엇을 원조하든 그냥 넘어가지 않을 셈이었다. 생각하는 바가 비슷한 이웃을 지지해주겠다는 이념적 연대감에 이끌린 프랑스인들은 통제 불가능한 폭발을 일으킬 도화선에 생각 없이 불을 붙였다. 프랑스가 관여하면서 이탈리아가 개입하는 쪽으로 저울추가 기울었다. 그해 초 무솔리니는 영국이 "우리의 적"이라고 선언하는 한편으로, "프랑스가 우리를 배신했다."라고도 선언했다.[55] 이념적인 고려와 지정학적 고려는 같은 방향을 가리켰다. 바티칸의 국무원장 추기경 파첼리는 "확실히 무솔리니와 히틀러는 대립하고 있지만, 스페인이 볼셰비키의 길을 가고 프랑스가 요동친다면 이탈리아는 유일하게 그들에게 문이 열려 있는 독일을 더욱 열망하게 될 것"이라고 언급했다.[56]

뒤따른 일주일 내내 혼돈이 지배했다. 나라 대부분에 걸쳐 통신이 두절됐다. 스페인 주재 이탈리아 대사는 로마에 전신을 보내기 위해 이제 모든 대사가 머무는 산세바스티안으로 가야 했다. 러시아인들은 무슨 일이 일어나고 있는지 도무지 알 수 없었다. 그들은 스페인에 대사는 물론이거니와 신문 특파원도 파견하고 있지 않았다. 반란이 일어날 것이라는 경고는 충분했음에도 불구하고, 코민테른은 전적으로 "준비되지 않았고, 깜짝 놀랐다."[57] 그러나 무솔리니의 도움을 받지 못한 반란군은 곤경에 빠졌다. 7월 20일 자신의 이익을 위해 지나치게 안주한 스페인공산당 총서기 호세 디아스는 다음과 같이 보고했다. "군사 반란은 진압됐습니다. 국내 일부 지역에서 투쟁이 여전히 전개되고 있으나 무엇도 확정적이지는 않습니다. 싸움은 격렬하고 사력을 다한 것이었습니다. 승리를 결정지은 것은 노동자들의 민병대였습니다."[58] 불과 몇 시간 뒤 더욱 조심성 있고 모스크바의 우려에 주의를 기울이는 "코도"가 아주 신중한 목소리를 냈다. "싸움의 전개를 볼 때, 반군은 완벽한 군사적 계획과 다수의 군인을 보유하고 있습니다. 상황은 계속해서 어렵습니다." 반군은 모로코, 카나리아 제도, 세비야, 코르도바, 바야돌리드, 나바르를 비롯한 지역들을 차지해 나갔다. 그들의 목표는 마드리드였다.[59] 정부가 효과적이지 않을 수도 있음을 우려한 코민테른은 공화국을 수호하는 위원회를 구성하라고 명령했다.[60] "세 시간마다 한 번씩 반드시 우리 의견을 듣도록" 모스크바가 명령했고,[61] "우리는 항상 듣고 있"다는 짜증 섞인 대답이 돌아왔다.[62]

스페인 동지들이 환상에 빠진 것은 아닌가 하는 코민테른의 우려는 옳았다. 어쩌면 이는 그리 놀랍지 않은 일이었다. 디미트로프는 당이 최근 몇 년간 성장하기는 했으나 "당 간부들은 특별히 정치적으로 자격을 갖추지 않았고, 정치적 경험도 그다지 많지 않다."라고 지적했다.[63] 9월 코민테른 서기국의 회의에서 디미트로프는 쿠데타 직후 전신 내용을 성난 듯이 읽었다. 전신 내용에는 인쇄기 한 대를 차지했다는 사실을 터무니없이 자축하는 마드리드발 메시지, 발렌시아에서 "쿨라크(부농)"를 제거한 사실을 집산화를 수행하는 소련에 빗댄 코도비야의 들뜬 언급 등이 포함돼 있었다.[64]

쿠데타가 일어나고부터 사흘 후에도 디아스는 자신의 부적절한 낙관주의를 고집했다. 그는 모스크바에 "우리는 적을 단호히 분쇄할 것"이라고 장담했다. "이는 혁명적 민주주의 강령 실현의 첫 번째 발걸음이 될 것입니다."[65] 자제하는 법을 많이 배워야 하는 상황에서 기이하게도 그는 정부에 합류할 것을 요청하겠다고 선언했다. 이 제안은 아무런 응답도 얻지 못했다. 그리고 7월 23일 그는 엄숙히 발표했다. "파시스트 반란 사태는 분명히 무너지고 있습니다!"[66] 이 발표는 돌연한 질책을 끌어냈다. 코민테른은 신속히 "초기 성공에 성급히 휩쓸리지 말라."라고 응수했다.[67] 마드리드의 군중도 마찬가지로 흥분에 휩싸였다. "정부는 사실상 존재하지 않습니다." 겁에 질린 쉰다섯 명가량의 국민을 대사관 벽 안으로 들여 거리의 광기로부터 보호한 스위스 대리공사 폰타넬은 이렇게 적었다.[68] 무장한 군중은 공장을 습격하고, 호텔로 몰려들어 식사를 요구했다. 거의 모든 교회가 완전히 불탔다. "적색 테러가 그야말로 모든 곳에 퍼지고 있습니다." 폰타넬은 언급했다. "나는 볼셰비즘이 장악하기 이전의 모습을 찾아보기가 불가능해질까 봐 몹시 두렵습니다." 그는 덧붙였다. "당신도 아시듯이, 오랜 시간 공들여 쌓아 올린 곳을 부수는 데는 시간이 얼마 들지 않습니다. 붉은 민병대는 식당과 호텔을 탈취해 자신들이 누구인지를 분명히 드러내며 주인장들을 위협하고 있습니다."[69] 그는 단지 자신의 점심을 걱정하고 있는 것이 아니었다.

모스크바는 이제껏 살펴본 승리주의로 가득한 거만한 분위기를 염려했다. 점증하는 위협 앞에서 현실에 안주하는 안일한 분위기가 형성됐기 때문이었다. 디아스와 코도비야는 7월 24일 다시 한번 분명한 어조로 질책받았다.

당신의 정보는 불충분하며, 구체적이지 않고 감상적입니다. 우리는 다시 한번 진지하고 효과적인 정보를 보내줄 것을 요청합니다.

우리의 요청은 다음과 같습니다.

1. 가장 중요한 당면 요구, 즉 파시스트 봉기를 신속히 진압하고 최종적으로 숙청하는 데 모든 힘을 집중시킬 것.

2. 반군에 맞선 싸움에서 인민전선의 단결을 저해할 수 있는 어떠한 조치도 피할 것.

3. 우리 자체의 역량과 인민전선의 역량을 과대평가하고, 마주한 어려움과 위험 요소들을 과소평가하는 어떠한 경향도 미연에 방지할 것.

4. 민주주의 정부의 입장과 성급히 충돌을 빚지 말고, 진정한 민주공화국을 위한 투쟁 대열에서 이탈하지 말 것.

5. 당분간은 정부 내 공산주의자들이 직접 개입하지 않고도 버틸 수 있으며, 정부에 참여하지 않음으로써 인민전선의 단결을 더욱 손쉽게 유지할 수 있음. 반란 진압을 억제한다는 목적에서 절대적으로 필요한 극단적인 경우에만 정부에 참여할 것.

6. 반란을 진압할 때 민병대와 공화국의 정규 병력을 모두 규합해, 정규군을 인민 민병대로 대체하는 방안을 제안할 필요가 있다고 생각함. 현재 싸움에서 새로운 공화국 군대가 형성되는 중이기 때문에 더더욱 고려할 가치가 있음. 이 세력은 인민 민병대와 함께 해외와 국내의 적들에 대항해 공화국 정부의 받침점을 구성할 수 있음. 공화파 중에서 충성스러운 장교들을 인민의 편으로 끌어들이고, 반군 부대가 인민전선의 편으로 넘어올 수 있도록 모든 수단을 쓸 것. 정부는 반군 대열을 이탈해 인민의 편으로 넘어온 이들에 대한 사면을 즉각적으로 발표해야 할 것.

디미트로프는 이 전신을 복사해 스탈린에게 건넸고, 스탈린은 발송을 승인했다.[70]

스페인에서는 가장 고위급 장교들이 군 탈영을 주도했다. 공화국에는 이제 일반 참모가 단 한 명도 없었다.[71] 이탈리아인들의 계산에 의하면, 반군 진영에는 장교 7000명이 있었지만 공화국에는 단지 260명뿐이었다.[72] 권력균형은 불안정했다. 기존 질서 수호가 우선순위에 올랐다. 모스크바는 혁명에 제동을 걸기 위해 할 수 있는 모든 것을 했다. 스페인공산당은 민병대를 일으키지 말고 공식적인 공화국 방위대에 협조하라는 지침을 받았다. 불과 하루 전의 조언을 뒤집은 것이다. 의심의 여지 없이 스탈린의 입김이 작용한 후였다. 토지는 보상 없이 몰수될 가능성이 있었지만, 이는 오로지 반군에게만 책벌로서 적용될 터였다.[73] 월말에 디미트로프는 쿠데타에 작용한 "타성"에 대응하기 위해 폴릿과 토레즈를 비롯한 다른 이들과 여러 번 회동했다. 쿠데타의 개연성이 있다고 스페인공산당이 한참 전부터 경고했고 코민테른 기관지도 되풀이하여 위협을 알렸음에도 불구하고, "공산당들은 준비되지 않았고, 스페인에서 벌어진 사건들에 놀라고 말았다."[74]

프랑스, 스페인 원조를 두고 표변하다

7월 25일 프랑스는 공화국을 원조한다고 다급하게 결정했으나, (명백히 런던으로부터 직접적인 압력을 받아) 불과 이틀 후 지침을 철회했다.[75] 이어 이탈리아가 반군을 돕겠다고 자처하며 나섰다.[76] 가장 긴급한 과업은 모로코에서 본토로 병력을 수송하는 일이었다.[77] 프랑스 외무장관은 해외에 파견된 외교단에게 타국의 내정에 간섭하지 말라고 이야기했지만, 민간기업들은 계속해서 스페인공화국에 비행기를 공급했다.[78] 7월 28일 반군은 이탈리아로부터 군수품이 오는 중이라는 말을 들었다.[79] 그리고 베를린에 간곡히 애원한 결과, 7월 29일 장교와 전문가 85명과 함께 독일 비행기가 카디스에 당도하기 시작했다.[80] 프랑스 대사는 독일 수도에서 "제국의 지도층이 스페인에서 펼쳐지는 사건들을 열정적으로 따라가는" 방식에 놀랐다. 가장 분명했던 부분은 "소련을 공격하는 정도가 그 어느 때보다도 혹독"했다는 점이었다. 십자군이 부흥하는 듯한 표식이 만면에 보였다.[81]

볼셰비즘에 대항하는 싸움이라는 말로 반군을 설명한 이는 프랑코만이 아니었다. 무솔리니도 마찬가지였다. "우리가 오늘 반볼셰비즘이라는 기치를 내걸어도 놀랄 사람은 없다. 이는 우리의 오랜 깃발이지 않은가! 우리는 바로 그 구호 아래서 태어났다!" 영국의 정치 판도에서 우파인 이들에게는 더욱 의미심장하게 무솔리니는 "파시즘과 민주주의가 대립하도록 유지하는 상황에 종언을 고할 때가 왔다."라고 허울만 그럴 듯하게 주장했다.[82] 다른 곳에서 일어나는 사건들은 한 방향으로 움직이는 듯 보였다. 공산주의자 의원들이 무기한 총파업을 일으킬 가능성을 두고 으름장을 놓자, 8월 4일 그리스 총리 요안니스 메탁사스 장군은 불과 1년 전에 자신이 왕좌로 복귀시킨 국왕 요르요스 2세의 묵인하에 쿠데타와 다름없는 비상사태를 선포했다. 메탁사스는 아테네 주재 이탈리아 특명전권공사 라파엘레 보스카렐리에게 "이는 내가 국왕과의 합의를 통해 시작한 독재입니다. ⋯ 나는 이탈리아의 사례에서 영감을 받은, 내 조국의 이익을 위해 제안하는 이 길을 귀하의 정부가 연민을 가지고 봐주시기를 희망합니다."라고 로마에 전해주기를 원했다.[83] 그러나 그리스가 얼마나 조합국가주의적으로 되든지 간에 영국의 영향력에서 벗어나 이탈리아 모델을 채택할 가능성은 없었다. 그리스는 영국 왕립해군의 포 사거리 안에 있었다. 그러나 이 사건은 시대의 징후였다.

언제나처럼 정보에 밝은 국무원장 추기경 파첼리는 프랑스 대사에게, 스페인에서 내전이 발발하기 전에는 반공산주의 연대가 독일과 이탈리아의 관계를 강화하는 데 제 역할을 했지만 "이후로는 그것이 지배적인 요인이 되었"다고 말했다. 더욱이 파첼리는 내전 자체가 "공산주의가 가장 목표로 탐낸다고 여겨지는 국내 여건을 가진 나라들이 보는 앞에서, 심지어는 공식적으로 덜 반공주의적인 여러 다른 나라들도 보는 앞에서 … 대단한 충격"을 가하는 중이라고 발언했다. 여기서 파첼리가 언급한 국가는 포르투갈, 벨기에, 프랑스였다.[84] 추기경의 논평을 실증하기라도 하듯, 베를린 주재 프랑스 대사이자 충실한 보수주의자인 앙드레 프랑수아퐁세는 이탈리아 측 상대자에게 말했다. "스페인에서 공산주의 정부가 수립되는 일은 그 자체로 우려의 대상이며, 유럽의 개입을 정당하게 만드는 이유가 될 것입니다."[85]

반군에 대한 영국 보수파의 연민

우리가 주목했듯, 프랑스가 스페인 정부에게 무기를 지원하는 일을 가로막는 결정적인 장애물은 영국이었다. 영국은 이미 프랑스와 모스크바의 상호원조협정, 인민전선 정부 선출, 파리와 그 인근의 공장점거를 대하는 당국의 유순한 태도 때문에 이웃인 프랑스를 깊이 의심하고 있었다. 영국의 보수당원 대부분은 (히틀러를 상대로 유화정책을 펴는 것에 전적으로 반대했던 처칠 같은 이들조차) 본능적으로 프랑코의 편을 들었다. 프랑스 정부가 스페인공화국을 원조한다고 결의한 다음 날인 7월 26일, 볼드윈은 단도직입적으로 의견을 밝혔다. "이든에게 … 프랑스든 누구든 러시아의 편에 서서 싸우게끔 우리를 끌어들여서는 안 된다고 말했다."[86] 영국해협을 건너간 이 발언은 프랑스인들이 최초의 결정만큼이나 급작스럽게 자신들의 경로를 빠르게 번복한 이유를 설명해준다. 사흘 후 이탈리아 대리대사 레오나르도 비테티 백작은 레오 애머리와 몇 시간을 함께했다. 굉장히 지적이고 옥스퍼드 올소울즈 펠로우인 애머리는 히틀러의 독일과 관련해 어떠한 환상도 가지고 있지 않았다. 그는 식민장관(1924~1929)으로 재직하는 동안 볼셰비즘의 위험에 관해 처칠 같은 동료 장관보다 항상 더 실용적인 입장을 취했지만, 더 이상은 아니었다.

비테티는 하원에서 애머리를 만났다. 애머리는 주장했다. "스페인혁명은 볼셰비키주의의 위협으로부터 유럽을 방위한다는 문제를 정책의 전면에 제기했습니다. 모스크바가 스페인 공산주의를 조직하지 않았다고 믿는 영국인은 단 한 명도 없으며, 소련의 영향력이 커지면서 프랑스의 정치 구조를 와해하고 있다는 사실을 모르는 이도 없습니다. 우리는 인민전선의 정책과 불·소 협력이 유럽에 끼칠 수 있는 결과들을 걱정합니다. 불·소 협정은 현재 유럽 내에서 시도되는 어떠한 협력에도 가장 큰 장애물로 작용합니다. 영국은 프랑스가 이 협정을 파기하도록 모든 노력을 기울여 설득해야 합니다." 애머리는 영국이 "러시아를 방어해야 하는 상황에 노출되는" 것을 원하지 않았고, "러·독 충돌 때문에 영국이 독일과의 전쟁에 끌려 들어가는 일을 허용"하고 싶지 않았다. 불·소 협정은 "유럽의 평화뿐 아니라 사회적 안정에 위협"을 가했다. 그렇기에 애머리는 "프랑스가 러시아와 서유럽 강대국 중 한쪽을 선택해야" 한다고 결론 내렸다.[87] 영국 왕궁도 이러한 견해를 공유했다. 국왕의 한 친구는 에드워드 8세를 "친독, 반러, 엉성하기 그지없는 민주주의 체제를 혐오하는 반대자"라고 묘사했다.[88] 이후 에드워드 8세가 손수 발탁한 시종무관 더들리 포우드는 이렇게 회상했다. "우리는 정치적으로는 히틀러를 싫어하지 않았습니다. 우리는 극단적으로 사회주의적이었던 바이마르공화국보다는 나치 정권이 정부로서 더욱 적합하다고 느꼈습니다."[89]

1주일 정도 후, 비테티는 처칠과 담화했다. 대리대사는 처칠이 상충하는 신념 때문에 곤란을 겪는 모습을 보았다. 처칠은 스페인 의회 제도가 독재에 굴복하는 모습을 보고 싶지 않았으나, 그렇다고 공산주의에 찬성할 수도 없었다. 처칠은 또한 이탈리아가 반군을 원조하는 대가로 발레아레스제도나 모로코에 있는 기지들을 요구하지는 않을까 염려했다. 그러나 처칠은 이 점에 관해 일단 보장받은 뒤 오랜 공포로 회귀했다. 처칠은 말했다. "공산주의자들을 무장시키면서 스페인 정부는 엄청난 책임감을 짊어지게 됐습니다. … 코민테른의 전술은 스페인에서 분명히 드러났습니다. 바로 무력에 의해 쉽게 전복되는 약한 정부를 구성한 후 소비에트체제를 수립하는 것입니다. 스페인의 볼셰비키화는 진정한 재앙이 될 것입니다. 소비에트 정부는 모든 국가를 위협할 새로운 동력을 얻겠죠." 그리고 프랑스의 개입은 "진정한 자살 행위"가 될 터였다. 처칠에 의하면 프랑스는 "소비에트러시아를 복제하는 중"이었다. "블룸은 프랑스 정부로서는 중립 정책을, 인민전선으로서는 개입 정책을 취하고 있죠. 모스크바는 정부로서는 중립 정책을, 코민테른으로서는 유럽과 대영제국에 대항하게끔 스페인 공산주의를 선동하고, 재정 지원을 하며, 무장을 시키고 있습니다."[90]

비테티는 또한 "스페인 정부에 무기를 공급하지 않도록 설득하기 위해 블룸에게 압력을 행사"했다는 건을 이든이 부인했다는 믿기 어려운 보고를 올렸다. "그렇지만 프랑스가 스페인혁명에 개입할 경우 불·영 관계에 끼칠 해로운 효과에 관해 이든이 블룸을 이해시켰다는 여론이 넓게 퍼져 있습니다."[91] 이 국면에서 이탈리아인들은 기뻐했다. 치아노와 이야기를 나눈 이탈리아 주재 폴란드 대사는 고국에 이렇게 보고했다. "런던과 마찬가지로 파리에서도 스페인 반란으로 인해 파시스트와 친독일주의자를 불안해하는 분위기가 만연해 있다고 모두가 말합니다."[92]

바로 그날 모스크바에서 파리로 전송된 전신은 마드리드 정부에 상당한 지원을 해줄 것을 요구하면서 "스페인공화국의 패배는 프랑스 인민전선의 패배가 될 것"이라고 강조했다.[93] 이틀 후 토레즈는 독일인들이 "광적으로" 반군을 무장시키고 있다고 보고했다.[94] 코민테른은 느리게 반응했으나, 코민테른의 주간지 〈인프레코〉 8월 1일 자는 스페인 관련 내용을 독점적으로 다루는 특집호로 꾸며졌다. 그리고 8월 3일 모스크바는 붉은광장에서 스페인공화국을 지지하는 대중 집회를 연다는 막판 결정을 내렸다.[95] 불과 나흘 후 러시아인들은 프랑스 동지들에게 모로코에서 군인들이 상륙하고 있으며, 독일과 이탈리아의 직접적인 원조도 도착하는 중이라고 통보했다. 당시 프랑스 인민전선은 강하게 중립적인 태도를 견지했다. 이는 "스페인 인민의 투쟁에 막대한 위험을 초래"한다며 코민테른은 프랑스공산당에 서둘러 경고했다.[96]

8월 5일 비테티가 치아노에게 보낸 전신에서는 긴급성이 더욱 두드러졌다. 프랑스 정부가 불간섭에 동의를 표한 지 얼마 지나지 않아서였다. "현재 영국은 프랑스가 스페인 정부를 원조하지 않는다는 것을 보증하고, 혁명에 개입하려는 생각을 영원히 포기한다는 보증을 얻는 데 몰두하고 있습니다."[97] 런던에서는 프랑스인들에 대한 의구심이 수그러들지 않았다. 제국방위위원회 장관 모리스 행키 경은 프랑스와 연합을 맺는다는 어떠한 의견도 거부했다. 그는 프랑스가 "불만과 공산주의로 반쯤 가득"하며, "산산이 부서진 유럽에 볼셰비즘을 강요"하는 것을 목표로 하는 러시아인들과 결탁했다고 주장했다.[98]

밴시터트는 동서인 핍스와 함께 베를린 주재 영국 대사관에서 7월 말부터 2주간 머무른 후 8월 중순 복귀하는 길에 파리에 들렀다. 지극히 친불주의자인 밴시터트는 케도르세의 사무총장에게 이렇게 털어놓았다. "블룸 씨는 내가 파리에서 말했던 바를 명심해야 합니다. 현 영국 정부는 붉은 눈을 위해 희생할 생각이 전혀 없으며, 그 어느 때보다도 그 생각이 강할 보수당이 현재 여당으로서 정부를 지탱하고 있습니다. 스페인이 지닌 러시아적인 측면은 영국의 감정을 변화시킬 수밖에 없습니다." 밴시터트는 만일 프랑스가 "더욱 좌파 쪽으로" 움직인다면 "그러한 전개가 우리 국민에게 어떤 영향을 미칠지 결코 확신할 수 없습니다."라고 경고했다.[99]

러시아 군부와 프랑스 일반 참모 간 협의를 위한 조정이 재개됨에 따라 영국인들에게 사안은 더욱 악화되었다. 1935년 5월 29일 최초로 제안된 이 조정은 국방부인민위원 투하첼스키가 그해 9월 벨라루스에서 가을 군사훈련을 참관하는 프랑스 고위 장교에게 다시 제안하기 전에도 한 번 이상 되풀이됐다. 그러나 프랑스는 (체코인들이 그랬듯) 독일을 화나게 할 수 있다는 공포 때문에 이 제안을 받아들이기를 저어했다.[100]

한편 바르셀로나 주재 이탈리아 총영사는 망명 중인 이탈리아인들을 포함해 프랑스로부터 수백 명에 달하는 자원병들과 함께 비행기, 폭격기, 장갑차가 하루가 다르게 노골적으로 도착하고 있다는 사실을 보고했다.[101] 필연적으로 이 보고는 반응을 촉발했다. 모두가 모스크바의 입이 열리기를 기다리지는 않았다. 스페인공화국이라는 대의는 파시스트에게 억압당하고 해외로 축출된 이들에게 잠재된 국제주의를 발동시켰다. 작지만 소리 높여 외치는 이탈리아 망명자 무리 '정의와자유Giustizia e Libertà'*의 카를로 로셀리는 주변의 무기력함에 신물이 난 나머지 "스페인혁명은 우리의 혁명"이라고 선언했다. 그는 말만으로 끝내지 않고 즉각 바르셀로나 내의 이탈리아 자원병 단체를 조직하는 일에 착수했다. 그 결과 편성된 아스카소대열Ascaso Column**은 8월 28일 최초의 전투를 치렀다. 1937년에 암살되기 전까지 로셀리에게 유명세를 안겼던 구호는 "오늘은 스페인, 내일은 이탈리아"였다.[102] 이 외에 이탈리아 공산주의자들 또한 카탈루냐 주도州都의 군사 편제에 합류했다.[103]

---

*   1929년부터 1945년까지 활동한 이탈리아의 반파시스트 저항 운동.

**   스페인내전 초기에 바르셀로나에서 조직된 세 번째 민병 조직.

코민테른이 돕다?

그러나 이렇게 자연발생적으로 표출하는 국제주의는 주류라기보다는 예외에 속했다. 선도적 이탈리아 공산주의자 루이지 롱고는 회상했다. "프랑코 반란이 터졌을 때 다양한 나라의 공산당은 스페인 공화주의자들의 무장투쟁을 원조해야 하는가를 두고 얼마간 머뭇거렸다."[104] 가장 크게 영향을 받은 프랑스공산당은 가장 배타적인 당 가운데 하나였다. 프랑스공산당은 파시스트들이 스페인 사례를 복제하려는 유혹을 받을 수 있다는 측면에서 이 쿠데타에 본능적으로 반응했다.[105] 그리고 심지어 당시 새롭게 도입된 유급 여름휴가를 즐기던 당 지도자들과 관리들에게 이 사안의 긴급성을 인식시키기가 어렵다는 점이 판명됐다.

프랑스 노동총연맹의 지도자를 비롯한 다른 이들은 자리를 비운 채 (토레즈는 러시아에 있었다) 뒤클로만이 남아 직책을 수행하면서 블룸과 다른 이들에게 공화국을 원조하라는 압력을 넣었다. 아니나 다를까 코민테른 관리 에르뇨 게료는 8월 3일 모스크바에 전신을 보냈다. 전신의 첫째 줄은 "현재까지 프랑스인들은 스페인에 관련된 지령을 전혀 이행하지 않았습니다."였다.[106] 8월 8일 자 코민테른 〈인프레코〉는 "스페인 인민에게 수동적인 연민이 아닌 능동적인 도움을"이라는 필사적인 탄원을 실었다. 8월 10일 반란 사태는 잠시 프랑스공산당 정치국 의제의 최상부에 올랐다.[107] 그러나 8월 31일 스페인 대표들이 프랑스 측 대표들을 만나기 위해 오르세 역에 도착했을 때, 그들을 맞이하기 위해 나온 이는 마티뿐이었다. 다른 지도자들은 여전히 휴가 중이었다. 게다가 〈뤼마니테〉와의 인터뷰는 전혀 주선되지 않았다. 마티는 당연히 격분했다. 마티가 신중하게 선택한 단어들에 따르면, 프랑스공산당은 의심할 나위 없이 "사건이 갖는 중대성을 전혀 인지하지 못했다."[108]

9월 21일에 이르러 사안들은 전혀 나아지지 않았을 뿐 아니라 오히려 악화됐다. 스페인 사안은 프랑스공산당 정치국 의제들 가운데 여섯 번째 순위로 미끄러져 내려갔다. 10월 8일까지 지도부의 초점은 여전히 "실업자와 중산층의 우선적인 경제적 요구들"에 맞춰져 있었다. 이러한 의제상의 순위는 스페인을 무시한다기보다는 국내에서 극우가 말썽을 일으키지 않도록 방지하는 데 목적이 있었다.[109] 이 방책은 10월 16일 중앙위원회 회동에서 토레즈가 프랑스 내에서 "반동파의 강한 반격"이 인민전선의 진전을 가로막고 있다고 언급함으로써 그 중요성을 입증하는 듯 보였다.[110] 그러나 코민테른 서기국은 서둘러 나아갔다. 8월 7일 디아스가 보낸 보다 냉철한 보고는 마침내 "길고 힘든 싸움"이 될 것임을 시인했다.[111] 인력과 물자 부족이 대단히 심각했다. 프랑스에서 기술 인력을 보내는 일은 "엄청난 추문을 일으킬 것"이기 때문에 불가능하다고 언급됐다.[112] 스페인에서는 "무기가 보급되지 않아 상황이 매우 치명적"이라는 소식이 날아왔다.[113]

카탈루냐 정부에는 (대개 무정부주의자들인) 1만 5000명 규모의 민병대를 통솔할 장교가 없었다. 실제로 블라디미르 안토노프옵세옌코가 바르셀로나 주재 소비에트 총영사직을 맡기 위해 10월에 도착했을 때, 상황은 자포자기한 듯한 형국이었다. 그는 영국 영사에게 프랑코 군부가 "이길 것"이라고 생각했다고 주저 없이 고백했다.[114] 바스크주에서도 탄약이 심각하게 부족했고, 공화국 전체적으로는 전투기 조종사들이 절망적일 정도로 부족했다. 8월 11일 코민테른은 소비에트 군사정보 장교이자 미합중국공산당 서기로 일했던 얼 브라우더와 접촉했다. 그는 과연 조종사를 구했을까? 몇 사람을 물색하기는 했으나, 처음에 그들은 스페인으로 가기 위해 파리를 벗어날 수 없었다. 어딜 가나 혼란스러울 뿐이었다.[115] 그러나 바르셀로나 주재 이탈리아 총영사는 곧 프랑스 폭격기 30대가 요브레가트 공항에 착륙했음을 보고했다. 폭격기를 배달한 프랑스 조종사들은 이후 스페인에 머물렀다.[116]

스탈린의 지연 전략

소비에트 정부 당국은 여전히 행동을 취하길 주저했으나, 사태의 진전을 보여주는 징후들이 나타나고 있었다. 8월 9일 보로실로프는 이전에는 무정부주의자였으며 제4국에서 잔뼈가 굵은 장교인 (탱크군단) 여단장 블라디미르 고레프를 공화국 고문으로, 마찬가지로 제4국에서 일했으며 독일 공산당 당원이었던 브루노 빈트를 고레프의 무전통신사로 임명했다.[117] 8월 10일~11일 〈프라우다〉의 미하일 콜초프와 〈이즈베스티야〉의 일리야 에렌부르크 또한 마드리드로 파견됐다.[118]

8월 13일 게료는 수도에 도착했으나 쿠데타에 관해, 독일에 관해, 그리고 반군에 대한 이탈리아의 원조에 관해 그가 수집할 수 있는 모든 세부 사항을 가지고 파리로 돌아가라고 들었다.[119] 마티의 행동주의에도 불구하고 여태껏 코민테른은 선언 발표 이상의 행동은 거의 취하지 않았다. 하지만 모스크바는 비록 내키지는 않지만 돌이킬 수 없이 대혼란 속으로 빨려 들어가고 있었다. 스탈린이 흑해 연안의 별장에 가 있는 동안 정치국 내에서는 스탈린의 청부업자 라자르 카가노비치가 스페인 사안을 책임졌다.

런던에서 휴가를 보내던 베를린 주재 영국 대사관 일등서기 이본 커크패트릭은 독일에서 목격한 장면들에 충격을 받아 "줏대 없이 뒤죽박죽"이라며 외무부에 대한 혐오감을 공개적으로 표출했다.[120] 그러나 그보다 지적이고 숙련된 이들도 새로운 현실에 자신들의 안테나를 제대로 조정하지 못했다. 특히 그들은 모스크바와 어떠한 긴밀한 제휴가 맺어질 수 있다는 전망을 견딜 수 없었다. 1936년 9월 21일부터는 사전트도 그중 한 명이었다.

1936년 말 사전트는 늦었지만 유럽의 협조를 되살리고자 했고, 1934년 러시아인들이 밀어붙였던 다자적 동부로카르노 계획을 막기 위해 최선을 다하기도 했다. 그는 (〈이코노미스트〉와 마찬가지로) 이념적으로 반대되는 진영들로 대륙이 분할될 것이라고 예견했다. 스페인은 촉매제였으며, 그가 보기에 진짜 문제는 프랑스였다. 그러나 생계를 위해 노동할 필요가 없는 신사의 아들 사전트는 놀랍지도 않게 단호한 반공주의자였다. 그렇기에 그가 제안한 방안에는 필연적으로 반소비에트적인 날이 서려 있었다. 실제로 그 제안의 요점은 네빌 체임벌린과 동일시된 유화 노선을 드러냈다. 이는 현장의 사실들과 괴리됐고 영국의 측면에서는 프랑스를 자신의 노선으로 강제적으로 끌어들인다는 압력을 필요하게 만든, 독일과 이탈리아의 정책이 가진 동기에 대한 추정에 기반을 둔 것이었다.

사전트는 강력히 제안했다. "우리는 프랑스 정부가 국내와 모스크바 양자의 공산주의 지배로부터 자유롭게 하는 자구 노력을 강화할 수 있도록 하든가, 아니면 확실히 이를 강제하는 방향으로 가도록 압력을 가해야만 합니다. 비록 특정 단계에서 프랑스 내정 간섭과 같은 개입이 일어날 수 있지만, 이러한 위험을 감수할 만한 가치가 있지 않겠습니까?" 두 파시스트 열강과 관련해서는, 그들의 "고립감"을 제거하는 데 초점이 놓였다. "더욱이 공산주의 확산의 공포가 독일과 이탈리아를 협력으로 몰고 가는 한, 이 공포는 스페인이 아니라 프랑스에서 무슨 일이 벌어질 것인지에 훨씬 중심을 두고 있습니다. 두 정부는 서로 다른 이유로 프랑스가 공산주의적 감염에 취약해지거나 마비될 것을 두려워합니다." 사전트에게 이 사실은 "1) 스페인내전의 영향을 받아 프랑스가 '볼셰비키로 향하는 일'을 수단과 방법을 가리지 않고 방지하고, 2) 아비시니아 사건이 이탈리아에게 남긴 고립감과 취약감에서 그들을 자유롭게 하는" 방향을 가리켰다.[121] 런던 주재 미국 대사는 프랑스에 쏟아지는 관심을 보고했다. 그가 느끼기에는 모두가 프랑스를 "그 어느 때보다 걱정하고 불안해하고" 있었다. 그는 또한 "프랑스 내에서 폭발이 일어날 것을 염려할 중대한 이유"도 발견했다.[122]

폴란드는 아직 내부적으로 걱정할 이유가 없었지만, 그럼에도 그해 가을 프랑스에서 사건들이 흘러가는 모습을 불안하게 주시했다. 러시아는 폴란드에 압력을 가할 수단이, 적어도 코민테른을 통해서는 없었다. 폴란드의 정치체제는 전체적으로 공산주의자들에게 닫혀 있었다. 공산당은 1926년 당 지도자들이 피우수트스키의 쿠데타를 지원하는 실수를 저질렀을 때 분열됐으며, 그 후로는 국가 요원들이 침투해 있었다. 코민테른의 의견에 따르면 상황을 더 이상 돌이킬 수 없었기에, 서기국은 1936년 1월 31일 "코민테른의 폴란드지부를 폐지"하기로 결의했다.[123] 이후 대령들로 구성된 지배 도당은 공산주의자들의 조직적인 반대에 봉착할 일이 없었다. 스탈린이 그들의 작업을 대신 해준 셈이었다.

유럽의 상황에 대한 사전트의 평가는 내각장관 행키의 그것에 필적했다. 행키는 "불만과 공산주의로 반쯤 가득"하고, 따라서 "산산이 부서진 유럽에 볼셰비즘을 강요"하는 것을 목표로 한 볼셰비키와 간접적으로 동맹을 맺은 프랑스와 전쟁에서 함께 싸우는 것을 두려워했다.[124] 이탈리아인들은 자연스럽게 모스크바로부터의 위협을 강조했다. 로마에서 치아노는 예민한 폴란드 외교관들에게 자신이 "스페인 건과 유럽으로 흘러 들어온 소비에트의 규모에 놀랐"다고 말했다.[125] 한편 런던에서는 새롭게 임명된 독일 대사 요아힘 폰 리벤트로프가 폴란드 외무부 사무부차관 얀 셈백에게 똑같이 불길한 불평을 늘어놓았다.[126]

베를린 주재 미국 군사정보원에 따르면 독일 정부의 상황은 다음과 같았다. "장성들이 8월 21일까지 결정적인 승리를 거두지 못함에 낙심했으며, 군사적 결정의 무게추가 서서히 정부 쪽으로 기울고 있는 것으로 보인다. 나아가 독일 정부는 다른 유럽 국가가 경쟁 당을 원조할 경우, 카탈루냐에 인접한 프랑스는 지리적 이점을 이용해 독일과 이탈리아가 해상과 항공을 통해 줄 수 있는 정도보다 더한 원조를 [스페인] 정부에 제공할 수 있음을 인지하였다."[127]

한편 스페인의 공화국 정부는 준비 부족과 기량 부족의 결과로 나타난 위기로 요동치고 있었다. 카리스마 있는 사회주의자들의 지도자 라르고 카바예로는 그림자 밖으로 나와 히랄 행정부에 도전했다. 그는 공산주의자들이 자신과 함께하기를 원했고, 이는 9월 1일 자로 모스크바에 보고됐다. 그러나 코민테른은 여전히 전적으로 좌파에 집중된 행정부를 필사적으로 회피하고자 했다. 코민테른은 공화파에 기초를 두고서 라르고 카바예로와 그의 동료 인달레시오 프리에토, 그리고 (이름이 알려지지 않은) 두 공산주의자가 참여하는 정부를 원했다. 마드리드에 있던 뒤클로는 라르고 카바예로가 보다 온건한 이 해결책을 받아들이도록 설득할 것을 요청받았다. 뒤클로는 영국이 반군의 편에 서는 것을 막고, "독일과 이탈리아가 개입할 수 있다는 위협"을 미연에 방지해야 한다는 점에 집중해 주장을 펼쳤다.[128] 라르고 카바예로는 선수를 쳐 9월 4일 새 행정부를 구성한 후, 스페인공산당에 두 개의 장관직을 건넸다.[129]

사건들은 코민테른에게 유리하지 않은 방향으로 빠르게 움직이고 있었다. 모스크바와 프랑스공산당의 우선순위는 불·소 협정을 불안정하게 만들지 않는 것이었고, 이를 위해 필연적으로 어떠한 비용을 치르더라도 파리에서 인민전선의 의석 박탈을 피해야 했다. 블룸 총리는 깊은 비관주의에 굴복했다. 그의 우울한 추론은 한참 후 프랑스가 함락된 후에 쓰인 변명서 한 장에 그 윤곽이 나와 있다. "프랑스 내전이 외부와의 전쟁에 선행할 수도 있었다. … 공화국이 이길 가능성은 거의 없었다. 즉 스페인을 구제하지 못한 채로 프랑스가 파시스트로 변모할 수 있었다. … 이는 물리적 타격 없이 히틀러가 유럽 대륙을 정복하는 것을 의미할 터였다."[130] 블룸이 처한 진퇴양난에 민감했던 러시아인들은 이탈리아와 독일이 프랑코 원조를 중단하도록 설득할 수 있으리라는 헛된 희망 속에 1936년 8월 23일, 영국과 프랑스가 8월 15일에 체결한 불간섭 협정에 응했다.

병력과 물자 양쪽 측면에서 해외의 군사원조는 중요한 문제였다. 반군은 이탈리아와 독일의 원조 없이는 (특히 공군력 부문에서) 곤경에 처할 수밖에 없었다. 300대의 전투기 중 200대가 함대와 마찬가지로 공화국의 수중에 있었으나, 장교단은 이탈해 반군의 편에 섰다.[131] 블룸이 이끄는 프랑스 정부는 영국의 독려를 받아 불간섭 협정을 주도했다. 마찬가지로 제2인터내셔널은 영국 노동당에게 원조를 하지 않도록 압력을 받았다.[132] 9월 초에 도착한 에렌부르크는 스탈린에게 자신이 목격한 바를 보고했다. "(마드리드 바깥에는) 전선도 없고, 경계선도 없으며, 오직 파헤쳐진 땅만 있습니다. 누구라도 잘 닦인 고속도로를 따라 아무런 방해도 받지 않고 적에게로 직행할 수 있습니다."[133] 하지만 반군에게 유입된 이탈리아와 독일의 군사력은 공화국에 잠재적으로 파멸적인 곤경을 남겨두었다.

독일과 이탈리아가 전념하다

8월 26일 이탈리아와 독일의 군사첩보 수장들인 마리오 로아타 장군과 빌헬름 카나리스 제독은 프랑코에 대한 원조 협조를 협상하기 위해 로마에 모였다. 그들은 이 소식이 이웃한 포르투갈을 통해 반군에게까지 전달되리라는 점도 예상했다. 이틀 후 협정이 맺어졌다.[134] 앞서 언급했듯 포르투갈은 살라자르 치하의 파시스트 국가였다. 이탈리아인들은 "스페인으로부터 비롯되는 공산주의의 위험이 포르투갈에는 … 매우 시끄러운 모닝콜이었다."라고 보고했다. 포르투갈의 반응은 오랜 동맹인 영국과의 극심한 긴장을 초래할 만큼 급작스럽고 결정적이었다.[135] 이탈리아인들은 프랑코가 패배한다면 포르투갈에서 발생할 소요 사태가 마드리드로부터 온갖 조력을 받게 될 것을 두려워했다.[136] 유럽 내 다른 지역인 오스트리아와 스위스와 스웨덴은 모두 자신들이 스페인에 갖는 이해관계의 방어권을 독일인들에게 넘겨주었다.[137]

런던 주재 포르투갈 대사 아르민두 몬테이루는 영국인들에게 "소비에트러시아와 관련한 포르투갈의 공포"를 장담했다. "러시아와 관련한 (불특정한) 과거 경험 때문에 포르투갈은 러시아의 영향력을, 어떠한 비용을 치르더라도 자국의 해안에 유입되지 않도록 막아야 하는 일종의 질병으로 간주하고 있습니다."[138] "위기에 처한 것은 스페인의 운명만이 아니"라며 포르투갈 정부는 영국인들에게 조언했다. "공산주의와 무정부주의 민병대들이 사전에 세워진 계획에 따라 공포정치를 자행하면서 스페인의 공적이고 사적인 풍부한 유산, 수세대에 걸쳐 쌓아온 재산을 명백히 파괴하고 있습니다. 그들은 또한 바람직하지 않다고 여겨지는 계급에 속한 인물들을 대거 암살하고 있습니다."[139]

1936년 7월 26일 살라자르는 프랑코의 본토 우방인 몰라 장군에게 포르투갈의 연대에 의지하라고 말했다. 8월 1일 살라자르는 "내 재량이 닿는 모든 수단을 통해" 반란을 지지한다는 자신의 바람을 표현함으로써 이를 뒷받침했다(그 결과로 리스본은 프랑코가 무기를 획득하기 위한 상업적 기지가 됐다).[140] 7월 27일 리스본에서 최초의 군수품 짐짝이 비행기를 통해 보내졌다. 8월 6일 "포르투갈은 할 수 있는 한 반군을 도왔다."라고 리스본 주재 공화국 대사가 보고했다. "포르투갈은 배송을 위해 이용할 수 있는 모든 시설을 제공했습니다." 클라우디오 산체스는 "우리가 승리해 포르투갈에 즉각적으로 혁명이 일어날 수 있는 가능성을 포르투갈 정부가 극심히 두려워함에 따라 그들이 더한 행동을 취할 수 있는 확률을 높일 수 있습니다."라고 덧붙였다.[141]

독일과 이탈리아가 각자 반란자들에게 얼마나 원조할지를 두고 협상할 때, 스탈린은 행동할 시간이 다가왔음을 마침내 납득했다. 8월 28일 정치국은 공산주의 자원병을 파견하는 건을 논의했으나 결정은 지연됐다.[142] 그다음 주에 처칠은 자신의 부인 클레멘틴에게 쓴 편지에서 안도감을 드러냈다. "스페인 국민파들이 진전을 이루고 있어요. 그들이야말로 공격력을 갖춘 유일한 세력이죠. 다른 이들은 앉은 채 죽을 수밖에 없고

요. 끔찍해요! 하지만 모두의 안전을 위해서는 공산주의자들이 분쇄되는 편이 낫지요."[143] 처칠의 문제는 공산주의에 대한 적대감을 지닌 채로 소련과 나치 독일에 맞서는 잠재적 동맹을 어떻게 형성하는가에 있었다. 그는 모스크바에서 행해지던 올드볼셰비키*에 대한 재판과 처형이 혁명적 국제주의의 종언을 의미한다고 믿기 위해 부단히 애썼다. 10월 16일 처칠은 〈이브닝 스탠더드〉에 "공산주의적 분열"이라는 제목의 한 꼭지를 발행했다. 독일인들이 스탈린의 적들에게 보조금을 대고 있었다고 암시하는 내용이었다.

처칠은 독일 재무장에 관한 정보와 조언을 얻기 위해 MI6의 한 갈래인 산업정보부를 총괄하는 데즈먼드 모턴에게 상당히 의존했다. 모턴은 적당히 넘어가지 않았다. "저는 개인적으로 모스크바 정부가 자신의 원래 의도와 목적을 티끌만큼이라도 바꿨다는 것에 동의할 수 없습니다. 과거를 돌이켜볼 때 지킬 박사와 하이드 씨 이론은 도덕적 일관성을 최소한으로 가진 나라에서는 적용이 불가능했습니다. 제3인터내셔널(코민테른)의 활동에 대한 책임을 부인하는 것은 소비에트의 오랜 수법입니다. 현재 저의 정보에 의하면 소비에트 정부는 코민테른의 유력한 지도자들을 처단함으로써 조직을 비밀리에 손에 쥐고 있습니다. 소비에트 정부는 그 조직을 통해 스페인 공산주의자들을 비롯해 분란을 일으키는 또 다른 세력들에게 자금을 분배하고 있습니다."[144] 처칠은 이 불길한 평가를 받아들임으로써 잔혹한 딜레마에 빠졌다.

모턴이 예측한 대로 모스크바에서는 대중의 눈을 벗어난 곳에서 히틀러의 요청에 따라 군수품을 보내기 위한 비상 계획이 발동되기 시작했다. 9월 14일 제4국(군사정보부)과 해외부서(해외 첩보)는 무기 보급을 위한 '하 작전Operation X'을 계획했다.[145] 그러나 이 계획은 2주 동안 구상 단계에만

---

* 1917년 혁명 이전부터 볼셰비키 당원이었던 이들을 비공식적으로 지칭하는 말.

머물렀다. 9월 16일 코민테른 지배 기구는 회의를 열어 주요한 결정을 결의했다. 영국공산당의 지도자 폴릿은 일관되게 스페인에 대한 조치를 추진했다. 그는 사건 대응이 너무 느리다며 코민테른의 "모든" 지부를 질책했다. 그는 책임 대부분을 프랑스인들에게 돌렸고, 공평함을 보이기 위한 요식 행위로 영국인들을 추가했다. "총 2주에 걸쳐 실질적으로 아무것도 이뤄지지 않았습니다. 이 2주는 너무나도 중대한 의미를 지닙니다." 폴릿은 말했다. 현실 안주가 지배적이었던 곳은 파리와 런던만이 아니었다. "나는 모스크바에서 스페인 정부가 당연히 이기리라고 생각하는 수많은 동지와 이야기를 나눴습니다." 그러나 시간은 파시스트들의 편이었다.[146]

스탈린이 무기를 보내다

다음 날 코민테른 서기국은 국제여단International Brigades이라는 이름으로 알려지는 조직을 창설하기로 결정했다. 국제여단은 공화국을 방어하기 위한 다국적 자원병들의 군대였다.[147] 그루지야[현 조지아]에 있는 자신의 별장 중 하나에 머물면서 막후에 물러서 있던 스탈린은 마침내 행동에 나섰다. 엄밀한 의미에서 소비에트 정부가 이제 움직인 것이다. 9월 19일 소비에트 군사정보부는 미국에서 멕시코인으로 위장해(멕시코는 친공화국이었다) 소총 2만 정, 탄약 1000만 개와 비행기 10대를 구매하라는 지시를 받았다.[148] 이를 위해 미화 117만 5000달러, 오늘날의 가치로 2127만 7812달러가 쓰였다.[149] 9월 28일 토레즈는 최초의 자원병 1000명을 모집했다고 보고했다.[150] 시간이 다급했다. 스탈린은 최후의 1분까지 미뤘다. 그날 톨레도가 함락됐다. 이제 마드리드로 향하는 동북쪽 130킬로미터 도로가 완전히 열린 것이다.

9월 29일 정치국은 마침내(소치에 있는 스탈린과의 전화 통화를 통해) 소련으로부터 군수품 수송이 이뤄져야 한다는 데 동의했다. 국가안보총국 해외지부의 해외 첩보 수장인 아르투르 아르투조프는 보리스 엘만이 창안한 기밀 작전을 시행했다. 이 작전 수행을 위해 특수부대 '하부서Section X'가 당시 아르투조프의 통제 아래 있던 제4국 내부에 설치됐다.[151] 10월 7일 스페인 대사가 모스크바에 연락을 취했을 당시, "특수 기계"라고 위장한 육중한 군사 장비가 카르타헤나로 가기 위해 오데사에서 콤소몰호에 선적되고 있었다. 10월 15일 스페인에 도착한 이 화물은 사실 거의 비밀이 아니었다. 함선들이 정박했을 때 선박에 실린 전차를 본 군중은 "집단 히스테리"에 빠진 듯한 분위기 속에서 그것들을 환영했다.[152] 바로 그날 런던 주재 소비에트 대리대사는 불간섭 협정을 감독하는 위원회에 최후통첩을 전달했다. "소비에트 정부는 … 불간섭 협정 위반 행위들이 즉각적으로 중지되지 않을 경우, 이 협정이 부과하는 의무에서 스스로를 자유롭다고 간주할 것이라고 선포할 수밖에 없다."[153] 그때 이미 코민테른의 모든 지부에는 자원병 모집 요청이 발송된 상태였다.[154] 그들에게는 "엽서들"이라는 암호명이 붙었다.

군수품 비용은 공화국이 보유한 금 공급으로 치러질 터였다. 10월 9일, 러시아인들은 다양한 해외 채무를 변제하기 위해 500톤의 금과 1억~2억 5000만 페세타 금화를 가져가 보관하거나 변통해줄 수 있겠느냐는 요청을 받았다.[155] 사흘 후 정치국은 동의했다.[156] 스페인에 원조품을 하역한 뒤 복귀하는 여러 배에 짐짝을 분산시켜 환적에 따르는 위험을 상쇄한다는 결정이 내려졌다. 극도로 비밀리에 51만 80킬로그램의 물량이 카르타헤나에서 오데사로 옮겨졌으며, 11월 5일 모스크바에 도착했다.[157] 그와 함께 주사위는 던져졌다. 소비에트 정부와 코민테른은 공식적으로는 불간섭 협정을 존중하는 한편, 공화국을 반군으로부터 구원하는 사업에 깊숙이 전념했다. 12월 중순에 이르러 러시아인들은 하 작전에 3292만 1382달러를 지출했다. 인명 손실은 조종사의 19퍼센트와 전차 승무원의 17퍼센트에 달했으며, 모두 합해 서른여섯 명이 사망했다.[158]

코민테른이 내걸었던 약속들은 소비에트 정부 당국이 보내는 상당한 원조품이 수송됨에 따라 보강됐다. 비록 코민테른과 소비에트 정부를 실질적으로 구별할 수는 없었지만 말이다. 10월 중순, 프랑코는 소비에트 군수품이 스페인에 보란 듯이 도달하는 모습에 주목했다. 그에게 대항하는 세력이 확대된 것이다. 프랑코는 붉은 스페인뿐 아니라 러시아와도 직면하게 되었다.[159] 한편 국제여단에 가담할 최초의 3000명이 스페인의 동남쪽 알바세테에 모였다. 그들 가운데 2000명은 이미 4개 대대를 구성하고 있었다. 이탈리아인, 독일인, 프랑스인, 폴란드인을 비롯한 다양한 발칸 지역 민족들로 이뤄진 이들의 대략 80퍼센트가 공산주의자이거나 사회주의자였다. "매일 저녁 서른에서 마흔 명의 자원병 무리가 파리에서 출발해 피레네산맥에 도달했습니다." 롱고는 회고했다. 그들은 자신들을 지탱해줄 물자를 조금씩이라도 여기저기서 구해 왔다. 파리에서 온 한 금속 노동자는 전선에 운송 수단이 부족하다는 이야기를 듣고 심지어 자신의 오토바이를 가지고 왔다. 폴란드, 독일, 발칸 지역에서 출발한 이들은 오면서 더욱 극적인 경험을 겪었다.[160]

그러나 중대한 문제들이 있었다. 자원병들에게는 자동화기와 대포가 부족했고, 3분의 1은 군사훈련을 불충분하게 받았으며, 충분한 경험을 갖춘 장교들은 소수에 불과했다. 11월 중순에 이르러 또 다른 2000명이 합류할 것으로 예상되었다.[161] 이들을 훈련시킬 교관이 없는 상황에서 병사들은 그저 쉬운 표적이 될 뿐이었다. 이 문제를 해결하기 위해 파시스트 국가들에서 온 이들이 모스크바 소재 코민테른의 국제레닌학교에서 특수 군사훈련을 받은 뒤 스페인에서 장교로 복무할 수 있도록 조치되었다. 이에 더해 내무인민위원부는 정치적 망명자 수백 명을 훈련시켰고, 그보다 더 적은 수는 전차와 통신에서 복무하기 위한 속성 훈련을 받기 위해 붉은 군대로 향했다.[162] 그러나 소련에서 훈련된 인력들은 외교 여권을 가지고 파견되기가 쉽지 않았다. 나르코민델은 갈수록 통과 비자를 받기 어려워졌다. 심지어 체코어를 말하지도 못하는 이들에게 체코 여권이 발급되었다. 폴란드나 독일을 통과하는 일은 거의 불가능했다. 초기에는 비교적 오스트리아와 스웨덴을 통과하기가 손쉬웠지만, 1937년 1월에 이르러서는 적어도 육로로는 들어갈 수 없으리라는 점을 받아들여야만 했다.[163]

해상에서는 점차 러시아가 이탈리아 잠수함들의 공격을 받고 있었다. 10월 24일 케도르세의 사무총장 알렉시 레제는 소비에트 대리대사 히르슈펠트를 소환해, 대리대사의 조국이 공화국에 노골적인 원조를 제공하고 있음에 항의했다. 레제는 러시아 선박이 해상에서 나포돼 독일 또는 이탈리아와 충돌이 빚어지지 않을까 우려를 표했고, 원조 제공과 런던의 불간섭위원회 참여가 어떻게 일치할 수 있을지 꼬집었다. 히르슈펠트는 몹시 당황하며 언급된 내용의 진실을 인정했다. "하지만 무슨 일이 일어났든 간에, 러시아 정부는 이제 마드리드 정부를 돕기 위해 무엇이든 할 준비를 마쳤습니다. 러시아는 스페인에서 프롤레타리아 정부가 억압받는 모습을 두고 볼 수 없다는 결론을 내렸고, 이미 아주 늦었을지도 모르지만 그들이 프랑코 정부에 저항하고 또 다른 파시스트 정권을 설립하지 못하도록 돕는 데 모든 역량을 다할 것입니다." 대화하는 내내 레제는 그러한 위험을 감수하려는 스탈린의 동기에 관해 추측하면서, "러시아혁명 이념가들의 반대가 증가하는 상황에서 자신의 입장을 고수할 참이라면" 스탈린의 행동을 이해할 수 있다고 제시했다.[164] 대답은 물론 돌아오지 않았다.

독일과 이탈리아가 판돈을 올리다

12월 6일 무솔리니가 베네치아궁전에서 주재한 회담에서 카나리스는 짧은 보고를 수행했다. 독일의 첩보 수장은 반란군이 마드리드를 장악하더라도 프랑코가 자신의 목표를 달성하기는 쉽지 않으리라고 생각했다. "스페인 빨갱이들이 소련과 제3인터내셔널에게 힘을 얻어 저항을 이어가고 있다는 점은 분명합니다. 볼셰비키의 '물자' 없이 빨갱이들은 아무것도 이루지 못할 것입니다." 하지만 그는 그들이 "대규모" 공세를 지휘하거나 작전상의 주도권을 취할 수 있는 유기적 군대를 조성할 수 있다고는 생각하지 않았다. 독일과 이탈리아가 할 수 있으나 러시아인들은 하지 않을 일이 바로 대규모 군사 부대 파견이었다. 무솔리니는 앞으로 해야 할 일은 바다에, 즉 소비에트 선박 가로채기에 있다고 믿었다. 공중에서 독일인들은 폭격기를, 이탈리아인들은 전투기를 제공할 터였다.[165]

독일과 이탈리아의 간섭이 더욱 노골화되자 프랑스 정부와 영국 정부는 불간섭을 강제하는 데, 일차적으로 공화국을 돕는 이들에 대항하는 데 그 어느 때보다 전념했다. 스페인에서 일어나는 사건은 러시아가 비용을 치르는 가운데 독일과 이탈리아의 수중에서 놀아났다.[166] 로마 주재 소비에트 대사 보리스 시테인은 스페인이 이·독 관계를 "강화"했다는 명백한 결론을 내렸다. "특히 이 문제와 관련해 사람들은 이탈리아와 독일 사이의 유사성, 그리고 이해관계가 우연히 일치했음을 말할지도 모릅니다. 이 문제와 관련해 그 어느 쪽도 다른 쪽에 양보하지 않았고, 어떠한 것도 포기하지 않으며, 희생도 하지 않았습니다. 베를린에서는 두 정부가 같은 것을 바라고, 같은 것을 생각하며, 같은 행동을 이어갈 것이라고 말합니다."[167] 이념적 연대는 시대의 풍조였다. 11월 말 무솔리니는 이러한 결론을 개인적으로 강조하면서 교황대사에게 다음과 같이 말했다. "국제상황의 긴장도가 최고조에 다다랐습니다. 제가 볼 때는 1914년보다 지금이 더욱 극심합니다. 히틀러는 볼셰비즘에 당할 만큼 당했습니다."[168]

스페인내전은 독일과 이탈리아를 단결시킨 반면, 영국과 프랑스와 러시아에는 정반대 효과를 불러왔다. 공화국 지지자들은 위태롭게 뭉쳐 있었다. 모스크바와 유럽의 민주주의 체제 내부에 존재하는 주류 여론 사이의 간극을 이보다 잘 예증한 사건은 없었다. 프랑스 대중의 지지를 유지해야 할 필요성을 지나치게 의식한 프랑스공산당은 디미트로프에게 블룸에 대한 공격을 한발 물리라고 조언했다. 12월 초 토레즈는 "현재 상황에서 정부에게 위기를 강제하는 것은 좋지 않으며, 블룸 정부를 실각시키는 것은 더욱 좋지 않다."라는 점을 상기시켰다.[169] 그러나 같은 날인 12월 5일, 프랑스공산당 의원들은 그럼에도 불구하고 정부 투표에 불참했다. 프랑스공산당의 조르주 코니오는 자신들이 왜 그렇게 행동했는지를 설명하기 위해 모스크바에 파견됐다. 12월 14일 코민테른 집행위는 프랑스인들에게 자신들의 메시지를 재차 전달했다. 그러나 이틀 뒤 다른 모든 것에서처럼 이 사안에 관해서도 최종 결정권을 가진 스탈린은 디미트로프에게 비판 의식이 정당하다고 말했다. 블룸은 "협잡꾼일 뿐 … 카바예로가 아닙니다."[170]

내전이 이어짐에 따라 독일과 이탈리아가 개입할 유인은 감소하기보다는 증가했다. 1937년 1월 무솔리니는 괴링에게 "스페인 문제와 관련해 이탈리아는 전면전 단계에 도달하지는 않는 상태에서 극단적 한계에 이르기까지 모험할 의도가 있습니다."라고 말했다. 블룸과 그의 동료들은 "이러한 사태를 회피하길 바라며, 순전히 오직 국내 정치적인 이유로 '스페인을 위한 비행기와 무기'를 요청하고 있"었다. "잉글랜드 또한 폭넓은 충돌을 겁내고 있으며, 러시아는 분명 일이 한계 너머로 커지도록 놔두지 않을 것입니다."[171]

그러한 국내적 이유에는 당시 잘나가는 중이던 프랑스공산당의 압도적인 존재감도 포함됐다. 마르셀 카샹은 선거 이전 시기를 1936년 5월 인민전선 정부 수립 당시와 대조하면서, 2월 3일 코민테른을 지배하는 상임위원회에서 자신의 보고를 "승리의 대차대조표"라고 묘사했다. 1936년 1월 6만 명이었던 프랑스공산당의 당원은 12월 28만 2000명으로 증가했다. 당원 수는 모든 프랑스 정당 가운데 가장 많았고, 경쟁자인 사회주의 계열 노동자인터내셔널 프랑스지부의 당원 수보다 5만 명이나 많았다. 프랑스공산당은 금속, 건설, 철도 같은 다양한 산업 분야의 노동조합을 지배했고, 디미트로프를 대신해 두 인터내셔널 사이의 비밀 회담을 주선하기도 했다. 〈뤼마니테〉의 편집장 폴 바양쿠튀르예에 따르면 "카샹은 6월 파업에 뒤따라 발생한 선거 포기를 앞선 시기에 파시즘이 급증해 가공할 정도로 부풀어 올랐다고 정당화했다." 프랑스공산당의 입장에서 지난 가을의 불안 요소는 명백히 잦아들었으나 완전히 사라진 것은 아니었다. 파시스트들은 "육군과 공군에 충분히 든든한 근거를 두고 있"었다. 육군 일반 참모들은 "반드시 파시스트이지는 않았고, 병사 상당수는 … 반파시스트였다. 그러나 중간급 장교들, 대위들, 소령들, 특정 대령들은 파시스트 조직에 분명히 등록된 파시스트였다." 블룸 정부의 내무장관 로제 살렁그호에 따르면 공군 내부에서는 피에르 코 장관의 수행단을 주목해야 했다. 그러나 공산당은 방위 관련 사안에서조차 지배 체제의 필요불가결한 부분으로 거듭나려는 작업에 착수했다. "우리가 일하는 위원회들에서, 그곳이 육군위원회든 공군위원회든 간에 우리는 중요한 역할을 수행한다." 더욱이 바양쿠튀르예는 이렇게 덧붙였다. "우리의 시위들에서 프랑스 국기(삼색기)가 붉은 깃발과 함께 휘날리고, 마르세예즈가 인터내셔널가 다음에 불린다는 사실을 당신께 굳이 상기시킬 필요는 없겠죠."[172] 바양쿠튀르예는 프랑스공산당 창설 당원이었다.

소비에트는 파리 주재 영국 대사관이 케도르세에 영국과 더욱 긴밀하게 협력하고 소련 방어와 관련한 실질적인 약속을 모두 제거하는 방향으로 불·소 협정을 개정하도록 체계적인 압력을 가하고 있다는 소식을 듣고 신중한 태도를 취했다. 실제로 이든이 프랑스인들에게 그러한 취지로 선언문을 발표해달라고 요청한 것으로 전해졌다. 미국 대사 불릿은 이 사실을 외무장관 델보에게서 전해 들었다.[173]

스탈린은 소련 병사가 아닌, 비록 공화파들을 "자문하는" 군 장교들로 증원되긴 했으나 국제적 자원병들만을 파견함으로써 그의 자제심을 내비쳤다. 따라서 주력으로 나서는 쪽은 코민테른이었다. 최초의 결과들은 고무적으로 보였다. 1937년 9월, 스페인공산당의 고문 "코도"는 지난 15개월 동안을 검토하면서 "우리의 작은 당은 거대한 대중 정당으로 성장했고 국내에서 결정적인 역할을 수행한다."라고 언급하면서 확연한 자부심을 보였다.[174] 이는 톨리아티가 마침내 코도를 모스크바로 철수시키는 데 성공하기 전에 남긴 마지막 말이었다. 톨리아티는 그를 "자기 자신을 사랑하고, 야심이 있으며 … 심지어 자동차를 얻어줄 정도로 동지들에게 할 수 있는 모든 것을 제공해 풍기를 해쳤"다고 평가했다. 설상가상으로 "그는 (라르고 카바예로를 포함해) 다른 정당의 지도자들과 개인적 인맥을 형성해 당의 평판을 떨어뜨렸다. 하여 당 지도부는 경멸받는 지경에 이르렀다." 톨리아티는 이어 말했다. "그에게는 정치적 감각이 부족하다. 그는 스페인공산당 지도부가 다른 정당 지도자들과 협력하는 대신 등을 돌리게 했다."[175] 마티도 이에 동의하며 "코도 동지는 당을 자신의 소유물인 것처럼 여긴다."라고 가소롭다는 듯이 언급했다.[176] 그럼에도 불구하고 스페인공산당의 당원은 내전에 힘입어 1936년 3월 4만 6000명에서 7월 11만 8763명, 12월 14만 2800명, 1937년 8월에 이르러서는 32만 8978명으로 불어났다.[177]

　스페인공산당의 이례적인 성장은 마드리드 방위와 혁명적 우선순위를 고려해 양자 간의 차이에도 불구하고 무정부노동조합주의자들을 수용해 인민전선을 확대한 공산당의 지도력 덕이라고 할 수 있었다. 그러나 현존하던 차이는 억누르기 어려웠다. 코민테른이 유럽의 현 상태를 유지하는 것과 내전이 벌어지는 동안 혁명을 포기할 것을 보다 깊이 요구했기 때문이었다. 1936년 12월 말 에르뇨 게료는 코민테른 집행위 상임위원회에 사안을 보고하면서 말했다. "내전이 시작됐을 때 공산주의자들과 무정부노동조합주의자들 사이는 극도로 긴장되어 있었습니다. 초기에 많은 동지들은 마음속으로 무정부주의자들을 즉각 처리한 후에야 파시즘과의 싸움을 진지하게 시작할 수 있을 것이라고 생각했습니다."[178]

무정부노동조합주의자들이 변절자라기보다는 빗나간 형제로 보였던 반면(러시아 무정부주의자들은 그들의 저돌적인 행동주의를 높이 평가한 소비에트 군사정보부에 가담했다), 트로츠키주의자라고 불린 마르크스주의통일노동자당POUM에게는 털끝만큼의 관용도 허락되지 않았다. 마르크스주의통일노동자당의 입장이 어떠한지에 대해서는 의심의 여지가 없었다. 부르주아 민주주의와 파시즘은 같은 자본주의 판도에서 극과 극에 서 있었다. 스페인 내에서 우선순위는 혁명(노동자들의 정부, 프롤레타리아 독재)이지 "민주공화국의 유지가 아니었다." 인민전선은 단지 개혁주의를 위한 전선이었다.[179]

마르크스주의통일노동자당은 인민전선 내부의 균열을 활용하는 것처럼 보였고, 그에 합당하게 처리됐다. 게료의 논평은 당시 스탈린의 집착과 공명했다. "스페인공산당은 트로츠키주의에 맞선 커다란 투쟁을 수행했습니다. 스페인공산당은 마드리드 내에서 트로츠키주의자들의 씨를 거의 말리는 데 성공했습니다." 카탈루냐에서는 젊은 통일사회당(공산주의 계열)이 트로츠키주의자들과 함께 정부에 참여하는 실수를 저질렀는데, 이 오류는 후일 바로잡혔다.[180] 하지만 전반적으로 이탈리아인들은 상당한 만족감을 느꼈다. "빨갱이들은 백계들보다 더욱 분열됐다. 반대하는 분파들은 서로 위협적으로 충돌하며 수립된 권위가 언제고 날아가버릴 수 있다는 위험을 감수하고 있다."[181]

러시아라는 방 안의 코끼리

코민테른은 무엇보다도 스페인 내 좌파가 혁명을 수행하기보다는 부르주아 민주주의를 방어한다고 보이도록 신경 썼다. 오직 이 방법으로만 프랑코의 선전을 선수 칠 수 있었다. 1936년 11월 말 톨리아티의 서기국은 경고했다. "여태까지 공산당은 광범위한 민주적 민족주의자 대중에게, 스페인 내에서의 싸움이 소비에트화를 위함이 아니라 헌정주의 공화국의 질서와 국가의 독립과 평화를 위한 것이라는 사실을 명료히 전달하지 못한 부분을 만회하지 못했다."[182]

그러나 행동보다는 말이 쉬웠다. 코민테른은 진행 중인 혁명을 통제하지 않았다. 스페인공산당 지도부와 "코도"는 모스크바에 설명했다. "우리 당은 소도시들과 시골 지역에서 때 이른 혁명을 일으키려는 다양한 시도(사회주의화, 강제적 집산화, 평등주의적 공산주의)에 맞서 올바르게 싸워왔습니다. 하지만 이러한 사건 대다수가 스페인내전의 깊은 계급적 성격, 그리고 일반적으로 자신들의 생산물을 직접 책임지기를 원하는 민중 때문에 발생했다는 사실을 고려하셔야 합니다." 또한 "대지주와 중간지주, 대규모 기업인, 금융자본 대표들을 비롯한 지주들 대다수가 파시즘의 편에서서 적극적으로 투쟁에 가담"한 사실에도 주의를 기울여야 했다.[183]

모스크바 특사들이 스페인인들을 무조직적이거나 서로 불화하고 있다고 판단해 점차 자신들의 책임을 늘려갔던 것이 치명적인 요소였다.[184] 1936년 12월 말 정치국은 로젠베르크 대사를 질책해야만 했다. 대사는 스페인 정부를 돕되 "이러저러한 결정에 붙들어 매려 해서는 안 되며 … '대사는 인민위원이 아니라 자문에 불과할 뿐이다.'" 하지만 이러한 단정적인 어조에도 불구하고, 스페인인들이 실제로 사건의 경과를 통제하도록 하기보다는 그들이 책임을 맡고 있다고 "느끼게" 만드는 일이 더 중요하다고 강조했다는 사실을 유념할 필요가 있다.[185] 어쨌든 이제 러시아인들은 실질적으로 스페인의 공화파들을 움직였다.

내전이 진행됨에 따라 러시아의 역할은 코민테른만큼이나 그 어느 때보다 노골적으로 드러났다. 자신의 권위를 공고히 하기 위해서는 스스로를 감추기보다는 드러내는 편이 낫다고 판단한 톨리아티는 위장한 채 행동하는 것을 불필요한 짐으로 여기고 버거워했다. 한편으로 러시아인들은 은밀함에 집착하면서 투명성을 탐탁지 않게 여겼다. 영국인들이 내전을 끝내기 위해 어떤 희생이든 치를 기세로 조바심을 냈다는 점이 기밀을 유지하는 또 하나의 중요한 이유가 되었다. 특히 블룸은 내전이 프랑스 내부의 계급 긴장 완화라는 거의 불가능한 사업을 더욱 복잡하게 악화시켰다고 여겼다.

1918년 이래로 세계혁명에 대해 전혀 확신을 갖지 않았던 리트비노프는 모스크바에서 자신을 향해 이념 전투의 총구가 겨눠졌음을 발견했다. 그는 미국 대사에게 "영국과 프랑스가 독일의 히틀러를 '계속 괴롭히는' 이유를" 자신이 "이해하지 못한 점, 즉 왜 그들이 쪽지들과 질문들을 투사하고 독일의 상황을 항시적으로 휘저어 히틀러의 존재감을 강조해 자신이 유럽에서 지배적 위치에 있다는 그(히틀러)의 '허영심을 부추기는지' 이해할 수 없었으며, 히틀러가 '자업자득으로 고생'하게 내버려두어야 했다고 생각했다는 점"을 "강하게" 표명했다. "리트비노프는 매우 동요한 듯이 보였으며, 프랑스와 영국과 독일 사이에 어떤 차이점이 있을지 걱정하는 듯했다."[186] 당시는 심지어 네빌 체임벌린이 총리로서 다우닝가 10번지에 들어서기도 전이었다. 영국 대사는 "스페인과 관련해" 다음을 보고했다. "리트비노프 씨는 소비에트 정부가 스페인에 전혀 관심이 없다고 단언했습니다. 그들은 베를린이나 로마의 직접적인 명령과 통제를 받는 정부가 아닌 이상 스페인에서 어떤 정부를 세우든, 심지어 프리모 데리베라 장군이 세웠던 파시스트 정부 같은 형태더라도 신경 쓰지 않을 것입니다." 당연히 국내의 강한 역풍에 직면해 대사는 "소비에트 정부의 외교정책은 집단 안보를 진전시키기에는 지나치게 앞선 것이었습니다."라고 보고했다. "그들은 이제 다른 이들과 함께 자신들의 역할을 다하되 선두에 서지는 않을 것입니다."[187]

하지만 사안들은 이미 너무 멀리 나아간 상태였다. 중재를 위한 "중립적인" 원천은 존재하지 않았다. 영국과 프랑스가 바티칸에 중재를 요청했다는 소문에 관해 질문을 받은 파첼리 추기경은 1937년 3월 19일 제정된 가장 최근 회칙(디비니 레뎀토리스^{Divini Redemptoris})을 인용하며 이탈리아 대사의 문의에 상당히 부정적인 대답을 내놓았다. "교황청은 그렇게 참혹한 전쟁의 종식으로 이어질 수 있다면 무엇이라도 긍정적으로 검토할 것이나, 현재는 어떠한 역할도 맡고 있지 않다고 나는 답변했습니다. 아울러 공산주의자들이 점령한 지역에서는 종교와 관계된 모든 것이 그들에 의해 완전히 파괴되고 있다고 덧붙여 지적했죠."[188] 교황청은 히틀러가 예수회를 박해하고 있던 때에 프랑코 정부를 공식 승인함으로써 독일을 돕는 행위를 받아들일 수는 없었다.

1937년 9월 중순 니옹이라는 작은 마을에서 개최된 다자회담에서 이든은 공화국 선박을 겨냥하는 이탈리아의 공격을 끝내기 위해, 설득력은 없으나 의도만은 좋은 설득을 시도했다. 그러나 이는 이탈리아가 참여를 거부함으로써 실질적으로 실패했다. 그렇기에 회담에서 합의된 바는 무의미했고, 이탈리아인들은 수고를 줄이기보다는 강화했으며 그에 따른 부정적인 결과도 겪지 않았다. 그 무렵 프랑코의 병력은 스페인 북부의 "장엄한 중공업"을 장악했다. "빌바오와 산탄데르 함락은 내전이 개시된 이래로 겪은 가장 뼈아픈 손실입니다." 앙드레 마티는 코민테른 상임위원회에서 말했다. "따라서 가장 심각한 결과가 초래될 수도 있습니다." 병사들은 계속 이탈했고 국제여단의 사기는 저하되었다. 마티의 언급에 의하면 이는 "그처럼 민감한 조직 내에서는 극도로 심각한 증상"이었다. 마티가 우려한 곳은 전장만이 아니었다. "전선만이 가장 어려운 곳은 아닙니다. 가장 어려운 일은 후방에 있습니다. 직장 안, 마을 안에 말입니다."[189]

영국이 이탈리아를 달래려 하다

이제 모스크바로 돌아온 코도비야는 영국과 프랑스가 공화국으로부터 멀어진 이유가 두 가지 요인 때문이었다고 정확하게 진단했다. 바로 "전쟁 장기화와 스페인 내에서 전개된 혁명에 직면한 이들 국가의 정부에 공포를 불러일으킬 만큼 명백히 강화된 인민 혁명의 성과"였다.[190] 바로 이러한 이유로 니옹에서 이탈리아 선박을 차단하라는 과업을 받은 영국 해군은 전혀 행복하지 않았다. 제1해군경 제독 챗필드 경은 프랑코가 1936년 말에 이르러 지역 바다를 완전히 장악했음에도 불구하고 프랑코와 교전할 권리를 거부하는 자국 정부의 정책을 더욱 근본적으로 반대했다. 제독은 해당 정책이 "대체로" 프랑스를 만족시키기 위해 채택되었음을 우려했다. 실제로 챗필드가 볼 때 그의 함대원들은 전적으로 반군들에게 연민을 느꼈다.[191] 이후로 공화국은 그 어느 때보다 러시아의 수중에 들어갔다. 이는 물자 보급을 더욱 효율적으로 만들었다. 비록 그것이 스탈린주의가 가장 지나치게 드러나던 시기의 소비에트 지배라는 비싼 값을 치르고 얻은 것이었지만 말이다.

프랑코가 새해에 중부 전선에서 거대한 공세를 개시하는 데 실패함으로써 공화국에 헛된 기대가 찾아왔다. 1938년 1월 8일 공화파들은 테루엘을 장악했다. 이탈리아 전쟁성은 "승리의 희망"이 공화파들에게 돌아갔다고 탄식했다. 한때 프랑코에게 유리했던 양측 간의 균형이 귀중한 해외 원조로 인해 기술적 측면에서 더욱 동등해졌다는 것이다. 그리고 "시간은 빨갱이들에게 유리했다."[192] 테루엘 그 자체로는 그다지 큰 의미가 있지는 않았지만, 보다 관점을 넓혀 살펴보면 반군의 승리가 독일과 이탈리아의 원조에 달려 있음을 시사했다. 반군의 승리가 확실해질 때까지 더욱 많은 지원이 요구될 터였다.[193] 그리고 여느 때처럼, 언젠가는 그러한 순간이 도래할 것이었다.

신임 외무장관 핼리팩스 경의 보좌관이자 (아마도 일반적으로 선호되는 수준보다) 더욱 자유주의적이었던 올리버 하비는 6월 초, 영국인들이 "프랑코의 승리를 기원하고 있으며, 바르셀로나로 군수품이 유입되지 않도록 자신들이 프랑스에 끼칠 수 있는 모든 영향력을 행사하고" 있다고 기록했다.[194] 핼리팩스도 예외는 아니었다. 그는 이 내전이 독일과 협의의 기반을 더욱 쉽게 찾을 수 있게 만들었다고 믿었다. 공산주의의 역할이 영국인들에게 독일을 "우리와 질서를 사랑하는 모든 이의 동맹으로" 보게 할 것이기 때문이었다.[195] 체임벌린 치하의 런던은 끊임없이 압력을 가했다. 6월 13일 프랑스 총리 에두아르 달라디에는 스페인으로 향하는 무기 수송을 막기 위해 마침내 국경을 폐쇄했고, 이후 공화국의 운은 그 끝을 다했다.

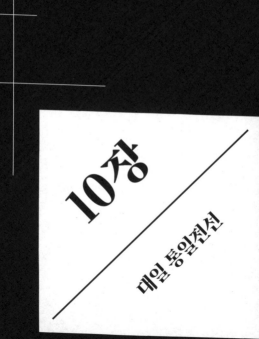

10장

대일 통일전선

소비에트군 장교들에게 직접 들은 바에
의하면, 러시아 군부 집단들은 1905년의
패배에 여전히 한이 맺혀 있다고 합니다.
소비에트 육군은 유럽과 좋은 관계를 맺어
가능한 한 빨리 구속받지 않는 채로 일본에
복수하기를 바라고 있습니다.

헤이스 중령(MI2)과 콜리어(외무부)의 대화록[1]

스페인을 두고 유럽에서 본격적으로 대두한 이념적 분열과, 일본인들만
이 볼셰비즘의 진군을 격퇴할 필요성을 다급하게 느꼈던 극동 전역의 상
황 사이에는 분명한 차이가 있었다.

중국혁명의 실패에서 쓰디쓴 교훈을 얻었던 1920년대와는 뚜렷이 대
조적으로, 스탈린은 극동 지역 공산당이 필요로 하는 바를 소비에트의 안
보가 필요로 하는 것에 단호히 종속시켰다. 서구 열강은 이러한 행동을 본
능적으로 이해할 수 있었다. 영국은 소비에트가 스페인에 군사적으로 개
입하는 것을 지극히 파괴적이고 이념에 의해 원초적으로 추동된 행동이

라고 보았지만, 일본에 계속 대항하기 위해 소비에트가 중국에 군사적으로 개입한 상황은 건전한 국가이성에 의한 행위라고 여겼다. 중국공산당이 장제스의 총포에서 벗어나기 위해 강제적으로 먼 서북쪽으로 행군했을 때부터 볼셰비즘이 영국과 프랑스의 이해관계를 즉각적 위협할 수 있다는 우려는 사라진 지 오래였다. 따라서 극동의 소비에트군은 서구 열강들에게 전적으로 환영받지 못하는 존재는 아니었다. 일본인들은 1931년 운명적인 가을, 스탈린이 명백히 인식했던 대로 그들만이 이 지역에서 볼셰비즘의 위협을 무력화시키고 있다고 믿었고, 이는 1936년 사실이 되었다. 미국을 포함한 서구 열강들에게 중요했던 문제는 북쪽의 볼셰비즘이 일본의 남하를 방해해 프랑스령 인도차이나와 영국 식민지인 말라야를 거쳐 궁극적으로 네덜란드령 동인도제도의 석유를 장악해 전쟁 물자를 자급한다는 일본의 목표를 불가능하게 만드는 것이었다.

도망치는 중국의 공산주의자들

장제스가 공산주의자들에게서 등을 돌리고 그들을 주요 도시들에서 쓸어버린 1927년부터 잔존 공산주의자들은 지방, 특히 장제스가 1930년 11월부터 다시 진압 작전을 개시한 장시성에서 재편성되었다. 미국 군사정보부의 보고에 의하면 "당시 흩어져 있던 홍군은 정부로부터 외면받은 지역, 즉 지방의 악정으로부터 고통받는 농민들이 조금이라도 생활 개선을 약속한다면 어떠한 정부라도 환영했던 곳에서 분주히 움직였다." 토공전*은 완전히 실패했다. 주요 원인은 일본의 만주 점령이 주의를 분산했기 때문이었다. 다양한 지역에서 "진압이 이루어질수록 비적 행위도 많아진"다는 보고가 올라왔다. 장제스는 1933년 5월 일본과 휴전을 체결한 뒤 자

---

* 1920년대 후반부터 중국 각지의 소비에트 혁명 근거지를 토벌하기 위한 국민당의 군사작전.

신의 과업에 집중했고, 어느 정도까지는 성공했다. 미국의 보고에 의하면 "주(더)와 마오(쩌둥)가 이끄는 작지만 잘 조직된 홍군 병력은 후난, 구이저우 및 윈난 북부를 가로지르는 놀라운 행군을 펼치며 윈난푸[현 쿤밍]로 향하는 척하다가 돌연 북쪽으로 선회해, 1935년 6월에 이르러 쓰촨 북부를 가로질러 서쪽으로 이동하고 있던 쉬샹첸 치하의 다른 홍군과 쓰촨 서부에서 합류했다."[2]

서북 지방으로 이동했던 이유는 소련과 가까운 곳에서 안전을 확보하기 위해서였다. 1935년 겨울에 이르러 궁지에 빠진 흙투성이 차림으로 산시성에 다다른 그들의 몰골은 마치 예전 모습의 그림자가 다시 나타난 듯했다. 반일전선 구축을 논의하기 위해 상하이에 있는 국민당과 비밀리에 연락이 이루어졌으나, 아무런 성과도 없었다. 그들은 동북군 67군을 지휘한 장쉐량과 양후청의 지휘 아래 서안에 본부를 둔 서북군 17군의 연합 공세를 일단 격퇴한 뒤, 새로운 혁명 근거지를 건설하는 일에 착수했다.

홍군의 잔당들은 해병대 대위 에번스 칼슨과 후일의 외무부 관리 존 서비스와 같이 루스벨트 대통령이 파견한 순진하고 젊은 뉴딜 아메리카 특사들이 믿었던 것처럼 제퍼슨식 농부들은 아니었다. 그러나 러시아인들의 관점에서 그들은 대부분 농민이었기 때문에 진정한 볼셰비키가 아니었다. 훗날 스탈린이 농담처럼 언급했듯, 그들은 진정한 공산주의자들이 아닌 "마가린 공산주의자들"이었다.[3] 미국의 좌파 언론인 에드거 스노는 바오안에서 마오와 함께 넉 달을 보냈다. 그의 보고서는 "확실한 공산주의적 편견으로 물들었다." 그는 홍군이 "더 이상 자본주의에 대항하지 않으며, 단지 제국주의만을 반대"한다는 이상한 주장을 펼쳤다.[4] 미국 무관 조지프 스틸웰 대령도 마오의 당이 "순수한 공산주의를 대표한다고 말하기는 어려울 것"이라는 시각을 보였다. 그럼에도 불구하고 그는 "이 지도자들은 전문적인 조직가들이자 좋은 기회가 주어진다면 주요한 혁명을 이끌 수 있는 대담한 역량을 갖췄음을 스스로 증명했다."라고 정확하게 예견했다.[5] 당의 잔군이 머나먼 서북 지역에 주둔해 있는데도 일본은 계속 조바심을 냈다. 1935년 11월 러시아인들은 폴란드의 상하이발 급보를 해독했다. 해당 급보는 소비에트의 뿌리를 치지 않은 채 중국 내 공산주의를 패퇴시킬 가능성과 관련한 일본 대사의 비관론을 인용했다. "일본 사회에서는 소련을 공격해야만 중국의 공산주의운동이 성장하는 것을 근본적으로 중지시킬 수 있다는 의견이 점차 굳어지고 있습니다. 이 의견은 관동군 사령부를 흥분시키고 있습니다."[6]

중국 공산주의자들 굳히다

더욱 중무장한 공세에 직면한 절망적인 상황 속에서 재개된 중국공산당은 장제스가 돌아서기 전까지 일본인들을 부차적인 적으로 볼 수밖에 없었으나, 스탈린은 그러한 입장을 받아들일 수 없었다. 모스크바와의 보안 무전 연락은 1936년 6월까지 안전하게 복구되지 않았고, 코민테른은 연락망이 복구된 후에야 제7차 대회에서 공식화된 노선에 따라 일본에 맞선 단결을 이루도록 압력을 행사할 수 있었다.[7] 그때까지 중국공산당의 구호는 "반장항일反蔣抗日"*로 지속되었다. 당은 국민당과 그 우방의 손에 파괴되지 않기 위해 온갖 정치 계략(즉 저우언라이)과 엄청난 행운을 필요로 했고, 솔직히 말하자면 그러한 상황 속에서 모스크바의 조언은 전혀 쓸모가 없었다. 오히려 모스크바의 조언은 가능한 해결책을 찾는 일에 무척 유해했다.

　　유일무이한 기회가 생겨났다. 공산주의자들에게 포로로 붙잡힌 장쉐량 군대의 한 대령이 저우언라이에게 장쉐량이 일본인들에게 맞서 협력하는 데 관심을 가졌음을 밝힌 것이다. 의사 타진은 1936년 1월 21일 시작

---

*　　장제스에 반대하고 일본에 저항하라는 의미의 당대 구호.

됐다.[8] 타진은 지속되었고 마침내 3월, 마오쩌둥의 승인 아래 저우언라이가 개인적으로 협상을 총괄하게 됐다. 3월 18일 중국공산당은 휴전을 발표했다.[9] 한편 저우언라이의 부하들은 1920년대에 구축된 통로들을 통해 양후청과도 연락을 주고받고 있었다.[10] 1936년 4월 5일 저우언라이는 중국 정치국에 바로 지금 장제스에 맞서 두 군대가 연합해 움직여야 한다고 말했다. 그러나 머지않아 장쉐량이 그러한 급격한 돌변에 준비가 되지 않았음이 명백해졌다. 장제스가 일본에 대항하기를 대놓고 거절하지는 않았기 때문이었다.

중국 공산주의자들은 외몽골을 통해 소련으로부터 직접 원조를 받을 수 있도록, 내몽골과 고비사막의 텅 빈 지형으로 이어지는 회랑을 구축하기 위해서 만리장성이 있는 닝샤를 향해 더욱 동쪽으로 진군했다. 하지만 이웃한 간쑤성에서 공산주의자들에게 동조적인 세력이 장제스 군대와의 전투에서 패했고, 코민테른은 예상된 전략 전체를 비난했다. 러시아인들은 공산주의자들에게 별도로 원조를 제공할 생각이 없었다. 6월 23일 서기국 회동에서 디미트로프는 중국공산당이 지금의 작전 대신 일본인들에게 대항하기 위해 국민당과 직접적으로 타협을 보는 데 초점을 맞춰야 한다고 주장했다. 즉 "장제스가 이러한 종류의 항일전선에 참여할 수밖에 없는 상황을 중국에서 조성하라."라는 것이었다.[11] 이 애매모호한 지침은 머지않아 스탈린을 공포에 질리게 한 계략, 즉 일종의 통제권 상실로 이어지는 길을 열었다. 스탈린은 소련 내에서 이를 영원히 근절시키기 위해 피의 숙청을 단행하였으나, 해외로까지 영향력을 미쳐 자신의 우선순위를 강제하기에는 두 팔이 충분히 길지 못했다.

마오쩌둥의 눈에는 중국 공산주의자들이 소비에트의 이해관계에 복무할 뿐, 그 반대는 아니라는 점이 점차 분명히 보이기 시작했다. 코민테른 제7차 대회가 일본에 대항한 반제국주의 전선을 부르짖은 지 1년 후인 1936년 8월 10일, 마오는 마침내 자신의 "반장항일" 구호를 폐기했다. 하지만 모스크바는 여전히 불쾌했다. 이틀 후 중국 정치국은 소련으로의 통로를 연다는, 일전에 자신들이 세운 도발적인 계획을 밀어붙이기로 결의했다. 이 계획에 대한 소식은 거의 2주가 지난 후에야 코민테른에 급보로 보내졌다. 중국공산당은 러시아인들이 이 계획을 받아들이지 않으리라는 것을 잘 알고 있었다. 공식적으로는 장제스와의 협력을 추진했지만, 동시에 중국공산당은 온전히 소련과의 관계에 기대를 걸었다. 이는 저우언라이와 마오쩌둥이 장쉐량에게, 장제스와 접촉을 개시한 지 1년이 지났으나 아무런 결과가 없다고 쓴 10월 5일 명백해졌다.

장제스는 이제 국민당 병력에게 산시성과 간쑤성에 있는 공산주의자들을 공격하라고 명령을 내리고 있었다. "우리에게는 자기방어를 위해 공격에 대응하는 것 외에 아무런 방법도 남아 있지 않습니다."라고 서한은 이어졌다. 장쉐량은 홍군에 대한 공격을 중지하고 일본에 대항하는 공동 행동을 논의할 회담을 개최할 조건을 구축해야 한다고 장제스에게 통보하라는 요청을 받았다. 그러나 국민당은 공산주의자들의 근거지에 대규모 공습을 가하기 위해 수많은 폭격기를 동원하는 중이었고, 장쉐량과 대치한 장제스는 물러나기를 거부했다. 11월 13일 저우언라이는 이 모든 사실을 정치국에 설명했다. 그들은 최악의 상황에 대비했다.[12]

외교 전선에서 일본인들은 독일과 공통의 이해관계를 강화했다. 1936년 11월 25일, 독일과 일본은 반코민테른 조약을 체결했다. 조약을 주도한 쪽은 독일이었다. 1년도 더 전인 1935년 10월, 나치당 외무청을 이끄는 리벤트로프는 일본 대사관의 무관 오시마 히로시에게 접근해 러시아에 대항하는 일종의 동맹을 제안했다. 리벤트로프는 이 동맹에 영국도 참여시키기를 희망한다고 말했다. 비공식 협상은 12월에 들어서면서까지 계속됐으나, 일본 군부는 이 동맹의 가치에 의구심을 품었다. 그러나 일단 일본인들이 준비됐다고 느꼈을 때, 새침하게 군 쪽은 독일이었다. 마침내 일본의 일반 참모는 불·소 협정 비준이 소련을 "더욱 결정적인" 요인으로 만들었다는 점을 알아차렸다.[13] 결과적으로 스페인내전은 독일인들에게 이 협정을 더욱 다급한 사안으로 만드는 것처럼 보였다.

　두 적대자가 모두 러시아인들에게 접근하고 있었다. 비밀 의정서에 거론된 협정의 대상이 소련이라는 점에 대해 도쿄가 즉각 이를 미덥지 않게 부인하자, 모스크바는 즉각 해당 문건을 공표하겠다고 위협했다. 1933년 3월 이후로 일본에 체류한 대사 유레네프는 외무상 사토 나오타케에게 협상을 즉각 중지하라고 요청했다. 그러나 모스크바에서 스탈린의 숙청이 시작되고 스페인내전 개입으로 인해 복잡한 문제들이 생겨남에 따라 러시아인들은 해외에서 추가적인 문제를 벌이는 데 적극적으로 나서지 않았다. 아무르강에서 국경 분쟁이 벌어지자 모스크바는 상호 철군 협상에서 물러섰다. 그러나 러시아인들은 협정이 맺어지고서 며칠 만에 양편이 소개했던 영토를 일본인들이 장악하는 치욕을 맛봤다.[14]

　장제스가 공산주의자들에 대항해 군사행동을 취하도록 장쉐량 장군과 양후청 장군을 압박하기 위해 북쪽으로 날아왔을 때, 그들은 장제스를 체포한 후 중국공산당과 차후 행동을 논의하자고 요청했다. 공산주의 진영 내부에서는 장제스를 재판에 세워 처형하자는 정서가 강했다. 중국공산당이 정도에서 벗어난 모험을 즐기려 한다는 소식을 들은 모스크바는 공황에 빠진 반면, 마오와 그 부하들은 장제스라는 대가를 치름으로써 미처 예상하지 못했던 자신들의 이점을 톡톡히 누리려 했다. 의심의 여지 없이 스탈린을 가장 불안하게 했던 것은 이 사건들이 반코민테른 조약 체결 바로 직후에 뒤따랐고, 승리를 거둔 반란자들이 모스크바에 끼칠 후과에 대한 어떠한 개념도 없이 "소련과의 연합이라는 구호"를 내걸었다는 점이었다. 코민테른은 중국공산당에게 물러날 것을 즉각 요구했다. 그 권고는 마치 "청천벽력"과도 같았다.

　장제스는 국민당 정부를 재편성하고, 반공주의적 공세를 멈추며, 일본인들에 맞서 홍군과 연합하는 데 동의한 후 석방됐다. 이후 1937년 2월부터 공산주의자들과 국민당 사이의 긴밀한 접촉이 중심 사업으로 거듭났고, 6월 22일 중국공산당은 이 사실을 승인했다. 저우언라이는 "난징이 홍군에 대한 군사적 공격을 중단"했다고 인정했다. "국민당은 우리 지역에 대한 경제봉쇄를 풀었고, 지금은 국부군 병력으로 편입된 우리 병력에게 월간 식량 비용의 5분의 3, 즉 미화 50만 달러 가운데 30만 달러를 제공하고 있습니다."[15] 공산주의자들은 일본인들에 맞서는 국민당 병력에 팔로군八路軍으로서 공식적으로 합류했다. 한편 일본인들이 중국의 저항을 최종적으로 억압하기 위해 미쳐 날뛸 당시 난징 주재 소비에트 대사 보고 몰로프는 노선에서 벗어나, 일본에게 맞서는 뒷배에 모스크바가 든든하게 버티고 있을 것이라고 믿도록 장제스를 부추겼다.

루거우차오사건: 전쟁

1931년에 일어난 만주 위기 때와는 달리, 베이징 서쪽 16킬로미터 지점의 마르코폴로다리(루거우차오)에서 1937년 7월 7일 발생해 중국군과 일본군 사이의 싸움을 유발한 총격 사건은 우발적이었던 것으로 여겨진다. 그러나 도쿄 주재 미국 해군 무관은 다음과 같이 보고했다. "많은 정황을 볼 때 중국 북부에서 일어난 현재 사건은 일본인들에 의해 촉발되었거나, 일본인들이 이 지역에서 자신들의 목표와 야망을 더욱 밀어붙이기 위해 이를 이용하고 있는 것으로 보인다."[16] 확실히 일본인들은 이 사건 이후 중국 북부 전역을 정복하기 위해 점령지 만주에 있는 자신들의 기지에서 주요한 작전을 개시하는 방식으로 공격적으로 반응했다. 당시 도이하라 겐지 장군 밑에서 러허성, 허베이성, 차하얼성은 이미 테러와 사탕발림의 혼합을 통해 완충지대로 통합된 상태였다. 심지어 이 "사건" 이전에도 일본육군성 군무국장 이소가이 렌스케 장군은 영국인들에게 경고했다. "일본은 난킹(난징) 정부에게 적대적이지 않으나, 공산주의를 진압하는 이 정부의 진정한 의도에 관해서는 회의적입니다." 보다 구체적으로 말하자면 "일본, 만주국, 중국 북부 사이의 특수한 관계와 항일 활동 통제, 공산주의 억제라는 측면에서 난킹 정부의 태도가 불만족스럽게 유지된다면, 일본 정부는 무관심하게 남아 있을 수 없습니다."[17]

과장된 이름을 붙이는 행위는 우리에게 많은 것을 말해준다. 일본어로 "사건"을 뜻하는 '지켄事件'은 전쟁에 못 미치는 충돌을 의미한다. 애초에 일본은 마르코폴로다리에서 벌어진 총격을 "루거우차오사건"이라고 불렀다. 그러나 이 이름은 일본인들이 집요하게 자신들의 군사적 공세를 확장하는 데 사건을 유리하게 이용함에 따라 연이어 "북중국 사건"에서 "중·일 사건"으로, 그리고 마침내 "중국사건"으로 의미심장하게 개칭됐다.[18] 실제로 8월 17일 일본 내각은 이 사건을 사실상 전쟁으로 받아들여, 충돌을 확장하지 않는다는 정책을 뒤집었다.[19] 그때까지 일본의 침공은 "지역적"으로 보일 수 있었다. 그러나 이제 상황은 규모 면에서 전적으로 달라졌다. 첫 번째 질문은 중국인들이 어떻게 반응할 것인가였고, 두 번째 질문은 영국과 미국이 어떻게 대응할 것인가였다.

영국인들이 일본을 달래려 하다

1937년 9월 전개된 대규모 작전은 일본군 50만 명을 포함해 북에서 남으로 1600킬로미터까지 확장됐다. 이 작전은 또한 해안선 전체에 걸친 해상 봉쇄를 포함했다. 미국인들은 자신들의 목을 내걸 생각이 전혀 없었고, 영국인들이 그러기를 기대하지도 않았다.[20] 런던의 관점에서 상황은 일본 유화책을 폐기하기보다는 가속해서 추진해야 할 이유가 충분했다. 이 정책은 체임벌린이 재무재상이었던 이전과 수상이 된 지금까지 지치지 않고 추구해온 것이었다. 체임벌린은 1934년부터 1935년도에 걸친 외무부의 반대를 기각하고 재무부 사무차관 워런 피셔 경의 도움과 사주를 받아 중국에 레이스로스 사절단을 파견했다(1935~1936). 장제스가 만주국(일본 점령하의 만주)을 승인하는 대가로 중화민국의 통화를 개혁하기 위해 대규모 차관을 마련해준다는 얄팍한 희망이었다. 이는 물론 의회에서 절대적으로 부인된 계획이었다. 프레더릭 레이스로스 경은 1935년 9월 상하이에 도착했다. "그는 이곳의 정치적 상황에 관한 가장 기본적인 것들도 몰랐습니다." 영국 대사 알렉산더 캐도건은 불평했다. "신이시여, 아마추어 외교관들로부터 우리를 구원하소서."[21] 가장 최근 외무장관으로 봉직했던, 체임벌린의 어르고 달래기 계획을 열렬히 지지하며 "아직 우리에게 약간의 협상력이 남아 있는 동안" 중국을 두 영향권으로 분할(북쪽의 일본, 남쪽의 영국)한다는 희망을 품었던 새뮤얼 호어 경도 같은 불평을 토로했다.[22] 사절단은 일본인들이 일련의 괴뢰 군벌을 통해 중국 북부를 일방적으로 통제하고, 남쪽에서는 난징에 소재한 장제스 정부를 군사적 수단으로 무력화시켜 이를 약화하려 했기 때문에 결과적으로 완전히 실패하고 말았다. 프레더릭 레이스로스 경은 마침내 이 일로 인해 "중국의 신용과 무역이 무너졌고 궁극적으로 새로운 공산주의 물결을 얼마간 일으킬 수도 있을 것"이라는 점을 깨달았다. 오직 "거포"만이 지배층인 일본 군부의 정신을 차리게 할 수 있었다.[23] 즉 미국이 움직여야 했다. 그러나 체임벌린은 귀를 막았다. 체임벌린의 수중에서 유럽의 사건들이 전개되기 시작하면서 장차 도래할 불길한 사태의 신호가 움텄다.

영국인들은 중국에서의 싸움이 "중·일 분규"라는 일본의 설명을 외교적으로 수용했다. 이견이 없지는 않았으나, 1937년 9월 3일 도쿄에 도착한 논쟁적인 신임 영국 대사 로버트 크레이기 경은 단호히 이 접근법을 취했다. 베를린에 주재하는 동료 네빌 핸더슨 경이 독일을 대하듯, 크레이기는 도처에 널린 반대 증거에도 불구하고 일본이 진정으로 영토 확장 야욕을 가지고 있다고 여기지 않았다. 어쨌든 영국인들은 여전히 중국에 (오늘날의 가치로) 137억 5000만 파운드 상당을 투자하고 있었으나, 이 투자액을 보호할 실질적인 방안은 가지고 있지 않았다. 그들은 심지어 자국의 대사인 휴 내치불휴즈센 경조차 지키지 못해, 8월 26일 난징에서 상하이로 가던 대사의 자동차는 상하이 남쪽 수 킬로미터 거리에서 한 일본 전투기의 기관총 맹폭을 당했다. 이 사건은 명백히 일본 당국이 미리 언질을 받았고, 대사의 차 지붕과 동행한 두 대의 차량에 유니언잭이 그려져 있었음에도 불구하고 그 차가 군용 버스라고 믿은 탓에 발생했다. 내치불휴즈센은 1937년 9월 25일까지 화동의원 신세를 져야 했다. 이 사건은 불과 10년 전만 해도 상상할 수조차 없던 일로, 중국 내에서 영국의 지위가 급작스럽게 붕괴했음을 전 세계에 내보였다.[24] 두 세계대전 사이에 국제 관계가 변하는 속도는 바로 이와 같았다.

체임벌린은 "유럽의 상황이 이토록 엄중해지는 와중에 일본에 싸움을 거는 일보다 더 자멸적인 행위는 감히 상상도 할 수 없"다며 내각에 경고했다. "만일 이 나라[영국]가 극동에서 휘말리게 된다면, 동유럽에서든 스페인에서든 독재국가들은 행동을 취하고픈 유혹을 억누르기 어려울 것입니다."[25] 이 입장은 고작 1년 뒤 외무장관이 일본에 대한 어떠한 반대급부 없이 중국에 300만 파운드(오늘날 가치로 1억 9400만 파운드)의 차관을 제공할 것을 용기 내어 제안했을 때 되풀이됐다. 1931년 일본 사안을 아주 잘 따졌던 재무재상이자 전임 외무장관 사이먼은 일본인들이 이 차관을 중국의 전쟁 물자 지원으로 여길 것이라는 점을 근거로 들어 반대했다. 체임벌린은 다급하게 동의하면서 이렇게 주장했다고 전해진다. "그렇다면 우리는 일본과 전쟁을 치를 준비가 되었는가 하는 물음에 직면해야 합니다. 나는 현재 유럽에서의 우리 위치가 이러한 위험을 감수할 수 있을 만큼 충분히 안정적이라고 생각하지 않습니다."[26]

미국은 영국의 조치를 정확히 받아들였다. 미국 재무부는 해당 지역에서 단연코 가장 우수한 정보를 보유했고, 소비에트의 이해관계와 그것에서 도출된 정책을 정확하게 판단했다. "소비에트러시아는 스페인보다 극동에 더욱 깊이 개입하고 있다."라고 재무장관 모건도의 비서관은 적었다. 따라서 소비에트의 중국 지원 규모는 훨씬 클 가능성이 있다고 그는 예측했다. "중국은 실상 러시아의 전쟁을 치르고 있다." 그는 이어서 적었다. "그리고 러시아는 일본에 추가적인 타격이 가해질수록 자국의 위치가 그만큼 강해질 것이라는 점을 충분히 인지하고 있다." 따라서 러시아인들은 전쟁을 제외한 모든 원조를 제공할 것이라고 예상되었다.[27] 이 평가는 소련이 스스로에게 가한 상처들에도 불구하고 정확했다.

스탈린이 자신의 군대에 테러를 가하다

소비에트의 입장에서 볼 때 일본의 공세 시기는 이보다 나쁠 수 없었다. 유일한 이점은 독일인들을 격노시켰다는 것뿐이었다. 일본의 공세가 독일이 소련의 후방에 가진 유일한 우방[일본]을 교착 상태에 빠뜨려, 독일이 중부 유럽에서 어떤 공세를 펼치더라도 러시아인들에게 군사적 이점을 부여하리라고 위협했기 때문이었다. 그러나 스탈린이 소련 내에서 그의 군대가 가지는 무게감을 더 이상 감당하기 어려워했다는 점은 독일과 일본 양측을 안심시켰다. 소련 군부는 스탈린이 가장 자유롭게 술책을 펼치기를 원했던 바로 그때 정책에 더 발언권을 갖기를 요구했다. 특히 투하쳅스키 원수는 자신의 의견이 무게감을 가진다고 여기는 듯했다.

1936년 8월 스탈린은 자신의 오랜 경쟁자들인 지노비예프와 카메네프에게 대역과 테러리즘이라는 날조된 혐의를 씌워 재판정에 세웠다. 6월 29일 야고다는 트로츠키의 전임 경호원이었던 드레이체르와 코민테른에서 지노비예프의 서기국 전임 관리자였던 피켈로부터 각각 취득한 (정확히 어떻게 얻어졌는지는 모르는) 증언을 스탈린, 몰로토프, 예조프 앞에서 발표했다. 내무인민위원부는 "1934년 10월 드레이체르는 모스크바에서 '스탈린과 보로실로프를 제거하고, 육군 내에서 조직 단결 사업을 전개하라는 등'의 내용이 담긴, 트로츠키가 손수 작성한 지시서를 받았다."라고 주장했다. 이 증언이 고문에 의해 얻어진 자백이었는지는 추측에 달린 사안이다. 드레이체르가 당 지도자들을 노리기 위해 테러리스트 무리를 조직하라는 지시를 받았다는 주장도 제기되었다.[28] 트로츠키는 확실히 1년 전 지면에서 "관료제는 오직 '무력'에 의해서만 프롤레타리아 전위대의 수중에 권력을 내놓도록 강요될 수 있다."라고 주장했다.[29] 그리고 스탈린은 기다릴 생각이 없었다.

1937년 6월 11일 스탈린은 붉은군대 장교단을 상대로 신속히 움직여 투하쳅스키를 시작으로 머리부터 발끝까지 숙청을 단행했다. 1757년 영국인들이 빙 제독을 처형한 뒤 볼테르가 풍자했듯*, 때때로 다른 이들을 독려하기 위해 제독을 살해해야 했다는 정신에서 비롯된 숙청이었을 것으로 짐작된다. 붉은군대의 고위 사령부에 직접적으로 숙청이 가해지자, 러시아인들은 공세를 수행할 수 없다고 상정하고 있던 서구 열강은 이제 이중 전선이라는 위협에 직면한 소비에트의 군사력이 효과적인 방위 수행조차 할 수 있을지를 의심하기 시작했다. 그리고 이는 머지않아 실질적인 가능성으로 대두했다.

루거우차오사건 이후 일본 주재 소련 대사 유레네프는 베를린으로 이동했다. 그곳에서 독일의 대일 관계를 감시하는 일에 전문성을 발휘하기 위해서였다. 영향력 있는 무관 오시마가 반코민테른 조약을 협상한 곳이 바로 베를린이었다. 붉은군대 지도부가 처형된 당시는 일본에 대항하는 데 방향이 맞춰진 중국 주재 소비에트 대사관이 일방적으로 독자적 노선을 취할 만한 순간은 분명 아니었다. 그러나 대사 드미트리 보고몰로

---

* 존 빙 제독은 1756년 미노르카섬 해전에서 프랑스군에 패한 후, 최선을 다하지 않았다는 이유로 처형당했다. 사실상 국가의 희생양이었던 셈이며, 볼테르는 소설 《캉디드》에서 빙의 처형을 풍자했다.

프는 무관인 레핀 소령과 함께 루거우차오사건 이전부터 쌍무적 상호원조협정을 논의하는 회담을 진행하고 있었다. 미국 해군정보부는 중국 원조라는 사안에서 "중국에 있는 소비에트러시아 관리들과 소비에트 정부 내 소비에트러시아 관리들 사이에 커다란 의견 차이가 존재"한다는 낌새를 챘다.[30] 스탈린이 자신도 모르는 새에 무슨 일이 벌어지고 있는지 눈치챈 후, 보고몰로프는 7월 19일 리트비노프로부터 강하게 질책받았다. 보고몰로프는 "현 시점에서 중국이 일본과의 전쟁에 우리[소련]을 끌어들이려 한다는 의혹을 강하게 제기"하라는 지시를 받았다.[31] 스탈린이 품고 있던 의혹들은 런던에서 그 모습을 나타냈다. 영국은 소비에트 군부 집단이 "1905년의 패배에 여전히 한이 맺혀 있"으며, "소비에트 육군은 유럽과 좋은 관계를 맺어 가능한 한 빨리 구속받지 않는 채로 일본에 복수하기를 바라고 있"다고 평가했다.[32]

7월 29일 정치국은 사안을 논의했고, 이틀 뒤 보고몰로프는 모스크바가 용인할 수 있는 최대치는 불가침협정으로, 이보다 더욱 직접적인 것은 일본과의 전쟁을 초래할 것이라는 이야기를 들었다. 마침내 전임 만주 주재 총영사이자 유레네프의 후임자인 슬라부츠키가 도쿄에 부임한 지 며칠 안 된 8월 21일, 러시아인들은 불가침협정에 서명했다. 1년 앞서 유레네프는 모스크바에 "현 국제 상황에서 영국은 일·중 전쟁을 기대하고 있으며, 우리가 필연적으로 이에 끌려 들어가게 되리라고 확신한다."라고 경고했다.[33] 불운한 보고몰로프는 소환돼 9월 27일 중국을 떠났고, 10월 7일 레핀이 그 뒤를 따랐다. 두 사람은 도착하자마자 체포된 뒤 처형되어, 수많은 이의 전철을 따랐다.

스탈린이 일본과의 직접적인 교전을 피하려고 한다는 점은 명백했다. 한동안 바실리 블류헤르 원수가 지휘하는 극동사령부는 총살형 수행부대로부터 해를 입지 않았던 반면, 중국인들의 저항은 일본군을 옭아맸다. 프랑스 대사는 한 고위급 소비에트 외교관이 이 저항을 두고 "우리의 만주 국경에 일본이 행사하는 압력을 줄이는 영향"을 끼치고 있다고 말했다는 보고를 올렸다.[34] 러시아는 스페인에서 독일인들을 상대할 때와 마찬가지로 중국에서 일본인들을 상대했다. 러시아인들에게는 필연적인 참화를 늦추기 위한 방화대가 필요했다. 따라서 1938년 소련은 중국에 비행기 597대, 전차 827대, 기관총 3825정과 트럭 700대를 제공했다. 이듬해 소련은 중국에 비행기 300대, 포 500문, 기관총 5700정, 소총 5만 정, 트럭 850대와 기타 군수품을 위한 신용을 제공했다.[35] 프랑스 대사는 모스크바의 외무부인민위원 포툠킨이 중국의 상황을 "아주 훌륭"하다고 묘사하며, "이후 일본이 소련을 공격할 수 없을 정도로 쇠잔해지기까지 중국이 수년간 저항을 이어가기를 바라고 있"다고 언급했다고 보고했다.[36]

11장

대독·유화정책, 1937~1939

사실 보수당 모임들은 독일의 힘을
걱정합니다. 그러나 그들이 더욱 두려워하는
것은 바로 볼셰비즘이죠.

괴링이 무솔리니에게, 1937년 1월 23일[1]

어떻게 그토록 **빼어나고** 지적인 수많은 이들이 그토록 그릇된 방식으로
상황을 다뤘을까? 이 이야기의 큰 부분은 바로 다른 모든 것에 우선하고
피를 말리는 볼셰비즘에 대한 집착이다. 하지만 그저 순진하게, 악을 있
는 그대로 보기를 깊이 꺼리는 이들도 있었다. 히틀러가 라인란트 지방을
침공하기 바로 직전인 1936년 2월 말, 저명한 자유주의 구루 아널드 토인
비는 히틀러를 접견했다. 토인비가 영국의 왕립국제문제연구소로 돌아왔
을 때, 옥스퍼드 발리올대학의 독일계 유대인 동료 알브레히트 멘델슨 바
르톨디는 저명한 교수가 독일의 독재자에게서 어떤 인상을 받았는지 직

접 듣고 경악했다. 바르톨디는 토인비를 비롯해 그와 유사한 사람들의 말을 정리하면서 절망을 토했다. "너무나도 암담하다. 그들은 그저 이해하지 못한다."[2] 토인비는 (그가 속한 부류인) 신뢰감을 주는 지식인의 전형에서 벗어나지 못했다.

네빌 체임벌린이 떠맡다

상당히 오래 재임한 뒤인 1937년 5월, 볼드윈은 마침내 총리직에서 내려왔다. 그의 후임자는 야심 있고 권위주의적인 전임 재무재상 네빌 체임벌린이었다. 그는 오래도록 최고위직에 안달이 나 있었고, 다른 누구보다 그 일을 잘할 수 있으리라는 자기 확신으로 가득했다. 체임벌린과 점심을 함께하며 그의 이야기를 들은 친구 레오 애머리는 체임벌린의 일 처리 방식을 이렇게 묘사했다. "체임벌린은 내각을 마치 커다란 공장처럼 운영한다. 내각회의가 열리기 전에 각 부서의 수장들을 면담한 후, 자신이 원하는 대로 행동하도록(그리고 아마도 자신이 원하는 대로 말하도록) 그들을 준비시켜놓는다."[3]

　〈타임스〉의 제프리 도슨을 포함한 볼드윈 치하 보수당 내부 그룹은 유럽에 그다지 큰 흥미가 없었다. 그들은 본질적으로 고립주의 성향이 강했다. 자라면서 제국주의자로 훈육되었을 그들 중 일부는 분명 밀너 자작이 제시한 빛나는 제국이라는 미래 비전에 영향을 받았다. 하지만 제1차 세계대전 또한 그들에게 흔적을 남겼다. 의회 바깥에서 무리를 이끈 이는 직업상으로는 언론인이지만 본질적으로는 정치인이던 도슨이었다. 확실히 상황을 알던 그는 보수주의자로는 네빌 체임벌린과 핼리팩스 경, 자유주의자로는 존 사이먼 경과 월터 런시먼, 그리고 노동당의 램지 맥도널드에 이르기까지 볼드윈 치하의 "내각의 내부 집단"을 열거했다.[4] 1937년 사망한 맥도널드를 제외한 이들 모두가 독일에 대한 유화책과 긴밀히 동화됐다. 명목상으로만 자유당원인 사이먼은 이들 중 외무장관으로서의 경험을 갖춘 인물이었는데, 그의 재임 기간은 다른 이들에게 만주 위기를 시작으로 거의 재앙에 가까웠던 시간으로 널리 인식되었다.

체임벌린은 항상 꿔다 놓은 보릿자루에 가까웠다. 그는 제국을 정점으로 끌어올린 전쟁에서 싸우도록 군인들을 징집했지만, 그 자신은 직접 나가 싸우지 않았다. 다른 이들이 전선에서 목숨을 걸고 싸운 것과 비교할 때, 결코 명망 있는 역할은 아니었다. 실제로 전쟁은 그에게 전적으로 부정적인 영향을 끼쳤다. 체임벌린의 중국 정책이 증명했듯, 그는 특히 유럽 대륙과 관련해서는 제국주의자라기보다는 실질적으로 고립주의자였다. "이 나라[영국] 국민의 정치적 기질은 대륙 차원의 모험을 강하게 반대한다."라고 그는 읊조렸다. 이러한 인식에서 아주 확정적인 결과가 뒤따랐다. "우리의 지정학적 위치를 생각할 때, 당장 전쟁을 수행할 수 있도록 준비된 대규모 군을 유지할 필요는 없다."[5] 그렇기 때문에 재무재상으로서 체임벌린은 당시의 상식인 균형예산 유지에 집착했으나, 지출의 우선순위에서 그렇게 많은 돈을 배정하지 않는 것으로 전쟁을 대하는 자신의 태도를 드러냈다.

금본위제를 포기한 이후 영국 경제는 1932년부터 1938년까지 3.6퍼센트라는 건전한 성장을 이뤘다. 그럼에도 불구하고 재무재상은 정부 부채와 개인 과세를 줄이기 위해 항상 정부 지출을 삭감하려 했다. 체임벌린의 가장 가까운 자문은 재무장에 깊이 회의적이고 베를린과의 장기적 이해 도출을 열렬히 옹호하는 호러스 윌슨 경이었다. 윌슨은 능력 있고 "대단히 야심 차고" 고루한 노동경제학자였고, 볼드윈 총리의 최고비서관으로서 1926년도 총파업 해결에 일조한 것으로 유명세를 얻었다. 그와 체임벌린은 비전을 공유했고, 그는 재빨리 신임 총리의 심복으로 거듭났다.[6] 윌슨은 외교 관련 경력이 전무했으나, 훗날 그가 자리를 승계하는 재무부 사무차관 워런 피셔 경과 마찬가지로 그러한 사실에 결코 발목을 잡히지 않았다. 사업가인 울튼 경은 월슨이 "총리를 제외한 내각의 어떠한 구성원보다도 월등한" 힘과 영향력을 가졌다고 회상했다.[7] 여러 측면에서 그는 아첨하는 조신의 역할을 맡았다. 인간 본성을 세세하게 꿰뚫어 보는 관찰자 해럴드 니컬슨은 월슨의 조언이 "결코 불편하지 않은" 것이었다고 일침을 놓았다.[8]

전쟁이 끝난 뒤 알렉산더 캐도건 경은 (한때 실로 매우 존경했던) 체임벌린이 대외 정책 수행을 사업 협상과 유사하게 여긴 월슨의 단순한 믿음을 공유했음을 유감스럽게 생각했다.[9] 1940년, 앤서니 이든은 당시를 회고하면서 마이스키 대사에게 말했다. "당신도 아시다시피 당시 제게 가장 힘들었던 점은 저의 친구들에게 히틀러와 무솔리니가 심리적으로, 동기와 수단 면에서, 또한 전체적인 기질 측면에서 영국의 '사업가 또는 지역 신사'들과 그다지 비슷하지 않다는 사실을 납득시키는 것이었습니다. 그들은 이를 결코 믿지 못했죠. 제가 '독재자들'에게 '편견을 가지고' 있어서 그들을 이해하려 들지 않는다고 생각했습니다. … 우리 정치인 중 일부는, 심지어 저 이후로도 '독재자들' 대하기를 마치 '사업가들' 대하듯 하려고 합니다. 결과는 불 보듯 뻔하죠."[10]

모든 인간은 상호적 이해관계의 균형을 맞추는 데 있어서 기본적으로 "합리적"이기 때문에, (〈타임스〉 논설위원들이 아주 애호했던 용어인) "합리적인 사람"은 결국 다른 "합리적인 사람"과 합의에 도달하리라는 것이 당시의 지배적 추정이었다. 일이 어떻게 다른 방식으로 이뤄질 수 있겠는가? 1962년도의 인터뷰에서 월슨은 파시스트 이탈리아만큼이나 나치 독일과 관련해 그와 체임벌린이 가졌던 원대한 목적을 명확히 밝혔다. "우리의 정책은 단지 전쟁을 지연시키거나, 더욱 단결된 채로 참전하게끔 고안되지 않았습니다. 우리 유화책의 목적은 전쟁을 영구히 회피하는 것이었죠. 모든 유럽 열강과 합리적인 합의점을 찾는 것이 우리의 수단이었습니다. 그러한 협약에서 독일을 배제시켜야 할 어떠한 이유도 없었죠."[11]

윌슨을 가까이 둠으로써 체임벌린은 (명시적인 요청이 없는 이상) 진짜 전문가의 조언을 들을 기회를 거의 잃고 말았다. 체임벌린에게 전문가들이란, 명확한 사고를 훼방 놓는 달갑지 않은 존재였다.

1919년 로이드조지의 비서관을 지냈고, 이후 로디언 후작으로 신분 상승한 언론인 필립 커는 캐도건이 윌슨을 보았던 관점과 거의 같은 견해를 보였다. 1936년 마이스키와의 담화에서 로디언 또한 체임벌린이 "외교정책과 관련된 사안에서 아주 순진"했다는 사실을 넌지시 언급했다.[12] 그러나 이는 물론 보다 거대한 문제의 일부에 불과했다. 국제 관계가 수행되는 과정에서 이해관계가 합리적으로 조정되는 정도에는 엄격한 한계가 있었다. 그리고 볼셰비키의 위협이 고개를 쳐들고 있었다. 체임벌린은 윌슨식 외교가 소련에도 먹힐 수 있으리라고는 믿지 않았다. 그것은 유일한 예외였다. 이는 근본적으로 "우리"(서유럽과 중부 유럽) 대 "그들"(볼셰비키)의 문제였고, 이러한 태도를 가진 이는 체임벌린 혼자만이 아니었다. 실제로 윌슨은 히틀러에 대해 이렇게까지 회고했다. "이례적일 정도로 정치적 식견을 가졌죠. 그는 러시아의 진군이라는 위험을 다른 이들보다 명확히 인식했습니다."[13]

애스터 가문이 소유한 또 다른 신문인 〈옵서버〉의 제임스 가빈을 위해 사설을 쓰던 로디언은 히틀러의 독일과 관련해 체임벌린의 방침을 지지했다. 하지만 로디언은 명백히 마키아벨리적이기도 했다. 가빈도 마찬가지였다. 1933년 가빈에게는 아무런 환상도 없었다. 독일의 재무장은 "필연적"이었다. 독일인들은 "모든 것을 되찾기를" 원했다. "이 사람들은 1914년 이전보다 맹목적이다." 가빈은 "우리[영국]가 더욱 강해지든가, 아니면 소멸될" 것이라고 보았다.[14] 하지만 영국은 1937년까지 재무장했어야 하는 정도보다 훨씬 덜 무장되어 있었고, 이에 따라 가빈은 로디언과 마찬가지로 유화책이 필연적이라고 보았다. 1937년 1월 8일 로디언을 하룻밤 묵게 한 파리 주재 미국 대사 불릿은 루스벨트에게 다음과 같이 보고했다. "그는 히틀러가 동유럽과 중부 유럽, 그리고 발칸 지역 지배권을 대가로 받지 않는 한 평화를 받아들이지 않으리라고 확신했습니다 … 커는 개인적으로 독일이 그러한 지배력을 갖기를 원하며, 영국이 이를 방지하기 위해 무력으로 간섭하는 것을 절대적으로 반대했습니다."[15] 불릿은 러시아 바깥에서 그처럼 직설적인 이야기를 들은 적이 없었다. 그러나 누군가는 솔직할 준비가 돼 있던 반면, 같은 사안을 정당화할 수 없는 편견으로 바라본 이들은 수치감과 노출의 공포를 느껴 자신의 입장을 철저히 감췄다.

유화책의 뿌리

체임벌린은 볼드윈과 다르지 않게 "러시아에 대한 지극히 깊은 불신"을 남몰래 시인했다.[16] 1938년 말 그는 "러시아인들이 은밀하게, 그리고 교활하게 독일과의 전쟁에 우리를 연루시키기 위해 모든 영향력을 행사하고 있다(우리의 비밀정보부는 창밖을 살피는 데 온 시간을 쓰지는 않는다)."라고 썼다.[17] 비밀정보부도 물론 깊이 반공주의적이었고, 소비에트 관련 정보에 어두웠으며, 몇 년을 제외하고는 코민테른 통신을 가로채기는 했으나 이를 해독하지 못했다. 앞서 보았듯, 이는 1927년 소비에트 암호문을 해독할 수 있음을 만천하에 드러낸 보수당 정부 탓이었다. 1934년부터 1936년까지 코민테른 내부의 한 요원이 영국인들에게 접근 권한을 부여했지만, 외무부 내부의 러시아 첩자 도널드 매클레인이 러시아인들에게 귀띔을 해주면서 이 접근은 막을 내렸다. 이후로는 대개 킹스트리트에 위치한 영국공산당 본부에서 나오는 이런저런 이야기를 오랜 선입견에 지레짐작해 끼워 맞추는 식으로 작업이 이루어졌다. 러시아인들이 영국을 독일과의 전쟁으로 끌어들이려 하고 있다는 체임벌린의 논평은 거울 이미지의 대표적인 사례라고 할 수 있다. 스탈린 역시 체임벌린이 소련에 대해 정확히 그러한 일을 벌이려 들고 있다고 믿었다. 그리고 앞서 보았듯, 체임벌린의 불신은 보수당 내부에서 예외가 아니었다. 그것은 표준이었다. 니컬슨은 여느 때처럼 무슨 일이 일어나고 있는지 눈을 부릅뜨고 지켜봤다. 그는 다음처럼 빈정댔다. "지배층에 계신 분들은 오직 자신들의 재산만을 생각하신다. 이는 곧 빨갱이들에 대한 증오를 의미한다. 이 증오는 완벽히 인위적이나, 현재 우리와 히틀러 사이에서 가장 효과적으로 은밀한 유대를 조성한다. 우리의 계급적 이해관계는 양편에서 각자의 국익에 영향을 끼친다."[18]

니컬슨의 언급은 유화책의 이면에 흐르는 원동력을 실로 날카롭게 진단했다. 독일과 마주한 그 누구도 진정으로 전쟁을 원하지는 않았다. 문제는 독일과의 전쟁을 얼마나 길게 미룰 수 있을 것인가, 그리고 그 대가는 무엇일까였다. 심지어 1938년 3월 독일이 오스트리아를 강제적으로 병합한 후에도 젊은 토리당원 로널드 카틀랜드는 "얼마나 많은 동료가 여전히 공산주의라는 악령에 벌벌 떨고 있으며, 극소수만이 독일의 지속적인 병력 강화와 외교적 성공이 영국을 즉각적으로 위협하고 있다는 사실을 깨달았는 점에 어안이 벙벙"하다고 밝혔다."[19] 이는 분명 유화책이 그토록 강한 힘과 지속성을 보였던 핵심 요인이었다. 또한 이는 전혀 놀랍지 않은 상황이었다. 이러한 태도들은 체임벌린이 보건장관을 역임했고 러시아인들이 최소 한 건 이상의 악명 높은 사건에서 현행범으로 붙잡혔던 1920년대의 쓰라린 국내적·제국적 소란에 깊숙이 내재되어 있었다. 애머리는 볼드윈 치하의 재무재상 체임벌린을 "일본과 좋은 관계를 맺고, 유럽과의 약속을 최소한으로 줄이고, 러시아를 유럽에서 몰아내며, 연맹의 강제력을 포기시키는 데 열중"했다고 요약했다.[20] 체임벌린의 태도를 이보다 더 잘 설명하는 표현은 찾아볼 수 없을 정도다.

본래 네빌의 저명한 부친 조지프와 친구였던 애머리는 제한된 수준 내에서 자신의 영향력을 발휘할 수 있었다. 무엇보다 그는 "최근 몇 년간 우리의 대외 정책을 괴롭힌 협잡과 연극의 장"이던 연맹에 의존하던 상황에서 벗어나기를 지지했다. 그는 이렇게 기록했다. "늙은 솔즈베리 경이 죽은 정책의 시체들을 끌어안고 있는 것만큼 치명적인 일은 없다고 말했던 것을 기억한다. 내게는 우리가 아직도 상당 부분 그렇게 행동하고 있는 것으로 여겨진다. 새로운 방향으로 가려고 노력하면서도, 우리 뒤로 집단 안보라는 오래된 시체를 끌고 가려 한다." 애머리는 체임벌린과 마찬가지로 무솔리니와의 "사업 착수"를 강력히 지지했다. 그는 집단 안보가 내놓을 수 있는 결과는 "우리가 상상할 수 있는 최악의 조합인 독·이·일 결정체에 대항하는 영·불·러 조합"이 될 것이라고 생각했다.[21] 실제로 체임벌린은 자신의 외무장관 몰래 무솔리니를 달래려고 시도했다. 그러나 체임벌린은 히틀러와도 함께 일하기를 원했다는 지점에서 애머리와 달랐다. 그리고 애머리가 군사력 증강을 강하게 바랐던 반면, 체임벌린은 영국이 대륙에 간여할 수 있는 힘을 개발하는 행위를 강하게 혐오했다. 11월 중순 체임벌린은 애머리에게 "현재 스페인에서의 상황 때문에 이탈리아와 진전을 이루는 길이 가로막혔"다고 설명했다. "반면 독일과의 진전은 지연돼서는 안 됩니다. 우리는 떠오르는 시장과 마주하고 있어요. 우리가 미루면 미룰수록 요구 조건은 더욱 까다로워질 것입니다." 애머리는 이렇게 기록했다.[22]

상업적 은유는 깨달음을 준다. 그리고 이러한 측면에서 체임벌린과 애머리는 완전히 상충했다. 애머리는 조언했다. "진정한 차이는 이것입니다. 우리는 프랑스를 소외시키지 않고서는 독일과 합의할 수 없으며, 현 상황에서 우리는 그렇게 할 수 없어요." 그는 "프랑스 쪽이 러시아에게서 떼어내 중부 유럽에 온건 노선을 취하도록 설득하기 훨씬 쉬운 상대라는 사실을 기억해야 합니다. 만약 프랑스가 이탈리아와 다시 한번 합리적인 관계를 맺는다면 말이죠. 스트레사는 우리의 성공적인 대유럽 외교의 최정점이었습니다."라고 덧붙였다. 그는 또한 다음을 지적했다. "저는 독일이 오직 유럽에서만 만족할 수 있다고 확신합니다. 이는 독일이 발트 국가들을 두고 러시아와 벌일 수 있는 어떠한 다툼에도 우리가 최소한 무관심할 것임을 의미합니다."[23] 그가 체임벌린과 공유했던 핵심 사안은 러시아를 그림에서 제거해 그들이 단독으로 독일을 상대하도록 만들어야 한다는 것이었다. 호주 정치인 리처드 케이시에게 보낸 뒤따른 편지에서 그는 "만일 우리가, 제가 보기에 (독일을 설득하는 것보다는) 쉬운 일인 이탈리아를 설득할 수 있다면 우리는 프랑스의 위치를 보다 공고히 해줄 수 있을 것입니다. 그렇게 된다면 프랑스는 소비에트 협정을 중단해 독일이 그 구역에서 자신들의 할 일을 자유롭게 추구하도록 둘 수도 있습니다."[24] 다시 말해 독일의 눈을 동쪽으로 돌리는 것이었다.

하원의 토리당 측에 아주 팽배했던 반공주의의 주목할 만한 예외는 처칠이었다. 처칠은 초기에 반볼셰비키 운동을 지휘했으나, 히틀러의 취임과 함께 베를린으로부터 비롯되는 대영제국을 향한 즉각적인 위협에 집중하기 위해 그가 오래도록 가졌던 모스크바에 대한 혐오를 목적의식적으로 버렸다. 앞서 보았듯 처칠의 이러한 급작스러운 태도 변화는 스페인전쟁으로 인해 극심한 시련을 겪었다. 처칠의 면 친척인 알바 공작은 제임스 2세의 후손으로서 총 열세 개의 작위를 가지고 있었는데, 그중 하나가 베릭 공작이었다. 마드리드의 중심에 자리했던 그의 웅장한 자택 리리아궁전은 1936년 들뜬 여름, 인민전선의 광적인 지지자들에 의해 샅샅이 약탈당한 후 소실됐다. 알바는 프랑코 반란 당시 영국에 있었다. 실제로 7월 10일 그는 에드워드 8세의 내빈으로서 세인트제임스궁전에 머물고 있었다.[25] 고국으로 돌아갈 수 없게 된 그는 (1937년 11월 영국 정부가 그렇게 인정해줘서) 프랑코의 비공식 특사로 거듭났고, 프랑코가 이끄는 국민파가 승리해 스페인 왕정이 즉시 복원되리라고 믿었다. 그러나 이는 훗날 잘못된 믿음이었음이 드러났다.

알바는 스페인에서 가장 많은 땅을 소유한 지주였고, 따라서 그의 동포 중 누구보다도 혁명으로부터 잃을 것이 많았다. 충실한 군주제 지지자 "지미"는 또한 영국 왕가와도 친밀했다. 이 모든 조건들은 고작 대사였다면 결코 획득할 수 없었을 부러운 접근 권한을 그에게 부여했다. 윈저에 위치한 예수회의 보먼트대학에서 교육을 받은, (빅토리아 여왕의 마지막 나날이었던) 자신의 황금기를 고귀하고 편한 자리에서 아쉬운 듯이 바라보며 "완벽한 영어"를 구사하는 재능을 가졌던 알바에게는 솔즈베리 경의 화평한 나날들 이래로 영국에서의 정치적 삶이 돌이킬 수 없을 정도로 악화된 점을 유감스럽게 생각할 만한 충분한 이유가 있었다.[26] 그는 한때 "가족 집단"이 운영했던 위대한 나라 영국이 빠르게 내리막길을 걸어 정계, 금융계, 언론계의 강력한 "남성 집단"에 의해 운영되는 나라로 거듭났음을 탄식했다.[27] 매우 능력 있지만 소심한 남성이던 (1930년 2월부터 1931년 1월까지, 군주제의 황혼기에 스페인 외무장관을 짧게 역임하기도 한) 알바는 바보들을 그다지 좋아하지 않았고, 사교계의 명사는 단연코 아니었다. 하지만 반공주의 스페인이라는 대의를 위해 그는 타고난 혜택을 이용해 손쉽게 접근할 수 있던 영국 사회의 인물들을 자기편으로 끌어들인다는 목표를 결연히 정했다.

런던에서 알바는 상징이자 자석이었다. 스페인 반란은 프랑스 내에서 일어난 '사건들'로 인해 자극된 영국 내의 불안감을 강화해 모두를 1920년대의 기본 원칙들로 되돌려놓는 효과를 낳았다. 나치 독일의 부상과는 별개로, 반볼셰비키인가 아닌가 하는 문제였다. 처칠은 물론 본능적으로 프랑코의 편에 섰다. 처칠이 하원에서 스페인 반란군을 공공연히 지원하자는 목소리를 내려고 하자 소비에트 대사 마이스키가 이를 말린 일도 있었다. 처칠은 프랑스 대사 샤를 코뱅에게 경고했다. "보수당원 중 상당수가 이른바 스페인 반군들을 응원하는 쪽으로 기울었다는 점을 알려드려야 할 것 같군요."[28] 실제로 1937년 1월 가는귀가 먹은 이든이 프랑코가 마드리드를 장악하는 데 성공한다면 영국에서 상당한 반발이 일어날 것이라고 내각에서 천진스레 논평하자, 킹즐리 우드 경은 분개하여 "이 나라의 많은 국민은 볼셰비키주의자들이 승리를 얻는다면 마찬가지로 불안해할 것이라는 점을 지적했다."[29]

7월 15일 니컬슨은 보수당 외무위원회에서 "대다수가 열정적으로 반정부적이며 친프랑코적"이라고 지적했다.[30] 새롭게 선출된 의원 헨리 ("칩스") 채넌은 자신의 지역구 신문에 스스로를 "매우 친프랑코적"이라고 표현했다. 채넌은 또한 자신의 일기에 "만일 마드리드 정부를 지배하고 있는 공산주의와 무정부주의 세력들에게 패배한다면 보수주의에는 재앙"이 될 것이라고 적었다.[31] "공산주의자의 위협 앞에" 취약한 모습을 보인다고 여겨진 볼드윈 역시 개인적으로는 강력한 반공주의자였으며 "스페인(을 위해 싸우는 프랑코 반군)에게 강한 지지를 표명"했다.[32] 호어 또한 알바에게 "애초부터 당신의 편이었"다고 밝혔다.[33] 미래의 솔즈베리 경이자 당시 외무부 차관이었던 크랜본 자작 역시 "매우 우호적"이었고,[34] 〈옵서버〉의 가빈과 악명 높을 정도로 반동이었던 솔즈베리 경의 비서관 필립 패러도 동조적이었다. 패러는 1938년 2월 이든이 내각에서 인정사정없이 방출된 뒤 "붉은 스페인이 포르투갈을 감염시킬 수도 있다는 위협 때문에 정부 내 모든 인사가 우리(알바)의 대의가 승리하기를 바란"다는 의견을 피력하기도 했다. 대법관 헤일셤 자작, 농업장관 W.S.("셰익스") 모리슨을 비롯해 절망적으로 무능력했던(한번은 고약하게도 칼리굴라가 집정관으로 임명했던 말에 비교되기도 한) 방위조정장관 토머스 인스킵 경 또한 스스로를 같은 편으로 여겼다.[35] 전임 전쟁장관으로 친불 인사이며 제1해군장관인 더프 쿠퍼는 소수의 예외 가운데 한 명이었다.[36] 동료들과 달리 쿠퍼는 나치 독일을 향해 독설을 퍼부으며 빈번히 적대감을 분출하곤 했다.

알바에게 가장 중요한 인물인 영국 왕 조지 6세 또한 조심스럽게 그의 곁에 섰다. 1936년 겨울부터 알바는 시골 별장에 주말을 보내러 온, 당시 요크 공작이던 그와 두 차례 조우했다. 물론 이 만남은 전적으로 우연은 아니었다. 이제 국왕이 된 조지 6세의 선천적인 소심함은 1937년 여름에 이르러 보다 자신감 넘치는 태도로 바뀌었다. 소도시에 위치한 전임 항공장관 런던데리 후작의 집 중 하나에서 식사하던 알바는 스페인에 관해 논의하기 위해 옆방으로 급작스럽게 초대되었다. 이어진 45분 동안 국왕은 싸움이 반란자들의 승리로 끝난 이후 정부가 어떤 성격을 보일지, 특히 군주제의 운명이 어떻게 될지에 관심을 보였다. 알바는 그 스스로가 항상 지지했던 왕정복고와 관련해서는 아직 아무런 문제가 없다고 말했다. 알바는 독일과 관련해 "서구 열강과의 충돌을 바라지 않는다는 히틀러의 말에 진정성이 있다고 믿는"다고 덧붙였다."[37]

동맹을 통한 프랑스와 소련 사이의 연계를 비롯해 스페인공화국의 운명에 양국이 가진 유대 관계는 프랑스인들을 향한 영국의 이념적 양가감정을 한층 악화시켰다. 비록 보란 듯이 약화되었지만 인민전선은 그 자체로 아주 끔찍하고 혐오스러운 것이었다. 1937년 6월 블룸은 실각했다. 급진당의 카미유 쇼탕이 그 자리를 차지했고, 블룸과 사회주의자들에게는 더 나은 대안이 없었기 때문에 쇼탕을 지지했다. 이러한 변화는 프랑스공산당에게 "인민전선 내 자신들의 기반"으로부터 정부가 떠나고 있음을 인지시켰다. 프랑스 주재 스위스 대사 뒤낭은 이를 두고 "단순히 정치 문제라기보다는, 그들이 말하는 것처럼 수학 문제에 가깝다."라고 재치 있게 표현했다. 간단히 말해서 프랑스는 신용이 무너져 파산하고 있었다.[38]

프랑스공산당에는 물론 인민전선의 우선순위들을 유지하도록 쇼탕에게 압력을 가하라는 지시가 내려졌다. 하지만 동시에 코민테른은 "파업의 물결이 커지는 것"을 극우와 트로츠키주의자들의 탓으로 여기며, "공산주의자들은 이를 용납하지 말 것"을 분명히 했다.[39] 그러나 영국의 입장에서 볼 때 피해는 이미 발생한 상태였다. 궁극적으로 영·불 동맹이 필요하다고 여전히 확신하는 사람들조차 인민전선이 프랑스의 방위 노력에 미친 해악에 절망했다. 1937년 11월 프랑스와 영국의 재무장을 비교하면서 영국의 제국방위위원회는 "최근 도입된 프랑스의 국유화 조치들과 내부적 노동 분규들은 비상시 산업 확장 능력을 일시적으로 축소시켰으며, 특히 항공기 산업에서 이러한 경향이 두드러졌다. … 현재 프랑스 항공업계의 사정은 개탄스럽다."라고 평가했다.[40]

상황은 스페인공화국을 돕기 위해 군비를 수출해야 한다고 강하게 압박하는 한편으로, 국내 재무장은 반대하는 데 기를 쓴 영국 내 좌파의 신뢰성에도 도움이 되지 않았다. 예컨대 1937년 8월 중순 코민테른 집행위는 그러한 모순을 감지하지 못하고 "재무장"과 파시스트 열강들과의 협력에 열중한 "거국 내각, 파시즘, 전쟁에 반대하는" 단결을 요구하는 영국공산당의 요청을 승인했다. 영국공산당은 방위 예산 투표에서 기권만 한다며 노동당을 비난했다.[41] 런던의 그 누구라도 러시아인들이 영국의 안보 약화에만 몰두하고 있다고 볼 수밖에 없었다.

한편 1937년 10월부터 조셉 볼 경과 그란디 대사 사이에서 작동해 무솔리니에게까지 닿았던 체임벌린의 비밀 연락망이 외무부를 애먹이기 시작했다.[42] 상황이 악화되면서 좌파에 경도된 호주 출신 언론부 수장 레지널드("렉스") 리퍼는 무솔리니에 대한 영국의 "계속적 항복 정책"으로 보았던 것에 아주 비관적이 되었다. 동료 개혁주의자 이든이 꿋꿋이 버티고 있었음에도 불구하고 다른 이들, "특히 체임벌린은 투항자였고 … 샘 호어는 볼셰비즘에 겁을 먹은 이들 중 하나"였다.[43]

체임벌린은 독일과 이탈리아를 달래는 노선을 고수하는 한편 어떤 대가를 치르든 소련과의 접촉을 회피하는 정책을 취했을 뿐만 아니라, 똑같은 정책을 채택하게끔 동료들을 괴롭히고 다른 국가들을 압박했다. 이런 과정에서 그는 자유롭게 편견을 표명하며 비공개 보고회에 참석했던 특파원들에게 충격을 가하기도 했다. 전임 의회 출입 기자 제임스 마객의 회상에 따르면 "책상에 전달된 보고들, 예를 들어 유대인 박해나 히틀러의 약속 파기, 무솔리니의 야욕과 같은 내용에 관한 어떠한 질문들도 잘

정립된 방침을 따르는 대답만을 받을 뿐"이었다. "그렇게 숙련된 기자가 유대-공산주의적 선전에 넘어갔다는 점이 놀라울 뿐이었다."[44] 체임벌린의 본능은 일관되게 권위주의적이었다. 실제로 이든은 (객관적인 목격자라고 할 수는 없지만) 독재자들이 무의식적이고 심층적인 방식으로 체임벌린에게 호소했다고 항상 의심했다. 체임벌린은 자신의 누이들에게 반유대주의적이고 반볼셰비키적이며 친유화적 성향인 볼의 잡지 〈트루스〉를 읽을거리로써 적극 추천했는데 이는 불편하게도 극우에 가까운, 널리 알려지지 않은 그의 성향을 암시한다.[45]

영국의 일방주의

1936년 7월 〈타임스〉는 체임벌린 휘하의 영국 정부가 파리가 주도하는 외교정책을 용납하지 않을 것임을 분명히 시사했다. 전임 인도 총독이자 확고한 "반러시아"인 옥새상서 핼리팩스 자작이 11월 8일 체임벌린을 대신해 독일사냥꾼협회 내빈 자격으로 "비공식적으로" 독일로 떠났을 때,[46] 프랑스인들은 그의 움직임에 대한 사전 통고조차 받지 못했다. 외무장관 델보는 이 여행이 양자 간 협의를 위한 비공식적 탐사였다고 정확하게 보았다.[47] 핼리팩스는 괴링의 접대를 받으며, 스스로가 "독일에 대한 위대한 봉사"라고 묘사한 독재자의 업적을 축하하기에 적절한 곳이라고 생각한 베르히테스가덴에서 히틀러와 만났다. 핼리팩스는 또한 히틀러가 "의심의 여지 없이 자국에 공산주의가 진입하는 것을 방지해, 그것이 서쪽으로 뻗어나갈 수 있는 통로를 막았"다고 덧붙였다.[48]

핼리팩스는 채넌에게 "모든 나치 지도자가 마음에 들었"다고 털어놓았다. "심지어 괴링까지도요! 누구도 그를 좋아하지 않는데 말이죠. 그[핼리팩스]는 방문하는 동안 굉장히 깊은 인상을 받았고, 흥미로워했으며, 즐거운 시간을 가졌습니다. 그는 나치 정부가 환상적이라고, 어쩌면 현실이라고 믿기 어려울 정도로 환상적이라고 생각했죠."[49] 그리고 핼리팩스는 독일인들이 "진정으로 공산주의를 증오하는 자들"임을 의심하지 않았다. 그는 영국이 필히 "그들과 어울려야" 한다고 믿었다.[50] 자신의 판단을 확신하나 경험은 없던 핼리팩스는 스스로가 "(예컨대) 오스트리아 침공보다는 덜 해롭"다고 간주한 독일의 "비버 같은 행동"을 비교적 온화한 시선으로 바라보았다.[51] 반대 의견들에도 불구하고, 이 방문은 "분명한 정치적 중요성"을 가졌다고 사전트는 지적했다.[52] 깊이 기분이 상한 프랑스인들은 그러한 태평함에 경악을 금치 못했다. 프랑스인들에게 있어 이 사건은 체임벌린이 선사한 여러 불쾌한 놀라움 가운데 첫 번째였다.

그러나 11월 29일 협의를 위해 프랑스 총리 쇼탕과 외무장관 델보가 런던에 도착하자 영국의 무사안일주의는 위협받았다. 델보는 동유럽으로 향하던 중이었으나 영국인들은 그가 고국에 머무르기를 바랐다. 체임벌린은 프랑스인들이 "독일이 오스트리아와 체코슬로바키아 일부를 흡수하고자 한다는 데"에 불안해했다고 보고하면서 덧붙였다. "동시에 그들은 영국 장관들을 압박해 동유럽에서 보다 전향적인 태도를 취하게 하려는 듯이 보였다." 하지만 그들은 영국의 만류로 물러섰고, 체임벌린은 크게 안도했다.[53]

프랑스는 영국의 일방주의에 의해 배제되는 동시에 러시아인들의 냉대를 받으면서 점차 고립됐다. 리트비노프는 모스크바에서 내무인민위원부 조사를 받으며, 언제든 수하들 대다수와 함께 체포되기를 기다리고 있었다. 그는 덤으로 주어진 시간을 살고 있었다. 리트비노프가 4년 전 스탈린에게 참여하라고 설득했던 집단 안보라는 진취적 정책은 위험할 정도로 과잉 노출된 듯이 보였다. 그 정책은 적어도 런던에서는 죽은 것이었다. 리트비노프가 델보를 동유럽 순방의 연장선상으로 모스크바로 초대하려 하자, 정치국은 나르코민델에 직설적인 지시를 내렸다. 만일 사안이 제기될 경우 "왜 지금 하필이면 델보가 모스크바를 방문해야 하는지 이해

할 수 없다고 답하라. 우리는 어느 일에서건 먼저 나서서는 안 된다."라는 지시였다.[54]

크렘린의 태도는 점차 "요새 러시아"로 거듭나고 있었다. "요새 러시아"는 공개 재판이 시사했듯, 철저히 배외적이라기보다는 그다지 친독적이지 않은 성격을 보였다. 어쨌든 반역 혐의로 법정에 소환된 이들의 상당수는 인위적으로 독일인들과 공모 관계로 연결됐다. 사실 스탈린과 정치국은 1935년 합의된 신용에 따른 주요 군수품 수출을 보류했다는 이유로 12월 21일 독일에 대한 강경 노선을 취했다.[55] 무기 개발 계획 가속화에 따른 지독한 원료 부족을 겪던 독일인들은 아직 소진되지 않은 1935년도의 신용 거래를 대체하는 2억 마르크의 차관을 러시아인들에게 제공했다. 따라서 베를린은 모스크바의 통고를 받은 셈이었다. 그러나 해외 관찰자들을 더욱 놀라게 한 사실은 레닌그라드 당서기 안드레이 즈다노프와 인민위원평의회 의장 몰로토프 모두가 최고소비에트에서 프랑스에 대한 공세를 개시하는 한편, 독일에 대한 직접적인 비난을 회피했다는 사실이었다. 그리고 (케도르세를 위해 일하던) 〈르탕〉 특파원 루치아니가 상관의 엄청난 압박을 받고 있던 리트비노프를 방문했을 때, 루치아니는 프랑스 외무장관을 겨냥한 "맹렬한 비난"을 들으며 "만일 프랑스가 자신들의 방식을 수정하지 않는다면 소비에트 정부가 독일의 품에 안기는 꼴을 보게 될 것"이라는 경고를 받았다.[56]

영국이 독일과의 양자적 이해를 명확하게 구하는 쪽으로 정책을 재조정하면서 소련은 부차적인 위치로 격하됐다. 러시아인들이 영국 내에서 의지할 수 있다고(최소한 귀를 기울여준다고) 느꼈던 이들은 체임벌린 지지자들로부터 조직적으로 냉대를 받았고, 이는 필연적으로 모스크바의 고립감을 강화했다. 그러한 인물 중 하나가 밴시터트였다. 핼리팩스는 외무부에서 그와 불편할 정도로 가깝게 일해야 했다. 밴시터트는 완강하기 짝이 없는 대독 유화책 반대자이자, 마이스키 대사와 비공식적인 점심식사를 정기적으로 함께하는 남다른 인물이었다. 윌슨이 사무차관을 위층으로 밀어내는 데는 거의 1년이 소요됐다.[57] 이어 윌슨은 밴시터트가 사무실도 없고 직무도 없는, 선례가 없는 직위인 "수석외교자문"에 임명되면서 그의 직무를 강탈했다. 밴시터트의 위치는 체임벌린이 뒤이은 2년 동안 그와 한 번도 이야기 나누지 않았다는 사실로 입증되었다.[58] 밴시터트는 외무부에서 (이든의 표현에 따르면) "길들여지고 재미없는 공무원"인 자신의 부관 캐도건에 의해 대체됐다.[59] 캐도건은 "밴"을 혐오했고, 유화책 반대자인 재무부 소속 피셔의 단호한 반대 로비에도 불구하고 밴시터트의 자리를 차지했다.[60] 이론의 여지는 있지만, 분명 전문성이라는 측면에서 정당한 후계자는 중부 유럽 관련 지식에 정통하고 피셔의 강경한 대독일 시각을 공유하던 사전트였다. 사전트는 확실히 윌슨의 기호에 맞는 이는 아니었다. 더욱이 그는 경력을 통틀어 모든 해외 공관 직위를 회피해왔으며, 위험할 정도로 밴시터트와 가깝다는 오명도 가지고 있었다.

캐도건은 훨씬 다루기 쉬운 사람이었다. 최상류층 출신으로 유대감이 있으며, 무려 백작의 아들로서 관습적이었고, 굳건한 반볼셰비키이자 베르사유조약 개정을 굳게 신봉했다. 1936년 5월 중순 에드워드 8세와의 접견에서 국왕은 "어떻게든 우리는 평화를 가져야만 합니다."라고 말했다. 캐도건은 다음을 주목했다. "기묘하게도 왕은 '베르사유에서 반드시 탈피해야만' 한다는 나의 해결책을 자연스럽게 언급했다."[61] 캐도건의 세상은 선하고 자유주의적이고 합리적인 세상이었다. 그는 외국의 정치인들도 분별 있는 영국인들과 같은 방식으로 일하리라고 생각했다. 1937년 1월 캐도건은 일기에 "우리와 독일 사이의 끔찍한 유보의 장벽을 무너뜨리자."라고 적었다.[62] 이는 감탄스러울 정도로 체임벌린과 잘 맞았다. [독일보다] 더 나은 짝은 찾을 수 없었다.

따라서 1938년 새해에 캐도건은 자리를 굳건히 한 듯이 보였다. 그는 젊고 야심 차지만 우유부단한, 이제는 체임벌린의 사선에 완전히 노출된 외톨이 이든과 함께였다. (이든 자신은 짜증 나는 사람이라고 생각한) 밴시터트는 이든에게 그가 다음 차례일 수 있다고 경고했다. 이든은 체임벌린의 일방주의적인 본능과 소련에 헌신하는 프랑스를 향해 종종 표출되던 짜증으로 인해 꼼짝없이 갇힌 신세였다. 대다수의 주도적인 보수주의자들보다 열린 생각을 가졌던 이든은 1937년 11월 "오로지 많은 영국인이 가진 공산주의에 대한 감정 때문에" 러시아와의 관계가 방해받고 있다고 온당하게 언급했다.[63]

앞서 보았듯 스탈린은 1934년 디미트로프에게, 양국의 자본주의적 전통을 고려할 때 자신은 영국이나 프랑스에서 공산주의가 자체적으로 발전할 수 있으리라고 믿지 않는다고 말했다. 더욱이 시간이 흐르면서 스탈린은, 비록 볼셰비키적인 영향력이 가미됐으나 자신과 로마노프왕조 사이의 연속성을 그 어느 때보다 더욱 의식하게 됐다. 1937년 11월 10월 혁명 기념일을 맞아, 자칫 발을 잘못 디딜까 두려울 만큼 거대한 수가 모인 청중 앞에서 스탈린은 아무 거리낌 없이 이와 관련한 이단자적 고백을 했다. 이토록 "거대한 국가"를 건설한 차르들을 칭찬한 스탈린은 또한 영국에서 "노동당의 편에 선 중간급 평당원들 때문에 아무것도 이뤄질 수 없으며, 프랑스공산당이 올바른 정책을 수행하고 있음에도 불구하고 사회당이 아주 강하"다고 지적했다.[64]

이어 재무장이라는 중요한 문제가 있었지만, 영국 내각은 특히 지상군과 관련해 진심으로 전념하지 않았다. 이든은 직설적으로 충고를 받았다. "당신 동료 대다수와 그들 아래서 일하는 공무원들은 우리의 입장이 얼마나 다급하고 위험한지 아무런 생각도 없습니다. 대대적인 내각 개편이 이루어지지 않는다면 재무장의 필요성이 제대로 인정받지도, 재무장이 속도를 낼 수도 없을 것입니다. 재무재상이 유지비에 2억 파운드 이상을 쓸 수 없다고 말하는 일은 확실히 아무 소용이 없습니다. (적어도 한동안은) 큰 금액을 들이더라도 파괴당하는 것보다는 저렴하지 않겠습니까."

체임벌린도 이를 보았으나, 자신의 본성에 걸맞게 이 충고를 내각에 회람시키지 않았다.[65]

무슨 일이 일어날지 예측하기란 너무나도 쉬웠다. 2월 20일 일요일 내각은 "금요일 (이탈리아 대사 디노) 그란디가 접근함에 따라 앤서니(이든)와 네빌(체임벌린) 사이의 의견 대립이 촉발돼 정점으로 치달았다. 오후부터 저녁까지 거의 이어진 회의는 위기 국면을 맞이했다."[66] 이든은 월요일에 사임했고, 핼리팩스는 모두가 환영하는 후임자였다. 윌슨은 신임 외무장관이 "용기 있는 사람은 아니었으며, 기꺼이 책임감을 짊어지지 않았다."라고 회상했다.[67]

핼리팩스와 이든 사이의 정치적 차이는 뚜렷했다. 그들이 추구하는 바는 전적으로 양립 불가능했다. 집단 안보 추종자인 이든은 프랑스와 손잡고 이탈리아와 독일을 견제하려 했던 반면, (체임벌린의 우선순위를 공유한) 핼리팩스는 프랑스와의 연계를 거부하고 일방주의적인 행동을 선호했다.[68] 핼리팩스는 이탈리아나 독일을 저지하기 위한 어떠한 다자간 협력도 전적으로 반대했다. 그는 봉쇄 정책을 전혀 신뢰하지 않았고, 거기서 더 나아가 군사적 역량과 결별한 외교를 신봉했다. 그의 걸출한 선임자들의 눈에는 순전히 바보짓으로만 보이는 입장이었다. 핼리팩스는 당시 이탈리아 주재 대사인 로레인에게 "우리 모두는 … 영향력이 힘보다 낮다는 교훈을 배워야" 한다고 조언했다.[69] 조금의 과장도 없이, 이 입장은 나치 시대에 가지기에는 최악으로 재앙적인 추정이었다. 핼리팩스는 또한 유럽의 문제들이 "조금씩" 해결돼야 한다고 믿었다. 그는 (체임벌린과 윌슨과 마찬가지로) 합리적인 자유주의 경제학을 근본 전제로 사고했다. 총리가 대규모 재무장을 감당할 수 있다는 의견을 일축하던 바로 그때, 가장 가까운 동료인 핼리팩스는 파시스트 열강들에 대규모 재정 원조를 제공할 계획을 세웠다. 재무장은 감당할 수 없지만 대규모 해외 원조는 감당할 수 있다고 말하는 데서 발생하는 모순은 그에게는 일어나지 않는 것처럼 보였다. 그는 "다른 세계열강들과 정상적인 관계로 돌아가는 전환기 동안 이탈리아와 독일을 돕는" 것을 대수롭지 않게 얘기했다. 그리고 루스벨트가 동의했다고 잘못 이해한 것을 바탕으로, 런던이 채택한 새로운 유화적 접근이 "옳았다"고 그릇되게 파악했다. 그러나 이에 관해 핼리팩스는 급작스럽게, 그리고 단호하게 콧대가 꺾였다. 미국인들은 의회 내의 고립주의 덕에 무능력했을지는 모르지만, 냉혹한 현실에 관해서는 어떠한 환상도 가지고 있지 않았다. 이러한 사실은 영국 대사 로널드 린지 경을 퉁명스럽게 꾸짖은 미국의 국무차관 섬너 웰스의 사례에서 분명히 볼 수 있다. "나는 우리의 이전 대화에서 대통령이나 미국 정부의 어떠한 책임 있는 관리들이 영국 정부의 절차를 지지하거나, 그것이 '옳다'고 생각한다는 점을 결코 내비친 적이 없습니다."[70]

영국이 프랑스와 맺는 관계는 물론 고국 제도의 안보에 중요했다. 그러나 프랑스가 그다지 중요하지 않다는 체임벌린의 편견은, 따라서 믿음직한 우방을 구성할 만하지 않다는 결론으로 이어졌다. 또다시 판단은 재정뿐 아니라 체제 전복 문제에도 영향을 미치게 되었다. 체임벌린은 프랑스가 "프랑화에 대한 공격과 자본도피 문제와 함께 모든 생산품, 특히 무기와 장비 생산에 심각한 영향을 미치는 산업적 문제들과 불만으로 인해 끔찍할 정도로 취약한 조건에 처해" 있다고 믿었다.[71] 물론 그는 틀리지 않았다. 그러나 부활하는 독일 앞에서 프랑스를 버리는 일은 상황을 결코 더 낫게 만들지는 않을 터였고, 실로 사안을 엄청나게 악화시켰다.

외무부 사무차관 캐도건 또한 [프랑스의] 인민전선과 스페인의 "붉은" 정부가 "끔찍하다"고 생각했다.[72] 그의 이러한 의견은 외무부 내에서 결코 예외가 아니었다. 1919년 러시아 주재 총영사로, 이후 볼셰비키들을 철창 안에 집어넣은 적이 있는 일본의 대사로 부임한 프랜시스 린들리 경은 1936년 8월 7일 〈타임스〉에 눈에 띄게 실린 서한을 썼다. 서한에서 그는 "세계 모든 나라에서 자국의 사회적 목표에 동의한 이들을 조직하고,

재정 지원하며, 무장시키는" 소비에트 체제의 "기틀 잡힌 정책"을 언급했다. "모스크바가 펼치는 이 정책의 완전한 함의는 이 나라[영국]에서 결코 파악된 바 없다. 이 정책은 외국의 극단주의자들을 전장으로 끌어들여 세계 평화를 위험에 빠트리는 불가피한 결과를 초래한다. 스페인은 소비에트의 평화 애호가들이 빚어낸 마지막 결실이 아닐 수도 있다." 8월 22일 린들리는 자신의 서한이 받은 비판에 대한 반박문을 공개하며 두 가지 요점을 세웠다. 첫째, 소비에트 요원들은 오래도록 "스페인에서 (볼셰비키의 기술적 표현에 의하면) '육중한 내전'을 준비해왔다. 둘째는 스페인 정부가 민주적으로, 그리고 적합하게 선출됐으나 통치해보지 못했다는 점이다. 시작부터 이 정부는 가장 열렬한 지지자들이 저지르는 모든 불법 폭동을, 독려하지는 않더라도 용인했다." 실제로 린들리는 그 누구보다 당당했다. 앙카라에서 대사 퍼시 로레인 경은 한 친구에게 털어놓았다. "개인적으로 나는 프랑코주의자들에게 연민을 느껴요. 물론 공식적으로 이를 드러내지 않도록 주의해야겠지만요." 실제로 그는 스페인 국왕 알폰소를 자신의 집으로 초대해 여흥을 베풀고자 했다. (그 생각을 기꺼워하지 않은) 동양부의 수장이던 로레인의 사촌 랜슬롯 올리펀트 경은 "스페인 관련 사안들에서 우리가 우파에 경도됐다는 혐의" 때문에 외무부가 전체적으로 공격을 받고 있다고 반박했다.[73] 핼리팩스 자신은 "불쾌한 볼셰비키적인 관점"에 대해 아무런 의혹도 가지지 않았다.[74]

루스벨트가 영국 대사로 선택한 조지프 케네디는 런던에 도착한 후 체임벌린과 핼리팩스 모두의 대접을 받았다. 이후 케네디는 소비에트 대사에게 체임벌린의 정책은 양보를 통해 독일 및 이탈리아와 합의에 도달하는 것으로, 그는 이 정책을 포기하지 않을 것이라고 말했다. 이 지점에서 케네디는 어깨를 으쓱하며 말했다. "이 세상에 총리가 싸울 준비가 돼 있는 무언가가 존재하는지 저는 잘 모르겠어요."[75] 독일의 오스트리아 장악도 자연스럽게 아무런 차이를 만들지 못했다.

3월 10일 알프스산맥 경사지에 나와 있던 오스트리아 학생들은 우연히 산을 가로질러 이동하는 독일 병사들을 발견했다. 다음 날 빈에 입성한 독일 제8군의 군홧발 소리는 영국인들을 놀라게 했다. 전후 현상 유지의 수호자이자 오스트리아 독립의 보증자인 프랑스는 망연자실했다. 그리고 로마 주재 프랑스 대리대사가 독일에 대항하는 협력을 구하기 위해 키지궁전에 전화를 걸었을 때, 치아노는 그와의 대면을 거절하며 치욕을 선사했다.[76] 독일인들은 프랑스인들이 얼마나 보복하기를 원하든 영국인들이 관여하지 않으리라는 사실을 알고 있었다. (제국항공부 연구 사무소로 위장한) 독일 최고의 암호 해독 부서인 괴링의 베를린 "연구" 사무소는 사실 영국의 외교 암호문을 획득해 그들이 어떠한 결정을 내릴지 알고 있었다. 괴링은 히틀러에게 "프랑스는 아무런 주저 없이 행동을 취하기를 원하고 있으며, 영국을 가장 강하게 압박하고 있습니다. 해독한 암호문들을 보내 드릴 수 있습니다. … 프랑스는 오늘 여러 나라의 대사들에게, 영국이 거절했기 때문에 자국은 아무것도 할 수 없다고 말했습니다."[77] '연구 사무소'는 실로 정확했다.[78]

　　히틀러가 갈가리 찢고 있던 베르사유조약의 주요 설계자들에 대한 경멸을 표하듯, 인기 없던 런던 주재 독일 대사 리벤트로프와 그의 부인은 이 모든 일이 벌어지는 동안 국왕과 여왕의 내빈으로 대접을 받는 데 이어 체임벌린과도 점심 식사를 함께했다. 외무부의 리퍼에 따르면 리벤트로프는 "이 일에 관해 이 나라[영국]가 무엇을 생각하는지 매우 분명한 용어로 전해 들었"다. BBC 국장 존 리스 경은 농담을 던졌다. "점심 식사 전에요, 아니면 후에요?"[79] 그러나 독일인들의 계산은 정확했다. 이미 1936년 바티칸의 국무원장은 "라인란트 지방에서 타격을 입은 후 나치는 오스트리아에서 많은 것을 얻었고 … 영국은 오스트리아 문제에 대해 아무것도 모른다."라고 지적했다.[80] 독일인들은 자신들이 상대하는 영국인들을, 베를린에 적대적인 이들에 대해서까지도 충분히 파악하고 있었다. 어쨌든 수년 전 그란디 백작에게 "오스트리아 문제의 90퍼센트는 이탈리아의 이해관계이고, 영국은 오직 간접적으로 관련되었을 뿐이죠."라고 말한 이가 저명한 배독주의자 밴시터트 아니었던가.[81] 외교라는 친밀한 세계의 높은 곳에서 흘러나온 그러한 매력적인 여담은 널리 퍼질 운명일 수밖에 없었다.

〈타임스〉는 1933년 이래 최초로 히틀러의 행동에 충격을 표명했고, 이는 독자들에게 커다란 놀라움으로 다가왔다. 그때까지 프린팅하우스스퀘어*가 히틀러 정권이 휘두르는 무력에 완전히 무감한 것은 아니었다. 성공회 공동기도문의 말을 빌려 영국인들이 "죄악의 사슬에 얽매였"다고 간주하면서 그때까지 히틀러가 무슨 짓을 하든 정당화할 수 있는 것으로 기꺼이 받아들일 것처럼 보였던 경건한 편집부장 로빈 배링턴워드는 마침내, 아주 짧게나마 깨어났다.[82] 3월 14일 실린 논설 "행군과 도덕"에서 배링턴워드는 "영국의 지식인 대다수는 일반적으로 오스트리아가 조만간 독일제국과 긴밀히 엮일 운명에 처했다고 보고 있"음을 시인하면서 다음과 같이 덧붙였다. "영국, 그리고 문명화된 세계를 통틀어 깊은 분노를 일으키는 바는 … 독재자의 위신을 살려주기 위해 깡패의 물리적 힘을 사안에 적용하는 방식으로 전체 과정을 반전시킴으로써 안정적인 평화를 향한 다른 희망적인 움직임들을 막았다는 점이다."

독일인들은 비록 공격적이었지만 취약한 존재로 여겨졌다. 핼리팩스가 꿈꾼 대규모 경제원조는 이러한 시각을 반영했다. 이 단계에서 영국인들이 행동을 취하지 않은 이유는 독일에 공포를 느껴서가 아니었다. 독일인들이 대규모 전쟁을 치를 준비가 됐다는 취지의 평가는 전혀 존재하지 않았으나, 이와는 대조적으로 조급한 재무장으로 인해 최대한도로 늘어난 경제적 압박과 긴장은 너무나도 명백했다. 공포는 매우 다른 지점에

---

* 타임스 본사가 위치했던 런던의 구획명.

서 비롯되었다. 파시즘은 연약하고 공산주의는 강력하다는 지점이었다. 이제 외무부 사무차관의 비서관이고, 그리하여 MI6의 연락원이기도 했던 글래드윈 젭은 영국, 프랑스, 러시아가 무력으로 병합에 반대할 경우 "발생할 수 있는 독일의 총체적 붕괴는 여전히 러시아의 폴란드 흡수와 독일 내 얼마간의 친러파 정부와의 동맹을 통해 러시아가 서쪽으로 확장할 가능성만을 초래할 것으로 비쳐진"다고 주장했다.[83] 따라서 체임벌린과 핼리팩스가 탄원자들로서 행동했다는 이유로, 그들이 독일과 관련해 영국이 취약하다고 보았다고 추정해서는 안 될 것이다.

오스트리아가 독일의 군화 아래에 놓이게 되면서, 프랑스와 소련 양국 모두와 상호원조협정을 체결했던 체코슬로바키아가 전선에 위태롭게 노출되었다. 이 나라 인구의 3분의 1은 나라의 서쪽 부분인 수데텐란트 지방에 자리했고, 이제 독일 병력이 남쪽으로 주둔했다. 뜻밖의 우연으로 배링턴워드의 '분노가 아닌 슬픔에 잠긴' 사설이 스탈린에게 가장 최근 희생된 올드볼셰비키들의 "모스크바 재판"에 관한 논설 옆에 실렸다. 히틀러의 타이밍은 언제나 그랬듯 완벽했다. 스탈린의 전제적 통치 아래 소련의 공산주의자들은 스스로를 집어삼키기에 여념이 없었다. 특히 공개 재판들은 모스크바를 잠재적 우방으로서 바라보던 서구 사람들에게 역겨움을 선사했다. 영국과 프랑스 모두가 나치 독일의 군대가 동쪽으로 진군하기를 바란다고 믿었기에, 모스크바는 그 이상의 해외 문제를 바라지 않았다. 소련에 대한 어떤 일방주의적인 조치도, 히틀러가 그 방향으로 움직이도록 장려하는 쪽으로 작용하리라는 믿음이 형성됐다.

체코슬로바키아의 운명을 두고 대두한 위기는 이제 독일과 이탈리아를 피할 수 없는 운명 공동체로 묶으려는 영국의 결연한 투지를 위기로 몰아넣었다. 또한 모스크바에서 "오스트리아의 히틀러화"를 "체코슬로바키아의 예견된 미래"로 여기면서 "야수 같은" 볼셰비키 문제가 부각되었다. 리트비노프의 인상 깊은 말을 되새겨보자. "오스트리아 병합은 이미 체코슬로바키아의 향후 운명과는 별개로 유럽에서 히틀러의 패권을 보장했다."[84] 모든 이의 관심을 사로잡은 핵심 쟁점은 독일이 침공할 경우 러시아가 체코인들을 방어할지 여부였다. 히틀러의 표적인 체코슬로바키아 역시 붉은군대가 자신들을 돕기 위해 속도를 낼지도 모를 가능성을 영국인들만큼이나 염려했다. 유럽에 새로운 전쟁이 터질 경우 대륙 전체에 볼셰비즘이 빠르게 확장하는 결과를 낳을 것이라는 공포가, 런던과 파리에서만큼이나 포식자 독일의 다음 희생자인 프라하에서 예민하게 감지됐다. 그리고 체코인들은 러시아인들의 우방이었다. 4월 9일 체코슬로바키아 주재 소비에트 대사 알렉산드로프스키는 "사람들이 스페인 문제나 체코슬로바키아 원조 문제 등에 관한 영국과 프랑스의 우유부단함과 협박을 이해하지 못한다고 말할 때" 에드바르트 베네시 대통령이 느낀 놀라움을 기록했다. "그 비밀은 단순합니다. 예컨대 유럽은 1914년부터 1918년까지 치러졌던 세계대전의 결과가 심지어 승자들에게도 어땠는지를 잘 압니다. 그러한 전쟁이 또 한 번 벌어진다면 수백만 명이 무장하게 될 것입니다. 러시아혁명, 오스트리아헝가리제국 붕괴, 독일혁명… 승전국에서 겪었던 사회적 혼란은 이미 충분한 교훈을 주었습니다. 그리고 당시에는 코민테른 같은 '유독한' 기관이 존재하지 않았죠. 그러나 지금은 존재할 뿐 아니라, 제국주의적인 전쟁을 내전으로 바꿔 지급된 무기를 자국의 부르주아지를 향해 돌려야 한다는 구호를 내걸고 있습니다. 오늘날 대체누가 세계대전에 기꺼이 휩쓸리려 하겠습니까?!"[85] 사실이었다. 체임벌린도 이를 더 잘 표현할 수 없었을 것이다.

코민테른에서 디미트로프는 다가오는 위협에 대처하기 위해 발 빠르게 반응했다. 오스트리아는 가장 첫 번째 의제였다. 엥겔베르트 돌푸스 총리와 쿠르트 슈슈니크 총리에 의해 노동계급이 연속적으로 무장해제되고 탄압받았기 때문에 히틀러의 기습은 너무나도 손쉬웠다고 그는 적었다. 또한 디미트로프는 어느 누가 보기에도 의심의 여지 없이 "오스트리아의 독립 상실은 … 히틀러의 침공을 간접적으로 뒷받침한 프랑스의 반동적 무리들, 그리고 무엇보다 영국 보수당 정부의 공동 책임"이라고 못박았다. 코민테른 서기국은 이제 오스트리아 당원들이 "모든 적법한 조직 및 노동자들의 기관 내에 머물러 버티면서 새롭게 조직되는 단체들에 즉각 가담"해야 한다고 결의했다. 코민테른은 또한 농민들을 설득하기 위해 "가톨릭 신자들과 긴밀히 접촉"할 것을 지시하면서, 동지들이 기존 가톨릭 조직들에 참여해 가톨릭 기구의 지도자들과 접점을 구축할 것도 조언했다. 당 지도부 중 일부는 한동안 나라를 떠나 스페인, 체코슬로바키아, 프랑스 당의 지도적 기관들에 재배치 및 임명돼야 했다. 그들이 정착한 나라들에서 합법적 지위를 획득하는 일 또한 중요했다.[86] 하지만 문들은 다급하게 닫히고 있었다. 리트비노프는 자포자기하는 심정으로 "유럽의 협력을 요구하는 마지막 요청"이 되리라고 믿은 선언문을 발행하면서 "우리는 유럽의 미래 발전에 거의 관심을 두지 않는 입장을 채택하고 좋을 것"이라고 썼다. 히틀러의 경로에는 체코슬로바키아뿐만이 아니라 루마니아, 폴란드, 헝가리까지 네 국가가 놓여 있었다. 리트비노프의 식견에 의하면, 이 네 나라가 단합하지 않는다면 그들은 하나하나 점령될 터였다.[87]

스탈린은 해외에서 어떤 대담한 선제 조치도 취하고 싶어하지 않았다. 그가 가진 피해망상의 결과로 붉은군대는 소비에트 국경 너머에서 중요한 공세 작전을 수행할 수 있을 만한 상태가 아니었다. 그럼에도 불구하고 여러 비상 계획이 세워졌다. 소비에트 군사정보부는 붉은군대가 체코슬로바키아로 향할 수 있는 유일한 길목인 루마니아가 통과를 허락할지 여부를 조사했다. 체코 무관 부다가 카롤 국왕과 대화를 나눴고, 부쿠레슈티의 타스 특파원으로 위장한 제4국 주재관이 카롤의 답변을 보고했다. "붉은군대가 루마니아를 통과해 지나갈 경우 그(카롤)는 국제연맹에 항의를 제기할 테지만, 루마니아는 체코인들의 편에 남아 있을 것입니다."[88]

다음 조치로, 스탈린은 5월 14일 방어 시설을 점검하기 위해 체코슬로바키아에 감찰반을 파견하자는 보로실로프의 제안에 동의했다.[89] 그리고 5월 29일 포병국의 군사 팀이 프라하에서 보고를 보내왔다.[90] 그러나 리트비노프가 이미 지적했듯이, 모든 것은 체코슬로바키아를 방어하기 위해 프랑스가 동유럽 우방을 결집하는 데 달려 있었다. 그리고 바람에 펄럭이는 돛처럼 흔들리던 루마니아인들은 폴란드로부터 프랑스에 저항하라는 지속적인 압력을 받는 중이었다. 설상가상으로 리트비노프가 스탈린에 올린 보고에 의하면, 폴란드는 독일의 체코슬로바키아 공격을 틈타 폴란드인들이 거주하는 체코 영토(치에신)를 장악하려는 결의를 숨기지 않았다. 러시아는 폴란드의 간섭을 차단하기 위해 행동을 취할 수 있었으나, 폴란드에 공격을 가하면 프랑스가 이를 불·폴 동맹에 따른 행동 개시 요건으로 고려할지 여부를 알 필요가 있었다.[91] 한편 5월 28일 모스크바에서 제4국은 "체코슬로바키아 문제에 대한 루마니아와 폴란드의 단결 행동에 관한" 보고를 올렸다.[92] 그리고 체코를 돕기 위한 어떤 행동도 보이지 말라는 영국의 압력을 지속적으로 받은 프랑스는 러시아와 절충하기 위해 앞으로 나설 의향이 없음을 보였다.

머뭇거리는 프랑스

주도권은 러시아라는 한계 너머, 프랑스에 놓여 있었다. 크렘린의 길고 축축한 손이 프랑스의 고삐를 당기지 않는다면, 그리고 프랑스가 영국의 압력에 단호히 맞선다면 말이다. 오스트리아 병합은 정부 위기 한가운데에 있던 파리의 모두를 충격에 빠트렸다. 토레즈는 인민전선의 붕괴를 받아들였고, 거국 연정에서 급진주의자들에게 가담하기를 원했다. 3월 18일 그는 코민테른에 다음 메시지를 보냈다.

프랑스 내 정치 세력들은 소규모의 친히틀러 무리를 제외한 모든 당의 대표로 이뤄진 거국 정부 구성을 준비하기 위해 허둥대고 있습니다. 공산당은 물론 정부에 참여한다고 제안합니다. 이 제안은 며칠 내로 이뤄질 것이고, 국제 상황이 악화 일로라면 정부 재구성 문제는 보다 일찍 전면에 떠오를 것입니다. 우리는 인민전선에 속하지 않는 정당들과 필연적인 협력을 고려하고 있습니다. … 이 경우, 이 문제를 논의하기 위해 당신에게 대표단을 보내야 하지 않을까요?[93]

스탈린 또한 이 전신을 보았다. 이틀 뒤 프랑스공산당에서 온 조르주 코니오가 참여한 논의가 있은 후, 디미트로프와 마누일스키는 토레즈에게 서기국은 "거국 정부에 공산주의자들이 참여하는 것을 반대"한다는 나쁜 소식을 전했다. 오직 전쟁만이 그 일을 가능하게 만들 것이었다.[94] 하지만 전망이 더욱 암울해지는 와중에도 토레즈는 희망을 버리려 하지 않았다. 스페인에서 테루엘이 이번에는 프랑코에게 함락되면서 공화파 병력의 기력을 소진했다. 공화파들은 공중전에서 전혀 기회를 얻지 못했다. 소비에트 전투기들은 수직적으로든 수평적으로든 속도와 기동성 측면에서 더 이상 독일의 상대가 되지 못했다.[95]

영국 권력의 핵심부에 가까운 이들은 모스크바와 그곳이 상징하는 바와 관련해 어떻게 해볼 도리가 없을 정도로 적대적인 감정을 품었다. 4월 말 캐나다 총독이자 유명한 스릴러물 작가 존 버컨은 애머리에게 밝혔다. "유럽 관련 사안 중 우리를 가장 불안하게 만드는 요소는 프랑스와 러시아의 동맹입니다. 나는 피로 더럽혀진 그 협잡꾼 무리와의 어떠한 약속도 마음에 들지 않습니다."[96] 전후 호러스 월슨 경은 새뮤얼 호어에게 유화책을 정당화하면서, 당시 "네빌 체임벌린과 당신의 내각 동료들이 깨닫게 될 프랑스의 취약함과 달라디에 무리의 정신 상태, 즉 블룸의 '사회화' 이후로 꾸준히 증가해온 약점의 정도"가 충분히 인식되지 않았다고

주장했다.[97]

5월 9일 공산주의자 의원 플로히몽 본트는 달라디에와 가진 회동에서 영국의 정책이라는 현실과 충돌했다. 그러나 달라디에가 본트에게 설명한 대로 입장은 뒤바뀌어 있었다. 분명한 사실은 독일에 저항하려는 프랑스의 의지가 영국에 의해 연속적으로 약화됐다는 점이었다. 프랑스는 그들의 바람에 전혀 관심이 없는 영국인들에게 훈육되고 있었다. 달라디에 총리는 외무장관 보네와 뚜렷하게 대조를 보이며 (비록 함께 인민전선을 시작했던 공산주의자들을 의심했으나) 히틀러에 꿋꿋이 맞서려고 노력했다. 그러나 파리에서는 영국인들이 빠르게 떠내려가고 있다는 불안감이 감돌았다. 달라디에는 "영국과 체임벌린과의 관계를 고려해야" 한다며, 프랑스가 스페인 공화파를 지원하는 일에서 물러난 이유를 설명했다. 달라디에는 체임벌린이 독특한 생각에 사로잡혀 있음을 알아챘다. 미국 대사 케네디도 같은 경험을 한 바 있었다. 체임벌린은 (불·소 협정을 언급하며) 다른 이들이 독일을 포위하려 한다고 당혹스러울 정도로 주장했다. 달라디에는 그와 정반대 내용을 주장했지만, 체임벌린은 독일과 회담을 갖고 분규를 겪는 사안들을 규제하는 길로 나아가야 한다고 확신했다. 이 논의는 달라디에에게 명백히 불행한 결과를 남겼다. "소련과는 협력이 불가능"하다는, 체임벌린이 부연한 관념 또한 마찬가지였다. 달라디에는 붉은군대의 가치를 높게 평가하지 않았지만, 스페인에서 증명된 공군의 전투 능력만은 존중했다.[98] 그럼에도 불구하고 프랑스의 방위 노력을 겨냥한 공산당의 지속된 방해에 대한 분노는 깊게 타올랐다. 긴장감은 뚜렷이 나타났다. 조만간 모스크바를 다녀올 예정이던 소비에트 대사 야코프 수리츠가 소비에트의 국방 장비 주문 이행이 무기한 지연되고 있다며 문제를 제기하자, 달라디에는 "스탈린에게 군사 방위 산업이 어떻게 방해받고 있는지 전하시죠."라고 대꾸했다.[99]

외무부 내에서는 어떻게 해야 하는지를 둘러싸고 상당한 의견 갈등이 일어났다. 그러나 젭의 이야기에 따르면, 체임벌린은 윌슨과 MI5의 비공식적인 갈래로서의 기능을 이중으로 맡은 보수당연구원의 수장 볼과 함께 "(내가 가장 철저히 숙고해 준비한, 나치와 관련된 일종의 '유지 작전'과는 대조적으로) 양 독재자와 얼마간의 일반적이고 지속적인 협의가 바람직할 뿐 아니라, 우리 측의 특별한 재무장 노력 없이도 가능하다고 그 어느 때보다 확신했다. 비록 외무부 안에서 이견이 있었지만 말이다." 젭은 계속했다. "이 터무니없는 이론을 소화해낼 수 있던 외무부 관리는 거의 한 명도 없었다. 따라서 우리는 얼마간의 두려움을 가지고 10번가(다우닝가)에서 벌어지는 일을 주시했으며, 이 나라의 외교적 입장 전체를 약화시킬 수 있는 합의를 체결하기 직전일 수도 있는 불가사의한 특사들(특히 무솔리니를 담당하기 위해 아이비 체임벌린이 직접 지명했다는 한 인물)의 임무에 관한 소문에 귀를 기울였다."[100]

영국공산당의 모두가 이념의 돛을 조정할 정도로 상황이 실로 긴급하다고 믿지는 않았다. 4월 중순 모스크바에 있는 영국 동지들의 요청과 해리 폴릿의 정신에 입각해, 코민테른은 "체임벌린의 정부 정책, 특히 친파시스트 외교정책의 기만적인 성격"을 모두에게 분명하게 밝히는 일의 중요성에 관한 결정서를 발표했다. "따라서 당은 반드시 평화라는 가면으로 교묘하게 가린 체임벌린의 정책을 폭로하기 위한 체계적인 대중운동을 수행해야 한다." 이를 위해 당은 심지어 불만족스러운 보수당원까지 포괄하도록 범위를 넓히라는 지침을 받았다. 당원들은 또한 "반ĸ항공기 방어 운동"에 합류하라는 지침을 받았다.[101]

체임벌린은 이미 책정된 금액을 넘어서는 재무장 비용 지출에 마지막까지 저항했지만, 모든 전투에서 승리를 거두지는 못했다. 체임벌린은 5월 25일 재무장을 합리화하고 신속히 처리하기 위한 군비부 수립에 반대하는 싸움에서 패배했다. 그러나 그 외의 정책, 특히 체코인들에게 최대한 압력을 행사해 독일과 타협하도록 하는 정책에서 그의 장악력은 굳건했다. 프랑스인들에게 분명히 밝히지는 않았지만, 총리실은 프라하에 전적으로 적대적이었다. 윌슨은 여러 해가 지난 뒤 "처음부터 우리는 체코슬로바키아가 예전처럼 존재할 수 없다는 근본적인 어려움에 봉착해 있었다."라고 뻔뻔스럽게 회상했다.[102] 이 적대감의 정도에 관해 프랑스가 어떻게든 알았더라면, 영국이 어떤 식으로든 체코인들을 돕는 것이 아니라 실제로는 정반대를 수행하고 있었음을 전적으로 이해했을 터이다.

한편 러시아는 공식적으로는 체코인들의 편에 굳건히 서 있었으나, 스탈린은 베네시만큼이나 독일과 일방적으로 충돌하기를 꺼렸다. 그는 영국의 힘과 영향력에 대해 체임벌린과 핼리팩스보다는 처칠적인 시각을 가졌고, 따라서 영국을 완전히 포기하지 않았다. 폴란드와 관련해 그랬던 것처럼, 스탈린은 영국 엘리트층 내부에 팽배한 반공주의의 힘과 깊이를 과소평가했다. 6월 5일 그는 미국 대사에게 "체임벌린 내각으로 대표되는 영국 내 반동적 요소들은 독일을 강력하게 만듦으로써 프랑스를 영국에 점차 종속시키려는 입장에 기반한 정책을 확정했"다는 의견을 밝혔다. "이 정책은 또한 궁극적으로는 러시아를 상대로 독일을 강력하게 만들려는 목적을 지닌다. 스탈린은 체임벌린이 영국 인민들을 대표하지 않으며, 파시스트 독재자들이 자신들에게 유리한 쪽으로 거래를 거칠게 몰아붙일 것이기 때문에 체임벌린은 아마도 실패할 것이라고 생각했다."[103] 스탈린이 리트비노프를 나르코민델에서 덤으로 주어진 시간을 살도록 내버려둔 이유는 명백히 이러한 기대 때문이었다.

장차 독일이 체코슬로바키아를 공격하고 영국은 이에 관여하지 않을 것이라고 예상되면서, 폴란드는 소비에트군이 이웃한 루마니아가 허용할 가능성이 낮은 육로를 통해서가 아니라 공중을 통해서 개입할 가능성을 고려해야 했다. 러시아가 체코 비행장들에 도달하기 위해서는 루마니아가 자국의 영공을 통과할 수 있도록 허락해줘야만 했다. 폴란드는 이를 방지하기 위해 혼신의 힘을 기울였다. 갑작스럽게 러시아인들은 루마니아를 통과하는 정규 민간 수송 항공로 관련 협정이 무기한 연기됐음을 발견했다. 진취적인 정책에서 물러난다는 모스크바의 초기 경향은 이제 상당히 강화됐다. 비록 1936년만큼 가장 뛰어난 기술로 무장되지는 않았지만, 러시아의 공군력은 여전히 막강했다. 스탈린이 더욱 빠르고 민첩한 독일 전투기들로부터 육중한 손실을 감수할 준비를 한다면(그리고 그는 통상적으로 그랬다), 소련은 여전히 커다란 타격을 입힐 수 있다. 체임벌린조차 마지못해 이 사실을 인정해야 했다. 9월 17일 체임벌린은 휴 돌턴에게 붉은 군대는 별 볼 일 없을 것이라고 말했다. "공중에서라면 물론 러시아가 활약할 수 있겠지요. 하지만 과연 그렇게 할까요?"[104]

전진 배치된 소비에트 공군력

러시아인들이 정치적으로 주춤하고 있다는 분명한 징후는 1938년 5월 11일 나타났다. 당시 코민테른 서기국은 체코슬로바키아공산당에 독일계 소수민족이 체코 국가와 일치감을 느끼도록 만들어야 하며, 독일계를 분리해 민족적 단결을 이루려는 정부의 시도는 부적절하다는 엄격한 지침을 발포했다.[105] 그리고 8월 11일 리트비노프는 프라하 주재 소비에트 대사에게 경고했다.

> 물론 우리는 체코슬로바키아의 독립을 보전하는 데, 동남쪽을 겨냥한 히틀러주의적인 충동을 저지하는 데 극도의 관심을 가지고 있습니다. 그러나 서구 열강들 없이 우리가 무언가를 제대로 이룰 수 있을지 여부는 미심쩍습니다. 그리고 그 열강들은 우리의 도움을 필요로 하지 않은 채 우리를 무시하고 독·체 갈등과 관련한 모든 것을 자신들끼리만 결정하죠.[106]

그에게는 신중해야 할 이유가 충분했다. 심지어 젭과 같은 영국 내 온건한 유화주의자들도 "현시점에서 러시아를 유럽에 들인다는 위험성 없이 히틀러를 억제하기 위해 러시아를 끌어들일 수 없으며, 이는 그러한 불행한 결과 없이 우리 스스로 재무장한 후에 마침내 히틀러를 억제한다는 가능성을 해칠 수" 있다고 보았다.[107] 런던에서 핵심적으로 여긴 사안은, 항상 그랬듯 어떤 대가를 치르더라도 볼셰비키가 중부 유럽에 들어오지 못하게 막는 것이었다.

스탈린은 루마니아 영공을 통과하는 일에 대한 잠재적 반대를 무시하고 소련이 무조건적으로 체코슬로바키아를 지원해야 할 것이라는 추정에 단호히 대처하면서, 체코 영토에 조종사들과 비행기들을 신중하게 배치하기 시작했다. 7월 초 이 소식은 확인되지 않은 채로 한 폴란드 군사첩보 요원으로부터 바르샤바로 들어갔다.[108] 사건의 진상을 명확하게 밝히기 위한 철두철미한 작전으로 여겨지는 것이 뒤따랐다.

8월 1일 군사첩보부의 수장인 타데우시 페우친스키 준장은 참모총장인 바츠와프 스타히에비치 준장에게 비행기들과 인력의 구체적인 숫자와 이들의 전국적인 배치도를 동봉해 보냈다. 첩보는 비행기의 숫자를 160대로 추산했고, 그중 120대는 프라하를 중심으로 배치됐다. 복무 인원과 교관들은 180명으로 집계됐다.[109] 이후 8월 10일에는 브르노에 배치된 11대를 포함한 폭격기 명단이 보고되었다.[110]

체코인들이 이전에 소련으로부터 샀던 SB 폭격기*들을 계속 구입하고 있었다는 사실을 고려할 때(단지 기체만을 들여와 자국산 엔진을 삽입하기는 했으나), 러시아인들이 모든 전투기를 조종할 것이라고는 확신할 수 없었으나 분명 대다수가 그럴 터였다. 소련 입장에서는 체코슬로바키아 국내의 지형 조건을 완전히 조사하는 방안을 포함한 비상 계획을 세우는 편이 타당했다. 그러나 스탈린이 일방주의적인 개입과 같은 급진적인 계획

---

*   소련산 고속 폭격기.

을 진지하게 숙고했을 가능성은 적다. 레닌 시대 이래로 볼셰비키에 대항하는 다른 열강들이 그러한 움직임을, 공통의 골칫거리를 일거에 영원히 쓸어버리기 위해 단합할 수 있는 이상적인 계기로 볼 것이라는 식상한 추정 때문이다. 앞서 보았듯 영국 내 많은 보수당원은 히틀러 치하의 독일이 서쪽으로 확산하는 볼셰비키의 영향력을 가로막는 방어벽으로써 작동한다는 전망을 그다지 싫어하지 않았다. 더욱이 소비에트가 독일인들보다는 훨씬 덜 무서운 적인 일본인들을 상대로 하산 호수에서 벌인 전투에서 거둔 군사적 성과는, 심지어 공중에서조차 전혀 뛰어나지 않았다.[111]

무자비한 숙청과 공포로 인해 붉은군대의 사기 저하는 극에 달해 있었다. 이를 두고 국방인민위원 보로실로프는 "1937년과 1938년 내내 우리는 사정없이 우리 대열을 숙청하고, 감염 부위를 무자비하게 잘라내 활기 있고 건강한 조직을 만들고, 혐오스럽고 위험한 흰곰팡이를 청소했습니다."라며 자축했다.[112] 그리고 스페인 내전은 독일 기술을 따라가기 위해서는 더 많은 노력이 필요하다는 교훈을 주었다. 이는 공군력 측면에서 가장 명백했다. 스페인에서 경쟁자 일류신-15와 일류신-16s를 능가한 메서슈미트109-E는 추가적인 개선까지 이뤄질 예정이었다. 1938년 1월 21일 공군사령관 알렉산드르 로크티오노프 상장과 그의 부사령관 야코프 스무시케비치는 군사평의회 위원 콜초프와 함께 즉각적인 개선 조치를 요구했다. 그들은 "스페인 전쟁 초기에 우리는 물자(전투기들)의 품질 측면에서 분명 우위에 있었지만 현재 독일과 이탈리아가 우리를 따라잡았고, 심지어 약간 우세하기까지 하다."라면서 보로실로프에게 탄원했다.[113]

오늘날에는 당시 체코슬로바키아를 두고 전쟁을 벌이겠다는 히틀러의 굳은 결심에 직면한 독일 군사령부가 이를 반대할지, 나아가서는 쿠데타를 일으켜야 할지 여부를 두고 사분오열했음이 밝혀졌지만, 독일 내부는 물론이거니와 외부의 그 누구도 그러한 반란이 승리하리라고는 확신하지 못했다.[114] 만일 독일이 전쟁을 벌여 체코슬로바키아뿐 아니라 영국,

프랑스, 그리고 어쩌면 러시아까지 상대할 경우 독일 서부와 동부의 경제 및 군사 준비 상태는 빠른 승리(승리하기나 한다면)를 장담할 수 없었다.[115]

전직 군인이던 리트비노프는 이러한 상황을 전적으로 이해했다.[116] 그리고 한밤중에 비밀경찰이 그를 잡으러 오는 경우를 대비해 자신의 침대 밑에 총 한 자루를 두고 옷을 다 갖춰 입은 채 잠잘 정도로(그는 잠옷 차림으로 끌려갈까 봐 두려워했다) 자신의 용기를 의심하지 않던 사람으로서, 도덕적 강건함의 결여는 그가 쉽사리 공감할 수 없는 사안이었다.[117] 따라서 한번은 모스크바 주재 미국 대사가 "영국과 프랑스를 포함한 민주주의 국가들은 자신들이 적절히 준비되기 전까지 단호한 입장을 버리지 않으려 한다고 말하자, 리트비노프는 독일이나 이탈리아 역시 적절히 준비되지 않았다고 언급"했다. "독일이 군사적으로 준비되어 있지 않다는 데 내[미국 대사]가 놀라움을 표현하자, 그는 경제적 배경은 차치하고 군사적 측면에서도 독일은 준비되지 않았다는 자신들의 정보가 타당성 있다고 다시 언급하더군요."[118] 실제로 베스트발[서부 방벽]은 프랑스군에 대항하기 위한 방벽으로써 아직 완공되지 않은 상태였다. 이는 작업 속도를 높이기 위한 노력이 부족하기 때문이 아니었다. 히틀러의 장갑사단은 1940년에 이르러 그들이 거듭날 모습(부분적으로 당시 독일 치하에 들어온 체코의 전차 생산 덕분에)을 아직 갖추지 못했다. 독일 공군의 폭격기들은 중유럽과 동유럽에서의 작전을 위해 배치됐고, 독일 경제는 전쟁용 주요 원자재 부족과 불확실한 식량 공급, 수송 지체로 인해 허덕댔다.[119]

되돌아보면 이상하게 보이겠지만, 영국은 독일이 두 전선에서 전쟁을 벌이는 국면을 피할 수 있도록 가능한 모든 조치를 취했을 터였다. 체코슬로바키아 위기 동안 영국이 선택할 수 있는 방안을 논의하기 위해 8월 30일 열린 가장 중요한 회의에서, 체임벌린과 핼리팩스는 침공이 전쟁을 의미할 것이라는 가능성을 지닌 어떠한 경고나 위협을 독일에 전달한다는 방침을 배제했다. 핼리팩스는 체코슬로바키아를 구할 수 없다고 주장하면서, 체코인들을 구하려는 시도는 아무 의미도 없을 것이라고 냉정하게 이야기했다. 핼리팩스는 "장차 일어날 수 있는 전쟁을 방지한다는 명목으로 지금 특정 전쟁을 벌이는 일을 정당화할 수 있는지 여부를 스스로에게 물었다." 그러나 여기서 그는 "체코슬로바키아의 방어 역량을 우리가 과소평가한다고 생각했던" 윈터튼 백작과 정면으로 충돌했다. 실제로 베를린 주재 대사로서 당시까지 결연한 유화주의자였던 네빌 헨더슨경조차 독일인들이 소비에트의 공군력을 불안해했음을 지적했다. 게다가 보건장관 월터 엘리엇은 "독일이 체코슬로바키아를 공격할 경우, 우리가 프랑스를 압박해 충돌을 국지화해야 한다는 시각을 받아들이기 어렵다." 라고 밝혔다. "엘리엇은 이것이 독일 침공에 저항하는 마지막 기회가 될 수도 있기 때문에 이 방법이 올바른지 여부를 굉장히 의심했다." 그리고 핼리팩스가 비독일계 국민을 포함한 체코슬로바키아 병합이 실제로는 독일을 약화할 것이라고 믿었던 반면, 제1해군장관 더프 쿠퍼는 반대로 "독일을 엄청나게 강화"할 것으로 생각했다. 체임벌린은 핼리팩스와 마찬가지로 "우리를 상대로 베를린의 감정을 악화시키지 않는 일이 매우 중요" 하다고 집요하게 주장했다. 영국이 "독일이 두려워하는 단 하나의 국가" 라는 (사태를 충분히 파악할 수 있는 위치였던) 헨더슨의 충고에도 불구하고 말이다.[120]

어떻게 프랑스와 맞붙어야 하는가 하는 사안은 체코슬로바키아와의 동맹 때문에 극도로 미묘했다. 로카르노조약에 따라 영국은 프랑스가 공격받을 경우 그들을 원조해야 했으나, 그와 동시에 독일이 타국을 방어하기 위해 프랑스의 공격을 받는 경우 독일을 돕도록 약속되어 있었다. 체임벌린과 핼리팩스는 독일이 체코슬로바키아를 공격할 경우 프랑스가 독일을 공격해서는 안 된다는 단호한 입장이었다. 실제로 이제 재무재상을 역임하는 사이먼은 프랑스 방어를 질색하는 것처럼 보였다. 프랑스인들을 멈춰 세우는 일은 히틀러의 요구를 받아들이도록 체코를 압박하는 것만큼이나 중요한 우선순위로 거듭났다. 그러나 이를 분명히 알았던 이는 케네디 미국 대사뿐이었다. 8월 말 국무차관보 아돌프 벌은 프랑스가 체코슬로바키아를 위해 싸우더라도 체임벌린은 독자적인 길을 걷겠다는 결심을 했다는 최신 정보를 루스벨트에게 보고했다. "런던에서 케네디가 내각회의 직후 네빌 체임벌린과 이야기를 나눴다고 전신을 보내왔습니다. 체임벌린은 히틀러가 진군할 경우 선전포고할 것을 지지한 영국 내각 내의 의견에 반대했습니다. 체임벌린은 프랑스가 싸움을 시작하더라도, 영국이 절대적으로 강요받기 전까지는 절대 전쟁을 시작하지 않을 것입니다."[121] (무조건적으로 믿을 만하지는 않으며, 1938년도에 엎드려 고개나 처박는 전술을 추구한) 프랑스 외무장관 조르주 보네는 불릿 대사에게 정반대를 말했다.[122] 그러나 보네의 진실성이 악명 높을 정도로 느슨했다는 점을 고려할 때, 체임벌린은 분명 믿을 수 있는 인물이었다.[123]

영국과 체코가 의절하다

9월 7일 〈타임스〉에 실린 한 사설은 빠르게 악명을 얻었다. 불가사의하지 않고 극적이지도 않은 "뉘른베르크와 아우시히"라는 제목이 붙고, 논설위원이자 대단한 유화주의자인 레오 케네디가 초안을 잡아 논설란에 부차적인 기고로 실린 이 글은 폭발적인 내용이 아니었다면 누구의 주목도 받지 않고 쉽사리 지나쳤을 만한 위치에 실려 있었다. 그날 밤 도슨은 급작스럽게 이 사설을 포착하고 "상당한 수정"을 가했다.[124] 도슨은 자신이 무슨 일을 하는지 분명히 알고 있었다. 오늘날 가장 권위 있게 취급되는 〈타임스〉 공식 역사에 따르면 "고위 관료층으로부터 정보를 제공받았다고 … 보편적으로 간주된다."[125] 가장 논쟁적인 문단은 다음과 같다.

체코슬로바키아 정부가 민족적으로 동일한 국가[독일]에 인접한 자국의 외국계 주민들을 분리 독립시킴으로써 체코슬로바키아를 더욱 동질적인 국가로 만든다는, 일부에서는 선호하는 프로젝트를 완전히 배제해야 하는지 여부를 고려해볼 가치가 있을 것이다. 어떠한 경우에도 사안과 관련된 주민의 바람은 영구적으로 간주되리라고 희망할 수 있는 해결책의 중요 요소가 될 것이며, 체코슬로바키아가 동질적인 국가로 거듭나는 일의 이점은 국경 인근의 수데텐 독일인 거주 구역을 상실함에 따라 생기는 명백한 단점을 넘어설지도 모른다.[126]

도슨은 동요하지 않은 듯이 "충분히 예상했던 대로, 조간 논설을 두고 왁자지껄한 소란이 일었다."라고 적었다. "프라하와 베를린, 외무부 내의 반응들은 지붕을 뚫고 치솟았다. 하지만 나를 찾아와 트래블러스[클럽]에서 점심 식사를 함께하면서 긴 이야기를 나눈 외무장관은 그렇지 않았다."[127] 이렇듯 국내외 외교관들이 빈번하게 드나드는 클럽에서 공공연하게 연대를 보이는 일은 결코 우연이라고 할 수 없었다. 〈타임스〉 공식 역사는 핼리팩스가 "도슨의 검증된 친구이자, 도슨이 한 세대 동안 출석한 제국주의 보수주의자 모임의 오랜 구성원이자, 요크셔에서의 이웃이었다."라고 지적한다.[128]

적어도 러시아인들과 협의한다는 기색이라도 보이기 위해 다음 날 소비에트 대사를 부른 핼리팩스는 마이스키의 독기 어린 빈정거림을 들으리라고는 거의 기대하지 않았다. 핼리팩스가 수데텐 독일인들이 (체임벌린의 가까운 동료이자 특사인 선박업계의 거물 런시먼 경과 함께 만든) 체코의 가장 최근 절충안을 거부할 수 있다는 위험을 암시했을 때, 마이스키는 이것이 〈타임스〉 사설과 관련이 있을 수도 있겠다며 비꼬았다. 핼리팩스는 그러모을 수 있는 최대한의 "호의"를 담아("그마저도 그리 많지는 않았지만."이라고 마이스키는 신랄하게 지적했다) 그 사설에 대한 유감을 표하며, 영국 정부의 시각과는 아무런 관련이 없는 글이라고 표리부동한 모습을 보였다. "문제는 아무도 우리 말을 믿지 않는다는 것이죠." 핼리팩스의 말은 정확했고, 그럴 만한 이유도 충분했다. 마이스키는 이 논설이 다가오는 협상에서 체코슬로바키아의 영토 온전성을 희생하게 될 거래에 대한 의사 타진에 준했다고 정확하게 결론 내렸다.[129]

체코슬로바키아라는 주제에 대한 영국과 프랑스의 회피적인 태도는 체코인들을 팔아넘기려는 노골적인 시도를 거의 숨기지 못했다. 이러한 시도 중 가장 효과적인 방법은 러시아인들이 체코슬로바키아와 맺은 조약을 지키지 않을 것이라는 소문을 퍼뜨리는 일이었던 것으로 보인다. 한편 9월 3일 파리 주재 소비에트 대사는 프랑스가 러시아와, 특히 군사 부문에서 접촉하려는 시도를 영국이 적극적으로 방해하고 있음을 알게 되었다. "한 장관이(누군지는 모르나 제 생각에는 쇼탕 같아요) 내각에서 말한 바에 의하면, 권위 있는 영국 인사와 논의하는 가운데 영국이 그 무엇보다도 소비에트연맹이 유럽 사안에 관여함으로써 소비에트군의 성공을 통해 공산주의가 중부 유럽으로 진출하지 않을까 두려워하고 있다는 명확한 인상을 받았다고 합니다."[130] 이것은 확실히 강경한 유화주의자들의 태도에 관해 우리가 이미 알고 있는 바와 맞아떨어진다. 따라서 중요한 요인은 스탈린의 공포 정치를 이유로 소련의 군사적 위협을 방기하는 것이 아니라, 오히려 그의 군대가 어떤 일에든 개입하여 이를 강탈할 수도 있을 만큼 충분한 화력을 가졌을지도 모른다는 오랜 공포와 의혹이었다.

체코슬로바키아에 대한 정책 이면에 숨은 영국의 생각과 추정들은 전혀 놀랍지 않다. 프린팅하우스스퀘어의 도슨은 "역시 나치 독일이 서구로의 공산주의 확산을 막는 방벽으로 기능한다는 생각에 분명히 영향을 받았다."[131] 이것은 주요 유화주의자 모두에게서 공통적으로 확립된 시각이었다. 왕실도 예외는 아니었다. 윈저 공작*은 악명 높을 정도로 "매우 친

---

* 전 국왕 에드워드 8세.

독" 성향을 보였고,[132] 켄트 공작*과 공작부인의 입장 역시 그다지 다르지 않았다.[133] 9월 13일 독일 순방을 눈앞에 둔 체임벌린은 동조적인 국왕 조지 6세에게 자신의 목표를 써서 보냈다. 체임벌린은 그가 매주 만나 보고를 했던 국왕이 독일인인 모친 메리 왕비처럼 근본적으로 베를린에 동조적이며, 뿌리 깊이 반볼셰비키적임을 분명히 알고 있었다. 왕가의 지지를 확신한 체임벌린은 히틀러를 만나서 "독일과 영국이 유럽 평화의 두 기둥이자 공산주의에 대항하는 부벽으로 기능하는 전망"의 윤곽을 그리겠다고 말했다.[134]

체임벌린의 동기는 이보다 더 뚜렷할 수 없었다. 그의 충성스러운 정무비서관 던글래스 경(차후 총리 알렉 더글러스흄 경)은 "네빌 체임벌린이 히틀러를 설득해 전쟁을 피함으로써 화해의 가장자리 너머 유화책의 구덩이 안으로 미끄러지는 위험을 감수하도록 했던 동기 중 하나는, 만일 유럽이 또 다른 전쟁으로 약화된다면 러시아가 유럽 대륙을 지배하려 들 것이라고 확신했기 때문이었다."[135] 이는 외무부 내에서는 비밀도 아니었다. 외교관 제프리 톰슨은 스페인 주재 미국 대사 클로드 바워스에게 보낸 서한에서 체임벌린이 "공산주의에 대한 감상적인 공포"에 고취됐다고 지적했다.[136] 인도장관이자 유화책을 강하게 밀어붙인 영·독협회Anglo-German Fellowship의 회원 제틀랜드 후작 또한 다음과 같이 밝혔다. "세계대전 이후 독일에 어떠한 정부가 들어설지 궁금하네요. 우리로서는 그편이 나치 정권보다 위험하지 않을까요?"[137]

체임벌린의 요청을 받고 고도로 정치화된 "퀙스" 싱클레어 제독이 이끄는 (이른바 순전히 첩보를 수집하는 기구인) MI6는 "필연적인 것을 미연에 방지하기" 위해 체코슬로바키아 분할을 지지하는 정책 제안서를 선뜻 준비했다.[138] 이와는 대조적으로 이제 사실상 주변부로 밀려나 달갑지 않

---

* 조지 5세의 넷째 아들.

은 목격자가 된 밴시터트는 허무한 외침에 불과한 주장을 강하게 제기했다. "만일 우리가 이 과정을 개시한다면 미래는 뻔합니다. 두 단계이겠지요. 첫 단계로 러시아는 쫓겨나 골이 난 채 은둔할 것입니다. 두 번째 단계에서 독일이 러시아에 침투할 터이고, 긴밀한 러·독 관계라는 비스마르크의 전통적인 정책이 뒤따를 것입니다. 유럽에 미칠 결과들은 너무 뻔해서 여기서 부연할 필요도 없을 정도죠."[139]

히틀러는 끈질기게 자신이 원하는 바를 밀어붙였고, 다른 열강들은 사실상 수데텐란트 지방을 접시에 담아 그에게 건네주었다. 평화가 와해되는 전망과 독일군이 침공을 계획하고 있다는 정보를 입수한 체임벌린은 필사적인 심정으로 전쟁을 피하고자, 9월 15일 히틀러를 보기 위해 베르히테스가덴으로 날아갔다. 그러나 전쟁을 통해 문제를 해결하는 데 집착한 히틀러는 그 진의를 이해하지 못했으며, 우쭐해하기보다는 짜증을 냈다. 그럼에도 불구하고 체임벌린은 여동생 아이다에게 보낸 편지에 "자신이 한 약속을 지키는 사람이라는 인상을 받았"다고 적었다.[140] 한편 제네바에서 열린 국제연맹 회의에 참석한 핼리팩스의 정무장관 리처드("랩") 버틀러는 칩스 채넌에게 "사람들이 뭐라 말하든 간에 전쟁은 없을 것이라고" 장담했다. "버틀러는 핼리팩스와 체임벌린을 절대적으로 신뢰하고 있었다. 그 둘은 보다 높은 목표를 이루기 위해 부정적인 수단도 가리지 않는다는 사상을 공유했다. 중요한 것은 최종 목표였다."[141]

체임벌린과 히틀러의 추가적인 정상회담에 대한 기대와 조국을 구해야 한다는 강력한 압박 속에서, 9월 19일 베네시 대통령은 소비에트 대사 알렉산드로프스키에게 두 가지 질문을 전달했다. 최신 정보를 입수한 모스크바의 정치국은 9월 20일 베네시의 질문들에 다음의 답변을 내놓았다.

1. 프랑스가 조약의 진정한 당사자로서 남고 또한 귀국에 원조를 제공할 경우, 소련이 조약에 따라 체코슬로바키아에 즉각적이고 진심 어린 원

조를 제공할 것인지 여부에 관한 베네시의 질문에 대해, 소련 정부의 이름으로 긍정적인 답변을 줄 수 있음.

2. 독일이 공격하여 베네시가 국제연맹 이사회에 16조 및 17조를 시행할 것을 요청할 경우, 소련이 국제연맹의 일원으로서 상기 조항들에 근거해 체코슬로바키아를 도우러 올 것인지 여부에 대한 베네시의 또 다른 질문에 대해서도 긍정적인 답변을 줄 수 있음.

3. 베네시에게 우리가 이 응답의 내용을 프랑스 정부에도 동시에 알렸음을 통보할 것.[142]

부인민위원 포툠킨은 이 응답을 즉각 알렉산드로프스키에게 전신으로 보냈고, 이는 그날 저녁 7시 영·불 최후통첩이 논의되고 있던 정부 회담 와중에 베네시에게 전화로 전달됐다. 두 번 넘게 답변을 되풀이해 전달한 후, 베네시는 그 내용에 만족한 기색을 보였다. 두 시간 뒤 외무장관의 수석비서관 이나는 알렉산드로프스키에게 체코인들이 영·불 제안을 거절했다고 전했다.[143]

회담이 이뤄지는 가운데 밀란 호자 총리가 소비에트의 답변을 개략적으로 설명했고, 연맹이 움직일 수 있도록 독일을 침략자로 규정하려면 연맹이사회의 만장일치가 요구될 것이라고 지적했다. 러시아인들은 회원국 중 과반수의 동의만으로도 만족할 것이라고 말했다. 회의록에는 호자의 다음 발언이 기록되어 있다. "그러나 현 상황에서, 특히 프랑스와 영국의 성명을 염두에 둔다면 이 길은 불확실하고 긍정적인 결과를 약속하지 못한다는 점이 분명합니다. 우리의 군 대변인들은 이러한 조건 속에서 고립된 분쟁이 일어난다면 체코슬로바키아의 붕괴를 의미할 것이라고 대답했습니다. 이런 상황은 이웃한 다른 국가들로부터의 공격 가능성을 수반하기 때문에 특히 그렇습니다. 따라서 소협상의 다른 당사국들의 의견이 변할 가능성을 염두에 둬야 합니다." 체코인들은 바로 하루 전 런던과 파리가 제안한 위기 해결책을 거부하는 내용으로 영국과 프랑스로 보낸 서한을 무효화하기로 결정했으며, 이후 총리는 논의 끝에 제시된 조건을 수락하겠다고 제안했다.[144]

체코인들이 굴복하다

체코슬로바키아는 특정 조건을 전제해 일을 진전시켰다. 베네시는 자신의 정부가 독일 주민이 50퍼센트 이상인 일부 영토를 독일에게 양여하는 데 동의했다고 알렉산드로프스키에게 설명하면서, 그러나 이를 위해서는 국제위원회의 결의가 필요하며 이 과정이 완료되기 전까지 독일군은 국토 안으로 들어올 수 없다는 조건을 내걸었다. 하지만 영국과 프랑스가 히틀러의 동의를 얻을 수 있을지 확신하지 못한 베네시는 소비에트의 개입에 대한 기존 요청을 확대했다. 첫째, 독일이 침공할 경우 러시아는 국제연맹의 결정을 기다리지 않고 공군과 지상군을 보낼 의향이 있는가? 개입의 규모와 시기는 어떻게 될 것인가? 둘째, 만일 체코슬로바키아가 루마니아에 붉은군대가 지나가게끔 허락해달라고 요청할 경우 소련은 지상군을 보낼 것인가? 루마니아가 거절할 경우에는 어떻게 할 것인가? 셋째, 베네시는 폴란드로부터 폴란드계 소수민족에 대해서도 결정을 하라는 요구를 받았다. 소련은 폴란드가 체코슬로바키아를 공격한다면 어떻게 반응할 것인가? 협정이 만들어져야 했다. 베네시는 즉각적인 답변을 요구했다. 체임벌린이 히틀러를 설득해 체코의 조건을 받아들이도록 할 수 있을지 의심스러웠기 때문이었다.[145] 영국과 프랑스가 자신들에게 유리한 결과를 기다리며 뒤로 물러나 있는 동안 스탈린이 아무런 우방 없이 독일에 대항하는 전쟁에 뛰어들 가능성은 없었다. 베네시는 아무런 답변을 얻지 못한 것에 놀라지 않았다.

프라하는 사실상 총이 발포되기도 전에 투항했다. 조국의 운명을 런던과 파리에 맡긴 체코인들로서는 불행하게도, 9월 22일 독일로 날아가 다시 한번 자신의 요구를 늘린 히틀러와 대면한 체임벌린은 끝없이 양보했다. 애머리는 얀 스뮈츠 원수에게 오랜 친구인 총리에 대한 경멸을 토로했다. "내각의 구태의연한 체면치레와 의회 토론에만 익숙하고 중부 유럽의 역사적 배경에 대해서는 자세히 알지도 못하는 그가 히틀러와의 단독 회담을 감당할 수 있으리라고 생각한다면 큰 오산입니다. 네빌은 이탈리아와의 협정과 관련해 거둔 상대적인 성공으로 자신이 외무장관의 업무까지도 해낼 수 있을 것이라고 생각합니다만, 그가 아무리 좋은 자질을 가지고 있다고 하더라도 그건 무리입니다."[146]

실제로 히틀러가 더 세게 압박할수록 체임벌린은 더욱더 내주려는 경향을 보였다. "히틀러의 메모가 방금 들어왔다." 캐도건은 9월 24일 자신의 일기에 적었다. "지독하다. 1주 전 우리가 '자치'에서 할양으로 조건을 옮겼을(또는 떠밀렸을) 때, 우리 중 많은 이가 나치 독일에 사람들을 내준다는 생각에 곤혹스러워했다. 우리는 이 양도가 반드시 '적법하게', 즉 국제적인 감시와 보호 아래 주민 교환과 배상 등이 이루어지도록 해 양심을 달래고자 했다(적어도 나는 그랬다). 이제 히틀러는 (질서를 지키기 위해서!) '즉각' 전 지역으로 진군해 치안을 유지한 '후에' 국민투표(!)를 열 수 있도록 해야만 한다고 말한다." "각내내각"이 회동했다. "총리가 우리에게 보고했다. 그가 꽤나 침착하게 완전 항복하는 모습에 몸서리가 쳐졌다." 핼리팩스는 체임벌린의 편에 섰다. 버틀러가 예견한 그대로였다.[147]

총리가 무엇을 할 수 있을지 전혀 예상하지 못했던 애머리는 "체코인들이 적법하고 국제적이고 객관적인 양도에 앞서 독일어가 우세하게 쓰이는 지역들을 독일군에게 즉각 넘겨야 한다는 요구"에 경악해 너무나도 늦게 체임벌린에게 서한을 보냈다. "다시 말해 그들이 새로운 방어선의 기초라도 건설하기 위한 시간을 갖기도 전에 유일한 방어선을 포기하고, 떠날 준비를 할 수 있도록 단 몇 주의 시간도 주지 않고서 할양된 구역들에 사는 친구들을 정적의 부드러운 자비에 맡긴 채 버려두고 나오라는 뜻입니다." 애머리는 이것이 "어리석고 비겁한 행위"라고 강조하면서, 이런데도 체임벌린이 일을 계속 진행하면 "당신을 향한 격렬한 혐오감이 일어날 것"이라고 경고했다.[148] 마침내 전쟁이 발발했을 때 애머리가 왜 체임벌린으로부터 어떠한 직책도 제안받지 못했는지 이유를 찾는다면, 이 서한이 바로 답이다.

9월 26일 윌슨은 내용을 보다 분명히 하기 위해 베르히테스가덴으로 떠났다. 다음 날 체임벌린은 자신이 두려워하는 바를 널리 알렸다. 그 내용은 영국이 눈 하나 꿈쩍 않고 타국의 영토를 잘라내 수백만 인구를 게슈타포의 손에 넘겼다는 것이 아니라, 뻔히 예상한 대로 "멀리 떨어진 나라에서 일어나는, 전혀 알지도 못하는 사람들 간의 다툼 때문에 우리가 참호를 파고 방독면을 써야" 한다는 것이었다. 윌슨은 여전히 체코슬로바키아를 둘러싼 거래가 성사될 수 있다고 고집하면서 "히틀러 씨가 영국과 독일을 동쪽으로부터 오는 혼란을 막는 방벽으로 간주한다고 말하는 연설 내용에, 많은 영국인과 마찬가지로 감명받았"다고 히틀러에게 말했다.[149] 자신이 지도적인 위치에 있음을 알아차린 히틀러는 이후 체임벌린을 무솔리니, 달라디에와 함께 뮌헨으로 초대했다. 9월 30일 이른 시간에 그들은 체코슬로바키아 분할에 자기들끼리 동의하고, 수데텐란트 지방 전체를 독일에 양도했다. 바로 이것이 체임벌린이 "명예로운 평화"라고 알린 성과였다.

영국의 국제적인 지위는 너덜너덜해졌다. 사건이 전개되는 과정에서 안전하게 멀찌감치 떨어져 있던 루스벨트는 통상적인 시각을 압축해서 보여줬다. "체코슬로바키아 정부에 대한 영·불 협약서는 한 국가에 여태껏 요구된 적 없는 가장 끔찍하고 무자비한 희생이었다."[150] 베네시는 당연하게도 매우 비통했다. 그는 자신의 개인비서관인 프로코프 드르티나에게 "그들(영국과 프랑스)은 우리를 대가로 치러 자신들을 전쟁과 혁명에서 구제했다고 생각하겠지만, 틀렸다."라고 말했다.[151] 그러나 체임벌린은 완전히 착각에 빠져 "자신이 이제 히틀러 씨에 대한 영향력을 확보했으며, 그가 자신을 믿으며 기꺼이 함께 일할 의향이 있다고" 진지하게 믿었다.[152] 체임벌린의 친구들은 이것이 사실인지 여부를 의문시했지만, 러시아와 긴밀한 연대를 맺었다는 이유로 프랑스에 대한 반감이 강화된 탓에 이러한 의혹은 약화됐다. 프랑스에 대한 반감은 실로 깊었다. 반공 정책을 "항상 가장 선호한" 강경한 반공주의자 애머리는 이렇게 적었다. "네빌의 정책은 체코인들이 어떤 부당함을 겪고 우리가 얼마나 모욕을 당하든, 그 어떤 대가를 치러서라도 프랑스가 체코슬로바키아와 러시아와 엮여 있는 상황을 청산해야 한다는 깊은 신념으로 정당화될 것이다."[153]

체임벌린이 재무장할 시간을 벌기 위해 노력했다는 주장이 종종 제기되지만, 증거는 모두 정반대를 가리킨다. 윌슨은 "우리 유화책의 목적은 전적으로 영구히 전쟁을 회피하는 것"이었다고 고집스럽게 주장했다.[154] 더욱이 총리는 언제나 군비가 너무 많이 지출되고 있다고 느꼈다. 전쟁부와 항공부가 즉각적으로 더 많은 지출을 요구하며 나서자 윌슨은 체임벌린에게 "올해 초 내각이 마지못해 승인한 총액을 크게 벗어나기 전에 반드시 유보시켜야 한"다고 조언했다.[155] 윌슨은 증액은 고사하고 기존의 지출마저도 못마땅해했다. 다가올 세계대전에서 대부분 청산될 영국의 막대한 부에도 불구하고 그의 의견은 받아들여졌다. 10월 31일 체임벌린은 내각에 독일과 이탈리아와 "유럽의 화해와 안정을 이끌" 관계를 수립하겠다는, 또 한 번 뻔하기 그지없는 의지를 전달했다. "나라 안과 언론에서 … 재무장과 관련해 … 뮌헨협정의 결과로 우리의 재무장 계획이 추가되어야 한다는 상당히 잘못된 강조가 이루어지고 있습니다. … 뮌헨협정의 후속 조치가 다른 수단으로 적극적으로 이루어질 수는 있겠죠." 그는 또한 "지금 그 가능성을 말하기에는 너무 이르긴 하지만, 언젠가 우리가 안정적으로 군비를 제한할 수 있을지도 모릅니다."라고 희망했다.[156]

10번가는 뮌헨에서 히틀러를 달래는 방식으로 재무장을 위한 시간을 벌려고 노력하지 않았다. 실제로 "(체임벌린은) 무장에 사용되는 비용을 낭비라고 생각"했다고 윌슨은 회상했다.[157] 그리고 예전에도 그랬듯, 총리도 계속해서 보다 우호적인 기반에서 독일과의 관계를 영구히 설정할 방법을 찾았다. 11월 1일 애머리는 "과감한 재무장 정책과 관련한 어떤 징후도 보이지 않는 것에 상당히 암담해하는" 동료 하원 의원들을 발견했다. "체임벌린은 여전히 유화책만을 굳게 믿으며, 오로지 여론이 주장하는 정도로만 재무장을 갖출 준비를 하는 듯하다."[158] 실제로 국내 여론도 똑같이 경악을 금치 못했다. 이후 1940년 미국인들이 언급했듯, "영국 내의 여론은 전쟁에 선행했던 모든 위기에서 체임벌린을 앞질렀다."[159] 1938년 11월 초 〈뉴스 크로니클〉은 국민의 72퍼센트가 더 많은 군비 지출을 요구한다는 여론 조사 결과를 발표했다. 더욱이 다우닝가에서 그리 멀지 않은 곳으로부터의 압력과 정부 노선을 뒤흔들지도 모른다는 두려움 때문에 발표되지는 않았지만, 국민의 86퍼센트는 더 이상 영토권을 제기하지 않겠다는 히틀러의 단언을 믿지 않았다.[160]

모스크바, 교훈을 얻다

크렘린의 사고가 더욱 깊이 뿌리박은 불신으로 선회했다는 초기 신호는 소비에트 해군정보부가 전쟁 대비 비상 계획을 확대했다는, 즉 영국이 독일의 비밀 우방으로서 기능할 가망성을 세웠다는 점이었다. "현재 유럽 내의 군사적·정치적 상황을 분석해보면, 소련에 대항하는 전쟁을 조직하고 고취하는 주체는 영국과 프랑스의 후원을 받는 파시스트 독일이다."[161] 영국의 대對스페인 정책은 확실히 이 패턴에 맞아떨어졌다. 스페인에서 공화국은 무릎을 꿇었다. 앞을 내다본 총리는 마침내 프랑코의 비공식 특사인 알바 공작과 1938년 10월 25일 저녁 식사를 함께했다. 체임벌린의 형수가 정중히 마련한 이 자리에서 체임벌린은 긴 대화를 통해 알바가 "우리의 이념에 대한 동조"라고 묘사한 바를 표출했다.[162] 하지만 11월 9일~10일 수정의 밤Kristallnacht* 이후로는 파시즘에 동조하는 어떠한 표현을 하기가 더욱 어려워졌다. 독일 전역에서 유대인이 운영하는 상점들이 방화되었고, 이제 모든 유대인의 생명과 재산은 먹잇감을 찾아 배회하는 나치당원들의 손아귀에 있었다. 공포에 질린 애머리는 핼리팩스에게 서한을 보내 정부가 5만 명의 난민을 받아들인 뒤 그들을 받아들이는 다른 나라들에 나눠 보낼 것을 요청했다.[163] 그 유명한 킨더트란스포트Kindertransport**는 실로 많은 생명을 구했다는 뛰어난 업적을 남겼으나, 안타깝게도 독일에 남은 어린이들의 부모 대다수는 집단 수용소에 이어 절멸수용소로 대량 추방되는 운명을 맞았다. 애머리는 또한 내무장관 호어에게 동원령을 내릴 것을 요청했다.[164] 하지만 연말에 가서 그는 스뮈츠에게 "느린 재무장과 공습에 반대하는 우리 정책의 부적합성과 관련해 엄청난 불안감"을 표출했다.[165]

왠지 모르게, 심지어 수정의 밤 이후에도 "런던 내 반독적인 편견"(이를 촉발시킨 반유대주의적 박해가 아니라)을 "암울하다"고 보았던 버틀러는 1939년 1월 28일 자신의 아들들에게 "독일이 평화를 갈망한다는 … 확신이 더욱 강하게 든다."라고 썼다. "우리가 계속 노력한다면 유화적 접근을 통해 전쟁 없이 합리적으로 만족스러운 결과를 얻을 수 있을지도 모른다. 비록 위험성은 확실히 인식해야 하겠지만 말이다. … 내각에서 윈스턴 처칠과 다른 이들을 보지 않으려면, 그리고 철저히 반독적인 진영이 수백만의 목숨을 대가로 치르며 윈스턴과 히틀러 중 누가 가장 첫 번째 자리를

---

*   1938년 11월 9일 밤부터 10일 새벽 사이에 나치당원과 독일인들이 유대인 상점과 회당을 습격했다. 당시 유리창이 모두 깨져 거리에 쏟아진 것을 빗대 '수정의 밤' 사건이라고도 불린다.
**   1938년부터 1940년에 걸쳐 나치 영토 내의 유대인 어린이들을 해외로 수송해 구출한 작전.

차지할지 결정하기 위해 세계대전으로 향하는 모습을 보지 않으려면 무엇보다도 평화에 기반한 체임벌린 씨의 빠른 성공이 가장 중요해 보이는구나." 그는 "전쟁은 불가피하지 않으며, 히틀러가 대규모 유혈 사태를 일으키고 싶어하지 않는다고 확신"한다고 적으면서, 또한 "히틀러나 리벤트로프 중 누구도 보도된 것만큼 비인간적이지 않다"고도 확신했다. 그는 또한 "(유니티) 미트퍼드 양과 총통의 잦은 회동이 갖는 영향력도 과소평가해서는 안 된다."라고 믿었다. 베를린으로 날아가는 일은 "이제 정말 쉬워서 어느 누구라도 며칠 동안 그곳에 갈 수 있으며, 나는 바로 돌아갈 생각이 없다."라고도 언급했다.[166]

1939년 3월 15일 수요일 히틀러의 체코슬로바키아 침공은, 진심으로 착각하고 있던 사람들을 제외하고는 누구에게도 청천벽력이 아니었다. 그리고 체임벌린과 핼리팩스는 정확히 착각하고 있던 사람들이었다. MI6의 '수장'은 2월에 유럽은 평화로울 것이라고 결론지었다. 그는 독일의 위협에 관한 항간의 소문들은 볼셰비키와 유대인들이 자신들의 이익을 위해 퍼뜨린 허위 정보였다고 해석했다.[167] 정확히 침공 1주 전에 총리는 나이 든 보수당원들로 구성된 1936클럽이 차린 만찬 자리에 모습을 드러냈다. 열정적인 지지자 채넌은 체임벌린이 "임박한 위기를 전혀 보지못하고 모든 것을 좋게 여기고만 있었"다고 언급했다. "체임벌린은 러시아로부터의 위험은 위축되었으며, 독일의 전쟁 위험도는 나날이 줄어들고 있다고 생각했다."[168] 3월 9일 애머리는 체임벌린이 의회 출입기자들과 "심지어 외무부와 상의하지도 않고 … 깜짝 놀랄 만큼 낙관적 인터뷰"를 나눴음을 지적했다.[169] 다음 날 총리의 노골적인 지지를 등에 업은 호어는 첼시의 유권자들에게 비현실적인 연설을 늘어놓으며 "황금기"의 여명을 환영했다. "유럽의 다섯 사람, 즉 세 명의 독재자와 영국 및 프랑스의 총리는 … 믿을 수 없을 정도로 짧은 시간 내에 세계 전체의 역사를 바꿀지도 모릅니다."[170] 외무부는 말을 잃었다. 이 연설을 들은 유권자 대다수도 마찬가지였다.

하지만 필연적인 것을 미연에 방지하는 대신, 뮌헨협정은 사실상 그것의 도래를 재촉했다. 히틀러는 더 이상 독일과 오스트리아로부터 체코인들을 자연적으로 방어하는 울창한 산림과 씨름할 필요가 없었다. 더욱이 러시아인들은 어떤 형태로든, 심지어 공중에서도 체코슬로바키아를 방어할 유일한 유인을 상실했다. 8월까지는 명백히 체코슬로바키아에 머물고 있던 소비에트 팬텀 전투기는 알 수 없는 이유로 고국으로 귀환했다. 전차를 포함한 세계 최대 무기 수출 기지였던 플젠의 대형 군수 회사 스코다는 이제 독일인들의 수중에 떨어졌고, 독일은 1940년 봄 프랑스인들을 상대로 기동한 독일 기갑 병력의 3분 1을 이곳에서 생산했다. 9월로 돌아와 살펴보면, 체코슬로바키아는 수중에 자체적으로 제조한 418대의 전차를 보유하고 있었다.[171] 그러나 그들 단독으로는 기껏해야 몇 주밖에 버티지 못하리라는 것이 일반적인 평가였다.

정보에 매우 밝은 〈타임스〉의 외교 특파원 이버랙 맥도널드의 평가를 살펴보자.

체임벌린을 위한 변명으로 당시 자주 언급된, 그가 체코슬로바키아 분할에 대한 히틀러의 조건에 응하는 것 외에는 다른 선택지가 없었다는 이야기는 사실 느린 재무장과 적기를 놓칠 때까지 동맹 고려를 꺼린 수년간의 정부 정책에 가장 강력한 유죄 판결을 내린다. 게다가 독일과 영국·프랑스 사이의 군비 차이를 뮌헨강화의 필연성을 입증하는 압도적인 증거로 채택하기 전에, 보다 넓은 유럽이라는 그림을 고려해봐야 한다. 적어도 상실된 것의 중요성은 기억돼야 하겠다. 뮌헨은 독일이 끊임없이 당면하고 있던 양 전선에서의 전쟁이라는 공포를 제거했을 뿐 아니라, 38개 사단을 갖춘 잘 장비된 체코슬로바키아 군대를 무력화했다. 동 시기 영국은 대륙으로 보낼 수 있을 정도로 준비된, 혹은 거의 준비된 사단을 단 두 개만 보유했다. 우리는 영국과 프랑스가 1년 후 보유한 전력보다 더 큰 기갑 전력을 체코슬로바키아에서 희생시켰고, 군비 분야에서 독일의 우위는 날로 커졌다. 영국과 프랑스는 1938년 그들이 벌었다고 주장했던 시간으로 인해 1939년과 1940년에 비싼 대가를 치러야 했다.[172]

버틀러는 "보헤미아 침공 이후 … 체임벌린은 무언가 새롭고 확실한 원칙에 기반한 경우를 제외하고는 나치들과 어떠한 협정도 맺을 수 없으리라고 마음속으로 판단했다."라고 악의적으로 한탄했다.[173] 그 원칙이 무엇이었을지 판단하기는 어렵다. 폴란드는 분명 다음 목표물이었지만 영국은 아무런 대비도 되어 있지 않았다. 영국 정부는 야당이 요구했던 러시아인들과의 협상을 미룰 수 있는 어떠한 해결책이라도 찾기 위해 필사적으로 노력하는 가운데, 재빨리 즉흥적으로 행동하기 시작했다. 모스크바와의 회담을 요구했던 이들은 붉은군대가 공세를 개시할 수 있는 상황이라고 상정하는 대신, 러시아와 독일이 공통의 대의를 찾을 수도 있다는 가능성을 이야기했다. 외무부의 사전트 같은 "현실주의자들"조차 결코 믿지 못할 가능성이었다. 최소한 소비에트 공군력은 베를린이 침공을 재고하도록 만들 만한 위협이었을 터이다. 모스크바와 베를린이 폴란드에 대항해 공동으로 행동할 수 있다는 추측은 바르샤바에서 빠르게 불식됐다. 프랑스군이 그러한 가능성과 관련해 우려를 표명하자, 이를 전달받은 폴란드 외무부 차관 미로스와프 아르치셰프스키는 의연하고 단호한 태도로 "볼셰비즘과 소련과 양립할 수 없는 히틀러의 자세" 때문에 그러한 가능성은 절대 존재할 수 없다고 주장했다.[174] 한편 핼리팩스는 "폴란드에 닥친 위협과 관련한" 마이스키와의 회동을 "날마다" 연기했다.[175] 더욱이 영국해협 너머에서는 모스크바에서 가졌던 짧은 부임 기간 이후 줄곧 소련에 적의를 품은 독선적인 미국 대사 불릿이, 워싱턴 DC에서 폴란드 대사와 대화를 나누면서 소련에 대한 자신의 "반감과 경멸"을 내비쳐 폴란드

의 꼿꼿함을 강화시켰다.[176]

영국이 일방적으로 폴란드를 보장하다

3월 31일, 체임벌린은 소련 없이는 무의미할 것이라는 참모장들의 조언에 반하며 갑작스럽게 태도를 바꿔 폴란드에 대한 일방주의적 보장을 발표해 윌슨을 놀라게 했다.[177] 소비에트 정부는 당연히 이러한 일방주의적 보장이 독일에 맞서 모두를 방어하는 다자적 안보 협정 창설을 폴란드가 더욱 쉽게 반대할 수 있게 만든다며 반대했다. 하지만 그 어느 것도 보이는 바와 같지는 않았다. 폴란드인들과 맺은 약속은 폴란드를 향한 연민의 문제라기보다는 러시아인들을 차단하는 수단이었다. 윌슨은 "우리는 폴란드인들을 싫어했"다고 고백했다. "그들은 지독한 골칫거리였어요. … 정부는 아주 까다로운 사람 몇몇을 상대해야 했죠."[178] 이는 확실히 수많은 이들이 희망하던, 체임벌린이 마침내 유화책을 포기했다는 신호는 아니었다. 〈타임스〉의 4월 1일 자 논설은 보장의 신뢰성을 철저히 약화시켰다. "이 나라가 어제 새롭게 짊어진 의무는 현 폴란드 국경의 구석구석을 지키도록 영국을 구속하지 않는다. 성명의 핵심 어구는 온전함이 아니라 '독립'이다. … 체임벌린 씨의 성명은 '현재 상황을 유지'하는 것에 대한 어떠한 맹목적인 수용도 포함하지 않는다." 다시 말해 폴란드를 분할하는 새로운 뮌헨협정의 가능성을 배제할 수 없었다. 이 논설은 캐도건의 전체 보고에 기초해 레오 케네디가 쓰고 도슨이 수정한 것이었다. 케네디는 "전적으로 우리 대화의 줄기와 캐도건이 말해준 바에 기초해 논설을 썼다."라고 밝혔다.[179]

모스크바에서는 모든 의혹이 확인됐다. 리트비노프는 소련에 대한 언급 없이 이루어진 그 보장이 베크 대령에게 "리투아니아와 발트 지역을 대가로" 히틀러와 거래할 수 있는 기회를 제공하리라고 믿었다.[180] 두말할 나위 없이 소비에트 정부 내에서 가장 친영파였던 리트비노프는 "체임벌린이 히틀러의 공격 노선을 북동쪽으로 돌리도록 부추기고 있다고" 믿었다. "체임벌린은 우리가 발트 지역 점령에 저항해, 그가 그토록 희망하던 독일과 소련 충돌로 이어지기를 바라고 있다."[181] 프랑스는 이미 1935년 7월 발트 국가들을 보장하기를 거부했다.[182] 폴란드인들은 그 나라들이 1914년 벨기에의 역할을 할 운명이라고 보았다.[183]

폴란드는 이제 비위에 거슬리는 입장에 처했다. 독일의 적대적인 표적이 되었으나, 소련의 도움을 요청하기에는 아직 불신과 두려움이 많았다. 베크는 폴란드의 가까운 우방인 루마니아로부터도 고립되었음을 느꼈다. 그들의 고려 대상에서 제외되었다는 인상을 받은 것이다. 3월 초 바르샤바 주재 라트비아 대사는 상황을 정리했다.

> 지난가을(1938년 10월 18일~19일, 루마니아 국왕 카롤을 만나기 위해) 갈라치로 떠났던 베크의 여정이 실패한 후, 루마니아와 폴란드가 동맹으로서 반드시 유지해야 하는 모든 상호적 접촉과 양자 협력 기회는 약화되었고 바르샤바와 부쿠레슈티 사이의 분위기는 꽤나 차갑게 가라앉았다. 폴란드 외무장관의 베르히테스가덴 특별 방문, 리벤트로프의 방문과 사냥 여행, 전선전투원연맹Union of Front Combatants, 독일 경찰 총수이자 나치 친위대 수장 힘러, 카르파티아 우크라이나 지역을 노리는 헝가리인들의 야욕, 카르파티아 지역 내에 폴란드 요원들이 집중 배치되고 돌격대원들이 비밀스럽게 이탈하는 일들은 루마니아가 선뜻 동의할 수 없는 것들이었다.[184]

3월 초 루마니아 외무장관 그리고레 가펜쿠의 바르샤바 방문은 어떤 변화도 만들어내지 못했다. 루마니아와 폴란드는 서로에게 더 이상 말할 것이 없었고, 다른 방향으로 멀어져갔다.

러시아를 포함하는 어떠한 합의도 회피하고자 굳게 마음먹은 베크는 체임벌린의 선언에 대한 후속 조치를 논의하고자 1939년 4월 4일부터 6일까지 런던에서 열린 회담에 참석하기 위해 도착했다. 그는 영국인들에게 노골적으로 "모스크바와 베를린 사이의 예사롭지 않은 긴장감을 고려할 때, 러시아를 어떠한 회담에든 참여시키는 일은 위험할" 것이라고 말했다. "베크는 피우수트스키 원수가 말했던 바, 즉 독일과 러시아를 생각할 때는 그들의 이해관계뿐 아니라 이념 또한 고려 사항에 넣어야 한다는 점을 상기시켰다."[185] 맞는 말이었다.

4월 14일, 여태껏 굴곡진 유화주의자였던 프랑스 외무장관 조르주 보네는 파리 주재 소비에트 대사 야코프 수리츠에게 프랑스가 독일에 대항해 폴란드 또는 루마니아를 원조하러 가는 경우 상호 원조를 약속하는 삼자협정을 제안했다. 리트비노프는 발트 지역부터 흑해 사이에 위치한 모든 국가를 보장하는 더욱 완전한 삼자협정의 틀을 만들어 4월 16일 스탈린과 논의하기 위한 초안을 제출하는 것으로 이에 대답했다. 다음 날 개정된 제안이 영국 대사 윌리엄 시즈 경에게 전달됐다.[186] 외무부에서 버틀러는 공포에 질렸다. "러시아의 제안은 극도로 불편하다." 그는 의사록을 작성했다. "우리는 전쟁에서 같은 편으로 합류한다는 러시아의 서면 약속이 갖는 이점과 우리 스스로가 공공연하게 러시아와 연합한다는 단점 사이에서 균형을 찾아야 한다." 버틀러는 러시아와의 협상이 갖는 핵심은 "어떠한 든든한 군사적 이점을 확보한다기보다는 영국 내 좌익 세력을 달래는 것"이라고 언급했다. 그는 덧붙였다. "우리는 여태껏 소련에게 … 이웃한 유럽 국가가 공격을 받아 이에 대항하는 경우, 해당 국가가 원한다면 그들에게 가장 편리한 방식으로 기꺼이 도움을 줄 의사가 있음을 선언할 수 있는지 여부를 물어왔다. 소비에트 정부는 이제 동일한 제안을 들고 우리 앞에 섰다."[187] 영국은 냉랭하고 당황스러운 침묵 안에 잠겼다. 외무부에서 소련을 담당하는 북유럽부서의 수장 로렌스 콜리어는 4월 28일 의사록 기록에 다음 의견을 남겼다. "나는 내각의 진정한 동기가 러시아의 원조를 확보하는 동시에, 독일이 동쪽으로 팽창하는 비용을 러시아가 치름으로써 우리 손을 자유롭게 하는 것이 아닌가 하는 생각을 지울 수 없다. 그 상황이 우리에게 유리하다고 생각된다면 말이다."[188]

리트비노프가 파면당하다

삼자협정 제안은 리트비노프의 마지막 기회였다. 그러나 스탈린과 몰로토프가 오랫동안 기다려온, 예기치 못한 대안이 떠올랐다. 독일인들과 합의를 맺을 수 있는 길이 이제 시야 안으로 들어온 것이다. 리트비노프가 시즈에게 (몇 주간 아무런 대답도 받지 못한) 소비에트의 제안을 전달한 바로 그날, 베를린 주재 소비에트 대사 알렉세이 메레칼로프는 외무부에서 외무장관 에른스트 폰 바이츠제커와 만났다. 바이츠제커는 순전히 경제적인 사안만을 논의한 뒤, 갑자기 자신이 "전반적인 정세와 관련해 의견을 교환할 준비가 됐으며, 대사께서 관심을 가지는 모든 질문에 기꺼이 대답할 준비가 돼 있"다고 불쑥 말을 꺼냈다. 그는 소련이 어떤 식으로든 자국의 이익이 손상받고 있다고 느끼는지 여부를 질문하는 데까지 나아갔고, 메레칼로프는 이를 부인했다. 메레칼로프는 독일과 소련의 향후 관계가 어떻게 될 것이라고 생각하는지 물었고, 이 시점에서 인용 가능한 약속을 요구받은 외무장관은 익살맞게 빠져나갔다.[189] 잠시 침묵이 흘렀다.

4월 말, 체임벌린은 핼리팩스 몰래 "또 다른 햇살 여행을 위해" 의회 출입기자들을 만났다. 기자 중 한 명은 체임벌린이 "우리에게 여론을 안심시키라고 촉구했"다고 회상했다. "체임벌린은 최악의 상황은 끝났고, 더 이상 독재자들에 의한 충격이나 기습 쿠데타는 없을 것이라고 말하며 그들의 선한 의도를 확신했습니다. 우리에게 걱정과 근심에서 벗어나 즐거운 휴일을 보내라고 조언하더군요."[190] 물론 이것들 가운데 어떤 것도 모스크바에서 베를린과의 희박한 거래 가능성에 매달려 있는 사람들의 일을 쉽게 만들어주진 않았다. 이제 종기가 절개됐다. 5월 초 스탈린이 자리한 가운데, 리트비노프는 항상 바보라고 여겼지만 점차 스탈린의 주목을 받은 의장 몰로토프와 주먹다짐을 벌였다. 그것이 그의 임기 마지막 행동이었다.

5월 3일 소련의 주요 대사들에게 리트비노프가 몰로토프와의 "심각한 충돌"에서 비롯된 불충의 결과로 사직하게 되었다는 발표가 전해졌다.[191] 이는 결코 놀라운 소식이 아니었다. 놀라움은 몰로토프가 그의 자리에 취임했다는 소식에서 찾아왔다. 스탈린의 살생부를 작성했던 사악한 게오르기 말렌코프는 나르코민델로 자리를 옮겨, 리트비노프가 가장 신뢰하는 수하들이라고 열거한 불운한 이들을 하나하나 면담한 후 파면시켰다. 이는 곧 심문과 노동수용소 또는 처형을 의미했다. 이 과정에서 살아남은 이는 거의 없었다. 스탈린이 리트비노프를 제거한 이유는 리트비노프가 유대인이었다는 점과는 관련이 없었다. 몰로토프의 부인 역시 염치없는 유대인이었으나, 함께 사는 장모는 엄청난 시온주의자였다. 리트비노프가 제거된 이유는 영국에 의해 명백히 오도되고 있었다는 사실과 더욱 관련이 있었다. 그날 늦은 시간, 체임벌린은 "러시아가 위중한 시기에 외무장관을 그냥 바꿔버렸"다며 위선적으로 불평했다. "그들은 어쨌든 세상 물정에 밝은 리트비노프를 제거했습니다. 몰로토프와의 협상은 결코 쉽지 않아요. 그는 평생 러시아를 벗어나 본 적이 없습니다. 협상할 때 몰로토프는 남들보다 높은 자리에 앉는데, 결코 우호적인 분위기가 조성되지 않죠. 그는 퉁명스러운 발언만을 해대면서 우리가 내놓는 이런저런 제안을 거부하거나 반대하기만 합니다. 진정한 논의랄 것이 되질 않아요."[192]

그러나 대단할 정도로 시류를 읽지 못하는 체임벌린은 리트비노프의 파면에서 올바른 결론을 끌어내지 못했다. 이제 스탈린은 총리의 판단이나 의도를 전혀 신뢰하지 않았다. 마이스키의 추측대로 체임벌린은 영원히 "쥐구멍을 찾는 중"이었다.[193] 그리고 스탈린의 깊은 의심을 강조하기라도 하듯, 같은 날 밴시터트는 "호러스 윌슨과 체임벌린은 여전히 … 능동적으로 어느 때고 다시금 유화책을 시작해 체코인들을 팔았듯 폴란드인들을 팔 준비를 하고 있다"며 경고했다.[194]

조금 늦게 5월 4일 〈타임스〉에 실린 "폴란드와 러시아"라는 제목의 논설은 마지못해 모스크바와의 일종의 공동전선이 필요할지도 모른다고 받아들였으나, 이어 "단치히는 전쟁을 벌일 만한 가치가 없다."라는 과감한 주장을 펼치며 비정상적으로 값비싼 몸짓을 약화시켰다. 다시 말해 폴란드 분할을 초래할 독일과의 강화를 아직은 확실히 배제해서는 안 된다는 뜻이었다. 모스크바는 더 이상 말을 돌리지 않았다. 같은 날 코민테른은 프랑스 동지들에게 집단 안보 지지에 집중하라고 지시했다. "이 노선을 취하면서 당은 달라디에·보네 정부가 어떠한 정책을 수행하는지에 따라 이 정부와의 관계를 결정할 것이다. 즉 이들 정부가 정치적 항복을 할 것인가, 아니면 침략자들에 저항하는 정책을 취할 것인가에 달려 있다."[195]

독일은 이제 더욱 결정적인 조치를 취했다. 러시아인들은 파펜을 진심으로 싫어했다. 그가 짧게나마 독일 수상을 역임했던 1932년 뜨거운 여름은 불·독 협상이라는 무시무시한 전망과 결부됐다. 앙카라 주재 신임 독일 대사로 부임한 파펜은 사람들에게 명령을 내리는 대신 그것을 따라야 하는 쇠락한 인물이었다. 리트비노프의 파면이 공표된 다음 날인 5월 5일, 파펜은 소비에트 대사 알렉세이 테렌티예프를 예방해 스탈린과 히틀러가 매우 닮았다는 예상 밖의 암시를 흘렸다. 파펜은 또한 독일과 소련 관계에서 "화해"를 방해할 수 있는 어떠한 문제도 발견하지 못했다고 덧붙였다. 단치히는 독일로 반환되어야 했으므로, 방해되는 것은 폴란드뿐이었다.[196]

한편 베를린에서 소비에트 대리대사 아스타호프는 히틀러가 단치히를 차지하겠다는 결심을 굳혔다고 보고했다. 그는 영국과 프랑스가 폴란드를 방어할 생각이 없기에 "뮌헨식 협박"과 심리적 압박을 통해 "전쟁 없이도" 이 일이 이뤄질 수 있다고 적었다.[197] 신념을 지닌 유화주의자이자 버틀러의 친구이기도 했던 벅클루 공작이 4월 15일부터 18일까지 베를린을 방문해 리벤트로프를 만난 뒤, 독일인들이 오직 단치히와 회랑만을 원한다고 확신하며 안심했다는 사실은 독일을 고무시켰다. 버틀러는 벅클루에게 "당신이 들려준 이야기와 태도 덕에 크게 안심했다."라며 확신을 주었다.[198]

런던에서 체임벌린은 참모장들이 모스크바와의 동맹을 긍정적으로 생각하는지 여부를 듣고 싶어하지 않았다. 대신 그들은 긍정적인 평가가 나오기 힘든 소비에트의 군사력에 대해서만 신중하게 질문받았다. 스탈린이 수많은 선임 및 중간급 소비에트 장교들과 군산 기업소 수장, 재능 있는 기술자들을 처형한 뒤 남겨진 사람들은 공포로 마비가 된 상황에서, 내각은 그러한 평가에서 깨끗한 건강증명서 같은 것을 기대할 수 없었다. 참모장들은 "러시아가 폴란드를 군사적으로 지원할 수 있는 어떠한 실질적 자원"도 없다고 결론지었다. 그러나 소련은 기병들이 주를 이루지만, 9000대의 전차를 보유한 30개 기갑사단과 100개의 보병사단을 갖추고 있었다. 그리고 숙청을 겪었음에도 불구하고 소비에트 공군과 전투기들은 스페인내전 초기 단계에서 뛰어난 역량을 선보였다. 실제로 참모장들은 폴란드를 공격할 때, 독일 방공이 그 부분에서 문제에 직면할 것이라고 조심스럽게 예측했다. 하지만 체임벌린과 핼리팩스를 비롯한 장관 대다수가 언급하기를 꺼리고 믿고 싶어하지 않았던 치명적인 문제는 "독일과 러시아 사이의 협정 체결 가능성이 내포하는 심각한 군사적 위험"이었다.[199]

몰로토프가 관장하기 시작한 이래로 소비에트 정책은 본질적으로 크게 변하지 않고 오직 형식과 어조만이 바뀌었으며, 수하들에게는 아무리 상급자더라도 어떠한 재량권도 허용되지 않았다. 서구 민주주의 체제들은 독일에 대항하는 전선을 폐쇄하든가 후과를 감내하라는 압박을 받았다. 리트비노프가 급작스럽게 파면된 날인 5월 4일, 코민테른 서기국은 다가오는 노선 변경을 암시하는 지침을 내렸다. 프랑스공산당은 "국방"과 "프랑스의 방위 역량 및 군비 증강과 관련해" 정부에 "단호한" 목소리를 내라는 지침이었다. 그러나 동시에 당은 인민전선 노동자들의 혜택을 유지하도록 주장하고 생활수준과 관련한 추가적인 양보를 얻어내면서, 재무장 관련 사안에서 인민전선이 득세하기 전에 유지했던 입장을 되살려야 했다. "당은 무기가 노동자들에 대항해서, 또는 반혁명전쟁을 수행하는 데 사용되지 않을 것이라는 보장을 요구할 것이다."[200] 영국과 프랑스 정부는 코민테른 암호문들을 해독하지 못한 탓에 이 지침에 접근할 수 없었으나, 그럴 필요도 없었다. 지침의 결과가 공산주의 언론 1면을 버젓이 장식했기 때문이다.

　러시아가 여전히 프랑스와 영국과의 적절한 협약을 끈질기게 추진하고 있다는 여러 단서에도 불구하고, 독일은 아직 구체적인 제안을 내놓지 않고 있었다. 유럽 관련 사안에서 자신의 능력을 한참 벗어나 여전히 제자리걸음 중인 핼리팩스는 모스크바와 베를린 간의 비밀 협상에 관한 보고서를 받았다. 하지만 핼리팩스와 체임벌린은 여전히 느긋했다. 자신이 옳았다고 굳게 확신한 핼리팩스는 "우리가 러시아와 조약을 체결하기를 원하는 부류들이 퍼트렸을지도 모르는 이러한 보고들에 큰 점수를 주기는 어렵다."라고 보았다. 핼리팩스는 "러시아의 (동맹) 제안을 거절할 시 러시아가 독일의 품에 안길지도 모른다는 희박한 가능성"을 인정했지만, 그럼에도 불구하고 영국과 프랑스와 소련의 삼자협정이 "전쟁을 불가피하게 만들" 가능성을 더욱 두려워하였다.[201] 이러한 생각의 기저에는 스탈린이 자신의 뿌리 깊은 편견을 극복해내더라도 히틀러는 그러지 못할 것이기 때문에, 러시아는 어디에도 갈 곳이 없으리라는 가정이 자리했다. 실제로 1938년 11월 핼리팩스는 "히틀러가 살아 있는 한 소비에트러시아가 독일의 우방이 될 가능성은 거의 없다."라고 주장했다.[202] 만약 스탈린이 협조적인 리트비노프를 악명 높을 정도로 완고한 몰로토프로 대체함으로써 영국인들에게 자신의 뜻을 더욱 진지하게 전달할 수 있을 것이라고 생각했다면, 대단한 오산이었다.

추가적인 지연 이후 5월 8일 뒤늦게나마 영국은 모스크바로 역제안을 보냈다. 하지만 다시 한번 완전한 상호성이 보장되지 않았다. 그 제안은 이미 명백한 징후를 보이고 있는 독일의 침략을 맞닥뜨린 발트 국가들의 안보에 관한 소비에트의 우려를 충족시키지 못했다. 독일 주재 대사관의 전임 참사관이자 현재 외무부에서 중부유럽부서를 이끄는 이본 커크패트릭 경은 상관들의 고압적인 태도와 외교 관계를 관리하는 방식에 대한 노골적인 무지를 두고 신랄한 농담을 던졌다. "처음에 우리 정부는 러시아인들을 경마 클럽에 초대해주면 그들이 기뻐서 뒤로 넘어갈 것이라고 생각했지. 러시아인들은 값비싼 동양 양탄자를 팔아넘기려고 했지만 가격이 마음에 들지 않았고 말이야."[203] 물론 독일인들은 영국인들보다 양탄자에 흥미를 가졌다. 몰로토프는 독일의 대사 프리드리히베르너 에르트만 마티아스 요한 베른하르트 에리히 그라프 폰 데어 슐렌부르크에게 잔혹할 정도로 솔직했다. 슐렌부르크가 무역과 관련해 말을 꺼내자 몰로토프는 "성공적인 경제 협상을 하려면 그에 걸맞은 정치 기반이 마련되어야 하죠."라고 응수해 슐렌부르크를 깜짝 놀라게 했다.[204]

러시아인들은 아직 어느 방향으로 뛰어들지 결정하지 못했다. 국방인민위원 보로실로프는 영국과 프랑스가 자신들에게 가담하기를 희망한 인물 중 하나였다. 1939년 5월 12일 모스크바 주재 영국 무관 파이어브레이스 대령은 1938년 4월 이후로 서로 만난 적이 없는 보로실로프를 방문해 9월에 열릴 영국군 기동 훈련에 참석하라는 초대장을 건넸다. 보로실로프는 "우호적이고 직접적"이었으며, 그와 좋은 관계를 유지했던 리트비노프와는 달리 "원수는 자신이 현실주의자이며, 독일에 대항하는 전선을 닫을 필요가 있다고 생각하고 … 이 전선을 닫을 수 있을지 여부는 오직 우리(영국인들)에게 달렸다고 말했다." 그는 독일이 "경제적으로 재정적으로 매우 어려운 상황"이라고 강조했다.[205] 그때가 바로 영국이 양쪽의 요구에 맞는 구체적인 제안과 함께 한발 앞으로 나설 순간이었다. 그러나 (누이 힐다에게 털어놓은 바에 의하면) 체임벌린의 목표는 여전히 "러시아의 반감을 사지 않으면서 전면에 나서지 못하도록 묶어두는" 것이었다.[206]

하지만 자신들의 역할이 단지 막후에 지나지 않는다는 사실을 러시아인들이 깨닫지 않을까? 체임벌린에게 그 부분은 하나도 중요하지 않았다. 모스크바와의 협상이 결렬될 수도 있다는 위험과 관련해 야당인 노동당이 압박을 가하자, 총리는 개의치 않으며 "글쎄요, 그렇다고 세상이 끝나진 않잖아요?"라고 대꾸했다.[207] 따라서 모스크바를 소외시키는 일은 하나도 중요하지 않았다. 인스킵의 뒤를 이은 유능한 방위조정장관이자 해군원수인 챗필드 경에게도 이 사실은 명백했다. 스페인과 관련해 앞서 보았듯, 챗필드는 천성이 보수주의자였다. 그럼에도 불구하고 그는 핼리팩스의 안일한 태도와, 여러 나라의 반대 때문에 러시아와의 동맹을 회피하기 위한 변명을 찾는 경향을 일축했다. 5월 16일 내각의 대외정책위원회에서 챗필드는 "러시아와 합의에 이르지 못한다면, 러시아가 향후 일어날 유럽 전쟁에서 옆으로 비켜서서 서구 국가들이 힘을 소진함에 따른 이득을 취하기를 바라는 결과를 초래할 수도 있다."라고 주장했다. 또한 영국은 폴란드인들의 기분을 상하게 할지도 모른다고 걱정한 나머지, 러시아와 논의도 하지 않고 독일에 대항하는 일방주의적인 보장을 폴란드에게 주면서 "폴란드가 아무런 반대급부도 제공하지 않아도 되는 보장을 부여하라고 러시아를 압박했다." 체임벌린은 이를 납득하지 못했으나, 합동참모장들은 "군사적 측면에서 볼 때 러시아와 독일이 동맹을 맺는 사태는 우리에게 가장 위험한 상황을 조성할 것이기 때문에 어떠한 경우에도 그들이 동맹을 맺어서는 안 된"다며 불안해했다.[208] 이념적 선호라는 사안은 거의 감춰지지 않았다. 핼리팩스의 개인비서 올리버 하비는 이러한 본질을 축소해 지적했다. "영국 보수당 정부가 러시아의 공산주의 정부와 협정을 합의하기란 어렵다."[209]

독일의 의도를 들은 모스크바

5월 17일, 스탈린은 이제 붉은군대의 제5국(정보)으로 불리는 곳의 수장에게서 소식을 전달받았다. 바르샤바 주재 독일 대사관에서 일하는 루돌프 폰 셸리하의 도움으로 러시아인들은 리벤트로프 수하의 손꼽히는 중부 유럽 전문가 피터 클라이스트의 보고 녹취록 전문을 확보했다. 실제로 일어날 일들을 탁월하게 예측한 이 보고는 히틀러가 리벤트로프에게 "이념적인 부분은 제쳐두고" 폴란드가 향후 몇 주 안에 굴복하지 않는다면 독일은 공격에 나설 것이며, 폴란드는 "여드레에서 열나흘 사이에" 뭉개질 것이라고 말한 내용을 폭로했다. 하지만 준비는 마지막 순간인 7월~8월까지 연기될 터였다. 갈등은 "영국과 프랑스가 이제까지와 마찬가지로 폴란드의 편에 설 준비가 되지 않았기 때문에 … 국지화"될 수 있었다. 독일이 신속하게 움직인다면 영국인들은 단지 함대만을 이동시키고 프랑스인들은 그저 칼을 흔들어대기만 할 터였다.[210] 이 정보가 믿을 만하다면, 이제 러시아인들은 독일과의 관계를 정리해야 할(영국과 프랑스는 전혀 알지 못하는) 기한을 가지게 된 셈이었다.

바로 그날 챗필드는 내각에 "러·독 조합이라는 가능성이 초래할 결과의 위험도는 이 나라[영국]와 러시아 사이의 협정에 대한 스페인, 포르투갈, 이탈리아, 일본, 또는 기타 국가들이 보일 수 있는 적대 행위에서 비롯되는 불이익을 능가한다고 생각"한다고 밝혔다.[211] 챗필드는 진실에서 그리 멀지 않았다. 이즈음 슐렌부르크는 리벤트로프에게서 베를린이 이제 코민테른을 더 이상 중요하게 여기지 않으며, 따라서 독일과 소련 사이의 이념적 장벽은 무너졌다는 말을 들었다.[212] 그러나 런던에서 캐도건은 며칠 후 총리가 (러시아인들과의 동맹을) "질색"하며, 사이먼과 핼리팩스도 마찬가지라는 점을 지적했다.[213] 애머리는 지적했다. "네빌의 문제는 그가 언제나 자신이 좋아하지 않는 정책을 취하도록 압박을 받았고, 자신의 예전 정책을 재개할 수 있을지도 모르는 최후의 가교를 절대 버리고 싶어하지 않았다는 점이다."[214]

유화책에서 멀어져 러시아 쪽으로 움직이도록 압력을 받으면 받을수록, 체임벌린은 시간을 질질 끌면서 러시아와의 합의 도달을 방해하려는 노력을 정교화했다. 따라서 외무부의 추가 질의에 대한 응답으로 "폴란드와 루마니아는 모두 러시아와의 삼자협정 협상과 관련해 우리를 방해하고 싶어하지 않는다는 뜻을 전해왔"다는 희소식은, 체임벌린이 듣고 싶어한 종류의 이야기는 아니었다.[215] 체임벌린은 그 어느 때보다 모스크바와의 동맹 회피를 정당화할 명분을 찾았다. 그는 폴란드 대사에게 러시아인들이 대규모 군사적 공세를 개시할 능력이나 의지를 가졌다는 점에 대해 회의적으로 생각한다는 견해를 밝혔다.[216] 이와 같은 발언들이 폴란드가 모스크바와 방위 협정을 맺도록 부추겼다고 보기는 어렵다. 그 반대라면 모르지만 말이다. 우연히 체임벌린의 부인 애니와 같은 병원에 입원한 젊은 외교관 제프리 톰슨은, 병문안을 와서 톰슨이 외무부에서 일한다는 사실을 알게 된 부인의 형제 콜 중령에게서 유럽의 상황에 대한 강한 의견을 들었다. "우리는 독일 내부에서 문제가 일어나는 것을 가장 원하지 않습니다. 히틀러를 대체할 수 있을 만한 세력이 '프랑스가 이미 썩어버린 이유인 공산주의'이니까요."[217] 톰슨은 그러한 의견이 어디에서 비롯되었을지 어렵지 않게 추측할 수 있었다.

체임벌린이 러시아와 나란히 서지 않기 위해 내세운 정당화 명분 중 가장 마지막으로 기록된 5월 24일 발언은, 농담이 아니었다면 분명 가장 절망적인 발언이었다. 바로 전 세계 로마가톨릭 신자들이 "강하게 반대한다"는 것이었다. 퀘이커 뿌리를 가졌다고 알려졌고, 프리메이슨적인 인습들로 악명이 높은 도시의 전임 시장이자, 개신교도가 압도적으로 많은 나라의 개신교도 총리로서 이는 분명 최초의 일이었다. 그리고 체임벌린은 러시아와의 동맹을 피할 수 없다면, 이는 국제연맹규약 제16조에 따라 조건부로 이뤄져야 한다고 덧붙였다. 가까운 미래에 부활할 참인 제16조가 마침 "시간제한과 관련한 특별한 언급 없이도 합의에 임시적인 속성을 도입할 것이기" 때문이었다.[218] 이 책략은 대단한 유화주의자들인 버틀러와 윌슨이 만든 유독한 혼합물이었다.

한편 성령강림절(오순절)에 체임벌린을 집으로 초대했던 강경한 반볼셰비키이자 일본 주재 전임 대사 프랜시스 린들리 경은, 보수당 외교위원회 자리에서 모스크바와의 동맹을 맹비난했다. 의심의 여지 없이 의도적으로 유출된 이 발언은 체임벌린의 의견이 확실했다.[219] 모스크바가 그의 외교정책을 "친파시스트적"이라고 여긴 것도 당연했다. 코민테른은 영국 공산당이 (5월 26일에 의회에서 승인된) 의무군사훈련 계획을 거부하자 이를 반겼지만, 평화주의적인 동기인지는 미심쩍다며 의심했다. "당은 영국에서 어떤 정부가 권력을 잡고 있는가에 관계없이, 파시즘에 평화와 독립을 위협받는 국가들을 위해 영국 인민들이 중대한 군사적 의무를 지기를 바라지 않는다는 인상을 만들었다."[220] 프랑스에서와 마찬가지로 영국에서도 민주주의 체제의 의도에 대한 불신이 고조되면서, 공산주의자들이 재무장을 지지하는 정도는 각 정부의 외교정책 방향에 따라 결정됐다. 그러나 정부가 추가적인 재무장에 관심이 없으며 실로 그것이 독일을 도발할 것이라고 여기는 사람에 의해 운영된다면, 이러한 위협은 공허할 뿐이었다.

6월 초 모스크바에서 돌아온 마이스키는 옛 동료들이 끔찍한 운명을 피했다는 사실을 알고 놀람과 동시에 깊이 안도했다. 파리에 있던 수리츠와 스톡홀름에 있던 콜론타이를 제외하고, 숙청에서 살아남은 리트비노프 무리 중 대부분은 이제 어둠 속으로 사라졌다. 비어트리스 웨브는 대사에게 스탈린과의 만남에 관해 걱정스럽게 물어보았다. "그의 짧고 퉁명스러운 대답을 통해 나는 그가 우상화된 대중 지도자를 딱히 좋아하지 않는다는 사실을 알게 됐다."[221] 한편 MI6 내부의 소비에트 첩자 가이 버지스는 윌슨과 나눈 비판적인 대화를 보고했다. 대화의 취지는 이러했다. "정부 내에서는 영국이 소련과 중대한 협정을 체결할 생각이 전혀 없다는 의견이 나오고 있습니다. 총리의 자문들은 대영제국이 러시아와 협정을 맺지 않아도 해낼 수 있다고 공공연하게 말하고 다닙니다."[222] 실제로 버틀러는 그가 "(엄청나게 큰 권력을 가진) 오늘날의 벌리*"라고 터무니없게 간주한 윌슨이 여전히 "마음속으로 … 나치 독일과의 이해에 도달하기를" 희망했다고 언급했다.[223]

스탈린과 몰로토프가 이 모든 상황을 어떻게 이해했을지 상상하기란 어렵지 않다. 독일인들은 영국이 동유럽을 구제하기 위해 나서지 않으리라고 자신했다. 나치당 기관들을 운영하던 루돌프 헤스는 자신이 신임하던 부관에게 "우리 손에 칼을 쥐고 동부로부터 우리가 필요로 하는 모든 것을 취할 것이다."라고 확언했다. 그리고 카를하인츠 핀치가 영국인들이 가만히 서서 방관하고 있지만은 않을 것이라고 말하자, 헤스는 "우리가 동부에서 작전을 벌이는 상황에 직면하더라도, 비록 손에 무기는 쥐고 있을지언정 영국은 독일에 대항해 아무 조치도 취하지 않을 것이라고 확신"한다고 주장했다.[224]

묘사된 사건들이 벌어진 지 10년이 채 지나지 않아, 열악한 동유럽을 탈출한 유대인 난민 출신 역사가 루이스 네이미어는 상황을 간략하게 요약했다.

---

* 16세기 엘리자베스 1세 시대의 영국 정치인.

영국 정부가 저지른 실수는 2급과 3급 열강들에게 너무 성급하게, 아낌없이, 까다롭지 않은 조건으로 보장을 건네고, 소비에트러시아를 청원자 대하듯이 취급했으며, 우스꽝스럽고 치욕스러운 제안들로 시작했다는 점이었다. 흥정을 통해 모든 양도를 불손하고 설득력 없게 만든 것은 추가적인 실수였다. 러시아와의 협상에 하급 관리들을 보내고, 이후 폴란드나 터키 같은 곳에는 더 낮은 지위의 군인들을 보낸 것이 세 번째 실수였다. 이 모든 것의 이면에는 히틀러나 무솔리니와의 거래에서는 나타나지 않은, 볼셰비키주의 러시아에 대한 깊고 극복할 수 없는 혐오가 자리했다. 이것이 정당한지 아닌지 여부를 떠나, 매우 어려운 협상을 성공하기에는 확실히 도움이 되지 않는 요인이었다.[225]

6월 12일, 체임벌린과 핼리팩스가 안심하고 일을 맡길 수 있는 (모스크바에서 짧게 봉직했으나 러시아인 인맥은 없던) 또 한 명의 수하 윌리엄 스트랭이 대사 윌리엄 시즈 경을 보조하기 위해 런던에서 파견됐다. 버틀러는 총리와 외무장관 모두 "불쾌감을 가지고" 러시아를 대했다고 언급했다. "핼리팩스는 자신의 종교적이고 신사적인 시각 때문에, 그리고 총리는 러시아 정치에 대한 혐오감과 공산주의 전염에 대한 공포, 소비에트의 비효율성에 대한 경멸 때문이었다."[226] 그해 말 스탈린은 영국인들이 얼마나 진지하지 않았는지를 회상했다. "그들은 스트랭이라는 한 직원을 보냈는데, 매일 미리 인쇄해놓은 새로운 제안을 들이밀었다."[227] 스트랭이 러시아인들을 "협상하기에 가장 까다롭고 성가시며", 그중 특히 몰로토프는 대하기 어렵기가 이루 말할 수 없을 정도라고 평가한 것도 당연했다.[228] 6월 16일 정치국은 모스크바가 다른 국가들의 안보를 보장하지만 발트 국가들의 안보에 대해서는 미결로 놔두자는 영국의 일방적인 제안을 거절하기로 공식적으로 결정했다. 그들은 또한 어떠한 협정이든 어느 한 체약국이 별도의 평화협정을 맺는 것을 방지하는 조항을 삽입할 것을 주장했다.[229] 독일인들은 더 이상 기다리지 않기로 결정했다. 6월 17일 슐렌부르크는 베를린의 아스타호프를 불러들여, 관계를 개선시킬 때가 왔다고 말하며 바이츠제커 대화록이 담긴 외무부 문서를 주머니에서 꺼냈다. 문서의 내용은 아스타호프가 기억했던 것보다 훨씬 단정적으로 보였다. 슐렌부르크는 러시아가 조심스러워하는 것은 이해하지만 독일의 의도는 "충분히 진지"하다고 말했다. 그는 아직 접견하지 못한 히틀러를 대변하지는 못하지만, 리벤트로프를 대리해 말할 수는 있었다.[230] 히틀러가 리벤트로프에게 새로운 라팔로에 관해 말하기는 했지만, 이것을 "일시적"인 것으로 간주하며 "향후 몇 년 안에 … 서유럽의 문제들을 해결하는 전제 조건으로 … 정지"시킬 생각이라는 소식이 바르샤바 주재 독일 대사관에서 모스크바로 전달됐다.[231] 스탈린은 히틀러가 이러한 태도 전환을 매우 제한적인 기간으로 한정시켜 생각하고 있다는 사실을 깊이 염두에 둘 터였다.

만일 이것이 사실이라면 모스크바는 히틀러에게 서유럽으로 향하는 길을 터주는 불안정한 지반에 서 있는 셈이었다. 스탈린은 위험성을 통제할 수 없는 대외 정책을 좋아하지 않았다. 한편 영국인들은 동맹에 진지한 태도를 보이지 않았다. 6월 23일 핼리팩스를 만난 마이스키는 러시아가 발트 국가들의 안보에 "불필요한 어려움"을 가중하고 있다는 어리둥절한 비난에 직면했다. 그는 모스크바가 자국의 이웃들에 대해 먼로주의와 같은 권리를 가질 수 있다고 주장하며 응수했으나, 이는 영국 외무장관의 성미를 조금도 누그러뜨리지 못했다.[232]

사실 편협한 영국인 한 사람을 제외하고, 실제로 발트 국가들과 관련해 "불필요한" 것은 무엇도 없었다. 7월 10일 소비에트 총참모장 보리스 샤포슈니코프는 영국과 프랑스와의 미래 협상에 대비한 위협 평가를 작성하면서, 러시아가 직면한 모든 위험 중 "가장 긴급한 사안은 … 독일이 핀란드, 에스토니아, 라트비아 영토를 활용해 소련을 직접적으로 겨냥해 침공하는 것"이라고 지적했다.[233] 당시 영국을 상대로 협상하는 소비에트의 입장은 눈에 띄게 굳어가고 있었다. 마이스키는 궁정 쿠데타가 일어나 처칠이 총리 자리에 오르기를 기다리도록 스탈린을 끊임없이 독려했다. 그러나 체임벌린이 처칠과 이든을 내각에 포함시킬 것이라는 소문조차 오해로 드러났다. 이러한 기대는 헛된 바람일 뿐이었다. 러시아의 선택지는 줄어들고 있었다. 마이스키는 "체임벌린은 내심 이전처럼 '유화주의자'로 남아 있습니다. '새로운 방향'을 향한 양보는 오로지 그의 바람에 역행해 이루어지고 있으며, 이루어질 것입니다. 그가 엄청난 여론의 압박을 받고 있기 때문입니다."라고 보고했다.[234] 같은 날인 7월 10일 총리는 에드먼드 아이언사이드 장군에게 "러시아와 이해에 도달하는 일은 불가능할 듯"하다고 말했다.[235] 그리고 7월 15일 체임벌린은 "핼리팩스가 마침내 몰로토프에게 '질려버렸다'고 말할 수 있어서 기쁘"다고 고백했다. "만약 우리가 합의에 도달한다면, 내 생각에는 우리가 그래야 할 것 같은데 말예요, 나는 그것을 승리로 간주할 수 없을 것 같아서 두렵습니다."[236]

마침내 벽이 좁아지기 시작했다. 7월 19일 핼리팩스는 마침내 "독일과 소비에트 정부 사이에서 일종의 논의가 진행 중"임을 인정했다. 그러나 이는, 앞으로 살펴보겠지만, 외무장관이 모스크바에서 회담이 진전되기를 바랐다는 의미는 아니었다. 체임벌린은 예상대로 "러시아와 독일 사이에서 진정한 동맹이 맺어질 수 있다고는 도저히 믿을 수 없다."라는 반응을 보였다.[237] 총리는 "베를린과 모스크바 사이에 정치적 회담이 벌어지고 있다는 어떠한 증거도 없다"는 MI6의 보고서에서 자신의 고집을 뒷받침할 근거를 찾았다. 보고서는 소·독 합의라는 개념 자체가 "매우 가정적"이라고 덧붙였다.[238] 이보다 더 잘못 읽어낼 수 없을 정도였다. MI6는 소련과 독일의 접촉에 대한 정보를 유출하는 인물이 그토록 고위급 정보에 접근할 수 없으리라고 여겨 내부 보고서들을 경솔하게 일축하곤 했다. 선입견과 편견에 맞지 않는다는 이유로 비밀첩보가 무시당한 고전적인 사례라고 할 수 있다. 체임벌린은 여전히 스스로를 속이고 있었다. "히틀러는 우리가 진심이며, 대규모 전쟁을 벌이기에는 때가 무르익지 않았다고 결론 내렸다."[239]

빗발치듯 증가하는 불만과 권좌를 잃을지도 모른다는 두려움에 휩싸여 모스크바와 합의를 추구하는 일을 멈출 수 없던 총리는, 대신 외무부의 등 뒤에서 잔꾀를 부리는 방법을 택했다. 체임벌린이 1937년~1938년 동안 비밀리에 이탈리아와 화해를 추구할 때 택했던 방법과 같은 방식이었다. 이번에 체임벌린은 포경업 회담에 참가하기 위해 런던에 와 있던 독일 수출장관 헬무트 볼타트의 도움을 받았다. 윌슨은 갓 임명된 해외무역장관 로버트 허드슨과 함께 비밀리에 의사를 타진했다. 경제적 영향권 분할과 관련한 이 거창한 제안은 독일이 유럽 동부와 남동부 쪽으로 향하는 내용을 포함했다. "폴란드에 대한 의무로부터 영국을 자유롭게 하는" 불가침협정도 동반되었다. 윌슨은 5년이라는 장기간을 내다보고 있었다.[240] 8월 3일 윌슨의 집으로 초대된 독일 대사 디르크센은 후속 조치가 뒤따라야 한다고 설득당했다. 두 시간 동안 이뤄진 대화에서 윌슨은 "독일 정부와 비밀 협상에 들어가는 일이 체임벌린으로서는 중대한 위험을 짊어지는 것이라며, 이에 대해 구체적으로 설명했다. 만일 이와 관련한 어떠한 사실이라도 유출된다면 분명 체임벌린을 사임시킬 거대한 추문으로 발전할 터였다." 윌슨은 체임벌린이 집무실에서 쫓겨나지 않는 한 유화책에 대해 발언할 수 없으며, 오직 히틀러만이 그렇게 할 수 있다고 강조했다. 디르크센은 앞선 대화를 독일의 답변의 기대되는 "공식적인 요청"으로 봐야 한다는 사실을 분명히 깨달았다. 다른 정부와의 접촉(명백히 러시아를 가리키는 언급이었다)은 사안을 촉진하는 수단에 불과했으며, "희생할 가치가 있는 중요한 목표, 즉 독일과의 합의가 이루어지자마자 떨어져나갈" 것이었다.[241]

그러나 영국 언론은 다우닝가가 뉴스를 엄격하게 통제하고 있다는 사실에 불만을 품고 있었다. 언론은 특보를 터뜨렸고,[242] 자연스럽게 추문이 뒤따랐다. 물론 체임벌린은 이제껏 이러한 음흉한 속임수를 계속 써왔다. 1년 전 이든이 사임한 이유이기도 했다. 젭은 회상했다. "10번가의 내각 안에 종종 공식적인 몸체와 꽤나 불일치하는 움직임을 보이는, 내각의 수장을 포함하는 비공식적인 몸체가 설치되어 철저히 독립적으로 행동했다는 점은 결코 정당화될 수 없었다. 핼리팩스는 절대 그러한 체계에 동의하지 않았어야 했다. 총리가 배후 인물이라는 중재자를 통해 대외 정책을 운용하는 것은 재난을 생성하는 조리법이다."[243] 심지어 유화책을 충실하고 열심히 지지한 이들도 분개했다. 허드슨의 활동이 까발려졌을 당시 캐도건은 자리를 비운 상태였다. 젭은 조용히 분노를 터뜨렸다. "이 엄청난 유화책은 즉각적으로 볼셰비키의 모든 의심에 불을 붙이고, 폴란드를 실망시키며 … 독일에게 우리가 평화를 돈 주고 살 준비를 마쳤다는 생각을 하게 했다. … 이보다 더 어리석은 짓을 할 수 있을지 의심스럽다는 말을 할 수밖에 없다."[244] 하지만 일은 여기서 끝나지 않았다.

7월 25일, 폴란드와의 전쟁 기한이 다가옴에 따라 리벤트로프는 영국이 제안해야 했던 것에는 아무런 흥미를 느끼지 못했다. 대신 그는 독일의 접촉에 소비에트가 대응하지 못한 점에 골몰했다. 소련에 파견된 독일 경제대표단의 단장 칼 슈누레는 7월 26일 비공식적으로 대화를 나누기 위해 아스타호프와 소비에트 무역대표단의 부단장 바바린을 만찬에 초대했다.[245] 이 "친밀한 만찬"에서 슈누레는 독일이 발트 지역과 폴란드를 포함한 모든 사항과 관련해 협상할 의향이 있음을 솔직하게 드러냈다. 아스타호프는 "슈누레가 하는 말이 최고위층의 의향과 의도를 반영하는 것이 분명한가를 묻는 제 질문에, 그는 자신이 리벤트로프로부터 직접적인 지시를 받아 이야기하고 있다고 확언하였습니다."라고 보고했다.[246]

영·소 군사 대화

여전히 상대자들을 무장해제시키는 데 고심하고 있던 체임벌린은 정치 협상이 전혀 진행되지 않았음에도 불구하고 러시아와 군사 대화를 나눌 수 있다는 데 마지못해 동의했다. 시즈는 7월 25일 소비에트 정부에 이 사안을, 더 나은 무언가를 취하기 위한 준비 과정으로써 제안했다. 러시아는 제안을 받아들였지만 그다지 큰 호응은 보이지 않았다. 체임벌린은 여전히 시큰둥했고, 핼리팩스도 마찬가지였다. 그들은 주요 참모진 중 누구도 파견하지 않았다. 대신 사흘 후 무명이던 제독 레지널드 플런켓어늘얼 드랙스 경이 모스크바행 군사 사절단을 이끌게 될 것이라는 이야기가 나오며 유명세를 얻었다. 제독에게 내릴 지시서의 초안을 잡는 데 사흘이 더 소요됐다. 하지만 이 지시서는 협정을 체결할 수 있는 전권도, 전쟁이 터질 경우 영국이 어떻게 러시아를 지원하는지에 관한 구체적인 사안들도 포함하지 않았다.[247] 대표단을 어떻게 모스크바까지 보낼 것인가? 스톡홀름이나 헬싱키를 경유하는 비행은 별다른 이유 없이 배제되었고, 그 이유는 얼마 지나지 않아 분명히 밝혀졌다. "전함을 보내는 방법이 제안됐으나, 외무장관은 그 방법이 사절단에 지나치게 큰 중요도를 부여할 수 있다고 생각했다." 상황이 이렇게 흐르자 사절단을 지휘할 운명이던 이들은 이 무모한 장난 전체를 냉소하게 되었다. "자전거를 탈지도 모르지." 이즈메이 장군이 혀를 차며 제안했다. 장군보다는 유머 감각이 덜 신랄한 편인 드랙스 경이 맞받아쳤다. "블라디보스토크를 경유할 수도 있어."[248] 회담을 진행할 이들이 회담에 관해 이렇게 냉소적인데, 러시아인들이 덜 그럴 가능성은 없었다.

마침내 군함 엑서터가 적합한 선편으로 선정됐다. 육군의 헤이우드 소장과 왕립공군의 찰스 바넷 원수를 포함한 사절단은, 아무리 좋게 말해도 낙관적이지 않았던 MI6의 "수장"으로부터 보고받았다. 8월 2일 챗필드는 세 명의 군 장관들과 핼리팩스가 함께 있는 모습을 목격했다. 싱클레어의 감상을 그대로 옮기자면, "외무장관은 그들 모두에게 협상을 가능한 한 오래 끄는 편이 바람직할 것이라고 주지시켰다." 이어 사절단은 예기치 않게 체임벌린이 그들을 만나고자 한다는 이야기를 전달하게 된 싱클레어로부터 추가적인 보고를 받기 전에, 두망 장군이 이끄는 프랑스 측 사람들과 만나 인사를 나누었다. "총리는 러시아 상황에 관해 다소 우려하고 불안해하는 모습을 보였다. 그는 하원의 압력 때문에 그가 바라는 수준보다 더 멀리 가게 되었다고 말했다." 드랙스는 이렇게 회상했다. 이러한 격려를 받으며 8월 5일 출발한 사절단은 엑서터호의 최고 속력이 고작 13노트(시간당 24킬로미터 미만)에 불과하다는 사실을 발견했다.[249] 가장 골치 아픈 문제는 드랙스가 "두망 장군은 어떤 비용을 치르더라도 러시아와 반드시 협정을 맺어야 한다는 지시를 받았다는 정보를 수집"했다는 데서 찾아왔다.[250] 다시 한번, 영국이 프랑스의 기대를 저버릴 참이었다.

마이스키는 틸버리의 부두까지 철도가 연결된 세인트팬크라스 역에서 열린 영·불 군사 사절단 배웅식에 참석했다. 대사는 열광적이었다. 그가 수년간 작업했던 일이 마침내 움직이고 있었다. 하지만 그는 지금 일어나고 있는 일들에 유화주의자들의 의향이 조금도 반영되지 않았다고 생각할 만한 충분한 이유를 가지고 있었다. 정확히는 그 반대라며, 마이스키는 자신의 일지에 은밀한 생각을 허심탄회하게 쏟아냈다.

부르주아지와 왕실은 '소비에트 공산주의'에 아무런 호감도 갖고 있지 않다. 그들은 오로지 이들을 증오할 뿐이다. 체임벌린은 언제나 찻숟가락만큼의 물로 소련을 익사시킬 준비가 돼 있다. 우리 소비에트 측 또한 영국의 '최상류층'에 아무런 연민도 가지고 있지 않다. 반면 지난 수 세기 동안의 전통과 소비에트 시기라는 최근의 경험, 이념적 습성이 한데 모여 영국의 지배자들, 특히 이 모든 정당한 의혹과 불신의 중심인 총리를 향

한 우리의 태도를 빚어낸다.[251]

　한편 체임벌린의 엄청난 숭배자들 중 하나이자 〈선데이 타임스〉의 사주인 켐즐리 경은 윌슨, 핼리팩스, 헨더슨의 격려를 받으며 베를린으로 떠났다.[252] 신문왕은 이곳에서 체임벌린과 같은 견해를 표명했다. 그는 7월 25일 나치 사상가인 알프레트 로젠베르크와 대화를 나누며 "영국과 독일은 결코 다시 전쟁을 벌여서는 안 됩니다. 만약 전쟁이 일어난다면 소비에트러시아가 홀로 남아 유일한 승자가 되고, 유럽의 문화는 철저히 파괴될 것입니다."라고 주장했다. 그는 체임벌린 정부가 모스크바와 협상을 벌이는 이유는 오직 "야당의 기를 꺾기 위해"서라고 덧붙였다. 만찬에서 마음이 풀린 켐즐리 여사는 "독일과 영국의 전쟁으로 이득을 볼 사람들은 유대인들뿐일 것"이라며 남부끄러운 말을 속삭였다.[253] 군사 사절단을 파견하는 일이 아직은 제안 수준에 불과했던 이틀 후, 이제 완전히 준비를 마친 켐즐리는 히틀러와의 소중한 만남을 통해 후속 조치를 취했다. 여기서 그는 체임벌린이 "뮌헨협정을 단지 수데텐 사안 해결책으로만 보지 않고, 향후 독일과 가질 관계의 전조로 여기고 있"다고 자신감 넘치게 강조했다.[254] 희망이 끝없이 샘솟았다. 버틀러는 벅클루에게 주지시켰다. "우리 쪽에서는 어떠한 상황에 대해서든 준비해둬야 합니다. 독일은 기회가 된다면 확장하겠지만, 우리는 히틀러가 돌이킬 수 없는 결정을 내리기 전에 한 번 더 전쟁을 벌이지 않고 얻을 수 있는 것들에 대해 숙고해볼 것이라고 믿습니다."[255]

　러시아, 영국, 프랑스 간의 회담이 열릴 것이라는 소식은 독일이 자신들의 의도를 분명히 드러내도록 자극하는 효과를 보였다. 슈누레 만찬에 이어 8월 2일 외무부에서 바이츠제커와 회동한 아스타호프는 리벤트로프를 접견하도록 초청받았다. 혼자서 장황하게 이야기를 늘어놓던 리벤트로프는 마침내 요점을 꺼냈다. "우리는 '흑해부터 발트 지역까지'의 영토와 관련된 모든 문제에 관해 어렵지 않게 타협할 수 있습니다. 나는 이 점을 확신합니다(리벤트로프는 이 말을 여러 차례 다양한 형식으로 반복했다)." 이보다 더 직설적일 수는 없었다. 리벤트로프는 폴란드와 관련해 말을 이었다. "한 가지는 분명합니다. 단치히는 우리 차지가 될 거예요. … 우리는 폴란드군을 그리 걱정하지 않습니다. … 우리에게 폴란드 군사 작전은 1주일에서 열흘 안에 해결될 문제입니다." 독일인들은 베를린에서 협상하길 원했다.[256]

영국과 프랑스 사절단 파견이 예정되면서 러시아에는 "독일에 대항하는 방벽" 건설에 관해 이전보다 더욱 낙관적인 분위기가 흘렀다. 하지만 회담에서 무엇이 논의될지에 관해 질문을 받았을 때 외무부인민위원 로조프스키(전임 프로핀테른 수장)는 "예견하기 어렵다."라고만 대답했다.[257] 5월 13일 소비에트 해외정보부(이전 국가안보총국 해외지부였던 내무인민위원부 국가안보총국 제5부)의 수장으로 임명된 젊고 경험이 부족한 파벨 피틴이 즉각 사안을 맡게 됐다. 아스타호프가 리벤트로프의 발언을 급보로 보낸 지 나흘 뒤이자 영국 대표단이 그들의 느린 선박을 타고 레닌그라드를 향해 떠난 지 이틀 뒤인 8월 7일, 피틴은 아주 가까운 미래에(8월 25일 이후 어느 날이든) 독일이 폴란드를 공격할 것이라고 스탈린에게 보고했다.[258] 리벤트로프가 그토록 끈질기게 협상의 필요성을 고집한 것도 당연했다. 그러나 소비에트 지도부는 영국과 프랑스가 설득될 수 있을지 기다려보기로 결정했다. 같은 날 소비에트 협상단에 내려진 지침은 단순했다. "폴란드와 루마니아 영토를 우리 군이 자유롭게 통행할 수 없"다면 합의는 "불가능"하다는 것이었다. 게다가 1938년 미국 비행사 찰스 린드버그의 방문 이후로는 "우리의 우방"이 아닌 어떠한 외국인도, 그들이 우방이 될 때까지는 소련의 군사 기업체나 군부대를 볼 수 없었으며 앞으로도 허용되지 않을 터였다.[259]

러시아인들은 모든 당사자를 상대로 주도면밀한 신중함을 유지했다. 단적인 예를 들자면, 8월 11일 아스타호프가 몰로토프에게 연락하면서 "협상들"이라는 단어를 사용하자 몰로토프는 급하게 이를 지우고 "대화들"이라는 말로 대체했다.[260] 8월 12일 몰로토프는 영국과 프랑스와의 협상 첫날이 어떻게 흘러가는지 지켜보면서 아스타호프에게 직설적이고 임시변통적인 전신을 보냈다. "대화 주제들의 목록이 우리의 흥미를 끌지 못한다. 그들은 무역차관협정부터 단계적으로 다른 사안들로 이행하는 협상을 요구한다. 우리는 이 문제들을 모스크바에서 논의하기를 바란다."[261] 그에게는 신중해야 할 이유가 충분했다. 어쨌든 독일도 그들에게 동의하는 척할 수 있었다. 그날 오후 프랑스인들과 함께 모스크바에 도착하고 있던 영국 군사 사절단처럼 말이다. 다음 날 영국인들과 프랑스인들은 국방인민위원 보로실로프, 총참모장 지휘관 샤포슈니코프, 해군인민위원 제독 쿠즈네초프, 공군의 수장이자 지휘관 로크티오노프, 부참모장 스모로디노프로 이루어진 소련 대표단과 만났다.

아무것도 협상할 것이 없던 영국과 프랑스를 상대로 러시아가 교착 상태에 빠지기까지는 단 이틀이면 충분했다. 드랙스는 동맹을 체결할 권한뿐 아니라 정부 신임장조차 가지고 있지 않았다. 쿠즈네초프 제독의 말에 따르면 "협상은 시작하자마자 심각한 불신을 초래했고, 시간이 흐를수록 이 불신은 점점 커졌다."[262] 보로실로프가 즉각적으로 자신들은 빠른 진전을 보기를 원하며 이를 위해 몇 시간이고 협상에 응할 수 있다고 선언하자 드랙스는 궁지에 빠졌다. 보로실로프는 소련 사절단이 정부를 대표해 군사협정을 맺을 수 있다는 신임장을 내민 반면, 드랙스와 두망은 어떤 합의에 대해서든 자신들의 고국 정부에 회부해야 했다. 러시아인들은 또한 자신들의 전투서열을 나열했다. 120개 보병사단, 16개 기병사단, 중화기 5000정, 전차 9000대~1만 대, 항공기 5000대~5500대였으며 8일~20일 안에 완전히 동원할 수 있었다. 8월 14일 보로실로프는 핵심적인 질문을 상정했다. 붉은군대는 폴란드와 루마니아를 통과할 수 있는가? 대답은 나오지 않았다.[263] 영국인들과 프랑스인들이 아무런 답변을 못 하자, 8월 16일 보로실로프는 빌노회랑과 갈리시아를 경유해 폴란드를 통과하고 루마니아도 통과해야 한다는 필요성을 제기하면서 "우리는 추상적인 선언문을 만들기 위해 이곳에 모인 게 아닙니다."라고 직설적으로 쏘아붙였다.[264]

러시아는 마지못해 독일이 준비되기를 기다렸다. 독일은 체임벌린보다 소비에트 군대를 더욱 진지하게 대하며 괴링이 이끄는 독일 공군의 제공권을 소비에트 공군이 거부하지는 않을지 진심으로 걱정했다. 실제로 러시아는 서부 전선에 460대~550대의 폭격기와 465대~575대의 전투기를 배치할 수 있었다.[265] 독일과 러시아 사이의 협정이 체결된 바로 그날 로젠베르크는 자신의 일기에 이 협정이 "독·폴 충돌에서 러시아 공군이 제기할 위협을" 제거했다고 인정했다.[266] 8월 17일 베를린의 강력한 압박을 받은 대사 슐렌부르크는 25년이라는 기간 제안을 포함해 소비에트가 제시한 협상 조건들을 받아들일 수 있음을 내비쳤다. 그러자 몰로토프는 의정서가 추가되어야 할 것이라고 제시했다. 8월 19일 러시아는 독일에게 전체 초안을 건넸으나, 히틀러는 다음 날이 돼서야 추가적인 비밀의정서와 함께 불가침협정에 동의한다는 전갈을 슐렌부르크에게 보냈다. 그 초안은 나치·소비에트 협정으로 거듭났다.[267] 협상을 대하는 영국의 부적절한 태도와 함께 전달된 이 소식은 1935년 이든의 모스크바 방문 이후로 자신의 차례를 기다려왔던 전략의 운명을 마침내 결정지었다. 스탈린은 히틀러와의 협정에 서명한 후 자신의 집무실에서 디미트로프, 즈다노프, 몰로토프와 나눈 사적인 대화에서 상황을 요약했다. "우리는 소위 민주주의 국가라는 곳들과의 협정을 선호해 이에 따라 협상을 진행했지." 그러나 영국과 프랑스는 러시아가 그들을 위해 일을 해주기만을 바랐다. "아무런 대가도 없이 말이야!"[268]

워싱턴 DC로부터의 경고가 며칠 전 영국 외무부로 들어왔으나, 이 전신은 너무 오랫동안 미결 서류함을 차지하고 있던 덜 중요한 다른 문건들 사이에서 잊히고 말았다.[269] 모스크바 주재 미국 대사관의 삼등서기관 찰스 볼런은 독일 대사관의 하급 외교관 헤르바르트로부터 정보를 들은 후에 이 소식을 예상했다.[270] 헤르바르트는 영국 대사관의 삼등서기관에게도 경고했으나, 이에 대해서는 어떠한 기록도 남아 있지 않다. 이 서기관은 전쟁 중 사망하여 설령 그가 무언가 조치를 취했더라도 우리가 이에 대해 알 방도는 없다. 폴란드인들은 라트비아인들이 러시아가 독일과 합의에 이를 것이라는 이야기가 "어떤 영국인 모임들 사이에서" 떠돈다는 말을 나누는 것을 들었다. 그러나 리가에서 외무장관 빌헬름 문테르스는 허황된 환상이라며 이를 일축했다. 그의 말에 따르면 "오직 바보만이 상상할 만한 이야기"였다.[271] 그런 바보들의 수는 명백히 적었다. 예컨대 MI6는 스탈린과 히틀러가 결코 타협에 이르지 못할 것이라는 확신을 유지하면서 영국과 러시아의 협상에 반대했다.[272]

런던 역시 안일하게 대처했는데, 이는 모두에게 더 큰 화를 불러왔다. 쳅은 외무부에서 가능성을 저울질하며, "독일이 서부를 공격한다면 서부 유럽에 언제 끝날지 알 수 없는 전쟁이 일어날 것"이라고 가정해야만 모스크바가 베를린과 협정을 체결할 것이라고 언급했다. 그는 나아가 국가들이 "항상 합리적인 입장에서 이해관계를 따지는 자들에 의해 움직이지는 않는다."라고 반추했다.[273] 영국 정책을 실로 정확히 진단한 평가였다. 쳅이 제대로 알지 못했던 바는, 러시아가 독일과 서구 사이의 전쟁이 가져올 결과에 대해 어떠한 기대도 가지지 않았다는 점이었다(12장 참조). 그들의 셈법은 상당히 달랐다. 모스크바는 영국의 제국적 자산과 경제, 군사 분야를 더한 힘을 항상 과장해서 평가하곤 했다. 스탈린이 동맹 구상을 고집한 이유는 바로 이 때문이었다.

한편 8월 21일 월요일 외무부에 일찍 출근한 핼리팩스는 그날 아침 11시 30분 캐도건과 함께 10번가에 있었다. 그의 일기가 그날의 일을 말해준다. "'C'(MI6의 수장)는 우리에게 괴링이 총리 접견을 보장해준다면 자신이 런던으로 오겠다는 제안을 받았다고 말했다. 이 흥미로운 제안에 긍정적인 답변을 보내기로 결정되었고, 그에 따라 괴링이 23일 수요일에 비밀리에 올 수 있도록 조치가 취해졌다. 괴링을 사용되지 않는 비행장에 착륙시킨 후 차에 태워 곧바로 체커스로 이동한다는 계획이었다. 그곳에 사는 일반 가정에는 퇴거 명령이 내려지고 전화선은 끊어버려야 했다." 다음 날 다우닝가에서는 핼리팩스, 캐도건, 윌슨이 체임벌린과 함께 "히틀러에게 보내는 서한의 최종안을 승인했다." 하지만 모든 것이 틀어졌다. 나치·소비에트 협정 소식이 전해진 것이다. 전혀 예상치 못했던 충격적인 결과를 받아들이기까지는 시간이 필요했다. 다음 날 핼리팩스는 "독일과 관련한 구상은, 적어도 한동안은 희미해졌다."라고 언급했다. 히틀러는 괴링과의 예정된 회동이 "즉각적으로 유용"하지는 않을 것이라는 말을 전달했다.[274]

나치·소비에트 협정

8월 23일 리벤트로프는 몰로토프와 함께 불가침협정에 서명하기 위해 모스크바에 도착했다. 내가 미리 경고했었노라고 말하는 것이 밴시터트에게 큰 만족감을 주지는 못했겠지만, 그는 1935년 불·소 협정이 체결된 직후 다음과 같은 기록을 남겼다. "라발 씨가 러시아의 신뢰를 완전히 무너뜨리지 않는 이상 … 러·독 협정은 가능하지만, 그런 일이 일어날 듯하지는 않다. 우리 역시 섣불리 베를린으로 가는 길을 택했다면 가능성은 더욱 높아졌을 것이다. 만약 우리가 그렇게 했고, 이로 인해 불안해진 러시아인들이 베를린에 입찰을 하고, 그 뒤에 우리가 실패했다면? 이 모든 엄청난 사업에는 실로 굉장한 주의가 요구된다."[275] 물론 모두 초짜 외교관들이었던 내각의 주요 구성원들은 밴시터트를 충분히 진지하게 받아들이지 않았다. 밴시터트는 대책 없는 친불주의자이자 반독주의자로 치부되며, 말 그대로 무시됐다. 일어난 일들에 대한 모든 책임은 체임벌린 일당이 떠맡아야 했다.

로조프스키 부인민위원은 스웨덴 대사와 나눈 대화에서 모스크바의 직설적인 전언을 분명히 드러냈다. "앞으로는 그 누구도 소련의 능동적인 참여 없이는 국제관계와 관련한 중대 질문, 특히 동유럽과 관련된 질문에 입장을 표명할 수 없을 것입니다."[276]

유화주의자들은 8월 27일까지는 계속해서 베를린으로 향하는 길을 질주했다. 핼리팩스의 비서관 하비는 "뮌헨에서 또 다른 시도가 일어나 폴란드를 팔아넘길까 봐 겁이 났다."라고 고백했다. "호러스 윌슨 (경)과 리처드 버틀러는 이 때문에 비버들처럼 일하는 중이다."[277] 독일 유화책을 열렬히 지지하는 버틀러는 오랜 질병에도 불구하고 수석 학위를 취득한, 실제로도 애정 어린 섬세함으로 독일어를 구사하는 인물이었다. 8월 25일과 27일 괴링의 인맥인 스웨덴 사업가 달레루스의 의견을 비공식적으로 청취하고 8월 30일 10번가를 방문한 핼리팩스는 단치히에서 국민투표를 실시할 수 있겠다는 아이디어를 떠올렸다. 핼리팩스는 "히틀러가 내놓을 수 있는 어떠한 제안도 폴란드인들에게 강권이라는 형태로 표현되어서는 안 된"다는 우려만을 표명했다.[278]

러시아인들은 무슨 일이 벌어지는지 알고 있었다. 8월 29일 아스타호프는 베를린의 리벤트로프로부터 전달된 메시지를 보고했다. "헨더슨은 영국으로 출발하기 전에, 폴란드 문제를 평화로운 방식으로 해결하고 독일과 영국의 관계를 개선하기를 희망한다는 영국 정부의 바람을 히틀러에게 전달했습니다. 히틀러는 자신 역시 영국과의 관계 개선을 희망하나, 폴란드 문제는 조만간 어떻게든 해결되어야 할 것이라고 대답했습니다." 히틀러는 또한 소련과의 우호적인 관계를 버리지 않을 것이며, 소비에트의 참여 없이는 어떠한 국제 회담에도 참석하지 않겠다고 약속했다. "동부의 사안과 관련한 그의 모든 결정은 소련과 함께 내려질 것입니다."[279]

이 협정은 자연스럽게 유화주의자 진영의 반볼셰비즘을 악화시키고 좌파의 친소비에트 정서를 완전히 약화시켰다. 숙청 소식도 참아냈던 일부에게 이 협정은 최후의 일격으로 다가왔다. 파시즘에 대항하는 인민전선이라는 이름으로 자신들의 의혹을 삼켜왔던 이들은 이제 소비에트의 국익이라는 현실과 직면해야 했다. 헌신적인 동료이자 여행가 비어트리스 웨브는 8월 25일, 스탈린의 피비린내 나는 숙청을 거치면서도 희망에 매달렸던 이들의 정서를 사랑스러울 정도로 개인적인 표현으로 드러냈다. "독·소 협정은 우리 웨브 부부가 지지했던 모든 것에 대한 엄청난 재앙으로 보인다. 심지어 시드니도 멍해졌고, 나는 한동안 거의 기절할 지경이었다!"[280] 런던은 이제 전쟁이 불가피하다고 여기기 시작했다. 〈타임스〉는 교훈을 채 학습하기도 전에 모든 희망이 사라지고 말았다고 표현했다. "이 얼마나 어리석고, 어리석고, 어리석은가. … 유럽이 필요로 하는 것은 독일의 자발적인 진화다." 가련한 편집부장 배링턴워드는 전체주의 정권 아래서 어떻게 그런 일이 일어날 수 있을지는 전혀 짐작치 못했다.[281]

물론 우파는, 특히 러시아인들이 폴란드 동부를 장악한 뒤로는 자신들의 정당성이 완전히 입증되었다고 믿었다. 체임벌린의 헌신적인 수석 비서관이자 국제적 경험이 부족했던 아서 러커는 그해 가을, 동료인 존 콜빌에게 토로했다. "공산주의는 이제 매우 거대한, 심지어 나치 독일보다도 심각한 위험이 되었어."[282] 협정 소식은 두말할 필요 없이 안 좋은 것이었으나, 강경한 유화주의자들에게는 가속기로 작용했다. 하지만 히틀러는 영국인들이 제안해야만 하는 것이 무엇인지 기다리기에는 너무나 조급했다. 9월 1일 독일은 폴란드를 공격했다. 그리고 독일이 영국의 최후통첩에 긍정적인 반응을 보이지 않았기 때문에, 1939년 9월 3일 일요일 두 국가 사이에 전쟁이 선포됐다.

12장

전쟁, 1939~1940

폴란드의 패배로 사회주의 체제가 새로운
영토와 인구로 확장되는 일이 뭐 그리
나쁘겠는가?

스탈린[1]

히틀러가 폴란드를 신속히 함락할 수 있던 이유는 오직 그가 스탈린과 마
침내 합의를 보았기 때문이었다. 독일에 제공권이 필요했던 점을 생각할
때, 폴란드가 러시아와의 갈등을 잠시 미뤄둘 수 있는 방법을 찾기만 했더
라도 독일에게는 쉽지 않은 일이 되었을 터였다. 그러나 유제프 베크는 히
틀러처럼 순수하게 국가이성 차원에서 행동할 수 없었다. 폴란드 역시 가
장 추악한 형태로 귀환하는 볼셰비즘을 목전에 두고 있었기 때문이다. 폴
란드 땅으로 돌아오는 붉은군대는 분명 위로부터의 혁명과 함께 박해를
수반할 터였다. 1920년대의 공포가 아직 너무나 선명했고, 러시아 국경을

넘어 도망쳤던 이들은 각자의 소름 끼치는 이야기로 그러한 공포를 증폭시켰다.

소·독 협력의 전체 내용과 이에 대한 스탈린의 바람은 한동안 그 윤곽이 드러나지 않았다. 소련과 나치 독일 사이에는 하나가 아닌 두 개의 협정이 체결됐고, 1940년에 명백해졌듯 크렘린은 적절한 때에 세 번째 협정이 뒤따르기를 전적으로 기대했다. 나치 체제를 향한 모스크바 내부의 급작스러운 태도 변화는 놀라울 정도였다. 1939년 8월부터 파시스트들은 더 이상 파시스트들이라고 불리지 않았다. 이 단어는 소비에트 선전에서 사라졌다. 망명 중인 독일 공산주의자들은 작업장에서 "그들의" 성공적인 폴란드 침공을 축하받으며 난처해했다.[2]

첫 번째 조약(1939년 8월 23일 체결된 불가침협정과 이에 부속된 비밀 의정서)은 체임벌린의 유화 정책이 완전히 파산했음을 선언했다. 정책의 목적이 볼셰비즘의 위협을 피하고자 러시아인들을 유럽 바깥에 묶어두는 것이었기 때문이다. 대신 베네시의 경고대로 조약은 러시아인들을 불러들였고, 영국은 이를 막아낼 힘이 없었다. 뿌리부터 이념적인 유화 정책은 스탈린과 히틀러가 이념적 이유로 인해 내재적으로 양립 불가능하다는 근거 없는 추정에 건 도박이었다. 두 당사자 중 그 누구에게도 결코 '현실 정치'라는 단어가 들어설 리 없다는 추정이었다. 이 정책은 또한 한때 무정부노동조합주의의 아버지 소렐을 실로 흥분하게 만든 볼셰비즘과 파시즘의 공유된 기원을 고려하지 못했다. 따라서 서구 정치인들과 관리들은 모든 것을 넘어서는 지정학이라는 논리는커녕, 자유주의적 가치와 부르주아 민주주의에 대한 모스크바와 베를린의 공통적이고 근본적인 적대감이 양자를 묶을 수 있다는 점을 보지 못했다. 독일과의 전쟁이라는 끔찍한 미래와 마주한 윌슨은 체임벌린을 대신해 미국 대사 케네디에게, 여태껏 체임벌린이 일관되고 공공연하게 냉대한 루스벨트와의 사이를 중재해 달라고 요청했다. 영국은 폴란드에게 물러나라고 압박할 수는 없지만, 미국은 그럴 수 있다고 생각했기 때문이었다.[3] 런던은 필사적이었다. 또 다른 뮌헨이 눈앞에 다가와 있었다.

독일과 소련 사이의 두 번째 조약(9월 28일의 친선협정)은 9월 1일 독일의 폴란드 서부 침공과 9월 17일 소련의 폴란드 동부 침공에 뒤이어 맺어졌다. 이는 소련과 독일의 협정이 장기적일 것임을 증명했다. 러시아인들이 적어도 수년은 이 협정에 기댈 생각임을 암시하는 조짐이 여럿 있었지만, 그중에서도 리투아니아를 소비에트 영향권에 넘겨준 이 친선협정은 더 이상 되돌아갈 길이 없음을 뚜렷이 드러냈다. 히틀러는 폴란드의 대부분을 정복할 자유뿐만 아니라, 서유럽에서 자신이 원하는 곳을 (그럴 만한 능력만 있다면) 차지할 수 있는 백지 위임장을 얻었다. 하지만 스탈린은 (자신이 파악한 바로 볼 때) 이는 불가능하리라고 생각했다. 소비에트 정권은 이 협정이 적어도 가까운 시일에 벌어질 수도 있는 큰 전쟁에서 자국을 구했다고 믿었다.[4] 더하여 이 협정은 소비에트 권력에게 영토를 확장할 수 있는 예상 밖의 기회까지 부여했다.

크렘린의 셈법

두 협정 사이의 기간에 스탈린은 베를린이 약속했던 것들을 실제로 이행할 것이라고 확신할 수 없었다. 불안한 시간이었다. 따라서 새롭게 전환한 소비에트 국가정책과 코민테른 전략 사이의 협조는 이 불확실함이 완전히 해소되기 전까지 불완전한 상태로 남았다. 붉은군대가 폴란드에 진입해 독일 국방군과 직접 접촉할 때 시련은 도래할 터였다. 협정이 거의 준비된 상태에서 8월 22일 코민테른 집행위원회 서기국은 협정 소식이 필연적으로 촉발시킬 공산주의자 대열 내에서의 경악과 혼란을 예상하여 결의안을 발표했다. 이 결의안은 이 협정이 "영국, 프랑스, 소련이 함께 침공을 물리치기 위한 합의를 이룰 가능성과 필요성"을 배제하지 않는다고 분명히 의도적으로, 거짓 암시했다. 다시 말해 코민테른 노선의 변화가 예상돼서는 안 됐다.[5] 이 발표가 타격을 가볍게 했을 수도 있겠지만, 국제공산주의운동 전체는 유례없는 혼란에 빠졌다. 후일 토레즈는 이에 대한 반응이 "놀라움과 철저한 혼란"이었다고 회상했다. 인민전선 기간 동안 유럽 전역에 걸쳐 공산당 노선이 국익과 동일시될 수 있다는 인상을 주었던 관념은 사라졌다. 대신 남은 것은 "소련에 대한, 코민테른에 대한, 스탈린에 대한 충성"뿐이었다.[6] 서유럽을 담당했던 톨리아티는 서둘러 파리로 향해, 당분간은 온 힘을 다해 전쟁을 지원하되 부적절한 교전 행동에 대해 가혹히 비판한다는 1914년 클레망소의 노선을 따라야 할 것이라는 말을 전송했다.[7] 그러나 스탈린이 코민테른의 방향성에 대해 최종 결정을 내리면, 전반적인 방향성과 사기가 더욱 악화될 수 있었기에 이와 관련하여 더 많은 조치가 요구되었다. 따라서 톨리아티는 모스크바로부터 새로운 정책 노선이 확정적으로 내려지면, 갈피를 못 잡는 평당원들을 통제하고 공산당들의 결속을 보장하기 위해 프랑스 수도에서 사라진 서유럽지부를 다시 꾸릴 것을 기대했다.[8]

크렘린은 구체적인 영토적 이득을 얻는 대가로 어쩔 수 없이 국제공산주의운동의 이해관계를 경시하는 미지의 영역으로 뛰어들고 있었다. 소비에트 지도부는 자본주의의 근본적인 위기를 믿는 동시에, 단기적으로는 어떻게 해서든 편의적으로 그 존재를 이용해야만 하는 양가적 위치에 섰다. 이런 이유로 '현실 정치'는 베를린을 향했다. 유럽 내 자본주의의 주춧돌인 영국은 독일에 대항하기 위해 러시아와 동맹을 맺는 일에 분명 진지하지 않았다. 한편 스탈린은 히틀러가 승리할 것이라고 확신하지 못했다. 그는 "독일이 패배할 수도 있으며, 그렇게 된다면 영국의 입장이 불분명해질 것이라고 말했다."[9] 스탈린은 "독일에 의해 가장 부유한 자본주의국가들(특히 영국)의 입지가 흔들린다면 좋을" 것이라고 바랐다. 왜냐하면 "히틀러는 그러한 목적이나 의도도 없이 자본주의 체제를 흔들면서 약화시키고 있기 때문이다. … 우리는 한쪽과 다른 한쪽이 가능한 한 맹렬하게 맞붙어 싸우도록 교란시킬 수 있을 것이다."[10] 자본주의 세계의 재난은 볼셰비키에게 기회가 될 터였다. 이 맥락에서 대중에게는 전해지지 않은, 1927년 4월 5일 스탈린이 말한 바를 회고할 만하다. "10월(혁명) 당시 제국주의는 두 연합, 두 진영으로 갈라졌습니다. … 이 제국주의 내의 투쟁은 제국주의를 손상해 약화시켰죠. 바로 이 싸움이 일어났기 때문에, 제국주의 전선이 무너졌기 때문에 우리 러시아 공산주의자들이 손쉽게 사회주의로 갈 수 있었습니다. 그게 정확한 이유였죠. 그 일 없이는 우리가 패배할 수도 있었습니다."[11] 러시아가 발트 지역과 발칸 지역으로 확장함에 따라 흥미롭게도 이와 유사한 정서가 머나먼 베이징에서 울렸다. 1940년 6월 소비에트 대리대사 니키틴은 독일과 서구의 전쟁이 양측을 소진하게 만들어 "러시아를 유럽 내 위협으로부터 안전하게 할 것"이라는 희망에 기초해 1939년 8월의 나치·소비에트 협정이 맺어졌다고 미국 대사에게 솔직하게 밝혔다.[12]

전쟁

9월 1일 히틀러가 폴란드를 쳤을 때, 이탈리아는 전쟁을 치를 준비가 되어 있지 않았다. 프랑스나(심리적으로) 영국도(물질적으로) 마찬가지였다. 20년이나 지나 프랑스는 베르사유조약을 둘러싼 이견을 평화적으로 해결할 수 있을지 검토하기 위한 회담을 촉구했다. 그러나 히틀러는 받아들이지 않았다. 이탈리아의 외무장관 치아노는 로마 주재 프랑스 대사와 영국 대사의 협조를 받아 독일과의 협상을 통해 위기에서 벗어나는 방법을 찾으려고 시도했다. 그러나 히틀러는 폴란드에서 철수하지 않았고, 핼리팩스가 타협할 용의를 보였음에도 불구하고 히틀러에게 이미 여러 번 데인 체임벌린은 더 이상 양보하지 않기로 굳게 결심한 상태였다.[13] 게다가 영국 하원이 다른 경로를 취하도록 내버려둘 분위기도 아니었다.

그러나 패배주의 정신은 끈질겼다. 예를 들어 영국 국왕 조지 6세와 (이제는 옥새상서가 된) 호어는 수개월 내로 독일과의 (그것이 꼭 히틀러의 독일은 아닐지라도) 평화 제안이 이뤄지기를 기대한다고 케네디 미국 대사에게 이야기했다. 이에 더해 두 사람은 전쟁이 지속된다면 "경제, 재정, 사회가 완전히 붕괴할 것이고, 전쟁이 끝난 뒤에는 아무것도 남지 않을 것"이라는 의견을 표출했다.[14] 런던과 파리의 그 누구도 싸움을 시작하기를 원하지 않았다. 폴란드인들은 홀로 남겨졌다. 프랑스인들은 독일의 서부 방벽을 공격하는 위험을 감수하려 하지 않았고, 영국이 제안할 수 있는 최대치는 서유럽을 공중엄호하는 것이었다. 이것은 체임벌린의 잘못이었다. 그는 언제나 대륙에서 행동을 펼치기 위한 지상군 창설에 격렬하게 저항했고, 강요받기 전까지는 징병제에 반대했다. 그의 지속된 일방주의 덕택에 한동안 우방들 사이의 신뢰 수준은 (결코 좋았던 적도 없지만) 나빠지면 나빠졌지 개선되지 않았다.[15] 당연하게도 프랑스인들은 실망감을 느꼈다. 프랑스의 재정장관 폴 레노는 미국 대사에게 이렇게 말했다. "나는 (영국의 재정장관) 존 사이먼 경이 영국 측이 심각한 타격을 입기 전에 프랑스의 자원을 소진시키는 것을 분명한 목표로 두고 있다고 생각합니다. 그래서 이 전쟁이 끝난 후에 영국이 상황을 절대적으로 통제할 수 있도록 하려고 말예요."[16] 전시의 동맹에게 최선의 시작은 아니었다.

게다가 유화책의 정신은 사라지지 않았다. 이는 이미 너무나 마음 깊이 배어들어 있었다. 9월 말 케네디는 런던에서 "만일 히틀러가 가면, 독일은 실로 공산주의로 향하며 유럽을 위협하는 존재가 될 것"이라는 독일의 여론을 보고했다. 또한 케네디는 핼리팩스가 "이 전쟁이 지속된다면 유럽 전체에 볼셰비즘이 일어날 것"이라는 견해를 공유했다고 말했다.[17] 체임벌린의 친구이자 너무나도 위험한 인물로 분류되어 MI5가 그의 집사를 신중하게 배치했던 브로켓 경 "로니"는 버틀러에게 (벨기에와 네덜란드의) "두 나라님"이 주선하는 중재를 수락할 것을 촉구하는 편지를 보냈다.[18] 그리고 벅클루 공작은 독일인들과 다시 관계를 맺으라며 계속 버틀러를 괴롭혔다. 벅클루 공작은 "모든 것을 딱 잘라 거절한 것은 잘못"한 일이었다고 썼다. 이에 대해 버틀러는 회담을 배제하지는 않을 터이나 "아시다시피 우리는 현재 독일을 책임지고 있는 이들, 즉 우리가 안보와 관련해 아무런 가능성도 얻을 수 없는 바로 그들과 어떠한 합의에 도달하는 데 굉장한 어려움이 있다고 느낍니다."라고 응답했다.[19]

폴란드의 운명은 8월 31일 몰로토프가 최고소비에트에서 연설하는 도중 이들을 조악한 국가라고 일축함으로써 이 나라에 닥칠 네 번째 분할의 전조를 알렸을 때 예측 가능해졌다. 폴란드를 상대로 한 전쟁은 고작 몇 주밖에 소요되지 않았다. 9월 25일 독일 공군이 고폭탄 560톤과 소이탄 72톤을 투하해 이전에는 볼 수 없던 수준으로 바르샤바를 공격하면서 작전은 절정에 달했다. 자국의 병사들을 소집하며 먼발치에서 바라보던 영국과 프랑스는 폴란드의 저항이 무너지는 속도에 경악했다. 몰로토프는 훗날 러시아인들도 거기에 포함된다고 솔직하게 시인하면서 말했다. "그 누구도 폴란드 국가가 그렇게 나약하고 … 신속하게 와해되리라고는 믿지 못했습니다. … 폴란드의 지배층은 자신들 국가의 '견고함'과 자신들 군대의 '힘'에 대해 수없이 떠들어댔죠. 그러나 처음에는 독일군이, 이어서 붉은군대가 폴란드에 가벼운 타격을 가하자 억압받던 비폴란드계 민족을 대가로 살아가고 있던 이 베르사유조약의 기형아는 아무것도 가진 게 없다는 사실을 만천하에 드러냈습니다. 독일과 소련 사이에서 무원칙적인 술책을 부리며 어부지리를 취하는 '전통적 정책'은 실패로 드러났고, 완전히 파탄에 이르렀습니다."[20] "폴란드는 위대한 나라였지." 스탈린은 경멸을 담아 중얼거렸다. "지금 폴란드는 어디에 있지? 그 지도자들은 대체 어디 있는 거야?"[21] 분명 1920년 붉은군대의 완패를 떠올렸을 스탈린은 개인적으로 폴란드의 병력과 장비에 경의를 품었으나 "그들 장교단의 극심한 파탄과 혼동에 경악"했다.[22] 그들이 바로 1926년 이래로 폴란드를 통치한 이들이었다.

코민테른이 마침내 노선을 변경하다

이제 영국 내각은 궁지에 몰렸다. 히틀러에 저항하는 내각의 태도는 히틀러에게 다시 속지 않겠다는 체임벌린의 다짐으로 경색되기만 했고, 엄청나게 지연된 처칠의 내각 복귀로 강화됐다. 영국은 항복하고 타협점을 찾으려 할까? 스탈린은 조바심을 내며 영국이 그렇게 할지를 기다렸다. 처음에는 코민테른 정책상에 실질적인 변화가 없었다. 디미트로프는 국제 [공산주의]운동에 새로운 노선을 설득시키는 일이 얼마나 어려울지 너무나 잘 알았다. 9월 5일 그는 즈다노프에게 "우리가 직면한 이 노선, 특히 새로운 조건 아래에서 공산당의 전술과 정치적 과업을 해나가기 위해서는 이례적인 어려움을 겪을 수밖에 없으리라는 점을 반드시 지적해야겠습니다."라고 썼다.[23] 디미트로프는 더 이상 어느 것에도 크게 관여할 수 없었다. 9월 8일 고트발트는 코민테른 서기국의 명의로 체코슬로바키아공산당에 전신을 보냈다. 같은 전신이 프랑스공산당에도 보내졌지만, 이것들은 그저 그달 말까지는 모든 당에 전달될 것으로 예견되는 내용의 초기 논지에 불과했다.

> 현재의 전쟁은 모든 교전국의 부르주아지에게 동등하게 책임이 있는 제국주의적 전쟁이며, 정의롭지 못한 전쟁이다. 어느 나라에서도 노동계급은 물론이거니와 공산당이 이 전쟁을 지지해서는 안 된다. 체임벌린과 사회민주주의 당 지도자들이 주장하는 것처럼 부르주아지는 파시즘에 대항하는 전쟁을 수행하고 있지 않다. 이 전쟁은 세계의 지배권을 둘러싼 두 자본주의국가 무리의 충돌로 벌어지고 있음이 드러나고 있다. 국제 노동

계급은 소련으로부터의 도움을 거절하고 다른 민족을 억압하는 파시스트 폴란드를 어떠한 방식으로도 옹호할 수 없다.

공산당은 뮌헨 지지자들과 맞서 싸워왔다. 그들은 소련이 참여한 진정한 반파시스트전선을 이루기를 바랐지만, 영국과 프랑스의 부르주아지는 약탈 전쟁을 벌이기 위해 소련을 내쳤다.

전쟁은 상황을 근본적으로 변화시켰다. 국가들을 파시스트와 민주주의로 나누었던 기준은 이제 그 의미를 잃었다. 이에 따라 전술도 변화해야 한다. 전쟁의 현 단계에서 모든 교전국 내의 공산당은 전면에 나서서 전쟁에 대항하며, 전쟁의 제국주의적 성격을 폭로해야 한다. 공산주의 의원들은 전쟁 차관에 반대투표해야 하며, 이 전쟁이 오직 재난과 폐허만을 가져다줄 것이라고 대중에게 설명해야 한다. 자신들은 중립적이라고 선언하면서도 다른 나라들을 지원함으로써 이익을 추구하려는 (일본과 중국 내의 [미]합중국 정부 같은) 정부들은 반드시 폭로돼야 한다. 무엇보다도 공산당은 반드시 사회민주주의의 반역적인 정책에 맞서 결정적인 공세를 개시해야 한다.

공산당들, 특히 이제까지 이러한 시각에 반대해 활동해왔던 프랑스공산당, 영국공산당, 벨기에공산당과 미국공산당은 즉각 자당들의 정치 노선을 바로잡아야 한다.[24]

그러나 코민테른 통신은 두절됐고, 영국공산당은 소련이 침공하기 전까지 이를 복구하지 못했다. 우연히 모스크바에 있던 영국공산당의 집행위 위원 더글러스 스프링홀은 디미트로프와 마티에게 서둘러 보고를 받고, 당은 반드시 군 대열에서 이탈해 전쟁에 반대해야 한다는 구두 지침과 함께 새로운 노선을 가지고 고국으로 향했다.[25] 전적으로 자기 잇속만 차리는 다른 나라를 위해 고국을 버리는 엄청난 배신보다 코민테른 지부의 명성을 해치는 일도 없었다.

결정이 내려졌고, 합리화가 뒤따랐다. (스탈린의 의견을 따른 것이 분명한) 디미트로프는 사적인 자리에서 독일의 승리가 "불가사의한" 일이었다는 의견을 드러냈다. 스탈린은 9월 28일 친선협정을 체결하는 자리에서 독일과 관련해 흥미로운 언급을 남겼다. 스탈린이 중요하게 생각하지 않는 것에 대해서는 결코 즉석 언급을 하지 않았음을 고려할 때, 그의 말은 진지하게 받아들여질 필요가 있다. 스탈린은 슐렌부르크에게 "만일 예상 밖으로 독일이 다시 심각한 상태에 빠져든다면, 소비에트 인민이 독일을 도우러 가 박살 나도록 절대 방치하지 않을 것입니다."라고 말하면서, "소련은 강한 독일에 관심을 가지고 있으며, 독일이 지구상에서 사라지도록 내버려두지 않을 것입니다."라고 강조했다.[26] 이는 솔직하지 못하거나 반어적인 발언이 아니었다. 이토록 중요한 사안에서는 확실히 그렇지 않았다.

이상하게 들릴 수도 있으나 스탈린의 이 발언은 무계급적이고 무정형한 조직으로서 언젠가 (이전 독일공산당원 다수를 포함한) 하나하나의 구성 요소들로 무너져 내릴 것이라는, 나치당에 대한 반복적이고 지독히 마르크스주의적인 평가 절하와 국제적 권력균형에 대한 지극히 잘못된 추정을 반영했다. 이 모든 것의 이면에는 그리 멀지 않은 과거에 기반을 둔, 체임벌린이 그토록 두려워한 공포를 반영한 굳은 신념이 도사리고 있었다. 1917년에 그러했듯이 전쟁이 혁명을 일으키리라는 신념이었다. 호어역시 10월 31일 마이스키 대사에게 같은 내용을 말했다.[27] 심지어 1914년에드워드 그레이 경의 정무비서관을 지낸 머리 중령 같은 영국의 온건 자유주의자들도 "사상과 관념들을 공격하는 공산주의적 침략 세력이 집결하고 있다."라며 주목했다.[28]

헝가리 경제학자 예뇨 바르가는 코민테른에서 영·독 전쟁이 초래할수 있는 결과에 대해, 틀림없이 크렘린과 의견 일치를 보았을 견해를 하나내놓았다. 바르가가 크렘린의 의견을 벗어난 적은 거의 없었다.

객관적인 데이터가 부재해서 말하기에 어려운 부분이 있습니다만, 제 생각은 이렇습니다. 사실상 해상에서의 교전을 제외하고 어떠한 싸움도 없는 이 전쟁의 특수성은 … 한편에서는 히틀러가 최초의 중대한 패배가 국내 정치에 미칠 영향을 두려워하는 동안은 어떠한 패배도 감수하지 못하고, 다른 한편에서는 체임벌린과 달라디에 모두 히틀러를 패퇴시킴에 따라 자국 내에서 발생할 수 있는 정치적 후과를 두려워해 결과적으로 마음을 결정하지 못한 채 진정한 전쟁을 수행하지 않고 꼼지락거리고 있다는 사실에서 비롯되었습니다. 이는 어떤 면에서 히틀러 정권과 금융자본 체제의 약점입니다. 제가 생각하기에 독일과 프랑스, 영국 이 세 나라 중 본질적으로 부르주아지의 힘이 가장 강한 나라는 영국입니다. … 오늘날 영국은 이 세 나라 중 가장 강한 나라죠.[29]

독일과 영·불 연합 사이의 균형에 대한 이 분석은 완전히 틀렸을 뿐 아니라, 나치 체제가 무너지지 않고 어쩌면 전쟁으로 인해 경제적으로나 군사적으로 상당히 강화된 상대방에 맞서 크렘린이 조국 방위를 유지할 수 있는 수준으로 소비에트 병력을 강화하는 데 필요하다고 믿었던 시간의 양과 관련해서도 주요한 함의를 가졌다. 모스크바의 계획은 수년간 독일과의 전쟁이 없을 것이라는 추정에 기초하여 시작됐다. 러시아인들은 (앞으로 설명할) 핀란드의 낭패에도 불구하고, 폴란드와 그 나라의 신속한 붕괴를 전혀 동일시하지 않고 여전히 자신들이 1군에 서 있다고 보았다. 1939년이 끝나기도 전부터 분명해지기 시작한 이 모든 실정은 히틀러가 서유럽에 춘계공세를 시작할 즈음에 역력히 결함을 드러낼 예정이었다.

동부 폴란드 점령과 소비에트화는 공산주의 확장 그 자체를 목적으로 여겼던 이들의 사기를 고양했다. 대책 없는 낙관주의자 트로츠키는 머나먼 망명지 멕시코에서 소련에 대해 남겨두었던 희망이 어쨌든 정당화될 수 없던 것은 아니었다고 생각하기 시작했다. 역설적으로 어쩌면 반동적인 폭군 스탈린이 나폴레옹의 역할을 맡게 된 것이다.

> 소련의 영토로 거듭나야 하는 지역 내에서 모스크바 정부는 거대한 자산
> 소유자들의 재산을 몰수하고 생산 수단을 국유화하는 조치를 취할 것이
> 다. 이러한 행동은 관료제가 사회주의 강령에 충실하기 때문이라기보다
> 는 이 관료제가 점령지들의 옛 지배층과 연계된 권력과 특권을 공유하기
> 를 바라지 않고, 그렇게 할 수도 없기 때문에 가능하다. 여기서 한 가지를
> 유추해볼 수 있다. 첫 번째 보나파르트는 군사독재의 도움을 받아 혁명을
> 중단시켰다. 그러나 프랑스군이 폴란드를 침공했을 때, 나폴레옹은 '농노
> 제를 폐지한다'는 칙령에 서명했다. 이는 나폴레옹이 농부들을 연민했기
> 때문이 아닌, 보나파르트적 독재 정권이 봉건제가 아닌 부르주아적 재산
> 에 성립한다는 사실에 기초해 이루어졌다. 스탈린의 보나파르트적 독재
> 체제는 사유 재산이 아닌 국유 재산에 기초를 두고 있기에, 붉은군대의
> 폴란드 침공은 점령지의 정권을 소비에트 정권과 일치시키기 위해 사실
> 상 자본주의적인 사유 재산 청산을 수반해야 할 것이다.[30]

트로츠키는 옳았다. 스탈린은 자신이 나폴레옹처럼 혁명전쟁을 이끌
고 있다고 생각했다. 비록 그의 일차적 동기가 지정학적인 것이었음에도
불구하고 말이다. 1936년 이래로 스탈린은 코민테른을 이전 코민테른의
잔여물 중 하나로 부지런히 줄였다. 그러나 이는 의도적 행위가 아니라,
1919년~1920년에 그랬던 것처럼 무력으로 공산주의의 영역을 확장함으
로써 이루어졌다. 이는 붉은군대가 1944년~1945년 동유럽에서 독일군을
몰아내면서 거대한 규모로 벌어지게 될 일의 서막을 구성했다. 독일 주재
리투아니아 대사 카지스 슈키르파는 "소비에트러시아가 폴·독 전쟁에 개
입함으로써 폴란드의 붕괴가 촉진됐을 뿐 아니라, 그 결과로 유럽 동부의
모든 것이 완전히 뒤집혔다. 더하여 향후 부르주아 유럽 국가 간의 군사적

충돌에 소비에트러시아가 간섭할 가능성은 그들 국가 모두를 전체주의적 공산주의로 위협하고 있다."라고 지적했다.[31] 마이스키 대사 또한 전쟁의 양 당사자 모두에게서 공산주의 혁명에 대한 공포가 명백히 드러난다고 언급했다.[32]

전화에 휩싸인 핀란드

이것이 바로 체임벌린과 다른 유화주의자들이 예견했고, 겁냈으며, 필사적으로 어떤 대가를 치러서라도 모면하고자 했던 결과였다. 스탈린은 유럽 내 권력균형과 더불어 공산주의와 자본주의 사이의 힘의 상관관계를 소비에트에게 유리하도록 재정비하려고 했다. 공포에 질린 체임벌린의 개인비서 아서 러커는 이렇게까지 선언했다. "공산주의는 이제 커다란, 심지어 나치 독일보다 더욱 거대한 위험입니다. 유럽의 모든 독립국은 반러시아지만 공산주의는 국경으로 멈춰 세울 수 없는 역병이고, 소비에트(연맹)가 폴란드로 진군함으로써 동유럽 국가들은 공산주의에 저항하는 자신들의 힘이 많이 쇠약해졌음을 깨닫게 될 것입니다. 따라서 우리는 러시아와 관련해 매우 신중하게 행동해야 하고, 필요하다면 공동의 적에 맞서 새로운 독일 정부와 연합할 가능성을 파기하지 않아야만 합니다."[33] 실제로 감정은 고조되는 중이어서 10월 23일 전시 내각은 "소비에트가 핀란드 또는 어떠한 스칸디나비아 나라를 침공함에 따라 우리가 공식적으로든 비공식적으로든 소련에 전쟁을 선포할 경우 발생할 이익과 불이익"을 따져볼 것을 요청받았다.[34]

　핀란드와의 전쟁은 소련의 주요 목표가 아닌, 절망적인 시대의 실패한 외교가 낳은 비극적인 결과였다. 1936년 9월 보로실로프는 소련을 방문 중이던 프랑스 장군 슈바이스구스와 뷔예망에게 핀란드와 에스토니아 국경이 위태로울 정도로 레닌그라드와 가깝다고 경고했다.[35] 1939년 핀란드 공격에 앞서 발트 국가들에 대한 소비에트 패권을 협상하려는 시도가 집중적으로 이뤄졌다. 그러나 그곳에서는 어떠한 종류의 소비에트화에 대해서도 강한 저항이 감지됐다. 소련과 비교했을 때 독일은, 얼핏 보기에 두 악마 중 그나마 나은 쪽으로 보였다. 에스토니아는 인종적으로나 정치적으로나 핀란드와 가까웠다. 에스토니아 외무장관은 폴란드 대사에게 "4년 동안의 독일 점령보다 1달간의 소비에트 점령이 더 나쁩니다."라고 말했다.[36] 그럼에도 불구하고 공포를 이기지 못한 에스토니아는 투항했고, 러시아인들과 어쩔 수 없이 동맹을 체결했다. 오직 핀란드만이 남아 저항을 이어갔다. 몰로토프는 9월 24일 에스토니아 외무장관 카를 셀테르에게 핀란드만을 언급하면서 말했다.

> 20년 전 당신은 우리를 이 핀란드 '물웅덩이'에 앉혔습니다. 당신은 이것이 영원히 … 지속될 것이라고 생각하지 않겠죠. … 이제 소련은 자국의 이해관계가 고려될 필요가 있는 강대국입니다. 분명히 말씀드리자면, 소련은 자국의 안보보장체제를 확장할 필요가 있습니다. 이를 위해 소련은 발트해에서 나가기를 원합니다. 만일 당신들이 우리와 상호원조협정을 체결하기를 원하지 않는다면 우리는 다른 방안, 어쩌면 보다 과감하고 복잡한 방안들을 … 사용해야 할 것입니다. 부탁합니다. 에스토니아를 상대로 우리가 무력을 사용하게 만들지 마세요.[37]

10월 5일, 라트비아는 다음 차례였다. 독일과의 친선협정을 체결한 직후 리투아니아인들이 모스크바로 소환됐다. 저항은 다시금 오래가지 않았다. "당신들은 지나치게 논쟁을 벌이려 하는군요." 스탈린은 경고했다.[38] 그들은 10월 10일 항복했다. 다음 날 〈프라우다〉는 "발트 지역에 걸친 소비에트 방위의 강철 벨트"를 뽐냈다. 그러나 러시아는 여전히 불안했다. 소비에트 군사정보부와 연계된 타스 특파원이자 스탈린 숙청의 필요성을 진심으로 믿은 영국 공산주의자 앤드루 로스스타인은 외무부 언론부장을 점심 식사에 초대했다. 그곳에서 그는 모스크바와 직접적인 각료 수준의 접촉(처칠 또는 이든 측과의)을 호소했다. 로스스타인은 이 접촉이 따듯하게 받아들여질 것이라고 말했다. 이 대화는 10월 1일 처칠이 러시아의 정책을 냉정한 이기주의적 산물이라고 묘사한 연설에 뒤이어 이뤄졌다.[39] 하지만 아무 일도 일어나지 않았다. 소련을 대하는 영국 정부의 태도는 1930년대 대부분의 기간 동안보다도 적대적이었다.

소비에트의 방위 필요성과 관련해 러시아인들이 핀란드와 비밀 회담을 개최한 지 1년도 더 지난 시점에서, 헬싱키는 협상을 대하는 크렘린의 압박과 요구에 더 이상 놀라지 않았다. 레닌그라드가 안전해져야 한다는 스탈린의 결의는 6월 1일 내무인민위원부 제5국에서 나온 보고서에 의해 강화됐다. 헬싱키의 안전가옥에서 요원 보리스 리브킨은 핀란드 총참모부 동원국장과 "우리 정보원과의 대화" 내용을 보고했다.

> 만일 영국이 정말 소련과 협정을 체결한다면 우리는 전쟁을 치를 것입니다. 독일은 수확물이 들어올 때까지만 기다릴 거예요. … 이 전쟁에서 독일은 핀란드에 대항해 움직이지 않을 테고, 우리는 볼셰비즘과 소련에 대항하는 싸움의 전초 기지로서 거듭난다는 목적 아래서 독립과 중립을 유지할 수 있을 것입니다. … 우리의 해안포와 함대의 도움을 받는다면 소비에트 함대와 공군이 발트해 지역으로 들어오지 않도록 막을 수 있을 테고, 전쟁 종식 후에는 독일과의 관계 속에서 우리의 독립이 강화될 것이라고 확신할 수 있습니다.

더욱이 소비에트 전투기들이 침투하여 몇몇 목표들을 폭격한대도 "붉은군대는 핀란드에 들어설 수 없을 것이며, 소련과 독일의 전쟁에서 심지어 영국이 독일을 등진다고 하더라도 능력 있는 지도자가 없는 붉은군대는

전쟁을 지속할 수 없으리라"고 추정됐다.[40]

　스탈린이 보기에 핀란드인들은 분명 소비에트의 군사력을 과소평가하고 있었다. 숙청은 실로 엄청난 손상을 초래했다. 핀란드의 문제는 독일이 명백히 자신들을 러시아에 버리고 떠난 지금, 얼마나 많은 위험을 감수할 준비가 되었는가였다. 약간의 양보는 적어도 소비에트로부터의 위협을 약화시킬 것이었다. 핀란드의 재정장관 배이뇌 탄네르와 외교관 유호 파시키비 사이에서 벌어진 논쟁의 근본적인 쟁점은 소비에트가 요구하는 영토 범위가 단지 시작에 불과한지, 아니면 러시아인들이 주장하는 대로 그들이 바라는 전부인지 여부였다.

　몰로토프는 전권대사로서 부임하는 외무장관 엘리야스 에르코와의 직접 협상을 기대했으나 즉각 실망했다. 완강한 반공주의자였던 에르코는 전혀 부임하고 싶어하지 않았다. 핀란드인들은 그의 자리에 스톡홀름 주재 핀란드 대사이자 69세의 전 정치인 유호 파시키비를 낙점했다. 강력한 보수주의자이자 만만찮은 협상가인 파시키비는 적계와 백계 사이의 내전 이후 첫 번째 내각을 지휘했고, 1920년 소비에트러시아와의 평화 회담에서 대표단을 이끈 인물이었다. 그는 언어를 포함해 러시아에 대한 지식을 갖춘 충실한 현실주의자였다.[41] 파시키비는 칼 만네르헤임 남작의 의견을 구했다. 핀란드의 최고위급 군사 장교이자 러시아제국군 출신 용사인 만네르헤임은 핀란드 방위의 취약성 때문에 러시아와의 전쟁을 회피하고자 전전긍긍했다.[42] 그러나 대통령 퀴외스티 칼리오와 이전 비밀 회담을 허사로 만들었던 사회민주당원 배이뇌 탄네르는 파시키비의 운신의 폭을 심각하게 제한했다. 10월 11일 사전 조치로써 복무 적령기의 모든 남성이 군역에 소집됐다. 파시키비가 협상을 위해 모스크바에 막 도착했을 무렵이었다.

　10월 12일 오후 5시, 회담은 복도 맞은편 끝에 스탈린의 집무실이 있는 크렘린의 몰로토프 집무실에서 개최됐다. 회담은 시작 즉시 교착 상태에 빠졌다. 스탈린은 1919년 유데니치가 핀란드 남부 해안으로부터 페트로그라드를 공격할 수 있었고, 같은 해 왕립해군이 코이비스토(비에르세)에 소재한 기지로부터 크론슈타트를 포격하고 전함 두 척을 침몰시켰던 사실을 지적했다. 그는 핀란드만 전체의 항행을 폐쇄하면 안 될지 여부를 물었다. 몰로토프는 핀란드만의 한 부지를 30년간 임차하는 제안을 내놓았다.

핀란드는 페차모에서 99년간 니켈을 채굴할 권리를 영국에게 허락한 바 있었다. 러시아인들은 페차모와 맞닿은 국경이 소비에트에 유리하게 바뀌어야 한다고 고집했다. 그들은 고글란트와 항괴도 요구하면서 그 대가로 카렐리야 동부의 영토(숲)를 내주겠다고 제안했다. 지시받은 대로 파시키비는 저항했다. "당신들은 정말 이상한 사람들입니다. 당신네 핀란드인들 말예요!" 스탈린은 항의했다. "러시아제국을 향한 감정이 좋지 않은 것은 당연히 이해할 수 있습니다. 하지만 그 감정을 소비에트러시아로 옮길 이유는 없잖습니까. 당신은 진심으로 차르들의 나라가 이러한 방식으로 당신들과 협상할 것이라고 생각합니까? 전혀 그렇지 않아요." 파시키비는 본국 정부와 상의해봐야 한다고 고집했다. 때는 오후 6시였고, 몰로토프는 다섯 시간 안에 다시 모이자고 제안했다. 파시키비는 거절했다.[43]

핀란드인들은 10월 14일까지 답변 발송을 지연시켰다. 논의는 이전 경로를 되짚어갔다. 바보들과 이야기하기를 좋아하지 않았던 파시키비는 몹시 화가 나서 마침내 러시아인들이 진정으로 무엇을 두려워하는지 분명히 해줄 것을 요구했다. 몰로토프는 "현재로서 우리는 독일과 좋은 관계를 가지고 있습니다만, 모든 것은 바뀔 수 있지요."라고 답했다. 이러한 이율배반적인 생각을 더 이상 감당할 수 없던 몰로토프는 "영국도 핀란드만으로 강력한 함대를 보낼 수 있습니다."라고 덧붙였다. 더욱이 레닌그라드로부터 카렐리야 내 핀란드 국경까지의 거리를 70킬로미터로 두 배로 늘리는 대가로 핀란드가 상실했던 영토의 두 배를 내주는 조건은 러시아가 보기에는 합리적이었다. "우리는 당신들이 두렵지 않아요." 스탈린은 고집을 부리며 자신의 우려를 덧붙였다. "하지만 독일과 영국은 어떻게든 당신들이 레닌그라드를 공격하도록 압박을 가할 수 있습니다."[44]

10월 15일 핀란드 전시 내각 내부에서는 철저히 사안들을 논의하는 과정에서 분열이 굳어졌다. 탄네르는 무언가를 양보할 용의는 있었으나 파시키비처럼 전쟁을 두려워하지는 않았다. 하지만 외무장관 에르코와 국방장관 유호 니우카넨은 러시아인들에게 군사 기지를 양여하는 타협안은 절대로 불가능하다는 입장을 단호히 고수했다. 핀란드가 다른 곳에서 (그에게는 영국인 친척들이 있었다) 지원을 받을 수 있으리라고 확신한 에르코는 어떠한 기지도 포기할 수 없으며, 러시아인들이 허세를 부리고 있다고 주장했다. 그는 나아가 소련을 "강대국"으로 인정하기도 거부했다. 만네르헤임은 이러한 추정을 반박했으나 국방장관이 그의 논지를 약화했다. 니우카넨은 기지를 넘기는 일이 완전한 탈취의 서곡이 될 것이라고 믿었다.[45]

10월 22일, 핀란드는 징집을 완료했다. 다음 날 몰로토프의 서재에서 협상이 재개됐다. 이번에는 탄네르가 파시키비와 동행했다. 저녁 6시부터 8시까지 어떠한 진전도 이뤄지지 않았다. 스탈린은 핀란드만으로의 진입을 차단하기 위한 기지로 항과 외에 다른 대안은 없다고 주장했다. 핀란드 측 역시 레닌그라드 동북쪽의 기존 국경에서 물러나기를 거부했다. 회담은 휴회된 후 그날 밤 11시에 재개됐으나, 여전히 교착 상태를 유지했다.

10월 25일 핀란드 정부는 해안선에 수뢰를 부설하라는 명령을 내렸다. 헬싱키로 돌아온 파시키비는 다음 날 유사로의 기지를 대신 넘겨줄 것을 대안으로 제시했지만, 에르코는 이를 거부하고 만일 다른 이들이 파시키비에게 동의한다면 사퇴하겠다며 으름장을 놓았다. 만네르헤임의 공포는 여전히 묵살됐다. 10월 28일 회동에서 국방장관은 핀란드 육군이 "일급"이라고 주장했다. 에르코가 다른 나라들이 핀란드에게 절충하라고 제안했다는 사실을 처음으로 보고했지만 아무 효과도 없었다.[46] 11월 초 모스크바에서 열린 추가 회동은 아무것도 완수하지 못했다. 핀란드인들은 홀로 남았다.

10월 말에 이르러 스탈린은 이미 자신의 수하들에게 "우리는 핀란드와 싸워야 한다."라고 말하고 있었다.[47] 발트 지역의 위험성에 대한 소비에트의 평가는 이제 현실적으로 "스칸디나비아 나라들에 대한 영국의 영향력을 고려할 때, 스웨덴이 중립을 유지하지 않고 핀란드의 편에 서서 전쟁으로 끌려 들어갈 가능성"을 포함했다.[48] 핀란드 대표단이 고국으로 복귀한 직후인 11월 10일, 레닌그라드군관구의 참모장은 보로실로프에게 "핀란드 정부는 소련과의 회담을 질질 끌면서 병력과 물적 자원을 동원하고, 소련과의 전쟁이 터질 경우 영국과 스칸디나비아 나라들로부터 지원을 요청하기 위한 시간을 벌려 하고 있습니다."라고 경고했다.[49] 일주일이 채 지나지 않아 〈콤소몰스카야 프라우다〉에 "파리에서"라는 제목이 붙은 불길한 풍자화가 실렸다. 이 그림은 다 해진 옷을 입은 폴란드 지도자 베크 대령과 시코르스키 장군이 한 호텔 문에 서 있는 모습을 보여줬다. 베크는 길 아래를 가리키고 있었다. 그 아래에 실린 설명은 다음과 같았다. "에르코 씨를 기다려보자고. 우리를 따라오고 있을 거야." 바로 그날인 11월 15일 보로실로프는 핀란드 국경을 따라 소비에트 병력을 배치하라고 명령했다. 그러나 에르코는 거의 1주일이 지난 후에도 여전히 세계 여론의 힘이 "러시아인들을 저지하는 듯"하다며 확신하는 모습을 보였다.[50]

그러나 그럴 가능성은 없었다. 크렘린은 적대 행위를 시작한다는 결정을 내렸다. 속도가 빠른 전쟁이 잘 풀린다면, 걱정할 만한 일은 그다지 많지 않았다. 스탈린은 어떠한 대안도 찾지 않았지만, 영국 외무부 언론부서의 윌리엄 리즈데일과 만남을 갖기 위해 로스스타인이 급파됐다. 모스크바가 함정으로 들어가는 경우를 대비해 정치적 온도를 재기 위해서였을 것으로 추측된다. 리즈데일은 다음과 같이 전했다. "소비에트 여론은 이러저러한 이유로 인해 두드러지게 불안한 상태입니다. 그들이 가진 두려움 가운데 하나는 독일과 서구 열강들이 힘을 합해 볼셰비즘을 공통의 적으로 여길지도 모른다는 것입니다."[51]

훗날 스탈린은 물었다.

과연 전쟁 없이 그럭저럭 해나갈 수 있었을까? 핀란드와의 평화 협상이 아무런 결과 없이 끝났고 레닌그라드의 안보가 보장되어야 했기 때문에 전쟁은 필요했다. 국토 안보에 관한 사안이었기 때문에 의문의 여지가 없었다. 레닌그라드가 우리나라 방위산업의 30퍼센트에서 35퍼센트를 차지하고 우리나라의 운명이 레닌그라드의 온전함과 방어 가능성에 달려있기 때문만이 아니라, 그곳이 우리나라의 두 번째 수도이기 때문이다. 레닌그라드와 결별한다면, 그러니까 그곳이 점령되어 부르주아 백계 정부가 나타난다면 이는 소비에트 당국에 대항하는 내전에서 상당히 무게감 있는 근거지를 내준다는 의미를 갖는다.

너무 섣부르게 행동했다는, 작전을 조금 뒤로 미루고 보다 철저히 준비할수 있었다는 암묵적인 비판에 스탈린은 자신의 결정이 국제 상황에 의해 정당화된다고 주장했다. 유럽의 주요 세 열강이 "서로의 목을 겨누고 있는" 그때가 바로 칠 시기였다는 것이다. 그러한 기회가 주어졌을 때 아무 행동도 취하지 않았다면 "아주 바보 같고" "정치적으로 근시안적"이었을 터였다.[52]

스웨덴 주재 소비에트 대사는 미국 대사가 "차와 (빅토리아 여왕 시대의 소설가) 앤서니 트롤럽에 중독된 상냥한 노부인"이라고 우스꽝스럽게 평가한 "볼셰비키의 비너스" 알렉산드라 콜론타이였다.[53] 11월 22일 그녀는 모스크바로 날아와 몰로토프를 만났다. 스톡홀름에서 내무인민위원부 제5국에서 파견된 참사관과 일등서기관과 함께 근무하던 콜론타이는 용기가 무엇인지 아는 사람이었다. 몰로토프는 그녀를 아주 좋아하지는 않았으나, 어쨌든 사랑하는 부인 폴리나 젬추지나를 소개시켜준 사람이기도 했다.[54] 하지만 스웨덴 대사 빌헬름 아사르손은 모스크바 내에서 콜론타이가 발휘하는 영향력이 스웨덴인들이 바라는 만큼 강하지는 않다는 사실을 깨달았다.[55] "당신은 핀란드인들을 위해 빌러 오셨나요?" 몰로토프는 조롱했다. 실제로 콜론타이는 전쟁이 다른 무엇보다도 전 세계의 "진보 역량" 사이에서 소련의 명성을 해칠 것이라고 주장했다. 이 주장은 천성이 까칠한 몰로토프의 신경을 한층 긁었다. "그 '진보 역량'이라는 게 당신의 존경스런 영국과 프랑스 말인가요?" 콜론타이는 아무런 성과도 거두지 못했다. 그녀는 모스크바 안에 끈이 거의 남지 않은, 다른 세계에서 온 환영받지 못한 전령이었다.[56]

붉은군대는 (그야말로 독일식으로) 국경에서 사건을 조작한 후 11월 30일 새벽 2시 핀란드를 공격했다. 싸움은 치열했다. 가능성이 거의 없다고 일축했던 공격을 당한 헬싱키는 망연자실했고, 정부는 몰락했다. 12월 1일 이제 외무장관이 된 탄네르는 "즉각적으로 모스크바와 협상을 추진하겠다는 의도를 분명히 밝혔"으나, 동시에 러시아인들이 올란드제도를 점령하기 전에 그곳을 요새화하는 일에 동참해달라고 스톡홀름에 요청했다.[57] 이 계책을 간파한 스웨덴은 꾐에 빠져 모스크바와 충돌하기보다는 러시아와 핀란드가 협상하기를 바랐다. 탄네르는 러시아인들이 간청에 무관심하다는 사실을 발견했다. 이는 전혀 놀랄 일이 아니었다. 실제로 근거 없는 낙관주의가 분출하던 12월 2일 소비에트 정부는 코민테른의 선도적 핀란드 공산주의자이자, 둘째 부인인 군사정보 장교 아이노가 바로 전년에 내무인민위원부에 체포돼 옥살이를 했던 쿠시넨이 이끄는 가짜 "인민민주주의공화국"을 승인했다.[58] 이는 앞으로 일어날 일들의 예고편에 불과했다.

동시에 러시아인들은 몰로토프와 미국 대사 로렌스 스타인하트와의 회담 기록을 발행했다. 핀란드를 단호히 힐책하는 내용이 포함되어 있었다. "카얀데르 정부가 사퇴하고 탄네르 정부가 들어섰지만, 안타깝게도 개선된 것은 없습니다. … 탄네르 씨는 예나 지금이나 소·핀 협상을 와해시킨 사악한 천재입니다. 협상의 첫 단계에서처럼 탄네르 씨의 참여 없이 파시키비 씨가 핀란드 측을 지휘했더라면 … 회담은 분명 적절한 합의로 끝났을 것입니다. 탄네르 씨가 협상에 참여하면서 모든 것이 망가지고, 파시키비 씨의 양손이 명백히 묶였습니다."[59]

모스크바 주재 스웨덴 대사 빌헬름 빈테르는 스톡홀름이 탄네르의 청원을 받아들여 보호자 역할을 맡게 됐다는 이야기를 들었다. 그러나 12월 4일 빈테르가 자리로 복귀했을 때, 그는 매몰차게 거절당하고 말았다. 몰로토프는 스웨덴이 그 역할을 맡을 아무런 권리도 가지지 않았다고 주장했다. 모스크바는 더 이상 헬싱키 정부를 승인하지 않았다. 이 뉴스는 다음 날 〈프라우다〉에 실렸다.[60]

스톡홀름에 있던 콜론타이는 상황이 나쁘게 전개되리라는 점을 알고 있었지만, 사건들이 재앙으로 바뀜에 경악하면서 스웨덴이 소련에 대항해 핀란드에 합류하지는 않을까 두려워했다. 콜론타이는 외무부의 내각 장관 에릭 보헤만을 방문해, 그가 "극도로 불안정한 상태"이나 "오랜 친구와" 비공식 대화를 나눌 수는 있는 상태라는 것을 발견했다. 모스크바에 팽배한 정서를 고려할 때, 핀란드를 둘러싼 적의의 강도는 스웨덴이 개입하기를 원했다기보다는 영국이 연루돼 있는 듯하다는 의심을 불러일으켰다. 콜론타이는 세상이 어떻게 느끼는지에 관해 모스크바가 끔찍하리만치 정보를 제대로 얻고 있지 못하다고 지적했다. 예컨대 러시아인들은 "핀란드 같은 작은 나라가 또 다른 강대국, 즉 영국으로부터 직접적으로 도움을 받고 있지 않는 이상 어떻게 러시아 같은 강대국과 대적해 스스로를 방어할 생각을 하는지" 이해하지 못했다. 따라서 스웨덴 내의 분위기는 "스웨덴을 소련과의 전쟁으로 강제로 밀어 넣으려는 영국인들의 시도"로 보일 수 있었다. 콜론타이는 스웨덴 여론을 잠재우기 위해 어떤 조치든 취해질 수 있을지 궁금해했다. 보헤만은 스웨덴이 개입할 의사가 없으나 역사적으로 두 나라[스웨덴과 핀란드]가 가까웠으며, 러시아는 핀란드가 기꺼이 그랬듯이 장기적 관점으로 협상을 바라봐야 한다고 콜론타이에게 재차 강조했다.[61]

영국인들, 그중에서도 체임벌린은 또 다른 분쟁에 발을 들이기를 원치 않았다. 핀란드를 향한 연민이 부족해서는 아니었다. "소비에트의 위협"을 향한 지배적 의견을 의심하는 자는 없었다.[62] 실제로 러시아가 핀란드를 공격하자 체임벌린의 비서관 러커는 "지난 전쟁 이후 유럽의 정치인들은 러시아의 위협이 거대하다고 생각하지 않았고, 이에 기초해 독일과 친분을 맺지도 않았"다며 애석해했다.[63] 헬싱키 주재 영국 공사관의 공사 토머스 스노는 영국이 소련에 대항해 핀란드를 방어할 것을 권고했다. 그는 또한 스탈린이 히틀러의 동반자로서 "히틀러 씨보다 승자일 가능성이 훨씬 높으며, 만일 그가 하는 대로 내버려둔다면 아마도 둘 가운데 더욱 커다란 위협이 될 것"이라고 공공연히 선포했다.[64] 실제로 12월 22일 핼리팩스는 외무부에 소련과의 전쟁이라는 선택지를 고려하기를 요청했다.[65]

핼리팩스의 꼭두각시인 정무장관 버틀러는 막후에서 여전히 독일과 평화를 체결한다는 생각을 가지고 움직이고 있었다. 그의 친구들은 확고한 반볼셰비키였다. 작가 아서 브라이언트는 버틀러에게 정부가 어떻게 하면 좋을지 질문을 받고 다음과 같이 의견을 밝혔다.

만일 히틀러가 곤경에 빠진 악마이고 우리의 단호한 태도가 그와 독일이 우리 또는 궁극적 볼셰비즘을 상대로 거두는 아무 이득 없는 승리에서 벗어날 기회를 제공하지 않는다면, 우리 역시 곤란한 상황에 처해 있는 셈입니다. … 인플레이션으로 인해 오랜 유산과 중산층이 파괴됨에 따라,

이제 독일 같은 공업화된 국가가 볼셰비키주의로 가지 않고 두 번째 패배를 맞이할 가능성은 거의 또는 전혀 없습니다. 따라서 우리는 태평양에서 라인강에 이르기까지 튼튼한 볼셰비키주의 연합을 가지게 될 것입니다. … 러시아의 지도자들은 장기화된 세계대전이 혁명으로 끝을 맺는다는 마르크스주의적 방책을 통해 볼셰비즘을 전파할 수 있는 가능성을 결코 포기한 적이 없습니다. 지난여름 그들은 침착하고 교묘하게 술책을 펼쳐 전쟁을 촉발시켰고, 이제는 이 전쟁을 연장하기 위해 노력하고 있습니다.[66]

이러한 짐작은 모스크바에서도 들려왔으나, 오직 닫힌 문들 뒤에서만 들을 수 있었다. 11월 29일 최고의 낙관주의자 디미트로프는 "협정이 독일에 혁명적 영향력을 발휘하고 있다."라고 말하면서, "국가사회주의 당은 동질적이지 않고 이질적인 당"이라고 주장했다. 그는 독일 내부에서 소련과 사회주의 문제가 다시 논의 안건으로 탁자 위에 올라왔다고 단언하면서 독일, 영국, 프랑스 사이에 신속히 평화가 이루어질 "가능성은 지극히 희박"하다며 배제했다. "독일이 장기간의 전쟁을 통해 승리를 달성할 것"이라는 두 번째 가능성은 "심지어 더욱더 일어날 가능성이 낮았"다. "그로 인해 독일이 너무나 소진될 것이기" 때문이었다. 영국의 유화주의자들이 언제나 두려워했던 세 번째 가능성은, 영국과 프랑스가 미국의 지원을 받으면서 전쟁을 치르는 과정에서 독일 내 반파시스트 정서와 민족주의적인 저항이 커져 히틀러 정권을 끌어내리고 총체적 탈진으로 이어지리라는 것이었다. 이는 "독일 내 노동계급에게는 그다지 나쁘지는 않을" 터였다.[67] 그러나 이 추정은 한동안 소련이 초연한 척해야 하며, 그렇게 할 수도 있으리라는 의미이기도 했다.

한편 12월 10일 핀란드는 국제연맹에 소비에트의 침공을 가져갔다. 하지만 국제연맹은 오스트리아, 체코슬로바키아, 폴란드를 침공하고 정복한 나치 독일을 비난하지도 않은, 이제는 빈사 상태가 되어버린 조직이었다. 통상적으로 런던은 핼리팩스를 위해 일했던 이후로 줄곧 그를 대신해 연맹에 참석해온 버틀러를 대표로 참석시켰다. 영국의 위선은 너무나 두드러졌다. 핼리팩스는 스스로가 1937년에 "순전히 허풍선이"라고 조소했던 제도에 시간을 쓸 여유가 없었다.[68] 대독일 유화책을 통해 도덕적으로 타협한 영국과 프랑스는 단 나흘 뒤에 벌어질 소련의 축출을 통해 그나마 남아 있는 자신들의 품위를 강화하기를 바랐다. 체임벌린은 무엇보다도 "배척"을 추구했다.[69] 스포트라이트를 피하지 않으며, 이제는 복수의 천사로 거듭난 극단적 반공산주의자인 프랑스 주재 미국 대사 불릿은 막후에서 러시아를 배격하도록 (오래전 미국이 퇴짜 놓았던) 연맹을 독려하고 있었다. 불릿은 파리에서 지푸라기라도 잡으려는 심정으로 필사적이었던 달라디에를 통해 작업했다.[70] 가장 점잖게 말해보자면, 이는 위엄 있는 광경은 아니었다.

현실적인 반대도 존재했다. 스웨덴은 연맹의 조치가 러시아를 더욱더 독일의 품으로 몰아갈 것이라며 이에 반대했다. 그러나 스웨덴인들은 압력을 받을 때면 프랑스와 영국과 함께하는 패턴을 보였다.[71] 핀란드에 직접적으로 개입하기를 주장한 이웃 노르웨이와는 달리 중립 유지에 전념했던 스웨덴은 직접적으로 핀란드의 편에 서서 전쟁에 개입하지 않을 것이 분명했다. 산업과 인구 중심지들이 해안선에 위태로울 정도로 가까운 탓에 소비에트 해군에 "나라가 노출된 상황"이라는 두려움 때문이었다. 그러나 스웨덴은 "핀란드를 도울 의지가 있었고, 다른 나라를 통해 필요한 시설을 제공할 준비가 되어 있"었다. 하지만 이 모든 일을 "남몰래" 행해야 한다는, 기괴할 정도로 비현실적인 통고가 뒤따랐다.[72] 수천 명에 달하는 자원병 모집과 급파는 필연적으로 그러한 경건한 열망을 약화시켰다.[73] 그럼에도 불구하고 스웨덴인들은 핀란드 지지자들과 맺은 합의를 시행하기 전에 "서구 열강들"로부터 온 자원병들이 스웨덴을 통과하는

일에 독일의 승인을 받을 정도로 신중을 기했다.[74]

콜론타이는 나름대로 이미 그러한 행동들이 "스웨덴의 중립 정책과 양립 불가능할 뿐 아니라 스웨덴과 소비에트사회주의공화국연맹 사이의 바람직하지 않은 문제들로 이어질지도 모른다."라며 항의했다.[75] 스웨덴의 해상 취약성과 독일이 자국의 전쟁 준비에 스웨덴 철광석을 손쉽게 이용할 수 있도록 보장할 것을 요구했다는 점에서, 스웨덴이 감당해야 할 결과는 심각할 수 있었다. 실제로 2월 22일 해군인민위원 제독 쿠즈네초프는 최악의 상황을 예견하며 "스웨덴에 대항한 작전 계획 준비"를 요청했다.[76]

소련은 핀란드 전쟁이 지속될 경우 값비싼 대가를 치러야 했다. 전쟁이 길게 지속되면 될수록, 이제 전 세계에 과도하게 노출된 소련의 외교적 입장에 더 많은 해가 끼칠 터였다. 소·핀 전쟁은 세계의 주의를 단지 독일의 위험에서 분산시키지만은 않았다. 이 전쟁은 발트 국가들을 보호국이라는 이름으로 합병하겠다는, 신중하게 균형 잡힌 시도들을 망가뜨리겠다고 위협했다.

핀란드가 시의적절하게 영토를 양보했어야 했다는 것을 설득하지 못했다는 개인적 실패로 여전히 쓰라렸던 스탈린은 12월 12일의 이른 시간, 에스토니아 참모총장 라이도네르와 에스토니아 대사를 함께 만났다. 스웨덴인들이 설명받은 바에 따르면, 스탈린은 자신이 가진 최고도의 외교적 수완을 발휘해 오직 핀란드인들이 고집을 부렸기 때문에 전쟁이 벌어졌으며, "핀란드와 가까운 주민들(에스토니아)"이 필연적으로 그들에게 동조적일 수밖에 없다는 점을 자신이 이해하고 있다고 설명하기 위해 매우 노력했다.[77]

그러나 소비에트의 전쟁 수행은 재난이나 다름없었다. 스탈린은 핀란드인들의 투지와 폭설로 뒤덮인 방해 지형 모두에 준비되어 있지 않았다. 핀란드인들은 지형을 이용해 러시아가 이제껏 보지 못한, 일종의 스키를 이용한 유격전을 벌였다. 조급해진 스탈린은 대규모 군사 배치가 요구되는 총참모장 보리스 샤포슈니코프의 침공 원안을 치워버리고, 대신 지나칠 정도로 열성 넘치는 레닌그라드군관구 지휘 장교 키릴 메레츠코프가 즉흥적으로 전략을 만들도록 독려했다.[78] 게오르기 주코프 원수가 회고록에서 지적했듯, 러시아로서는 불행하게도 "사실상 I. V. 스탈린은 군사전략 사안을 제대로 이해하지 못했고, 설상가상으로 전장을 통제하는 사안은 더더욱 이해하지 못했다."[79] 이러한 상황은 1942년~1943년의 스탈린그라드전투까지 이어졌다.

극동 지역에서 일본인들과 전쟁을 치르던 주코프 지휘관은 제병연합부대를 대규모로 배치함으로써 기적적으로 스탈린의 군부 숙청이 남긴 심각한 손상을 극복하는 데 성공했다. 운에 맡겨진 일은 아무것도 없었다. 걸린 판돈이 실로 높았다. 그러나 핀란드에서는 스탈린이 최소한의 병력 배치를 주장하면서 계획이 잘못되기 시작했다. 전투 계획뿐만 아니라 군사정보에서도 머리부터 발끝까지 무능함이 명백히 드러났다. 보로실로프는 1940년 3월 27일 중앙위원회 전원회의에서 실패 기록을 검토하며 "핀란드의 실제 상황에 대한 무지와 ⋯ 전쟁에 대한 준비 미흡으로 인해 ⋯ 우리 쪽 사상자는 전사자 5만 2000명을 포함해 23만 명이며 ⋯ 핀란드 측은 전사자 7만 명과 부상자 20만 명"이라는 사실을 시인할 수밖에 없었다. 러시아가 도저히 처분할 수 없을 만큼 엄청난 수(1200대)의 소비에트 전투기들 또한 손실됐다.[80]

영국이 소련과의 전쟁으로 향하다

소비에트군의 평판은 1920년 이래 최저점을 찍었다. 게다가 스탈린이 최종적으로 승리함에 따라 히틀러가 마침내 소련을 공격할 때 핀란드가 재경기를 위해 독일의 편에 설 것이 보장되었다. 피해가 막심한 이 사건의 전체 비용은 아직 계산되지 않았다. 한편 러시아군은 장비를 제대로 갖추지 못한 채 한 곳 이상의 지뢰밭에 부주의하게 발을 디뎠다. 이제껏 스탈린이 함께 일할 수 있을 만한 위인으로 믿었던 영국 제1해군장관 윈스턴 처칠은 "만일 스칸디나비아에서 벌어지는 사건들의 추세가 노르웨이와 스웨덴이 러시아와 전쟁을 치르도록 강제하는 쪽으로 흐른다면, 상황은 우리(영국)에게 유리해질 것이라고 생각"한다고 밝혔다. "그렇게 된다면 우리는 그들을 돕는다는 목적으로, 러시아에 전쟁을 선포하지 않더라도 스칸디나비아에 들어설 수 있는 발판을 마련할 수 있을 것입니다."[81] 체임벌린 총리 또한 독일의 주의를 스칸디나비아로 돌리기를 바랐다.[82]

러시아는 영국이 그 방향으로 움직이고 있을 것이라고 확신했다. 스웨덴은 영국과 프랑스가 한편에 서 있고 다른 편에는 러시아와 독일이 있는 사이에 자신들이 샌드위치처럼 끼었음을 발견했다. 그해 말 영국이 핀란드에 간접적인 군사원조를 제공하고, 프랑스인들은 피를 달라고 울부짖고, 스웨덴 참모부는 직접적인 개입을 요구하는 와중에 스톡홀름 내각은 베를린에 접근해 독일의 영향력이 모스크바에 미치도록 요청함으로써 충돌을 종식시키고자 했다.[83]

핀란드 전쟁의 낙진은 재앙적이었다. 런던 주재 소비에트 대사관 주위의 공기는 뮌헨강화 이후로 이보다 더 나쁠 수 없는 지경이었다. 정치적 지표는 저점을 갱신하며 곤두박질쳤다. 모스크바를 베를린으로부터 떼어낸다는 섣부르고 헛된 희망은 전쟁으로 파괴된 문명의 폐허에 볼셰비즘이 진입하리라는 오랜 공포에 길을 내주었다. 영·불 개입을 가로막는 장벽은 신속하게 허물어지는 중이었다. 영국의 유대인 전쟁장관 레슬리 호어벨리샤는 국왕을 움직일 수 있던 더욱 보수주의적인 장군들(포널 중장과 같은 일부는 맹렬하게 반유대주의적이었고 극심한 반볼셰비키주의자였다)과 함께 떨어져 나온 강력한 개혁주의자였다. 1940년 1월 4일 체임벌린은 그를 퉁명스럽게 해임했다. 다음 날 붉은군대의 후퇴에 대담해진 런던은 이탈리아와 독일의 스페인 개입을 모델 삼아 핀란드를 돕기로 결정했다.[84] 호어벨리샤를 제거함으로써 베강 장군, 가믈랭 장군, 고트 장군, 아이언사이드 장군이 세운 영·불 합동 소련 공격 계획이 가능해졌다. 이 계획은 아제르바이잔의 바쿠유전 폭격안을 포함한 것으로 악명이 높다.[85]

마이스키의 보고에 따르면 반소비에트 정서가 고양됨에 따라 독일과의 전쟁이 "매우 길고 진 빠지는" 일이 될 수 있음을 깨닫기 시작한 영국 기득권층은 "군사행동의 결과는 무엇보다도 불분명하며, 전쟁의 결과로 유럽 내에 혁명적 소란이 일어날 가능성은 거의 분명"하다는 문제에 몰두하고 있었다. 전쟁 확대를 지지했던 이들 가운데 일부는 "전쟁의 막바지에 소련이 '경기장 바깥'에 남아 있고, 남은 모든 부르주아 정부가 쇠약하고 기진맥진할 바로 그 순간에 모든 국제정치적 결과와 국내 사회적 결과가 합쳐져 소련이 유럽 패권국으로 변모하는 결과를 초래한다면 특히 위험"할 것이라고 믿었다. 그들로서는 약해진 러시아인들을 끌어들여 직접적으로 독일과 충돌해 그들을 짓누르도록 하는 편이 나을 터였다. 만약 미국이 참전하게 된다면 특히 그러했다.[86]

소비에트 병력을 향한 군사행동이 이제 "심각하게 고려"되면서,[87] 체임벌린은 "일단 우리의 허리케인 전투기와 다른 외국 전투기가 핀란드 편에 서서 활동을 개시할 경우 '핀란드에는 단 한 명의 러시아인도 남게 되지 않을 것'"이라는 생각으로 스스로를 현혹시켰다.[88] 하지만 이 화려한 원정이 시작되기도 전에 스웨덴이 협상을 통한 해결책을 압박하기 시작했다. 그리고 여기서 스탈린은 뚜렷한 이점을 가지고 있었다. 모스크바는 당시 정무장관이자 전시 내각의 구성원이었던 모리스 행키의 비서관이자 소비에트 첩자인 존 케언크로스 덕분에 영국과 프랑스의 준비 상황을 거의 실시간으로 파악하고 있었고, 그에 맞춰 외교 전선에서 움직일 시기를 정할 수 있었다.[89]

1월 26일 스웨덴 외무장관 크리스티안 군테르는 콜론타이를 소환했다. 그는 스웨덴과 소련이 스웨덴을 완전하게 중립으로 둔다는 데 같은 이해관계를 가졌다고 강조했다. "하지만 전쟁이 길어지면 길어질수록 행동주의자들을 억제하고 외부 압력에 대항하는 일이 어려워지겠죠." 군테르는 이렇게 강조하면서 핀란드인들은 "실질적으로 패했고" 어떠한 조건에도 응할 것이라고 말했다. "스웨덴은 평화로 이르는 길을 찾는 과정에서 소련에 전면적으로 협력할 준비가 되어 있습니다." 이에 대해 콜론타이는 백핀란드White Finns와는 어떠한 평화도 얻을 수 없을 것이라는 공식 입장을 밝혔다. 군테르는 유감을 표했다. "우리 정책에서 행동주의자들이 우세를 점하고 필연적으로 전쟁이 지연될 경우, 강대국들은 격식을 차리지 않을 것입니다. 아직은 총력전을 피할 수 있는 시간이 있지만, 머지않아 너무 늦어질 거예요." 몰로토프는 이틀 만에 콜론타이의 전신에 답하면서 중대한 타협안을 내놓았다.

> 원칙적으로 우리는 뤼티·탄네르 정부와 타협할 가능성을 배제하지 않는다. 문의의 전술적 측면과 관련해 우리는 뤼티 정부의 양보를 따져볼 필요가 있으며, 그것 없이는 타협에 관해 이야기할 이유가 없다. 이러한 측면에서 우리의 요구 사항은 탄네르 및 파시키비와의 협상 때 우리가 제안했던 조건을 넘어설 것임을 반드시 고려해야 할 것이다. 후자와의 협상 이래로 유혈이 낭자했는데, 이는 우리의 잘못 때문이 아닐뿐더러 흘린 피가 소련 국경의 안보에 대한 추가적인 보장을 요구하기 때문이다. 또한 우리가 쿠시넨 정부에서 거부해왔던 것은 뤼티 정부에서도 어떠한 방식으로든 동의할 수 없음을 반드시 고려해야 한다.[90]

2월 5일 탄네르는 스톡홀름에 도착해 그랜드호텔의 한 객실에서 비밀리에 콜론타이를 만나 스탈린에게 보내는 제안을 건넸다. 하지만 이 제안은 결코 모스크바의 요구를 충족시키지 못했고, 탄네르는 그 어느 때보다 협조적이지 않았다. 군테르는 프랑스가 개입하고자 결심했으나 스웨덴이 그들의 요청을 거절하고 있다는 소식을 설명으로 내놓았다.[91] 2월 27일 탄네르는 몰래 콜론타이와 만나 러시아를 압박해 그들의 요구 수준을 감축시키려고 했으나, 이는 단지 과정을 지연시켰을 뿐이었다. 런던과 파리는 다른 방향으로 나아가고 있었다. 스웨덴은 핀란드가 자신들의 요구 사항을 충족받기 위해 이웃들에게 전쟁을 떠안길 준비를 상당히 마쳤음을 그 어느 때보다 확신했다.[92]

3월 7일 리스토 뤼티 총리를 포함한 핀란드 대표단 전원이 스웨덴인으로 위장하고 신분증명서에 아무런 사진도 부착하지 않은 채로 마침내 모스크바에 도착했다. 3월 8일과 10일에 모스크바에서 회담이 열렸다. 예상했던 대로 조건은 1939년 10월의 그것보다 훨씬 안 좋았다. 핀란드를 낙담시키고 싶지 않았던 스웨덴은 3월 6일 몰로토프와 콜론타이가 군테르 외무장관과 아사르손 대사에게 각각 전달한 소비에트 요구 사항의 전체 내용을 핀란드인들에게 밝히지 않았다.[93] 그러나 핀란드인들에게는 선택의 여지가 거의 없었다. 1940년 3월 12일 전쟁은 소비에트의 조건에 따라 종식됐다. 하지만 이것이 핀란드에게 갚아야 할 숙원을 남겼기 때문에 종국적으로 이 이득은 오래가지 못했다. 다음 날 〈프라우다〉는 평화협정에 관한 사설을 실었다. "소비에트 정부가 스스로 설정한 과업이 해결됐다. 우리 서북부 국경의 안보, 특히 세계에서 가장 거대한 노동자들의 중심지인 레닌그라드의 안보가 총체적으로 보장됐다."[94]

평화가 체결된 바로 그날, 스웨덴 주재 영국 대사로 임명된 지 얼마 되지 않은 빅터 맬릿 경은 스웨덴 외무부에서 콜론타이가 내려오던 때에 계단을 걸어 올라갔다. 잠시 어색한 침묵 속에서 서로를 마주 보며 멈춰 선 그들은 맬릿이 날씨가 좋다는 이야기를 꺼낸 후에야 다시 각자의 길을 향했다. 맬릿은 영국 병사들이 핀란드로 향할 수 있도록 통행을 요청하기 위해 공식 방문한 참이었다. 같은 내용이 오슬로에도 동시에 요청되었다.[95] 그러나 때는 너무 늦었다. 러시아인들은 영·불 원정군의 핀란드 상륙을 가까스로 모면했으며, 이는 관련된 모든 당사자에게 이루 말할 수 없는 후과를 안겼다.

히틀러가 서유럽을 침공하다

동북부에서 향후 주의를 분산시키는 요인이 없음을 확신하고 소비에트군이 승리를 거뒀으나 치욕을 맛봤다는 사실을 파악한 독일군은 4월 9일 덴마크를, 뒤이어 노르웨이를 공격했다. 스웨덴의 경고를 고려할 때, 런던은 이 사건으로 놀라지 않았어야 했다.[96] 발칸 지역에서는 긴장감이 피어올랐다. 스탈린은 독일이 유럽 동남부로 진군하는 것을 차단하기 위해 소련이 다뉴브강 유역의 열강으로 거듭나야 한다고 결심했다. 소비에트 대리 대사는 부쿠레슈티 주재 라트비아 대사에게 베사라비아 사안에 관해 루마니아인들이 담판을 지어야 한다고 말했다. "러시아는 여전히 루마니아가 이와 관련해 제안을 내놓기를 헛되이 기다리고 있습니다. 하지만 이 지역에서 무슨 일이 일어난다면 소비에트러시아는 '손가락이나 빨면서' 평화로운 관찰자로 한가롭게 남아 있지 않을 것입니다. 이는 상당히 분명한 시각입니다. 루마니아군과 관련해 … 나의 소비에트 동료는 상당히 깔보는 투로 말하더군요. '그들(루마니아인들)은 대체 어떻게 자신들을 방어할 생각이죠? 폴란드가 그랬던 것처럼 강철과 철을 상대로 생고기라도 들이밀 건가요?'"[97]

한편 영국에서는 하원이 마침내 체임벌린에게 신물이 났다. 야당인 노동당은 그가 총리로 있는 정부에서 복무하기를 거부했다. 말 그대로 그들은 체임벌린이 정부에서 나가기를 원했다. 5월 7일 애머리는 올리버 크롬웰이 잔부의회를 해산하며 남긴 유명한 말을 언급했다. 수많은 망설임 끝에 그가 마침내 그 말을 꺼냈을 때, 하원은 무너졌다.[98] 체임벌린은 끝났다. 국왕은 자신이 이제껏 잘못 판단한 히틀러와 관련해, 과거의 적수가 옳았음을 인정한 체임벌린의 충고에 귀 기울여 처칠을 새 정부의 수장으로 불렀다. 그야말로 아슬아슬한 타이밍이었다.

1940년 5월 10일 독일인들은 벨기에와 네덜란드를 침공했다. 벨기에 국왕은 선출된 권력이나 영국 및 프랑스와 아무런 상의도 없이 일방적으로 항복해, 전후 군주제의 위신을 약화시켰다. 벨기에군과 프랑스군이 독일의 진군에 투항하면서 크렘린은 불안을 감추기가 어려워졌다. 5월 22일 모스크바 주재 프랑스 대리대사는 발트 국가의 외교관 한 명과 나눈 대화를 보고하면서, 몰로토프가 상황에 관한 우려를 표명했으며 동맹 회복을 희망하는 의사까지 내비쳤다고 말했다.[99] 그러나 이 경솔한 언행에 너무 많은 의미를 부여해서는 안 된다. 5월 10일 정부에 초대된 노동당 지도자 클레멘트 애틀리의 어리석은 고집으로 인해 영국이 조급하게 독립노동당의 고참 스태퍼드 크립스 경을 모스크바 대사로 파견한다고 결정했을 때, 러시아인들은 크게 감명받지 않았다. 볼셰비키가 그를 당연하게도 "멘셰비키"라고 간주했음을 고려할 때, 런던의 인사 발령은 이해할 수 없는 실수였다.[100] 이전 사례를 생각해본다면 런던은 전형적인 보수당원, 즉 기득권층에 속한 세습 귀족을 선호했을 터였다.

5월 28일과 6월 2일 사이에 영국 병사 25만 명이 됭케르크해안에서 수십 척의 민간 선박에 의해 영웅적으로 구조됐고, 10만 명 이상의 프랑스군이 뒤따랐다. 프랑스는 협약 탓에 패배했다. 6월 14일 파리가 함락됐는데, 몰로토프는 이를 두고 "소련과 맺은 협정의 도움이 없었다면 독일이 노르웨이, 덴마크, 벨기에, 네덜란드, 프랑스에서 군사적 영광을 동반하는 작전을 그토록 신속하게 수행할 수 없었"을 것이라고 시인했다.[101] 프랑스가 이토록 갑작스럽고도 철저하게 무너진 이유는 불충분했던 재무장, 기계화된 병력의 부재, 독일군과 비교했을 때 구닥다리가 된 공군 및 형편없는 전투 지휘로 설명될 수 있다. 그러나 이것이 전부는 아니었다. 국방장관 페탱 원수가 무심코 내뱉은, 이 나라는 "정치 때문에 썩었"다는 말에는 어느 정도 진실이 내포되어 있었다.[102] 정확히 말하자면, 나치·소비에트 불가침협정이 만들어낸 격렬한 반공주의는 정치계 전체를 부패시켰던 내부 문제를 반영했다. 타스 특파원 로스스타인의 주선으로 이뤄진 마이스키와의 대화에서 처칠은 이 측면을 지적했다.

7월 3일 처칠은 마이스키와 만나 전쟁의 경과와 처칠이 "좋다고 생각한" 영국의 가능성을 점검했다.[103] 마이스키(와 스탈린)에게 보다 중요했던 부분은, 처칠이 "평화회담 가능성에 대한 소문을 단호하고 강력하게 반박"했다는 점이었다. 처칠은 영국이 최후까지 싸울 것이며, 이는 "잉글랜드와 대영제국의 사활이 걸린 일"이라고 주장했다. 처칠은 지나가는 말로 다음 이야기를 언급했다. 레노가 사임한 직후인 6월 16일 저녁, 라발은 보르도의 한 음식점에 앉아 있었다. 그가 앉은 식탁 옆에는 나치 독일에서 쫓겨난 저명한 미국 언론인 허버트 니커보커가 앉아 있었다. 라발은 니커보커를 초대해 동석한 뒤 페탱 정부가 독일과 평화회담을 여는 일을 어떻게 생각하는지 물었다. 니커보커는 프랑스가 싸우지 않는다면 강대국 지위를 상실할 것이라고 믿었다. 이에 대해 라발은 히틀러가 전혀 프랑스와 대척하지 않는다는 점을 니커보커가 이해하지 못한다고 응답했다. 히틀러는 단지 볼셰비키를 증오할 뿐이며, 그들을 쓸어버릴 적당한 순간이 오기를 기다리고 있다는 것이다. "그리고 우리는 그가 그렇게 할 수 있도록 도울 생각이에요."[104]

더 많은 유화 시도가 이루어지다

영국이 평화를 확보하기 위해 프랑스의 전철을 밟지 않을 것이라는 처칠의 보증은 중요했다. 가장 열렬히 유화책을 추구했던 이들은 포기할 줄을 몰랐기 때문이다. 1월 태비스톡 후작은 더블린 주재 독일 대사관으로부터 강화 제의를 끌어내려는 바보짓을 했고(이는 언론에 유출되었다), 아무런 가망이 없었음에도 불구하고 2월에 들어서도 같은 노력을 계속했다.[105] 전쟁이 지속되면서 친독 성향이 감소하기보다는 오히려 증가한 듯한 버틀러는 3월 클래리지스에서 미국 국무부 서유럽국의 수장 제이 모펏에게 만찬을 제공했다. 버틀러는 "기독교 부흥이 핼리팩스에게 기회를 주고 있으며, 그만이 독일 국민에 대한 불필요하고 부당한 처벌을 이길 수 있다고 말했"다.[106] 미국인들은 버틀러가 현실에서 얼마나 동떨어져 있었는지 적나라하게 알 수 있었다. 3월 말 재무장관 모건도의 대유럽 정보 평가에는 "영국 내 여론은 전쟁에 앞서 일어났던 모든 위기에서 체임벌린을 앞서나갔"다는 윌리엄 풀스턴 대위의 관찰이 포함되었다.[107] 그리고 버틀러의 일탈적인 행동은 눈에 띠지 않을 수 없었다. 캐도건은 자신의 일기에 다음과 같이 털어놓았다. "랩[버틀러]은 정말이지 해로운 인물이다. 비겁한 평화주의자이자 흐리멍덩한 유화주의자이며 멍청이인 그는 언론인들에게 패전주의적으로 말한다. 나는 그의 자리에 앉게 됐고, (외무부에서 언론을 상대하는 일에는) C(찰스) 피크를 보냈다. 나는 더 이상 견딜 수 없을 것 같다. 당은 이보다 나은 사람을 찾을 수 없단 말인가(무의식적으로 진심을 드러낸 흥미로운 발언이다)?"[108] 그러나 핼리팩스는 외무장관에서 해임되고 1941년 7월 미국 주재 대사로 복무하도록 파견될 때까지 버틀러를 단단히 붙잡았다. 여기에는 충분한 이유가 있었다. 버틀러의 직감은 그의 주인이 가진 직감이기도 했다.

처칠에 반대하는 이들 가운데서는 6월 14일 파리 함락 이후 독일과 평화를 타협하려는 움직임이 더욱 강화됐다. 모스크바에서 스탈린은 프랑스공산당에게, 독일 침략자에 맞서 싸우는 대신 나라를 지배하는 200여 가문에 전적으로 화력을 집중하라고 지시했다. 더 나아가자는 코민테른의 제안은 지연되면서 계속 약화됐다. 설상가상으로 독일군이 파리를 장악한 후 자크 뒤클로는 모스크바에 별다른 언질 없이, 내무인민위원부의 신임을 받아 프랑스공산당 내 보안을 담당하는 "뚱보" 모리스 트랑과 함께 브뤼셀에 도착했다. 트랑은 독일과 협상을 시작하려고 시도했으나(6월 18일~20일), 그의 특사들은 즉각 체포됐다. 그러자 독일 외무부의 오토 아베츠가 끼어들어 독일국방군의 결정을 뒤집었고, 프랑스 내 소비에트 기관들의 법리 자문을 장기간 담당한 로베르 푸아송이 프랑스공산당을 대표해 아베츠와 회담을 계속했다. 제안은 공산당 일간지 〈뤼마니테〉를 발행하게 해달라는 것이었다. 독일 점령하의 벨기에에서 벨기에공산당이 자체적인 신문 〈오일렌슈피겔〉을 간행한 것이 근거가 되었다. 이 "기본노선"은 7월 17일 모스크바에서 사후 소급 승인됐으나,[109] 코민테른은 이틀 후 프랑스인들에게 "위태로워지고 있을 가능성"을 경계하라며 신중을 기했다. 모스크바가 독일을 상대로 승인한 유일한 저항 방식은 "수동적인 저항"이었다.[110] 8월 5일 코민테른은 프랑스공산당이 독일 당국자들의 술책에 노출됐다고 추가적으로 경고했다. 그들을 평화롭게 놔두고, 페탱과 라발과의 협상에서 더 나은 조건을 얻어냄으로써 당의 힘을 과대시하고 평판을 떨어뜨려 대중으로부터 당을 고립시키고 있다는 것이었다.[111] 뒤클로는 실로 경악했다. "그들이 우리가 점령자들의 수중에 있는 노리개로 거듭날 수도 있다고 생각한다는 점에 깜짝 놀랐다."[112] 협력은 이미 붕괴했고, 피해도 이미 가해진 상태였다.

파리가 함락된 지 불과 사흘 만에, 여전히 불·독 평화회담의 결과가 불확실한 상태에서 버틀러는 스웨덴 대사 비에른 프리츠와 외무부에서 대화를 나눴다.[113] 프리츠는 이와 관련해 기록을 남겼다.

오늘 외무부에서 버틀러와 대화하던 중에 프랑스가 항복했다는 사실을 확인 받았습니다. … 영국의 공식 입장은 현재로서는 이 전쟁이 계속되어야 한다는 것이지만, 그는 만일 합리적인 조건으로 가능성이 주어진다면 강화 절충안에 도달할 수 있는 어떠한 기회도 도외시되지 않을 것이며 이와 관련해 어떠한 '강경파들'도 방해하도록 허락하지 않을 것임을 확언했습니다. 그는 영국이 이후로 가질 기회보다는 현재 더 큰 협상 가능성을 가졌다고 생각합니다. … 대화 도중 버틀러는 핼리팩스에게 소환됐는데, 핼리팩스는 제게 '영국 정부의 정책은 허세가 아닌 상식에 지배될 것'이라는 메시지를 보냈습니다. … 제가 다른 의회 구성원들과 나눴던 대화에 따르면, 아마도 6월 28일 이후로 협상 가능성이 움튼다면 핼리팩스가 처칠의 뒤를 이을 수도 있다는 기대감이 있다고 합니다.[114]

핼리팩스는 강화 절충 전망을 둘러싸고 처칠과 은밀한 싸움을 벌이고 있었다. 체임벌린은 마침내 총리직에서 물러나면서 국왕에게 핼리팩스보다는 처칠을 데려가라고 권고했다. 독일의 폴란드 공격 이후 체임벌린은 유화책 지지자에서 히틀러가 권력을 잡은 동안에는 독일의 어떠한 제안도 고려하는 것조차 완강히 거부하는 쪽으로 급선회했고, 이런 태도는 그의 오랜 지지자들에게는 큰 실망을 안겨주었다. 1월 아널드 경과 소통하면서 체임벌린은 정부의 결의에는 어떠한 약화도 없다고 주장했다. 오직 히틀러가 확신을 가졌을 때만 항구적인 평화를 협상하겠다는 것이었다. 브로켓 경은 동료 유화주의자 브라이언트에게 체임벌린이 "가장 고집불통"이라며 불평했다.[115] 국왕이 처칠을 불렀다는 소식이 전해졌을 때, 버틀러를 포함한 많은 이들의 반응은 히스테리에 가까운 것이었다. 수수께끼 같은 핼리팩스가 냉정한 이성과 실용적인 타협 정신을 전형적으로 보여줬다면, 처칠은 열정이 지배했던 18세기의 불같은 귀족적 기질의 화신이었다. 핼리팩스와 같은 부류는 히틀러와의 경쟁에서 "이성"은 오직 상호주의라는 망상을 유지하고 사기를 떨어뜨리는 용도일 뿐이라는 점을 이해하지 못했다.

머지않아 버틀러와 프리츠의 대화 내용이 베를린 주재 대사를 포함한 스웨덴 특사들 사이에 퍼져 독일인들에게까지 전달되었다. 프리츠는

"오늘날 패전주의라는 의혹은 심각한 사안이기 때문에 버틀러가 불쾌해 하였"다고 보고했다. 실제로 처칠이 이 일을 알고서 6월 26일 "버틀러가 스웨덴 대사에게 괴상한 말을 했으며, 스웨덴은 분명 패전주의적인 인상을 강하게 받았다."라는 글을 적음으로써 핼리팩스의 뱃머리 너머로 경고 사격을 날린 일은 전혀 놀랍지 않았다.[116] 버틀러가 프리츠와의 만남 중에 실제로 핼리팩스와 상의하였기 때문에, 대화와 관련해 외무장관이 버틀러에게 정중히 질문한 일은 냉소적인 겉치레에 지나지 않았다.

영·독 협약의 유일한 논리는 비시가 완벽히 선보인 모델을 따르는 반볼셰비즘이었다. 파리 함락 직후 젊은 로저 매킨스는 다음과 같이 기록했다. "보르도에서 발생한 일은 프랑스에서 가장 부패한 요소들(피에르 라발과 폴 보두앵)이 유명한 이름들(필리프 페탱과 막심 베강)을 이용해 일으킨 쿠데타였다." 처칠의 비서관 콜빌은 "여기서는 라발과 보두앵이 페탱이나 베강 등이 가진 반볼셰비키 감정을 이용했다고 여겨진다."라고 지적했다.[117]

한편 윈저 공작은 스스로 "바다 건너 왕"으로서 자리매김하려는 중이었다.[118] 실제로 7월 10일 조지 6세는 캐도건을 비롯한 다른 이들과 오찬을 가지며 다소 방어적 표현을 입에 담았다. "'내 형제'의 매국 행위에 대한 '수장'의 보고가 참 재미있더군!"[119] 바로 전날 소비에트 국가안보 기관의 해외 지부는 아마도 같은 정보에 기초해 붉은군대의 담당자에게 보고서를 보냈다. "전 영국 국왕 에드워드는 현재 부인 심슨과 함께 마드리드에서 머물며 히틀러와 접촉하고 있음. 에드워드는 새로운 영국 정부 구성이라는 문제를 두고 히틀러와 협상을 벌이고 있으며, 독일과의 평화 타결은 소련에 대항하는 군사동맹 구축을 조건으로 함."[120] 영국 국왕의 비서관은 MI5의 가이 리델에게 다음을 보고했다. 윈저 공작은 "이 전쟁 전체가 실수이며, 그가 왕이었더라면 전쟁이 절대 일어나지 않았을 것이라는 견해를 표출했습니다. 제가 알기로는 다른 곳에서도 같은 견해를 보인

바 있습니다. 공작은 자신의 조국이 무너질 경우 스스로가 중재자의 역할을 해야 할 것이라고 느끼나, 현재는 그러한 개입을 하기에 적절한 시기가 아니라고 생각합니다. 그는 자신이 다른 어떤 이보다 훨씬 독일 국민을 이해하고 있다고 믿는 듯합니다."[121] 처칠에게 바하마제도 총독으로 부임하도록 요청받은 공작은 그해 여름 영국 본토 항공전에서 영국이 독일 공군에게 항복하여 그가 필요해질 경우를 대비해, 포르투갈에서 지냈던 집의 주인이자 독일 요원인 이스피리투 산투 시우바와 암호를 만들었다.[122]

대륙 맞은편에서 히틀러가 전광석화 같은 속도로 서유럽을 휩쓸자, 프랑스가 크게 저항하리라고 예상했던 크렘린은 깜짝 놀라고 말았다. 그다지 명민한 사람은 아니었던 몰로토프는 "히틀러와 독일 정부가 그렇게 신속하게 성공할 수 있으리라고는 기대하지 못했을 것"이라고 말하며 슐렌부르크 대사를 어색하게 축하함으로써 자신의 불안감을 드러냈다.[123] 중국 북부 장자커우의 (공식적으로 소련 정보 요원이라고 밝힐 수 없었을 가능성이 높은) 소비에트 영사는 독일이 프랑스를 상대로 승리함으로써 독일과 서구가 전쟁 중에 서로를 소진 시킬 것이라고 러시아가 1939년 8월 계산했던 바가 뒤집혔다고 미국인들에게 말했다.[124]

재앙에 직면한 스탈린은 상황을 합리화하면서 긴 안목을 취하기로 결심했다. 그는 "독일이 바다를 장악하지 못하는 한 유럽을 지배할 수 없고, 어떤 경우에도 유럽 전체를 지배할 힘을 갖지 않는"다고 반추했다. 스탈린은 "독일이 내게 말한 바에서 유추하자면, 그것[전 유럽 지배]이 그들의 의도가 아닐 것이라고 믿는"다며 스스로를 위로하면서도, 자신이 "그들의 발언에 기댈 만큼 단순하지 않으며, 그보다는 사실에 근거"했음을 덧붙였다. 그럼에도 불구하고 그는 1945년 평화가 달성됐을 때 "누구든 유럽을 지배하는 자가 세계를 지배할 것"이라는 원칙을 아주 중요하게 고수했다.[125]

소련이 확장하다

모스크바의 다른 이들은 더 솔직했다. 1940년 6월 초, 이전에는 폴란드 동부만으로 만족했던 붉은군대가 독일과의 두 협정에서 러시아에게 할당된 영토를 획득하기 위해 급습해 들어갔다. 리투아니아 부총리 빈차스 크레베미츠캬비츄스는 6월 30일에서 31일로 넘어가는 야심한 밤에 크렘린으로부터 직설적인 이야기를 들었다. "이제 당신네 국민에게 소비에트 체제를 가르쳐야 할 것입니다. 미래에는 전 유럽이 소비에트 체제 아래로 들어올 테니까요. 발트 국가들 같은 몇몇 곳에서 먼저 도입되고, 다른 곳은 이후가 되겠지요." 또한 총리는 무례한 외무부인민위원 겸 정보장교 블라디미르 데카노조프로부터 이 전쟁으로 인해 "마치 잘 익은 과일이 손에 떨어지듯 전 유럽이 우리 수중에" 들어올 것이라는 말을 들었다.[126]

베를린은 "러시아가 전쟁이 곧 끝나리라는 믿음에 근거해", 새로운 영토 조약이 체결되기 전에 그 땅에 자국 군대를 주둔시켜야 한다고 생각하며 움직이고 있다고 보았다.[127] 6월 26일 러시아 병력은 여태까지 불가침협정 부속 비밀 의정서의 범위 안에 포함되지 않았던 부코비나 북부를 덮쳤다. 독일은 강하게 항의했다. 부코비나에는 독일계 민족이 거주하고 있었고, 이곳을 침공함으로써 러시아는 다뉴브강 유역으로 진출하기 위한 교두보를 확보하기로 결심했다는 점을 분명히 증명했다.

대영제국에 대단한 경의를 품은 스탈린은 그들이 패배하리라고는 예상치 못했으나, 다른 이들은 그렇지 않았다. 7월 4일 부인민위원 솔로몬 로조프스키는 스웨덴의 선임 외무부 관리 보헤만과 이야기를 나눴다. 보헤만은 다음 몇 주 안에 독일이 영국을 패퇴시킨 후 영국의 함대를 차지할 것이며, 독일 정부는 캐나다로 옮겨 갈 것이라는 엉뚱한 예측을 내놨다. 로조프스키는 영국이 아직 막대한 자원을 지휘할 수 있고, 당분간은 전쟁의 결과를 예측하기 어렵다고 신중하게 응수했다.[128]

히틀러는 아직 영국을 침공하지 않았고, 이후로 러시아가 강해질 일만 남았다는 판단하에 향후 정해지지 않은 시점에 소련을 공격하겠다는 잠정적인 결정을 내렸다. 루돌프 헤스의 개인 부관에 따르면, 히틀러는 프랑스 함락 이후 만약 독일이 소련을 공격한다면 영국과 타협을 이룰 가능성이 높다고 보았다. 실제로 8월 영국 본토 항공전이 고국 제도 위의 상공에서 최고조에 이르면서, 이제 베드퍼드 공작이 된 태비스톡 후작이 이끄는 강경 유화주의자들과 카를의 아들이자 헤스의 외교 자문 알브레히트 하우스호퍼가 이끄는 독일 대표단이 제네바에서 다시 접촉했다. 헤스의 조수에 따르면 베드포드는 독일이 나치·소비에트 협정을 폐기하는 것을 평화 협상의 전제 조건으로 내걸었으며 히틀러와 헤스 모두 이에 동의했으나, 이는 독일이 발칸 지역을 차지한 이후여야 했다.[129] 1941년 4월까지 그 순간은 오지 않았다.

9월 27일 미국의 개입을 방지하고자 이탈리아와 일본은 공식적인 동맹, 즉 삼국동맹조약을 통해 독일에 합류했다. 히틀러의 눈은 독일 경제에 석유와 곡물을 주요하게 공급할 발칸 지역에 고정되어 있었다. 이는 긴급 사안이었다. 코민테른은 독일의 심기를 한계 이상으로 건드리지 않으려고 주의하면서 자제력을 발휘했다. 예컨대 코민테른은 루마니아지부에 나라를 전쟁으로 끌어들일 수 있는 어떠한 것에도 반대하라고 주의를 주었으나, 동시에 "독일 제국주의에 종속되도록 나라를 변화"시키는 일에 반대하라는 지시를 내렸다.[130] 이 지침이 하달된 지 2주가량 지난 10월 7일, 더 이상 지체하고 싶지 않았던 히틀러는 루마니아의 유전 지대를 장악하기 위해 병력을 파견했다.

모스크바의 여론은 이제 베를린에 반대하는 쪽으로 선회하기 시작했다. 코민테른 내부에서는 이러한 분위기 전환이 빠른 속도로 분명해졌다. 스페인 공산주의자 타구에냐는 그해 가을 마누일스키가 스페인 학생들에게 강연하던 모습을 회상했다. 마누일스키는 "러시아가 발칸 지역을 자신들의 영향권으로 간주하기 때문에 전쟁은 피할 수 없다고 말했다." 그리고 마티는 독일의 공중폭격에 대항하는 영국의 저항을 열정적으로 이야기했다.[131] 공식 언론이 꿀 먹은 벙어리였음에도 불구하고 코민테른의 〈세계 뉴스와 시각들World News and Views〉은 10월 19일 "우크라이나의 밀과 카프카스의 석유를 노리는 독일 제국주의의 열망과는 별개로, 근동과 발칸 지역을 지배하려는 독일의 계획은 흑해에서 소련의 핵심적 이해관계에 위협을 끼친다."라고 주장했다.

몰로토프가 베를린을 방문하다

독일은 1939년 스탈린을 두 차례 방문했던 리벤트로프에 대한 화답으로 히틀러와의 대화를 위해 몰로토프를 베를린으로 초청했다. 일시는 11월 11일로 정해졌다. 스탈린은 심각하게 걱정했다. 그는 며칠 전 예기치 않게 자신의 근본적인 우려를 지도부의 다른 이들에게 드러낸 바 있었다. 지도부가 무려 세 시간 반 동안 만찬 자리에 머무른 후 모두가 가려고 일어나던 바로 그때, 스탈린이 토론을 시작했다. 스탈린은 디미트로프가 한 번도 경험해보지 못한 방식으로 말했다. 그는 서서히 모습을 드러내는 위험을 경계하면서, 현재 만연한 안일주의에 대해 경고했다. 그들[러시아]은 경쟁자들을 따라잡아야 했다. 러시아는 할힌골에서 일본군을 분쇄했으나, "우리 항공기는 속도와 고도 면에서 일본 항공기보다 열등한 것으로 드러났습니다." 스탈린은 말을 이었다. "우리는 독일과 영국 사이에서 벌어지고 있는 것과 같은 전쟁을 수행할 준비가 되어 있지 않습니다. … 우리 항공기는 고작 35분 떠 있을 수 있는 반면 독일과 영국 항공기는 몇 시간 동안이나 공중에서 머무를 수 있다는 사실이 드러났어요!" 그는 경고했다. "향후 우리가 군대와 수송 등의 분야에서 적들과 동등해지지 않는다면(그 적들은 모두 자본주의국가들이고, 우리 친구처럼 보이도록 꾸미겠죠!), 우리는 적

에게 먹혀버릴 것입니다." 스탈린은 이제 매일 항공기 설계자들과 만나느라 분주했다.[132]

"수령"보다는 덜 똑똑했던 몰로토프는 독일이 소련과 대치할 수 없으리라고 믿고 현실에 더 안주했던 듯하다. 심지어 독일이 핀란드와 발칸 지역을 잠식하자 이와 관련해 선을 긋기 위해 베를린으로 떠나기 전에도, 몰로토프는 (그가 전혀 좋아하지 않는) 영국이 "무한한 부와 저항 수단"을 보유하고 있기에 독일과 영국의 싸움은 길고 어려울 것이라는 견해를 강력하게 표출했다.[133] 즈다노프 또한 전쟁의 양측 모두가 수렁에 빠졌기 때문에 소련은 침공을 걱정할 필요가 없다고 단언했다.[134] 이러한 확신은 사라지기는커녕 몰로토프가 베를린에 도착하면서 더욱 강화됐다. 한때 남들처럼 배우려고 시도해봤음에도 독일어를 말하거나 읽을 수 없었던 몰로토프에게 독일은 낯설기 그지없었다. 그는 또한 함께 일했던 사람들의 견해와는 다르게 스스로의 능력에 자신감을 가졌지만, 실제로 이반 코녜프 원수는 그를 "극도로 우둔"하다고 묘사했다.[135] 리트비노프는 그를 바보라고 생각했고, 적어도 한 차례 이상 본인에게도 그렇게 말했다.[136]

스탈린과 철저히 논의한 끝에 나온 몰로토프의 지령은 다음과 같았다. 독일의 계획, 특히 독일의 우방인 이탈리아와 일본에 관계된 계획을 명확하게 하고, 유럽과 근동 및 중앙아시아에서 "소련의 이해관계 권역"을 정확히 하며, 독일이 핀란드에서 분명히 손을 떼고, 다뉴브강 유역에서 소련의 지위를 보장하며, 독일이 일방적으로 루마니아를 침공한 것에 항의하고, 소비에트 이해관계 권역 내에 불가리아를 포함하며, (흑해에서 모스크바의 지위를 높이기 위해) 소비에트군이 불가리아에 주둔할 것을 주장하고, 소련에 미리 고지하지 않고 터키와 이란을 건드리지 않는다는 점을 분명히 하는 것이었다. 전체 문안은 명백히 1939년도 모델을 따르는 비밀 의정서를 포함하는 사안들과 관련한 거대한 합의에 입각하고 있었다.[137]

몰로토프는 11월 10일 저녁 6시 45분에 선임 소비에트 외교관들 외에도 항공부인민위원 알렉산드르 야코블레프와 베리야가 이끄는 내무인민위원부의 부인민위원인 브세볼로드 메르쿨로프를 포함하는 대표단 전원과 함께 모스크바를 떠났다. 그들은 다음 날 저녁 8시 새로운 독일 국경에 있는 마우키니아에 도착했다. 11월 12일 아침 11시 베를린에 도착한 일행은 안할터 역에서 리벤트로프의 환영을 받았다. 기차역에는 독일과 소비에트 깃발이 내걸렸고, 관현악단이 행진곡을 연주했다. 그날 오후 3시 한때 비스마르크가 거주했던 티에르가르텐의 웅장한 벨뷔궁전 별관에서 히틀러와의 회동이 이뤄졌다.[138] 회담에 앞서 리벤트로프가 주관하는 지루한 예비 행사가 있었다. 독일은 영국이 버텨낼 수 없을 것이며, 만약 미국이 참전하더라도 그들이 유럽 대륙에 발붙이지는 못할 것이라고 주장했다.[139]

히틀러가 자리한 가운데 몰로토프는 "위대한 강대국으로서 소련은 아시아에서처럼 유럽의 가장 중요한 문제를 해결하는 일에서 비켜서 있을 수 없다"는 과감한 주장을 펼치며 독일인들에게 깊은 인상을 주기 위한 포석을 깔았다. 그러나 히틀러가 대타협을 이룰 준비가 되어 있지 않다는 점이 점차 명확해지자 회담은 어떠한 실질적인 논의가 이루어지지 않는 채 맴돌았다.[140] 11월 14일에는 회담이 보다 길게 이루어졌지만, 아무 성과도 내지 못했다. 놀랍게도 히틀러는 독일의 핀란드 또는 불가리아 침공에 관해 제대로 알고 있지 못하는 척 연기했다. 게다가 히틀러는 독일이 연안 열강이 아님에도 불구하고, 흑해와 관련해 출입을 처리하는 몽트뢰 조약 개정을 힘으로 밀어붙이려는 듯이 보였다. 독일은 또한 여봐란듯이 러시아를 유럽에서 인도양 쪽으로 방향을 돌리게끔 하려는 듯했다.[141]

마지막 날의 회담은 빌헬름슈트라세에서 리벤트로프의 주최로 진행되었다. 리벤트로프는 그곳에서 다시 한번 영국은 끝장났다며 호언장담했다. 그러나 공습경보가 의사 진행을 방해했고, 폭발이 일어나면서 유리가 덜커덩거렸다. 리벤트로프는 모두를 즉각 방공호로 안내했다. 그곳에서 그가 영국의 패배를 주제로 다시 한번 연설을 펼치려 하자, 결코 외교관은 아니었던 몰로토프는 반격을 참지 못했다. "만일 영국이 끝장났다면 우리는 왜 이 대피호에 앉아 있는 겁니까? 너무 가깝게 떨어져서 여기에서도 폭발음이 들리는 저 폭탄들은 대체 누가 던지는 것이고요?"[142] 몰로토프가 떠나자마자 자신의 시간이 낭비되었음에 분통이 터진 히틀러는 즉각 소련 침공을 준비하기 시작했다.

자신이 다른 이들에게 어떤 영향을 미치는지 철저히 둔감했던 몰로토프는 베를린에서 펼친 활약에 상당히 만족스러워했다. 그는 히틀러가 소련을 침공하는 것보다 영국을 파괴하는 데 더욱 열중하고 있다는 확신을 받은 채 떠났다. 훗날 소비에트의 공식 사가 드미트리 볼코고노프는 몰로토프가 그 여정 이후 "히틀러가 소련을 공격하지 않을 것이라고 계속해서 주장했고" 스탈린은 외교정책과 관련해 그의 판단에 의지하게 됐다는 결론에 도달했다.[143] 이는 12월 7일 미국 대사 스타인하트가 국무장관 코델 헐에게 보고한 바와 일치한다. "신뢰할 만한 소식통에 의하면 몰로토프의 베를린 방문에 앞서 당 여론 내에 퍼지고 있던 반독일 선전이 … 방문 이후 버려졌다는 점이 확인됐습니다." 대사는 또한 해외 공산당들에게 반파시즘으로 돌아가라는 코민테른의 지시들이 취소됐다는 정보도 입수했다.[144]

히틀러가 소련을 침공하기로 다짐하다

따라서 몰로토프가 떠나자마자 히틀러가 발칸 지역과 핀란드에 독일이 단단히 자리 잡도록 그 어느 때보다 열중했다는 사실은 충격적이었다. 설상가상으로 그가 러시아인들을 초청한 이유는 독일의 팽창주의에 러시아가 공모했다는 인상을 심기 위한 책략인 듯했다. 독일 주재 소비에트 대사관은 확신했다. "발칸 지역에서 독일이 활동한 시간과 몰로토프 동지의 출발 시간대가 일치한다는 사실은 삼국동맹조약 원칙과 유럽의 '새로운 질서'와 관련해 소련이 완벽히 동의했음을 보여주려는 시도입니다. 이는 또한 발칸 국가들을 이것[삼국동맹조약]의 의지와 바람에 전적으로 복종하도록 압박하기에 가장 효과적인 수단이었습니다."[145] 이 방문은 모스크바의 다른 이들에게도 충격을 안겼다. 몰로토프는 "독일이 아무리 우리가 그들의 발칸 계획에 동의한 듯이 비치기를 원한다고 하더라도, 우리는 아무런 협정도 맺지 않았으며 어떤 의무도 짊어지지 않았"다고 디미트로프를 안심시켜야겠다고 느꼈다.[146]

북쪽에서는 독일이 또한 소련에 대항해 스웨덴, 노르웨이, 핀란드를 뭉치게 하는 방향으로 움직이려는 듯했다.[147] 그러나 모스크바와 베를린이 처음 직접 충돌한 곳은, 독일이 (실패하고 있던) 이탈리아의 그리스 침공을 지원하기 위해 통과해야 했던 불가리아였다. 11월 25일 나르코민델의 총서기는 독일에 대응하는 상호원조협정 제안을 가지고 특별 사절단으로서 불가리아 국왕 보리스를 방문했다. 같은 날 디미트로프는 크렘린으로 소환돼 스탈린과 몰로토프가 동석한 자리에서 다음 이야기를 들었다. "만일 불가리아가 우리 제안을 받아들이지 않는다면, 그들은 독일과 이탈리아의 손아귀로 완전히 떨어져 소멸해버릴 것입니다. … 이 제안은 반드시 불가리아 내에 널리 알려져야 합니다."[148]

그러나 이는 섣부른 조치였다. 이 시점에서 스탈린은 군사적 준비가 제대로 갖춰져 있지 않다는 불안감에 주의가 산만해져 있었고, 그 탓에 크렘린은 어수선했다. 디미트로프는 즉시 이 소식을 불가리아공산당 서기 바실 콜라로프에게 전달하면서, 불가리아 왕과 전임 총리 보그단 필로프에게도 제안이 전해졌다는 사실을 알렸다. 그는 또한 러시아가 그리스와의 영토 분쟁에서 불가리아를 지원할 수 있음을 시사했다.[149] 그러나 불가리아 공산주의자들이 협정 제안에 관한 전단을 뿌리기 시작하면서, 스탈린이 명령한 이 작전은 완전하게 역효과를 냈다. 11월 28일 몰로토프는 뒤늦게 스탈린의 집무실에서 코민테른으로 전화를 걸어 이를 중지시켰다. 디미트로프는 불가리아 동지들에게 "이 해로운 바보짓을 멈출 것"을 지시했다.[150] 제안이 전달된 지 불과 닷새 만에 불가리아 외무장관 포포프는 정중하지만 냉랭하게 소비에트 대사 라브리셰프에게 제안을 거절하겠다는 의사를 통지했다.[151]

몰로토프는 불가리아인들이 전쟁으로 끌려 들어갈까 봐 걱정했음을 이해했다.[152] 하지만 러시아도 비슷한 걱정을 했으리라고 믿는다면 오산이다. 러시아의 목표는 여전히 일방주의적인 팽창이었다. 한 해가 끝날 무렵 몰로토프는 이탈리아 대사 로소와 긴 회동을 가졌다. 그 자리에서 그는 소련이 루마니아로부터 베사라비아를 합병했음을 고려해 소련이 다뉴브강 유역의 열강으로서 권리를 가졌음을 확고히 주장했다. 그는 또한 "흑해에서 소비에트 이해관계가 우선권"을 가져야 한다고도 주장했다. 크림전쟁(1853~1856)과 영국군(1918) 및 프랑스군(1919) 상륙을 되짚으면서, 몰로토프는 최근 지중해 동부에서 영국의 진지가 보강되고 있음을 지적하며 특히 크레타섬 점령을 꼬집었다. 몰로토프는 만약 이러한 사실이 이탈리아에게 중요하다면 "러시아 역시 이를 무시할 수 없으며 … 위협적인 나라는 언제나 영국입니다."라고 덧붙였다. "이탈리아뿐 아니라 소련 또한 지중해 동부에서의 해군력으로 표상되는 문제를 무시할 수 없습니다."[153] 확실히 소비에트의 사고는 발칸 지역에서 베를린과 벌이는 경쟁에도 불구하고, 다른 대안들보다는 독일과 이탈리아와 함께하는 축에 갇혀 있었다.

1941년 새해 초에 디미트로프는 다급히 다시 한번 스탈린을 찾아 불가리아공산당을 경계 상태에 두기 위한 제안을 검토해주기를 부탁했다. 다음 날인 1월 14일 새벽 2시 스탈린은 그에게 전화를 걸어 새로운 노선을 승인했다. 코민테른은 즉시 불가리아 동지들에게 전신을 보냈다.

현재 준비 중인 독일군의 불가리아 개입은 불가리아공산당에게 이례적일 정도로 어렵고 복잡한 과업에 맞닥뜨리게 한다. 나라에 광범위한 영향력을 가진 집단으로써, 불가리아 정부의 승인 또는 묵인 아래 행해지는 독일의 이러한 행동을 불가리아공산당은 묵과할 수 없다.

당은 "소비에트의 상호원조협정 제안을 거절한 보리스 국왕과 정부에게 그에 따른 상황의 책임이 있음을 폭로하고, 이와 관련하여 불가리아와 소련 사이의 협정이 그 어느 때보다 필요함을 강조"해야 했다. 타스는 독일군의 이동이 소련과 합의된 사항이라는 소문을 부인하는 내용을 널리 전파하면서 "대중을 기만하는 정계를 마비"시키려 했다.[154] 그러나 이 중 어느 것도 효과적이지 않았다. 3월 1일 불가리아 정부는 독일 병력이 나라에 들어올 수 있도록 동의했다. 불가리아가 이탈리아, 독일, 일본 사이의 삼국동맹조약에 가담한 것이다.

스탈린의 발칸 정책은 실패로 돌아갔다. 어떤 측면에서 이는 피할 수 없는 일이었다. 1940년 6월에 이뤄졌던 이탈리아의 그리스 침공이 예상대로 실패했기 때문에, 독일은 이 문제를 해결하기 위해 점차 진창에 휘말리고 있었다. 불가리아가 독일의 손에 넘어간 뒤, 명백히 그다음은 유고슬라비아였다. 여기서 러시아는 베를린과의 직접적인 충돌로 이어질 수 있는 덫을 피하고자 조심스레 발을 내디뎌야 했다. 그러나 콜론타이가 스톡홀름에서 내각장관 보헤만에게 말했듯이, 소비에트 정부는 그럼에도 불구하고 유고슬라비아가 불가리아와 같은 운명으로 고통받지 않을까 염려했다. 해당 지역에서 독일이 추가적인 작전을 진행할 경우 소련은 전쟁이 아닌 수단, 예컨대 경제제재 같은 조치를 통해 보복을 가할 터였다.[155] 2월 18일 터키 대사가 부인민위원 안드레이 비신스키를 접견했을 때, 한때 공개재판에서 악명 높은 검사로서 활약했던 전임 멘셰비키는 "발칸 지역과 관련해 앞으로 펼쳐질 협상에 대한 전망 때문에 매우 불안하고 초조해"보

였다.[156]

독일 병사들이 불가리아에 들어가고 유고슬라비아가 삼국동맹에 함께할 것을 제안받은 후, 모스크바 주재 유고슬라비아 대사 밀란 가브릴로비치는 고국에서 "소련이 발칸 지역과 유고슬라비아를 독일 영향권에 넘기는 중"이라는 인상을 받고 있다고 비신스키에게 경고했다. "소련의 입장과 관련된 이러한 인상은, 가브릴로비치의 의견에 따르면 반드시 진정돼야" 했다."[157] 이 시점에서 영국은, 비록 필연적인 결과를 재촉하는 헛된 몸짓일 뿐이었지만 MI6와 특수작전집행부SOE 모두를 동원해 3월 27일 유고슬라비아에서 쿠데타를 일으켜 섭정왕자 파블레를 퇴위시키고 젊은 국왕 페타르를 데려오는 데 성공했다. 삼국동맹조약에 유고슬라비아를 합류시킨 내각 역시 쫓겨났다.[158] 그러나 때는 너무 늦었다. 새로운 외무장관 몸칠로 닌치치는 독일인들을 소외시킨다는 두려움 때문에 그 조약에 계속 충성했다. 러시아인들은 그를 이해했지만, 영국은 그러지 못했다.[159] 베오그라드는 이제 모스크바와 친선 및 불가침조약을 체결하는 데 관심을 보였다. 그러나 유고슬라비아는 더 많은 것을 꾀하고자 했다. 시기가 이보다 더 안 좋을 수는 없었다. 스탈린이 독일을 자극하지 않기 위해 몸을 숙이고 있었기 때문이다.

4월 3일 베오그라드로부터 지시를 받은 보진 시미치와 드라구틴 사비치 대령이 가브릴로비치와 함께 모스크바에 도착해 (위험 회피 성향이 강하고 깜짝 놀라기도 한) 비신스키에게 그들의 의사를 전달했다. "우리 정부는 소련과의 동맹을 원하고 기대하고 있습니다." 유고슬라비아 대표단은 심지어 군사원조와 관련된 비밀 조항 3조를 포함한 협정 초안을 가지고 왔다. 러시아가 어떤 원조를 제공해주기를 기대하는지 질문을 받자, 시미치는 러시아어로 "공중으로 배달될 수 있는 모든 것"이라고 대답했다.[160] 비신스키는 다음 날 답변을 주기로 약속했다. 그러나 다음 날 동이 텄을 때, 그는 손님들에게 이렇게나 촉박한 시한으로는 동맹을 맺을 수 없다고 말해야만 했다.[161] 일부 문구가 변경된 후 4월 4일 친선협정이 합의되고 다음 날 서명됐으나, 시미치는 매우 불행했다.[162] 이 무해한 종이 쪼가리에 쓰인 잉크가 채 마르기도 전에, 4월 6일 독일은 성급하게 유고슬라비아를 침공했다. 이 사건은 소비에트의 무능력을 만방에 드러냈으며, 발칸 지역 작전 완료에 뒤따른 히틀러의 바르바로사작전에도 아무런 영향을 미치지 못했다.

13장

슈퍼 침공

자신의 국제적 의무를 그렇게 경솔하게
저버리는 독일 정부가 불가침협정을
준수하리라고 어떻게 보장할 수 있습니까?

스탈린[1]

히틀러의 행운은 끝이 없는 듯했다. 그때까지 유럽을 지배하기 위해 위풍
당당하게 진군하던 히틀러가 유일하게 실패했던 모험은 1940년 여름 영
국 침공을 꾀한 바다사자작전이었다. 유럽을 통틀어 히틀러가 경쟁해야
했던 경세가들의 수준이 그보다 한참 낮았다는 점도 확실히 도움이 됐다.
현실에 눈을 감고 있었다는 면에서 체임벌린은 친구가 많았다. 그리고 반
갑지 않은 첩보만큼 이미 확고히 자리 잡은 선입견에 들어맞지 않는 정보
는 걸러진다는 규칙을 분명히 드러내는 것도 없었다.

　스탈린뿐 아니라 정치국도 영국의 패배 전까지는 독일이 공격하지

않을 것이라고 굳게 믿었다. 몰로토프는 수년이 지난 뒤 자신의 커다란 오판을 변명하면서 이렇게 말했다. "스탈린뿐만 아니라 나와 그 외의 다른 이들도 그렇게 생각했다."[2] 실제로 리트비노프는 최후의 순간까지 침공을 경고했다. 수개월 뒤인 1941년 12월 주미 소비에트 대사로 봉직 중이던 그는 미국인들에게 "우리 정부는 소련에 관한 히틀러의 기만적인 의도에 대해 여러 경고를 받았습니다만, 이를 심각하게 여기지 않았"다고 지적했다. "러시아가 히틀러의 서명을 신성시했다거나 히틀러가 조약을 파기하거나 여러 차례 굳게 약속했던 사안을 어길 수 있으리라고 믿지 않았기 때문은 아닙니다. 서쪽에서 치르고 있는 전쟁을 채 끝내기도 전에 우리 같은 강대국을 상대로 동쪽에서 전쟁을 벌이는 미친 짓을 저지르지는 않으리라고 생각했던 것이죠."[3]

대단히 많은 소비에트 정보 보고서가 독일의 기습 공격을 지적했다. 하지만 스탈린은 무엇보다도 투지가 넘치는 그의 병력이 부지불식간에 독일의 공격을 도발하지 않을까 염려했다. 이러한 불안감은 코민테른과 그 지부에도 피해를 주었다. 예컨대 점령된 프랑스와 관련해 공산당은 사실상 침략의 협조자라는 초기 입장에서 물러났으나, 이후 모스크바는 1941년 1월 8일 "점령자들의 멍에 아래 놓여 있는 프랑스 인민을 해방시키기 위한 여건이 아직 무르익지 않았"다는 지침을 내렸다. 코민테른은 여전히 "전쟁을 치르는 무리 양측(영국과 독일)이 서로를 약화시키기를" 기대하고 있었다. 대신 프랑스공산당은 부역자들에게 화력을 집중시켜야 했다. 그들은 오직 한 발짝 물러나, 비록 "반민주적"이기는 하나 "객관적으로 긍정적인 역할을 수행하는" 드골의 레지스탕스 활동이 "점령자들을 약화시키고 그들의 계획 완수를 저지"하는 것을 보며 고마워하는 수밖에 없었다.[4]

(당연한 일이지만) 리트비노프는 스탈린에게 경고하는 일이 위험하고, 경고를 거듭함으로써 그를 압박하면 목숨이 위험할 수 있다는 사실

을 공개적으로 밝히지 않았다. 확실히 몰로토프는 당시 그러한 소식을 전혀 듣고 싶어하지 않았다. 그는 독일과의 협상에 너무나 공개적으로 연계되어 있었다. 그와 스탈린은 향후 벌어질 일이 분명히 그려짐에도 불구하고 이 협상에 돌이킬 수 없이 묶여 있었다. 책임을 지는 위치에 갇힌 다른 이들이 불가피한 무언가가 다가오는 광경을 속수무책으로 바라보는 모습은 마치 눈앞에서 펼쳐지는 고대 그리스 비극을 바라보는 것과도 같았다. 1941년 3월 정치인으로 변신한 스웨덴 외교관 군나르 해글뢰프는 콜론타이 대사 곁에 앉아 점심을 먹었다. 둘은 친구였다. 콜론타이는 최근 베를린을 다녀온 해글뢰프에게 여행이 어땠는지 정중히 물었고, 그는 독일이 소련 침공을 준비하고 있다고 대답했다. 그녀의 두 눈에 눈물이 차올랐다. 잠시 침묵이 흐른 후 그녀가 말했다. "아무 말도 마세요, 친애하는 해글뢰프 씨. 당신은 내게 이를 말할 권리가 없고, 나는 당신에게서 이야기를 들을 권리가 없어요."[5]

처칠이 스탈린에게 경고하다

스탈린에게 전달된 경고 중 상당히 많은 수가 처칠이 보낸 것이었다. 영국의 정부암호연구소GCCS는 주로 독일 공군이 폴란드에 재배치되었다는 것과 같은 빈약한 근거를 손에 쥐고서, 3월 30일 독일이 "위협 목적으로든 실제 공격을 할 의도로든" 소련에 적대적으로 움직일 가능성을 제시했다.[6] 그러나 영국은 독일 병력이 통신을 주고받는 통로였던 에니그마 암호기계를 해독한다는, 대단히 복잡한 과제를 아직 완수하지 못하고 있었다. 더욱이 위협과 공격 사이에는 당연히 엄청나게 큰 차이가 있었다. 따라서 처칠이 손에 쥔 것은 추측의 결과일 뿐이었다. 처칠의 확고한 자신감은 대개 엄청나게 사리사욕을 추구하는 본성이 강화한 직관에 근거했다. 그럼에도 불구하고 그는 스탈린에게 다음 메시지를 보냈다. "나는 신뢰할 수 있는 한 요원에게서 독일이 유고슬라비아를 수중에 넣었다고 생각한 후, 다시 말해 3월 20일 이후 다섯 개의 기갑사단 중 세 개를 루마니아에서 폴란드 남부로 이동시키기 시작했다는 정보를 확보했습니다. 세르비아혁명 소식이 알려진 후 이 명령은 철회됐습니다. 각하께서는 이 사실의 중요성을 쉽게 알아차리시겠죠."[7]

스탈린에게 발송된 다소 아리송한 이 경고는 무능한 전령 크립스의 수중에서 더욱더 미심쩍게 변했다. 대사들은 때때로 자신들이 더 잘 안다고 생각하는데, 외교적 훈련을 받지 않을 사람일수록 더욱 그런 경향을 보인다. 비록 선의에서 비롯되었겠지만, 처칠의 전갈은 의도적으로 16일이나 지연됐고 그 결과 스탈린은 수수께끼 같은 지연을 거친 후인 4월 19일에 가서야 이 경고를 받아 보았다.[8] 하지만 한창 때의 스탈린이 보였던 의심병을 생각하면 의아하게도, 이 경고는 그의 판단에 아무런 영향을 미치지 않았다. 영국 군사정보부가 말하는 바와 소련 외무부가 믿는 바가 단순히 일치하지 않았기 때문이다. 당연하게도 스탈린이 받은 정보는 그의 유능한 런던 정보망으로부터 얻은 것이었다.

또 다른 치명적 사건이 재앙적인 계산 착오에서 비롯됐다. 바로 소련과 일본의 긴장 완화였다. 1939년 5월 28일~29일 일본군이 중국과 외몽골의 국경에 위치한 할힌골에서 소련군을 공격한 이후, 게오르기 주코프 지휘관은 기습 작전을 최대한 활용해 마침내 그들을 포위하는 데 성공했고 8월 20일과 31일 사이 제병연합부대를 기동해 일련의 전투에서 그들을 쓸어버렸다. 그 후 일본군은 공중폭격을 개시했으나 교전은 관동군의 힘을 자랑하던 일본의 자신감을 산산조각 냈고, 사령부 전체는 전역을 강요받았다.[9]

이 뜻밖의 치욕으로 인해 일본은 소비에트의 전투서열을 재평가해야 했다. 단 41개의 육군 사단을 가지고 있던 일본은 이제 러시아와 싸워 이기려면 많게는 46개 사단을 가져야 했다. 더욱이 그 운명적인 달에 체결된 나치·소비에트 불가침협정은 유럽에서 일어날 수 있는 즉각적인 전쟁 위험으로부터 스탈린을 안심시켰다. 따라서 도쿄는 두 전선에서의 전쟁을 배제했다. 독일은 언제나처럼 일본의 요구에 무관심한 모습을 보였다. 확실히 독일은 의사 결정 과정에서 일본의 핵심 이해관계를 고려할 생각이 없었다. 히틀러는 단지 인종적인 이유로 일본을 동등한 정책 협조 대상이 아닌, 유럽 열강의 주의를 분산시키는 유용한 수단으로만 보았다. 그러나 일본은 북쪽 전선과 남쪽 전선에서 동시에 싸울 수 없었고, 러시아와 타협하는 것 외에는 현실적인 대안이 없었다. 아리타 하치로 외무상은 모스크바와 협상하라는 지시를 받았다. 아리타가 요구했던 양보는 소련 주재 대사 도고 시게노리의 그것만큼이나 지극히 비현실적이었다. 스탈린은 중국인들에게 보내는 원조를 멈출 생각이 없었다. 그리고 러시아인들은 먼 미래에 전망되는 두 전선에 대한 보험으로 충분치 않은 불가침협정에 전혀 관심이 없었다.

1941년 4월 13일 마침내 일본과의 중립조약이 합의됐다. 조약을 청원하는 일본은 미국과 피할 수 없는 전쟁을 치르기 전에 러시아와 해결되지 않은 모든 분쟁을 해소하기 위해 안달했다. 서명은 유럽에서 문제가 더욱 복잡해질 경우, 모스크바가 적어도 두 전선에서의 전쟁이라는 위협은 모면할 수 있음을 시사했다. 충동적이고, 고집 세고, 자신감이 넘치는 마쓰오카 요스케 신임 외무장관은 러시아인들과의 거래를 성사시키고자 베를린을 들락날락했음에도 불구하고 독일이 소련을 공격할 참이라는 전조를 눈치채지 못했다. 따라서 일본의 계산 착오는 의도치 않게 침공 경고에 관한 스탈린의 회의론을 강화했다. 마쓰오카는 훗날 그의 동료들에게 고백했다. "나는 독일과 소련이 전쟁을 치르지 않을 것이라고 생각해 중립조약을 체결했습니다. 전쟁이 일어날 줄 알았더라면 독일에게 우호적인 입장을 취하고 중립조약을 체결하지 않았을 거예요."[10] 이후 마쓰오카는 뒤늦게 소련 공격을 지지하는 발언을 남겼다. 그러나 당시 그의 판단력에 대해서는 의문이 남는다. 그러한 전개는 일본이 여전히 중국에 발이 묶여 있는 동안 두 전선에서 전쟁을 치러야 한다는 문제를 해결하지 못했다.

스탈린이 만든 추론의 또 다른 측면에는, 앞서 이야기한 대로 런던에서 입수한 첩보가 자리했다. 영국 첩보부의 공식 사가는 "영국 정부는 독일이 지난겨울 내내 준비한, 러시아에 대한 공격을 감행하리라는 결론에 느리게 도달했다."라고 언급했다. "심지어 공격이 일어나기 불과 3주 전에야 자신들 사이의 이견과 관련해 합의를 봤을 때도, 영국은 독일이 준비한 것이 협상이 결렬되고 최후통첩이 보내진 뒤의 전쟁이 아니라 무조건적인 침공, 즉 기습 공격이라는 점을 여전히 이해하지 못했다."[11] 러시아인들은 영국 정계 내부의 첩자망을 통해 이 평가 정보를 손에 넣었으나, 이는 철저한 오판으로 드러났다.

외무부 내의 '전문가들'은 실제로는 정세에 깜깜했으나, 자신들이 앵글로색슨적인 논리에 의해 뒷받침되는 한가로운 추측에 의지하고 있다는 사실을 인정하지 못했다. 파리에서 인민전선의 혼란과 모스크바에서 지루하기 짝이 없는 공개재판 모두를 경험한, 입지전적 인물이자 열렬한 반공주의자인 북유럽지부의 젊은 피츠로이 매클레인은 "소·독 긴장에 관한 잘못된 소문들"을 터무니없다며 일축해버렸다.[12] 1월 17일 자 "독일의 대러시아 의도 관련 군사적 조짐"에 관한 비망록에서 매클레인은 "사용 가능한 군사적 증거는 현재 독일이 러시아를 공격할 의도를 가지고 있다는 시각을 지지하지 않는다."라고 주장했다. "이 시각을 지지하지 않는 가장 중요한 요인은 폴란드 내 야전군 사단 비율이 낮다는 점이다. 현재 러시아 국경 인근 지역에 배치된 독일군의 병력 상황과 다른 군사적 준비는 정상 수준이라고밖에 설명할 수 없다."[13] 독일은 그달 말에 병력을 동쪽으로 이동시키기 시작했다.[14]

자신의 "특수 임무" 실패에 완전히 좌절한 크립스는 1940년 6월 이후로는 독일의 침공 위협을 들먹이며 러시아인들을 으르려고 시도했다. 하지만 그는 이제 모스크바에서 양치기 소년처럼 취급되었고, 누구도 그의 말을 진지하게 받아들이지 않았다. 크립스는 자포자기하는 심정으로 "서유럽 점령지에서 독일이 철수하고 동부를 히틀러의 손에 자유롭게 맡긴다는, 우리와 독일이 별도의 평화협정을 체결할지도 모른다는 공포"를 생성하는 방식으로만 스탈린을 일깨울 수 있으리라는 결론에 도달했다. 완전히 바보는 아니었던 크립스는 "물론 이것은 우회적인 통로들을 통해 다뤄야 하는 몹시 민감한 사안"이라는 점을 깨달았다. "그럼에도 불구하고 나는 이것을 무척 어려운 상황에서 꺼낼 수 있는 매우 귀중한 패로 간주하며, 이를 다룰 수 있는 몇몇 수단이 있으리라고 믿는다. 불법적인 통로를 통해 정보를 취득하는 소비에트의 능력이 이번만은 우리 편이 되어줄 수 있을 것이다."[15] 그러나 이 전술의 성공은 러시아인들이 그의 서한을 읽지 않는다는 것을 전제로 해야 했다.

헤스가 영국으로 날아가다

외무부 첩자 도널드 매클레인의 활약에 힘입어 모스크바에 들어갔다고 할 수 있을 이 정보는 예기치 않게 5월 10일 밤 영국으로 날아간 루돌프 헤스 덕에 한층 강화됐다. 이보다 나쁜 조합은 차마 상상도 할 수 없을 정도였다. 사실 헤스는 (부관 카를하인츠 핀치에게 극비리에 설명한 바에 따르면) 이미 1월에 "1940년 8월 시작된 대화를 매듭짓기 위해 영국으로 가기로 결정되어" 있었다. 이는 핀치에게는 "히틀러의 결정"으로 설명됐으나 입수할 수 있는 불완전한 증거를 통해 살펴보자면, 안 그래도 주의가 분산된 히틀러가 임무 바로 직전에 명확한 승인을 내렸다기보다는 비행에 앞선 몇 달 동안 모호하고 일반적인 방식으로 동의했을 수도 있던 것으로 보인다. 극단적으로 자만심이 강했던 헤스는 단서를 잡아내기는커녕 남의 말을 제대로 듣는 사람도 아니었다. 그는 자신이 영국에 등장함으로써 "독일과의 즉각적인 평화 체결을 목표로 하는 영국 정치인들의 입장이 강화"
될 것이며 "자신의 임무는 성공적일 것"이라고 진정으로 확신했다. 따라
서 그는 자신이 가지고 갈 "정치 및 경제 제안"을 "철저히" 준비하는 일에
부지런히 착수했다. 준비에는 나치당 해외조직Auslands-Organisation, AO의 수장
에른스트 볼레, 해외조직의 차장이자 헤스의 남동생 알프레트, 경제부 해
외 무역 담당 각료이사 에버하르트 폰 야그비츠, 그리고 카를 하우스호퍼
가 포함됐다. 히틀러의 비서관 마르틴 보어만 또한 헤스의 준비 상황을 보
고 받았던 것으로 전해진다. 영국으로의 비행을 위해 시행된 세부 조치에
는 Bf Me-110 중전투기를 제공한 메서슈미트 교수를 포함하는 여러 중요
인사가 개입되었고 훈련 및 특수 장비 준비, 일일 기상 보고 등이 더해졌
다. 그날 저녁 아우크스부르크의 비행장에서 계획된 출발 몇 시간 전에 헤
스는 국가지휘자 알프레트 로젠베르크를 베를린에서 뮌헨으로 소환했고,
베스트팔리아 북부의 대관구지휘자 알프레트 메이에르를 뮌스터에서 소
환했다. 마지막 순간에 즉흥적으로 급조된 개인 일탈들은 분명 아니었다.

　　임박한 소련 침공은 모든 일에 영향을 끼쳤다. 1941년 3월 헤스는 자
신의 주요한 목적을 "서부에 관여하고 있는 병력을 자유롭게 하여 러시아
를 상대로 사용될 수 있도록 하는 것"이라고 설명했다. 헤스는 이제껏 받
은 조언을 바탕으로 작성한 여덟 가지 제안을 처칠의 친구인 해밀턴 공작
을 통해 영국인들에게 전달했다.

　　가. 독일은 아프리카 내 자체의 이전 식민지에 대한 모든 권리를 포기
　　　　한다.
　　나. 독일은 영국의 제해권을 인정한다. 독일은 자체의 함대를 제한할 의
　　　　지가 있으며 그럴 준비가 되어 있다.
　　다. 독일은 전 세계의 대영제국을 타도하는 데 관심이 없다.
　　라. 독일은 영국이 세계적 열강으로써 가진 입지를 보존하는 데 전폭적으

로 지원할 준비가 되어 있다.

마. 독일은 전후 세계 경제 위기를 방지하는 일에서 영국을 전폭적으로 지원할 준비가 되어 있다.

바. 독일은 배상청구서에 항목이 적시되지 않은, 1918년 이래 동결된 해외의 민간 독일 자산을 영국이 돌려줄 것을 요구한다.

사. 상기 자산에 대한 대가로 평화 체결 이후 영국은 반드시 독일에 원료를 공급해야 한다.

아. 독일은 러시아가 제기하는 위협인 유럽의 볼셰비키화라는 위험에 종지부를 찍을 의무를 수행하고, 1940년 8월 제네바 회담에서 영국이 설정한 조건에 따라 동쪽에서의 행동에 자율성을 부여받는다.[16]

따라서 MI5의 방첩과장 가이 리델이 "헤스가 미쳤다는 식의 언론 보도는 단지 독일인들이 평화 협상 의사를 타진하고 있다는 사실을 가리기 위한 것"이라고 서술한 내용은 옳았다.[17]

이전에도 종종 그랬듯 헤스의 실제 임무에 대해 무지했던 크립스는 그러나 이제 이 비밀 방문의 목적이 독일의 소련 침공을 전제한 영국과의 평화 협상이라는 사실을 암시한다는 명민한 생각을 품었다.[18] 애초에 사무차관보 사전트는 이 선택지를 분별 있게 거절했으나, 보다 깊은 숙고와 MI6와의 논의를 거친 뒤 어리석게도 자신의 더 나은 판단력을 등지고 이에 수긍했다. 크립스가 제안했던 대로 "속삭임"이 퍼져나갔다.[19] 히틀러가 공격하기 직전이었던 6월 10일, 이제 북유럽부서를 이끄는 크리스토퍼 워너 경은 크립스를 안심시켰다. "우리는 비밀 경로를 통해 헤스의 비행이 히틀러와 소련의 협력 정책에 분열이 커지고 있음을 내비친다는 소문을 내고 있어요."[20]

이 협잡은 당시뿐만 아니라 전시 내내 부메랑이 돼 돌아왔다. 적어도 이 시도는 스탈린이 정신 차리고 경고를 받아들이도록 하려던 처칠의 노력을 완전히 약화시켰다. 스탈린이 크립스와 런던 사이를 오가던 서신에 접근할 수 있었기 때문이었다. 장기적인 관점에서 독일인들이 침공한 뒤에 이는 헤스가 히틀러의 잠재적인 평화 연락책이라는 스탈린의 강박관념을 계속 부추김으로써 더욱더 커다란 피해를 일으켰다. 이러한 피해는 소련의 궁극적 운명이 걸린 숙명적인 스탈린그라드전투가 벌어지는 동안 스탈린의 신경이 극도로 예민해져 있었을 때 가장 분명히 드러났다.[21] 1941년 6월 13일 타스는 독일이 소련을 공격할 것이라는 소문을 공개적으로 부인하면서, 소문의 진원지로 크립스를 지적했다. 그의 끝없는 경고가 얼마나 끔찍한 역효과를 냈는지, 그가 얼마나 많은 책임을 등에 지게 되었는지가 증명된 순간이었다.[22]

베를린에서 크렘린으로 들어온 정보는 훨씬 더 사실에 가까웠다. 그러나 스탈린과 몰로토프는 히틀러가《나의 투쟁》에서 표출했던 내용, 즉 두 전선에서의 전쟁은 치명적일 것이라는 판단을 결코 철회하지 않을 것이라고 판단했다. 독일의 광범위한 역정보도 효과적인 것으로 판명됐다. 소비에트 대사 데카노조프는 독일과 소련 사이에 전쟁이 임박했다는 소문을 보고했다. 이런 소문은 러시아가 전쟁을 피하고자 막대한 양보를 할 것이라는 소문과 동시에 나타났다.[23] 그리고 피틴이 믿을 만하다고 여긴 원천에서 얻은 추가적인 경고가 베를린에서 날아왔을 때, 스탈린은 첫 장에 이렇게 휘갈겨 썼다. "(국가보안 인민위원) 메르쿨로프 동지에게. 당신의 그 독일 공군 참모 '정보원'에게 엿이나 먹으라고 하지그래. 그 사람은 '정보원'이 아니라 역정보를 퍼트리는 조달꾼에 불과하거든. I. 스탈린."[24] 피틴은 조국을 구하기 위해 목숨을 걸고 복무했으나, 전쟁 이후 연금 없이 약식으로 해고되는 것으로 그 용기를 보상받았다.

구체화되는 침공

6월 22일 동틀 무렵, 독일군은 아침 안개를 뚫고 공중과 지상에서 기습 공격을 가했다. 그들은 강제적으로 관성에 찌든 소비에트 병력을 목도했고, 이후로는 스탈린의 손에서 벌어진 집산화로 인해 매우 고통스러워했던 농민들로부터 해방자로서 널리 환영받았다. 그러나 이 달콤한 신혼은 독일이 점령지 주민들을 하위 인간Untermenschen으로 취급하며 가혹하게 대하면서 끝이 났다.

침공 세 시간 후 디미트로프는 스탈린의 집무실에 있는 몰로토프, 보로실로프, 카가노비치, 말렌코프를 찾아 크렘린에 도착했다. 스탈린은 "그놈들은 어떠한 불만 표시도 없이, 어떠한 협상도 요구하지 않은 채로 마치 깡패처럼 비열하게 우리를 공격"했다며 격노했다.[25] 그리고 몰로토프는 슐렌부르크 대사를 불러 연유를 물었다. "어째서 독일은 이렇게도 쉽게 위반해버릴 불가침협정을 체결했습니까?"[26] 너무나도 네빌 체임벌린이 연상되는 한탄이었지만, 변명의 여지는 그보다 많았다. 더 높은 기술 수준으로 군을 재무장하기 위한 장비는 아직 대량생산에 들어가지 못했고, 발트 연안국 점령과 함께 소련의 새로운 서부 둘레를 따라 거침없이 진행된 "스탈린 방어선" 요새화는 아직 완성되지 않았다.

리트비노프와 그의 부인이 정오 무렵 친구들과 함께 서재에서 브리지 놀이를 즐기고 있을 때, 그들의 강아지가 라디오 근처로 다가가 우연히 손잡이를 돌렸다. 몰로토프의 것이 틀림없는 카랑카랑한 목소리가 조국이 재난에 직면했음을 연설하며 "승리는 우리의 것"이 되리라고 엄숙하게 선언했다.[27] 스탈린은 사태가 조만간 개선돼 보다 나은 소식을 전할 수 있을지도 모른다는 헛된 희망을 품고 자신의 등장을 늦췄으나, 상황은 나아지지 않고 오히려 엄청나게 나빠졌다. 더 이상 시간을 끌 수 없던 그는 마침내 7월 3일 전국 방송 연설을 했다. 그와 몰로토프 모두는 순진하게 독일의 배반을 비난하면서 자신들의 자만심과 끔찍한 태만을 드러냈다. 독일을 꺼림칙하게 여겼다는 면에서 내내 옳았던 리트비노프가 방송을 할 수 있도록 허락을 받기까지는 닷새가 더 소요되었다. 그나마도 해외 청취자를 대상으로 하는 영어 방송만이 허용되었다. 스탈린과 몰로토프의 고지식한 통탄과는 뚜렷하게 대조적으로, 리트비노프는 오랫동안 모두에게 말해왔던 바를 직설적으로 반복했다. "어떤 협정이나 조약을 맺었든, 히틀러와 그의 수하들이 어디에 서명을 했든, 그들이 어떤 약속이나 보증을 내세웠든, 누가 중립 선언을 했든, 그들과 어떤 관계를 맺었든 갑작스러운 공격을 막을 수는 없었습니다. … 그의 전략은 피해자들을 점찍은 후 상황에 따라 순서대로 하나하나 타격하는 것입니다." 히틀러는 "먼저 서구 국가들을 처리해 자유롭게 소련을 급습할 의도였습니다."[28]

이 외에도 리트비노프는 개인적으로 한때 착각한 영국인들에게 자신이 정확히 예견했던 바를 다시 상기시키는 독특한 기회를 얻었다. 7월 26일의 일이었다. 독일의 폭탄이 모스크바에 비처럼 쏟아졌고 사이렌이 울려 퍼졌다. 크렘린을 방문하고 있던 크립스 대사는 방공호에 들어가면서 리트비노프와 마주쳤다. 전임 인민위원은 이제 고귀한 핼리팩스 경을 대신해 외무장관이 된 이든에게 기억되기를 바랐다. "크렘린 내에서 중요한 역할을 떠맡은 상황을 즐기"고 있다고 전해진(분명 과장된 정보인 듯하다) 리트비노프는 브뤼셀에서 나눴던 대화 중 "그(리트비노프)가 이 상황이 일어날 것이라고 예견"했음을 기억하는지 이든에게 물었다.[29] 실제로 1937년 11월 9일 리트비노프는 이든에게 이렇게 말했다. "세계 앞에는 두 가지 대안이 있습니다. 영토를 보유하고 있으며 영토적 야심을 가지지 않은 열강이 이제까지보다 긴밀하게 가까워져서 자신들의 행동을 합치든가, 아니면 독일과 이탈리아와 일본이 언젠가 실질적으로 세상을 지배하고 영국과 프랑스는 유럽 내에서 2급 열강으로 축소되는 것입니다."[30] 리트비노프는 비록 조국의 고통을 함께 겪었지만, 적어도 자신이 옳았다는 만족감을 누렸다. 그러나 그 보상을 누릴 수 없던 소비에트 인민은 이제 흉포한 독일인들의 수중에서, 심지어 스탈린 치하에서 겪은 것보다 더욱 끔찍스러운 고통을 맛봐야 했다.

히틀러의 병사들에게 내려진 지침은 실로 《나의 투쟁》에 표현된 정신을 글자 그대로 반영했다. 이는 히틀러가 오랫동안 지녔던 목적을 강조했다. 서구에서 그토록 쉽게 많은 승리를 거둔 그가 어째서 이런 엄청난 도박에 나섰을까? 히틀러가 진실로 미국을 두려워했더라면 동쪽에서 그런 모험을 감행했을 리는 없었을 것이다. 에리히 회프너 연대장은 제4기 갑군에 다음과 같은 명령을 내렸다.

러시아와의 전쟁은 독일 민족이 생존하기 위한 투쟁에서 필수적인 단계이다. 이는 슬라브 민족에 대항하는 독일 민족 태고의 싸움이자, 모스크바·아시아의 물결에 맞선 유럽 문화의 방위이자, 유대볼셰비즘을 격퇴하는 일이다. 이 투쟁은 오늘날의 러시아를 분쇄하는 것을 목표로 하기에 유례없는 난관을 동반한다. 모든 전투는 무자비하고 철저하게 적을 몰살한다는 강철 같은 결의에 고취돼 벌어져야 한다. 특히 현 러시아의 볼셰비키 체제 주창자들에 대해서는 어떠한 자비도 보일 수 없다.[31]

병사들에게는 또 다른 명령이 내려졌다.

1. 볼셰비즘은 '국가사회주의 독일 국민'의 불구대천 원수다. '독일의 투쟁은 혼란을 불러일으키는 그 이념과 그것의 주창자들에게 맞춰져 있다.'
2. 이 투쟁은 '볼셰비키 선동가, 유격대, 공작원, 유대인'에 대한 인정사정 없고 열정적인 행동과, 적극적이거나 수동적인 어떠한 저항도 완전히 청산할 것을 요구한다.[32]

제국원수Reichsmarshal 괴링과 총통은 모두 독일의 침공이 "볼셰비키 국가 전체의 붕괴를 야기할 것"이라고 강력하게 믿었다.[33] 이 잘못된 추정은 그들만의 것이 아니었다. 실제로 "모스크바 외교계 내부에 만연한 시각"은 "러시아가 독일을 상대로 3주 또는 4주 이상 버틸 수 없"다는 것이었다.[34] 독일인들이 침공한 후 이 암울하고 과장된 평가는 10월 모스크바에서 "대탈주"가 벌어지기까지 몇 달간 거의 변하지 않았다. 영국의 수많은 의원은 "붉은군대는 기껏해야 석 달을 버틸 것"이라는 의견을 쏟아냈다.[35] 언론인 알렉산더 버스는 "전쟁부의 전문가들과 정보부의 보고들은 러시아에서 일어나는 전쟁이 수 주 이상, 길어도 몇 달 이상은 가지 않을 것이라고 매우 분명하게 시사했다."라고 회상했다.[36]

외교관 렉스 리퍼는 상반된 시각을 가진 소수에 속했다. 그는 제1차 세계대전 기간 동안 리트비노프가 영국으로 망명했을 때, 리트비노프로부터 러시아어를 배우고 자신은 영어를 가르치는 관계를 맺었다. 리퍼는 아마도 소련의 승리가 스페인내전 이후 직면한 적 없는 딜레마를 세상에 내놓을 것이라고 예측한 최초의 인물일 것이다. 전부는 아니더라도 대부분의 영국 언론에 대해 이야기하면서, 리퍼는 과감히 발언했다. "수백만 명이 러시아군의 성공에 희망을 걸고 있습니다. 2주 전(6월 22일)부터 사람들의 머릿속에 일종의 혁명이 일어났습니다. … 러시아가 승리함으로써 느끼게 될 안도감과 결과적으로 일어날 열광이 많은 이로 하여금 공산주의의 과도함과 잔인성을 잊게 할 것이라고 해도 과언이 아닙니다." 그리고 그는 경고했다. "그러한 안도와 열광의 물결이 이곳을 포함한 여기저기에서 사람들을 명확한 사고 너머로 쓸어버릴지도 모릅니다."[37]

결론

국제관계사의 중요한 교훈 한 가지는 이제까지 너무나 빈번히 간과되어 왔다. 이 교훈은 볼셰비키혁명의 경험과 그에 대한 반응과 직접적으로 관련된다. 영어로 작성된 유럽 자료를 보는 것만으로는 이를 제대로 이해할 수 없다. 그 너머의 러시아 자료를 무시해서는 안 된다.

더욱이 20세기의 국제 관계는 단순히 전통적인 권력균형 정치학으로 분석할 수 없다. 진실을 심각하게 손상시키지 않는 한은 말이다. 한 시대의 국가 간 관계를 통해 이해한 바를 전혀 다른 시대에 상상력 없이 적용한다면, 이는 기만일 뿐이다. 몇몇 전통주의자들에게는 괜찮아 보일지도 모르겠지만 말이다.

앞서 보았듯, 볼셰비키혁명은 한 세기 앞선 프랑스혁명처럼 국제 관계를 근본적으로 뒤흔들었다. 1918년~1919년 연합군의 간섭 전쟁은 결의 부족과 영국 및 미국에서의 대중적 지지 부재 속에서 볼셰비키혁명을 분쇄하지 못했다. 1920년대 초 유럽에서 혁명의 원동력이 일단 잠잠해지고 그 10년의 막바지에 다다르기 한참 전 아시아에서 똑같은 일이 발생했을 때, 전통적이고 보수적인 영국 자유주의자들 사이에서는 볼셰비키러시아가 강한 이웃들로부터 순응하라는 압력을 계속 받아 조만간 "정상적인" 나라로 기적적으로 되돌아갈 것이라는 추정이 널리 퍼졌다.

이 근거 없는 추정은 19세기 자유주의에 뿌리를 둔 고전파 경제학의 안온한 결정론으로부터 자라났다. 이는 외무부 내에서 주류를 차지한 휘그당 관리들이 선호했던 아무것도 하지 않는 정책(그들은 "감시하며 기다리기"라고 부르기를 선호했다)을 지지하는 편리한 이유를 제공했다. 따라서 스탈린이 승리를 거둔 후 트로츠키가 망명한 일은 완벽히 오해되었다. 외무부가 훨씬 선호한 쪽은 스탈린이었다. 그러나 국제 관계라는 측면에서 양자 사이에 존재했던 유일한 차이점은 바로 이것이다. 트로츠키는 자본주의세계가 쓰러지기 직전이었기 때문에 외국인들도 자신들의 혁명을 수행할 역량을 가졌다고 믿었다. 그러나 스탈린은 근본적 조건이 트로츠키가 상정했던 것만큼 좋지 않기 때문에, 소련의 직접적인 군사원조 없이 혁명을 통제하기에는 외국인들이 전반적으로 너무나 무능력하다고 굳게 믿었다.

그러나 1936년 프랑스와 스페인의 코민테른 인민전선을 선두에 세우고서 볼셰비즘이 돌아왔다는 점을 깨달은 후, 영국 내에서는 유럽 대륙에서 나치 독일의 침공을 차단하기 위해 소련과 동맹을 맺는다는 질문이 결코 제기될 수 없을 정도로 적대적인 반응이 일었다. 이 중요한 시점에서 1920년대 영국의 제국주의적인 트라우마는 유럽의 운명에 대한 공포를 강화시켰다. 이는 파시즘이 결코 필적하지 못하는 것이었다. 무솔리니는 비록 해외를 향한 야망에서 도발적이었을지언정, 국내에서는 볼셰비즘을 묶어두고 그람시를 옥에 가뒀다는 점에서 근본적으로 건전했다. 히틀러의 베르사유조약 위반과 라인란트 지방 재점령은 부정의를 적절히 교정하는 행위로 비쳐졌고, 독일 내의 파시즘은 이탈리아와 스페인에서처럼 혁명적 과잉을 해소하는 필수적인 해독제로 보였다.

어떤 측면에서 영국의 공식적인 해석은 정당화될 수 있다. 코민테른은 실제로 인민전선을 파시즘의 팽창을 가로막는 장애물뿐 아니라 혁명을 전파할 효과적인 경로로도 여겼다. 영국은 러시아가 그들의 혁명적 야심을 한쪽으로 치워놓지 않고 오히려 새로운 자극을 받았음을 깨달으면서 지정학이라는 몰가치적인 관념을 버렸다. 그렇게 하여 그들은 이제 자신들을 사로잡은 이념적 고착이 히틀러와 스탈린 사이의 화해도 불가능하게 만들 것이라고 단순하게 추정했다.

사상의 초월성을 깨달은 영국인들은 다른 이들의 마음에 이념보다 중요한 것은 없으리라고 상정함으로써 1939년 나치·소비에트 협정으로 향하는 문을 살짝 열어두었다. 이는 이루 다 말할 수 없는 후과를 부른 통탄할 만한 계산 착오였다. 그러나 영국을 지배했던 이들은 과연 교훈을 얻었을까? 1941년 일본의 진주만 공습과 같은 재난은 조사위원회로 이어진 데 반해, 외교적 재난은 관련된 모든 사람이 사망하기 전까지는 구체적인 사실이 밝혀지지 않기를 바라는 의도와 함께 문서보관소들에 조용히 묻혔다.

물론 역사가는 역사가 우리에게 실질적으로 적용할 수 있는 무언가를 가르쳐준다고 결론짓기 전에 신중함을 발휘해야 한다. 영국인들과 미국인들은 의사 결정 과정이 합리적이라고 상정하는 경향이 있다. 그들은 합리성에서 조금만 벗어나더라도 이를 일시적인 일탈로 일축하며, 단순히 시간과 노력과 인내를 들임으로써 교정할 수 있다고 생각한다. 이성의 지배라는 믿음에 대한 애착은 상업 세계에 물든 공유된 문화에 조응하는 데, 그곳에서 실용주의는 가장 강한 영향력을 행사하고 이해관계의 차이는 타협을 통해 극복된다. 이 특징은 전후 기간 주요 미국 대학들에서 우세했던 행동심리학("스키너주의")에 의해 강화됐다. 그러나 이 합리주의적 접근은 우리의 현실 감각이 견해에 따른 왜곡으로 인해 훼손되지 않는다고 추정한다는 점에서 심각한 결함을 지닌다. 심지어 반란적인 체제들이 꾸준히 국제 체계 전체의 작동 방식을 약화시키려 할 때도, 이 접근은 조만간 "상식"이 복귀해 자연스럽게 우위를 차지하리라고 변함없이 추정했다. 따라서 미국이 "전략적 인내"에 굴복하는 동안, 영국은 또다시 "감시하며 기다리기"로 빠져들었다.

핵 억지에서 미국인들이 도출한 (상호 절멸이라는 끔찍한 위협 아래 정부들이 "분별 있게" 행동하리라는) 교훈은 상황을 안심시키는 해석이다. 이러한 해석은 합리성이라는 개념이 상황의 힘에 의해 필연적으로 강화된다는 경향을 보인다. 직접적이고 즉각적인 종말과 마주하면 가장 비합리적인 행위자조차 벼랑 끝에서 물러나는 듯하다. 예컨대 소비에트 통치자 니키타 흐루쇼프는 1962년 10월 쿠바미사일위기 당시 미국의 방위를 측면에서 공격하고 그 동맹들을 베를린에서 쫓아내려는 위험천만한 시도를 포기하면서, 종국에는 자신의 자리에서 물러났다. 새로운 핵 보유 국가들 사이에서 분별과 생존 본능이 계속 유효하기를 희망해본다. 비록 그러한 사례들이 일반적이라기보다는 예외로 드러난다고 해도 과언은 아니겠지만 말이다.

1979년 이란에서 아야톨라 호메이니의 근본주의혁명이 터졌을 때, 런던과 워싱턴은 불이 스스로 꺼질 때까지 잠자코 기다리기만 했다. 그들은 눈앞에 보이는 증거에도 불구하고 무엇이 다가오고 있는지 알아채지 못했다. 그 후 무슨 일이 일어날지와 관련해 최초의 오류를 저질렀던 외교관들과 첩자들은 모두 즉각적으로 무엇이 뒤따를 것인가와 관련해 두 번째 오판을 저질렀다. 이슬람주의혁명은 1917년도의 볼셰비키혁명과 마찬가지로 그냥 흐지부지되지 않았다. 이것은 오랜 시간에 걸쳐 진행된 과정이었고, 준비된 불씨도 부족하지 않았다. "온건주의자들"은 "극단주의자들"의 자리를 차지하지 못했으며, 오히려 그 반대였다. 극단주의는 온건해지는 대신 철저히 제도화됐으며, 1919년과 마찬가지로 광신자들은 모두를 놀라게 한 속도, 활력, 규율, 투지를 가지고 혁명을 국외로 확산시키기 시작했다. 결국 이슬람근본주의자들은 승리를 거뒀다.

산업화된 자본주의 민주국가들 입장에서 이는 사실상 수십 년 전 저질렀던 판단 오류가 되풀이된 것이었다. 이슬람근본주의의 역동성은 여전히 우리와 함께한다. 국제 체계 분석에서 빠진 부분은 이 체제를 구성하는 요소인 국가들이 실질적으로는 정확히 그렇지 않은 존재로 추정된다는 점이다. 즉 국가는 민족과 전통문화의 영향을 받아 진화하는 유기 생명체가 아니라, 시장에서 운영되는 기업체처럼 똑똑하고 유기적으로 연결된 기계 취급을 받고 있다.

비슷한 생각을 한다고 추정하는 경향은 변함없이 압도적이지만, 이 또한 그릇된 것이다. 사회는 언제나 그랬던 것처럼 복잡한 유기체이다. 이념과 문화적 전통은 언제나 기계보다는 유기체의 영역에 속한다. 이러한 사실은 국제 체계에서 일단 이념이 활성화되면, 보다 안정적이지 않은 국가에서 작동할수록 사회의 예측 가능성을 철저히 하락시킨다는 점에서 중요하게 다뤄져야 한다. 따라서 체제가 합리적인 행위자들에 의해 돌아간다는 추정은, 무엇이 합리적인지에 대한 계산이 문화와 역사적 진화에 따라 달라진다는 부분에서 무너진다. 혁명적 변화에 열중하는 광신자들이 장악한 나라와, 현실에 안주하고 확고하게 자리를 잡았으며 잃을 것이 많은 엘리트가 통치하는 나라 사이에서 가장 극단적으로 나타나는 차이점은 근본적인 성격을 갖는다. 전자는 자신들이 여전히 상대가 받아칠 수 없는 서브를 넣을 수 있다고 믿고, 후자는 그저 자신들의 타구가 상대방의 서비스박스에 닿기만을 희망한다.

이는 우리에게 불편한 생각을 남긴다. 볼셰비즘이나 파시즘이 혹시 다시 나타날 수도 있을까? 판도의 극단에 걸친 사상들은 그냥 사라지지 않는다. 그것들은 표면에서 증발하듯 가시 범위에서 일시적으로는 사라질 수 있지만, 아무런 경고 없이 갑작스럽게 응축되어 예기치 못한 파괴적인 폭풍이 되어 우리를 덮칠 수도 있다. 그러한 이념은 경제가 평온할 때는 대규모 추종자를 찾지 못한다. 그러나 역사는 우리에게 이 균형 상태가 무기한 이어지리라고 기대할 수 없음을 일러준다.

1929년의 대폭락은 경제 체계에서 예외적으로 나타난 현상이 아니었다. 1873년이나 2008년의 폭락 역시 마찬가지다. 대규모 불황은 자본주의에서 야생 산불과 마찬가지로 반복적으로 일어난다. 비생산적인 덤불을 태워 없애 다시 씨를 뿌릴 수 있도록 토양을 정리하는 것이다. 2008년도 금융 위기 당시 정부는 엘리트들의 압력을 받아 은행을 구제하면서, 빚 부담을 떠안았다고 추정된 (궁극적으로는 미래의 납세자가 될) 막대한 민간 대출자들을 외면했다. 결과적으로 국부의 재분배가 시민들에게 불리하게 일어남에 따라 허약하고 활기 없는 일본식 경제 회복이 이루어졌다. 트럼프혁명은 세금과 규제를 감축하는 방식으로 아래로부터 미국 경제라는 기계를 재충전했으나, 2020년까지 세계 경제는 유례없는 공공 부채와 민간 부채의 바다에서 표류했다. 이 상황은 코로나바이러스가 세계를 타격했을 때 붕괴의 충격을 복잡하게 확대했다. 2008년도의 폭락에서 다시 부양한 세계경제는 총 부채액이 10년 전보다 50퍼센트 이상 증가해 최고 255조 달러에 달했으나, 이를 줄이기 위한 어떤 진지한 조치도 이뤄지지 않았다. 오히려 그 반대였다.

경제 침체가 유일한 위험은 아니다. 이전 불경기의 경제적 효과와 맞서고 코로나바이러스를 퇴치하기 위해 경제를 걸어 잠금으로써 초래된 피해에 맞서 싸우기 위해 주요 경제들은 그 어느 때보다도 신용을 계속 공급했고, 시장에는 즉시 사용될 수 있는 현금이 넘쳐났다. 그리하여 이번에는 기업 및 공적 부채가 증가해 유례없는 수준까지 도달할 것이며, 종국에는 높은 인플레이션이 일어날 것이다. 최종적인 결과는 이 책을 집필하는 현재[2021년] 알려지지 않았다. 막대한 공적 부채의 문제점은 이것이 국민 총생산의 90퍼센트를 넘으면 한 나라의 성장률을 절반으로 깎는다는 것이다. 모든 주요 경제는 위기가 끝나기 전에 이 문턱을 엄청나게 초과할 것이다. 금융완화책은 또한 수익성 있는 투자 수입으로 상쇄할 수 없는 무책임한 부채 축적을 초래할 것이다. 이 방책이 효율적인 생산자는 물론 비효율적인 생산자도 보상하기 때문이다. 문제는 지구적으로 나타난다. 세계 금융 시스템의 상호 연결성은 미국 아이오와주 디모인보다 인구가 그리 많지도 않은 작은 나라 아이슬란드의 경제를 붕괴시킨 2007년~2008년 세계 위기 때 그 모습을 드러냈다.

일단 시장이 어떠한 규모로든 부채가 청산되지 않을 수도 있음을 인식하면 상환에 대한 신뢰감이 무너지면서 전체 금융기관을 쓰러뜨리고, 세계의 은행 체계를 위협하게 된다. 일단 도미노가 쓰러지기 시작하면 붕괴가 끝나기 전까지 무엇도 그 상황을 막을 수 없다. 전 세계의 채무가 계속해서 가속화된다면 다음번 폭락은 이전 규모를 한참 초과할 것이다. 이 폭락은 다시 한번 여태껏 대다수가 중요하지 않다고 무시해온, 명백히 세계 금융 체계의 가장자리에 있던 나라의 경제로부터 촉발될 수 있다. 경제와 금융 체계가 무너지기 시작하면 국가들은 불안정해진다.

전간기는 우리에게 정치적 극단이 너무나도 쉽게 주류로 부상할 수 있다는 교훈을 선사한다. 그리고 그것은 경제에 다시 영향을 미친다. 정치적 불안정성이 투자 신뢰도를 약화시키기 때문이다. 혁명적 극단주의는 말할 필요도 없다. 호황기 동안 정신적으로 불안정한 지도부 아래 등장한 극단적 정치 단체들은 (대규모 실업 또는 통제되지 않는 인플레이션을 통해) 경제가 파탄에 직면해 노동계급뿐 아니라 중간계급들이 강탈이라는 최악의 공포 앞에 먹잇감으로 전락했을 때, 너무도 쉽게 대중적으로 거듭날 수 있다. 결과적으로 통화 공급을 전 세계적으로 광범위하게 확대하는 인플레이션의 충격은 법정통화들의 신뢰감을 하락시키고, 그 통화들의 저축 가치를 비록 0은 아닐지라도 상당히 감소시킬 것이다.

유럽연합 내에서 프랑스와 독일의 우익 포퓰리즘 부상은 아직 기존의 정치 질서를 위협하고 있지는 않다. 영국의 다음 도착지는 알려지지 않았다. 세계에서 가장 큰 채무국인 중국에서는 정치적 반대와 경제적 자유가 실로 팽팽하게 억제된다. 유일하게 폭발이 일어났던 홍콩 사태는 주요 도시에서 대규모 혼란이 벌어질 수 있는 잠재력을 보여주었다. 세계에서 두 번째로 많은 채무를 지고 있지만 여전히 가장 성공한 경제인 미국 내부에서도 심지어 베트남전쟁 때부터 불안정하게 흔들렸던 광범위한 사회적 합의가 또 한 번 고장 났다. 뉴욕주와 워싱턴주의 지방 정부는 극단주의 조직이 부추긴 폭동을 경험했으며, 실질적으로 도시 탈출을 선택하지 못하는 중산층 사이에서는 총기를 소유하는 경우가 널리 증가하고 있다.

국제정치적 불안정성을 나타내는 또 다른 심상치 않은 징후들, 특히 중동 패권국으로 거듭나기 위한 이란의 노력과는 별개로 전면적인 관세 전쟁의 위협은 무역의 부양성에 대한 알려지지 않은 결과들로 전 세계 시장을 짓누르고 있다. 우리에게는 걱정할 만한 이유가 충분하다. 그렇기에 현대사를 무시하지 않을 이유가 더욱더 많아진다. 그 자체만으로도 중요한 문서보관소 기록의 골자(골격만 남은 과거)는 우리에게 뼈대를 부여하지만, 본질은 거의 제공하지 않는다. 역사의 육체는 한 시대에 우세했던 생각과 지배적인 추정, 그리고 이것들이 물질적 삶과 상호작용하여 우리를 재난의 가장자리에까지 밀어붙였던 방식을 복원하는 방법을 통해서만 우리에게 다가온다. 제2차 세계대전의 기원들을 무시한 채로 그것들을 서술하는 일은 다음 세대를 기만하는 행위다. 역사는 우리에게 경고를 보낸다. 그게 무엇인지 우리가 주의해서 인식한다면 말이다.

옮긴이의 말

이 책을 통해 우리말로 연구 성과가 처음 소개되는 영국 사학자 조너선 해슬럼은 소련 대외정책사 연구자이다. 그는 런던정치경제대학에서 학사 학위를, 케임브리지대학 트리니티컬리지에서 석사 학위를, 버밍엄대학에서 박사 학위를 받았다. 1970년대 중반부터 영미권의 유수 대학에서 강의했고, 국내에는 《역사란 무엇인가》의 저자로 널리 알려진 에드워드 카를 사사했다(저자의 《E.H. 카 평전》은 2012년 부경대 박원용 교수가 번역했다). 1991년 케임브리지대학 국제관계사 교수로 취임했고, 2015년 프린스턴대학 고등연구원 조지 케넌 교수로도 취임했다. 이런 탁월한 경력을 두고 영국 사학자 제프리 로버츠는 저자를 소련 외교사의 "대부doyen"라고 칭했다.

본서를 포함해 30여 년간 열 권 이상의 저서를 펴낸 저자의 학술 세계를 짧은 지면에 소개하기란 쉽지 않다. 물론 일급의 역사학자가 자기 학술의 정수를 담은 세계사 저작인 본서의 핵심을 파악하는 일은 중요하다. 특히 현재 진행 중인 러시아의 우크라이나 침공과 관련해, 서구의 이념적 증오와 우려가 러시아의 행보를 정확히 예측하려는 노력을 항상 방해한 역사를 철저히 이해해야 한다.

본서의 가장 중요한 메시지는 세계사적 사건을 이해하기 위해서는 개별 국가사 연구를 넘어, 외교를 수행한 이들의 사상적·문화적 배경과 그들의 상호작용을 다국적 문서보관소 자료를 통해 지구사적으로 봐야 한다는 것이다. 저자는 7개국(미국, 영국, 러시아, 프랑스, 이탈리아, 스웨덴, 스페인) 문서보관소 사료와 방대한 규모의 역사 자료를 엄밀히 독해해 제1차 세계대전과 제2차 세계대전 사이 전간기의 열강 외교를 세밀히 재구성하면서 제2차 세계대전의 발발 원인은 국제공산주의운동이었다고 주장한다. 본서가 잘 보여주듯 전간기의 열강 지도자들은, 심지어 나치의 군대가 서유럽 침공을 시작한 바로 그때에도 파시즘보다는 볼셰비즘을 싫어했다. 책에 나오는 적지 않은 수의 영국 경세가 및 지배자들은 공산주의 러시아를 불신했고, 차라리 나치즘이 더 낫다고 굳게 믿었다. 이념적 증오와 우려가 지배한 외교의 결말은 세계대전의 반복이었다. 이후 영국은 최강대국의 위상을 미국에 넘겨주어야 했다.

한편 일제강점기 한국사 서술을 기대한 독자는 본서에 관련 내용이 거의 없어 당황할 수도 있을 것이다. 해외 독립운동의 난맥상이나 1930년대 중국공산당과 함께 무장투쟁을 수행한 이들의 이야기는 본서에 나오지 않는다. 하지만 이를 두고 저자를 탓할 수 있을까? 이 지점에서 한국사 연구자가 국제학계에 더 많이 참여해야 하는 이유가 드러난다. 최근 전간기 한국사 연구는 수준 높은 성과를 다수 제출했다. 이를 토대로 국제 학계와의 소통을 강화해야 할 것이다. 아울러 최근 간행된 오슬로대학 박노자 교수의 《붉은 연간: 운동과 문화로서의 조선 공산주의, 1919-1945 The Red Decades: Communism as Movement and Culture in Korea, 1919-1945》처럼 전간기 한국사를 세계사의 일부로서 재구성하는 연구가 더 많이 나오길 바란다.

본 역서는 역자의 네 번째 단독 역서로, 책을 펴내는 과정에서 많은 이의 도움을 받았다. 아내 타뉴샤는 내가 기운을 잃지 않게끔 최선을 다했다. 서울대학교 노경덕 교수님은 본 번역이 실질적으로 가능하게 도와주셨고, 서울과학기술대학교 김남섭 교수님은 바쁜 일정에도 불구하고 추천사를 써주셨다. 배성원 전 팀장님, 김세나 편집자님이 없었더라면 본 번역은 길을 잃었을 것이다. 국내에는 희귀한 우크라이나사 전공자인 고광열 학형은 박식한 언어 재능을 바탕으로 다국어 인명을 정확히 옮길 수 있게 해주었다. 저자와의 소통은 어려웠지만, 케임브리지대학과 프린스턴대학 관련자들 덕분에 일정하게 가능했다. 이분들께 진심으로 감사의 마음을 전한다.

역사는 반복된다. 러시아 체류 중이던 2021년 8월 13일부터 번역을 시작해 9월 24일에 초역을 끝냈다. 날씨는 덥고 삶은 팍팍했지만, 이듬해 초 침략 전쟁이 벌어질 줄은 꿈에도 몰랐다. 서구 열강이 가장 우려하던 러시아의 중동부 유럽 진출 시도는 현재진행형이다. 서구 지도자들이 이 역사에서 배웠더라면 무의미한 전쟁의 반복을 막을 수 있지 않았을까?

2024년 6월
대전 유성에서
우동현

주석

머리말
---

1   A. Taylor, *The Struggle for the Mastery of Europe, 1848-1918* (Oxford: Oxford Univer-sity Press, 1954) and *The Origins of the Second World War* (London: Hamish Hamil-ton, 1961).

2   L. Hunt, *The New Cultural History* (Berkeley: University of California Press, 1989), p. 1; and K. Thomas, "The Tools and the Job", *Times Literary Supplement*, 7 April 1966.

3   토머스는 후일 젊은 시절의 열성적인 태도에서 물러섰다. K. Thomas, "History Revisit-ed", *The Times*, 11 October 2006.

4   C. Thorne, *The Limits of Foreign Policy: The West, the League and the Far Eastern Crisis of 1931-1933* (London: Hamish Hamilton, 1972). J. Gittings, "Rules of the Game", *New York Review of Books*, 17 May 1973. 손의 저작 *The Approach of War 1938-39* (London: Macmillan, 1967)은 대부분의 문서를 이용할 수 없을 때 쓰였다. 하지만 그는 재난의 가장자리에 있던 스톡턴 경(해럴드 맥밀런)과 같은 목격자들과 직접 접촉하여 획득한 헤아릴 수 없이 귀중한 이점을 토대로 자신의 서사를 만들었다.

5   V. Bogdanor, review of *The Triumph of the Dark*, *New Statesman*, 18 November 2010.

6   Z. Steiner, *The Triumph of the Dark: European International History 1933-1939* (Ox-ford: Oxford University Press, 2011), p. 1,048.

7   다음에서 인용했다. Thorne, Approach of War, p. 17.

8   다음을 보라. J. Haslam, *No Virtue Like Necessity: Realist Thought in International Rela-tions Since Machiavelli* (New Haven: Yale University Press, 2002).

9   K. Arrow, "Risk Perception in Psychology and Economics", Technical Report No. 351, October 1981. A Report of the Center for Research on Organizational Efficien-cy, Stanford University.

10   케임브리지대학 출신의 가장 악명 높은 소비에트 첩자 5인방은 킴 필비, 도널드 매클레인, 가이 버지스, 존 케언크로스, 앤서니 블런트였다. 다음을 보라. J. Haslam, *Near and Distant Neighbours: A New History of Soviet Intelligence* (Oxford: Oxford University Press, 2015). 그들이 일했던 러시아 해외정보부는 현재 그들의 작전과 관련된 기밀 문건을 인터넷에 공개하고 있다. www.cambridge5.ru.

1   From Keynes's notes for "8 Lectures on Company Finance and Stock Exchange", Lent Term 1910: UK. Cambridge. King's College, Modern Archives, John Maynard Keynes Papers, UA/6/3/4.

2   *The Times*, 4 January 1919. 아르노 메이어는 자신의 역작을 다음의 추정에 근거했다. A. Mayer, *The Politics and Diplomacy of Peacemaking: Containment and Counterrevolution at Versailles, 1918-1919* (New York: Knopf, 1967). 베트남전쟁은 좌파들, 특히 미국 내 좌파들에게 사회를 빼놓고선 국제관계사를 쓸 수 없다고 생각하도록 만들었지만, 그러한 의식은 머지않아 사라졌다.

3   Dunant (Paris) to Mota (Bern), 10 March 1921: *Documents diplomatiques suisses, 1848-1945*, Vol. 8, ed. A. Fleury et al. (Bern: Benteli, 1988), doc. 50.

4   Letter to Molotov, 14 August 1921: *Komintern i ideya mirovoi revolyutsii. Dokumenty*, ed. K. Anderson et al. (Moscow: Nauka, 1998), doc. 86.

5   코민테른 내부에서 쓰인 용어다. 예컨대 체코슬로바키아 공산주의자 프라이드의 비망록에 쓰였다. Fried, 6 August 1927: *Komintern protiv fashizma: dokumenty*, ed. V. Dam'e et al. (Moscow: Nauka, 1999), doc. 50.

6   Secret telegraphic instruction from the Russian Communist Party, 22 October 1923: *Deutschland, Russland, Komintern. Dokumente 1918-1945*, Vol. 1, ed. H. Weber et al. (Berlin: De Gruyter, 2014), doc. 95.

7   V. Lenin, *Pol'noe sobranie sochinenii* (Moscow: Gosizdat, 1963), Vol. 42.

8   W. Yen, *An Autobiography* (Shanghai, 1946), p. 363. 뉴욕의 세인트존스대학출판부가 1974년 다시 출간했다.

9   Speech to the Ninth Conference of the Russian Communist Party, 22 September 1920: Russia. Moscow. RGASPI, Arkhiv Kominterna, f. 44, op. 1, d. 5. 일정한 이유로 인해 출간된 러시아어 판본에서는 생략됐다. *Politburo TsK RKP(b)-VKP(b) i Komintern, 1919-1943*. Dokumenty, ed. G. Adibekov et al. (Moscow: Rosspen, 2004), doc. 30. 그러나 더욱 포괄적인 독일어 번역본에는 포함됐다. *Deutschland, Russland, Komintern*, Vol. 1, doc. 32.

10   Trotsky (Moscow) to Ioffe (Shanghai), 20 January 1923: VKP(b), *Komintern i natsional'no-revolyutsionnoe dvizhenie v Kitae. Dokumenty*, Vol. 1, ed. M. Titarenko et al. (Moscow: AO "Buklet", 1994), doc. 58.

11   Austen Chamberlain, 3 March 1927: *Hansard. Parliamentary Debates. Commons*. 5th Series, Vol. 203, col. 633.

12   *Documents on British Foreign Policy 1919-1939*, 2nd Series, Vol. 6, ed. L. Woodward

and R. Butler (London: HMSO, 1957), doc. 247, footnote 1.

13 군사적 함의로는 다음을 보라. M. Howard, *The Continental Commitment: The Dilemma of British Defence Policy in the Era of the Two World Wars* (London: Martin Temple Smith, 1972).

14 *Financial Times*, 19 April 1927.

15 *Morning Post*, 9 April 1927.

16 Ibid., 29 April 1927.

17 K. Jeffery, *MI6. The History of the Secret Intelligence Service, 1909-1949* (London: Bloomsbury, 2010), p. 740.

18 1933년 1월 3일 로마 주재 스위스 공사와의 대담에서. Wagnière (Rome) to Motta (Bern), 3 January 1933: *Switzerland. Documents diplomatiques suisses, 1848-1945*, Vol. 10, ed. J.-C. Favez et al. (Bern: Benteli, 1982), doc. 225.

19 H. Weber, "Die deutsche kommunistische Emigration in Moskau", *Die Politische Meinung*, No. 443, October 2006, p. 56. 베버는 당시 코민테른 본부에서 근무했다.

20 E. Nolte, *Der europäische Bürgerkrieg 1917-1945: Nationalsozialismus und Bolschewismus* (Berlin: Propyläen, 1987).

21 G. Ciano, *Diario 1937-1943*, ed. R. De Felice (Rome: Rizzoli, 1980 edition), pp. 52, 53, 54. 도널드 와트는 학부생 강의(1970~1971)에서 항상 이러한 설명을 했고, 런던정치경제대학에서 이 전통은 계속됐다. 다음을 보라. M. Knox, *Common Destiny: Dictatorship, Foreign Policy, and War in Fascist Italy and Nazi Germany* (Cambridge: Cambridge University Press, 2000), p. 144 and footnote. 와트는 저서에서 1939년 잠재적 우방으로서의 러시아인들과 관련해 반볼셰비즘을 요인에서 전적으로 제외했다. D. Watt, *How War Came: The Immediate Origins of the Second World War, 1938-1939* (London: Heinemann, 1989). 대조적으로 전직 외교관이자 소비에트러시아 역사가이며 당시 유화주의자들과 매우 잘 알았고(그들 가운데 하나였으며) 1939년 초 협상을 위해 모스크바에 파견된 윌리엄 스트랭과도 친구였던 에드워드 핼릿 카는 그해 "독일에 대한 균형추로써" 러시아를 거론하지 않는다는 운명적인 결정에서 "볼셰비즘의 공포"를 "어쨌든 여러 요인 중 하나"로 언급한다. *From Napoleon to Stalin and Other Essays*, 2nd edition (London: Macmillan, 2003), p. 34. 비록 1936년 외무부를 떠났음에도 불구하고 카는 옥스퍼드케임브리지클럽에서의 오찬을 통해 고위 관리들, 특히 스트랭과 로렌스 콜리어와 만나는 사이였다. 와트의 미국 측 상대자인 거하드 와인버그는 볼셰비즘을 "국가사회주의자들이 처음에는 국내용으로 나중에는 해외용 선전을 위해 쓴 도구"에 지나지 않는 것으로 분별없이 일축했다. "히틀러는 자신의 측근들에게 이것이 다른 이들의 소비를 위한 장치였다고 설명했다." G. Weinberg, *The Foreign Policy of Hitler's Germany: Diplomatic Revolution in Europe, 1933-36* (Chicago: University of

Chicago Press, 1970), ch. 1, footnote 40.

22 E. Hobsbawm, *The Age of Extremes: A History of the World, 1914-1991* (New York: Vintage, 1996), p. 125.

23 Mayer, *Politics and Diplomacy of Peacemaking*, p. 31.

1장 세계혁명으로의 갈림길, 1917~1920

1 Interviewed by Lt. Col. W. Stewart Roddie, 3 March 1920: UK. London. National Archives, CP 831.

2 "Letters from France. 1 The Spiritual Crisis", by Paul Valéry, *The Athenaeum*, 11 April 1919. 이 서한들은 편집자 미들턴 머레이가 의뢰한 것으로, 처음에는 영어로 작성됐으나 대개 프랑스어로 인용된다.

3 J. Talmon, "The Legacy of Georges Sorel", *Encounter*, Vol. 34, No. 2, February 1970, pp. 47-60; F. Stern, *The Politics of Cultural Despair: A Study in the Rise of the Germanic Ideology* (Berkeley: University of California Press, 1974)와 R. Wohl, *The Generation of 1914* (Cambridge, Mass.: Harvard University Press, 1979).

4 Letter, 5 March 1917: G. Sorel, *"Da Proudhon à Lenin" e "L'Europa sotto la tormenta"*, ed. G. De Rosa (Rome: Edizioni di Storia e Letteratura, 1973), p. 613.

5 Ibid., "Chiarimenti su Lenin", p. 417.

6 다음을 보라. V. Bovykin, *Frantsuzskie banki v Rossii: konets XIX-nachalo XX v.* (Moscow: Rosspen, 1999).

7 "Istoricheskie Sud'by Ucheniya Karla Marksa", 1 March 1913: V. Lenin, *Pol'noe sobranie sochinenii*, Vol. 23.

8 다음에서 인용했다. J. Haslam, *Russia's Cold War: From the October Revolution to the Fall of the Wall* (New Haven: Yale University Press, 2011), p. 3.

9 "Western and General", No. 110, 12 March 1919: UK. London. National Archives, CAB 24/150.

10 Stated to the British representative of the Red Cross, Abrahamson, and reported to London by Sir Charles Marling, 30 March 1919: "Western and General", No. 113, 2 April 1919: ibid.

11 다음에서 인용했다. E. Carr, *German-Soviet Relations between the Two World Wars, 1919-1939* (Baltimore: Johns Hopkins University Press, 1951), p. 9.

12 가장 생생하고 구체적인 서술로는 다음을 보라. Mayer, *Politics and Diplomacy of Peacemaking*, pp. 133-166.

13 "Western and General" No. 103, 22 January 1919: UK. London. National Archives, CAB 24/150.

14 "Western and General", No. 102, 15 January 1919: ibid.

15 "Western and General", No. 103: ibid.

16 다음에서 인용했다. Communist Party archives in D. Volkogonov, *Lenin: Life and Legacy* (London: HarperCollins, 1994), p. 394.

17 Telegram from the Central Committee of the Russian Communist Party, 24 December 1919: *Die Weltpartei aus Moskau. Der Gründungskongress der Kommunistischen Internationale 1919. Protokoll und neue Dokumente*, ed. W. Hedeler and A. Vatlin (Berlin: Akademie Verlag, 2008), doc. 1.

18 Session of Comintern's executive committee, 18 June 1920: Russia. Moscow. RGASPI, Arkhiv Kominterna, f. 495, op. 1, d. 6.

19 Karl Radek (Berlin) to Lenin, Chicherin and Sverdlov (Moscow), 24 January 1919: *Deutschland, Russland, Komintern*, Vol. 1, doc. 11.

20 다음에서 인용했다. E. Carr, *The October Revolution: Before and After* (New York: Vintage, 1971), p. 57.

21 A. Ransome, *Russia in 1919* (New York: Huebsch, 1919), p. 218.

22 Ibid., p. 228.

23 이것들은 1970년대 말 버밍엄대학의 러시아동유럽연구소를 대신해 구입 목적으로 내가 검토한 크라신의 문건들이다. 안타깝게도 해당 거래는 성사되지 않았다.

24 Zinoviev to the Orgburo of the RKP(b), 26 March 1919: Russia. Moscow. RGASPI, Arkhiv Kominterna, f. 495, op. 18, d. 5. 큰 집(코민테른)에 대한 제4국(군사정보부)의 내부 언급은 다음을 보라. Berzin (Moscow) to Bronin (Shanghai), 15 January 1935: "The fact is that formally the Big House itself has no means of communication": *"Delo Zorge". Telegrammy i pis'ma (1930-1945)*, ed. A. Fesyun (Moscow: Serebrannye niti, 2018), p. 75.

25 "Protokol No. 1. Zasedanie Ispolnitel'nogo Komiteta Kommunisticheskogo Internatsionala ot 26-go marta 1919 g.": Russia. Moscow. RGASPI, Arkhiv Kominterna, f. 495, op. 1, d. 1., J. Carswell, *The Exile. A Life of Ivy Litvinov* (London: Faber and Faber, 1983), p. 91.

26 Session of Comintern's executive committee, 18 June 1920: Russia. Moscow. RGASPI, Arkhiv Kominterna, f. 495, op. 1, d. 6.

27 1st session, 7 August 1920: "Vtoroi Kongress Kommunisticheskogo Internatsionala. Stenograficheskii otchet". Russia. Moscow. RGASPI, Arkhiv Kominterna, f. 495, op. 1, d. 7.

28 Lenin's speech to the 9th conference of the Russian Communist Party, 22 September 1920: Politburo TsK RKP(b)-VKP(b) i Komintern, 1919-1943, doc. 30.

29 영국인들과 프랑스인들의 도움을 받지 않았을 공산이 컸던 폴란드인들은 제정러시아의 선도적인 암호해독 전문가들을 고용해 소비에트의 모든 비밀 통신을 성공적으로 해독함으로써 붉은군대를 모든 측면에서 취약하게 만들었다. Haslam, *Near and Distant Neighbours*, p. 24.

30 이는 통상적으로 레닌 선집에 포함되지 않는다. "Zapiska V. Lenina po povodu rukopisi stat'i K. Radeka", 6 October 1920: *Komintern i ideya mirovoi revolyutsii*, doc. 52.

31 다음에서 인용했다. People's Commissar for Enlightenment Anatoly Lunacharsky, 26 February 1922: M. Cachin, *Carnets 1906-1947*, ed. D. Peschanski, Vol. 3 (Paris: CNRS, 1998), p. 161.

32 Report on concessions to the Russian Communist Party (Bolshevik) Group at the 8th Congress of Soviets, 21 December 1920: V. Lenin, *Collected Works* (Moscow: Progress, 1966), Vol. 31, pp. 461-534. (양보에 대한 보고서 날짜가 대회의 주요 보고보다 8일 앞선 것으로 돼 있고 의사록의 1부에 수록된 사실에 주목하라.)

33 Jeffery, *MI6*, p. 194.

2장 벼랑 끝의 유럽

1 Told to L. Fischer, *Men and Politics: An Autobiography* (London: Jonathan Cape, 1941), p. 71. "진보주의자"이자 1939년까지 볼셰비키 정권의 동조자였던 피셔는 고위 관리들에 대한 유례없는 접근 권한을 얻었다. 우리가 아주 최근에서야 직접 일별할 수 있게 된 문서보관소 자료들을 그는 1920년대 말에 얻었다.

2 8 August 1918: *Die II. Internationale 1918/1919. Protokolle, Memoranden, Berichte und Korrespondenzen*, ed. G. Ritter (Berlin: Dietz, 1980), Vol. 1, pp. 636-637.

3 "Western and General", No. 111, 19 March 1919: UK. London. National Archives, CAB 24/150.

4 E. Carr, *The Bolshevik Revolution 1917-1923*, Vol. 3, (London: Macmillan, 1953), pp. 309-311.

5 Ibid., p. 139.

6 "Aufzeichnung des Chefs der Heeresleitung im Reichswehrministerium Generalleutnant von Seeckt", 26 July 1920: *Akten zur deutschen auswärtigen Politik, 1918-1945*, Series A, Vol. 3, ed. W. Bussmann et al. (Göttingen: Vandenhoeck & Ruprecht, 1985), doc. 218.

7 독일 외무부 문서보관소에서 인용했다. S. Gorlov, *Sovershenno Sekretno. Moskva-Berlin 1920-1933. Voenno-politicheskie otnosheniya mezhdu SSSR i Germaniei* (Moscow: IVI RAN, 1999), p. 39.

8 Ibid., p. 44.

9 다음에 수록된 슈트레제만의 미간행 문건에서 인용했다. H. Gatzke, "Von Rapallo nach Berlin. Stresemann und Die Deutsche Russlandpolitik", *Vierteljahrshefte für Zeitgeschichte*, No. 4, 1956, p. 2.

10 "Giants and Pigmies (From the Papers of Comrade X)" in Ypsilon, *Pattern for World Revolution* (Chicago and New York: Ziff-Davis, 1947), p. 38. 입실론은 칼 보크(요한 막스 린트)와 줄리안 굼페르츠의 필명이었다.

11 *Komintern protiv fashizma*, p. 66, footnote 2.

12 1920년대 중반 트로츠키는 기회주의자 쿤에게 신랄한 비난을 받았다. 대단히 파괴적인 그의 응수는 오직 이탈리아어로만 앞뒤가 맞는다. "La maniera di Béla non è una bella maniera[벨러의 방식은 좋은 방식이 아니다]."

13 Kun to Lenin, 6 May 1921: *Komintern i ideya mirovoi revolyutsii*, doc. 71.

14 D. Volkogonov, *Lenin: Life and Legacy*, pp. 401-402. 토머스를 위해 일하던 어떤 이는 후일 다음과 같이 증언했다. "자금은 보통 토머스 동지의 아파트에 보관됐다. 트렁크, 서류 가방, 찬장, 때때로 두꺼운 서류철 안과 서가 또는 책들 뒤에 눕혀서 보관됐다. 자금은 우리의 아파트에서 밤늦게 각각 많게는 10킬로그램에서 15킬로그램까지 나가는 판지 상자들에 담겨 분배됐다." Ibid. 토머스는 자연스럽게 "불만족"과 그에게 비친 특징적인 신뢰의 부재에 분개했다. 지노비예프에게 발송된 항의서(1920년 9월 26일), *Deutschland, Russland, Komintern*, Vol. 1, doc. 33.

15 Lenin (Moscow) to Zekin and Levi (Berlin), 16 April 1921: ibid., doc. 38.

16 F. Borkenau, *World Communism: A History of the Communist International* (Ann Arbor: University of Michigan Press, 1962), p. 220.

17 제네바회담 자체는 부분적으로 프랑스인들이 독일에 양보하기를 거부했기 때문에, 부분적으로는 영국이 러시아의 혁명 이전 부채를 탕감하지 않을 것이었기 때문에 실패했다.

18 Radek (Berlin) to Narkomindel and the Politburo (Moscow), 11 February 1922: *Komintern i ideya mirovoi revolyutsii*, doc. 93.

19 Gorlov, *Sovershenno Sekretno*, p. 73.

20 Houghton (Berlin) to Hughes (Washington DC), 23 October 1922: *Papers Relating to the Foreign Relations of the United States, 1922*, Vol. 2, ed. J. Fuller, (Washington DC: US GPO, 1938), doc. 138.

21 23 November 1922: USA. *Congressional Record*, 66th Congress, 3rd Session, Vol. 63,

p. 49.

22 다음에서 인용했다. D. Gescher, *Die Vereinigten Staaten von Nordamerika und die Reparationen 1920-1924. Eine Untersuchung der Reparationsfrage auf der Grundlage amerikanischer Akten* (Bonn: Röhrscheid, 1966), p. 125.

23 23 May 1922: UK. London. National Archives, CAB 29 (22).

24 Ibid.

25 대규모 인플레이션에 관한 서술은 영어로 쓰인 것만 여섯 개 이상 존재한다. 고전적이고 아주 구체적인 동시대의 설명은 다음을 보라. C. Bresciani-Turroni, *Le vicende del marco tedesco, Annali di Economia*, Vol. 7, 1931, pp. v-xxiv, 1-596. 브레스치아니투로니는 배상금위원회의 베를린 실무단에서 1921년에는 수출 통제 담당 수장으로, 이어 1929년까지는 배상금 총대리인의 경제자문으로 봉직했다. 개정된 판본의 영역본은 1937년 다음의 제호로 등장했다. *The Economics of Inflation. A Study of Currency Depreciation in Post-War Germany* (London: John Dickens, 1937).

26 H. Nicolson, *Curzon: The Last Phase 1919-1925. A Study in Post-War Diplomacy* (London: Constable, 1934), pp. 374-376.

27 G. Sandys, "Notes on the Fascisti Movement", enclosed in Joynson Hicks to Cecil Harmsworth, 19 April 1921: UK. London. National Archives, FO 371/6174.

28 Lenin to Stalin about the situation in Comintern, 23 July 1920: Politburo *TsK RKP(b)-VKP(b) i Komintern, 1919-1943*, doc. 25.

29 Lenin's speech to the 9th conference of the Russian Communist Party, 22 September 1920: ibid., doc. 30.

30 Despatch from the commercial secretary, 9 September 1920, contained in Kennard (Rome) to Curzon (London), 10 September 1920: UK. London. National Archives, FO 371/6174.

31 Report by Greenway enclosed in Kennard (Rome) to Curzon (London), 24 September 1920: ibid.

32 이 전설적인 타조는 목적의식적으로 잘못된 방향으로, 위험에서 벗어나기보다는 그리로 달려간다. D. Livingstone, *Missionary Travels and Researches in South Africa, including a sketch of sixteen years residence in the interior of Africa* (London: John Murray, 1857), p. 145. 빅토리아시대 말기에 자란 이들은 이 이야기를 들려주며 아이들을 키웠다.

33 British consul-general (Milan), W. Churchill, 15 September 1920: UK. London. National Archives, FO 371/6174.

34 Greenway report, 24 September 1921: ibid.

35 "Annual report on Italy for year 1920", enclosed in Buchanan (Rome) to Curzon

(London), 20 January 1921: UK. London. National Archives, FO 371/6184.

36 "Il movimento dei metallurgici", *L'Ordine Nuovo*, 2 October 1920.

37 P. Alatri, "La Fiat dal 1921 al 1926", *Belfagor*, Vol. 29, No. 3, 31 May 1974.

38 "Annual report on Italy for year 1920", enclosed in Buchanan (Rome) to Curzon (London), 20 January 1921: UK. London. National Archives, FO 371/6184.

39 G. Spadolini, *Il mondo di Giolitti* (Firenze: Le Monnier, 1970), p. 220.

40 M. Montagnana, *Ricordi di un operaio torinese* (Rome: Rinascita, 1949), p. 91.

41 Il Popolo d'Italia, 25 October 1922.

42 R. De Felice, *Mussolini il fascista. 1. La conquista del potere 1921-1925* (Turin: Einaudi, 1966), pp. 359-386.

43 Statement, 28 October 1930: Russia. Moscow. RGASPI, Arkhiv Kominterna, f. 495, op. 2, d. 168.

44 "Italienische Frage", 20 February 1923: Russia. Moscow. RGASPI, Arkhiv Kominterna, f. 495, op. 2, d. 16.

45 다음에서 인용했다. P. Spriano, *Storia del partito comunista italiano*, Vol. 1 (Turin: Einaudi, 1967), p. 260.

46 Speech, 15 November 1922, quoted in ibid., p. 240.

47 N. Zhukovskii, *Posol novogo mira* (Moscow: Politicheskaya Literatura, 1978).

48 "Protokol PB No. 36", 10 November, followed by "Protokol PB No. 37", 23 November 1922: Russia. Moscow. RGASPI, f. 17, op. 3, d. 323.

49 "Protokol PB No. 48", 8 February 1923: ibid. RGASPI, f. 17, op. 3, d. 334.

50 "Protokol PB No. 50", 19 February 1923: ibid. RGASPI, f. 17, op. 3, d. 336.

51 Note from the Russian representative in Italy to the general secretary of the Italian Foreign Ministry, 27 February 1923: *Dokumenty vneshnei politiki SSSR*, Vol. 6, ed. A Gromyko et al. (Moscow: Politizdat, 1962), doc. 117.

52 이탈리아 내무부 문서보관소에서 인용했다. G. Petracchi, *La Russia rivoluzionaria nella politica italiana: le relazioni italo-sovietiche 1917-25* (Rome and Bari: Laterza, 1982), p. 237.

53 "Protokol PB No. 10", 14 July 1924: Russia. Moscow. RGASPI, f. 17, op. 3, d. 450.

54 "Protokol PB No. 30", 23 October 1924: ibid., f. 17, op. 3, d. 470.

55 "Protokol PB No. 32", 5 November 1924: ibid., f. 558, op. 2, d. 55.

56 *Akten zur deutschen auswärtigen Politik*, Series A, Vol. 7, ed. W. Bussmann et al. (Göttingen: Vandenhoeck & Ruprecht, 1989), doc. 226.

57 Zinoviev and Bukharin's private letter to Brandler and Thalheimer, 27 July 1923: *Deutscher Oktober 1923. Ein Revolutsionsplan und sein Scheitern*, ed. B. Bayerlein et al.

(Berlin: Aufbau, 2003), doc. 3.

58 Entry, 15 February 1922: Cachin, *Carnets 1906-1947*, Vol. 3, p. 107.

59 First draft of notes on "The Situation in Germany and our Tasks", 15 August 1923: *Deutscher Oktober*, doc. 7.

60 다음에서 인용했다. P. Makarenko, "Nemetskii Oktyabr' 1923 g. i sovetskaya vnesh-nyaya politika", *Voprosy istorii*, No. 3, March 2012, pp. 36-55.

61 스탈린의 언급(1923년 8월 20일), *Deutscher Oktober*, doc. 9.

62 Politburo debate on the German revolution, 21 August 1923: ibid., doc. 10.

63 Published on 10 October 1923 in *Die Rote Fahne*. "I hope one day we will be able to transfer the entire dictatorship to you foreigners, and shift the Executive Committee from Moscow to Berlin or Paris", Zinoviev told Jules Humbert-Droz in 1921: Ypsilon, *Pattern for World Revolution*, p. 38.

64 Secret Central Committee plenum, 22 September 1923: *Deutscher Oktober*, doc. 21.

65 Letter from Berlin, 29 October 1923, to the Politburo and Comintern's executive committee in *Moscow: Komintern i ideya mirovoi revolyutsii*, doc. 115.

66 Shklovskii (Hamburg) to Zinoviev, Stalin and Litvinov (Moscow), 30 October 1923: *Politburo TsK RKP(b)-VKP(b) i Komintern, 1919-1943*, doc. 124.

67 Ibid., p. 243, footnote 1.

68 Ibid., p. 249, footnote 1.

69 "Protokol PB No. 57", 27 December 1923: Russia. Moscow. RGASPI, f. 17, op. 3, d. 405.

70 Statement in reaction to the decisions of the Politburo of 27 December 1923 and of the Central Committee plenum of 15 January 1924: *Komintern protiv fashizma*, doc. 26.

71 Report to Comintern's executive, 11 February 1924: *Komintern i ideya mirovoi revolyutsii*, doc. 120.

72 크레스틴스키가 길게 인용했다. *Politburo TsK RKP(b)-VKP(b) i Komintern, 1919-1943*, pp. 250-251.

73 Yu. Denike, "The Situation in Germany", 22 February 1924: Russia. Moscow. RGASPI, f. 504, op. 1, d. 187.

74 15 September 1923: *Gorlov, Sovershenno Sekretno*, pp. 81-82.

75 다음에서 인용했다. A. Thimme, *Gustav Stresemann* (Frankfurt am Main: Goedel, 1957), p. 108.

76 다음에서 인용했다. Gatzke, "Von Rapallo nach Berlin", p. 8.

77 Entry, 23 October 1931: USA. New Haven. Yale University Library, Henry Lewis

Stimson diaries, Vol. 18, p. 167.

78 W. Link, *Die amerikanische Stabilisierungspolitik in Deutschland 1921-32* (Düsseldorf: Droste, 1970), p. 138.

79 "Conditions in Bavaria-The National Socialist Labor Party-Service Report", 25 November 1922: USA. College Park. National Archives, US Military Intelligence, Germany, 002928-001-0329.

80 다음에 다시 실렸다. Spanish: E. Xammar, *El huevo de la serpiente. Crónicas desde Alemania* (1922-1924) (Barcelona: Acantilado, 2005), pp. 204-208. 삼마르가 자신의 회상에서 면담에 관해 아무런 언급을 하지 않았기 때문에 이것이 날조됐다는 주장이 제기됐다. 이는 추측에 불과하다. 삼마르가 그 사건을 회상하기를 바라지 않은 데에는 타당한 이유가 있었다고도 볼 수 있다. 그는 히틀러가 자신이 기억되기를 바랐던 선견지명을 갖춘 언론인이 아니라 기념비적인 바보라고 일축했다.

81 이제 우리는 귀중하고 포괄적으로 편집된 두 권짜리 판본을 가지게 됐다. Hitler, *Mein Kampf. Eine kritische Edition*, ed. C. Hartmann, T. Vordermayer, O. Plöckinger R. Toppel (Munich and Berlin: Instituts für Zeitgeschichte, 2016). 이 책은 여전히 영역본이 출간되지 않았다.

82 E. Bloch, "My Patient, Hitler", *Collier's Weekly*, 15 and 22 March 1941.

83 다음에서 인용했다. V. Ullrich, *Hitler*, Vol. 1: *Ascent 1889-1939* (New York: Knopf, 2016), p. 109.

84 T. Ryback, *Hitler's Private Library. The Books that Shaped his Life* (London: Random House, 2010), p. 69.

85 O. Plöckinger, ed. *Quellen und Dokumente zur Geschichte von "Mein Kampf" 1924-1945* (Stuttgart: Franz Steiner, 2016), doc. 6.

86 H. Rollin, "Sous le signe de la croix gammée", *Le Temps*, 6 June 1933.

87 이 회칙들은 스탈린의 위로부터의 혁명이 세를 얻음에 따라 만들어졌다. *Miserentissimus Redemptor* (8 May 1928), *Quadragesimo anno* (15 May 1931), *Caritate Christi compulsi* (3 May 1932), *Acerba animi* (29 September 1932) 그리고 *Dilectissima Nobis* (3 June 1933).

88 Cardinal Secretary of State Pacelli's record of the conversation, 2 February 1930: *L'archivio della nunziatura apostolica in Italia 1* (1929-1939). *Cenni storici e inventario*, ed. G. Castaldo and G. Lo Bianco (Vatican City: Archivio Segreto Vaticano, 2010), p. 732.

89 Haslam, *No Virtue Like Necessity*, p. 169.

90 Ibid., pp. 167-168, and 176-178.

91 Ibid.

92 Ullrich, *Hitler*, p. 477.

93 Hitler, *Mein Kampf*, p. 326.

94 Ibid., p. 330.

95 Chicherin (Wiesbaden) to Stalin (Moscow), 22 March 1929: *Sovetskoe rukovodstvo. Perepiska 1928-1941*, ed. A. Kvashonkin et al. (Moscow: Rosspen, 1999), p. 69.

96 Memorandum, 28 July 1926: UK. London. National Archives, CP 303 (26).

3장 대영제국 뒤엎기

1 *The Diaries of Sir Alexander Cadogan, O.M., 1938-1945*, ed. D. Dilks (London: Cassell, 1971), p. 132. "Great Britain and the British Empire (and India in particular) were the prime target of the campaign of subversion which the Comintern carried out until the Fascist threat compelled it to adopt a radical change of policy in the middle of the 1930s.": F. Hinsley and C. Simkins, British Intelligence in the Second World War, Vol. 4 (London: HMSO, 1990), p. 18.

2 Record of a conversation between Stalin, Molotov and Ribbentrop, 27-28 September 1939: *SSSR i Litva v gody vtoroi mirovoi voiny*, Vol. 1, ed. A. Kasparavičius et al. (Vilnius: Leidykla, 2006), doc. 42.

3 Trotsky to the Politburo, 5 August 1919: *Politburo TsK RKP(b)-VKP(b) i Komintern, 1919-1943*, p. 30, footnote 3.

4 이 이야기에 관해서는 다음을 보라. Haslam, *Near and Distant Neighbours*, ch. 3.

5 Communiqué No. 01574 to the Comrades of the Communist Party of Great Britain, contained in Directorate of Intelligence (Home Office), "A Monthly Review of Revolutionary Movements in British Dominions Overseas and Foreign Countries", No. 34, August 1921: UK. London. National Archives, CAB 24/125.

6 *Command 2895* (London: HMSO, 1927).

7 Report on concessions at the 8th Congress of Soviets, 21 December 1920: *Lenin, Collected Works*, Vol. 31, p. 72.

8 Enclosure in Curzon (London) to Hodgson (Moscow), 2 May 1923: *Documents on British Foreign Policy 1919-1939*, 1st Series, Vol. 25, ed. W. Medlicott and D. Dakin, (London: HMSO, 1984), doc. 53.

9 Hodgson (Moscow) to Curzon (London), 13 May 1923: ibid., doc. 68.

10 Chicherin to Stalin, 10 May 1923: *Dokumenty vneshnei politiki SSSR*, Vol. 6, doc. 170.

11 G. Bennett, *The Zinoviev Letter: The Conspiracy That Never Dies* (Oxford: Oxford Uni-

versity Press, 2018). 이 의혹의 유산은 그 후 외무부가 MI6의 발견을 전적으로 신뢰하지 않았음을 의미했다. 나는 카와 나눈 대담에서 이를 이해했다.

12　M. Alekseev, *Sovetskaya voennaya razvedka v Kitae i khronika "kitaiskoi smuty" (1922-1929)* (Moscow: Kuchkovo pole, 2010), p. 51. 이 활동들에 관한 문서보관소들은 여전히 외부인에게 공개되지 않았다.

13　G. Vidal, "L'affaire Fantômas (1932). Le contre-espionnage français et les prémices de la préparation à la guerre", *Vingtième Siècle. Revue d'Histoire*, No. 119, 2013/3, https://www.cairn.info/revue-vingtieme-siecle-revue-d-histoire-2013-3-page-3.htm.

14　*Dokumenty vneshnei politiki SSSR*, Vol. 7, ed. A. Gromyko et al. (Moscow: Politizdat, 1962), doc. 275.

15　다음에서 보고됐다. *Morning Post*, 28 November 1924.

16　*New York Times*, 30 November 1924.

17　Graham (Rome) to Chamberlain (London), 11 December 1924: UK. London. National Archives, FO 371/10502.

18　Chamberlain (London) to Rumbold (Madrid), 16 December 1924: ibid.

19　Record of a conversation with Winston Churchill copied to Austen Chamberlain, 10 January 1925, quoted in M. Gilbert, *Winston S. Churchill*, Vol. 5: *The Prophet of Truth, 1922-1939* (London: Heinemann, 1976), p. 122.

20　다음에서 인용했다. Ibid., p. 227, footnote.

21　Debate on the Address, 9 February 1927: *Hansard. Commons.* 5th Series, Vol. 202, col. 159.

22　A. H. Hamilton-Gordon, 26 November 1926: UK. London. National Archives, FO 371/11777.

23　C. Orde, 29 November 1926: ibid.

24　UK. London. National Archives, FO 371/11006. 애텀 스미스와 데이비드 리카도에 관해서는 다음을 보라. Haslam, *No Virtue Like Necessity*, pp. 144-147.

25　Krasin (Paris) to Chicherin (Moscow), 7 December 1924: *Dokumenty vneshnei politiki SSSR*, Vol. 7, doc. 281. 폴란드 군대에 관해서는 다음을 보라. M. Hauner, "Military Budgets and the Armaments Industry", M. Kaser and E. Radice, eds, *The Economic History of Eastern Europe 1919-1975*, Vol. 2 (Oxford: Clarendon Press, 1986), p. 100.

26　Report from the Eastern Department of the executive to the presidium, 16 May 1925: *VKP(b), Komintern i natsional'no-revolyutsionnoe dvizhenie*, Vol. 1, doc. 151.

27　Vilenskii-Sibiryakov to Comintern's executive committee, 1 September 1920: ibid., doc. 4.

28 Statement by Lidin to the Far Eastern Department of Comintern's executive, 20 May 1922: ibid., doc. 21.

29 Letter from V. Vilenskii-Sibiryakov, Soviet Russia's plenipotentiary in the Far East, to Comintern's executive committee in Moscow, 1 September 1920: doc. 3.

30 L. Tikhvinskii, *Put' Kitaya k ob'edineniyu i nezavisimosti 1898-1949. Po materialami biografii Chzhou En'lai* (Moscow: 'Vostochnaya Literatura', RAN, 1996), p. 73.

31 Stalin's speech to activists of the Moscow organisation of the Soviet Communist Party, 5 April 1927: *Problemy dal'nego vostoka*, No. 1, 2001, p. 157.

32 Statement by Lidin: *VKP(b), Komintern i natsional'no-revolyutsionnoe dvizhenie*, doc. 21.

33 Potapov to Chicherin, 12 December 1920: ibid., doc. 7.

34 다음에서 인용했다. A. Kartunova, 'Politicheskii obraz Sun Yatsena v perepiske I. V. Stalina i G. V. Chicherina s L. M. Karakhanom (1923-mart 1925 gg.)", *Problemy dal'nego vostoka*, No. 1, 2010, p. 127.

35 Ioffe to Karakhan, 30 August 1923: *VKP(b), Komintern i natsional'no-revolyutsionnoe dvizhenie*, Vol. 1, doc. 28.

36 Resolution of the IV Congress of Comintern, not later than 5 December 1922: ibid., doc. 49.

37 Maring, speaking at a session of Comintern's executive committee, 6 January 1923: ibid., doc. 56.

38 Stenographic report of a meeting of the presidium of Comintern's executive committee, 29 December 1922: ibid., doc. 53.

39 "Iz Protokola No. 53, Zasedaniya Politburo TsK RKP(b)", ibid., doc. 64.

40 Trotsky's comments transcribed by Baranovsky, 27 November 1923: ibid., doc. 97.

41 To the presidium of Comintern's executive committee, 4 April 1923: ibid., doc. 71.

42 Stalin (Moscow) letter to Karakhan (Beijing), 16 June 1924: *Perepiska I. V. Stalina i G. V. Chicherina s polpredom SSSR v Kitae L. M. Karakhanom. Dokumenty, avgust 1923 g.-1926 g.*, ed. M. Titarenko et al. (Moscow: Natalis, 2008), doc. 58.

43 Borodin's report to a Soviet Politburo committee meeting in Beijing, 15 and 17 February 1926: *VKP(b), Komintern i natsional'no-revolyutsionnoe dvizhenie v Kitae*, Vol. 2, ed. M. Titarenko et al. (Moscow: AO "Buklet", 1996), Part 1, doc. 21.

44 Letter from Chicherin (Moscow) to Karakhan (Beijing), 2 June 1925: *Perepiska I. V. Stalina i G. V. Chicherina*, doc. 152.

45 Letter from Voitinsky (Moscow) to Karakhan (Beijing), 22 April 1925: *VKP(b), Komintern i natsional'no-revolyutsionnoe dvizhenie*, Vol. 1, doc. 147.

46 Speech at Sverdlovsk University, 9 June 1925: *Leningradskaya pravda*, 23 June 1925.

47 *Perepiska I. V. Stalina i G. V. Chicherina*, p. 540, footnote 1.

48 보강된 이야기로는 다음을 보라. Haslam, *Near and Distant Neighbours*, ch. 3.

49 Stalin (Moscow) to Karakhan (Beijing), 12 June 1925: *Perepiska I. V. Stalina i G. V. Chicherina*, doc. 154.

50 "Protokol No. 68", 25 June 1925: Russia. Moscow. RGASPI, f. 17, op. 3, d. 508.

51 "Direktiva pechati i TASS", 3 December 1925: *VKP(b), Komintern i natsional'no-revolyutsionnoe dvizhenie*, Vol. 1, doc. 201.

52 "Protokol No. 93. Zasedaniya Politburo TsK RKP(b)", 3 December 1925: ibid., doc. 201.

53 특히 지휘관 예고로프는 중국적 조건에 적응하지 못한 무능력으로 인해 카라한에게 분노를 샀다. Letter from Karakhan (Beijing) to Stalin (Moscow), 18 January 1926: *Perepiska I. V. Stalina i G. V. Chicherina*, doc. 177.

54 여태까지 이를 가장 잘 설명한 내용으로는 다음을 보라. E. Carr, *A History of Soviet Russia*, Vol. 3: *Socialism in One Country 1924-1926*, (London: Macmillan, 1964), pp. 799-832.

55 Recommended by the China Committee under Bubnov, head of the political directorate of the Red Army and member of the Central Committee of the Party, 17 May 1926: *VKP(b), Komintern i natsional'no-revolyutsionnoe dvizhenie*, Vol. 2, Part 1, doc. 52.

56 Letter from Chicherin (Moscow) to Karakhan (Beijing), 15 January 1926: *Perepiska I. V. Stalina i G. V. Chicherina*, doc. 176.

57 "Iz stenogrammy obsuzhdeniya Kitaiskogo voprosa na zasedanii prezidiuma IKKI", 10 February 1926. "Protokoly NoNo. 47 i 48 (zakrytogo) zasedanii Prezidiuma IKKI, ot 10 fevralya 1926g.". Russia. Moscow. RGASPI, Arkhiv Kominterna, f. 495, op. 2, d. 65.

58 Sir Montagu Turner, company meeting of the Chartered Bank of India, Australia and China, *Morning Post*, 31 March 1927.

59 "Iz stenogrammy obsuzhdeniya Kitaiskogo voprosa na zasedanii prezidiuma IKKI", 10 February 1926. "Protokoly NoNo. 47 i 48 (zakrytogo) zasedanii Prezidiuma IKKI, ot 10 fevralya 1926g." Russia. Moscow. RGASPI, Arkhiv Kominterna, f. 495, op. 2, d. 65.

60 Chicherin (Moscow) to Kopp (Beijing), 23 March 1925: *Perepiska I. V. Stalina i G. V. Chicherina*, doc. 189.

61 Chicherin (Moscow) to Karakhan (Beijing), 25 July 1926: ibid., doc. 206.

62 케임브리지의 경제학자 메이너드 케인스는 경쟁력 없는 비율을 가진 수준으로의 복귀에 반대하는 주장을 폈다. Gilbert, *Winston S. Churchill*, Vol. 5, p. 99. 그리고 처칠은 재무재상으로서 머지않아 케인스의 충고를 새겨듣지 않았음을 후회했다. Ibid., p. 238.

63 다음에서 인용했다. Ibid., p. 289.

64 *The Times*, 7 May 1926.

65 "Protokoll Nr. 58 der Sitzung des Präsidiums des IKKI vom 7 Mai 1926": Russia. Moscow. RGASPI, Arkhiv Kominterna, f. 495, op. 2, d. 71.

66 Chicherin to Stalin, 8 May 1926: ibid., f. 495, op. 18, d. 452.

67 W. Citrine, *Men and Work* (London: Hutchinson, 1964), p. 91. 정치국 결정에 관해서는 다음을 보라. "Iz protokola No. 23", 4 May 1926: *Politburo TsK RKP(b)-VKP(b) i Evropa. Resheniya "Osoboi papki" 1923-1939*, ed. G. Adibekov et al. (Moscow: Rosspen, 2001), doc. 57.

68 루블화로 총액은 16,015,009이었다. *Profosyuzy SSSR: Dokumenty i materialy*, Vol. 2, ed. N. Antropov (Moscow: Profizdat, 1963), doc. 327.

69 Dated 22 July 1926: UK. London. National Archives, CP 303 (26).

70 Memorandum, "Foreign Policy in Relation to Russia and Japan": ibid.

71 "British Policy Considered in Relation to the European Situation". Memorandum by Harold Nicolson, prepared by order of Austen Chamberlain, 20 February 1925: UK. London. National Archives, CP 106 (25).

72 Della Torretta (London) to Mussolini (Rome), 26 August 1925: *I documenti diplomatici italiani*, 7th Series, Vol. 4, ed. R. Moscati (Rome: Istituto Poligrafico dello Stato, 1962), doc. 110.

73 UK. London. National Archives, CP 4 (27), containing COS 59, "China Situation 1927" (January).

74 4 February 1927: ibid., CAB 7 (27).

75 Stalin (Sochi) to Molotov (Moscow), 23 September 1926: *Stalin's Letters to Molotov 1925-1936*, ed. L. Lih et al. (New Haven: Yale University Press, 1995), Letter 28.

76 Chamberlain for the cabinet, 23 November 1926: UK. London. National Archives, China, CP 399 (26).

77 Chamberlain for the cabinet, 23 November 1926: ibid.

78 "Dokladnaya Zapiska T. G. Mandalyana, A. E. Al'brekhta, N. M. Nasonova i N. A. Fokina o Vtorom Shankhaiskom Vosstanii", 4 March 1927: *VKP(b), Komintern i natsional'no-revolyutsionnoe dvizhenie*, Vol. 2, Part 2, doc. 175.

79 UK. London. National Archives, CAB 2 (27).

80 Alekseev, *Sovetskaya voennaya razvedka v Kitae*, p. 203.

81   UK. London. National Archives, CP 111 (27).

82   Haslam, *Near and Distant Neighbours*, p. 34.

83   P. Coble, *The Shanghai Capitalists and the Nationalist Government, 1927-1937* (Cambridge, Mass.: Harvard University Council on East Asian Studies, 1980), pp. 28-30.

84   UK. London. National Archives, FO 371/12500.

85   H. Dyck, *Weimar Germany and Soviet Russia* (London: Chatto and Windus, 1966), p. 90.

86   *Pravda*, 21 September 1926.

87   Report sent to Voroshilov, 29 January 1927: *Glazami razvedki SSSR i Evropa 1919-1938 gody: sbornik dokumentov iz rossiiskikh arkhivov*, ed. M. Ul' et al. (Moscow: IstLit, 2015), doc. 75.

88   L. Trotsky, "Tezisy o Vneshnei Politike", 19 April 1927: *Arkhiv Trotskogo. Kommunisticheskaya Oppozitsiya v SSSR, 1923-1927*, Vol. 2 (Moscow: Terra, 1990), pp. 249-250.

89   De Stefani (Paris) to Mussolini (Rome), 7 January 1925: *I documenti diplomatici italiani*, 7th Series, Vol. 3, ed. R. Moscati (Rome: Istituto Poligrafico dello Stato, 1959), doc. 662.

90   *Morning Post*, 29 January 1927.

4장 만주의 낭패, 1931

1   UK. London. National Archives, FO 262/1774.

2   *Wall Street Journal*, 2 July, 3 July, 3 August, 25 and 30 October 1929.

3   Note by Grandi of his conversation with Stimson, 14 July 1931: *I documenti diplomatici italiani*, 7th Series, Vol. 10, ed. G. Carocci (Rome: Istituto Poligrafico dello Stato, 1978), doc. 393, footnote 1.

4   I. Nish, *Japanese Foreign Policy 1869-1942: Kasumigaseki to Miyakezaka* (London: Routledge & Kegan Paul, 1977), p. 177 아울러 pp. 165-166.

5   "Voprosy nashei politiki v otnoshenii Kitaya i Yaponii", *VKP(b), Komintern i Kitai. Dokumenty*, Vol. 3, ed. M. Titarenko et al. (Moscow: AO "Buklet", 1999), p. 166.

6   Letter from Eisler to the Eastern secretariat of Comintern's executive committee, 23-25 June 1930: ibid., doc. 243,

7   Telegram from the Far Eastern Bureau to Comintern's executive committee, 4-7 August 1930: ibid., doc. 263.

8   Stolyar's letter to Lozovsky, 5 August 1930: ibid., doc. 264; capitals as in the original.

9   From Shanghai, 12 August 1930: ibid., doc. 277.

10 Telegram from Stalin (Sochi) to Molotov (Moscow), 13 August 1930: ibid., doc. 278.

11 "Iz protokola No. 5 (Osobyi No.) zasedaniya Politburo TsK VKP(b)", 25 August 1930: *Politburo TsK RKP(b)-VKP(b) i Komintern, 1919-1943*, doc. 391.

12 Stalin to Molotov, 7 October 1929: *Stalin's Letters to Molotov*, ed. Lih et al., doc. 51.

13 Russia. Moscow. RGASPI, Arkhiv Kominterna, f. 495, op. 3, d. 129.

14 Ah Xiang, "Communists and the Japanese Invasion of Manchuria": http://republicanchina.org/COMMUNISTS-AND-JAPAN-INVASION-MANCHURIA.pdf, p. 9.

15 러시아 연방보안국 문서보관소의 정보. O. Shinin, "Provedenie organami gosudarstvennoi bezopasnosti aktivnykh meropriyatii v 1922-1941 godakh", *Problemy dal'nego vostoka*, No. 4, 2006.

16 Lindley (Tokyo) to the Marquess of Reading (London), 30 October 1931: UK. London. National Archives, FO 262/1774.

17 Entry, 24 September 1931: USA. New Haven. Yale University Library, Stimson diaries, Vol. 18, p. 63.

18 Ibid.

19 Lindley (Tokyo) to the Marquess of Reading (London), 30 October 1931: UK. London. National Archives, FO 262/1774.

20 Entry, 30 September 1931: USA. New Haven. Yale University Library, Stimson diaries, p. 77.

21 Entry, 9 October 1931: ibid., p. 111.

22 Entry, 23 October 1931: ibid., p. 173.

23 "Instruktsiya po rabote sredi voisk", 7 July 1928: Russia. Moscow. RGASPI, Arkhiv Kominterna, f. 495, op. 20, d. 727.

24 Entry, 15 October 1931: USA. New Haven. Yale University Library, Stimson diaries, p. 136.

25 H. Hoover, *The Memoirs of Herbert Hoover*, Vol. 2: *The Cabinet and the Presidency 1920-1933* (New York: Macmillan, 1952), p. 369.

26 "Iz protokola No. 63", 20 September 1931: *VKP(b), Komintern i Yaponiya. 1917-1941*, ed. G. Adibekov and K. Vada (Wada) (Moscow: Rosspen, 2001).

27 Stalin to Kaganovich and Molotov, 23 September 1931: *Politburo TsK RKP(b)-VKP(b) i Komintern, 1919-1943*, doc. 404.

28 "Protokol PB No. 64", 25 September 1931: Russia. Moscow. RGASPI, f. 17, op. 3, d.

850.

29 Stalin to Voroshilov, 27 November 1931: *Sovetskoe rukovodstvo. Perepiska 1928-1941*, doc. 91.

30 다음에서 인용했다. J. Haslam, *The Soviet Union and the Threat from the East, 1933-41* (London: Macmillan, 1992), p. 7.

31 In conversation with the Lithuanian foreign minister Urbšis and ambassador Natkev-ičius, 8 October 1939: *SSSR i Litva v gody mirovoi voiny*, doc. 51.

32 M. Alekseev, "Vernyi Vam Ramzai". *Rikhard Zorge i sovetskaya razvedka v Yaponii. 1933-1938 gody* (Moscow: Algoritm, 2017), p. 41.

33 "Note of a conversation with Karl Radek", 20 April 1932: enclosure in Sir John Pratt (Geneva) to Foreign Office (London), 26 April 1932: *Documents on British Foreign Policy, 1919-1939*, 2nd Series, Vol. 10, ed. W. Medlicott et al. (London: HMSO, 1969), doc. 270.

34 Haslam, *Soviet Union and the Threat from the East*, p. 8.

35 다음에서 인용했다. Shinin, "Provedenie organami".

36 Kaganovich to Stalin, 2 June 1932 and Stalin to Kaganovich, 5 June 1932: *The Stalin-Kaganovich Correspondence 1931-36*, ed. R. Davies et al. (New Haven: Yale University Press, 2003), docs 24 and 26.

37 Haslam, *Soviet Union and the Threat from the East*, p. 9.

38 Central Committee, *Japanese Communist Party, Sixty-Year History of Japanese Communist Party, 1922-1982* (Tokyo: Japan Press Service, 1984), p. 61.

39 "Blizhaishie zadachi partii v kampanii protiv ekonomii", final text approved by the political committee of Comintern's executive, 28 September 1931: Russia. Moscow. RGASPI, Arkhiv Kominterna, f. 495, op. 20, d. 37.

40 Owen O'Malley, "CHINA", 10 June 1926: UK. Cambridge. Churchill College Archives, Strang Papers, STRN 4/4.

41 *The Memoirs of Lord Gladwyn* (London: Weidenfeld and Nicolson, 1972), p. 48.

42 *The Times*, 26 November 1925.

43 Said to the correspondent of the *New York Herald Tribune*: *The Commercial and Financial Chronicle*, 10 December 1932.

44 Grandi's record of the conversation, 19 April 1932: *I documenti diplomatici italiani*, 7th Series, Vol. 12, ed. G. Carocci (Rome: Istituto Poligrafico dello Stato, 1987), doc. 21.

45 Memorandum by Stimson, 5 January 1933: *Peace and War. United States Foreign Policy 1931-1941* (Washington DC: US GPO, 1943), doc. 11.

46　Kuusinen's statement on the Japanese question at a meeting of the Comintern executive's presidium, 2 March 1932: *VKP(b), Komintern i Yaponiya*, doc. 358.

47　"Protokoll No. 238 Politkomissii Politsekretariata IKKI", 27 April 1932: Russia. Moscow. RGASPI, Arkhiv Kominterna, f. 495, op. 4, d. 186.

48　"Protokoll (B) Nr. 245 der aussordentlichen Sitzung der Politkommission des Politisches Sekretariat IKKI am 31. Mai 1932: Russia. Moscow. RGASPI, Arkhiv Kominterna, f. 495, op. 4, d. 188a.

49　다음에서 인용했다. J. Haslam, *Soviet Foreign Policy 1930-33: The Impact of the Depression* (London: Macmillan, 1983), p. 91.

50　다음에서 인용했다. Haslam, *Soviet Union and the Threat from the East*, p. 34.

51　대부분의 독일학 연구자들이 뚜렷한 이유 없이 무시하는 고전적인 설명으로는 다음을 참조하라. T. Weingartner, *Stalin und der Aufstieg Hitlers* (Berlin: De Gruyter, 1970). 영어 저작으로는 다음의 작업이 가장 믿을 만하다. E. Carr, *Twilight of Comintern, 1930-1935* (London: Macmillan, 1982).

5장 독일 민족주의에 대한 스탈린의 도박

1　To Zinoviev, 7 August 1923: *Deutscher Oktober*, doc. 5.

2　외무장관이 되는 아서 헨더슨이 보조금을 주선한 것으로 보인다. 1931년 3월까지 맥도널드는 이에 관해 아무것도 알지 못했다. 스팀슨의 일기에 의하면, 캐나다 총리 리처드 베넷은 "런던에서 맥도널드로부터 그가 지난번 선거에서 노동당 선거 자금의 절반이 스노든과 헨더슨을 통해 러시아에서 왔고 그 스스로가 이를 발견하여 무섭고 경악했음을 알게 됐다." Entry, 30 March 1931: USA. New Haven. Yale University Library, Stimson diaries, Vol. 15, p. 4. 이게 사실이라면 헨더슨이 소비에트 정부에 대한 완전한 외교적 승인을 얻기 위한 거래를 유약하게 시도했을 때 고위급 소비에트 외교관들이 어째서 그를 전적으로 일축했는지를 설명할 수 있다.

3　"Protokol PB No. 113", 15 January 1930: Russia. Moscow. RGASPI, f. 17, op. 3, d. 772. 아울러 S. Kotkin, *Stalin. Waiting for Hitler 1929-1941* (New York: Penguin, 2017), p. 36.

4　N. Tarkhova, *Krasnaya armiya i stalinskaya kollektivizatsiya 1928-1933 gg.* (Moscow: Rosspen, 2010), pp. 138-141.

5　Entry, 8 April 1931: USA. New Haven. Yale University Library, Stimson diaries, Vol. 14, p. 221.

6　Entry, 23 March 1930: ibid., p. 17.

7   다음에서 인용했다. Haslam, *Soviet Foreign Policy 1930-33*, p. 40.

8   Entry, 8 April 1931: USA. New Haven. Yale University Library, Stimson diaries, Vol. 15, p. 221.

9   Pasquier (Saigon) to Paris, 23 August 1930: France. Aix-en-Provence. Archives nationales d'outre-mer: Indochine, Nouveau Fonds, 326, 2636.

10   Công-Nhân, "Comment conquérir les masses?", VO SAN (The proletarian), No. 1, Paris, 31 August 1930.

11   Gouvernement général de l'Indochine, *Contribution à l'histoire des mouvements politiques de l'Indochine française*. Documents, Vol. 5: *La Terreur rouge en Annam, 1930-1931* (Hanoi: GGI, Direction des affaires politiques et de la Sûreté Génerale, 1933). 이 책은 심문에 대한 기록을 (고문 방법에 관해서는 설명하지 않고) 알려준다. 베트남공산당 총서기 찬푸는 악랄하게 고문을 당했고 이듬해에 사망했다. Haslam, *Soviet Foreign Policy 1930-33*, p. 133, note 74.

12   "V frantsuzskoe byuro pri Kominterne", Ngien-Ai Kvak [Ho Chi-Minh], 27 February 1930: Russia. Moscow. RGASPI, Arkhiv Kominterna, f. 495, op. 154, d. 615.

13   Haslam, *Soviet Foreign Policy 1930-33*, p. 133, note 75.

14   Ibid., p. 35.

15   Ibid., p. 36.

16   Ibid., pp. 43-44. 플랑댕의 정치적 방향성에 관해서는 다음을 보라. Bullitt (Paris) to Roosevelt (Washington DC), 9 May 1939: USA. Hyde Park. Franklin D. Roosevelt Library and Archive, PSF, France, William C. Bullitt, 1939, Box 30.

17   O. Ken, A. Rupasov and L. Samuel'son, *Shvetsia v politike Moskvy 1930-1950-e gody* (Moscow: Rosspen, 2005), pp. 187-188.

18   Memorandum from foreign intelligence (InOGPU) to Stalin, 30 November 1930: *Glazami razvedki SSSR i Evropa 1919-1938 gody*, doc. 120. 독일어 원본은 다음에서 찾을 수 있다. *Akten zur deutschen auswärtigen Politik, 1918-1945*, Series B, Vol. 16, ed. H. Rothfels et al. (Göttingen: Vandenhoeck & Ruprecht, 1981), pp. 35-38. 암호명 "마르타"라는 한 고위 관리의 부인을 통해 국가정치국 해외지부가 독일 통신에 어떻게 접근했는지에 관해서는 다음을 보라. Haslam, *Near and Distant Neighbours*, pp. 45-47.

19   Entry, 27 August 1931: USA. New Haven. Yale University Library, Stimson diaries, Vol. 17, p. 181.

20   H. von Herwarth, *Against Two Evils* (New York: Rawson, Wade, 1981), p. 83. 그는 "조니"로 알려졌으며 1931년부터 1939년까지 모스크바 주재 독일 대사관에서 근무했다.

21   Reference is made to this in a memorandum from Knorin, Manuilsky and Pyatnitsky

to Stalin and Molotov, 28 October 1931: *Politburo TsK RKP(b)-VKP(b) i Komintern, 1919-1943*, doc. 406.

22   G. Berti, *I primi dieci anni di vita del PCI. Documenti inediti dell'archivio Angela Tasca* (Milan: Feltrinelli, 1967), p. 87.

23   Merker to Comintern's executive committee, 26 March 1930: Russia. Moscow. RGASPI, Arkhiv Kominterna, f. 495, op. 19, d. 522; reprinted in A. Gintsberg, '"Politsekretariat IKKI Trebuet": Dokumenty Kominterna i Kompartii Germanii. 1930-1934 gg.', *Istoricheskii arkhiv*, No. 1, 1994, pp. 150-152; note from Pyatnitsky to Thälmann, 4 April 1930: ibid., p. 152; telegram from the KPD secretariat to the Comintern executive's secretariat, 4 April 1930: ibid., pp. 152-153; private letter from the executive secretariat to the KPD. Central Committee, 26 April 1930: ibid., 153-157.

24   E. Carr, *A History of Soviet Russia*, Vol. 2: *The Interregnum 1923-1924* (London: Pelican, 1969), pp. 179-181.

25   Thälmann's report to a meeting of the Central Committee, 16/17 July 1930, quoted in B. Hoppe, *In Stalins Gefolgschaft: Moskau und die KPD 1928-1933* (Munich: Oldenbourg, 2007), p. 187. 6월 말 노이만은 소비에트공산당 제16차 대회에 초청 연사로 참석했고, 바로 그곳에서 스탈린은 막후에서 그와 나아갈 방향을 논의했다. Ibid., p. 186.

26   Record of a meeting of the Soviet delegation to Comintern's executive committee, 18 July 1930: O. Khlevniuk, *Politburo. Mekhanizmy politicheskoi vlasti v 1930-e gody* (Moscow: Rosspen, 1996), doc. 388.

27   Hoppe, *In Stalins Gefolgschaft*, pp. 187-188.

28   "Protokoly NoNo. 27-28 Zasedanii Prezidiuma IKKI ot 28 oktyabrya i 19 noyabrya 1930 g.": Russia. Moscow. RGASPI, Arkhiv Kominterna, f. 495, op. 2, d. 168.

29   6 April 1931: *Komintern i ideya mirovoi revolyutsii*, doc. 184.

30   Manuilsky, speaking to a session of the executive's political secretariat, 1 December 1931: ibid., doc. 186.

31   Reprinted in *Dokumenty vneshnei politiki SSSR*, Vol. 14, ed. P. Ershov et al. (Moscow: Politicheskaya Literatura, 1968), appendix, p. 48.

32   Entries, 6, 13 and 19 June 1931: USA. New Haven. Yale University Library, Stimson diaries, Vol. 16, pp. 133, 137, 163 and 194.

33   텔만이 실제로 이 문제에 대한 논의 가능성을 열어두었고 기권을 위한 투표가 모두를 놀라게 했다는 피크의 회고적 주장은 진실이라고 보기 어렵다. Pieck to an unknown member of Comintern's executive, 29 July 1931: *Istoricheskii arkhiv*, No. 1, 1994, pp.

158-159.

34 Thälmann's comment on 14 May 1932, quoted in Hoppe, *In Stalins Gefolgschaft*, p. 208.

35 마누일스키의 입장에 관한 증거는 코민테른 문서보관소에서 찾을 수 있다. Ibid., p. 211, footnote 37.

36 Carr, *Twilight of Comintern*, p. 42.

37 Letter from Pieck to the KPD Central Committee, 20 July 1931: *Istoricheskii arkhiv*, No. 1, 1994, pp. 157-158.

38 Letter to Pieck, 15 August 1931, quoted in Hoppe, *In Stalins Gefolgschaft*, p. 218.

39 Resolution of the political secretariat of Comintern's executive committee, 18 September 1931: *Istoricheskii arkhiv*, No. 1, 1994, pp. 159-162.

40 Addressing Comintern's presidium, 17 January 1932: Russia. Moscow. RGASPI, Arkhiv Kominterna, f. 495, op. 2, d. 186.

41 1932년 6월 9일 국제연맹에 파견된 일본 대표단의 군사고문 고바야시 대령은 프랑스 대표인 르네 마시글리에게 이 제안을 했다. *Documents diplomatiques français, 1932-1939*, 1st series, Vol. 2, ed. P. Renouvin (Paris: Imprimerie National, 1964), doc. 3. 이에 대한 대답은 프랑스가 다른 강대국들에게 응답해야 했었다는 것이다.

42 "Protokoll Nr. 52 der Sitzung des Präsidiums des EKKI am 26.September 1932". Russia. Moscow. RGASPI, Arkhiv Kominterna, f. 495, op. 2, d. 197.

43 Manuilsky's speech to the political secretariat of Comintern's executive committee, 1 December 1931: *Komintern i ideya mirovoi revolyutsii*, doc. 186.

44 Report from Knorin et al. to Stalin and Molotov, 28 October 1931: *Politburo TsK RKP(b)-VKP(b) i Komintern, 1919-1943*, doc. 406.

45 "Protokoll Nr. 47 der Sitzung des Präsidiums des EKKI am 19. Mai 1932": Russia. Moscow. RGASPI, Arkhiv Kominterna, f. 495, op. 2, d. 193.

46 Neumann's report to the KPD political secretariat on his recent conversation with Stalin, 10 April 1932: Hoppe, *In Stalins Gefolgschaft*, p. 294.

47 Letter from Pyatnitsky to Stalin, 10 May 1932: *Politburo TsK RKP(b)-VKP(b) i Komintern, 1919-1943*, doc. 410.

48 Ibid., p. 667, note 1.

49 "Protokoll Nr. 47 der Sitzung des Präsidiums des EKKI am 19. Mai 1932": Russia. Moscow. RGASPI, Arkhiv Kominterna, f. 495, op. 2, d. 193.

50 Addressing a meeting of Comintern's political secretariat, 11 June 1932: Russia. Moscow. RGASPI, Arkhiv Kominterna, f. 495, op. 3, d. 249.

51 *Stenogrammy zasedanii Politburo TsK RKP(b)-VKP(b), 1923-1938 gg.*, ed. K. Anderson

et al. (Moscow: Rosspen, 2007), p. 676, footnote 29.

52 Speech to a joint session of the Politburo and the Central Control Committee, 27 November 1932: ibid., p. 661.

53 Haslam, *Soviet Union and the Threat from the East*, ch. 1.

54 Hoppe, *Stalins Gefolgschaft*, p. 311.

55 Wagnière (Rome) to Motta (Bern), 17 May 1932: *Documents diplomatiques suisses*, Vol. 10, doc. 167.

56 Report from InOGPU to the Council of People's Commissars, 24 June 1932: Russia. Moscow. Yeltsin Presidential Library. *Vtoraya mirovaya voina v arkhivnykh dokumentakh, 1933*. Arkhiv SVR Rossii, l. 154, photocopy: prlib.ru. 아울러 Haslam, *Near and Distant Neighbours*, p. 43.

57 S. Schirmann, *Crise, coopération économique et financière entre États européens, 1929-1933* (Paris: Comité pour l'histoire économique et financière de la France, 2000), pp. 217-218.

58 Hoppe, *Stalins Gefolgschaft*, p. 312.

59 "Immediate. To comrade Molotov and comrade Kaganovich." 20 June 1932: Russia. Moscow. RGASPI, Arkhiv Kominterna, f. 495, op. 7, d. 126. 아울러 *Politburo TsK RKP(b)-VKP(b) i Komintern, 1919-1943*, doc. 414.

60 *Akten zur deutschen auswärtige Politik 1918-1945*, Series B, Vol. 21, ed. H. Rothfels et al. (Göttingen: Vandenhoeck & Ruprecht, 1983) pp. 481-482.

61 다음에서 인용했다. Litvinov's record of the conversation: Gorlov, *Sovershenno Sekretno*, p. 293.

6장 히틀러의 충격

1 Knorin, addressing the presidium of Comintern's executive committee, 1 April 1933: Russia. Moscow. RGASPI, Arkhiv Kominterna, f. 495, op. 2, d. 203.

2 *Akten der Reichskanzlei: Regierung Hitler 1933-1938*. Part 1, Vol. 1, ed. K.-H. Minuth (Boppard am Rhein: Boldt, 1983), doc. 19.

3 Ibid., doc. 32.

4 Report from Berzin and head of the Third Department, A. M. Nikonov, to Voroshilov, 5 March 1933: Russia. Moscow. Yeltsin Presidential Library. *Vtoraya mirovaya voina v arkhivnykh dokumentakh, 1933*. RGVA, f. 33987, op. za. d. 497, l. 59-63, photocopy: prlib.ru. 2월 3일 자 보고서는 다음을 보라. Ibid., RGVA, f. 33987, op. za.

d. 497, l. 18-23.

5   *Akten der Reichskanzlei*, doc. 41.

6   "Protokol No. 58 i stenogramma zasedaniya Prezidiuma IKKI", 28 February 1933: Russia. Moscow. RGASPI, Arkhiv Kominterna, f. 495, op.2, d. 202.

7   Issued in the name of Comintern's executive committee, 2 March 1933: published in *Pravda, 6 March 1933; Daily Worker*, 8 March 1933; *Rundschau über Politik, Wirtschaft und Arbeiterbewegung*, 11 March 1933.

8   Manuilsky: "Protokol No. 58 i stenogramma zasedaniya Prezidiuma IKKI", 28 February 1933: Russia. Moscow. RGASPI, Arkhiv Kominterna, f. 495, op. 2, d. 202.

9   Conversation, 25 April 1934: G. Dimitrov, *The Diary of Georgi Dimitrov, 1933-1949*, ed. I. Banac (New Haven: Yale University Press, 2003), p. 16.

10   *Na Prieme u Stalina. Tetradi (zhurnaly) zapisei lits, prinyatykh I. V. Stalinym (1924-1953 gg.)*, ed. A. Chernobaev et al. (Moscow: Novyi khronograf, 2008), p. 89.

11   "Stenogramma Sredneevropeiskogo L.S. IKKI: nemetskii fashizm", 26 March 1933: Russia. Moscow. RGASPI, Arkhiv Kominterna, f. 495, op. 28, d. 234. 퍄트니츠키에 관해서는 다음을 보라. "Record of an interview with A. G. Krytov, 2 June 1988": USA. Stanford. Hoover Institution, Firsov Papers, Box 43. 크리토프는 코민테른 집행위원회 동방지부 서기의 조수로 일했다.

12   Proceedings of the Central European regional secretariat, on German fascism, 26 March 1933: Russia. Moscow. RGASPI, Arkhiv Kominterna, f. 495, op. 28, d. 234.

13   Entry, 24 September 1936: UK. Cambridge. Churchill College Archives, Cadogan Diary, ACAD 1/5.

14   Dunant (Paris) to Motta (Rome), 28 March 1933: *Documents diplomatiques suisses*, Vol. 10, doc. 254.

15   Dirksen (Moscow) to Bülow (Berlin), 31 January 1933: *Akten zur deutschen auswärtgen Politik, 1918-1945*, Series C, Vol. 1, ed. H. Rothfels et al. (Göttingen: Vandenhoeck & Ruprecht, 1971), doc. 6.

16   *Akten Kardinal Michael von Faulhabers*, ed. L. Volk, Vol. 1, 1917-1934 (Mainz: Matthias-Grünewald Verlag, 1975), doc. 272.

17   (Berlin) to Hoare, 16 December 1935: UK. London. National Archives, CP 13 (36).

18   Entry, 26 July 1933: Baron Aloisi, *Journal (25 juillet 1932-14 juin 1936)* (Paris: Plon, 1957), p. 141.

19   Morreale (Vienna) to Mussolini (Rome), 9 August 1933: *I documenti diplomatici italiani*, 7th Series, Vol. 14, ed. G Carocci et al. (Rome: Istituto Poligrafico dello Stato, 1989), doc. 77.

20   At lunch with Lord Reading and US Secretary of State: entry, 21 March 1930: USA. New Haven. Yale University Library, Stimson diaries, Vol. 14, p. 3.

21   *Western Daily Press*, 23 September 1933.

22   Letters to Sir Walford Selby and Captain Victor Cazalet, 9 January and 9 April 1934, quoted in L. Michie, *Portrait of an Appeaser: Robert Hadow, First Secretary in the British Foreign Office, 1931-1939* (Wesport, Conn.: Praeger, 1996), p. 23.

23   Sir Alexander Cadogan: entry, 21 October 1938: R. Bruce Lockhart, *The Diaries of Sir Robert Bruce Lockhart*, ed. K. Young (London: Macmillan, 1973), Vol. 1, p. 404.

24   J. Haslam, *The Vices of Integrity: E. H. Carr, 1892-1982* (London: Verso, 1999). 밴시터트는 어쨌든 주요 도시에서의 경험이 프랑스에서 보낸 1년도 안 되는 기간뿐이었던, 후일 악명 높은 유화주의자 네빌 헨더슨을 베를린 주재 대사로 제안한 인물이다. [이 책의 국역본으로는 다음을 참고하라. 조너선 해슬럼 지음, 박원용 옮김, 《E.H.카 평전》, 삼천리, 2012.]

25   Orseniga (Berlin) to Pacelli (Vatican), 2 May 1933: Vatican Secret Archive, AA.EE.SS. Germania, Pos. 643, fasc. 159, fols 122-123. Reprinted on the website of the German Historical Institute, Rome: www.dhi-roma.it.

26   Phipps (Berlin) to Simon (London), 1 April 1935: UK. London. National Archives, CP 13 (36).

27   Speech at a session of Comintern's executive committee, 1 April 1936: *Komintern protiv fashizma*, doc. 106.

28   Speech to Moscow Party activists: *Pravda*, 2 November 1932.

29   "Platforma 'Soyuza Marksistov-Lenintsev' ('Gruppa Ryutina')", *Izvestiya TsK KPSS*, 11 (310), November 1990, p. 169.

30   "Stenogramma ob"edinennogo zasedaniya Politburo Ts.K. i Prezidiuma TsKK VKP(b) po voprosu 'O fraktsionnoi rabote tt. Syrtsova, Lominadze i dr.'", 4 November 1930: *Stenogrammy zasedanii Politburo TsK RKP(b)-VKP(b)*, p. 134.

31   *Inprecorr*, 15 December 1933.

32   Attolico (Moscow) to Rome, 22 February 1933, enclosed in 1° Affari Politici (Buti) to Paris, London, Berlin, Washington, Tokyo, 10 March 1933: Italy. Rome. Ministero degli Affari Esteri, Archivio Storico Diplomatico: Affari Politici 1931-1935, l'URSS: Busta N. 8, 1933. 1.1. Rapporti Politici: 1° trimestre, pos. 1.

33   소련공산당 도서관에서 "특수 예약"으로 사본을 발견한 로바노프에 의해 대중용으로 다시 간행되었다. A. Gitler, *Moya Bor'ba* (Moscow: T-Oko, 1992). 지노비예프의 역할에 관해서는 다음을 보라. B. Khavkin, "Merzost', kotoruyu nevozmozhno zapretit' i nel'zya ne znat'", *Nezavisimoe voennoe obozrenie*, 15 January 2016.

34　"Aufzeichnung der Reichministers des Auswärtigen Freiherrn von Neurath", 1 March 1933: *Akten zur deutschen auswärtigen Politik*, Series C, Vol. 1, doc. 43.

35　Charles-Roux (Vatican) to Herriot (Paris), 16 October 1932: *Documents diplomatiques français, 1932-1939*, 1st Series, Vol. 1, ed. P. Renouvin et al. (Paris: Imprimerie Nationale, 1964), doc. 246.

36　다음에서 인용했다. J. Hernández Figureiredo, "Avances y estado del comunismo en vísperas de la guerra civil española, según los informes inéditos del Archivo Secreto Vaticano", *Analecta sacra tarraconensia*, Vol. 83, 2010, p. 9.

37　다음에서 인용했다. R. Klieber, "Die moralische und politische Schützenhilfe des Hl. Stuhles für den 'Staatsumbau' Österreichs 1933/34 im Lichte vatikanischer Quellenbestände", *Römische Historische Mitteilungen*, Vol. 54, 2012, p. 536.

38　Hernández Figureiredo, "Avances y estado del comunismo", p. 9.

39　Cerruti (Berlin) to Suvich (Rome), 15 July 1933. 다음에서 재간됐다. L. Volk, *Das Reichskonkordat vom 20. Juli 1933. Von den Ansätzen in der Weimarer Republik bis zu Ratifizierung am 10. September 1933* (Mainz: Matthias-Grünewald Verlag, 1972), doc. 8.

40　다음에서 인용했다. The Soviet record of proceedings: Gorlov, *Sovershenno Sekretno*, p. 299.

41　1° Affari Politici (Rome) to Attolico (Moscow), 9 March 1933: Italy. Rome. Ministero degli Affari Esteri, Archivio Storico Diplomatico: Affari Politici 1931-35, l'URSS: Busta N. 8, 1933, 1.1. Rapporti Politici: 1° trimestre, pos. 1.

42　A. Lacroix-Riz, *Le Choix de la défaite. Les élites françaises dans les années 1930*, 2nd edition (Paris: Colin, 2010), pp. 203, 220-221.

43　"Iz protokola No. 151", 19 December 1933: *Politburo TsK RKP(b)-VKP(b) i Evropa. Resheniya "Osoboi papki" 1923-1939*, doc. 207.

44　*The Economist*, 17 June 1933.

45　Memorandum on the proposed Eastern Pact, 28 January 1935: *Documents on British Foreign Policy 1919-1939*, 2nd Series, Vol. 12, ed. W. Medlicott et al. (London: HMSO, 1972), doc. 380.

46　다음에서 인용했다. J. Haslam, *The Soviet Union and the Struggle for Collective Security in Europe, 1933-39* (London: Macmillan, 1984), p. 13.

47　Radek's record of the conversation, 4 May 1933: Russia. Moscow. Yeltsin Presidential Library. *Vtoraya mirovaya voina v arkhivnykh dokumentakh, 1933*. RGASPI, photocopy: prlib.ru.

48　Entry, 18 April 1933: Aloisi, *Journal*, p. 111.

49 당시 스탈린은 그가 결코 완수하지 못한 폴란드의 친선이라는 주제에 관해 짧은 대화를 꾸몄다. 이에 관해 가장 주목할 만한 바는 폴란드의 외교정책 이면에 있던 이념적 동기의 힘을 고려하지 못한 그의 완벽한 실패이다. "Stalin I. V. Beseda s pol'skim natsionalistom", *Istoricheskii arkhiv*, No. 3, 2015, pp. 97-98.

50 다음에서 인용했다. Haslam, *Soviet Union and the Struggle*, p. 21.

51 Entry, 21 July 1933: Aloisi, *Journal*, p. 140.

52 Entry, 19 December 1933: *Die Tagebücher von Joseph Goebbels*, Part 1, ed. E. Fröhlich (Munich: Saur, 2006), p. 340.

53 Conversation reported by Major Renzetti, head of Alessandro Chiavolini's secretariat, Berlin, 3 February 1934: *Documenti diplomatici italiani*, 7th Series, Vol. 14, doc. 659. 치아볼리니는 무솔리니의 비서였다.

54 Sturdza (Riga) to Titulescu (Bucharest), 9 October 1934: *The Romanian-Latvian Relations [sic]. Diplomatic Documents (1918-1958)*, ed. S. Miloiu et al. (Târgoviște: Cetatea de Scaun, 2012), doc. 99.

55 J. Beck, *Dernier rapport* (Neuchâtel: La Baconnière, 1951), p. 29.

56 Litvinov's memorandum to Stalin and Politburo acceptance of Paul-Boncour's proposals: Russia. Moscow. Yeltsin Presidential Library. *Vtoraya mirovaya voina v arkhivnykh dokumentakh*. RGASPI, f. 17, op. 166, d. 510, l. 26-30, photocopy: prlib.ru.

57 Clerk (Paris) to Simon (London), 26 February 1935: *Documents on British Foreign Policy 1919-1939*, 2nd Series, Vol. 12, doc. 509.

58 Clerk (Paris) to Simon (London), 28 March 1935: ibid., doc. 663.

59 "Iz protokola No. 7", 25 May 1934: *VKP(b), Komintern i Yaponiya*, doc. 150.

60 "Iz protokola No. 10", 14 July 1934: *Politburo TsK RKP(b)-VKP(b) i Evropa. Resheniya "Osoboi papki" 1923-1939*, doc. 214.

61 Stalin to the Politburo, 15 September 1934: ibid., p. 316.

62 "Iz protokola No. 12", 23 September 1934: ibid., doc. 218.

63 Ibid., p. 318, footnote 1.

64 *Glazami razvedki SSSR i Evropa 1919-1938 gody*, doc. 150.

65 Polish statistics summarised in Kaser and Radice, eds, *Economic History of Eastern Europe*, Vol. 2, p. 100.

66 "Iz protokola, No. 16", 2 November 1934: *Politburo TsK RKP(b)-VKP(b) i Evropa. Resheniya "Osoboi papki" 1923-1939*, doc. 219.

67 Stalin (Sochi) to Molotov and Zhdanov (Moscow), 12 October 1934: Russia. Moscow. Yeltsin Presidential Library. *Vtoraya mirovaya voina v arkhivnykh dokumentakh*, 1934. RGASPI, photocopy: prlib.ru.

68 "Memorandum by Mr. Sargent on German Rearmament", 31 October 1934: *Documents on British Foreign Policy 1919-1939*, 2nd Series, Vol. 12, doc. 159.

69 E. Carr, *International Relations between the Two World Wars (1919-1939)* (London: Macmillan, 1947), p. 220. 1936년 3월 카는 외무부에서 사임했다.

70 Ibid., p. 221.

71 Patteson (Geneva) to Simon (London), 21 November 1934: *Documents on British Foreign Policy 1919-1939*, 2nd Series, Vol. 12, doc. 200.

72 Record of the meeting, 22 December 1934: ibid., doc. 311.

73 "Iz protokola No. 21", 11 February 1935: *Politburo TsK RKP(b)-VKP(b) i Evropa. Resheniya "Osoboi papki" 1923-1939*, doc. 220.

74 Attolico (Moscow) to Mussolini (Rome), 8 February 1934: *Documenti diplomatici italiani*, 7th Series, Vol. 14, doc. 675.

75 Lt. Col. Jacob Wuest to Ambassador William Dodd, 5 October 1934: USA. College Park. National Archives, US Military Intelligence, Germany, 0029828-020-0226.

76 소비에트 군사정보부가 취득한 1935년 1월 30일 자 복본은 원문이 프랑스어로 돼 있다. Russia. Moscow. Yeltsin Presidential Library. *Vtoraya mirovaya voina v arkhivnykh dokumentakh*, 1934. RGVA, f. 7k, op.1, d. 474, l. 53: prlib.ru.

77 Slutsky, deputy head, InO GUGB, report to Stalin, 1 April 1935: *Sekrety pol'skoi politiki 1935-1945 gg. Rassekrechennye dokumenty sluzhby vneshnei razvedki Rossiiskoi Federatsii*, ed. L. Sotskov (Moscow: Ripol, 2010), p. 12.

78 Memoirs of the French ambassador: L. Noël, *Polonia Restituta. La Pologne entre deux mondes* (Paris: La Sorbonne, 1984), p. 19. 그는 독·폴 선언 6개월 후 대사관을 장악했다.

79 "믿을 만한 원천들"로부터. Slutsky, deputy head of InO GUGB NKVD (no date): *Sekrety pol'skoi politiki 1935-1945 gg.*, pp. 20-21.

80 Report enclosed in Artuzov to Voroshilov, 5 March 1935: Russia. Moscow. Yeltsin Presidential Library. *Vtoraya mirovaya voina v arkhivnykh dokumentakh*, 1935. RGVA, f. 33987, op. za. d. 745, l. 19-26: prlib.ru.

81 Entry, 27 September 1933: *Tagebücher von Joseph Goebbels*, p. 277.

82 Noël, *Polonia Restituta*, p. 76.

83 Ibid., p. 76.

84 "믿을 만한 원천들"로부터. Slutsky, deputy head of InO GUGB NKVD (no date): *Sekrety pol'skoi politiki 1935-1945 gg.*, p. 20.

85 L. Samuelson, *Plans for Stalin's War Machine* (London: Macmillan, 2000), p. 159.

86 Ibid., p. 160.

87 Valters (Warsaw) to Munters (Reval), 21 February 1936: *Romanian-Latvian Relations*, doc. 114.

88 "Account of a trip to Poland and a conversation with Prime Minister Beck", 25 February-3 March 1939: G. Ciano, ed., *L'Europa verso la catastrofe. 184 colloqui con Mussolini, Hitler, Franco, Chamberlain, Sumner Welles, Rustu Aras, Stoiadinovic, Göring, Zog, François-Poncet, ecc. Verbalizzati da Galeazzo Ciano* (Milan: Mondadori, 1948), p. 416.

89 다음에서 인용했다. R. Mirowicz, "Edward Rydz-Śmigły: A Political and Military Biography" (unpublished text translated and edited by G. Dziekoński, c. 1974), p. 109.

90 피우수트스키의 평가에 관해서는 다음을 보라. Ibid., 154.

91 Reported to the Polish ambassador to the Vatican, Aleksander Skrzyński; quoted in M. Kornat, "Ricordi di Pio XI sul Maresciallo Piłsudski alla luce dei documenti diplomatici polacchi", in Q. Bortolato and M. Lenart, eds, *Nunzio in una terra di frontiera: Achille Ratti, poi Pio XI, in Polonia (1918-1921)*, (Vatican City: Pontificio Comitato di Scienze Storiche, 2017), p. 105.

92 Record of the conversation, 16 February 1937 obtained by a Soviet intelligence agent in the Polish Foreign Ministry and sent to Stalin and Molotov on 25 March 1937: *Sekrety pol'skoi politiki 1935-1945 gg.*, p. 182.

93 Mirowicz, "Edward Rydz-Śmigły," p. 198. Repeated to Germany's ambassador Moltke on 25 November: ibid., p. 201.

94 프랑스 외무부 문서보관소에서 인용했다. A. Lacroix-Riz, "Polen in der aussenpolitischen Strategie Frankreichs (Oktober 1938-August 1939)", *Polen und wir*, No. 3, 2014, pp. 11-17.

95 다음에서 인용했다. A. Misyuk (Andrzej Misiuk), *Spetssluzhby Pol'shi, Sovetskoi Rossii i Germanii. Organizatsionnaya struktura pol'skikh spetssluzhb i ikh razvedyvatel'naya i kontrrazvedyvatel'naya deyatel'nost' v 1918-1939 godakh* (Moscow: Kraft, 2012), p. 142.

96 예조프가 선택한 정확한 문구이다. M. Jansen and N. Petrov, *Stalin's Loyal Executioner: People's Commissar Nikolai Ezhov, 1895-1940* (Stanford: Hoover Institution Press, 2002), p. 95.

97 *The History of "The Times"*, Vol. 4, (London: The Times, 1952), Part 2: 1921-1948, pp. 890-891.

98 "Iz protokola No. 23", 8 March 1935: *Politburo TsK RKP(b)-VKP(b) i Evropa. Resheniya "Osoboi papki" 1923-1939*, doc. 221.

99 "Notes of Anglo-German Conversations, held at the Chancellor's Palace, Berlin, on

March 25 and 26, 1935": UK. London. National Archives, CP 69 (35).

100 Paravicini (London) to Motta (Bern), 28 March 1935: *Documents diplomatiques suisses, 1848-1945*, Vol. 11, ed. J.-C. Favez et al. (Bern: Benteli, 1989), doc. 107.

101 Record of a conversation between Stalin and Molotov with Lord Privy Seal Eden, 29 March 1935: *Dokumenty vneshnei politiki SSSR*, Vol. 18, ed. A. Gromyko et al. (Moscow: Politizdat, 1973), doc. 148.

102 Minute by Sargent, 1 April 1935: *Documents on British Foreign Policy 1919-1939*, 2nd Series, Vol. 12, doc. 678.

103 "Notes of Anglo-German Conversations": UK. London. National Archives, CP 69 (35).

104 Memorandum by Sargent on the proposed Eastern Pact, 28 January 1935: *Documents on British Foreign Policy*, 2nd Series, Vol. 12, doc. 380.

105 Memorandum on Russia's probable attitude towards a 'General Settlement' with Germany, and the Proposed Air Agreement, 7 February 1935: ibid., doc. 428.

106 Minute dated 2 January 1936, quoted in P. Neville, "A Prophet Scorned? Ralph Wigram, the Foreign Office and the German Threat, 1933-36", *Journal of Contemporary History*, Vol. 40, No. 1, January 2005, p. 45.

107 Sargent, "Action on the Stresa Resolution, more particularly with regard to Germany", 24 April 1935: FO 371/18843, quoted in K. Neilson, "Orme Sargent, Appeasement and British Policy in Europe, 1933-39", *Twentieth Century British History*, Vol. 21, No. 1, January 2010, pp. 1-28, footnote 50 (section iv).

108 Chilston (Moscow) to Hoare (London), 22 June 1935: UK. London. National Archives, FO 371/19457.

109 End of November, 1937, Stalin, Molotov and Kaganovich: Russia. Moscow. Yeltsin Presidential Library, online, *Vtoraya mirovaya voina v arkhyvnikh dokumentakh*. RGASPI f. 558, op. 11, d. 390, photocopy: prlib.ru.

110 *Izvestiya* and *Le Temps*, 17 May 1935.

111 "Stenogramme. Zum Protokoll Nr. 86 des Präsidiums des EKKI vom. 27. mai 1935": Russia. Moscow. RGASPI, Arkhiv Kominterna, f. 495, op. 2, d. 228.

112 "Les Bolcheviks défendent la paix", l'Humanité, 18 May 1935.

113 이는 미국 주재 프랑스 대사 폴 클로델이 국무장관 스팀슨에게 말한 내용이다. Entry, 9 October 1931: USA. New Haven. Yale University Library, Stimson diaries, Vol. 17, p. 114.

114 *Inprecorr*, 11 January 1936.

115 J. Duclos, "Réponses aux questions posées par les journalistes, à la Mutualité", *Cahiers*

du Bolchévisme, Nos 8-9, 15 May 1936, p. 496.

116 로저스 대령은 1926년 동부의 불안에 관한 부처 간 위원회의 성원이 유관 부서들의 가장 선임 관리들로만 제한됐을 때 법적으로 "전쟁부"로 지정됐다. 보안부(MI5)의 수장 대령 버논 켈 경 역시 "전쟁부"로 지정되어 그의 옆에 등재됐다. 비밀정보부(MI6)는 별도로 열거됐다. UK. London. National Archives, FO 371/11678.

117 Dated not later than 31 May 1935: Russia. Moscow. Yeltsin Presidential Library. *Vtoraya mirovaya voina v arkhyvnikh dokumentakh.* InO GUGB, ASVR l. 140-142, photocopy: prlib.ru.

118 Bingham (London) to Roosevelt (Washington DC), 28 June 1935: USA. Hyde Park. Franklin D. Roosevelt Library and Archive, PSF, Great Britain, Robert W. Bingham, Box 37.

7장 이탈리아, 벗어나다

1 다음에서 인용했다. R. De Felice, *Mussolini il duce. 1. Gli anni del consenso 1929-1936* (Turin: Einaudi, 1974), p. 165.

2 January 1927, quoted in Gilbert, *Winston S. Churchill*, Vol. 5, p. 226.

3 L. Longo, *L'attività degli addetti militari italiani all'estero fra le due guerre mondiali (1919-1939)* (Rome: Stato Maggiore dell'Esercito, Ufficio storico, 1999), p. 373.

4 이 측면에서 한때 파시스트였던 로베르토 비바렐리의 저작은 깨달음을 준다. *Storia delle origini del fascismo*, Vol. 1 (Bologna: Il Mulino, 1991).

5 G. Megaro, *Mussolini in the Making* (London: Allen and Unwin, 1938), p. 293.

6 Baroni (Berlin) to Grandi (Rome), 21 January 1932: *I documenti diplomatici italiani*, 7th Series, Vol. 11, ed. G. Carocci (Rome: Istituto Poligrafico dello Stato, 1981), doc. 176.

7 Cerruti (Berlin) to Mussolini (Rome), 8 March 1933: *I documenti diplomatici italiani*, 7th Series, Vol. 13, ed. G. Carocci (Rome: Istituto Poligrafico dello Stato, 1989), doc. 182. 기둥 위의 흉상은 다음의 반대쪽 사진에서 볼 수 있다. P. 374 of Ullrich, *Hitler*.

8 E. Corradini, *Il nazionalismo italiano* (Milan: Treves, 1914), pp. 67-68.

9 다음에서 인용했다. R. De Felice in *Mussolini il duce. 2. Lo Stato totalitario 1936-1940* (Turin: Einaudi, 1981), pp. 360-361.

10 Motta (Bern) to Wagnière (Rome), 21 November 1933: *Documents diplomatiques suisses*, Vol. 10, doc. 358.

11 "Il problema italiano", *Corriere Diplomatico e Consolare*, 20 June 1932.

12 C. Stannage, "The East Fulham By-Election, 25 October 1933", *The Historical Journal*, Vol. 14, No. 1, March 1971, pp. 165-200.

13 13 January 1935: UK. London. National Archives, FO 371/19452.

14 G. Rochat, *Militari e politici nella preparazione della campagna d'Etiopia. Studio e documenti 1932-1936* (Milan: Angeli, 1971), p. 26.

15 Ibid., appendix, doc. 7.

16 Haslam, *Soviet Union and the Struggle*, p. 60.

17 John Cudahy (London) to President Roosevelt (Washington DC), 11 October 1935: USA. Hyde Park. Franklin D. Roosevelt Library and Archive, PSF, Poland, Box 46.

18 A. Rowse, *Appeasement: A Study in Political Decline 1933-1939* (New York: Norton, 1963), p. 26.

19 Anthony Eden, Lord Privy Seal, notes, 7 April 1935: *Documents on British Foreign Policy 1919-1939*, 2nd Series, Vol. 12, doc. 701.

20 Rowse, *Appeasement*, p. 28 (강조 원문).

21 Amery to Smuts, 22 June 1936: UK. Cambridge. Churchill College Archives, Leo Amery Papers, AMEL 2/1/26.

22 "HOLY SEE. Annual Report, 1935", 9 January 1936: *Anglo-Vatican Relations, 1914-1939: Confidential Annual Reports of the British Ministers to the Holy See*, ed. T. Hachey (Boston, Mass.: G. K. Hall, 1972), p. 319.

23 Ibid., p. 311.

24 Ibid., p. 322.

25 A. Khormach, *SSSR-Italiya, 1924-1939 gg. (Diplomaticheskie i ekonomicheskie otnosheniya)* (Moscow: Institute of Russian History, RAN, 1995), p. 136; *Corriere della Sera*, 13 January 2016.

26 *Documenti diplomatici italiani*, 7th Series, Vol. 14, doc. 141.

27 Attolico (Moscow) to Rome. 15 August 1933: Italy. Rome. Ministero degli Affari Esteri, Archivio Storico Diplomatico: Affari Politici 1931-35: l'URSS, Busta N. 11, 1933. Rapporti Italia-URSS, 1.7.

28 Telegram from Rome to Attolico (Moscow), 12 September 1933: ibid.

29 Address to the presidium of Comintern's executive committee, 23 March 1936: Russia. Moscow. RGASPI, Arkhiv Kominterna, f. 495, op. 2, d. 238.

30 다음의 문서보관소에서 인용했다. Alekseev, "Vernyi Vam Ramzai", pp. 104-105.

31 Bülow-Schwante (Berlin) to Hassell (Rome), 15 November 1935: UK. London. National Archives, GFM 33/3108/8039. 독일어 원문.

32 Hassell (Rome) to Bülow (Berlin), 12 December 1935: ibid.

33 Bülow to Himmler, 11 January 1936: ibid.

34 S. Pelagalli, *Il generale Efisio Marras, addetto militare a Berlino (1936-1943)* (Rome: Stato Maggiore dell'Esercito, Ufficio storico, 1994), p. 14.

35 복본은 1945년 붉은군대가 포획한 문건인 러시아 "전리품 문서보관소"에서 찾을 수 있다. P. Bernhard, "Der Beginn eine Faschistischen Interpol? Das deutsch-italienische Polizeiabkommen von 1936 und die Zusammenarbeit der faschistischen Diktaturen im Europa der Zwischenkriegzeit". *Themenportal Europäische Geschichte. Clio-online*, January 2010, https://www.europa.clio-online.de/essay/id/fdae-1535.

36 G. Leto, *OVRA: fascismo-antifascismo* (Rocca San Casciano: Cappelli, 1952), p. 162. 보키니는 힘러의 별명을 "웃는 하이에나"라고 지었다.

37 V. Perna, *Galeazzo Ciano, operazione Polonia. Le relazione diplomatiche italo-polacche degli anni Trenta 1936-1939* (Milan: Lunk, 1999), pp. 39-40. 그러나 페르나는 1936년 7월 11일 이탈리아가 오스트리아에 관해 독일에 이미 실질적으로 양보를 한 직후 이·폴 관계라는 이야기를 꺼내든다.

38 The Italian ambassador to the Holy See, briefing Secretary of State Pacelli, 10 July 1936: M. Casella, ed., *Gli ambasciatori d'Italia presso la Santa Sede dal 1929 al 1943* (Galatina: Congedo, 2009), p. 198.

39 Krestinsky (Moscow) to Shtein (Rome), 17 July 1936: *Dokumenty vneshnei politiki SSSR*, Vol. 19, ed. A. Gromyko et al. (Moscow: Politizdat, 1974), doc. 223.

40 T. de Vergottini, "Fulvio Suvich e la difesa dell'independenza austriaca", *Rivista di Studi Politici Internazionali*, Vol. 60, No. 2 (238), April-June 1993, p. 260.

41 다음에서 인용했다. Ibid., p. 268, footnote 19.

42 다음에서 인용했다. Neville, "A Prophet Scorned?", p. 43.

43 V. Kondrashov, *Voennye razvedki vo Vtoroi Mirovoi Voine* (Moscow: Kuchkovo pole, 2014), pp. 129-130. 열거되지 않은 자료 가운데 일부는 출처가 러시아의 정보부 문서 보관소이다.

44 Haslam, *Vices of Integrity*, p. 60.

45 Ibid.

46 위그램의 제안으로 1월 밴시터트는 사건이 일어나기 바로 직전, 참모장들로부터 이 분석을 얻었다. Neville, "A Prophet Scorned?", p. 45.

47 Committee of Imperial Defence. Imperial Conference, 1937. "Review of Imperial Defence by the Chiefs of Staff Sub-Committee, 289th meeting, 25 February 1937": UK. London. National Archives, CID 1305-B, also COS 560.

48 Amery to Beneš, 17 November 1933: UK. Cambridge. Churchill College Archives, Leo Amery Papers, AMEL 2/1/26.

49   Amery to Bardoux: ibid.

50   *La Victoire*, June 1931.

51   *Memoirs of Lord Gladwyn*, p. 55. 젭은 사건이 벌어질 당시 이 기록을 직접 작성했다. 하지만 그가 남긴 쪽지들은 그의 문건이 보관된 처칠대학 문서보관소에서 찾을 수 없다.

52   Address to the Comintern's executive presidium, given on 25 March 1936: Russia. Moscow. RGASPI, Arkhiv Kominterna, f. 495, op. 2, d. 240.

53   "Materialy k Protokolu No. 10. Zasedaniya Prezidiuma IKKI", 1 April 1936: Russia. Moscow. RGASPI, Arkhiv Kominterna, f. 495, op. 2, d. 243.

8장 인민전선의 역설

1   Moscow, 21 July 1935: *Komintern i ideya mirovoi revolyutsii*, doc. 216.

2   "새로운 방향성"이라는 용어 또한 사용됐다. Dimitrov, addressing a meeting of the Comintern executive's presidium, 23 March 1936: "Protokol No. 8 i stenogramma zasedaniya Prezidiuma IKKI ot 23 marta 1936 g.": Russia. Moscow. RGASPI, Arkhiv Kominterna, f. 495, op. 2, d. 238.

3   "Protokol No. 16 i stenogramma zasedaniya Prezidiuma IKKI ot 3 fevralya 1937": Russia. Moscow. RGASPI, Arkhiv Kominterna, f. 495, op. 2, d. 255.

4   Hinsley and Simkins, *British Intelligence*, Vol. 4, p. 18.

5   Address to the presidium of Comintern's executive committee, 23 March 1936: Russia. Moscow. RGASPI, Arkhiv Kominterna, f. 495, op. 2, d. 238.

6   *The Economist*, 15 July 1933.

7   Editorial, "M. Blum Faces a Storm", *The Times*, 5 June 1936.

8   A. Zhamaletdinova et al., *Zabastovochnaya bor'ba trudyashchikhsya konets XIXv. -70-e gody XXv. (Statistika)* (Moscow: Nauka, 1980), p. 173.

9   "Since 1931 the political character of strikes has not ceased to spread": comment by Gaston Monmousseau of the CGTU, 17 February 1934: "Procès-verbal de la réunion du Secrétariat du CEIC", No. 65: Russia. Moscow. RGASPI, Arkhiv Kominterna, f. 495, op. 2, d. 209.

10   Mussolini (Rome) to Preziosi (Vienna), 11 February 1934: *Documenti diplomatici italiani*, 7th Series, Vol. 14, doc. 683.

11   Report on the situation in France by former leader of the CGTU Gaston Monmousseau: "Stenogramme zum Protokoll Nr. 65 des Präsidiums des EKKI am 17. Febr. 1934": Russia. Moscow. RGASPI, Arkhiv Kominterna, f. 495, op. 2, d. 209.

12 Letter to Pollitt, 6 March 1934: "Procès-verbal 360. Commission politique du IKKI": ibid., f. 495, op. 4, d. 280.

13 다음에서 인용했다. The Vatican Secret Archive in Klieber, "Die moralische und politische Schützenhilfe", p. 533.

14 Ibid., p. 552.

15 Selby (Vienna) to Simon (London), 17 February 1934: *Documents on British Foreign Policy 1919-1939*, 2nd Series, Vol. 6, doc. 293.

16 Mussolini (Rome) to Preziosi (Vienna), 11 February 1934: *Documenti diplomatici italiani*, 7th Series, Vol. 14, doc. 683.

17 다음에서 인용했다. Klieber, 'Die moralische und politische Schützenhilfe", p. 562.

18 Ibid., p. 563.

19 Addressing the presidium of Comintern's executive committee, 17 February 1934: "Protokoll Nr. 65 der Sitzung des Präsidiums des EKKI am. 17 Februar 1934": Russia. Moscow. RGASPI, Arkhiv Kominterna, f. 495, op. 2, d. 209.

20 Ibid.

21 Dimitrov, *Diary*, p. 16.

22 Ibid., p. 24.

23 E. Fischer, *An Opposing Man* (London: Allen Lane, 1974), p. 263.

24 Entry, 20 May 1934: Dimitrov, *Diary*, p. 22.

25 Entry, 7 April 1934: ibid., p. 13.

26 Russia. Moscow. RGASPI, Arkhiv Kominterna, f. 495, op. 20, d. 17.

27 퍄트니츠키에 대한 디미트로프의 두려움에 관해서는 다음을 보라. "Record of an interview with A. G. Krytov, 2 June 1988": USA. Stanford. Hoover Institution, Firsov Papers, Box 43.

28 "Tsentral'nomu komitetu KP Frantsii", drafted on 9 June and approved by summary vote after amendment a day later: Russia. Moscow. RGASPI, Arkhiv Kominterna, f. 495, op. 4, d. 294.

29 Manuilsky's speech at a meeting of a committee of Comintern's executive preparing for the seventh congress, 14 June 1934: *Komintern protiv fashizma*, doc. 88.

30 M. Thorez, "L'organisation du front unique de lutte", *Cahiers du Bolchévisme*, No. 18, 1 July 1934, pp. 773-774 (강조 원문).

31 "Protokoll (A) Nr. 386 der Sitzung der Politkommission des Politisches Sekretariat am 4.vii.1934": Russia. Moscow. RGASPI, Arkhiv Kominterna, f. 495, op. 4, d. 297.

32 Thorez, "L'organisation du front unique de lutte", pp. 773-774.

33 "Oprosom chlenov Politburo it 4.xi.34. Iz protokol No. 13 (Osobyi No) reshenii

Politburo TsK VKP(b), 26 avgusta-14 sentyabrya 1934 g.": *Politburo TsK RKP(b)-VKP(b) i Komintern, 1919-1943*, doc. 443.

34   Dimitrov to Stalin, 6 October 1934: Russia. Moscow. RGASPI, Arkhiv Kominterna, f. 495, op. 73, d. 1. 복본은 후버연구소의 피르소프 문건에서 찾을 수 있다. Box 30, vol. 4.

35   다음에서 인용했다. F. Firsov, *Sekretnye kody istorii Kominterna 1919-1943* (Moscow: AIRO-XXI, 2007), p. 175.

36   Comintern (Moscow) to PCF (Paris), 16 September 1934: UK. London. National Archives, HW 17/13.

37   "Diskussiya po peredovoi v 'KI', posvyashennoi podgotovke v diskussii v svyazi s Up-m kongressom KI Zasedanie Politkomissii IKKI, 27/9/34": Russia. Moscow. RGASPI, Arkhiv Kominterna, f. 495, op. 4, d. 312.

38   Comintern (Moscow) to PCF (Paris), 3 October 1934: UK. London. National Archives, HW, 17/13.

39   여전히 구체적인 사항 대부분은 알려지지 않았다. 달라디에가 주도적으로 취한 조치에 관해서는 다음을 보라. "24 octobre 1934: la naissance du Front populaire à Nantes", *l'Humanité*, 24 October 2014. 1934년 10월 19일의 결정에 관해서는 다음을 보라. *Komintern i ideya mirovoi revolyutsii*, doc. 209. 코민테른 집행위원회 정치서기국이 프랑스공산당 중앙위원회에 보낸 서한(1934년 10월 20일)에 관해서는 다음을 보라. *Komintern protiv fashizma*, doc. 96.

40   J. Duclos, "À la mémoire de mon ami Clément", *Cahiers de l'Institut Maurice Thorez*, No. 13, 1969, pp. 120-124; G. Cerreti, *Con Togliatti e Thorez. Quarant'anni di lotte politiche* (Milan: Feltrinelli, 1973), pp. 168-169; J. Haslam, "The Comintern and the Origins of the Popular Front, 1934-1935", *The Historical Journal*, Vol. 22, No. 3, September 1979, pp. 673-691.

41   다음에서 인용했다. Firsov, *Sekretnye kody*, p. 176.

42   다음에서 인용했다. Haslam, *Soviet Union and the Struggle*, p. 58.

43   Thorez (Paris) to Comintern secretariat (Moscow), 3 December 1934: *Communisme*, Nos 67-68, 2001, p. 93.

44   Clément (Paris) to Michel (Moscow), 3 December 1934: UK. London. National Archives, HW 17/13.

45   B. Leibzon and K. Shirinya, *Povorot v politike Kominterna* (Moscow: Mysl', 1975), p. 110.

46   다음에서 인용했다. Central Committee member N. Pospielov, director of the Institute of Marxism-Leninism, in "Les Conclusions du VIIe Congrès de l'Internationale

Communiste. A la lumière de l'experience du Front Populaire en France et le rôle de Georges Dimitrov", *Cahiers de l'Institut Maurice Thorez, 1966-67*, Nos 3-4, p. 136.

47 Rothermere to Churchill, 13 May 1935: *The Churchill Documents*, Vol. 12, ed. M. Gilbert (London: Heinemann, 1981), p. 1171.

48 "Sténographie des séances du sécretariat des pays romains du CEIC (sécretariat de Manouilski): rapport de Duclos sur la situation en France. Sécretariat Roman, Réunion du 5/1/36": Russia. Moscow. RGASPI, Arkhiv Kominterna, f. 495, op. 10, d. 1.

49 Nuncio in Rome, Francesco Borgongini Duca, to Secretary of State Pacelli (Vatican), 17 December 1935: *L'archivio della nunziatura apostolica*, p. 140.

50 19 May 1936: "Sténogramme de la séance du Secrétariat du CEIC du 19 mai 1936. Procès-verbal": Russia. Moscow. RGASPI, Arkhiv Kominterna, f. 495, op. 11, d. 1089.

51 *Inprecorr*, 18 July 1936.

52 Ibid., 30 January 1937. 일간지 〈뤼마니테〉의 독자 수는 훨씬 많았고, 42만 부에 달했다.

53 Dimitrov, 11 May 1936: "Procès-verbal no. 41 de la réunion du Secrétariat du CEIC": Russia. Moscow. RGASPI, Arkhiv Kominterna, f. 495, op. 18, d. 1086.

54 지령은 1936년 6월 10일 합의됐으나 7월 20일에 가서야 발표됐다.

55 다음에서 인용했다. G. Vidal, *La Grande Illusion? Le Parti communiste français et la Défense nationale à l'époque du Front populaire (1934-1939)* (Lyon: Presses Universitaires de Lyon, 2006), pp. 210-211.

56 Decision of the secretariat on the French question, 23 May 1936: Russia. Moscow. RGASPI, Arkhiv Kominterna, f. 495, op. 20, d. 573.

57 Resolution of 25 May 1936: *Inprecorr*, 6 June 1936. 58. A. Mahouy, "Le conflit Citroën", *La Révolution prolétarienne*, 10 June 1936.

58 A. Mahouy, "Le conflit Citroën", *La Révolution prolétarienne*, 10 June 1936.

59 "Obshchee polozhenie vo Frantsii. Otchet o plenarnom zasedanie TsK KPF, Protokol No. 12, Prezidium IKKI", 10 June 1936: Russia. Moscow. RGASPI, Arkhiv Kominterna, f. 495, op. 2, d. 246.

60 S. Galois [nom de plume], "La vie et la grève des ouvrières métallos?", *La Révolution prolétarienne*, 10 June 1936.

61 Briefing by Racamond and Mauvais, 15 May 1933: "Stenogramma zasedaniya frantsuzskoi komissii IKKI": Russia. Moscow. RGASPI, Arkhiv Kominterna, f. 495, op. 55, d. 27.

62 다음에서 인용했다. The archives in G. Vidal, "L'institution militaire et la peur d'une

insurrection communiste en 1936", *Communisme*, No. 69, 2002, p. 101.

63   *Le Populaire*, 27 May 1936.

64   *La Voix du Peuple*, 4th Series, No. 188, 1936, p. 302.

65   *l'Humanité*, 28 May 1936.

66   "Discipline Parlementaire et nationale", *Le Temps*, 1 June 1936.

67   "Obshchee polozhenie vo Frantsii. Otchet o plenarnom zasedanie TsK KPF, Protokol No. 12, Prezidium IKKI", 10 June 1936: Russia. Moscow. RGASPI. Arkhiv Kominterna, f. 495, op. 2, d. 246.

68   "Contrat Collectif", *Le Temps*, 2 June 1936.

69   Cerruti (Paris) to Mussolini (Rome), 29 May 1936: MAE, *I documenti diplomatici italiani*, 8th Series, Vol. 4, ed. R. De Felice and P. Pastorelli (Rome: Istituto Poligrafico dello Stato, 1993), doc. 131.

70   다음에서 인용했다. G. Vidal, *L'Armée française et l'ennemi intérieur 1917-1939. Enjeux stratégique et culture politique* (Rennes: Universitaire de Rennes, 2015), p. 105.

71   Comment on 9 June: Vidal, "L'institution militaire", p. 103.

72   Marty, at the Comintern executive presidium, 10 June 1936: Russia. Moscow. RGASPI, Arkhiv Kominterna, f. 495, op. 2, d. 246.

73   *Inprecorr*, 20 June 1936.

74   Vidal, "L'institution militaire", p. 106.

75   "Frantsuzskaya revolyutsiya nachalas'", Byulleten' oppozitsii, No. 51, July-August 1936, p. 4.

76   Dunant (Paris) to Motta (Bern), 24 June 1936: *Documents diplomatiques suisses, 1848-1945*, Vol. 11, doc. 251.

77   Cerruti (London) to Ciano (Rome), 9 July 1936: *Documenti diplomatici italiani*, 8th Series, Vol. 4, doc. 490.

78   Neilson, "Orme Sargent", pp. 7-13.

79   Minute dated 19 March, on Clerk (Paris) to Foreign Office, 18 March 1936: UK. London. National Archives, FO 371/19894.

80   Letter to A. F., 23 May 1936: T. Jones, *A Diary with Letters 1931-1950* (London: Oxford University Press, 1954), p. 209.

81   Duke of Alba (London) to José Fernández Villaverde (Salamanca), 2 July 1937: Spain. Madrid. Archivo General de la Administración (Madrid), 54/6700, No. 12. 알바는 시골의 자택에서 긴 "주말"에 볼드윈 백작을 만났다(더 많은 정보는 본문을 보라).

82   Entry, 26 March 1935: Eden's diary, quoted in D. Dutton, "Simon and Eden at the Foreign Office, 1931-1935", *Review of International Studies*, Vol. 20, No. 1, January

1994, p. 50.

83   G. Niedhart, *Grossbritannien und die Sowjetunion 1934-1939* (Munich: Fink, 1972), p. 332.

84   Letter to Churchill, 9 May 1936: I. Kershaw, *Making Friends with Hitler: Lord Londonderry and Britain's Road to War* (London: Allen Lane, 2004), p. 155.

85   Sargent to Churchill, 13 November 1934 and enclosure: M. Gilbert, ed., *Winston S. Churchill, Vol. 5 Companion, Part 2, Documents: The Wilderness Years, 1929-1935* (London: Heinemann, 1981) pp. 920-922.

86   다음에서 인용했다. Haslam, *Soviet Union and the Struggle*, p. 47.

87   Ibid., pp. 335-336.

88   다음에서 인용했다. D. Little, "Red Scare 1936: Anti-Bolshevism and the Origins of British Non-Intervention in the Spanish Civil War", *Journal of Contemporary History*, Vol. 23, No. 2, April 1988, p. 297.

89   Marty at the Comintern executive committee, 10 June 1936: Russia. Moscow. RGASPI, Arkhiv Kominterna, f. 495, op. 2, d. 246.

90   "Protokol zasedaniya Prezidiuma IKKI", 10 June 1936: ibid.

91   Procès-verbal, 4 June 1936: *Cahiers du Bolchévisme*, No. 10-11, 15 June 1936, pp. 753-756.

92   H. de Torrenté (Paris) to Motta (Bern), 10 September 1936: *Documents diplomatiques suisses*, Vol. 11, doc. 291 (강조 원문).

93   M. Cachin, "Nekotorye nashi dostizheniya", *Kommunisticheskii Internatsional*, No. 2, February 1937.

94   O'Brien (Paris) to Walshe (Dublin), 6 July 1936: *Documents on Irish Foreign Policy*, Vol. 4, ed. C. Crowe (Dublin: Royal Irish Academy, 2004), doc. 350.

95   Dunant (Paris) to Motta (Bern), 16 July 1936: *Documents diplomatiques suisses*, Vol. 11, doc. 267.

96   Bullitt (Paris) to Roosevelt (Washington DC), 8 December 1936: USA. Hyde Park. Franklin D. Roosevelt Library and Archive, PSF, France, William C. Bullitt, 1936, Box 20.

97   Leader, *The Times*, 6 July 1936.

98   Arone (Moscow) to Mussolini (Rome), 11 June 1936: *Documenti diplomatici italiani*, 8th Series, Vol. 4, doc. 237. 이탈리아인들은 이례적으로 다른 이들보다 훨씬 많은 모스크바 주재 외교단 보유했다. 파시스트 이탈리아와 스탈린주의 러시아 사이의 차이점에도 불구하고, 이탈리아인들은 상대적으로 수월하게 소비에트 상대자들을 배양할 수 있었다. 하지만 파시스트 당국은 투옥된 그람시를 잔혹하게 다루며 계속해서 긴장감을 형

성했다.

99 "Décisions du Secrétariat", No. 146, 29 June 1936: France. Université de Bourgogne, Fonds de la direction du Parti Communiste Français: https://pandor.u-bourgogne.fr.

100 Dunant (Paris) to Motta (Bern), 20 July 1936: *Documents diplomatiques suisses*, Vol. 11, doc. 268.

101 Points 6 and 7 of the resolution on Dimitrov's speech, 20 August 1935: *Komintern i ideya mirovoi revolyutsii*, doc. 222.

102 J. Duclos, "Réponses aux questions posés par les journalistes, à la Mutualité", *Cahiers du Bolchévisme*, Nos 8-9, 15 May 1936, pp. 496 and 500.

103 가믈랭 장군의 비서 페티반이 6월 15일 이탈리아 무관에게 말한 내용이다. Barbasetti (Paris) to Cerruti (Paris), 16 June 1936: *Documenti diplomatici italiani*, 8th Series, Vol. 4, doc. 294.

104 Vidal, "L'institution militaire", p. 101.

105 Bullitt (Paris) to Roosevelt (Washington DC), 8 December 1936: USA. Hyde Park. Franklin D. Roosevelt Library and Archive, PSF, 1933-1945, Box 30. France: William C. Bullitt, 1936.

106 For Morel: A.-A. Inquimbert, *Un officier français dans la guerre d'Espagne. Carrière et écrits d'Henri Morel* (Rennes: Presses Universitaires de Rennes, 2009), ch. 6.

9장 스페인과 유럽의 분열

1 "Democracy and the Dictators", *The Economist*, 26 September 1936.

2 Exchange with France's ambassador, 29 June 1936: Ciano, ed., *L'Europa verso la catastrofe*, p. 28.

3 Memoirs of Lord Gladwyn, p. 59.

4 "Germany and the Spanish Civil War", 24 August 1936: USA. College Park. National Archives, US Military Intelligence, Germany, 002928-003-0001.

5 Comintern (Moscow) to PCE (Madrid), 22 September 1934: UK. London. National Archives, HW 17/26.

6 Addressing a session of the presidium of Comintern's executive committee, 25 January 1935: *Komintern i ideya mirovoi revolyutsii*, doc. 213.

7 Comintern (Moscow) to PCE (Madrid), 7 October 1934: UK. London. National Archives, HW 17/26.

8 Report on the uprising: "Stenogramma Zasedaniya Romanskii Lendersekretariat s

ispanskimi tovarishchami", 1 December 1934: Russia. Moscow. RGASPI, Arkhiv Kominterna, f. 495, op. 32, d. 154.

9   Tedeschini (Madrid) to Pacelli (Vatican), 17 October 1934: *La II República y la Guerra Civil en el Archivo Secreto Vaticano*, ed. V. Cárcel Ortí, Vol. 3: *Documentos de los años 1933 y 1934* (Madrid: Biblioteca de Autores Cristianos, 2014), doc. 1,398.

10   J. Gil Robles, *No fue posible la paz* (Barcelona: Ediciones Ariel, 1968), p. 669.

11   Addressing the presidium of Comintern's executive committee, 25 January 1935: *Komintern i ideya mirovoi revolyutsii*, doc. 213.

12   Alba (London) to José Fernández de Villaverde (Burgos), 20 February 1939: Spain. Madrid. Archivo General de la Administración, 54/6700.

13   USA. Stanford. Hoover Institution, Firsov Papers, Box 32.

14   Codovilla (Madrid) to Manuilsky (Moscow), 18 February 1936: ibid., Box 37.

15   Danielsson (Madrid) to Stockholm, 17 February 1936: Sweden. Stockholm. Sveriges Riksarkivet, Utrikesdepartementet, 1920 års dossiersystem, HP 1, C, 90, Spansk Politik.

16   "HOLY SEE. Annual Report, 1936", 1 January 1937: *Anglo-Vatican Relations*, p. 361.

17   Despatch 7874, Tedeschini (Madrid) to Pacelli (Vatican), 1 March 1936: *La II República y la Guerra Civil en el Archivo Secreto Vaticano*, Vol. 4: *Documentos de los años 1935 y 1936* (Madrid: Biblioteca de Autores Cristianos, 2016), doc. 1,575.

18   "HOLY SEE. Annual Report, 1936", *Anglo-Vatican Relations*, p. 361. 곧 일어날 쿠데타에 관한 추가적인 소문은 스웨덴 대사관에도 들어갔다. Danielsson (Madrid) to Sandler (Stockholm), 17 February 1936: Sweden. Stockholm. Sveriges Riksarkivet, Utrikesdepartementet, 1920 års dossiersystem, HP 1, C, 91.

19   Despatch 7875: Tedeschini (Madrid) to Pacelli (Vatican), 3 March 1936: *La II República y la Guerra Civil*, Vol. 4, doc. 1,576.

20   Despatch 7929: Tedeschini (Madrid) to Pacelli (Vatican), 27 March 1936: ibid., doc. 1,591.

21   Danielsson (Madrid) to Sandler (Stockholm), 4 March 1936: Sweden. Stockholm. Sveriges Riksarkivet, Utrikesdepartementet, 1920 års dossiersystem, HP 1, C, 129.

22   M. Tagüeña Lacorte, *Testimonio de dos guerras* (Barcelona: Planeta, 1978), p. 71. 타구에냐는 내전에서 싸운 뒤인 1939년 다수의 지도적인 당원들과 함께 소련으로 망명했다.

23   권위적인 원천으로부터 도출한 통계에 관해서는 다음을 보라. M. Álvarez Tardío and R. Villa García, "El impacto de la violencia anticlerical en la primavera de 1936 y la respuesta des las autoridades", *Hispania Sacra*, Vol. 65, No. 132, July-December 2013,

pp. 721-762.

24 Pacelli's notes of the meeting, 4 May 1936: *La II Republica y la Guerra Civil*, Vol. 4, doc. 1,614.

25 Tagüeña Lacorte, *Testimonio de dos guerras*, p. 68.

26 Kerney (Madrid) to Walshe (Dublin), 17 April 1936: *Documents on Irish Foreign Policy*, Vol. 4, doc. 332.

27 Comintern (Moscow) to the PCE (Madrid), 26 February 1936: UK. London. National Archives, HW 17/26. 정부암호연구소GCCS는 존 틸트먼이라는 인격으로 적어도 1930년부터 코민테른 통신을 가로채고 해독하려고 시도했으나, MI6 지부장 폴리가 1933년 2월 베를린에서 채용된 한 코민테른 직원으로부터 암호표를 획득하기 전까지는 별다른 성공을 거두지 못했다. 소비에트 정보부는 1936년 8월 말에 가서야 이를 인지했는데, 분명 외무부의 서유럽부서에서 근무했던 소비에트 첩자 도널드 매클레인이 알려준 것이었다. 해당 첩자는 독일 공산주의자이자 붉은군대의 제4국(군사정보부) 장교인 요한 하인리히 데어 그라프였다. Jeffery, *MI6*, pp. 267-271. 디미트로프는 1936년 8월 26일 통보를 받았다. Dimitrov, *Diary*, p. 26. 내무인민위원부는 새로운 통신 체계를 가진 평행한 암호부서 창설을 결정했고, 침투된 통로를 통해서는 역정보를 보냈다. *Politburo TsK RKP(b)-VKP(b) i Komintern, 1919-1943*, p. 731. 따라서 1936년 8월 이후 영국의 암호해독은 믿을 수 없지만, 킹스트리트에 위치한 공산당 본부의 한 첩자는 1939년 해독을 다시 가능하게 했다.

28 코민테른에서 온 "길버트"는 1935년 9월 26일 그와 대화를 나눴고 10월에 논의 기록을 톨리아티와 고트발트에게 보냈다. "Sekretariat sekretarya IKKI Erkoli": Russia. Moscow. RGASPI, Arkhiv Kominterna, f. 495, op. 12, d. 92.

29 André Marty, "Notes sur le PCE", 11 October 1936: Russia. Moscow. RGASPI, Arkhiv Kominterna, f. 495, op. 12, d. 92.

30 PCE (Madrid) to Comintern (Moscow), 4 March 1936: UK. London. National Archives, HW 17/26.

31 Comintern (Moscow) to PCE. (Madrid), 9 April 1936: ibid.

32 다음에서 인용했다. Little, "Red Scare 1936".

33 다음에서 인용했다. Jeffery, *MI6*, p. 285.

34 서기국 회동(1936년 6월 5일). Russia. Moscow. RGASPI, Arkhiv Kominterna, f. 495, op. 18, d. 1095.

35 Jesús Hernández: "Sténogramme de la réunion du Présidium du CEIC du 22 mai 1936": ibid., f. 495, op. 2, d. 245. 이 수치들은 1월에 주장된 50,348이라는 수치와 상충된다. PCE (Madrid) to Comintern (Moscow), 31 January 1936: UK. London. National Archives, HW 17/26. 1937년 9월에 제공된 합계가 증명하듯, 가장 최신 숫자가

정확한 것이다(아래를 보라).

36 명목상 스페인공산당을 책임진 마누일스키는 당시 병가 중이었다. "Sténogramme de la réunion du Présidium du CEIC du 22 mai 1936": Russia. Moscow. RGASPI, Arkhiv Kominterna, f. 495, op. 2, d. 245.

37 Pedrazzi (Madrid) to Ciano (Rome), 30 June 1936: *Documenti diplomatici italiani*, 8th Series, Vol. 4, doc. 414.

38 Dimitrov, referring to his notes: "Protokoll (A) Nr. 74 der Sitzung des Sekretariats des EKKI am 18. September 1936": Russia. Moscow. RGASPI, Arkhiv Kominterna, f. 495, op. 18, d. 113.

39 "Postanovlenie po ispanskomu voprosu", 29 May 1936: Russia. Moscow. RGASPI, Arkhiv Kominterna, f. 495, op. 18, d. 1092.

40 Comintern (Moscow) to the PCE (Madrid), 15 June 1936: UK. London. National Archives, HW 17/26.

41 Comintern (Moscow) to the PCE (Madrid), 13 July 1936: UK. London. National Archives, HW 17/27.

42 Comintern (Moscow) to the PCE (Madrid), 17 July 1936: ibid.

43 De Rossi (Tangier) to Ciano (Rome), 16 July 1936: *Documenti diplomatici italiani*, 8th Series, Vol. 4, doc. 541.

44 Shtein (Rome) to Krestinsky (Moscow), 13 August 1936: *Dokumenty vneshnei politiki SSSR*, Vol. 19, p. 758.

45 Luccardi (Tangier) to Ministry of War (Rome), 20 July 1936: *Documenti diplomatici italiani*, 8th Series, Vol. 4, doc. 570.

46 Pedrazzi (Madrid) to Ciano (Rome), 18 July 1936: ibid., doc. 565.

47 Pedrazzi (San Sebastian) to Ciano (Rome), 20 July 1936: ibid., doc. 575.

48 Alfonso XIII to Mussolini, 20 July 1936: ibid., doc. 577.

49 Luccardi (Tangier) to Ministry of War (Rome), 21 July 1936: ibid., doc. 578.

50 Roatta (Rome) to Luccardi (Tangier), 21 July 1936: ibid., doc. 582; and ibid., 21 July 1936: ibid., doc. 583.

51 Luccardi (Tangier) to Ministry of War (Rome), 23 July 1936: ibid., doc. 596.

52 De Rossi (Tangier) to Ciano (Rome), 23 July 1936: ibid., doc. 599.

53 Cerruti (Paris) to Ciano (Rome), 22 July 1936: ibid., doc. 589.

54 Cerruti (Paris) to Ciano (Rome), 23 July 1936: ibid., doc. 598.

55 In conversation with the nuncio, Francesco Borgongini Duca, 7 February 1936: *L'archivio della nunziatura apostolica*, p. 141.

56 Reflections after a conversation with the Italian ambassador, 8 August 1936: Casella,

ed., *Gli ambasciatori d'Italia presso la Santa Sede*, p. 201.

57 Togliatti, "Bericht über die Durchführung der Spanien-kampagne der Kommunistischen Partein", 14 September 1936: Russia. Moscow. RGASPI, Arkhiv Kominterna, f. 495, op. 12, d. 92.

58 Comintern to the PCE, 20 July 1936: UK. London. National Archives, HW 17/27; 또한 다음 자료집에 실렸다. *SSSR i grazhdanskaya voina v Ispanii: 1926-1939 gody*, ed. S. Kudryashov et al. (Moscow: Vestnik Arkhiva Prezidenta Rossiiskoi Federatsii, 2013), doc. 1. 그러나 다른 전신들은 생략됐다.

59 Comintern (Moscow) to the PCE (Madrid), 20 July 1936: UK. London. National Archives, HW 17/27.

60 Comintern (Moscow) to the PCE (Madrid), 20 July 1936: ibid.

61 Comintern (Moscow) to the PCE (Madrid), 20 July 1936: ibid.

62 PCE (Madrid) to Comintern (Moscow), 20 July 1936: ibid.

63 "Protokoll (A) Nr. 74 der Sitzung des Secretariats des EKKI am 18. September 1936": Russia. Moscow. RGASPI, Arkhiv Kominterna, f. 495, op. 18, d. 113.

64 Ibid.

65 PCE (Madrid) to Comintern (Moscow), 21 July 1936: UK. London. National Archives, HW 17/27.

66 PCE (Madrid) to Comintern (Moscow), 22 and 23 July 1936: ibid.

67 Comintern (Moscow) to PCE (Madrid), 23 July 1936: ibid.

68 Fontanel (Madrid) to Bonna (Bern), 23 July 1936: *Documents diplomatiques suisses*, Vol. 11, doc. 270.

69 Fontanel (Madrid) to Bonna (Bern), 29 July 1936: ibid., doc. 271.

70 Text of the telegram and Stalin's annotation: *Politburo TsK RKP(b)-VKP(b) i Komintern, 1919-1943*, p. 740.

71 Comintern (Moscow) to PCE (Madrid), 25 July 1936: UK. London. National Archives, HW 17/26.

72 A. Rovighi and F. Stefani, *La partecipazione italiana alla guerra civile spagnola* (1936-1939), Vol. 1 (Rome: Stato Maggiore dell'Esercito, Ufficio storico, 1992), pp. 63-64.

73 Comintern (Moscow) to PCE (Madrid), 28 July 1936: UK. London. National Archives, HW 17/26.

74 Togliatti, "Bericht über die Durchführung der Spanien-kampagne der Kommunistischen Parteien", 14 September 1936, Sekretariat sekretarya IKKI Erkoli: Russia. Moscow. RGASPI, Arkhiv Kominterna, f. 495, op. 12, d. 92.

75 Delbos (Quai d'Orsay) to Auriol (Ministry of Finance), 26 July 1936 and Delbos

to embassies in European capitals, 27 July 1936: *Documents diplomatiques français, 1932-1939*, 2nd Series, Vol. 3, ed. P. Mandoul et al. (Brussels: PIE-Peter Lang, 2005), docs 33 and 36.

76   Ciano (Rome) to De Rossi (Tangier), 27 July 1936: *Documenti diplomatici italiani*, 8th Series, Vol. 4, doc. 630.

77   De Rossi (Tangier) to Ciano (Rome), 27 July 1936: ibid., doc. 632.

78   Italian Military Intelligence to the Foreign Ministry, 27 July 1936: ibid., doc. 634.

79   Ciano (Rome) to De Rossi (Tangier), 28 July 1936: ibid., doc. 638.

80   Rovighi and Stefani, *La partecipazione italiana alla guerra civile spagnola*, Vol. 1, p. 81.

81   François-Poncet (Berlin) to Delbos (Paris), 22 July 1936: *Documents diplomatiques français*, 2nd Series, Vol. 3, doc. 10.

82   Milan, 1 November 1936: Rovighi and Stefani, *La partecipazione italiana alla guerra civile spagnola*, Vol. 1, p. 49.

83   5 August 1936: R. Rainero, *L'Italie de Mussolini et le régime fasciste de Métaxas en Grèce (1936-1940)* (Paris: Publisud, 2014), p. 78.

84   이 대화는 8월 6일과 8일에 있었다. Charles-Roux (Vatican) to Delbos (Paris), 9 August 1936: *Documents diplomatiques français, 2nd Series*, Vol. 3, doc. 113.

85   Attolico (Berlin) to Ciano (Rome), 20 August 1936: *Documenti diplomatici italiani*, 8th Series, Vol. 4, doc. 762.

86   Baldwin's words: entry 27 July 1936, Jones, Diary with Letters, p. 231.

87   Vitetti (London) to Ciano (Rome), 29 July 1936: *Documenti diplomatici italiani*, 8th Series, Vol. 4, doc. 641. 애머리 또한 소련에 대한 프랑스의 약속이 프랑스를 일본과의 전쟁으로 인도하지 않을까 하는 불안감을 표출했다. 그러나 불·소 협정은 1893년도의 불·러 조약에서처럼 그러한 부수적인 의무를 피하고자 의도적으로 고안됐다.

88   22 November 1936: H. Channon, *"Chips": The Diaries of Sir Henry Channon*, ed. R. Rhodes James (London: Weidenfeld and Nicolson, 1967), p. 85. 국왕의 공식 전기 작가는 국왕이 1차 세계대전으로부터 받은 충격을 말하면서 "그에게 비교될 수 있을 정도로 영향을 끼친 유일한 다른 하나의 원칙은 공산주의가 유럽의 평화와 안정에 가장 커다란 위협을 제기한다는 믿음이었다."라고 언급했다. P. Ziegler, *King Edward VIII. The Official Biography* (London: Collins, 1990), p. 266.

89   다음에서 인용했다. 포우드의 부고. *The Daily Telegraph*, 27 January 2001.

90   Vitetti (London) to Ciano (Rome), 9 August 1936: *Documenti diplomatici italiani*, 8th Series, Vol. 4, doc. 708.

91   Vitetti (London) to Ciano (Rome), 29 July 1936: ibid., doc. 642.

92   Wysocki (Rome) to Warsaw, 2 August 1936: *Polskie Dokumenty Dyplomatyczne 1936*,

ed. S. Żerko (Warsaw: PISM, 2011), doc. 222.

93 Comintern (Moscow) to PCF (Paris), 29 July 1936: UK. London. National Archives, HW 17/14.

94 Comintern (Moscow) to PCF (Paris), 31 July 1936: ibid. 토레즈는 그때 모스크바에 있었다.

95 Haslam, *Soviet Union and the Struggle*, p. 111. For the instructions: closed letter to regional and district committees and national committees of the Party in the USSR from the CC VKP(b), 2 August 1936: *SSSR i grazhdanskaya voina*, doc. 6.

96 Comintern secretariat (Moscow) to Paris, 7 August 1936: UK. London. National Archives, HW 17/14.

97 Vitetti (London) to Ciano (Rome), 5 August 1936: *Documenti diplomatici italiani*, 8th Series, Vol. 4, doc. 678.

98 다음에서 인용했다. M. Cowling, *The Impact of Hitler: British Politics and British Policy 1933-1940* (Cambridge: Cambridge University Press, 1975), p. 161.

99 Memorandum by Vansittart, 17 September 1936: *Documents on British Foreign Policy 1919-1939*, 2nd Series, Vol. 17, ed. W. Medlicott et al. (London: HMSO, 1979), doc. 200.

100 Daladier (War) to Delbos (Quai d'Orsay), 13 October 1936: *Documents diplomatiques français*, 2nd Series, Vol. 3, doc. 343.

101 Bossi (Barcelona) to Ciano (Rome), 5 August 1936: *Documenti diplomatici italiani*, 8th Series, Vol. 4, doc. 679.

102 C. Rosselli, *Oggi in Spagna, domani in Italia* (Paris: Edizioni di Giustizia e Libertà, 1938). 이는 그의 부인에게 보내는 서한을 담고 있다. 다음의 주소에서 다시 공개됐다. www.fondazionefeltrinelli.it.

103 L. Longo and C. Salinari, *Dal socialfascismo alla guerra di Spagna. Ricordi e riflessioni di un militante comunista* (Milan: Teti, 1976), pp. 184-185.

104 롱고는 알바세테에 근거지를 두고 국제여단 편성을 위한 군수 작전을 수행했다. Ibid., p. 184.

105 Campaigning "against the reactionaries in France, demonstrating inadequate government action against the [fascist] leagues": "Décisions du Secrétariat du 20 juillet 1936, No. 149": France. Université de Bourgogne, *Fonds de la direction du Parti Communiste Français*: https://pandor.u-bourgogne.fr.

106 Gerő (Paris) to Comintern (Moscow), 3 August 1936: *SSSR i grazhdanskaya voina*, doc. 8.

107 Décisions du Secrétariat, 10 août 1936, No. 152: ibid. On Kol'tsov etc.: Haslam, *So-*

viet Union and the Struggle, p. 108.

108 Marty to the PCF Politburo, 4 September 1936: Russia. RGASPI, Arkhiv Kominter-na, f. 495, op. 74, d. 510. 프랑스 지도부의 행동은 그리 이례적이지는 않았다. 폴릿은 연초에 그들이 주요한 당 행사에서 자신에게 발언을 요청할 것이라고 순진하게 기대했지만 무례한 대우를 받았다.

109 "PCF Décisions du Bureau Politique", 21 September and 8 October 1936. France. Université de Bourgogne, *Fonds de la direction du Parti Communiste Français*: https://pandor.u-bourgogne.fr. 스페인과 관련해서는 아무것도 열거되지 않았다.

110 Procès-verbal du Comité Central, 16 October 1936. France. Université de Bour-gogne, *Fonds de la direction du Parti Communiste Français*: https://pandor.u-bour-gogne.fr.

111 Díaz (Madrid) to Comintern (Moscow), 5, 7 August 1936: *SSSR i grazhdanskaya voi-na*, doc. 9.

112 Pedro from Paris, 3-4 August 1936: ibid., doc. 8.

113 PCF (Paris) to Comintern (Moscow), 7 August 1936: UK. London. National Ar-chives, HW 17/14.

114 King (Barcelona) to Foreign Office, 13 October 1936: ibid., FO 371/20543.

115 Firsov, *Sekretnye Kody*, p. 198.

116 Rossi (Barcelona) to Ciano (Rome), 11 August 1936: *Documenti diplomatici italiani*, 8th Series, Vol. 4, doc. 714.

117 Memorandum to Stalin, 9 August 1945: *SSSR i grazhdanskaya voina*, doc. 10.

118 Ibid. docs 12-13.

119 Arkhiv Kominterna: USA. Stanford. Hoover Institution, Firsov Papers, Box 37.

120 Entry, 3 July 1936: UK. Cambridge. Churchill College Archives, Cadogan Diary, ACAD 1/4.

121 *Documents on British Foreign Policy 1919-1939*, 2nd Series, Vol. 17, doc. 84.

122 Bingham (London) to Roosevelt (Washington DC), 4 September 1936: USA. Hyde Park. Franklin D. Roosevelt Library and Archive, PSF, Great Britain, Robert W. Bingham, Box 37.

123 "Rezolutsiya sekretariata IKKI", 28 January 1936: Russia. Moscow. RGASPI, Arkhiv Kominterna, f. 495, op. 20, d. 468.

124 다음에서 인용했다. Hankey's letters to his son: Cowling, *Impact of Hitler*, p. 161.

125 Wysocki (Rome) to Foreign Ministry (Warsaw), 2 August 1936: *Polskie Dokumenty Dyplomatyczne 1936*, doc. 222.

126 Szembek's record of the conversation, 14 August 1936: ibid., doc. 249.

127 "Germany and the Spanish Civil War", 24 August 1936: USA. College Park. National Archives, US Military Intelligence, Germany, 002928-003-0001.

128 Telegram sent on 2 September: quoted in Firsov, *Sekretnye kody*, p. 182.

129 Telegram received in Madrid from Díaz and Duclos, both evidently in Paris, sent on to Kaganovich in Moscow, 4 September 1936: *SSSR i grazhdanskaya voina*, doc. 22.

130 Letter dated 9 July 1942, quoted in extenso: C. Audry, *Léon Blum, ou la politique du Juste* (Paris: Julliard, 1955), pp. 126-127. 이 서한은 스페인내전 당시 블룸의 정책에 대한 미국 좌파의 비난에 답변하며 쓴 것이다.

131 Rovighi and Stefani, *La partecipazione italiana alla guerra civile spagnola*, Vol. 1, p. 65.

132 애들러가 프랑스 공산주의자들에게 말한 것이다. PCF (Paris) to Moscow, 28 July 1936: UK. London. National Archives, HW 17/14.

133 Ehrenburg (Madrid) to Stalin (Moscow), 10 September 1936: *SSSR i grazhdanskaya voina*, doc. 28.

134 Rovighi and Stefani, *La partecipazione italiana alla guerra civile spagnola*, Vol. 1, doc. 6.

135 Mameli (Lisbon) to Ciano (Rome), 26 August 1938: *I documenti diplomatici italiani*, 8th Series, Vol. 9, ed. G Andrè (Rome: Istituto Poligrafico dello Stato, 2001), doc. 437.

136 Tuozzi (Lisbon) to Ciano (Rome), 7 August 1936: ibid., Vol. 4, doc. 694.

137 "Germany and the Spanish Civil War", 24 August 1936: USA. College Park. National Archives, US Military Intelligence, Germany, 002928-003-0001.

138 UK. London. National Archives: record of a conversation between Mounsey and Monteiro, 1 June 1936, "Note on the Portuguese attitude to the proposed Anglo-French-Soviet agreement", 5 June 1939: UK. London. National Archives, CP 131 (39).

139 Dodd (Lisbon) to Foreign Office (London), 14 August 1936: *Documents on British Foreign Policy 1919-1939*, 2nd Series, Vol. 17, doc. 90.

140 Rovighi and Stefani, *La partecipazione italiana alla guerra civile spagnola*, Vol. 1, pp. 81-82.

141 Sánchez (Lisbon) to Barcía (Madrid), 6 August 1936: A. Pedro Vicente, "O cerco à embaixada da República Espanhola em Lisboa (maio a outubro de 1936)", F. Rosas, ed., *Portugal e a Guerra Civil de Espanha* (Lisbon: Colibri, 1998), p. 59 (Apêndice Documental).

142 "Question of aid to the Spanish (poss[ible] organiz[ation] of an internat[ional] corps)." Entry dated 28 August 1936: Dimitrov, *Diary*, p. 27.

143 Winston to Clementine Churchill, 5 September: Gilbert, *Winston S. Churchill*, Vol. 5

Companion, p. 338.

144 Morton to Churchill, 16 October 1936: ibid., p. 366.

145 Haslam, *Near and Distant Neighbours*, p. 78.

146 "Protokol zasedaniya prezidiuma IKKI", No. 13, 16-17 September 1936: Russia. Moscow. RGASPI, Arkhiv Kominterna, f. 495, op. 2, d. 248.

147 "Beschluss des Sekretariats des EKKI vom 18. September 1936 betr. Der Kampagne zur Unterstützung des Kampfes de spanischen Volkes": ibid., f. 495, op. 20, d. 262.

148 Uritsky to Molotov, 19 September 1936: *SSSR i grazhdanskaya voina*, doc. 37.

149 Secretary of the Central Committee to Uritsky and Grin'ko, 20 September 1936: ibid., doc. 38.

150 Firsov, *Sekretnye Kody*, p. 199.

151 Haslam, *Near and Distant Neighbours*, p. 78. 문서 원본은 현재 출판됐다. "Zapiski S. Uritskogo L. Kaganovichu i V. Molotovu", 29 September 1936: *SSSR i grazhdanskaya voina*, doc. 54.

152 Haslam, *Soviet Union and the Struggle*, pp. 119-120; Gorev to Voroshilov, 16 October 1936: *SSSR i grazhdanskaya voina*, doc. 91.

153 Haslam, *Soviet Union and the Struggle*, p. 119.

154 때는 10월 3일이었다. Firsov, *Sekretnye Kody*, p. 199.

155 Rozenberg (Madrid) to Moscow, 9 October 1936: *SSSR i grazhdanskaya voina*, doc. 71.

156 Krestinsky (Moscow) to Rozenberg, 13 October 1936: ibid., doc. 79.

157 From the archives: *Politburo TsK RKP(b)-VKP(b) i Komintern, 1919-1943*, pp. 342-343.

158 Memorandum from Voroshilov to Stalin, 13 December 1936: *SSSR i grazhdanskaya voina*, doc. 160.

159 Roatta-Franco discussion, 16 October 1936: Rovighi and Stefani, *La partecipazione italiana alla guerra civile spagnola*, Vol. 1, doc. 17.

160 Longo and Salinari, *Dal socialfascismo*, p. 138.

161 Memorandum from Manuilsky to Stalin, Molotov, Voroshilov and Kaganovich, 4 November 1936: *SSSR i grazhdanskaya voina*, doc. 129.

162 Dimitrov and Manuilsky to Stalin and Voroshilov, 13 January 1937: ibid., doc. 192.

163 Memorandum from Litvinov to Stalin, 7 January 1937: ibid., doc. 186. 그들을 해상으로 보내자는 결정에 관해서는 다음을 보라. Ibid., doc. 187.

164 Briefing by Léger: Thomas (Paris) to Vansittart (London), 26 October 1936: *Documents on British Foreign Policy 1919-1939*, 2nd Series, Vol. 17, doc. 333.

165 Record of the meeting, 6 December 1936: Rovighi and Stefani, *La partecipazione italiana alla guerra civile spagnola*, Vol. 1, doc. 21.

166 Corbin (London) to Delbos (Paris), 11 November 1936: *Documents diplomatiques français*, 2nd Series, Vol. 3, doc. 471.

167 Shtein (Rome) to Narkomindel (Moscow), 5 November 1936: *Dokumenty vneshnei politiki SSSR*, Vol. 19, p. 777.

168 Nuncio Francisco Borgongino Duca to Secretary of State Pacelli, 23 November 1936: *L'archivio della nunziatura apostolica*, p. 141.

169 Dimitrov (Moscow) to Thorez (Paris), 5 December 1936: USA. Stanford. Hoover Institution, Firsov Papers, Box 6.

170 Ibid.

171 Mussolini's discussion with Göring and counsellor at the German embassy Schmidt, 23 January 1937: Ciano, ed., *L'Europa verso la catastrofe*, p. 135.

172 "Protokol No. 16 i stenogramma zasedaniya Prezidiuma IKKI ot 3 fevralya 1937": Russia. Moscow. RGASPI, Arkhiv Kominterna, f. 495, op. 2, d. 255.

173 소비에트정보부(내무인민위원부 국가안보총국GUGB) 제7부는 이 취지로 미국 대사 불릿이 국무장관 헐에게 보낸 전신을 직접 해독했다. 첫 번째 전신은 1월 12일 자이고 후속 전신은 1937년 1월 20일 자이다. Russia. Moscow. Yeltsin Presidential Library. *Vtoraya mirovaya voina v arkhyvnikh dokumentakh*, 1937. ASVR, l. 55-56, photopcopy: prlib.ru.

174 "Stenograficheskii otchet. Zasedanie prezidiuma IKKI ot 20/1X-1937 g.": Russia. Moscow. RGASPI, Arkhiv Kominterna, f. 495, op. 265, d. 20.

175 1943년 편집된 코도비야의 전기적 기록에 관해서는 다음을 보라. USA. Stanford. Hoover Institution, Firsov Papers, Box 37.

176 A. Marty, "Notes sur le PCE", 11 October 1936: Russia. Moscow. RGASPI, Arkhiv Kominterna, f. 495, op. 12, d. 92.

177 "Stenograficheskii otchet. Zasedanie prezidiuma IKKI ot 20/IX-1937 g.": Russia. Moscow. RGASPI, Arkhiv Kominterna, f. 495, op. 265, d. 20.

178 Report, 28 December 1936. Protokol Prezidiuma IKKI No. 15, 19-28 December 1936: Russia. Moscow. RGASPI, Arkhiv Kominterna, f. 495, op. 2, d. 254.

179 *La révolution espagnole*, Vol. 1, No. 3, 17 September 1936.

180 Report, 28 December 1936. Protokol Prezidiuma IKKI No. 15, 19-28 December 1936: Russia. Moscow. RGASPI, Arkhiv Kominterna, f. 495, op. 2, d. 254.

181 "Comando Truppe Volontarie (Il Generale Comandante)" to Ciano, 19 October 1937: A. Rovighi and F. Stefani, *La partecipazione italiana alla guerra civile spagnola*,

Vol. 2, (Rome: Stato Maggiore dell'Esercito, Ufficio storico, 1993), doc. 3.

182 "Kampaniya v Zashchitu Ispanskoi Respubliki", 22 November 1936: Russia. Moscow. RGASPI, Arkhiv Kominterna, f. 495, op. 12, d. 92.

183 원문은 프랑스어이며 어쩌면 너무나 조급하게 어색한 러시아어로 번역된 것으로 보인다. "Issues for Resolution", 8 September 1937, contained in Dimitrov's memorandum to Stalin, also 8 September 1937: *SSSR i grazhdanskaya voina*, doc. 334.

184 외무부의 각료 휴 달튼은 로젠베르크를 소비에트 해외정보부, 즉 국가정치국 해외지부의 장교로 알고 있었다. H. Dalton, *The Political Diary of Hugh Dalton 1918-40, 1945-60*, ed. B. Pimlott (London: Jonathan Cape, 1986), p. 200.

185 Decision of the Politburo, 21 December 1936: *SSSR i grazhdanskaya voina*, doc. 167 (강조 원문).

186 J. Davies, *Mission to Moscow* (London: Gollancz, 1942), p. 49.

187 Chilston (Moscow) to Eden (London), 14 May 1937: UK. London. National Archives, FO 371/21102.

188 Meeting on 11 December 1936: Casella, ed., *Gli ambasciatori d'Italia presso la Santa Sede*, p. 202.

189 "Protokol No. 20 i stenogramma zasedaniya Prezidiuma IKKI ot 20 sentyabrya 1937 g.": Russia. Moscow. RGASPI, Arkhiv Kominterna, f. 495, op. 2, d. 265.

190 Ibid.

191 Lord Chatfield, *It Might Happen Again*, Vol. 2 (London: Heinemann, 1947), p. 92.

192 "Situazione Forze Rosse Alla Data del 6-1-1938-XVI", Rovighi and Stefani, *La partecipazione italiana alla guerra civile spagnola*, Vol. 2, doc. 2.

193 Mussolini (Rome) to Franco, 2 February 1937: *I documenti diplomatici italiani*, 8th Series, Vol. 8, ed. G. Andrè (Rome: Istituto Poligrafico dello Stato, 1999), doc. 87.

194 O. Harvey, *The Diplomatic Diaries of Oliver Harvey, 1937-1940*, ed. J. Harvey (London: Collins, 1970), pp. 148-149.

195 다음에서 인용했다. Kershaw, *Making Friends with Hitler*, p. 178.

10장 대일 통일전선

1 The minute by "Walker" was dated 20 December 1937: UK. London. National Archives, FO 371/21102. 군사정보부로서 MI2는 소련과 스칸디나비아에 초점을 맞췄다. "워커"는 외교 명단에 등재돼 있지 않다.

2 "G-2 Report. Political Parties and Groups. Present Trend of the Chinese Communist

Party", 29 January 1936: USA. College Park. National Archives, US Military Intelligence, China, 002825-012-0137.

3   Harriman (Moscow) to Roosevelt (Washington DC), 11 June 1944: *Foreign Relations of the United States: Diplomatic Papers, 1944, China*, Vol. 6, ed. E. R. Perkins et al. (Washington DC: US GPO, 1967), doc. 90.

4   Report of 20 November 1936: USA. College Park. National Archives, US Military Intelligence, China, 002825-012-0137.

5   Report of 29 January 1936: ibid., China, 002825-012-0137.

6   Bartel (Shanghai) to Warsaw, 19 December 1935: InO GUGB NKVD: *Sekrety pol'skoi politiki 1935-1945 gg.*, p. 46.

7   For radio contact: Dimitrov to Stalin, the beginning of July 1936: *VKP(b), Komintern i Kitai*, doc. 374.

8   Tikhvinskii, *Put' Kitaya*, pp. 274-275.

9   Ibid., p. 277.

10 Mi Zanchen, *The Life of General Yang Hucheng* (Hong Kong: Joint, 1981), pp. 90-93.

11 다음에서 인용했다. Tikhvinskii, *Put' Kitaya*, p. 282.

12 Ibid., pp. 287-290.

13 Report from the director of Soviet military intelligence, Uritsky, to Voroshilov, 23 November 1935: Russia. Moscow. Yeltsin Presidential Library. RGVA, f. 33987, op. za. d. 74, l. 160-161. 그리고 이에 더해 1935년 12월 15일. RGVA, f. 33987, op. za. d. 740, l. 162, photocopy: prlib.ru. 비준이 끼친 영향에 관해서는 다음을 보라. Zorge (Tokyo) to Uritsky (Moscow), 4 April 1936: "Delo Zorge", p. 99.

14 Haslam, *Soviet Union and the Threat from the East*, pp. 89-90.

15 Ibid., pp. 70-83.

16 Report, 21 July 1937, "Probability of an Outbreak of War. Documents N. Naval Attaché, Tokyo.": USA. Hyde Park. Franklin D. Roosevelt Library and Archive, Box 68.

17 다음에서 인용했다. Nish, *Japanese Foreign Policy*, p. 214.

18 G-2 Report, "Comments on Current Events, September 2-17 1937", Colonel Joseph Stilwell, military attaché: USA. College Park. National Archives, US Military Intelligence, China, 002825-012-0137.

19 Nish, *Japanese Foreign Policy*, p. 223.

20 Memorandum by Haas, Secretary of the Treasury Henry Morgenthau's secretary, 14 September 1937: USA. Hyde Park. Franklin D. Roosevelt Library and Archive, Morgenthau Diary, Vol. 87, pp. 156-174.

21 다음에서 인용했다. S. Endicott, *Diplomacy and Enterprise: British China Policy 1933-*

1937 (Vancouver: University of British Columbia, 1975), p. 114.

22   다음에서 인용했다. Ibid., pp. 104-105.

23   Leith-Ross to Fisher, 3 March 1936: quoted in ibid.

24   "Comments on Currents Events. October 1-18 1937", Joseph Stilwell, 18 October 1937: USA. College Park. National Archives, US Military Intelligence, China, 002825-012-0137.

25   6 October 1937: UK. London. National Archives, CAB 36 (37).

26   30 November 1938: UK. London. National Archives, CAB 23 (96).

27   Ibid.

28   제거하다[ubrat']라는 말은 모호하다. 맥락에 따라 이는 말은 직책에서 단지 '제명' 또는 실제로 '납치하여 살해'를 의미할 수 있다. 이 인용문에 관해서는 다음을 보라. V. Nikonov, *Molotov. Nashe delo pravoe*, Vol. 1 (Moscow: Molodaya Gvardiya, 2016), pp. 378-379. 니코노프는 몰로토프의 손자이고 이 문서가 진짜라고 믿는 것처럼 보인다. 이 이상한 발견의 반향은 내가 1977년 모스크바의 마르크스레닌주의연구소에서 코민테른의 선도적 역사가 중 한 명과 만났을 때 왔다. 길고 침착한 대화를 나누는 과정에서 나는 테러를 선동했다는 트로츠키에 대한 혐의를 일축했는데, 우리가 어떠한 반박 불가능한 증거도 보지 못했었기 때문이다. 시라냐는 의자에서 거의 펄쩍 뛰었고, 극도로 동요하면서 자신이 증거를 보았다고 말했다. 그는 하버드에 소장된 트로츠키의 개인 문서 보관소가 마침내 열리게 될 때 모두가 그것을 보게 될 것이라고 말했다. 우리는 물론이거니와 수년 전 아이작 도이처가 이에 관해 작업했을 때도 보지 못했다.

29   "The Class Nature of the Soviet State", 1 October 1933: *Writings of Leon Trotsky 1933-34* (New York: Pathfinder, 1975), p. 118.

30   Lt. Commander H. H. Smith-Hutton, Intelligence Report, US Asiatic Fleet, Shanghai, 6 November 1937: USA. College Park. National Archives, State Department. 761.93/1623.

31   Ibid., p. 91.

32   다음에서 인용했다. Haslam, *Soviet Union and the Threat from the East*, p. 92.

33   Yurenev (Tokyo) to Narkomindel (Moscow), 17 July 1936: *Dokumenty vneshnei politiki SSSR*, Vol. 19, p. 751.

34   Reported on 19 October 1937: quoted in ibid.

35   I. Ivanov, *Ocherki istorii Ministerstva inostrannykh del Rossii*, (Moscow: Olma-press, 2002), Vol. 2, pp. 245-246.

36   다음에서 인용했다. Haslam, *Soviet Union and the Threat from the East*, p. 94.

1   Ciano, ed., *L'Europa verso la catastrofe*, p. 137.

2   채텀하우스에서 나온 뒤에 "알브레히트 삼촌"이 말한 첫 번째 문구는 역사가 펠릭스 길버트의 저작에 기록됐다. *A European Past: Memoirs 1905-1945* (New York: W. W. Norton, 1988) p. 170.

3   Amery to John Buchan, 29 September 1937: UK. Cambridge. Churchill College Archives, Leo Amery Papers, AMEL 2/1/27.

4   Entry, 13 November 1936: UK. Oxford. Bodleian Library, Dawson Manuscript 40.

5   "The Role of the British Army", a memorandum by the chancellor of the exchequer, 11 December 1936: UK. National Archives, CP 334 (36), also CAB 53/6.

6   R. Rhodes James, ed., *Memoirs of a Conservative: J. C. C. Davidson's Memoirs and Papers 1910-1937* (London: Weidenfeld and Nicolson, 1969), p. 421.

7   다음에서 인용했다. Thorne, *Approach of War*, p. 29.

8   Entry, 2 October 1938: Bruce Lockhart, Diaries, Vol. 1, p. 398.

9   UK. Cambridge. Churchill College Archives, Cadogan Diary, ACAD 1/9.

10   Entry, 12 July 1940: I. Maisky, *Dnevnik diplomata. London, 1934-1943*, ed. A. Chubaryan et al., Vol. 2 (Moscow: Nauka, 2009), Part 1, p. 230.

11   다음에서 인용했다. M. Gilbert, "Horace Wilson: Man of Munich?", *History Today*, Vol. 32, No. 10, 1982, p. 6.

12   I. Maisky, *Dnevnik diplomata. London, 1934-1943*, Vol. 1 (Moscow: Nauka, 2006), p. 189.

13   다음에서 인용했다. Gilbert, "Horace Wilson: Man of Munich?", p. 6.

14   Garvin to Amery, 29 November 1933: UK. Cambridge. Churchill College Archives, Leo Amery Papers, AMEL 2/1/26.

15   Bullitt (Paris) to Roosevelt (Washington DC), 10 January 1937: USA. Hyde Park. Franklin D. Roosevelt Library and Archive, PSF, France, William C. Bullitt, 1937, Box 30.

16   다음에서 인용했다. Haslam, *Soviet Union and the Struggle*, p. 206.

17   다음에서 인용했다. K. Feiling, *The Life of Neville Chamberlain* (London: Macmillan, 1946), pp. 341-342.

18   Entry, 6 June 1938: H. Nicolson, *The Harold Nicolson Diaries and Letters 1907-1964*, ed. N. Nicolson (London: Weidenfeld and Nicolson, 2004), p. 167.

19   H. Dalton, T*he Fateful Years: Memoirs 1931-1945* (London: Muller, 1957), p. 162. 로 널드는 바바라 카틀랜드의 형제였다.

20 Entry, 1 October 1936: L. Amery, *The Empire at Bay: The Leo Amery Diaries 1929-1945* (London: Hutchinson, 1988), p. 428.

21 Amery to Neville Chamberlain, 11 and 16 November 1937: UK. Cambridge. Churchill College Archives, Leo Amery Papers, AMEL 2/1/27.

22 Chamberlain to Amery, 15 November 1937: ibid.

23 Amery to Chamberlain, 11 and 16 November 1937: ibid.

24 Amery to Casey, 23 November 1937: ibid.

25 D. Collins, *A Charmed Life: The Phenomenal World of Philip Sassoon* (London: William Collins, 2016), pp. 267-268. 콜린스는 실수로 알바의 서비스가 프랑코에 선행한다고 했다.

26 Entry, 10 December 1938: Bruce Lockhart, *Diaries*, Vol. 1, p. 413.

27 From Alba's unpublished memoir: Spain. Madrid. Archivo de la Fundación Casa de Alba, Palacio de Liria.

28 Churchill to Corbin, 31 July 1936: M. Gilbert, ed., *Winston S. Churchill*, Vol. 5 *Companion*, Part 3, *Documents: The Coming of War, 1936-1939* (London: Heinemann, 1982), p. 297.

29 8 January 1937: UK. London. National Archives, CAB 23 (37).

30 다음에서 인용했다. R. Griffiths, *Fellow Travellers of the Right: British Enthusiasts for Nazi Germany 1933-39* (London: Constable, 1980), p. 263.

31 다음에서 인용했다. Ibid.

32 Alba (London) to Fernández Villaverde (Salamanca), 2 July 1937: Spain. Madrid. Archivo General de la Administración, 54/6700, No. 12.

33 Ibid., 28 June 1937: ibid., No. 9.

34 Ibid., 2 July 1937: ibid., No. 11.

35 Ibid., 10 June 1937: ibid., No. 3; ibid., No. 4. 인스킵이 군 사단의 분할에 관해 혼동했음을 고백하는 것을 듣고 마이스키는 그가 전문성을 가졌다고 보지 않았다. Entry, 3 November 1938: Maisky, *Dnevnik diplomata*, Vol. 1, p. 309.

36 Ibid., 9 June 1937: Spain. Madrid. Archivo General de la Administración, 54/6700, No. 2.

37 Ibid., 10 June 1937: ibid., No. 3. 2차 세계대전의 말미에 알바는 왕정복고에 대한 프랑코의 거절을 두고 그와 싸웠다.

38 Dunant (Paris) to Motta (Bern), 24 June 1937: *Documents diplomatiques suisses, 1848-1945*, Vol. 12, ed. O. Gauye et al. (Bern: Benteli, 1994), doc. 92.

39 Resolution from Comintern's secretariat, 22 July 1937: Russia. Moscow. RGASPI, Arkhiv Kominterna, f. 495, op. 20, d. 574.

40 "Comparison of the Strength of Great Britain with that of Certain Other Nations as at January 1938. Memorandum by the Minister for Co-ordination of defence", 12 November 1937: UK. London. National Archives, CP 296 (37).

41 Russia. Moscow. RGASPI, Arkhiv Kominterna, f. 495, op. 20, d. 82.

42 Referred to by Grandi in a despatch to Ciano, 13 February 1938: Ciano, ed., *L'Europa verso la catastrofe*, p. 251.

43 Entry, 14 October 1937: Bruce Lockhart, *Diaries*, Vol. 1, p. 380.

44 J. Margach, *The Abuse of Power* (London: W. H. Allen, 1978), p. 53.

45 R. Cockett, "Ball, Chamberlain and Truth", *The Historical Journal*, Vol. 33, No. 1, March 1990, pp. 131-142.

46 Diary entry, 10 November 1937: *The Diaries of Chips Channon*, Vol. 1: 1918-38, ed. S. Heffer (London: Hutchinson, 2020), p. 773.

47 Eden (Brussels) to Phipps (Paris), 13 November 1937: *Documents on British Foreign Policy 1919-1939*, Second Series, Vol. 19, ed. W. Medlicott et al. (London: HMSO, 1982), doc. 318.

48 다음에서 인용했다. M. Gilbert and R. Gott, *The Appeasers*, 2nd edition (London: Weidenfeld and Nicolson, 1967), p. 75.

49 Entry, 5 December 1937: *Diaries of Chips Channon*, p. 786.

50 다음에서 인용했다. Cowling, *Impact of Hitler*, p. 274.

51 24 November 1937: UK. London. National Archives, CAB 43 (37).

52 Sargent Minute, 27 October 1937: *Documents on British Foreign Policy 1919-1939*, 2nd series, Vol. 19, doc. 272.

53 1 December 1937: UK. London. National Archives, CAB 45 (37).

54 "Iz protokola No. 55", 19 November 1937: *Politburo TsK RKP(b)-VKP(b) i Evropa. Resheniya "Osoboi papki" 1923-1939*, doc. 262.

55 "Iz protokola No. 56", 21 December 1937: ibid., doc. 264.

56 Chilston (Moscow) to Collier (London), 24 January 1938: *Documents on British Foreign Policy 1919-1939*, 2nd Series, Vol. 19, doc. 467.

57 "Sir Horace Wilson's power is very great", noted Richard ("Rab") Butler: UK. Cambridge. Trinity College Library, Butler Papers, RAB G10, 30.

58 Vansittart to Amery: entry, 24 January 1940: Amery, *Empire at Bay*, p. 582. 윌슨에 대한 밴시터트의 언급과 이어진 그의 직무 강탈에 대해서는 다음을 보라. Entry, 24 September 1938, Dalton, *Political Diary*, p. 244.

59 Entry, 12 April 1938: Dalton, *Political Diary*, p. 231.

60 사무부 차관으로 지나치게 오래 자신의 성질을 자제했던 캐도건은 밴시터트가 바스 훈

위의 최상급 훈작사를 받았을 때 분노를 표출했다. 밴시터트가 추밀원 의원으로 임명된 사실은 거의 감당하기 힘든 일이었다. Entry, 6 June 1940: UK. Cambridge. Churchill College Archives, Cadogan Diary, ACAD 1/9. 버틀러가 윌슨에 관해서 쓴 바에 의하면, 그는 "외무직 고위 성원들의 제거에 대한 … 책임이" 있었다(단 한 명만이 제거됐으므로 이는 밴시터트가 틀림없다). UK. Cambridge. Trinity College Library, Butler Papers, RAB G10, 31. 캐도건의 진로를 막기 위한 피셔의 시도로는 다음을 보라. G. Peden, "Sir Warren Fisher and British Rearmament against Germany", *The English Historical Review*, Vol. 94, No. 370, January 1979, p. 42. 당시 야망으로 이성을 약간 잃었던 피셔는 자신이 그 일을 맡아야 할 수도 있다고 제안했다!

61 Entry, 15 May 1936: UK. Cambridge. Churchill College Archives, Cadogan Diary, ACAD 1/4.

62 Entry, 18 January 1937: ibid., ACAD 1/6.

63 Clive (Brussels) to Foreign Office (London), 9 November 1937: *Documents on British Foreign Policy 1919-1939*, 2nd Series, Vol. 21, ed. W. Medlicott et al. (London: HMSO, 1984), doc. 343.

64 *Politburo TsK RKP(b)-VKP(b) i Komintern, 1919-1943*, doc. 478; Dimitrov, *Diary*, pp. 65 and 67.

65 *Documents on British Foreign Policy 1919-1939*, 2nd series, Vol. 19, pp. 458-459, note 3.

66 Entry, 20 February 1938: UK. Oxford. Bodleian Library, Dawson Manuscript 42.

67 다음에서 인용했다. Gilbert, "Horace Wilson: Man of Munich?", p. 6.

68 J.-B. Duroselle, *La Décadence 1932-1939* (Paris: Imprimerie nationale, 1979), p. 327.

69 G. Waterfield, *Professional Diplomat: Sir Percy Loraine of Kirkhale Bt, 1880-1961* (London: Butler and Tanner, 1973), p. 278.

70 Memcon, State Department, 8 March 1938: USA. Hyde Park. Franklin D. Roosevelt Library and Archives, PSF, State Department, Welles, Box 76.

71 Entry, 19 February 1938: Chamberlain's diary, excerpted in *Documents on British Foreign Policy 1919-1939*, 2nd series, Vol. 19, Appendix 1. 이는 1937년 11월 12일 참모장들이 제공한 평가를 반영했다. Report of the Chiefs of Staff Sub-Committee of the Committee of Imperial Defence: ibid., doc. 316.

72 Entry, 4 December 1940: *Diaries of Sir Alexander Cadogan*, p. 338.

73 Waterfield, *Professional Diplomat*, p. 222.

74 A reference to Stalin's forced collectivisation of agriculture: quoted in G. Gorodetsky, *Stafford Cripps' Mission to Moscow 1940-42* (Cambridge: Cambridge University Press, 1984), p. 57.

75 Maisky (London) to Narkomindel (Moscow), 23 March 1938: Russia. Moscow. AVPRF, f. 059, op. 1, p. 279, d. 1928. 문서 원본은 체코슬로바키아 위기를 다루는 전체 문서와 함께 스캔돼 다음에 올라왔다. www.munich.rusarchive.ru: *Nakanune i posle Myunkhena, arkhivnye dokumenty rasskazyvayut.* "*Pered litsom germanskoi ekspansii: ustupki ili voina (mart-avgust 1938)*", doc. 8.

76 Reported in H. de Torrenté (Paris) to Motta (Bern), 13 March 1938: *Documents diplomatiques suisses*, Vol. 12, doc. 228.

77 다음에서 인용했다. Army Security Agency, "European Axis Signal Intelligence in World War II as Revealed by 'Ticom' Investigations and by Other Prisoner of War Interrogations and Captured Material, Principally German", Vol. 7: "Goering's 'Research' Bureau", 1 May 1946. 티컴Ticom은 목표정보위원회Target Intelligence Committee의 약어로 영·미 합동기관이었다. USA. College Park. National Archives, NSA, European Axis Signals Intelligence in World War II, DOCID 3486670.

78 확인으로는 다음을 보라. Duroselle, *La Décadence*, pp. 326-327.

79 Entry, 12 March 1938: J. Reith, *The Reith Diaries*, ed. C. Stuart (London: Collins, 1975), p. 219.

80 Meeting the Italian ambassador, 8 May 1936: Casella, ed., *Gli ambasciatori d'Italia presso la Santa Sede*, p. 197.

81 Grandi (London) to Mussolini (Rome), 3 September 1933: *Documenti diplomatici italiani*, 7th Series, Vol. 14, doc. 142.

82 *History of "The Times"*, Vol. 4, Part 2, p. 901.

83 Memoirs of Lord Gladwyn, p. 62.

84 Letter from Litvinov (Moscow) to Aleksandrovsky (Prague), 26 March 1938: Russia. Moscow. AVPRF, f. 3, op. 63, d. 185. 스캔돼 다음에 올라왔다. www.munich.rusarchive.ru: *Nakanune i posle Myunkhena, "Pered litsom germanskoi ekspansii"*, doc. 13.

85 "Dnevnik S. S. Aleksandrovskogo za vremya prebyvaniya v Bukhareste", 26 April 1938. 알렉산드로프스키는 리트비노프의 지시를 받아 부쿠레슈티에 머무르는 동안 자신의 일지에 이 쪽지들을 넣었다. Russia. Moscow. AVPRF, Narkomindel 230, d. 024. Rum. 1938 g. delo No. 3 (173) papka No. 115, 1938.

86 "Protokoly No. 257-258 Zasedanii Sekretariata IKKI Materialy", "Beschluss zu Österreich", 15 March 1938; "Reshenie Sekretariata po Avstrii", 8 April 1938, "Decision of the Sekretariat on Austria, 22 May 1938: Russia. Moscow. RGASPI, Arkhiv Kominterna, f. 495, op. 18, d. 1238.

87 Letter from Litvinov (Moscow) to Aleksandrovsky (Prague), 26 March 1938: Russia. Moscow. AVPRF, f. 3, op. 63, d. 185. 스캔돼 다음에 올라왔다. www.munich.rusar-

chive.ru.

88 Gendin, deputy head of the Fourth Directorate, to Voroshilov, 2 April 1938: ibid., doc. 24.

89 Voroshilov to Stalin, 13 May 1938 and Politburo decision, 14 May 1938: ibid., doc. 29.

90 Memorandum from G. Savchenko to Voroshilov, 29 May 1938: Russia. Moscow. RGVA, f. 33987, op. za. d. 1144; ibid., doc. 71.

91 Litvinov to Stalin, 29 May 1938: Russia. Moscow. RGASPI, f. 17, op. 166, d. 590: ibid., doc. 69.

92 "Special communication from the Intelligence Directorate of the Red Army" to Voroshilov, 28 May 1938: Russia. Moscow. RGVA, f. 33987, op. za. d. 1144: ibid., doc. 68.

93 Thorez (Paris) to Comintern (Moscow), 18 March 1938, also sent to Stalin, 19 March: Russia. Moscow. RGASPI, Arkhiv Kominterna, f. 495, op. 74, d. 517; Firsov Papers, (Hoover Institution), Box 7.

94 Ibid.

95 V. Shavrov, *Istoriya konstruktsii samoletov v SSSR 1938-1950 gg.* (Materialy k istorii samoletostroeniya), 3rd edition (Moscow: Mashinostroenie, 1994), pp. 7-8.

96 Buchan to Amery, 20 April 1938: UK. Cambridge. Churchill College Archives, Leo Amery Papers, AMEL 2/1/28.

97 Wilson to Hoare, 26 September 1948: UK. Cambridge. Cambridge University Library, Templewood Papers, XVII, file 1.

98 Bont's record of the meeting, 9 May 1938: Russia. Moscow. RGASPI, Arkhiv Kominterna, f. 495, op. 74, d. 212; Firsov Papers (Hoover Institution), Box 30.

99 Surits (Paris) to Narkomindel (Moscow), 25 May 1938: Russia. Moscow. AVPRF, f. 059, op. 1, p. 279, d. 1943. 스캔돼 다음에 올라왔다. www.munich.rusarchives.ru, doc. 58.

100 Memoirs of Lord Gladwyn, pp. 75-76.

101 "Decision of the Secretariat of the E.C.C.I. Regarding Certain Acute Questions Raised by the Representatives of the C.P.G.B.", 11 May 1938. 이는 4월 19일에 내려진 결정을 미국인이 번역한 것이다. "Postanovlenie Sekretariata IKKI po Nekotorym Aktual'nym Voprosam, podnyatym predstavitelyami KP Anglii": Russia. Moscow. RGASPI, Arkhiv Kominterna, f. 495, op. 18, d. 1241.

102 다음에서 인용했다. Gilbert, "Horace Wilson: Man of Munich?", p. 6.

103 Davies, *Mission to Moscow*, p. 223.

104 Dalton, *Fateful Years*, p. 180.

105 "Beschluss des Sekretariats zur teschechischen Frage", 11 May 1938. Protokol (A) Nr. 279. Sekretariat IKKI, 25 May 1938: Russia. Moscow. RGASPI, Arkhiv Kominterna, f. 495, op. 18, d. 1245.

106 다음에서 인용했다. Steiner, *Triumph of the Dark*, p. 582.

107 *Memoirs of Lord Gladwyn*, p. 80.

108 Report dated 11 July 1938: Russia. Moscow. RGVA, f. 308, op. 3, d. 437, 스캔돼 다음에 올라왔다. www.munich.rusarchive.ru, doc. 91.

109 Ibid., doc. 103.

110 Ibid., doc. 108.

111 Haslam, *Soviet Union and the Threat from the East*, pp. 113-120.

112 Speech to the military council at the Commissariat, 29 November 1938: quoted in V. Krasnov, *Neizvestnyi Zhukov. Lavry i ternii polkovodtsa. Dokumenty, mneniya, razmyshleniya* (Moscow: Olma-press, 2000), p. 88.

113 N. Yakubovich, *Nasha aviatsiya v 1941 gody. Prichiny katastrofy* (Moscow: Yauza, Eksmo, 2015), p. 16.

114 J. Wheeler-Bennett, *The Nemesis of Power: The German Army in Politics 1918-1945* (London: Macmillan, 1953), pp. 422-432.

115 이는 다음의 저작에서 설득력 있는 구체성을 가지고 분석됐다. W. Murray, *The Change in the European Balance of Power, 1938-1939: The Path to Ruin* (Princeton: Princeton University Press, 1984), ch. 7.

116 USA. Stanford. Hoover Institution, Ivy and Tatyana Litvinov Papers, Box 4, p. 37.

117 1983년 내가 직접 수행한 타티야나 리트비노바와의 면담 및 이후 그녀의 형제 미샤가 NPR에 응한 면담(다음 저작에 실림). A. Garrels, "House on Embankment"; National Public Radio broadcast, 12 June 2005.

118 Davies (Moscow) to Hull (Washington DC), 26 March 1937: Davies, *Mission to Moscow*, p. 80.

119 A. Tooze, *The Wages of Destruction: The Making and Breaking of the Nazi Economy* (London: Penguin, 2008), ch. 8.

120 UK. London. National Archives, CAB 23 (94).

121 Berle to Roosevelt, 31 August 1938: USA. Hyde Park. Franklin D. Roosevelt Library and Archive, PSF, State Department, Box 72.

122 Bullitt (Paris) to State, 31 August 1938: ibid.

123 한 프랑스 역사가는 그를 "기회주의자"로 요약하는데, 당시의 상황을 고려할 때 이는 약간 너그러운 평가이다. Duroselle, *La Décadence*, p. 370. 9월 위기 내내 보네의 행동

은 두드러지게 허위였고, 그는 체코에 대한 소비에트의 의무에 관해 소비에트의 입장을 두고 악랄한 거짓말을 하다가 한 번 이상 들켰다. 자신을 변론하는 그의 회고록은 이 판단을 확인해준다. *Défense de la paix* (Geneva: Cheval Ailé, 1946).

124 Entry, 6 September 1938: UK. Oxford. Bodleian Library, Dawson Manuscript 42.

125 *History of "The Times"*, Vol.4, Part 2, p. 930.

126 "Nuremberg and Aussig", *The Times*, 7 September 1938. 공식 역사에 실린 원문은 케네디가 잡은 초안 원본과 도슨의 딱딱한 판본에 실린 문구들을 보여준다.

127 Entry, 7 September 1938: UK. Oxford. Bodleian Library, Dawson Manuscript 42.

128 *History of "The Times"*, Vol. 4, Part 2, p. 914.

129 Maisky (London) to Potemkin (Moscow), Stalin, Molotov, Voroshilov, Kaganovich, Yezhov, 8 September 1938: Russia. Moscow. AVPRF, f. 059, op. 1, p. 281, d. 1953: 스캔돼 다음에 올라왔다. www.munich.rusarchive.ru, "Sentyabr'skii krizis in Myunk-henskaya Konferentsiya chetyrekh derzhav (sentyabr' 1938)", doc. 15.

130 다음에서 인용했다. Haslam, *Soviet Union and the Struggle*, pp. 180-181.

131 J. Wrench, *Geoffrey Dawson and Our Times* (London: Hutchinson, 1955), p. 376.

132 Entry, 26 March 1938: *Diaries of Chips Channon*, p. 846.

133 공작부인은 채넌에게 속삭였다. Entry, 22 June 1938: ibid., p. 893.

134 다음에서 인용했다. Haslam, *Soviet Union and the Struggle*, p. 182. 9월 말 체임벌린이 하원에 뮌헨회담에서 복귀했음을 보고했을 때, 방문객석의 뒤에 오해할 수 없는 메리 왕비의 형상이 보였다.

135 다음에서 인용했다. Haslam, *Russia's Cold War*, p. 7.

136 다음에서 인용했다. K. Smith, "Reassessing Roosevelt's view of Chamberlain after Munich: Ideological Affinity in the Geoffrey Thompson-Claude Bowers Correspondence", *Diplomatic History*, Vol. 33, No. 5, November 2009, p. 855.

137 다음에서 인용했다. Colvin, *The Chamberlain Cabinet* (London: Gollancz, 1971), p. 270.

138 Jeffery, *MI6*, pp. 305-306. "폭풍 같은 사생활을 가졌으며 인생을 즐기는 자로 유명하고" "강력한 언어를 경악할 만한 흐름으로 사용함." "그는 (오직 스코틀랜드야드의 바실 톰슨 경의 그것에만 필적하는) 팽창주의적 야욕으로 인해 정보부 수장으로서는 재앙적인 실수를 하게 된 사람이었는데, 정치에 지나치게 가까워지고 정보 제공에서 정책 조언으로 나아갔다." Stella Rimington, formerly director-general of MI5: *Financial Times*, 1 October 2010.

139 다음에서 인용했다. Dilks (ed.) in *Diaries of Sir Alexander Cadogan*, p. 93.

140 UK. Birmingham University. Cadbury Archives, Papers of Neville Chamberlain, NC 18/1/1069.

141 Entry, 16 September 1938: *Diaries of Chips Channon*, p. 925.

142 "Iz protokola No. 64", 20 September 1938: *Politburo TsK RKP(b)-VKP(b) i Evropa. Resheniya "Osoboi papki" 1923-1939*, doc. 271.

143 Alexandrovsky (Prague) to Narkomindel (Moscow), 21 September 1938, circulated to Potemkin, Stalin, Molotov, Voroshilov, Kaganovich, Ezhov, Veinshtein: "Sentyabr'skii krizis i Myunkhenskaya Konferentsiya chetyrekh derzhav (Sentyabr' 1938)", doc. 65, www.munich.rusarchives.ru.

144 SÚA, Praha, PMR-Zápisy ze schŭzi MR, XVII/41, schŭzi 21 září 1938, krab. 4141. 원문은 체코어이며 다음에서 번역했다. *Dokumenty i materialy po istorii Sovetsko-Chekhoslovatskikh otnoshenii*, Vol. 3, ed. C. Amort et al. (Moscow: Nauka, 1978), doc. 346.

145 Alexandrovsky (Prague) to Narkomindel (Moscow), 21 September 1938: "Sentyabr'skii krizis", doc. 68, www.munich.rusarchives.ru.

146 Amery to Smuts, 26 September 1938: UK. Cambridge. Churchill College Archives, Leo Amery Papers, AMEL 2/1/28.

147 Entry, 24 September 1938: *Diaries of Sir Alexander Cadogan*, p. 103.

148 Amery to Chamberlain, 25 September 1938: UK. Cambridge. Churchill College Archives, Leo Amery Papers. AMEL 2/2/28.

149 다음에서 인용했다. Gilbert, "Horace Wilson: Man of Munich?", p. 7.

150 Sir R. Lindsay (Washington DC) to Halifax (London), 20 September 1938: USA. Hyde Park. Franklin D. Roosevelt Library and Archive, PSF, Great Britain, Box 32.

151 다음에서 인용했다. Drtina's memoirs, *Československo můj osud* (Toronto: Sixty-Eight Publishers, 1982): Z. Zeman, *The Life of Edvard Beneš 1884-1948. Czechoslovakia in Peace and War* (Oxford: Clarendon Press, 1997), p. 134.

152 Entry, 24 September 1938: *Diaries of Sir Alexander Cadogan*, p. 104.

153 Entry, 8 October 1938: Amery, *Empire at Bay*, p. 529.

154 다음에서 인용했다. Gilbert, "Horace Wilson: Man of Munich?", p. 6.

155 다음에서 인용했다. R. Shay, *British Rearmament in the Thirties: Politics and Profits* (Princeton: Princeton University Press, 1977), p. 234.

156 UK. London. National Archives, CAB 51 (38).

157 To Ian Colvin: Colvin, *Chamberlain Cabinet*, p. 267.

158 Ibid., p. 533.

159 Puleston to Morgenthau, 25 March 1940: USA. Hyde Park. Franklin D. Roosevelt Library and Archive, Morgenthau Diary, Vol. 299. 풀스턴 대위는 해군정보부의 전임 수장이었다. 그는 재정장관을 위해 가능한 모든 원천으로부터 국제 정세에 대한 정기 분석을 작성했다.

160 R. Cockett, *Twilight of Truth. Chamberlain, Appeasement and the Manipulation of the Press* (London: Weidenfeld and Nicolson, 1989).

161 다음의 러시아 군사문서보관소에서 인용했다. Ken, Rupasov and Samuel'son, *Shvetsiya v politike Moskvy*, p. 204.

162 Alba (London) to Villaverde (Burgos), 26 October 1938: Spain. Madrid. Archivo General de la Administración, 54/7683.

163 Amery to Halifax, 15 November 1938: UK. Cambridge. Churchill College Archives, Leo Amery Papers, AMEL 2/1/28.

164 Amery to Hoare, 27 September 1938: ibid.

165 Amery to Smuts, 20 December 1938: ibid.

166 Letter, 28 January 1939: UK. Cambridge. Trinity College Library, Butler Papers, RAB G10, 3-4.

167 Kondrashov, *Voennye razvedki vo Vtoroi Mirovoi Voine*, p. 132. 가이 버지스가 이 평가를 취한 것으로 보인다.

168 Entry, 7 March 1939: Channon, *"Chips": The Diaries*, p. 229.

169 Entry, 15 March 1939: Amery, *Empire at Bay*, p. 548.

170 Cockett, *Twilight of Truth*, pp. 104-105.

171 Kaser and Radice, eds, *Economic History of Eastern Europe*, Vol. 2, pp. 85-86.

172 I. McDonald, *The History of "The Times"*, Vol. 5 (London: Times Books, 1984), p. 27.

173 1939년 6월 작성됐다. UK. Cambridge. Trinity College Library, Butler Papers, RAB G10, 29-30.

174 Response to an enquiry from the Polish ambassador to Romania: Arciszewski (Warsaw) to embassy (Bucharest), 14 January 1939: *Polskie Dokumenty Dyplomatyczne 1939*, ed. S. Żerko (Warsaw: PISM, 2005), doc. 21.

175 Entry, 31 March 1939: UK. London School of Economics Archives, Diary of Beatrice Webb, Vol. 53, p. 6,639. 웨브는 마이스키 부인으로부터 이 불평을 들었다.

176 Potocki (Washington DC) to Foreign Ministry (Warsaw), 16 January 1939: *Polskie Dokumenty Dyplomatyczne 1939*, doc. 18.

177 Haslam, *Soviet Union and the Struggle*, p. 209.

178 다음에서 인용했다. Gilbert, "Horace Wilson: Man of Munich?", p. 9.

179 McDonald, *History of "The Times"*, Vol. 5, pp. 22-23. 맥도널드는 이 기간 동안 외교 특파원이었다.

180 Ibid., p. 210.

181 Haslam, *Soviet Union and the Struggle*, p. 210.

182 "France would under no condition agree to give the slightest guarantee to the Baltic

states", Léger told the German ambassador, Roland Köster, on 24 July 1935: quoted in Lacroix-Riz, *Le choix de la défaite*, p. 234.

183 T. Koblansky, deputy director of the Political Department of the Foreign Ministry to Colonel Pełczyński of the General Staff, 25 March 1938: *Polskie Dokumenty Dyplomatyczne 1938*, ed. M. Kornat (Warsaw: PISM, 2007), doc. 65.

184 Ēķis (Warsaw) to Munters (Riga), 8 March 1939: *Romanian-Latvian Relations*, doc. 142.

185 Record of conversations, 4 April 1939: UK. London. National Archives, CP 88 (39).

186 Litvinov to Stalin, 17 April 1939: *Dokumenty vneshnei politiki 1939 god*, ed. V. Komplektov et al. (Moscow: Mezhdunarodnye Otnosheniya, 1992), Vol. 1, doc. 228; Haslam, *Soviet Union and the Struggle*, pp. 211-212.

187 다음에서 인용했다. Colvin, *Chamberlain Cabinet*, p. 200.

188 UK. London. National Archives, FO 371/23064.

189 Note by Merekalov, 17 April 1939: ibid., doc. 236. 대화에서 이 부분은 전신으로 보내기에는 너무나도 민감했다. 이는 전달원을 통해 갔을 것이다. 다음 날 발송된 암호화된 전신은 이에 관해 아무것도 담지 않았다. Merekalov (Berlin) to Narkomindel (Moscow), 18 April 1939: *God krizisa: 1938-1939*, Vol. 1, ed. A. Bondarenko et al. (Moscow: Politicheskaya Literatura, 1990), doc. 279. 이 전신을 액면가대로 받아들였던 역사가들은 마땅히 부끄러워해야 한다.

190 다음에서 인용했다. Cockett, *Twilight of Truth*, p. 109.

191 Stalin to Surits (Paris), Maisky (London), Umansky (Washington DC), Merekalov (Berlin), Gel'fand (Rome), Smetanin (Tokyo), Derevyanskii (Helsinki), Nikitin (Tallinn), Zotov (Riga), Listopad (Warsaw), Potemkin (Moscow), Nikitnikov (Ankara), 3 May 1939: *Dokumenty vneshnei politiki 1939*, Vol. 1, doc. 269.

192 Entry, 28 June 1939: Dalton, *Political Diary*, p. 276.

193 Entry, 7 May: ibid., p. 264.

194 Entry, 3 May 1939: ibid., p. 262.

195 "Sekretariat IKKI", 4 May 1939: Russia. Moscow. RGASPI, Arkhiv Kominterna, f. 495, op. 20, d. 573.

196 Record of Terent'ev's conversation with Papen, 5 May 1939: *Dokumenty vneshnei politiki 1939*, Vol. 1, doc. 279. 메레칼로프와의 대담에서처럼 이 기록은 전달원을 통해 발송될 것이다. 이는 전신으로 발송되지 않았다.

197 Letter from Astakhov (Berlin) to Molotov (Moscow), 6 May 1939: ibid., doc. 282.

198 UK. Cambridge. Trinity College Library. Butler Papers, RAB G10, 5-6 and 10-11.

199 UK. London. National Archives, "Military Value of Russia. Report by the Chiefs of

Staff Sub-committee", 25 April 1939.

200 "IKKI secretariat", 4 May 1939: Russia. Moscow. RGASPI, Arkhiv Kominterna, f. 495, op. 20, d. 573.

201 UK. London. National Archives, CAB 26 (39).

202 다음에서 인용했다. Thorne, *Approach of War*, p. 113.

203 Entry, 14 June 1939: Dalton, *Political Diary*, p. 271.

204 Record of the conversation between Molotov and Schulenburg, 20 May 1939: *Dokumenty vneshnei politiki 1939*, Vol. 1, doc. 326.

205 Firebrace to Seeds, 12 May 1939: UK. London. National Archives, FO 371/23678. 리트비노프의 딸은 그녀의 아버지와 보로실로프가 집단 안보에 관해 동의했었다고 주장했다. 면담, 1983. 영국에 관한 스탈린의 의심이 최고조에 이르렀을 당시인 1939년 6월 16일 보로실로프가 그에게 9월 17일~19일로 예정된 영국의 기동 훈련에 참석하도록 소비에트 군사 사절단을 보낼 수 있을지 여부를 물은 것은 충격적이다. Federal'noe arkhivnoe agentstvo, RGVA, *1939 god. Ot 'umirotvoreniya' k voine*, doc. 237.

206 다음에서 인용했다. Haslam, *Soviet Union and the Struggle*, p. 213.

207 Entry, 28 June 1939: Dalton, *Political Diary*, p. 278.

208 UK. London. National Archives, CP (36), 47th meeting.

209 Entry, 16 May: Harvey, *Diplomatic Diaries*, p. 290.

210 원래 보고의 날짜는 1939년 5월 2일이다. Panfilov, temporarily deputy head of the First Department, Fifth Directorate RKKA, enclosed in Proskurov to Stalin, 17 May 1939: *Izvestiya TsK KPSS*, 3 (302), March 1990, pp. 217-218.

211 UK. London. National Archives, CAB 28 (39).

212 News contained in telegram from the US embassy in Moscow to the State Department in Washington DC, 20 May 1939: quoted in C. Bohlen, *Witness to History 1929-1969* (New York: Norton, 1973), pp. 70-71. 볼런은 이 소식을 모스크바 주재 독일 대사관에서 헤르바르트로부터 전달받았다.

213 Entry, 19 May 1939: *Diaries of Sir Alexander Cadogan*, p. 181.

214 Entry, 19 May 1939: Amery, *Empire at Bay*, p. 553.

215 Entry, 23 May 1939: *Diaries of Sir Alexander Cadogan*, p. 182.

216 Raczyński (London) to Foreign Ministry (Warsaw), 9 June 1939: *Polskie Dokumenty Dyplomatyczne 1939*, doc. 338.

217 다음에서 인용했다. Smith, "Reassessing Roosevelt's View of Chamberlain", pp. 862-863.

218 UK. London. National Archives, CAB 30 (39).

219 Harvey, *Diplomatic Diaries*, pp. 296-297.

220 "On the question of Universal Military Conscription in Great Britain", 29 July 1939: Russia. Moscow. RGASPI, Arkhiv Kominterna, f. 495, op. 20, d. 40.

221 Entry, 12 June 1939: UK. London. London School of Economics Archives, Diary of Beatrice Webb, Vol. 53, p. 6,665.

222 다음에서 인용했다. Haslam, *Near and Distant Neighbours*, p. 103.

223 1939년 6월에 작성됐다. UK. Cambridge. Trinity College Library, Butler Papers, RAB G10, 30-31.

224 Statement by Karl Heinz Pintsch, 28 February 1948: *SSSR i Germaniya 1932-1941* (Moscow: IstLit, 2019), doc. 261.

225 L. Namier, *Diplomatic Prelude, 1938-1939* (London: Macmillan, 1948), p. 188.

226 1939년 6월에 작성됐다. UK. Cambridge. Trinity College Library, Butler Papers, RAB G10, 27-28.

227 In conversation with Juozas Urbšis, Lithuania's foreign minister, and Lithuanian ambassador Natkevičius, 3 October 1939: *SSSR i Litva v gody vtoroi mirovoi voiny*, doc. 48. 숙청의 결과로 몰로토프와 스탈린에게 보고해야 할 의무가 있는 외교관과 정보장교의 자리를 신속하게 대체한 이 신참들이 외무부의 명명법을 오해했다고 해도 과언은 아니다. 공식적으로 모든 고위 인사들은 중세적 용어를 따라 "직원"이었다.

228 스트랭이 북유럽부서 수장 로렌스 콜리어에게 말한 내용이다. Pousette (London) to Broder (Stockholm), 15 August 1939: Sweden. Stockholm. Sveriges Riksarkivet, Utrikesdepartementet, 1920 års dossiersystem, HP 516.

229 From Stalin's archive: *SSSR i Germaniya 1932-1941*, doc. 169.

230 Astakhov's record of the conversation with Schulenburg, 17 June 1939: *Dokumenty vneshnei politiki 1939*, Vol. 1, doc. 378.

231 From the KGB archives: quoted in ibid., Vol. 2, p. 559, footnote 136.

232 Entry, 23 June 1939, Maisky's daily record: *Dokumenty vneshnei politiki 1939*, Vol. 1, doc. 388.

233 Federal'noe arkhivnoe agentstvo, RGVA, *1939 god. Ot 'umirotvoreniya' k voine*, doc. 260.

234 Letter from Maisky to Molotov, 10 July 1939; ibid., doc. 422.

235 다음에서 인용했다. Colvin, *Chamberlain Cabinet*, p. 229.

236 다음에서 인용했다. N. Gibbs, *Grand Strategy*, Vol. 1 (London: HMSO, 1976), p. 741, note.

237 UK. London. National Archives, CAB 38 (39).

238 Jeffery, *MI6*, p. 312.

239 Letter, 23 July 1939: quoted at length in Gilbert, *Winston S. Churchill*, Vol. 5, p.

1,091.

240 The account of German ambassador Dirksen, 21 July 1939: Federal'noe arkhivnoe agenstvo, RGVA, *1939 god. Ot 'umirotvoreniya' k voine*, doc. 189.

241 Memorandum of the conversation by Dirksen, 3 August 1939: ibid., doc. 219.

242 Buccleugh to Butler, 25 July 1939: UK. Cambridge. Trinity College Library, Butler Papers, RAB G10, 16.

243 *Memoirs of Lord Gladwyn*, p. 76.

244 Ibid., p. 93.

245 Astakhov (Berlin) to Narkomindel, 25 July 1939: *SSSR i Germaniya 1932-1941*, doc. 175.

246 Astakhov (Berlin) to Narkomindel, 27 July 1939: ibid., doc. 176; also excerpt from Astakhov's daily record, 27 July 1939: ibid., doc. 178.

247 26 July and 2 August 1939: UK. London. National Archives, CAB 39 (39) and 40 (39).

248 R. Plunkett-Ernle-Erle-Drax, "Mission to Moscow, August, 1939", *The Naval Review*, Vol. 40, No. 3, August 1952, p. 251.

249 Ibid., pp. 252-253.

250 *The Naval Review*, Vol. 40, No. 4, November 1952, p. 399.

251 Entry, 5 August 1939: *Dokumenty vneshnei politiki 1939*, Vol. 1, doc. 452.

252 Watt, *How War Came*, p. 406.

253 Rosenberg's Notes, 25 July 1939: 8828/R/Dt. Obtained by Alec Dallin on 27 September 1949: Hoover Institution, Hohenlohe Papers; cited in K. Urbach, *Go-Betweens for Hitler* (Oxford: Oxford University Press, 2015), p. 208.

254 Lord Kemsley's notes of an interview with Hitler: Gilbert, *Winston S. Churchill*, Vol. 5, p. 1,579.

255 Butler to the Duke of Buccleugh, 27 July 1939: UK. Cambridge. Trinity College Library, Butler Papers, RAB G10, 17.

256 Record of Astakhov's conversation with von Ribbentrop and K. Schnurre, 3 August 1939: *SSSR i Germaniya 1932-1941*, doc. 180.

257 대화는 8월 4일 이뤄졌다. Winther (Moscow) to Söderblom (Stockholm), 11 August 1939: Sweden. Stockholm. Sveriges Riksarkivet, Utrikesdepartementet, 1920 års dossiersystem, HP 516.

258 A. Bondarenko, *Fitin* (Moscow: Molodaya Gvardiya, 2015), p. 114.

259 "Memorandum for negotiations with the English and French delegations", 7 August 1939: *SSSR i Germaniya 1932-1941*, doc. 186.

260 *Dokumenty vneshnei politiki 1939*, Vol. 22, Book 2, p. 589.

261 Molotov (Moscow) to Astakhov (Berlin), 12 August 1939: ibid., doc. 189.

262 다음에서 인용했다. Haslam, *Soviet Union and the Struggle*, p. 226.

263 Ibid.

264 Plunkett-Ernle-Erle-Drax, "Mission to Moscow", pp. 254-256.

265 Revealed by commander of the Soviet air forces Loktionov at the seventh meeting of the negotiations with the British and French military delegations, 17 August 1939: Federal'noe arkhivnoe agentstvo, RGVA, *1939 god. Ot 'umirotvoreniya' k voine*, doc. 21.

266 Entry, 22 August 1939: *The Political Diary of Alfred Rosenberg and the Onset of the Holocaust*, ed. J. Matthäus and F. Bajohr (Lanham, Md.: Rowman and Littlefield, 2015), p. 155.

267 *Dokumenty vneshnei politiki 1939*, Vol. 1, doc. 484 and secret protocol, doc. 485.

268 Entry, 7 September 1939: Dimitrov, *Diary*, p. 116.

269 Entry, 22 August 1939: Harvey, *Diplomatic Diaries*, p. 303.

270 Bohlen, *Witness to History*, pp. 80-83.

271 Kłopotowski (Riga) to Warsaw; record of a conversation with Munters on 18 August, 19 August 1939: *Polskie Dokumenty Dyplomatyczne 1939*, doc. 445.

272 Kondrashov, *Voennye razvedki vo Vtoroi Mirovoi Voine*, p. 134. 다시 한번, 버지스야말로 가장 가능성이 높은 원천이다.

273 Reasoning rehearsed from notes made at the time: *Memoirs of Lord Gladwyn*, p. 78.

274 Halifax, "A Record of Events Before the War, 1939": UK. Cambridge. Trinity College Library, Butler Papers, RAB G10, 100. 사실 소식은 21일 저녁 늦게 도착했다. Maisky (London) to Stalin (Moscow), 23 August 1939: Russia. Moscow. Federal'noe arkhivnoe agentstvo, RGVA, *1939 god. Ot 'umirotvoreniya' k voine*, doc. 26.

275 Minute on a memorandum by Sargent and Wigram, 1 December 1935: *Documents on British Foreign Policy 1919-1939*, 2nd series, Vol. 15, ed. M. Lambert et al., (London: HMSO, 1976), Appendix 1 (c).

276 Winther (Moscow) to Sandler (Stockholm), 13 September 1939: Sweden. Stockholm. Sveriges Riksarkivet, Utrikesdepartementet, 1920 års dossiersystem, HP 516.

277 Entry, 27 August 1939: Harvey, *Diplomatic Diaries*, p. 307.

278 Halifax, "A Record of Events".

279 Astakhov (Berlin) to Molotov (Moscow), 29 August 1939: *SSSR i Germania 1932-1941*, doc. 201.

280 Entry, 25 August 1939: UK. London. London School of Economics Archives, Diary

of Beatrice Webb, Vol. 53, p. 6,710.

281 Entry, 27 August 1939: diary quoted in McDonald, *History of "The Times"*, Vol. 5, p. 25.

282 Entry, 13 October 1939: J. Colville, *The Fringes of Power: 10 Downing Street Diaries, 1939-1955* (New York: Norton, 1985), p. 40.

12장 전쟁, 1939~1940

1 다음에서 인용했다. J. Haslam, "Comintern and Soviet Foreign Policy", *The Cambridge History of Russia*, Vol. 3, ed. R. Suny (Cambridge: Cambridge University Press, 2006), p. 655.

2 A sequence of such episodes itemised in various memoirs is listed by Wolfgang Leonhard: V. Leongard, *Shok ot pakta mezhdu Gitlerom i Stalinym* (London: Overseas Publications Interchange, 1989), pp. 58-90. 간행된 원문은 다음과 같다. *Der Schock des Hitler-Stalin-Paktes* (Freiburg im Breisgau: Herder, 1986). See chapter 2.

3 N. Hooker, ed., *The Moffat Papers* (Cambridge, Mass.: Harvard University Press, 1956), p. 253.

4 "Do 90 let on ezdil v polikliniku na elektrichke", an interview with Molotov's former assistant Mikhail Smirtyukov, *Kommersant' vlast'*, 21 March 2000.

5 "Protokol (B) No. 477, Zasedanie Sekretariata IKKI", 22 August 1939: *Dokumenty vneshnei politiki 1939*, Vol. 1, doc. 479.

6 "Maurice Thorez: notes inédites, novembre 1939. Documents communistes (mai 1939-novembre 1941)", *Cahiers d'histoire de l'Institut de recherches marxistes*, No. 14, 1983, p. 11.

7 Cerreti, *Con Togliatti e Thorez*, p. 254.

8 F. Dahlem, *Am Vorabend des Zweites Weltkrieges 1938 bis August 1939. Erinnerungen*, Vol. 2 (Berlin: Dietz, 1977), p. 356. 달렘은 이의 "형성"했다고 말하지만 사실 더 정확한 용어는 "복구"일 것이다.

9 In conversation with Lithuania's foreign minister, Urbšis, and its ambassador, Natkevičius, 3 October 1939: *SSSR i Litva v gody vtoroi mirovoi voiny*, doc. 48.

10 Dimitrov, *Diary*, p. 115.

11 Speech to a meeting of the Moscow Party organisation's activists, 5 April 1927: *Problemy dal'nego vostoka*, 1, 2001, p. 154. 앞에 나오는 서문은 이것이 최초로 인쇄됐다고 묘사한다. P. 149.

12 Smyth (Beijing) to Secretary of State (Washington DC), 20 June 1940: USA. College Park. National Archives, State Department, 761.94 /4043.

13 가장 포괄적인 서술로는 다음을 보라. Duroselle, *La Décadence*, pp. 481-493.

14 Kennedy (London) to Roosevelt (Washington DC), 30 September 1939: USA. Hyde Park. Franklin D. Roosevelt Library and Archive, PSF, Box 10, pp. 325-326.

15 Colvin, *Chamberlain Cabinet*, pp. 218-219.

16 Bullitt (Paris) to Washington, 3 November 1939: USA. Hyde Park. Franklin D. Roosevelt Library and Archive, PSF, France, Book 221.

17 Kennedy (London) to Roosevelt (Washington DC), 30 September 1939: USA. Hyde Park. Franklin D. Roosevelt Library and Archive, PSF, Box 10.

18 UK. Cambridge. Trinity College Library, Butler Papers, RAB G10, 56. 체임벌린의 친구에 관해서는 다음을 보라. *Chamberlain Cabinet*, p. 265. 브로켓에 관해서는 다음을 보라. Urbach, *Go-Betweens for Hitler*, pp. 294-296. 집사에 관해서는 다음을 보라. C. Woodhouse, *Something Ventured* (London: Granada, 1982), p. 7. 우드하우스의 아버지 테링턴 경은 국가에 대한 복무 면제를 총괄했고, 그가 면제를 무효화하려고 했을 때 MI5의 방문을 받았다.

19 Buccleugh to Butler, 29 September 1939: UK. Cambridge. Trinity College Library, Butler Papers, RAB G10, 18.

20 Address to the Supreme Soviet, 31 October 1939: *Mirovoe khozyaistvo i mirovaya politika*, No. 9, 1939, p. 13.

21 "Minutes of the Soviet Estonian Negotiations for the Mutual Assistance Pact of 1939", *Lituanus*, Vol. 14, No. 2, 1968, p. 92.

22 Conversation with Foreign Minister Urbšis and Ambassador Natkevičius, 3 October 1939: *SSSR i Litva v gody vtoroi mirovoi voiny*, doc. 48.

23 *Komintern i vtoraya mirovaya voina*, Vol. 1, ed. N. Lebedeva and M. Narinskii (Moscow: Pamyatniki istoricheskoi mysli, 1994), p. 10.

24 Russia. Moscow. RGASPI, Arkhiv Kominterna, f. 495, op. 184, d. 4. Also published in "Dokumenty: Depese mezi Prahou a Moskvou 1939-1941", ed. G. Bareš, *Příspěvky k dějinám KSČ*, No. 7, 1967, doc. A14.

25 "The Security Executive. The Communist Party of Great Britain": Note from Lord Swinton, 19 October 1941: UK. London. National Archives, WP (41) 244, CAB 66/19.

26 슐렌부르크의 개인 문서보관소에서. 다음에서 상세하게 인용했다. *Dokumenty vneshnei politiki 1939*, Vol. 22, Book 2, p. 610.

27 Russia. Moscow. AVPRF, Maisky, *Dnevnik diplomata*, Vol. 2, Part 1, p. 306. 1990년

대 초반 〈노보예브레먀〉의 고 레프 베지멘스키는 내게 자신의 원고 복본을 빌려줬다. 이후 가브리엘 고로데츠키는 일기를 번역해 여러 권으로 출간했다.

28 Murray (London) to President Roosevelt (Washington DC), 1 October 1939: USA. Hyde Park. Franklin D. Roosevelt Library and Archive, PSF, Great Britain, Box 38. 머레이는 여배우이자 루스벨트의 친척인 페이스 스탠딩과 결혼했고 1917년 워싱턴 DC에서 무관으로 복무하면서 루스벨트와 친구가 됐다. 그는 곧바로 엘리뱅크 자작의 작위를 승계했다.

29 "Kommission des Sekretariats zur Frage der KPD, KPOK and KPT sch. Sitzung am 27.xi.39": Russia. RGASPI, Arkhiv Kominterna, f. 495, op. 18. "Nobody in Russia or in the Comintern ever has accused Varga of even a secret rebellious idea": Ypsilon, *Pattern for World Revolution*, p. 159.

30 "SSSR v voine", Byulleten' *Oppozitsii*, No. 79-80, 1939, p. 8.

31 Kazys (Berlin) to Urbšis (Kaunas), 2 October 1939: *SSSR i Litva v gody vtoroi mirovoi voiny*, doc. 46.

32 Russia. Moscow. AVPRF, entry for 24 October 1939, Maisky, *Dnevnik diplomata*, Vol. 2, Part 1, p. 296.

33 Entry, 13 October 1939: Colville, *Fringes of Power*, p. 40.

34 UK. London. National Archives, CAB (57) 39.

35 "Manoeuvres de Russia blanche de septembre 1936", Annexe Rapport du Général Schweitsguth, Chef de la mission française. URSS, enclosed in Daladier (War) to Delbos (Quai d'Orsay), 13 October 1936: *Documents diplomatiques français*, 2nd Series, Vol. 3, doc. 343.

36 U. Salo, "Estimation of Security Threats and Estonian Defence Planning in the 1930s", *Acta Historica Tallinnensia*, Vol. 12, No. 1, 2008, p. 45.

37 "Minutes of the Soviet Estonian Negotiations", p. 65.

38 "Lithuania and the Soviet Union 1939-1940: The Fateful Year Memoirs by Juozas Urbsys", *Lituanus*, Vol. 35, No. 2, 1989, p. 46.

39 1939년 10월 5일이었다. UK. London. National Archives, FO 371/23678.

40 다음에서 인용했다. Bondarenko, *Fitin*, p. 116.

41 M. Jakobson, *Finland Survived. An Account of the Finnish-Soviet Winter War 1939-1940* (Helsinki: Otava, 1984), pp. 107-108.

42 J. Paasikivi, *Minnen*, Vol. 1: *1939-1940. Moskva och Finland* (Stockholm: Bonnier, 1958), p. 10.

43 Ibid., p. 39.

44 Ibid., p. 40.

45 Ibid., pp. 49-53.

46 Ibid., pp. 64-65.

47 다음에서 인용했다. G. Kumanev, "Chto my znaem o 'zimnei voine' ", *Sovetskaya Rossiya*, 10 March 1990.

48 From the Baltic fleet, quoted in Ken, Rupasov and Samuel'son, *Shvetsiya v politike Moskvy*, p. 207.

49 Tikhomirov in *Tainy i uroki zimnei voiny 1939-1940. Po dokumentam rassekrechennykh arkhivov*, ed. N. Volkovskii et al. (St Petersburg: Poligon, 2000), p. 74.

50 Sahlin (Helsinki) to Sandler and Ärendena (Stockholm), 20 November 1939: Sweden. Stockholm. Sveriges Riksarkivet, Utrikesdepartementet, 1920 års dossiersystem, HP 101.

51 18 November 1939: UK. London. National Archives, FO 371/23678.

52 Speaking 17 April 1940, "Soveshchanie pri TsK VKP(b) nachal'stvuyushchego sostava po sboru opyta boevykh deistvii protiv Finlyandii 14-17 aprelya 1940 g.", *Tainy i uroki zimnei voiny*, pp. 504-505.

53 Fred Dearing (Stockholm) to President Roosevelt (Washington DC), 3 September 1937: USA. Hyde Park. Franklin D. Roosevelt Library and Archive, PSF, Box 51. 이비 리트비노바가 지어준 콜론타이의 별칭과 관련해서는 다음을 보라. Carswell, *The Exile*, p. 102. 한때 영국학사원의 서기였던 카스웰은 그 가족의 친구였다.

54 몰로토프 밑에서 일하면서 그를 10년간 모시기 전에 콜론타이 밑에서 일하면서 외교관으로서의 경력을 시작했던 고 블라디미르 예로페예프로부터 얻은 구두 증언.

55 V. Assarsson, *I skuggan av Stalin* (Stockholm: Bonniers, 1963), p. 26.

56 Entry, 22 November 1939: A. Kollontai, *Diplomaticheskie dnevniki 1922-1940*, Vol. 2 (Moscow: Academia, 2001), pp. 464-466.

57 Sahlin (Helsinki) to cabinet in Stockholm, 1 December 1939; also Swedish military attaché, Helsinki, 3 December 1939: Sweden. Stockholm. Sveriges Riksarkivet, Utrikesdepartementet, 1920 års dossiersystem, HP 101.

58 *Pravda*, 2 December 1939 and *Izvestiya*, 3 December 1939: reprinted in *Tainy i uroki zimnei voiny*, pp. 132-136.

59 *Izvestiya*, 2 December 1939; reprinted in ibid, pp. 139-140.

60 Winther (Moscow) to Stockholm, 4 December 1939; also Söderblom (Stockholm) to Sahlin (Helsinki), 5 December 1939: Sweden. Stockholm. Sveriges Riksarkivet, Utrikesdepartementet, 1920 års dossiersystem, HP 102.

61 Boheman's record of the conversation, 7 December 1939: Sweden. Stockholm. Sveriges Riksarkivet, Utrikesdepartementet, 1920 års dossiersystem, HP 101.

62　Secretary of State for War Hore-Belisha, 4 December 1939: UK. National Archives, War Cabinet 103 (39).

63　Entry, 30 November 1939: Colville, *Fringes of Power*, p. 54.

64　Telegram of 21 October to Halifax (London), cited in UK. London. National Archives, CAB 57 (39).

65　Sargent to Ismay, 22 December 1939: Ibid., FO 371/23678.

66　Bryant to Butler, 18 October 1939: UK. King's College, London. Liddell Hart Centre for Military Archives, Bryant Papers, C69.

67　"Prezidium IKKI Sitzung der Kommission des Sekretariats des EKKI am 29.xi.1939, Protokol Nos. 515-525": Russia. Moscow. RGASPI, Arkhiv Kominterna, f. 495, op. 18, d. 1301.

68　24 November 1937: UK. London. National Archives, CAB 43 (37).

69　UK. London. National Archives, War Cabinet 99 (39), 30 November 1939.

70　불릿의 자축적인 설명에 관해서는 다음을 보라. Bullitt (Paris) to Roosevelt (Washington DC), 19 December 1939: *For the President. Personal and Secret*, ed. O. Bullitt (London: André Deutsch, 1973), pp. 394-396.

71　"P.M.", Östen Undén (Geneva), 10 December 1939: Sweden. Stockholm. Sveriges Riksarkivet, Utrikesdepartementet, 1920 års dossiersystem, HP 102.

72　Aide mémoire, 27 December 1939, and Günther (Stockholm) to Prytz (London), 3 January 1940: ibid.

73　Winther (Moscow) to Günther and Ärendena, 2 January 1940: ibid.

74　노르웨이 외무장관은 그렇게 해도 좋다는 신호를 주었고, 베를린에서 갓 복귀한 독일 대사 브래버에게 자문을 구했다. Douglas (Oslo) to Günther and Ärendena (Stockholm), 10 January 1940: ibid.

75　Kollontai to Günther, 6 January 1940: ibid.

76　다음에서 인용했다. Ken, Rupasov and Samuel'son, *Shvetsiya v politike Moskvy*, p. 214.

77　Hellsted (Tallinn) to Gunther and Ärendena (Stockholm), 15 December 1939: Sweden. Stockholm. Sveriges Riksarkivet, Utrikesdepartementet, 1920 års dossiersystem, HP 458.

78　K. Simonov, *Glazami cheloveka moego pokoleniya* (Moscow: Pravda, 1990), pp. 354-355. 그러나 시모노프가 항상 정확한 것은 아니다.

79　Marshal G. Zhukov, *Vospominaniya i razmyshleniya* (Moscow: Novosti, 1990), p. 107.

80　Entry, 27 March 1940: Dimitrov, *Diary*, pp. 127-128.

81　UK. London. National Archives, War Cabinet 111 (39).

82　Chamberlain to Joseph Ball, 26 December 1939: UK. Oxford. Bodleian Library, Papers of Sir Joseph Ball, MS Eng.c.6656.

83　Cabinet (Stockholm) to Sahlin (Helsinki), 29 December 1939: Sweden. Stockholm. Sveriges Riksarkivet, Utrikesdepartementet, 1920 års dossiersystem, HP 102. 베리야의 특수 부서가 가로챈 12월 25일 자 스웨덴 일반 참모 맬릿이 런던에 보낸 전신에 관해서는 다음을 보라. *K 70-letiyu Sovetsko-Finlyandskoi Voiny. Zimnyaya Voina 1939-1940 gg. V rassekrechennykh dokumentakh Tsentral' nogo Arkhiva FSB Rossii i arkhivov Finlyandii*, ed. A. Sakharov et al. (Moscow: Akademkniga, 2009).

84　Entry, 5 January 1940: Colville, *Fringes of Power*, p. 67.

85　Beria reporting intelligence from Paris, 13 January 1940: *K 70-letiyu Sovetsko-Finlyandskoie Voiny*, doc. 159. 또한 다음을 보라. J.-B. Duroselle, *L'Abîme 1939-1945* (Paris: 1982, Imprimerie nationale), pp. 87-94.

86　Letter from Maisky (London) to Molotov (Moscow), 26 January 1940: *Dokumenty vneshnei politiki*, Vol. 23, Book 1, ed. G. Mamedov et al. (Moscow: Mezhdunarodnye otnosheniya, 1995), doc. 27.

87　Entry, 31 January 1940: Colville, *Fringes of Power*, p. 77.

88　Entry, 15 February 1940: ibid., p. 84.

89　Haslam, *Near and Distant Neighbours*, pp. 125-126.

90　*Dokumenty vneshnei politiki*, Vol. 23, Book 1, pp. 770-771.

91　Entries, 5 February and 6 February 1940: Kollontai, *Diplomaticheskie dnevniki*, pp. 493-495.

92　Entries, 1 March, 3-5 March: Kollontai, *Diplomaticheskie dnevniki*, pp. 509-515.

93　*Dokumenty vneshnei politiki*, Vol. 23, Book 1, pp. 771-772. Also, entries 7-9 March: Kollontai, *Diplomaticheskie dnevniki*, pp. 516-519.

94　"Mirnyi dogovor mezhdu SSSR i finlyandskoi respubliki", *Pravda*, 13 March 1940.

95　Mallet to Günther, 12 March 1940: Sweden. Stockholm. Sveriges Riksarkivet, Utrikesdepartementet, 1920 års dossiersystem, HP 107; entry, 12 March: Kollontai, *Diplomaticheskie dnevniki*, p. 512.

96　Entry, 3 May 1940: Amery, *Empire at Bay*, p. 592.

97　Ēķis (Bucharest) to Munters (Riga), 22 April 1940: *Romanian-Latvian Relations*, doc. 181.

98　Entry, 7 May 1940: Amery, *Empire at Bay*, pp. 592-593.

99　"Note de la Direction politique. Attitude de l'URSS Représentation diplomatique française à Moscou", 26 May 1940: *Diplomates en guerre. La Seconde Guerre mondiale racontée à travers les archives du Quai d'Orsay*, ed. P.-J. Rémy (Paris: JC Lattès, 2007), p. 271.

100 Assarsson (Moscow) to Ärendena (Stockholm), 30 May 1940: Sweden. Stockholm. Sveriges Riksarkivet, Utrikesdepartementet, 1920 års dossiersystem, HP 516.

101 Molotov's record of his conversation with Hitler, 13 November 1940: *Dokumenty vneshnei politiki*, Vol. 23, Book 2, ed. G. Mamedov et al. (Moscow: Mezhdunarodnye otnosheniya, 1998), Part 1, doc. 511.

102 다음에서 인용했다. Duroselle, *L'Abîme*, p. 157.

103 M. Gilbert, *Winston S. Churchill*, Vol. 6: *Finest Hour, 1939-1941* (London: Heinemann, 1983), p. 644.

104 Maisky (London) to Narkomindel (Moscow), 3-4 July 1940: *Dokumenty vneshnei politiki*, Vol. 23, Book 1, doc. 244.

105 Kennedy to Welles: *Landis Papers*, p. 547: cited in J. Vieth, "Joseph P. Kennedy: Ambassador to the Court of St. James's, 1938-1940" (Ohio State University, PhD diss., 1975), p. 365.

106 11 March 1940: Hooker, ed., *Moffat Papers*, p. 299.

107 "The European Situation", 25 March 1940: USA. Hyde Park. Franklin D. Roosevelt Library and Archive, Morgenthau Diaries, Book 299.

108 Entry, 21 March 1940: UK. Cambridge. Churchill College Archives, Cadogan Diary, ACAD 1/9.

109 Comintern executive committee meeting, 17 July 1940: Russia. Moscow. RGASPI, Arkhiv Kominterna, f. 495, op. 18, d. 1322; published in *Komintern i vtoraya mirovaya voina*, doc. 109. 나타샤 레베데바와 미하일 나린스키가 쓴 서론은 이 갈래들을 한데 묶는다.

110 Directive dated 19 July 1940: Russia. Moscow. RGASPI, Arkhiv Kominterna, f. 495, op. 74, d. 1322; published in *Komintern i vtoraya mirovaya voina*, doc. 110.

111 "Protokol B, No. 635 (1390)", 5 August 1940: Russia. RGASPI, Arkhiv Kominterna, f. 495, op. 18, d. 1322; published in *Komintern i vtoraya mirovaya voina*, doc. 114.

112 Duclos, Frachon, and Tréand (Paris) to Comintern (Moscow), 21 August 1940: Russia. Moscow. RGASPI, Arkhiv Kominterna, f. 495, op. 74, d. 516; published in *Komintern i vtoraya mirovaya voina*, doc. 116.

113 버틀러는 그가 공원에서 대사를 우연히 마주쳤다고 부정직하게 주장했고 대화록을 남기지 않았다. 그러나 그는 후일 핼리팩스를 위해 대화록을 만들었다. 뒤이은 그의 부인에는 어떠한 신빙성도 없고 그의 개인 문건은 해당 사건에 관한 언급을 모두 삭제했다. 따라서 우리가 유일하게 믿을 수 있는 동시대의 기록은 스웨덴 대사의 그것이다.

114 다음에서 인용했다. T. Munch-Petersen, "'Common sense not bravado': the Butler-Prytz interview of 17 June 1940", *Scandia*, Vol. 52, No. 1, 1986, pp. 73-114.

115   Chamberlain to Arnold, 10 January 1940, and Brocket to Bryant, 9 February 1940: UK. King's College, London. Liddell Hart Centre for Military Archives, Bryant Papers, C69.

116   Ibid.

117   Entry, 1 July 1940: Colville, *Fringes of Power*, p. 182.

118   18세기 통치자 하노버 가문에 대한 왕위 요구자 스튜어트인 찰스 에드워드 스튜어트 (보니 프린스 찰리)에 대한 언급.

119   Entry, 10 July 1940: UK. Cambridge. Churchill College Archives, Cadogan Diary ACAD/1/9.

120   다음에서 인용했다. KGB, "O podgotovke Germanii k napadeniyu na SSSR", *Izvestiya TsK KPSS*, No. 4 (303), April 1990, p. 199.

121   다음에서 인용했다. Liddell's diary in N. West, *Cold War Spymaster: The Legacy of Guy Liddell, Deputy Director of MI5* (London: Frontline Books, 2018), p. 5.

122   이에 관련된 독일의 비밀 전신은 전쟁 말미에 가서 영국 정보부가 차지했고, 연합국 성원에게 알려지지 않도록 숨겨졌다. 이로 인해 공작이 대역죄로 처벌받아야 한다는 대중의 공분이 이어졌다고 해도 과언이 아니다. Ibid., ch. 1.

123   Record of Molotov's conversation with Schulenburg, 17 June 1940: *Dokumenty vneshnei politiki*, Vol. 23, Book 1, doc. 208.

124   Smyth (Beijing) to Secretary of State (Washington DC), 20 June 1940: USA. College Park. National Archives, State Department, 761.94/4043.

125   Cripps (Moscow) to Foreign Office (London), 1 July 1940: UK. London. National Archives, Premier 3, 395/1.

126   "Conversations with Molotov", *Lituanus*, Vol. 12, No. 2, 1965, pp. 16 and 24.

127   Heath (Berlin) to Secretary of State (Washington DC), 17 June 1940: USA. College Park. National Archives, State Department, 740.0011/3884.

128   V. Shamberg, *Lozovskii* (Moscow: Tonchu, 2012), p. 481.

129   The testimony of First Lieutenant Karlheinz Pintsch, 23 February 1948, from Soviet intelligence archives: enclosure in Kruglov to Stalin, 28 February 1948: *SSSR i Germaniya 1932-1941*, doc. 261.

130   RICHTILINIEN, 21 September 1940: Russia. Moscow. RGASPI, Arkhiv Kominterna, f. 495, op. 18, d. 1324.

131   Tagüeña Lacorte, *Testimonio de dos guerras*, p. 401.

132   Entry, 7 November 1940: Dimitrov, *Diary*, p. 132.

133   몰로토프를 인용한 것은 스웨덴 외무부의 선임 관리인 보헤만이었다. Fransoni (Stockholm) to Ciano (Rome), 9 November 1940: *I documenti diplomatici italiani*, 9th Se-

ries, Vol. 5, ed. M. Toscano (Rome: Istituto Poligrafico dello Stato, 1965), doc. 210.

134 그는 1941년 1월에도 이 정서를 되풀이했다. Admiral Kuznetsov, "At Naval Headquarters", in S. Bialer, ed., *Stalin and his Generals* (New York: Pegasus, 1969), pp. 190-191.

135 Simonov, *Glazami cheloveka moego pokoleniya*, p. 309.

136 리트비노프의 딸은 그가 전화에서 그러한 논조로 몰로토프를 한 번 이상 질타하는 것을 우연히 들었다. 개인적 증언은 다음에서 이용했다. Haslam, *Soviet Union and the Threat from the East*, p. 16. 후일 조각가로서, 러시아를 연구하는 교수 로버트 스미스가 그녀의 어머니인 이비에게 빌려준 잉글랜드 호브의 아파트에서 살았던 타티야나 리트비노바는 정치에는 하나도 관심을 가지지 않았고 이 기억을 그 누구와도 공유하지 않았다. 이러한 이유로 인해 나는 그녀를 믿을 수 있다고 느꼈다. 스미스도 내게 보증했다.

137 Dated 9 November 1940: *Dokumenty vneshnei politiki*, Vol. 23, Book 2, Part 1, doc. 491.

138 대화에 참여했던 이들은 보그다노프라는 가명을 쓴 젊은 정보장교 발렌틴 베레즈코프, 블라디미르 데카노조프 대사, 블라디미르 파블로프 통역관, 모스크바 주재 독일 대사관에서 파견돼 히틀러와 리벤트로프를 통역했던 구스타프 힐거다. 구체적인 사실은 다음을 보라. Russia. Moscow. AVPRF, Fond Sekretariata Ministra t. V. M. Molotova. op. 2, ind. 160, papka 15; and ibid., op. 2, ind. 161, papka 15.

139 Notes by Pavlov, the interpreter, 12 November 1940: *Dokumenty vneshnei politiki*, Vol. 23, Book 2, Part 1, doc. 497.

140 Bogdanov and Pavlov's record of the conversations, 13 December 1940: ibid., doc. 511.

141 Molotov (Berlin) to Stalin (Moscow), 14 November 1940: ibid., doc. 515.

142 V. Berezhkov, *S diplomaticheskoi missiei v Berline 1940-1941* (Moscow: Novosti, 1966), p. 48.

143 D. Volkogonov, *Triumf i tragediya. Politicheskii portret I. V. Stalina*, Vol. 2, (Moscow: Novosti, 1989), Part 1, p. 54.

144 Steinhardt (Moscow) to Secretary of State (Washington DC), 7 December 1940: USA. College Park. National Archives, State Department, 761.62/825.

145 "Diplomaticheskaya aktivnost' Germanii posle poezdki v Berlin tov. V. M. Molotova (politicheskii obzor za 15-22.xi.40 g.)", Kobulov, chargé d'affaires, and Semyonov (Berlin), 23 November 1940: Russia. Moscow. AVPRF, Fond Sekretariata Molotova, op. 2, por. 146, papka 14, d. 20.

146 Entry, 25 November 1940: Dimitrov, *Diary*, p. 135.

147 Dekanozov (Berlin) to Molotov (Moscow), 14 December 1940: Russia. Moscow.

AVPRF, Fond Sekretariata Molotova, op. 2, por. 146, papka 14, d. 20. 아울러 다음을 보라. Dekanozov (Berlin) to Molotov (Moscow), 16 February 1940: ibid. 베를린 주재 스웨덴 무관은 소비에트 해군 무관에게 이러한 설명을 보고하는 중이었다.

148 *Komintern i vtoraya mirovaya voina*, p. 455.

149 Ibid., doc. 127.

150 Entry, 28 November 1940: Dimitrov, Diary, p. 139.

151 Lavrishchev (Sofia) to Molotov (Moscow), 30 November 1940: *Dokumenty vneshnei politiki*, Vol. 23, Book 2, Part 1, doc. 564.

152 Dimitrov's telephone conversation with Molotov: entry, 20 December 1940: Dimitrov, *Diary*, p. 139.

153 Rosso (Moscow) to Ciano (Rome), 31 December 1940: *I documenti diplomatici italiani*, 9th Series, Vol. 6, ed. P. Pastorelli (Rome: Istituto Polifgrafico dello Stato, 1986), doc. 282.

154 "Po voprusu o perebroske germanskikh voisk v Bolgariyu", Protokol B, No. 684, 1450, 14 January 1941: Russia. Moscow. RGASPI, Arkhiv Kominterna, f. 495, op. 18, d. 1326.

155 Boheman's record of the conversation, 15 February 1941: Sweden. Stockholm. Sveriges Riksarkivet, Utrikesdepartementet, 1920 års dossiersystem HP 517.

156 Assarsson (Moscow) to Söderblom (Stockholm), 19 February 1941: ibid.

157 Vyshinsky's record of the conversation, 22 March 1941: *Dokumenty vneshnei politiki*, Vol. 23, Book 2, Part 2, doc. 730.

158 Jeffery, *MI6*, p. 415.

159 Vyshinsky's daily record, 1 April 1941: Russia. AVPRF, Fond Sekretariata Narkoma V. M. Molotova, op. 3, ind. 375, papka 27. Also, Vyshinsky's record of his conversation with the Yugoslav ambassador, 1 April 1941: *Dokumenty vneshnei politiki*, Vol. 23, Book 2, Part 2, doc. 740.

160 Vyshinsky's record of the conversation, 3 April 1941: *Dokumenty vneshnei politiki*, Vol. 23, Book 2, Part 2, doc. 743.

161 Vyshinsky's record of the conversation, 4 April 1941: ibid., doc. 745.

162 Ibid., doc.747; Vyshinsky's record of the conversation with Simić, 5 April 1941: Russia. AVPRF. Fond Sekretariata Narkoma V. M. Molotova, op. 3, ind. 375, papka 27. The treaty text appeared in *Izvestiya*, 5 April 1941.

1 Record of a conversation between Stalin, Molotov and Eden, 29 March 1935: *Dokumenty vneshnei politiki SSSR*, Vol. 18, doc. 148.

2 F. Chuyev, ed., *Molotov. Poluderzhavnyi vlastelin* (Moscow: Olma-press, 2000), p. 42.

3 다음에서 인용했다. L. Fischer, *The Life and Death of Stalin* (New York: Harper, 1952), p. 62.

4 "Predlozheniya dlya TsK KP Frantsii", 8 January 1941: Protokoll No. 680-691. Russia. Moscow. RGASPI, Arkhiv Kominterna, f. 495, op. 18, d. 1326.

5 G. Hägglöf, *Diplomat* (London: The Bodley Head, 1972), pp. 161-162.

6 F. Hinsley, *British Intelligence in the Second World War*, Vol. 1 (London: HMSO, 1979), pp. 451-452.

7 Ibid.

8 Gilbert, *Winston S. Churchill*, Vol. 6, pp. 1,050-1,051.

9 Krasnov, *Neizvestnyi Zhukov*, pp. 136-137.

10 25 June 1941: quoted in Nish, *Japanese Foreign Policy 1869-1942*, p. 242.

11 Hinsley, *British Intelligence*, Vol. 1, p. 429.

12 Minute by Maclean, 10 January, on Kelly (Bern) to London, 6 January 1941: UK. London. National Archives, FO 371/29479. "두 정치인은 자신들 고유의 정책이랄 것을 가지고 있지 않고 그저 스탈린의 대변자"라는 리트비노프와 몰로토프에 대한 그의 논평은 마찬가지로 자기 확신적이고 무지하다. Minute, 11 January 1941, on Craigie (Tokyo) to London, 4 December 1940: ibid.

13 In a minute dated 22 January 1941, 매클레인은 전쟁부가 자신에게 동의한다고 말한다. UK. London. National Archives, FO 371/29479.

14 Special communication from Golikov, head of military intelligence, to Stalin, Voroshilov, Molotov, Timoshenko, Beria et al., 4 April 1941: *1941 God*, Vol. 2, ed. L. Reshin et al. (Moscow: Mezhdunarodnyi Fond 'Demokratiya', 1998), doc. 367.

15 Cripps (Moscow) to London, 23 April 1941: UK. London. National Archives, FO 371/29480.

16 Signed statement 27 February 1948, in full: *SSSR i Germaniya 1932-1941*, doc. 261.

17 Entry, 13 May 1941: G. Liddell, *The Guy Liddell Diaries*, ed. N. West (London: Routledge, 2005), p. 147.

18 Minute by Sargent, 14 May 1941, on Cripps (Moscow) to London, 13 May 1941: UK. London. National Archives, FO 371/29481.

19 Sargent minute, 30 May 1941, on Cripps (Moscow) to London, 17 May 1941: ibid.

20 Warner (London) to Cripps (Moscow), 10 June 1941: ibid., FO 371/29482.

21 J. Haslam, "Stalin's Fears of a Separate Peace, 1942", *Intelligence and National Security*, Vol. 8, No. 4, October 1993, pp. 97-99.

22 *Izvestiya*, 14 June 1941.

23 Letter from Dekanozov (Berlin) to Molotov (Moscow), 4 June 1941: *Dokumenty vneshnei politiki*, Vol. 23, Book 2, Part 2, doc. 853.

24 Fitin, "Soobshchenie iz Berlina", not later than 16 June 1941: *Izvestiya TsK KPSS*, 4 (303), April 1990, p. 221.

25 Entry, 22 June 1941: Dimitrov, *Diary*, p. 166.

26 Molotov to Ambassador Schulenburg, 22 June 1941: *Nachalo*, Vol. 2, Book 1 (Moscow: 2000).

27 USA. Stanford. Hoover Institution, Ivy and Tatyana Litvinov Papers, Box 9.

28 다음에서 인용했다. L. Fischer, *The Road to Yalta: Soviet Foreign Relations 1941-1945* (New York: Harper & Row, 1972), pp. 8-9.

29 Cripps (Moscow) to Foreign Office (London), 26 July 1941: UK. London. National Archives, FO 371/29619.

30 Sir R. Clive (Brussels) to Foreign Office (London), 9 November 1937: *Documents on British Foreign Policy 1919-1939*, 2nd Series, Vol. 21, doc. 343.

31 다음에서 인용했다. H. Boog et al., eds, *Germany and the Second World War*, Vol. 4 (Oxford: Oxford University Press, 1998), p. 520.

32 L. Bezymensky, *Chelovek za spinoi Gitlera: Martin Bormann i ego dnevnik* (Moscow: Veche, 1999), pp. 109-114.

33 독일국방군 최고사령부에서 전시경제군수국을 총괄한 게오르그 토마스 장군은 다음 저작의 서론에서 인용했다. W. Birkenfeld, to G. Thomas, *Geschichte der deutschen Wehr- und Rüstungswirtschaft (1918-1943/45)* (Boppard am Rhein: Boldt, 1966), p. 18.

34 UK. London. National Archives, WM (41) 20th Conclusions, 16 June 1941, CAB 65/22.

35 Told to two devotees of the Soviet cause: W. and Z. Coates, *A History of Anglo-Soviet Relations* (London: Laurence and Wishart, 1943), p. 680.

36 A. Werth, *Russia at War, 1941-1945* (London: Pan Books, 1964), p. 149, footnote.

37 "Political Aspects of a German Defeat by Russia", Memorandum from R. Leeper, 7 July 1941. UK. London. National Archives, FO 371/29486.

참고 문헌

문서보관소

프랑스. Aix-en-Provence. Archives nationales d'outre-mer

프랑스. Fonds de la direction du Parti Communiste Français, Université de Bourgogne, online: https://pandor.u-bourgogne.fr

이탈리아. Rome. Ministero degli Affari Esteri, Archivio Storico Diplomatico

러시아. Moscow. Arkhiv vneshnei politiki Rossii (AVPRF) at the Russian Foreign Ministry

러시아. Moscow. Rossiiskii gosudarstvennyi arkhiv sotsialno-politicheskoi istorii (RGASPI), Arkhiv Kominterna; sections online at www.sovdoc.ru; see also Firsov Papers, below

러시아. Documentary material from various state and party archives located in the Yeltsin Library (formerly the Presidential Archive), online at munich.rusarchives.ru; Vtoraya mirovaya voina v arkhivnykh dokumentykh (kompleks otsifrovannykh arkhivnykh dokumentov, kino-i fotomaterialov).

스페인. Madrid. Archivo de la Fundación Casa de Alba, Palacio de Liria

스페인. Madrid. Archivo General de la Administración

스웨덴. Stockholm. Sveriges Riksarkivet, Utrikesdepartetmentet

영국. Birmingham. University of Birmingham Cadbury Research Library: Neville Chamberlain Papers

영국. Cambridge. Cambridge University Library: Templewood Papers

영국. Cambridge. Churchill College Archives: Leo Amery Papers; Sir Alexander Cadogan Papers; William Strang Papers

영국. Cambridge. King's College, Modern Archives: John Maynard Keynes Papers

영국. Cambridge. Trinity College Library: R. A. Butler Papers

영국. London. King's College London, Liddell Hart Centre for Military Archives: Sir Arthur Bryant Papers

영국. London. London School of Economics Archives: Diary of Beatrice Webb

영국. London. National Archives: FO 371; HW 17; KV; Cabinet Minutes; Cabinet Papers; Committee of Imperial Defence; War Cabinet

영국. Oxford. Bodleian Libraries: Sir Joseph Ball Papers; Geoffrey Dawson Archive 미국.

College Park, Md. National Archives, US Military Intelligence

미국. Hyde Park, N.Y. Franklin D. Roosevelt Library and Archive: Roosevelt Presidential Archives

미국. New Haven, Conn. Sterling Library: Henry Lewis Stimson Diaries.

미국. Stanford, Calif. Hoover Institution Archive: Firsov Papers; Hohenloe Papers; Ivy and Tatyana Litvinov Papers

출간된 자료집과 일지

Akten zur deutschen auswärtige Politik, 1918-1945, Series A, Vols 3 and 7, ed. W. Bussmann et al.; Series B, Vols 16 and 21 and Series C, Vol. 1, ed. H. Rothfels et al. (Göttingen: Vandenhoeck & Ruprecht, 1971-85)

Akten Kardinal Michael von Faulhabers, Vol. 1, 1917-1934, ed. L. Volk (Mainz: Matthias-Grünewald Verlag, 1975)

Akten der Reichskanzlei: Regierung Hitler 1933-1938, Part 1, Vol. 1, ed. K.-H. Minuth (Boppard am Rhein: Boldt, 1983)

Baron Aloisi, *Journal* (25 juillet 1932-14 juin 1936) (Paris: Plon, 1957)

L. Amery, *The Empire at Bay: The Leo Amery Diaries 1929-1945* (London: Hutchinson, 1988)

Anglo-Vatican Relations, 1914-1939: Confidential Annual Reports of the British Ministers to the Holy See, ed. T. Hachey (Boston, Mass.: G. K. Hall, 1972)

L'archivio della nunziatura apostolica in Italia 1, 1929-1939. Cenni storici e inventario, ed. G. Castaldo and G. Lo Bianco (Vatican City: Archivio Segreto Vaticano, 2010)

G. Berti, *I primi dieci anni di vita del PCI. Documenti inediti dell'archivio Angelo Tasca* (Milan: Feltrinelli, 1967)

R. Bruce Lockhart, *The Diaries of Sir Robert Bruce Lockhart*, Vol. 1, ed. K. Young (London: Macmillan, 1973)

M. Cachin, *Carnets 1906-1947*, ed. D. Peschanski, Vol. 3 (Paris: CNRS, 1998)

M. Casella, ed. *Gli ambasciatori d'Italia presso la Santa Sede dal 1929 al 1943* (Galatina (Lecce): Congedo, 2009)

H. Channon, *"Chips": The Diaries of Sir Henry Channon*, ed. R. Rhodes James (London: Weidenfeld and Nicolson, 1967)

Lord Chatfield, *It Might Happen Again*, Vol. 2 (London: Heinemann, 1947)

The Churchill Documents, Vol. 12, ed. M. Gilbert (London: Heinemann, 1981)

G. Ciano, *Diario 1937-1943*, ed. R. De Felice (Milan: Rizzoli, 1980)

G. Ciano, ed. *L'Europa verso la catastrofe. 184 colloqui con Mussolini, Hitler, Franco, Chamberlain, Sumner Welles, Rustu Aras, Stoiadinovic, Göring, Zog, François-Poncet, ecc. Verbalizzati da Galeazzo Ciano* (Milan: Mondadori, 1948)

J. Colville, *The Fringes of Power: 10 Downing Street Diaries, 1939-1955* (New York: Norton, 1985)

Command 2895 (London: HMSO, 1927)

E. Corradini, *Il nazionalismo italiano* (Milan: Treves, 1914)

N. Crowson, ed., *Fleet Street, Press Barons and Politics. The Journals of Collin Brooks, 1932-1940* (Cambridge: Cambridge University Press, 1998)

H. Dalton, *The Political Diary of Hugh Dalton 1918-40, 1945-60*, ed. B. Pimlott (London: Jonathan Cape, 1986)

"Delo Zorge". Telegrammy i pis'ma (1930-1945), ed. A. Fesyun (Moscow: Serebrannye niti, 2018)

"Depese mezi Prahou a Moskvou 1939-1945", ed. G. Bareš, *Příspěvky k dějinám KSČ*, No. 7, 1967

Deutscher Oktober 1923. Ein Revolutsionsplan un sein Scheitern, ed. B. Bayerlein et al. (Berlin: Aufbau, 2003)

Deutschland, Russland, Komintern. Dokumente 1918-1945, Vol. 1, ed. H. Weber et al. (Berlin: De Gruyter, 2014)

The Diaries of Chips Channon, Vol. 1: 1918-38, ed. S. Heffer (London: Hutchinson, 2020)

The Diaries of Sir Alexander Cadogan, O.M., 1938-1945, ed. D. Dilks (London: Cassell, 1971)

G. Dimitrov, *The Diary of Georgi Dimitrov, 1933-1939*, ed. I. Banac (New Haven: Yale University Press, 2003)

Diplomates en guerre. La Seconde Guerre mondiale racontée à travers les archives du Quai d'Orsay, ed. P.-J. Rémy (Paris: JC Lattès, 2007)

I documenti diplomatici italiani, 7th Series, ed. R. Moscato and G. Carocci, Vols 3, 4, 10, 12 and 14; 8th Series, ed. R. De Felice et al., Vols 4, 8 and 9; 9th Series, ed. M. Toscano et al., Vols 5 and 6 (Rome: Istituto Poligrafico dello Stato, 1959-2001)

Documents diplomatiques français, 1932-1939, 1st Series, Vols 1 and 2, ed. P. Renouvin et al. (Paris: Imprimerie Nationale, 1964); 2nd Series, Vol. 3, ed. P. Mandoul et al. (Brussels: PIE-Peter Lang, 2005)

Documents diplomatiques suisses, 1848-1945, Vols 8, ed. A Fleury et al.; 10 and 11, ed. J.-C. Favez et al.; 12, ed O. Gauye et al. (Bern: Benteli, 1982-94)

Documents on British Foreign Policy 1919-1939, 1st Series, ed. W. Medlicott et al., Vol. 25; 2nd Series, ed. L. Woodward et al., Vols 6, 10, 12, 15, 17, 19 and 21 (London: HMSO, 1957-84)

Documents on Irish Foreign Policy, Vol. 4, ed. C. Crowe et al. (Dublin: Royal Irish Academy, 2004)

Dokumenty i materialy po istorii Sovetsko-Chekhoslovatskikh otnoshenii, Vol. 3, ed. C. Amort et al. (Moscow: Nauka, 1978) *Dokumenty vneshnei politiki*, Vol. 23, Books 1 and 2, ed. G. Mamedov et al. (Moscow: Mezhdunarodnye otnosheniya, 1995-98)

Dokumenty vneshnei politiki

Dokumenty vneshnei politiki 1939 god, ed. V. Komplektov et al. (Moscow: Mezhdunarodnye Otnosheniya, 1992)

Dokumenty vneshnei politiki SSSR, Vols 6 and 7, ed. A Gromyko et al. (Moscow: Politizdat, 1962); Vol. 14, ed. P. Ershov et al. (Moscow: Politicheskaya Literatura, 1968); Vol. 18, ed. A. Gromyko et al. (Moscow: Politizdat, 1973); Vol. 19, ed. A. Gromyko et al. (Moscow: Politizdat, 1974)

Federal'noe arkhivnoe agentstvo, Arkhiv vneshnei politiki Rossii (AVPRF), *Nakanune i posle Myunkhena, arkhivnye dokumenty rasskazyvayut. "Pered litsom germanskoi ekspansii: ustupki ili voina (mart-avgust 1938)"*

Federal'noe arkhivnoe agentstvo, Arkhiv vneshnei politiki Rossii (AVPRF), *"Sentyabr'skii krizis in Myunkhenskaya Konferentsiya chetyrekh derzhav (sentyabr' 1938)"*

Federal'noe arkhivnoe agentstvo, Rossiiskii gosudarstvennyi voennyi arkhiv (RGVA), *1939 god. Ot 'umirotvoreniya' k voine.*

For the President. Personal and Secret: Correspondence between Franklin D. Roosevelt and William C. Bullitt, ed. O. Bullitt (London: André Deutsch, 1973)

Foreign Relations of the United States: Diplomatic Papers, 1944, China, Vol. 6, ed. E. R. Perkins et al. (Washington DC: US GPO., 1967)

Glazami razvedki SSSR i Evropa 1919-1938 gody: sbornik dokumentov iz rossiiskikh arkhivov, ed. M. Ul' et al. (Moscow: IstLit, 2015)

God krizisa: 1938-1939, Vol. 1, ed. A. Bondarenko et al. (Moscow: Politicheskaya Literatura, 1990)

S. Gorlov, *Sovershenno Sekretno. Moskva Berlin 1920-1933. Voenno-politischeskie Otnosheniya Mezhdu SSSR i Germaniei* (Moscow: IVI RAN, 1999)

Gouvernement général de l'Indochine, *Contribution à l'histoire des mouvements politiques de l'Indochine française. Documents*, Vol. 5: *La Terreur rouge en Annam, 1930-1931* (Hanoi: GGI, Direction des affaires politiques et de la Sûreté Générale, 1933)

Hansard. House of Lords, House of Commons. Debates

O. Harvey, *Diplomatic Diaries of Oliver Harvey, 1937-1940*, ed. J. Harvey (London: Collins, 1970)

A. Hitler, *Mein Kampf. Eine kritische Edition*, ed. C. Hartmann, T. Vordermayer, O. O. Plöckinger and R. Toppel (Munich and Berlin: Instituts für Zeitgeschichte, 2016)

N. Hooker, ed., *The Moffat Papers* (Cambridge, Mass.: Harvard University Press, 1956)

T. Jones, *A Diary with Letters 1931-1950* (London: Oxford University Press, 1954)

K 70-letiyu Sovetsko-Finlyandskoi Voiny. Zimnaya Voina 1939-1940 gg. V rassekrechenny dokumentakh Tsentral'nogo Arkhiva FSB Rossii i arkhivov Finlyandii, ed. A. Sakharov et al. (Moscow: Akademkniga, 2009)

KGB, "O podgotovke Germanii k napadeniyu na SSSR", *Izvestiya TsK KPSS*, No. 4 (303), April 1990

A. Kollontai, *Diplomaticheskie dnevniki 1922-1940*, Vol. 2 (Moscow: Akademia, 2001) *Komintern i ideya mirovoi revolyutsii. Dokumenty*, ed. K. Anderson et al. (Moscow: Nauka, 1998)

Komintern i vtoraya mirovaya voina, Vols 1-2, ed. N. Lebedeva and M. Narinskii (Moscow: Pamyatniki istoricheskoi mysli, 1994)

Komintern protiv fashizma: dokumenty, ed. V. Dam'e (Moscow: Nauka, 1999)

V. Lenin, *Collected Works*, Vol. 31 (Moscow: Progress, 1966)

V. Lenin, *Pol'noe sobranie sochinenii*, Vols 23 and 42 (Moscow: Gosizdat, 1963)

G. Liddell, *The Guy Liddell Diaries*, ed. Nigel West (London: Routledge, 2005)

I. Maisky, *Dnevnik diplomata. London, 1934-1943*, Vols 1 and 2, ed. A. Chubaryan et al. (Moscow: Nauka, 2006-9)

"Maurice Thorez: notes inédites, novembre 1939. Documents communistes (mai 1939-novembre 1941)", *Cahiers d'Institut Marxiste de la Recherche*, No. 14, 1983

"Minutes of the Soviet Estonian Negotiations for a Military Assistance Pact of 1939", *Lituanus*, Vol. 14, No 2, 1968

Na Prieme u Stalina. Tetradi (zhurnaly) zapisei lits, prinyatykh I. V. Stalinym (1924-1953 gg.), ed. A. Chernobaev et al. (Moscow: Novyi khronograf, 2008)

H. Nicolson. *The Harold Nicolson Diaries and Letters 1907-1964*, ed. N. Nicolson (London: Weidenfeld and Nicolson, 2004)

Nunzio in una terra di frontiera. Achille Ratti, poi Pio XI, in Polonia (1918-1921), ed. P. Bortolato and M. Lenart (Vatican City: Pontificio Comitato di Scienze Storiche, 2017)

Papers Relating to the Foreign Relations of the United States, 1922, Vol. 2, ed. J. Fuller (Washington DC: US GPO, 1938)

La partecipazione italiana alla guerra civile spagnola (1936-1939), Vols 1 and 2, *Documenti e allegati*, ed. A. Rovighi and F. Stefani (Rome: Stato Maggiore dell'Escercito, Ufficio storico, 1992-93)

Peace and War. United States Foreign Policy 1931-1941 (Washington DC: US GPO, 1943)

Perepiska I. V. Stalina i G. V. Chicherina s Polpredom SSSR v Kitae L. M. Karakhanom. Dokumenty, avgust 1923 g.-1926 g., ed. M. Titarenko et al. (Moscow: Natalis, 2008)

Politburo TsK RKP(b)-VKP(b) i Evropa. Resheniya "Osoboi papki" 1923-1929, ed. G. M. Adibekov et al. (Moscow: Rosspen, 2001)

Politburo TsK RKP(b)-VKP(b) i Komintern, 1919-1943. Dokumenty, ed. G. M. Adibekov et al. (Moscow: Rosspen, 2004)

The Political Diary of Alfred Rosenberg and the Onset of the Holocaust, ed. J. Matthäus and F. Bajohr (Lanham, Md.: Rowman and Littlefield, 2015)

Polskie Dokumenty Dyplomatyczne 1936, ed. S. Żerko (Warsaw: PISM, 2011)

Polskie Dokumenty Dyplomatyczne 1938, ed. M. Kornat (Warsaw: PISM, 2007)

Polskie Dokumenty Dyplomatyczne 1939, ed. S. Żerko (Warsaw: PISM, 2005)

Profsoyuzy SSSR: Dokumenty i materialy, Vol. 2, ed. N. Antropov (Moscow: Profizdat, 1963)

A. Ransome, *Russia in 1919* (New York: Huebsch, 1919)

J. Reith, *The Reith Diaries*, ed. C. Stuart (London: Collins, 1975)

The Romanian-Latvian Relations [sic]. Diplomatic Documents (1918-1958), ed. S. Miloiu et al. (Târgoviște: Cetatea de Scaun, 2012)

C. Rosselli, *Oggi in Spagna, domani in Italia* (Paris: Edizioni di Giustizia e Libertà, 1938)

La II República y la Guerra Civil en el Archivo Secreto Vaticano: Vol. 3: *Documentos de los años 1933 y 1934*; Vol. 4: *Documentos de los años 1935 y 1936*, ed. V. Cárcel Ortí (Madrid: Biblioteca de Autores Cristianos, 2014-16)

Sekrety Pol'skoi Politiki 1935-1945 gg. Rassekrechennye dokumenty sluzhby vneshnei razvedki Rossiiskoi Federatsii, ed. L. Sotskov (Moscow: Ripol, 2010)

G. Sorel, *"Da Proudhon à Lenin" e "L'Europa sotto la tormenta"*, ed. G. De Rosa (Rome: Edizioni di Storia e Letteratura, 1973)

Sovetskoe rukovodstvo. Perepiska 1928-1941, ed. A. Kvashonkin et al. (Moscow: Rosspen, 1999)

SSSR-Germaniya 1932-1941, ed. S. Kudriyashov (Moscow: IstLit, 2019)

SSSR i grazhdanskaya voina v Ispanii: 1926-1939 gody, ed. S. Kudryashov et al. (Moscow: Vestnik Arkhiva Prezidenta Rossiiskoi Federatsii, 2013)

SSSR i Litva v gody vtoroi mirovoi voiny, Vol. 1: *SSSR i Litovskaya respublika (mart 1939-avgust 1940 gg.): Sbornik dokumentov*, ed. A. Kaspavaričius et al. (Vilnius, Leidykla, 2006)

The Stalin-Kaganovich Correspondence 1931-36, ed. R. Davies et al. (New Haven: Yale University Press, 2003)

Stalin's Letters to Molotov 1925-1936, ed. L. Lih et al. (New Haven: Yale University Press, 1995)

Stenogrammy zasedanii Politburo TsK RKP(b)-VKP(b), 1923-1938, Vol. 3, ed. K. Anderson et al. (Moscow: Rosspen, 2007)

Die Tagebücher von Joseph Goebbels, Part 1, ed. E. Fröhlich (Munich: Saur, 1998-2005)

Tainy i uroki zimnei voiny 1939-1940. Po dokumentam rassekrechennykh arkhivov, ed. N. Volkovskii et al. (St Petersburg: Poligon, 2000)

L. Trotsky, *Arkhiv Trotskogo. Kommunisticheskaya Oppozitsiya v SSSR, 1923-1927*, Vol. 2, (Moscow: Terra, 1990)

United States. *Congressional Record*, 66th Congress, 3rd Session, Vol. 63.

P. Valéry, "Letters from France", *The Athenaeum*, 11 April 1919

VKP(b), Komintern i Kitai. Dokumenty, Vol. 3, ed. M. Titarenko et al. (Moscow: AO "Buklet", 1999)

VKP(b), Komintern i natsional'no-revolyutsionnoe dvizhenie v Kitae. Dokumenty. Vol. 1, Vol. 2, Vol. 3, ed. M. Titarenko et al. (Moscow: AO "Buklet", 1994-1999)

VKP(b), Komintern i Yaponiya. 1917-1941, ed. G. Adibekov and K. Vada (Moscow: Rosspen, 2001)

L. Volk, *Das Reichskonkordat vom 20 Juli 1933. Von den Ansätzen in des Weimarer Republik bis zu Ratifizierung am 10. September 1933* (Mainz: Matthias-Grünewald Verlag, 1972)

Vooruzhennyi konflikt v raione reki Khalkhin-Gol. Mai-sentyabr' 1939 g. Dokumenty i materialy, ed. A. Efimenko et al. (Moscow: Novalis, 2014)

Die Weltpartei aus Moskau. Der Gründungskongress der Kommunistischen Internationale 1919. Protokoll und neue Dokumente, ed. W. Hedeler and A. Vatlin (Berlin: Akademie Verlag, 2008)

Writings of Leon Trotsky 1933-34 (New York: Pathfinder, 1975)

E. Xammar, *El huevo de la serpiente. Crónicas de Alemania (1922-1924)* (Barcelona: Acantilado, 2005)

Die II. Internationale 1918/1919. Protokolle, Memoranden, Berichte und Korrespondenzen, ed. G. Ritter (Berlin: Dietz, 1980) Vol. 1

Acta Historica Tallinnensia

Analecta sacra tarraconensia

The Athenaeum

Byulleten' Oppozitsii

Cahiers de l'Institut Maurice Thorez

Cahiers d'histoire de l'Institut de recherches marxistes

Cahiers du Bolchévisme

Collier's Weekly

Commercial and Financial Chronicle

Communisme

Corriere Diplomatico e Consolare

Daily Worker

Diplomatic History

The Economist

Encounter

The English Historical Review

Financial Times

Hispania Sacra

The Historical Journal

History Today

l'Humanité

Intelligence and National Security

International Press Correspondence (Inprecorr)

Istoricheskii arkhiv

Izvestiya

Izvestiya TsK KPSS

Journal of Contemporary History

Kommunisticheskii Internatsional

Leningradskaya pravda

Lituanus

Mirovoe khozyaistvo i mirovaya politika

Morning Post

The Naval Review

New York Herald Tribune

New York Times

Nezavisimoe voennoe obozrenie

Polen und wir

Il Popolo d'Italia

Le Populaire

Pravda

Príspěvky k dějinám KSČ

Problemy dal'nego vostoka

Review of International Studies

La révolution espagnole

La Révolution prolétarienne

Rivista di Studi Politici Internazionali

Römische Historische Mitteilungen

Die Rote Fahne

Rundschau über Politik, Wirtschaft und Arbeiterbewegung

Scandia

Sotsialisticheskii vestnik

Le Temps

The Times

Twentieth Century British History

La Victoire

Vierteljahrshefte für Zeitgeschichte

La Voix du peuple

Voprosy Istorii

VO SAN (The proletarian)

The Wall Street Journal

Western Daily Press

회고록과 개인 기록

* 여기 실린 항목들은 '2차 문헌'에 수록되어야 하는 것이 더 알맞아 보이지만, 실제로는 거의 전적으로 개인의 기억에 의존하는 것들이다.

J. Beck, *Dernier rapport* (Neuchâtel: La Baconnière, 1951)

V. Berezhkov, *S diplomaticheskoi missiei v Berline 1940-1941* (Moscow: Novosti, 1966)

S. Bialer, ed., *Stalin and his Generals* (New York: Pegasus, 1969)

C. Bohlen, *Witness to History 1929-1969* (New York: Norton, 1973)

G. Bonnet, *Défense de la paix* (Geneva: Cheval Ailé, 1946)

F. Borkenau, *World Communism: A History of the Communist International* (Ann Arbor: University of Michigan Press, 1962)

E. Carr, *International Relations since the Peace Treaties* (London: Macmillan, 1940)

G. Cerreti, *Con Togliatti e Thorez. Quarant'anni di lotte politiche* (Milan: Feltrinelli, 1973)

C. Channon, *The Diaries of Chips Channon*, Vol. 1: 1918-1938, ed. S. Heffer (London: Hutchinson, 2020)

F. Chuyev, ed., *Molotov. Poluderzhavnyi vlastelin* (Moscow: Olma-press, 2000)

W. Citrine, *Men and Work* (London: Hutchinson, 1964)

F. Dahlem, *Am Vorabend des Zweites Weltkrieges 1938 bis August 1939. Erinnerungen*, Vol. 2 (Berlin: Dietz, 1977)

J. Davies, *Mission to Moscow* (London: Gollancz, 1942)

L. Fischer, *Men and Politics: An Autobiography* (London: Jonathan Cape, 1941)

L. Fischer, *The Road to Yalta: Soviet Foreign Relations 1941-1945* (New York: Harper and Row, 1972)

J. Gil Robles, *No fue posible la paz* (Barcelona: Ediciones Ariel, 1968)

F. Gilbert, *A European Past: Memoirs 1905-1945* (New York: W. W. Norton, 1988)

G. Hägglöf, *Diplomat* (London: The Bodley Head, 1972)

H. von Herwarth, *Against Two Evils* (New York: Rawson, Wade, 1981)

H. Hoover, *The Memoirs of Herbert Hoover*, Vol. 2: *The Cabinet and the Presidency 1920-1933* (New York: Macmillan, 1952)

D. Livingstone, *Missionary Travels and Researches in South Africa, including a sketch of sixteen years residence in the interior of Africa* (London: John Murray, 1857)

L. Longo, *L'attività degli addetti militari italiani all'estero fra le due guerre mondiali (1919-1939)* (Rome: Stato Maggiore dell'Esercito, Ufficio storico, 1999)

L. Longo and C. Salinari, *Dal socialfascismo alla guerra di Spagna. Ricordi e riflessioni di un militante comunista* (Milan: Teti, 1976)

I. McDonald, *The History of "The Times"*, Vol. 5 (London: Times Books, 1984)

J. Margach, *The Abuse of Power* (London: W. H. Allen, 1978)

The Memoirs of Lord Gladwyn (London: Weidenfeld and Nicolson, 1972)

M. Montagnana, *Ricordi di un operaio torinese* (Rome: Rinascita, 1949)

H. Nicolson, *Curzon: The Last Phase. A Study in Post-War Diplomacy* (London: Constable,

1934)

L. Noël, *Polonia Restituta. La Pologne entre deux mondes* (Paris: La Sorbonne, 1984)

J. Paasikivi, *President J. K. Passikivis Minnen*, Vol. 1: *1939-1940. Moskva och Finland* (Stockholm: Bonnier, 1958)

A. Rowse, *Appeasement: A Study in Political Decline 1933-1939* (New York: Norton, 1963)

K. Simonov, *Glazami cheloveka moego pokoleniya* (Moscow: Pravda, 1990)

M. Smirtyukov, "Do 90 let on ezdil v polikliniku na elektrichke", *Kommersant vlast*, 21 March 2000

E. Snow, *Red Star Over China*, revised and enlarged edition (London: Pelican, 1972)

M. Tagüeña Lacorte, *Testimonio de dos guerras* (Barcelona: Planeta, 1978)

G. Thomas, *Geschichte der deutschen Wehr-und Rüstungswirtschaft (1918-1943/45)*, ed. W. Birken-feld (Boppard am Rhein: Boldt, 1966)

C. Woodhouse, *Something Ventured* (London: Granada, 1982)

W. Yen, *An Autobiography* (Shanghai, 1946). Republished by St John's University Press of New York in 1974

Ypsilon [nom de plume], *Pattern for World Revolution* (Chicago and New York: Ziff-Davis, 1947)

G. Zhukov, *Vospominaniya i razmyshleniya* (Moscow: Novosti, 1990)

2차 문헌

G. Adibekov et al. *Organizatsionnaya struktura Kominterna 1919-1943* (Moscow: Rosspen, 1997).

Ah Xiang, "Communists and the Japanese invasion of Manchuria": [http://republican-china.org](http://republicanchina.org/COMMUNISTS-AND-JAPAN-INVA-SION-MANCHURIApdf

P. Alatri, "La Fiat dal 1921 al 1926", *Belfagor*, Vol. 29, No. 3, 31 May 1974

M. Alekseev, *Sovetskaya voennaya razvedka v Kitae i khronika "kitaiskoi smuty" (1922-1928)* (Moscow: Kuchkovo pole, 2010)

M. Alekseev, *"Vernyi Vam Ramzai". Rikhard Zorge i sovetskaya voennaya razvedka v Yaponii. 1933-1938 gody* (Moscow: Algoritm, 2017)

M. Álvarez Tardío and R. Villa García, "El impacto de la violencia en la primavera de 1936 y la respuesta de las autoridades", *Hispania Sacra*, Vol. 65, No. 132, July-December 2013

K. Arrow, "Risk Perception in Psychology and Economics", Technical Report No. 351, October 1981. A Report of the Center for Research on Organizational Efficiency, Stanford University

C. Audry, *Léon Blum, ou la politique du Juste* (Paris: Julliard, 1955)

G. Bennett, *The Zinoviev Letter: The Conspiracy That Never Dies* (Oxford: Oxford University Press, 2018)

P. Bernhard, "Der Beginn eine Faschistischen Interpol? Das deutsch-italienische Polizeiabkommen von 1936 und die Zusammenarbeit der faschistischen Diktaturen im Europa der Zwischenkriegzeit". *Themenportal Europäische Geschichte. Clio-online*, January 2010, https://www.europa.clio-online.de/essay/id/fdae-1535

L. Bezymensky, *Chelovek za spinoi Gitlera: Martin Bormann i ego dnevnik* (Moscow: Veche, 1999)

E. Bloch, "My Patient, Hitler", *Collier's Weekly*, 15 and 22 March 1941

V. Bogdanor, Review of *The Triumph of the Dark*, *New Statesman*, 18 November 2010

A. Bondarenko, *Fitin* (Moscow: Molodaya Gvardiya, 2015)

H. Boog et al., eds, *Germany and the Second World War*, Vol. 4 (Oxford: Oxford University Press, 1998)

Q. Bortolato and M. Lenart, eds, *Nunzio in una terra di frontiera: Achille Ratti, poi Pio XI, in Polonia* (Vatican City: Pontificio Comitato di Scienze Storiche, 2017)

V. Bovykin, *Frantsuzskie banki v Rossii: konets XIX-nachalo XX v* (Moscow: Rosspen, 1999)

C. Bresciani-Turroni, *Le vicende del marco tedesco, = Annali di Economia*, Vol. 7, 1931. Translated into English as *The Economics of Inflation. A Study of Currency Depreciation in Post-War Germany* (London: John Dickens, 1937)

E. Carr, *Twenty Years' Crisis 1919-1939. An Introduction to the Study of International Relations* (London: Macmillan, 1939)

E. Carr, *International Relations between the Two World Wars (1919-1939)* (London: Macmillan, 1947)

E. Carr, *German-Soviet Relations between the Two World Wars, 1919-1939* (Baltimore: The Johns Hopkins University Press, 1951)

E. Carr, *The Bolshevik Revolution 1917-1923*, Vol. 3 (London: Macmillan, 1953)

E. Carr, *A History of Soviet Russia*, Vol. 3: *Socialism in One Country 1924-1926*, (London: Macmillan, 1964)

E. Carr, *A History of Soviet Russia*, Vol. 2: *The Interregnum 1923-1924* (London: Pelican, 1969)

E. Carr, *The October Revolution: Before and After* (New York: Vintage, 1971)

E. Carr, *Twilight of Comintern, 1930-1935* (London: Macmillan, 1982)

E. Carr, *From Napoleon to Stalin and Other Essays*, 2nd edition (London: Macmillan, 2003)

J. Carswell, *The Exile. A Life of Ivy Litvinov* (London: Faber and Faber, 1983)

Central Committee, Japanese Communist Party, *Sixty-Year History of the Japanese Communist Party, 1922-1982* (Tokyo: Japan Press Service, 1984)

P. Coble, *The Shanghai Capitalists and the National Government, 1927-1937* (Cambridge, Mass.: Harvard University Council on East Asian Studies, 1980)

R. Cockett, *Twilight of Truth. Chamberlain, Appeasement and the Manipulation of the Press* (London: Weidenfeld and Nicolson, 1989)

R. Cockett, "Ball, Chamberlain and Truth", *The Historical Journal*, Vol. 33, No. 1, March 1990

D. Collins, *A Charmed Life: The Phenomenal World of Philip Sassoon* (London: William Collins, 2016)

I. Colvin, *The Chamberlain Cabinet* (London: Gollancz, 1971)

Công-Nhân, "Comment conquérir les masses?", *VO SAN* (The proletarian), No. 1, Paris, 31 August 1930

"Conversations with Molotov", *Lituanus*, Vol. 12, No. 2, 1965

M. Cowling, *The Impact of Hitler: British Politics and British Policy 1933-1940* (Cambridge: Cambridge University Press, 1975)

R. De Felice, *Mussolini il fascista. 1. La conquista del potere 1921-1925* (Turin: Einaudi, 1966)

R. De Felice, *Mussolini il duce. 1. Gli anni del consenso 1929-1936* (Turin: Einaudi, 1974)

R. De Felice, *Mussolini il duce. 2. Lo Stato totalitario 1936-1940* (Turin: Einaudi, 1981)

J. Duclos, "Réponses aux questions posés par les journalistes, à la Mutualité", *Cahiers du Bolchévisme*, Nos 8-9, 15 May 1936

J. Duclos, "À la mémoire de mon ami Clément", *Cahiers de l'Institut Maurice Thorez*, No. 13, 1969

J.-B. Duroselle, *La Décadence 1932-1939* (Paris: Imprimérie national, 1979)

J.-B. Duroselle, *L'Abîme, 1939-1945* (Paris: Imprimérie national, 1982)

D. Dutton, "Simon and Eden at the Foreign Office 1931-1935", *Review of International Studies*, Vol. 20, No 1, January 1994

H. Dyck, *Weimar Germany and Soviet Russia* (London: Chatto and Windus, 1966)

S. Endicott, *Diplomacy and Enterprise: British China Policy 1933-1937* (Vancouver: University of British Columbia, 1975)

K. Feiling, *The Life of Neville Chamberlain* (London: Macmillan, 1946)

F. Firsov, *Sekretnye kody istorii Kominterna 1919-1943* (Moscow: AIRO-XXI, 2007)

E. Fischer, *An Opposing Man* (London: Allen Lane, 1974)

L. Fischer, *The Life and Death of Stalin* (New York: Harper, 1952)

L. Fischer, *The Road to Yalta: Soviet Foreign Relations 1941-1945* (New York: Harper and Row, 1972)

M. Franzinelli, *Fascismo Anno Zero. 1919: la nascita dei Fasci italiani di combattimento* (Milan: Mondadori, 1919)

S. Galois [nom de plume], "La vie et la grève des ouvrières métallos?", *La Révolution prolétarienne*, 10 June 1936

H. Gatzke, "Von Rapallo nach Berlin. Stresemann und Die Deutsche Russlandpolitik", *Vierteljahrshefte für Zeitgeschichte*, No. 4, 1956

D. Gescher, *Die Vereinigten Staaten von Nordamerika und die Reparationen 1920-1924. Eine Untersuchung der Reparationsfrage auf der Grundlage Amerikanischer Akten* (Bonn: Röhrscheid, 1966)

N. Gibbs, *Grand Strategy*, Vol. 1 (London: HMSO, 1976)

M. Gilbert, *Winston S. Churchill*, Vol. 5: *Prophet of Truth, 1922-1939* (London: Heinemann, 1976)

M. Gilbert, "Horace Wilson: Man of Munich", *History Today*, Vol. 32, No. 10, 1982

M. Gilbert, *Winston S. Churchill*, Vol. 6: *Finest Hour, 1939-1941* (London: Heinemann, 1983)

M. Gilbert and R. Gott, *The Appeasers*, 2nd edition (London: Weidenfeld and Nicolson, 1967)

A. Gintsberg, "'Politsekretariat IKKI Trebuet': Dokumenty Kominterna i Kompartii Germanii. 1930-1934 gg.", *Istoricheskii arkhiv*, No. 1, 1994

J. Gittings, "Rules of the Game", *New York Review of Books*, 17 May 1973

S. Gorlov, *Sovershenno Sekretno. Moskva-Berlin 1920-1933. Voenno-politicheskie otnosheniya mezhdu SSSR i Germaniei* (Moscow: IVI RAN, 1999)

G. Gorodetsky, *Stafford Cripps' Mission to Moscow 1940-42* (Cambridge: Cambridge University Press, 1984)

R. Griffiths, *Fellow Travellers of the Right: British Enthusiasts for Nazi Germany 1933-39* (London: Constable, 1980)

M. Hàjek, *Storia dell'Interazionale Comunista (1921-1935). La politica del fronte unico* (Rome: Riuniti, 1975)

J. Haslam, "The Comintern and the Origins of the Popular Front 1934-35", *The Historical Journal*, Vol. 22, No. 3, 1979, pp. 673-691.

J. Haslam, *Soviet Foreign Policy, 1930-33: The Impact of the Depression* (London: Macmillan, 1983)

J. Haslam, *The Soviet Union and the Struggle for Collective Security in Europe, 1933-39* (London: Macmillan, 1984)

J. Haslam, "Political Opposition to Stalin and the Origins of the Terror in Russia 1932-36", *The Historical Journal*, Vol. 29, No. 2, 1986, pp. 395-418.

J. Haslam, *The Soviet Union and the Threat From the East, 1933-41* (London: Macmillan, 1992)

J. Haslam, "Stalin's Fears of a Separate Peace, 1942" *Intelligence and National Security*, Vol. 8, No. 4, October 1993

J. Haslam, *The Vices of Integrity: E. H. Carr, 1892-1982* (London and New York: Verso, 1999)

J. Haslam, *No Virtue Like Necessity: Realist Thought in International Relations Since Machiavelli* (New Haven and London: Yale University Press, 2002)

J. Haslam, "Comintern and Soviet Foreign Policy", *The Cambridge History of Russia*, Vol. 3, ed. R. Suny (Cambridge: Cambridge University Press, 2006)

J. Haslam, *Russia's Cold War: From the October Revolution to the Fall of the Wall* (New Haven: Yale University Press, 2011)

J. Haslam, *Near and Distant Neighbours: A New History of Soviet Intelligence* (Oxford: Oxford University Press, 2015)

J. Hernández Figureiredo, "Avances y estado del comunismo en vísperas de la guerra civil espa- ñola, según los informes inéditos del Archivo Secreto Vaticano", *Analecta sacra tarraconensia*, Vol. 83, 2010

F. Hinsley, *British Intelligence in the Second World War. Its Influence on Strategy and Operations*, Vol. 1 (London: HMSO, 1979)

F. Hinsley and C. Simkins, *British Intelligence in the Second World War*, Vol. 4 (London: HMSO, 1990)

The History of "The Times", Vol. 4, Part 2 (London: The Times, 1952)

The History of "The Times", Vol. 5: see McDonald, under Memoirs and Personal Reflections

E. Hobsbawm, *The Age of Extremes: A History of the World, 1914-1991* (New York: Vintage, 1996)

B. Hoppe, *In Stalins Gefolgschaft. Moskau und die KPD 1928-1933* (Munich: Oldenbourg, 2007)

M. Howard, *The Continental Commitment: The Dilemma of British Defence Policy in the Era of the Two World Wars* (London: Martin Temple Smith, 1972)

L. Hunt, *The New Cultural History* (Berkeley: University of California Press, 1989)

A.-A. Inquimbert, *Un officier français dans la guerre d'Espagne. Carrière et écrits d'Henri Morel* (Rennes: Press Universitaires de Rennes, 2009)

I. Ivanov, *Ocherki istorii Ministerstva inostrannykh del Rossii* (Moscow: Olma-press, 2002), Vol. 2

M. Jakobson, *Finland Survived. An Account of the Finnish-Soviet Winter War 1939-1940* (Helsinki: Otava, 1984)

M. Jansen and N. Petrov, *Stalin's Loyal Executioner: People's Commissar Nikolai Ezhov, 1895-1940* (Stanford: Hoover Institution Press, 2002)

K. Jeffery, *MI6. The History of the Secret Intelligence Service, 1909-1949* (London: Bloomsbury, 2010)

M. Kaser and E. Radice, eds, *The Economic History of Eastern Europe 1919-1975*, Vol. 2 (Oxford: Clarendon Press, 1986)

O. Ken, A. Rupasov and L. Samuel'son, *Shvetsiya v politike Moskvy 1930-1950-e gody* (Moscow: Rosspen, 2005)

I. Kershaw, *Making Friends with Hitler: Lord Londonderry and Britain's Road to War* (London: Allen Lane, 2004)

O. Khlevniuk, *Politburo. Mekhanizmy politicheskoi vlasti v 1930-e gody* (Moscow: Rosspen, 1996)

A. Khormach, *SSSR-Italiya, 1924-1939 gg. (Diplomaticheskie i ekonomicheskie otnosheniya)* (Moscow: Institute of Russian History, RAN, 1995)

D. Klieber, "Die moralische und politische Schützenhilfe des Hl. Stuhles für de Staatsumbau Österreichs 1933/34 im Lichte Vatikanischer Quellenbestände", *Römische Historische Mitteilungen*, Vol. 54, 2012

M. Knox, *Common Destiny: Dictatorship, Foreign Policy, and War in Fascist Italy and Nazi Germany* (Cambridge: Cambridge University Press, 2000)

V. Kondrashov, *Voennye razvedki vo Vtoroi Mirovoi Voine* (Moscow: Kuchkovo pole, 2014)

M. Kornat, "Ricordi di Pio XI sul Maresciallo Piłsudski alla luce dei documenti diplomatici polacchi" (in Bortolato and Lenart, eds, *Nunzio in una terra di frontiera*)

S. Kotkin, *Stalin. Waiting for Hitler 1929-1941* (New York: Penguin, 2017)

V. Krasnov, *Neizvestnyi Zhukov. Lavri i ternii polkovodtsa. Dokumenty, mneniya, razmyshleniya* (Moscow: Olma-press, 2000)

A. Lacroix-Riz, *Le Choix de la défaite. Les élites françaises dans les années 1930*, 2nd edition (Paris: Colin, 2010)

A. Lacroix-Riz, "Polen in der aussenpolitischen Strategie Frankreichs (Oktober 1938-August 1939)", *Polen und wir*, No. 3, 2014

B. Leibzon and K. Shirinya, *Povorot v politike Kominterna. Istoricheskoe znachenie VII kongressa Kominterna* (Moscow: Mysl', 1975)

V. Leongard, *Shok ot pakta mezhdu Gitlerom i Stalinym* (London: Overseas Publications Inter-change, 1989). Originally published as W. Leonhard, *Der Schock des Hitler-Stalin-Paktes* (Freiburg im Breisgau: Herder, 1986)

G. Leto, *OVRA: fascismo—antifascismo* (Rocca San Casciano: Cappelli, 1952)

W. Link, *Die amerikanische Stabilisierungspolitik in Deutschland 1921-32* (Düsseldorf: Droste, 1970)

"Lithuania and the Soviet Union 1939-1940: The Fateful Year Memoirs by Juozas Urbsys", *Lituanus*, Vol. 35, No. 2

D. Little, "Red Scare 1936: Anti-Bolshevism and the Origins of British Intervention in the Span- ish Civil War", *Journal of Contemporary History*, Vol. 23, No. 2, April 1988

A. Mahouy, "Le conflit Citroën", *La Révolution prolétarienne*, 10 June 1936

A. Mayer, *The Politics and Diplomacy of Peacemaking. Containment and Counterrevolution at Versailles, 1918-1919* (New York: Knopf, 1967)

G. Megaro, *Mussolini in the Making* (London: Allen and Unwin, 1938)

Mi Zanchen, *The Life of General Yang Hucheng* (Hong Kong: Joint, 1981)

L. Michie, *Portrait of an Appeaser: Robert Hadow, First Secretary in the British Foreign Office, 1931-1939* (Westport, Conn: Praeger, 1996)

R. Mirowicz, "Edward Rydz-Śmigły: A Political and Military Biography", MS, trans. and ed. G. Dziekoński (c. 1974)

A. Misyuk, *Spetssluzhby Pol'shi, Sovetskoi Rossii i Germaniei. Organizatsionnaya struktura polskikh spetssluzhb i ikh razvedyvatel'naya kontrrazvedyvatel'naya deyatel'nost' v 1918-1939 godakh* (Moscow: Kraft, 2012)

T. Munch-Petersen, "'Common sense not bravado': the Butler-Prytz interview of 17 June 1940", *Scandia*, Vol. 52, No. 1, 1986

L. Namier, *Diplomatic Prelude, 1938-1939* (London: Macmillan, 1948)

K. Neilson, "Orme Sargent, Appeasement and British Policy in Europe, 1933-39", *Twentieth Century British History*, Vol. 21, No. 1, 2010.

M. Neltyukhov, *Krasnaya armiya i nesostoyavshayasya revolyutsiya v Germanii (1923 g.)* (Moscow: Airo-XXI, 2013)

P. Neville, "A Prophet Scorned? Ralph Wigram, the Foreign Office and the German Threat, 1933-36", *Journal of Contemporary History*, Vol. 40, No. 1, January 2005

H. Nicolson, *Curzon: The Last Phase 1919-1925. A Study in Post-War Diplomacy* (London:

Constable, 1934)

G. Niedhart, *Grossbritannien und die Sowjetunion 1934-1939: Studien zur britischen Politik der Friedenssicherung zwischen den beiden Weltkriegen* (Munich: Fink, 1972)

V. Nikonov, *Molotov: Nashe delo pravoe*, Vol. 1 (Moscow: Molodaya Gvardiya, 2016)

I. Nish, *Japanese Foreign Policy 1869-1942: Kasumigaseki to Miyakezaka* (London: Routledge & Kegan Paul, 1977)

E. Nolte, *Der europäische Bürgerkrieg 1917-1945: Nationalsozialismus und Bolschewismus* (Berlin: Propyläen, 1987)

L. Olson, *Troublesome Young Men. The Rebels Who Brought Churchill to Power and Helped Save England* (New York: Farrar, Straus and Giroux, 2007)

G. Peden, "Sir Warren Fisher and British Rearmament against Germany", *The English Historical Review*, Vol. 94, No. 370, January 1979

S. Pelagalli, *Il generale Efisio Marras, addetto militare a Berlino (1936-1943)* (Rome: Stato Maggiore dell'Esercito, Ufficio storico, 1994)

V. Perna, *Galeazzo Ciano, operazione Polonia. Le relazione diplomatiche italo–polacche degli anni Trenta 1936-1939* (Milan: Lunk, 1999)

G. Petracchi, *La Russia rivoluzionaria nella politica italiana: le relazioni italo-sovietiche, 1917-25* (Rome and Bari: Laterza, 1982)

O. Plöckinger, ed., *Quellen und Dokumente zur Geschichte von "Mein Kampf" 1924-1945* (Stutt- gart: Franz Steiner, 2016)

R. Plunkett-Ernle-Erle-Drax, "Mission to Moscow, August, 1939", *The Naval Review*, Vol. 40, No. 3, August 1952

N. Pospielov, "Les Conclusions du VIIe Congrès de l'Internationale Communiste. A la lumière de l'experience du Front Populaire en France et le rôle de Georges Dimitrov", *Cahiers de l'Institut Maurice Thorez*, 1966-67, Nos 3-4

G. Procacci, *Il socialismo internazionale e la guerra d'Etiopia* (Rome: Riuniti, 1978)

S. Quinn-Judge, *Ho Chi Minh: The Missing Years 1919-1941* (Berkeley: University of California Press, 2002)

R. Rainero, *L'Italie de Mussolini et le régime fasciste de Métaxas en Grèce (1936-1940)* (Paris: Publisud, 2014)

G. Rochat, *Militari e politici nella Preparazione della campagna d'Etiopia. Studio e documenti 1932-1936* (Milan: Angeli, 1971)

H. Rollin, "Sous le signe de la croix gammée", *Le Temps*, 6 June 1933

F. Rosas, ed., *Portugal e a Guerra Civil de Espanha* (Lisbon: Colibri, 1998)

A. Rovighi and F. Stefani, *La partecipazione italiana alla guerra civile spagnola (1936-1939)*,

Vols 1 and 2 (Rome: Stato Maggiore dell'Esercito, Ufficio storico, 1992-93)

T. Ryback, *Hitler's Private Library. The Books that Shaped his Life* (London: Random House, 2010)

U. Salo, "Estimation of Security Threats and Estonian Defence Planning in the 1930s", *Acta Historica Tallinnensia*, Vol. 12, No. 1, 2008

L. Samuelson, *Plans for Stalin's War Machine* (London: Macmillan, 2000)

S. Schirmann, *Crise, coopération économique et financière entre États européens, 1929-1933* (Paris: Comité pour l'histoire économique et financière de la France, 2000)

V. Shamberg, *Lozovskii* (Moscow: Tonchu, 2012)

V. Shavrov, *Istoriya konstruktsii samoletov v SSSR 1938-1945gg. (Materialy k istorii samoletostroeniya)*, 3rd edition (Moscow: Mashinostroenie, 1994)

R. Shay, *British Rearmament in the Thirties: Politics and Profits* (Princeton: Princeton University Press, 1977)

Z. Sheinis, *Maksim Maksimovich Litvinov: Revolutsioner, Diplomat, Chelovek* (Moscow: Politizdat, 1989)

K. Shirinya, *Strategiya i taktika Kominterna v bor'be protiv fashizma i voiny (1934-1939 gg.)* (Moscow: Politizdat, 1979)

K. Smith, "Reassessing Roosevelt's View of Chamberlain after Munich: Ideological Affinity in the Geoffrey Thompson-Claud Bowers Correspondence", *Diplomatic History*, Vol. 33, No. 5, November 2009

G. Spadolini, *Il mondo di Giolitti* (Firenze: Le Monnier, 1970)

P. Spriano, *Storia del partito comunista italiano*, Vol. 1 (Turin: Einaudi, 1967)

C. Stannage, "The East Fulham By-Election, 25 October 1933", *The Historical Journal*, Vol. 14, No. 1, March 1971

Z. Steiner, *The Triumph of the Dark: European International History 1933-1939* (Oxford: Oxford University Press, 2011)

F. Stern, *The Politics of Cultural Despair: A Study in the Rise of the Germanic Ideology* (Berkeley: University of California Press, 1974)

J. Talmon, "The Legacy of Georges Sorel", *Encounter*, Vol. 34, No. 2, February 1970

N. Tarkhova, *Krasnaya armiya i stalinskaya kollektivizatsiya 1928-1933 gg.* (Moscow: Rosspen, 2010)

A. Taylor, *The Struggle for the Mastery of Europe, 1848-1918* (Oxford: Oxford University Press, 1954)

A. Taylor, *The Origins of the Second World War* (London: Hamish Hamilton, 1961)

A. Thimme, *Gustav Stresemann* (Frankfurt am Mein: Goedel, 1957)

K. Thomas, "The Tools and the Job", *Times Literary Supplement*, 7 April 1966

K. Thomas, "History Revisited", *The Times*, 11 October 2006

M. Thorez, "L'organisation du front unique de lutte", *Cahiers du Bolchévisme*, No. 18, 1 July 1934

C. Thorne, *The Approach of War 1938-39* (London: Macmillan, 1967)

C. Thorne, *The Limits of Foreign Policy: The West, the League and the Far Eastern Crisis of 1931-1933* (London: Hamish Hamilton, 1972)

L. Tikhvinskii, *Put' Kitaya k ob"edineniyu i nezavisimosti 1898-1949. Po materialami biografii Chzhou En'lai* (Moscow: 'Vostochnaya Literatura', RAN, 1996)

A. Tooze, *The Wages of Destruction: The Making and Breaking of the Nazi Economy* (London: Penguin, 2008)

V. Ullrich, *Hitler*, Vol. 1: *Ascent 1889-1939* (New York: Knopf, 2016)

K. Urbach, *Go-Betweens for Hitler* (Oxford: Oxford University Press, 2015)

T. de Vergottini, "Fulvio Suvich e la difesa dell'independenza austriaca", *Rivista di Studi Politici Internazionali*, Vol. 60, No. 2 (238), April-June 1993

G. Vidal, "L'institution militaire et la peur d'une insurrection communiste en 1936", *Communisme*, No. 69, 2002

G. Vidal, *La Grande Illusion? Le Parti communiste français et la Défense nationale à l'époque du Front populaire (1934-1939)* (Lyon: Presses Universitaires de Lyon, 2006)

G. Vidal, "L'affaire Fantômas (1932). Le contre-espionnage français et les prémices de la préparation à la guerre", *Vingtième Siècle. Revue d'Histoire*, No. 119, 2013/3, https://www.cairn.info/revue-vingtieme-siecle-revue-d-histoire-2013-3-page-3.htm

G. Vidal, *L'armée française et l'ennemi intérieur 1917-1939. Enjeux stratégique et culture politique* (Rennes: Universitaires de Rennes, 2015)

J. Vieth, "Joseph P. Kennedy: Ambassador to the Court of St. James's, 1938-1940" (Ohio State University, PhD dissertation, 1975)

R. Vivarelli, *Storia delle origini del fascismo*, Vol. 1 (Bologna: Il Mulino, 1991)

D. Volkogonov, *Triumf i tragediya. Politicheskii portret I. V. Stalina*, Vol. 2 (Moscow: Novosti, 1989)

D. Volkogonov, *Lenin: Life and Legacy* (London: HarperCollins, 1994)

G. Waterfield, *Professional Diplomat: Sir Percy Loraine of Kirkhale* (London: Butler and Tanner, 1973)

D. Watt, *How War Came: The Immediate Origins of the Second World War, 1938-1939* (London: Heinemann, 1989)

H. Weber, "Die deutsche kommunistische Emigration in Moskau", *Die Politische Meinung*,

No. 443, October 2006

G. Weinberg, *The Foreign Policy of Hitler's Germany: Diplomatic Revolution in Europe, 1933-36* (Chicago: Chicago University Press, 1970)

T. Weingartner, *Stalin und der Aufstieg Hitlers* (Berlin: De Gruyter, 1970)

A. Werth, *Russia at War, 1941-1945* (London: Pan Books, 1964)

N. West, *Cold War Spymaster: The Legacy of Guy Liddell, Deputy Director of MI5* (London: Frontline Books, 2018)

J. Wheeler-Bennett, *The Nemesis of Power: The German Army in Politics 1918-1945* (London: Macmillan, 1953)

R. Wohl, *The Generation of 1914* (Cambridge, Mass.: Harvard University Press, 1979)

J. Wrench, *Geoffrey Dawson and Our Times* (London: Hutchinson, 1955)

N. Yakubovich, *Nasha aviatsiya v 1941 godu. Prichiny katastrofy* (Moscow: Yauza Eksmo, 2015)

Z. Zeman, *The Life of Edvard Beneš 1884-1948. Czechoslovakia in Peace and War* (Oxford: Clarendon Press, 1997)

A. Zhamaletdinova et al., *Zabastovochnaya bor'ba trudyaschikhsya konets XIXv.-70-e gody XXv. (Statistika)* (Moscow: Nauka, 1980)

P. Ziegler, *King Edward VIII. The Official Biography* (London: Collins, 1990)

찾아보기

ㄹ

ㅂ

ㅅ

ㅎ

A~Z

추천의 글

김남섭 | 서울과학기술대학교 교수

수천만 명의 목숨을 앗아가고 독일과 일본의 항복으로 마무리된 제2차 세계대전의 기원을 둘러싼 논의는 당대부터 지금까지 숱한 연구자의 마음을 사로잡아온 학문적 주제이다. 베르사유 조약의 가혹성, 대공황의 경제적 충격, 독일과 일본의 팽창주의적 욕망, 국제 연맹의 무기력 등이 일반적으로 거론되는 원인이다. 국제관계사와 소련사 분야에서 뚜렷한 족적을 남겨온 영국의 세계적인 역사학자 조너선 해슬럼은 신간 《전쟁의 유령》에서 그동안 소홀히 취급된 또 다른 중요한 원인에 주목한다. 그것은 고위 외교관, 정치인, 관리 등 영국을 비롯한 서유럽의 우파 엘리트들 사이에 만연한, 공산주의, 특히 볼셰비즘에 대한 불신과 두려움이다. 영국의 총리 네빌 체임벌린의 유화정책은 이러한 공포심의 전형적인 표현이다. 유럽의 보수주의, 심지어 자유주의 엘리트들은 나치 독일보다 볼셰비키 러시아가 더 위험하다고 항상 생각했다. 그러므로 1939년 8월에 소련이 독일과 불가침조약을 맺게 된 것은 이러한 반공주의 태도를 일관되게 견지해 온 서유럽 엘리트들의 책임이 크다. 러시아, 영국, 프랑스, 이탈리아, 스페인, 미국, 심지어 스웨덴에 산재한 문서보관소의 기록들을 일일이 검토하고 그동안 축적되어 온 주요 연구들을 꼼꼼히 살펴본 뒤 내린 이와 같은 저자의 설득력 있는 결론은 남북한의 정치적·군사적 긴장이 어느 때보다 높아져 가고 있는 한반도의 냉전적 상황에 시사하는 바가 매우 크다. 그것은 편향된 이념과 잘못된 신념이 한 나라의 안전, 나아가 세계의 안전에 얼마나 깊은 악영향을 미칠 수 있는가이다. 전문 연구자는 물론이고 유럽 현대사와 세계 현대사에서 무언가를 배우고 싶어 하는 일반인들의 일독을 감히 권한다.

노경덕 | 서울대학교 역사학부

조너선 해슬럼은 E. H. 카의 학문적 유산을 비판적으로 계승한 역사가 중 하나로, 제프리 로버츠와 함께 현존 최고의 소련 국제관계사 전문가로 일컬어진다. 지난 세기, 촉망받는 신진 연구자로서 해슬럼은 1930년대 소련 외교와 제2차 세계대전의 관계에 대한 4부작 중 세 권을 발표하며 큰 찬사를 받았었다. 이제 노년의 대가가 된 그는 《전쟁의 유령》을 통해 마침내 4부작을 완성했다. 그간의 세월을 통해 축적된 학문적 내공 덕에, 이 마지막 작품은 그의 전작들의 한계, 즉 1930년대라는 시간적 틀, 국가 이해관계에 집중하는 현실주의 시각, 전공자 집단만을 위한 딱딱한 글쓰기 등을 넘어선다. 서양 국제관계사, 공산주의 운동사, 나아가 20세기 역사 전반에 관심 있는 독자 모두를 사로잡을 만한 이 책에서, 해슬럼은 제2차 세계대전이 1917년 러시아혁명 이후 서양 위정자들의 사고를 지배했던 강력한 반공주의에서 기원했음을 흥미진진하게 보여준다.

Philos 033

전쟁의 유령

1판 1쇄 인쇄 2024년 8월 19일
1판 1쇄 발행 2024년 8월 26일

지은이 조너선 해슬럼
옮긴이 우동현
펴낸이 김영곤
펴낸곳 (주)북이십일 아르테

교정·교열 김세나
TF팀 이사 신승철
출판마케팅영업본부장 한충희
마케팅1팀 남정한
출판영업팀 최명열 김다운 권채영 김도연
해외기획 최연순 소은선
제작팀 이영민 권경민
디자인 다함미디어 | 함성주 유예지

출판등록 2000년 5월 6일 제406-2003-061호
주소 (10881) 경기도 파주시 회동길 201(문발동)
대표전화 031-955-2100 **팩스** 031-955-2151 **이메일** book21@book21.co.kr

ISBN 979-11-7117-771-4 03900

(주)북이십일 경계를 허무는 콘텐츠 리더

북이십일 채널에서 도서 정보와 다양한 영상자료, 이벤트를 만나세요!

인스타그램 instagram.com/21_arte   페이스북 facebook.com/21arte
　　　　　 instagram.com/jiinpill21　　　　　　　facegook.com/jiinpill21
포스트 　 post.naver.com/staubin   홈페이지 arte.book21.com
　　　　　 post.naver.com/21c_editors　　　　　　book21.com